2022

中国渔业年鉴

China Fisheries Yearbook

农业农村部渔业渔政管理局 主编

中国农业出版社
北 京

中国渔业年鉴理事单位

中国渔业年鉴编辑部

通信地址　北京市朝阳区麦子店街18号楼418室

邮政编码　100125

电　　话　(010) 59194981

传　　真　(010) 65005665

中国渔业年鉴编辑委员会

中国渔业年鉴编辑部

2021年9月22—24日，由中国农业农村部、联合国粮农组织和亚太区域水产养殖中心网共同主办的第四届全球水产养殖大会在上海召开。农业农村部副部长马有祥主持大会开幕式并在闭幕式上致辞。

2021年10月27日，2021全球渔业可持续发展论坛暨第25届中国国际渔业博览会在山东省青岛市举行。农业农村部副部长马有祥出席开幕式并致辞。

2021年11月19日，2021中国水产品大会主论坛在北京以云端会议方式举办。农业农村部渔业渔政管理局局长刘新中出席大会并做主旨发言。

2021年3月19日，2021第四届中国（国际）小龙虾产业大会在湖北省潜江市举办。农业农村部渔业渔政管理局一级巡视员李书民出席大会开幕式并致辞。

2021年5月9日，农业农村部、广东省人民政府在珠海市长隆海洋王国长江江豚人工繁育和科普教育基地联合开展2021年长江江豚保护暨科普宣传主题活动。农业农村部渔业渔政管理局副局长江开勇出席活动并讲话。

2021年8月1日，交通运输部、农业农村部“商渔共治2021”专项行动在浙江舟山正式启动。农业农村部渔业渔政管理局副局长袁晓初出席活动并讲话。

中国水产科学研究院

第四届全球水产养殖大会成功举办，“全球水产养殖可持续发展联盟”作为重要倡议内容被正式提出

国家海洋渔业生物种质资源库正式运行

中国水产科学研究院参加农业农村部联合宁夏开展的“三下乡”集中示范活动

中国水产科学研究院陈松林研究员当选为中国工程院院士

中国水产科学研究院作为国家级水产科研机构，肩负国家渔业科技创新自立自强的职责使命，以研为本、以创为先，开展渔业应用基础研究和应用研究，研究内容涵盖渔业资源保护与利用、渔业生态环境、水产生物技术、水产遗传育种、水产病害防治、水产养殖技术、水产加工与产物资源利用、水产品质量与安全、渔业工程与装备、渔业信息与经济等十大学科领域。全院现有院部和13个独立科研机构、5个共建科研机构，学科齐全、布局合理、国内外影响广泛。全院以解决渔业产业发展过程中基础性、方向性、前沿性、关键性重大科技问题为使命，依靠科技创新不断提升渔业发展质量、效益和竞争力，在现代渔业的前沿科学研究、核心技术研发及成果转化应用等方面充分发挥作用，为我国渔业快速发展、渔民持续增收、渔村渔港的建设做出了应有贡献。

截至2021年年底，全院在职职工3 039人，其中中国工程院院士3名，“国家高层次人才特殊支持计划”、“百千万人才工程”国家级人选、“创新人才推进计划”等高层次专家61人，现代农业产业技术体系首席科学家3人、岗位科学家69人。全院共有各类科技创新平台111个，其中，国家实验室功能实验室1个、联合实验室1个，国家地方联合工程实验室（中心）2个，国家野外台站1个，国家种质资源平台2个；世界动物卫生组织（OIE）参考实验室2个；省部级重点实验室、工程技术中心和野外台站等平台75个；院级实验室、工程中心等平台27个。试验基地38个，总占地面积7 400多亩。重大科技基础设施10个，包括国家海水种质资源库1个，渔业科学调查船9艘。

2021年，中国水产科学研究牢牢把握“十四五”发展战略目标和重大任务，着力深化“科技创新一体化、科技兴渔一体化、现代院所建设一体化”发展，更加注重科技创新、人才强基、开放融合、系统布局，积极推进管理改革和机制创新，稳步提升科技创新供给的质量与效率，加快科技自立自强，加速实现“一流院所、两个中心、三个基地”。科技创新方面，全年新上科研项目1 180项，合同经费总额达6.06亿元。“鲆鲽鱼类分子育种技术创建与良种培育”和“稻渔生态种养关键技术创新与应用”荣获神农中华农业科技一等奖。黄海所和渔机所参与的研究成果荣获2020年度国家科技进步奖二等奖。全年发表论文1 711篇，其中SCI或EI收录862篇；出版专著22部；获软件著作权344项；获授权专利587件。创新了一批基础理论，培育了一批新品种，攻克了一批核心关键技术，研制了一批养殖设施装备。启动实施院种业创新攻关计划。牵头承担第一次全国水产养殖种质资源调查并顺利完成2021年调查任务。国家海洋渔业生物种质资源库落成启用。科技支撑方面，稳步推进院乡村振兴科技支撑行动，开展了东营海参、昆山大闸蟹、仙桃黄鳝等一批品种与地域相结合的技术支撑活动，带动形成多个数十亿元的产业示范区。国内协作方面，推动“科企科地结合”，签署合作协议150余项。联合建立产业研究院4个，与青岛国信集团共建深蓝渔业产业研究院，推动深远海养殖产业发展；联合昆山市成立阳澄湖大闸蟹产业研究院，开展阳澄湖大闸蟹品质遗传改良。国际合作方面，与FAO联合发起成立了全球水产养殖可持续发展联盟，筹建的我国首个FAO水产养殖抗微生物药物耐药性（AMR）和生物安保参考中心并正式授牌。高层次人才培养获得重大突破，陈松林研究员当选中国工程院院士。

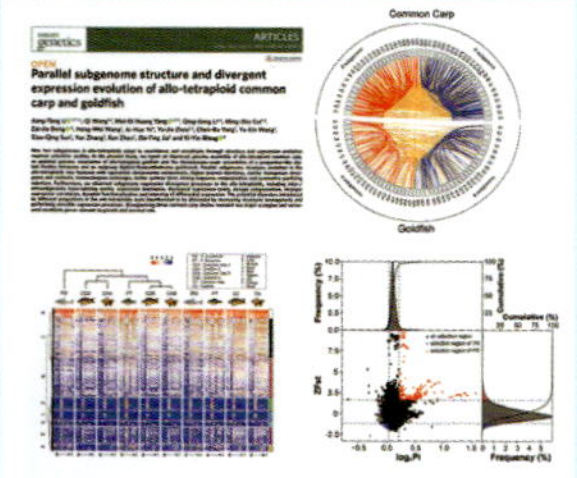

中国水产科学研究院水产生物遗传大数据研究与应用创新团队在鲤亚基因组适应性进化及选育机制上取得新进展，并在国际遗传学顶级期刊《自然 遗传学》发表文章（影响因子38.3）

中国水产科学研究院人才工作会在北京召开

广东省渔业综合发展情况

2021年，广东省渔业渔政工作在农业农村部的悉心指导下，全省各级渔业主管部门坚持以习近平新时代中国特色社会主义思想为指导，按照省委、省政府的部署，认真落实各项渔业政策，努力化解疫情不利影响，持续保持攻坚态势，水产品总产量保持增长，现代渔业获得长足发展。渔业经济总产值、水产品总产量连续多年位居全国前列。

2021年，广东省水产品总产量885万吨，比上年增长1.0%。其中海洋捕捞产量（不含远洋）112 万吨，下降0.4%远洋渔业6 万吨，下降1%内陆捕捞产量8.9万吨，下降9%全省水产养殖产量758万吨，增长2.4%。海水养殖产量335万吨，增长1.1%；淡水养殖产量423万吨，增长1.8%。水产养殖面积保持平稳，其中海水养殖16.68万公顷，淡水养殖31.02万公顷。2021年广东省渔业经济总产值4 050亿元，其中水产品产值（第一产业）1 763 亿元，增长8.3%。广东省水产品供给充足，水产品质量稳步提升，为丰富城乡居民“菜篮子”供给、稳定农产品价格、保障食品安全发挥了积极作用。

广西渔业综合发展情况

2022年，广西渔业以习近平新时代中国特色社会主义思想为指导，深入贯彻落实习近平总书记对广西“五个更大”重要要求、视察广西“4·27”重要讲话和对广西工作系列重要指示精神，立足区位优势和资源禀赋，牢固树立大食物观，全面提高渔业质量和竞争力。据农业农村部渔业渔政管理局数据显示，2022年广西水产品总产量达363.77万吨，同比增长3.07%，比上一年度高出0.46个百分点。

顶层设计方面，制定印发《广西“十四五”渔业高质量发展规划》《广西“十四五”大水面生态渔业高质量发展规划》等政策，组织编写《推进广西现代渔业高质量发展实施方案》《广西“十四五”稻渔综合种养产业规划》等文件，为渔业高质量发展奠定基础。资金争取方面，2022年中央下达广西渔业发展补助资金30 079万元，同比增长99.96%，创历史新高，增额和增幅均高于周边沿海省份。典型工作方面，2022年8月，在农业农村部“十四五”全国渔业高质量发展推进会上作了题为“大力发展稻螺综合种养，助推螺蛳粉产业做大做强”的典型经验发言。广西陆基圆池循环水养殖模式推广效果显著，截至2022年年底已建成超过1.3万个，数量和规模在全国名列前茅。示范创建方面，指导贵港市桂平市（以县级人民政府为主体）、广西盛博渔业有限公司（以生产经营单位为主体）、桂林市一驱渔业有限责任公司和临桂县宏福水产养殖专业合作社联合体（以生产经营单位为主体）、北海市鲔丰水产有限公司（以生产经营单位为主体）等顺利通过考核验收，成功获评2022年度国家级水产健康养殖和生态养殖示范区。

稻渔综合种养模式

拱棚小池塘对虾养殖模式

广西首个大型立体平台型桁架式深海网箱

陆基圆池循环水养殖车间

深水网箱养殖金鲳鱼起捕现场

新型贝类养殖浮筏

上海海洋大学

上海海洋大学是一所以水产、海洋、食品学科为特色，农、理、工、经、管、文、法等学科协调发展的多科应用研究型大学，是上海市人民政府与农业农村部、国家海洋局共建高校。2017年9月入选国家“世界一流学科建设高校”，2022年2月入选第二轮“双一流”建设高校及建设学科名单。

上海海洋大学

学校前身是张謇、黄炎培创建于1912年的江苏省立水产学校，1952年升格为新中国第一所本科水产高校——上海水产学院，1985年更名为上海水产大学，2008年更名为上海海洋大学。学校的校训是“勤朴忠实”，创校使命是“渔界所至，海权所在也”，办学传统是“把论文写在祖国的江河湖泊和世界的大洋大海上”。

上海海洋大学校园风景

学校现有上海市浦东新区沪城环路、杨浦区军工路2个校区，设14个学院（部），现有全日制在校本科生12 000余人、全日制在校研究生5 000余人。

学校拥有1个国家重点学科、9个省部级重点学科，学校水产学科入选国家“世界一流学科”建设行列，在全国第四轮学科评估中获A+评级，植物与动物科学、农业科学、环境/生态、·工程学、生物学与生物化学5个学科跻身ESI国际学科排名全球前1%。拥有水产、海洋科学、食品科学与工程、生物学4个一级学科博士学位授权点、14个一级学科硕士学位授权点、8个硕士专业学位授权点；43个本科专业（含专业方向），其中国家特色专业5个，国家级一流本科专业建设点8个，形成了“本科-硕士-博士”较为完备的人才培养体系。

远洋渔业资源调查船“淞航”号

学校现有教职工1 500余人，其中，教学科研人员800余人。具有高级专业技术职务490余人，校内博士生导师、硕士生导师570余人。拥有国家级各类人才26人次、省部级各类人才173人次，享受国务院特殊津贴人员57人，国务院第八届学科评议组成员2人，教育部高等学校教学指导委员会委员7人。

学校建有国家级实验教学示范中心、国家级虚拟仿真实验教学项目等实践教学平台、国家远洋渔业工程技术研究中心、国家海洋生物科学国际联合研究中心、国家大学科技园等30余个省部级及以上平台。拥有远洋渔业资源调查船“淞航”号，以及获得CNAS、CMA、DNV GL和USCG多重资质认证的船舶压载水实验室。创办水产类英文期刊*Aquaculture and Fisheries*，主办的《水产学报》获“中国百强期刊”“中国精品期刊”“百种中国杰出学术期刊”等称号。

2011年以来，学校在自然科学和人文社会科学方面取得多项突破性研究成果，以第一完成单位获省部级及以上奖励30余项。注重发挥学科与科研特色优势，服务社会成果显著。2011年以来辅导台湾地区苗栗县农户养殖大闸蟹，开创两岸农业合作范例；组建“渔业科技教授博士服务团”遍及全国开展科技服务，助力西藏、新疆、陕西、贵州等地精准扶贫，项目入选教育部第二届省属高校精准扶贫精准脱贫典型项目、第五届省属高校精准帮扶典型项目；远洋渔业国际履约团队入选教育部首批全国高校黄大年式教师团队。

学校积极拓展对外合作，与美国、日本、韩国、德国、葡萄牙、澳大利亚、加纳等国家（地区）的140多所高校、科研机构签订合作协议，连续两期入选中日韩三国政府主导实施的“亚洲校园”项目，与联合国粮农组织、亚洲水产学会等国际组织有密切交流与合作，为师生进一步拓展国际化视野、培养国际交往能力、提升国际竞争力提供了平台。

学校新时代的发展目标是：到2035年，成为在国际上有重要影响的高水平特色大学；到21世纪中叶，将学校建设成为世界一流特色大学。

广东海洋大学

广东海洋大学是广东省人民政府和自然资源部共建高校，是一所以海洋与水产学科为特色、多学科协调发展的综合性海洋大学，是广东省高水平大学重点学科建设高校。

广东海洋大学始于1935年创立的广东省立汕头高级水产职业学校，是广东现代海洋水产教育的发端。经过88年的建设发展，成为一所海洋和水产特色鲜明的广东省高水平学科建设大学。学校拥有湛江、阳江等四个校区，拥有83个专业，在校本科生、研究生4万余名。学校秉承立校初心，矢志海洋使命，以实现高水平科技自立自强、建设海洋强国为己任，在服务广东海洋经济高质量发展中展现担当作为，朝着国内一流、国际知名高水平海洋大学的办学目标不断迈进。

（一）坚持依海传志，牢记海洋使命

广东海洋大学全面贯彻党的教育方针，坚持社会主义办学方向，落实立德树人根本任务，坚决扛起海洋科技自立自强的使命担当和培养海洋创新人才的时代重任，秉承“坚韧不拔 自强不息”海大精神，以高质量党建引领学校高质量发展。

（二）坚持依海筑峰，提升学科水平

学校坚守“崇尚学术、谋海济国”的价值追求，坚持科技创新驱动，制定学校“五海”（海空、海面、海下、海底、海边）立体发展战略，构筑“5+1+N”大海洋学科体系，加快提升水产、海洋科学、食品科学与工程、船舶与海洋工程、作物学等广东省高水平大学重点建设学科水平，重点培育海洋经济管理学科群，积极推进11个国家级一流本科专业和1个国家级综合改革试点专业建设。目前植物学与动物学学科、工程学学科、农业科学学科3个学科进入ESI全球前1%学科。

（三）坚持依海育人，培育海洋英才

学校坚持“人才兴海”战略，不断加强海洋科技人才自主培养能力。建校88年来，为国家及地方培养了30多万毕业生，涌现出了以中国四大家鱼全人工繁育之父钟麟，新中国第一位远洋船长陈宏泽，全国脱贫攻坚先进个人刘宗晓、冯帮邢、钟奕苑，全国人民满意公务员荆花等为代表的一大批海洋优秀人才，坚定不移走好人才自主培育之路。

（四）坚持依海创新，助力海洋兴业

学校坚持服务海洋强国、乡村振兴等国家重大战略，围绕区域发展需求，聚焦海洋科技领域的关键核心技术，坚持有组织科研，在生物育种、海洋牧场和智慧海洋等领域加强原创性、引领性海洋科技攻关。积极构建校—地—企海洋创新联合体，共同打造南方海洋科学与工程广东省实验室（湛江），充分发挥国家耐盐碱水稻技术创新中心华南中心、南海海洋牧场装备广东省重点实验室和深圳研究院等创新平台作用，创建三沙永兴岛耐盐果菜种植示范基地，获批建设了全国首个省级南美白对虾现代种业产业园。

广东省政府党组成员陈良贤、时任市委书记刘红兵现场调研广东海洋大学校企共建雷州海水珍珠科技小院

广东海洋大学科研团队突破了章红鱼人工繁殖和规模化苗种培育技术

广东省委常委、副省长王曦听取广东海洋大学汇报“广东省南美白对虾种业产业园”建设情况

广东海洋大学大力推进硇洲大黄鱼种质资源开发与利用

广东海洋大学校门

学校全貌

大连海洋大学

大连海洋大学是我国北方地区以海洋和水产学科为特色，农、工、理、管、文、法、经、艺等学科协调发展的多科性高等院校。学校创建于1952年，前身为东北水产技术学校，1958年升格为大连水产专科学校，1978年升格为大连水产学院，2000年由农业部划转辽宁省管理，2010年经教育部批准更名为大连海洋大学。

学校坐落于美丽的海滨城市大连。有黄海校区、渤海校区和瓦房店校区3个校区，占地面积67万平方米，教学、科研使用海域面积67万平方米，总建筑面积41万平方米。学校现设有15个学院、1个教学部。有教职工1 200余人，全日制在校生近18 000人。有一级学科硕士学位授权点12个、二级学科方向46个，有硕士专业学位授权类别7个、领域22个，有52个本科专业。2017年，学校入选辽宁省一流大学重点建设高校。

学校学科体系完善，优势特色学科明显。水产一级学科为辽宁省“双一流”建设学科，以水产学科为依托的农学领域“植物与动物科学”学科进入ESI全球排名前1%，该学科在教育部第四轮学科评估中并列第四。拥有国家级多学科协同创新平台——大连海洋大学新农村发展研究院。学校承担了国家重点研发计划、国家自然科学基金等各级各类科研项目2 418项，其中国家级149项、省部级677项。获批中间球海胆大金、菲律宾蛤仔斑马蛤、菲律宾蛤仔白斑马蛤和虾夷扇贝明月贝4个水产新品种。

学校拥有一支结构相对合理，学科领域覆盖较全的师资队伍，有专任教师824人，其中高级职称419人。目前，有“双聘院士”5人，国家杰出青年基金获得者1人，国家创新人才推进计划2人，973项目首席科学家1人，863项目首席科学家1人，国家百千万人才工程人选2人，全国优秀教师1人，教育部新世纪优秀人才支持计划1人，教育部教学指导委员会副主任委员2人、委员2人，农业农村部贝类产业技术体系首席科学家1人，农业农村部产业技术体系岗位专家4人，农业农村部农业科研杰出人才3人，辽宁攀登学者1人，辽宁特聘教授5人，辽宁杰出科技工作者2人，享受各级政府特殊津贴11人。

学校先后与世界18个国家（地区）的93所院校（机构）签订了友好协议，拥有新西兰奥塔哥理工学院“3+1”合作举办机械设计制造及其自动化专业本科教育项目。

学校拥有浓厚的蓝色育人氛围，形成了以“学贯江海、德润方厚”的校训精神和“兼容并蓄、追求卓越”的大海大精神为核心的蓝色大学文化特色。坚持弘扬以伟大建党精神为源头的中国共产党人精神谱系，用社会主义核心价值观铸魂育人，大学生思想政治教育成效显著。抗击疫情过程中，涌现出来的大海大青年抗疫突击队“风雪中移动的雕塑”事迹，所展现出的“信念坚定、风雨同舟、勇往直前、甘于奉献”青年抗疫突击队精神品格，成为激励广大师生同心同德抗疫情、凝心聚力谋发展的强大精神动力。

站在新的历史起点，学校将全力贯彻落实党的教育方针，以建设“蓝色大学”为发展理念，朝着高水平海洋大学奋斗目标加速迈进！

教育部高等学校科学研究优秀成果奖二等奖

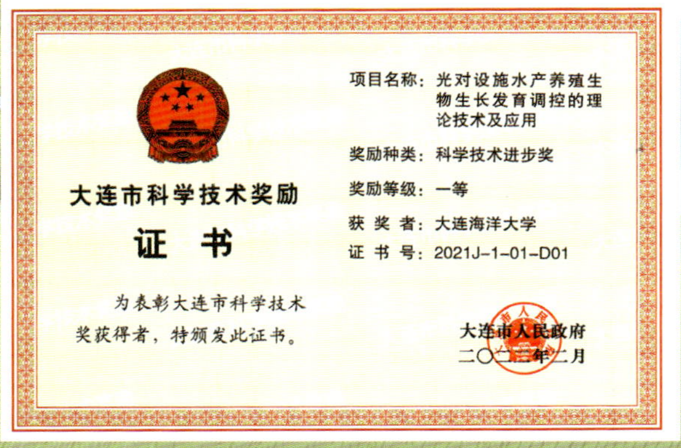

2021年大连市科学技术进步奖一等奖

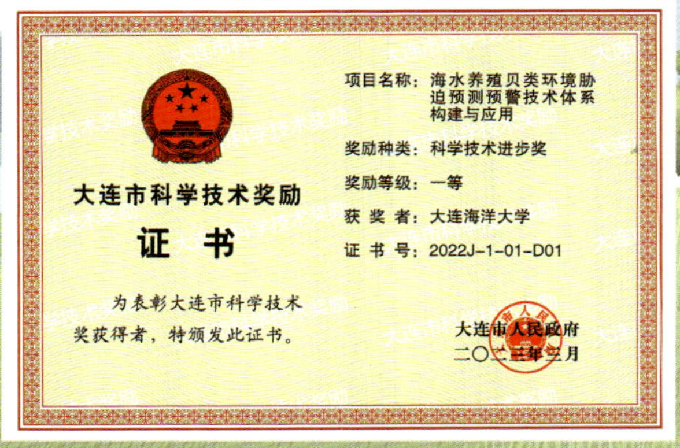

2022年大连市科学技术进步奖一等奖

宁波大学海洋学院

宁波大学海洋学院科研南楼

宁波大学海洋学院是全国高校党建工作标杆院系。学院成立于2011年11月，因国家海洋局与宁波市政府共建宁波大学涉海学科而新建。前身为生命科学与生物工程学院，由原浙江水产学院水产系和原宁波师范学院生物系合并而成，办学历史迄今已有60余年。

学院现有的水产养殖学、生物技术专业均被认定为国家一流本科专业建设点。现有水产、生物学一级学科博士点，农业专业硕士学位点。已具备本硕博完整的高层次人才培养体系。2022年，水产学科获软科中国最好学科全国排名第三。学院支撑学校动植物学科、农业学科、环境与生态学、生物学与生物化学、毒理学和病理学等5个学科进入全球ESI前1%。

学院有教职工165名，其中42名具有正高职称、55名具有副高职称；博士126名；博导41人。拥有全职院士、共享院士各1名，享受国务院特殊津贴人员2名，“国家优秀青年科学基金”“青年科技奖”获得者、国务院学位委员会水产学科评议组成员各1名，农业农村部岗位科学家3名，省级“151”等各类人才26名，一支黄大年式教师团队。学院目前有在校本科、研究生1 500余名。

2022年学院新获农业农村部绿色海水养殖重点实验室（省部共建）建设，现拥有海洋生物技术与工程国家联合实验室等国家、省重大科研平台13个，同时入选国家水产种业阵型企业技术支撑专业化平台；学院教师获科研立项资助87项，其中国家自然科学基金15项，科研项目到位经费4 295万元；学院教师公开发表论文274篇，其中SCI收录238篇，4篇论文列入ESI高被引；获授权专利52件；“海蟹安家黄河边，盐碱瘠土变良田”项目入选第三届全球减贫优秀案例。

获全国农业专业学位研究生教育指导委员会实践教学成果奖特等奖1项，省级研究生教学成果奖二等奖1项，获浙江省优秀博士论文提名论文1篇、浙江省优秀硕士论文学位论文2篇。获浙江省线上一流课程3门，获农业农村部“十四五”规划教材2项，“十四五”省级规划教材立项2项。

获第八届中国国际“互联网+”大学生创新创业大赛金奖4项、铜奖1项、最佳带动就业奖1项（全国2项）。

宁波大学海洋学院中试基地

宁波大学海洋学院中试基地养殖系统

江苏省淡水水产研究所

江苏省淡水水产研究所以提升全所科技自主创新能力和促进江苏渔业发展为宗旨，围绕渔业增效、渔（农）民增收目标，集中优质资源，开展产业共性技术和关键技术研究、集成和示范推广，着力解决制约水产种业发展中的“卡脖子”问题，高标准、严要求做好新形势下内陆水域水生生物资源监测及评价体系建设。

着力加强种业创新，建立特色品种优势。把握种业发展主题，紧紧围绕江苏优势品种，承担十余项种业相关科研项目，建立“3355”种业发展格局，在全国省级科研院所中名列前茅。包括国家虾蟹产业技术体系克氏原螯虾种质资源与品种改良、国家虾蟹产业技术体系中华绒螯蟹种质资源与品种改良、国家特色淡水鱼产业技术体系鮰种质资源与品种改良3名岗位科学家，河蟹、大宗鱼、克氏原螯虾3个省体系种质岗位，中华绒螯蟹、克氏原螯虾、斑点叉尾鮰、沙塘鳢、黄颡鱼（参与）等5个渔业重大新品种创制项目，中华绒螯蟹、克氏原螯虾、鳜鱼等5个江苏省种业振兴“揭榜挂帅”项目。以稳定提高良种覆盖率、有效提升种业创新、良种保供及产业支撑能力为目标，重点针对种质资源混杂、优良性状退化、资源利用率低等水产种业突出问题，围绕种质资源鉴定、优异基因挖掘、育种技术研究、核心种源培育等开展攻关，推进优质抗逆新品种（系）选育进程，建立以产业为主导、基地为依托、产学研相结合、“育繁推”一体化的新型现代种业体系，实现保种、育种、制种、扩繁、推广全链条闭循环运行。

成功挂牌江苏站，加强渔业资源保护。在江苏省长江以北内陆水域开展大规模、专业化、标准化、系统化的水生野生动物资源普查，调查遍及8个地级市内陆水域137个样区，基本摸清江苏长江以北内陆水域野生生物种类、资源状况及分布地点。连续多年对长江江苏段、五大省管湖泊开展渔业资源与环境监测，覆盖范围逾6 000平方千米，监测点位100余个，初步构建覆盖江苏重要内陆水域的监测体系。加强渔业资源保护机构建设，提高公益服务能力，牵头成立江苏省内陆水域渔具渔法鉴定中心，为江苏省渔政执法、渔业管理、“两法衔接”等工作提供技术保障。挂牌建立农业农村部长江流域水生生物资源监测江苏站，统筹开展江苏省长江流域重点水域水生生物资源监测工作，落实监测点位，细化监测内容，建强监测队伍，进一步推进江苏水生生物监测体系的建立健全，为长江流域禁渔效果评估和水生生物完整性指数评价提供有力支撑。

渔具渔法鉴定中心

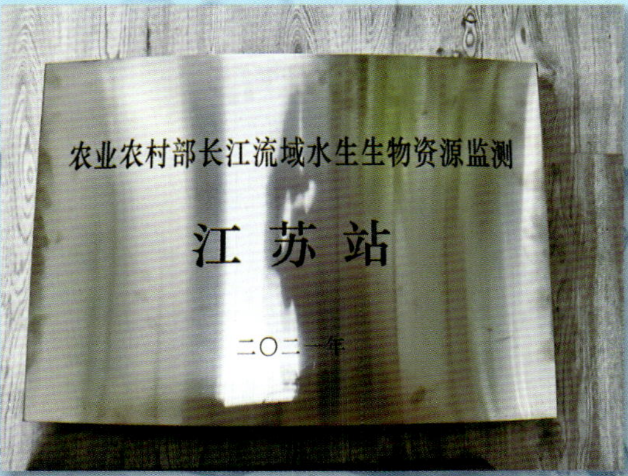

浙江省淡水水产研究所

浙江省淡水水产研究所

浙江省淡水水产研究所成立于1952年，所本部位于湖州市吴兴区，为省级公益二类事业单位，系浙江省农业农村厅所属的综合性淡水渔业研究机构。现有在编职工80人，享受国务院特殊津贴人员2人，入选浙江省新世纪“151”人才工程7人、湖州市“1112”人才工程13人、湖州市“南太湖特支计划”4人，研究生导师9人。

作为省级淡水科研院所，浙江省淡水水产研究所依托农业农村部淡水渔业健康养殖重点实验室、中国水产科学研究院鱼类免疫与病害防控重点实验室等国家创新平台，坚持一体化推进农业科技创新、成果转化与公共服务，探索出一条科技强农、服务惠农的共同富裕之路。

（一）提升种业科技创新，全力推动水产种业科技自立自强、种源自主可控。一是摸清全省水产种质“家底”，开展全省水产种质资源普查，收集、鉴定水产种质资源240份，活体保存钱塘江、太湖等流域的21种土著鱼类。二是育成一批国家新品种。育成罗氏沼虾南太湖2号、南太湖3号，翘嘴鲌全雌1号，太湖鲂鲌4个国家水产新品种，罗氏沼虾良种覆盖率超60%，翘嘴鲌良种覆盖率超40%。三是培育一批育繁推一体化种业骨干企业。指导建设育繁推一体化的种业骨干企业50家，其中2家入选国家种业阵型企业。

（二）优化水产养殖模式，着力推进产业增效、农民增收。一是稻渔综合种养模式助力粮食安全。搭建“跑道”或立体陆基帆布养殖桶，探索一季鱼苗标粗水稻轮作模式，实现亩产鱼苗6万尾、水稻550千克；创新虾塘水面种稻技术，实现亩产水稻485千克。二是生态养殖模式助力高质高效，优化生态高效养殖模式技术8种。三是智慧渔场模式助力提档升级，利用数字技术精准赋能养殖产业，绘制罗氏沼虾知识图谱，基地120台套设备全部实现物联网，成功入选全省第一批数字渔场。

罗氏沼虾“南太湖3号”

（三）创新绿色低碳养殖技术，生动践行“绿水青山就是金山银山”的理念。一是创新水产疾病绿色防控技术。发现并鉴定水产动物流行性新病原13种，创制渔用疫苗产品10种，建立鱼药安全使用技术示范县2个，实现抗生素减量使用30%以上，渔民经济损失减少10%以上。二是支撑八大水系科学禁渔。举办浙江省全国放鱼日专项活动，放流珍稀物种21.6万尾。三是创新养殖尾水治理工艺。率先提出“三池两坝”治理模式，已列入农业农村部渔业主推技术，在浙江、安徽等地10余省市推广应用，辐射面积120余万亩。

翘嘴鲌“全雌1号”

（四）创新农技推广模式，全力打通科技助农“最后一公里”。一是坚持把科技论文写在大地上。通过选派科技特派员、创建渔业健康养殖示范县（场）、指导建立专业合作社等形式，促进渔民共同富裕和集体经济发展。二是坚持让科技人员“沉”下去。组织开展“百名科技人员结对百个养殖基地活动”，结对养殖基地400余个，培训渔（农）民6万余人次。三是坚持让科技成果“活”起来。积极探索科技成果转化新招式，组织全所力量开展全链条式技术服务，着力构建现代产业体系，推动形成产值超50亿元的罗氏沼虾产业链。

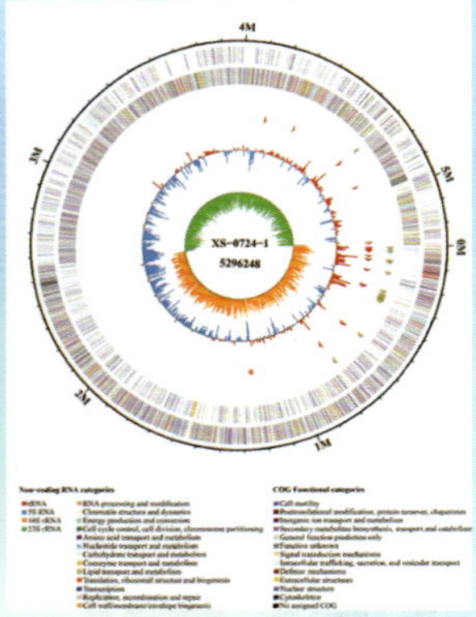

蜡样芽孢杆菌的全基因组图

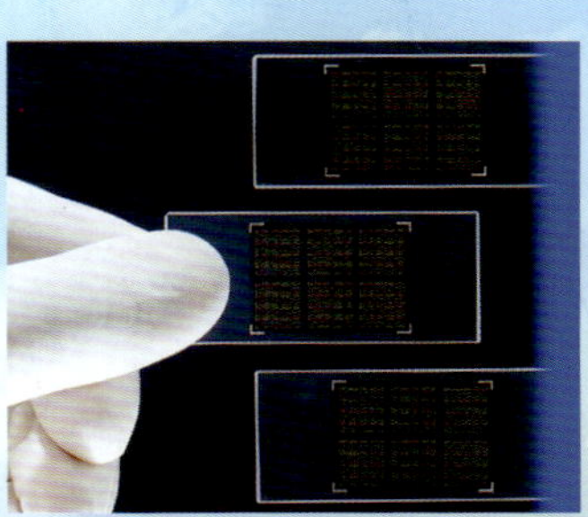

翘嘴鲌生长性状相关芯片

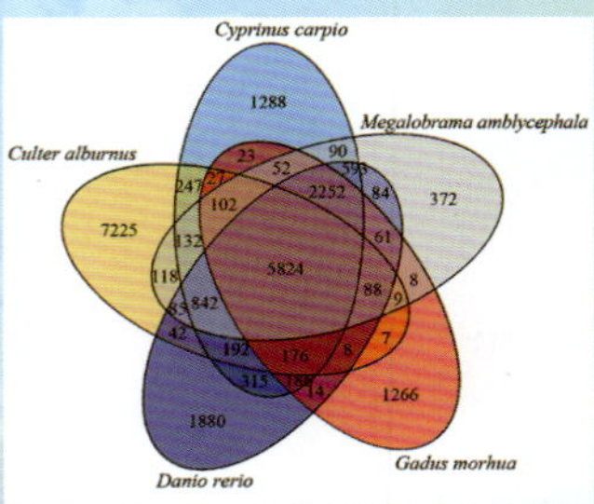

5种硬骨鱼基因家族韦恩图

東方海洋®
ORIENTAL OCEAN

国家海藻与海参工程技术研究中心

国家海藻工程技术研究中心2006年经科技部批准建设，依托单位为山东东方海洋科技股份有限公司。2014年经科技部批准更名为“国家海藻与海参工程技术研究中心”，主要进行海藻与海参的育种、育苗、养殖和加工技术开发。目前已拥有设施先进、功能配套的种质保存-新品种培育-苗种繁育-栽培技术配套-精深加工-产业化推广一体化的科研及生产技术平台，居同行业领先水平。中心具备较强的工程化开发能力，取得多项国际先进的科技成果，“十二五”以来，中心共承担各级研发项目51项，其中国家级项目16项。取得新品种权3件、获授权发明专利41件，实用新型专利26件，参与制定国家标准5个，行业标准6个，获国家科技进步二等奖1项、山东省科技进步一等奖3项、二等奖2项、三等奖1项。形成技术集成度、配套性高，稳定性、可靠性强的工程化技术体系20多项，其中15项已在生产中应用。

白刺参

海带苗

大叶藻

紫刺参

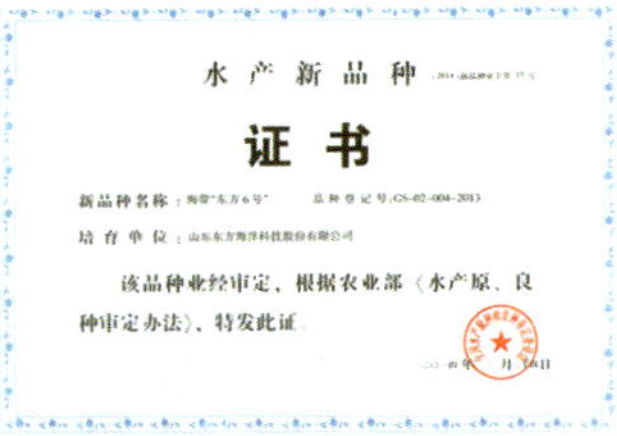

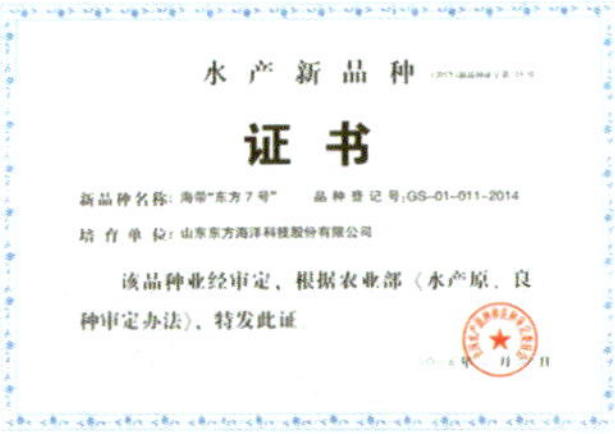

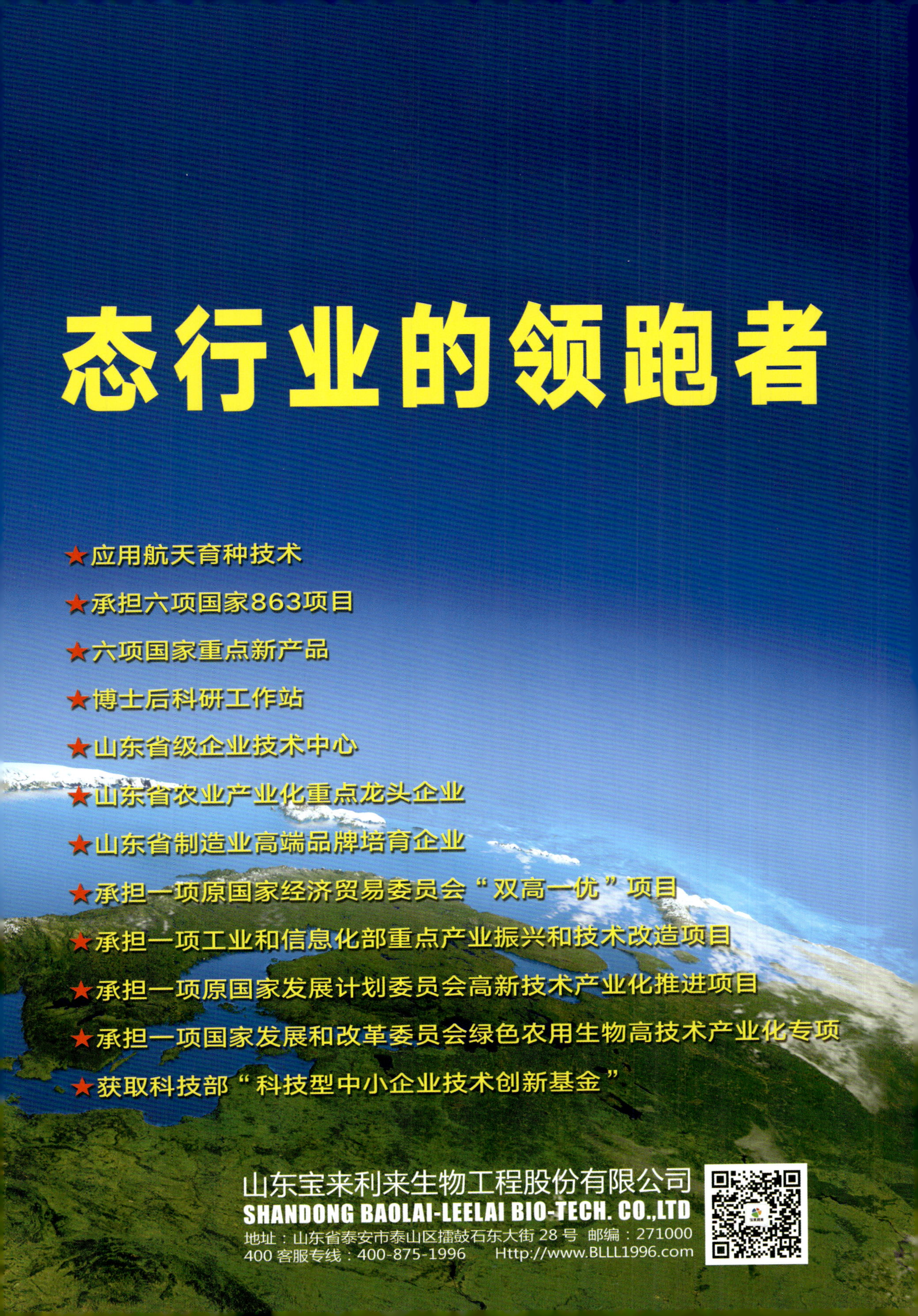
态行业的领跑者
★应用航天育种技术
★承担六项国家863项目
★六项国家重点新产品
★博士后科研工作站
★山东省级企业技术中心
★山东省农业产业化重点龙头企业
★山东省制造业高端品牌培育企业
★承担一项原国家经济贸易委员会“双高一优”项目
★承担一项工业和信息化部重点产业振兴和技术改造项目
★承担一项原国家发展计划委员会高新技术产业化推进项目
★承担一项国家发展和改革委员会绿色农用生物高技术产业化专项
★获取科技部“科技型中小企业技术创新基金”
山东宝来利来生物工程股份有限公司
SHANDONG BAOLAI-LEELAI BIO-TECH. CO.,LTD
地址：山东省泰安市泰山区擂鼓石东大街28号 邮编：271000
400客服专线：400-875-1996 Http://www.BLLL1996.com

中水集团远洋股份有限公司

中水集团远洋股份有限公司（下称公司）是由中国农业发展集团有限公司（下称集团）作为实际控制人的、主要从事远洋渔业和国际经贸合作开发的股份制上市企业，是集团远洋渔业板块整合资源的平台。公司股票于1998年2月在深圳证券交易所A股市场挂牌交易（股票代码000798）。目前公司总股本3.66亿元，集团占有股份52.55%，社会股东占有股份47.45%，当前市值约为40亿元。公司在境内外设有10多个分支机构。从业人数超过1 000人。

公司现有低温金枪鱼钓、超低温金枪鱼钓、水产品加工贸易三个业务板块。公司拥有国际渔业组织分配给中国的全部北方蓝鳍金枪鱼珍贵配额，拥有74艘金枪鱼作业渔船，在太平洋、印度洋、大西洋和部分国家专属经济区作业，是国内领先的金枪鱼延绳钓专业公司，在金枪鱼钓渔船装备、生产能力、管理技术、人才储备等方面处于国内领先水平。

公司依托良好的资金保障、扎实的主业基础、强有力的股东支持，资产规模位居我国远洋渔业企业前列。凭借良好的资源获取能力、突出的集约管理能力以及良好的经营管理团队和企业文化，公司致力于成为具有行业重要影响力的国际现代化渔业企业，最终成为具有国际竞争力的世界一流渔业企业。

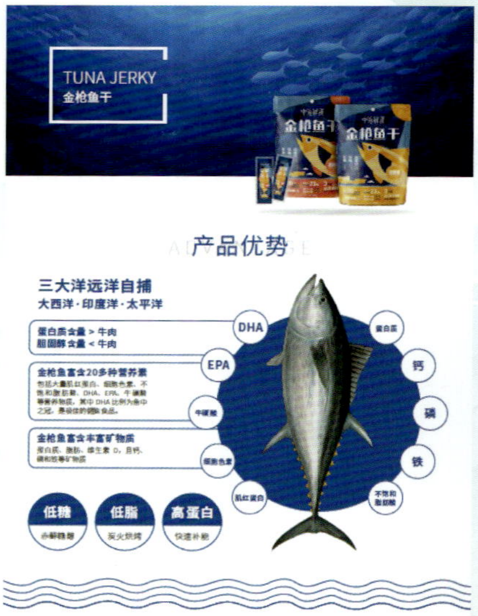

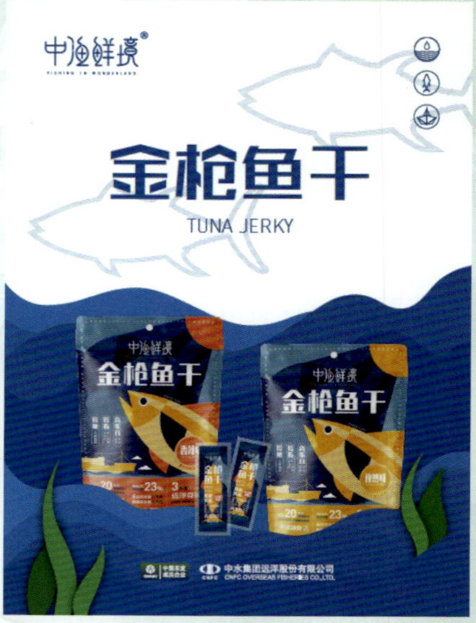

河北皓海集团

河北皓海集团（以下简称集团），前身是河北农业大学水产学院饲料药物添加剂厂（1986年），在河北省畜牧局、兽药监察所和政府相关部门的大力支持下于2001年1月成立。为响应农业部关于兽药生产企业符合兽药GMP标准生产的要求，集团于2007年通过农业部GMP认证，生产剂型有粉剂/散剂/预混剂、杀虫剂(固体、液体)、消毒剂(固体、液体)、中药提取、水质改良剂等，分别于2013年和2018年两次通过GMP复检。先后获得秦皇岛市知名商标企业、河北省质量诚信AAA品牌企业、AAA重合同守信用企业、中国国际智慧渔业博览会金奖企业、中国水产动保最具成长性企业。

集团旗下有河北皓海生物科技有限公司、南京景晨生物科技有限公司、天津慧农惠渔生物科技有限公司、沧州美新生物科技有限公司、九鑫农业生物科技有限公司5家全资子公司。另外在全国设置东北销售分公司、华北销售分公司、华东销售分公司、华中销售分公司、华南销售分公司以及西南销售分公司等6个销售分公司。

集团于2020年11月投资1.95亿元开工新建欧盟标准GMP净化工厂，占地60余亩，受到了河北省各级领导关心与支持！在《当代水产》杂志社举办的中国水产动保行业峰会上，荣获中国水产动保年度优秀企业称号。集团已经着手启动天津慧农惠渔生物科技有限公司新零售电商网络销售平台，更高效、快捷地服务终端客户。集团相信，通过严格的质量把关和优良的技术服务，定能为广大养殖户步入小康生活、建设和谐社会，贡献水产人应有的力量。

地址：河北秦皇岛市海港区海阳温家洼工业园
电话:0335-8386099
传真:0335-8383277
邮编:066000
网址:www.hhswkj.com
E-mail:haohaishengwu@163.com

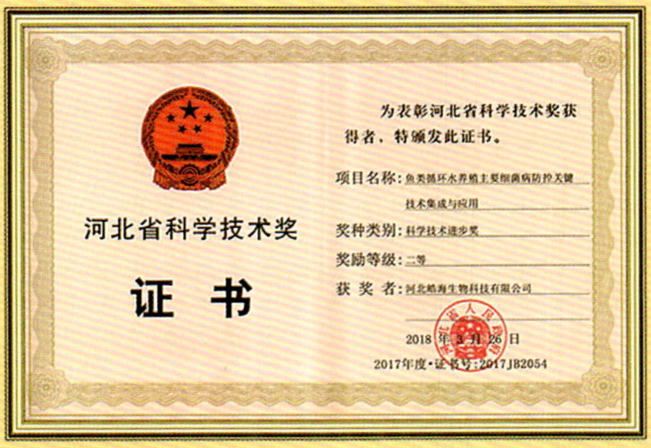

编 辑 说 明

一、《中国渔业年鉴》由农业农村部主管，农业农村部渔业渔政管理局主持编撰，中国农业出版社有限公司中国渔业年鉴编辑部负责编辑、出版。

二、本年鉴是一部反映中国渔业年度基本情况的权威性资料工具书，每年出版一卷，以出版年份标序。

三、本年鉴所载资料全部截止到2022年年底。

四、年鉴文稿主要由全国渔业行政机构、企事业和科研单位、水产院校等部门的管理人员和专业技术人员撰写。全部文稿由中国渔业年鉴编辑部负责编辑修改或删节，由农业农村部渔业渔政管理局审定后发表。

五、各省、自治区、直辖市及计划单列市，按全国行政区划顺序排列。

六、各类资料数据均未包括台湾省和香港与澳门特别行政区。

七、本年鉴在编撰过程中，得到全国各级渔业行政主管部门和有关单位的大力支持，在此表示衷心感谢。

目　录

发展综述

渔业管理

长江流域渔政管理

各 地 渔 业

全国渔业重点事业单位

渔业社会团体

法律法规文献

渔业经济统计

领 导 讲 话

2021 年渔业大事记

索 引

发 展 综 述

全国渔业发展概况

【概况】 2021年，面对新冠疫情和国内外经济发展复杂多变的环境，全国渔业系统以习近平新时代中国特色社会主义思想为指导，贯彻落实党中央、国务院和农业农村部党组有关决策部署，统筹疫情防控和渔业经济发展，坚持稳字当头、稳中求进工作总基调，全面贯彻新发展理念，围绕稳产保供重点任务，推动渔业高质量发展，渔业经济保持较好发展态势。全国水产品总产量6 690.29万吨，比上年增长2.16%；按当年价格计算，全社会渔业经济总产值29 689.73亿元，其中渔业产值15 158.63亿元，渔业工业和建筑业产值6 155.16亿元，渔业流通和服务业产值8 375.93亿元；全国渔民人均纯收入23 442.13元，比上年增长7.35%。

1.渔业生产总体稳定 全国渔业养殖产量5 394.41万吨，同比增长3.26%，捕捞产量1 295.89万吨，同比下降2.18%，养殖产品与捕捞产品产量比例为80.6∶19.4。海水产品产量3 387.24万吨，同比增长2.20%，淡水产品产量3 303.05万吨，同比增长2.11%，海水产品与淡水产品产量比例为50.6∶49.4。其中，远洋渔业产量224.65万吨，同比下降3.03%，占水产品总产量的3.36%。全国水产品人均占有量47.36千克，比上年增加0.97千克、上涨2.09%。

2.“十四五”渔业发展谋篇布局 全国畜牧渔业工作会议在重庆市召开，李克强总理作出批示，胡春华副总理出席会议并讲话。会议指出，畜禽水产品是国家粮食安全的重要组成部分，要以高质量发展确保供给安全，破解资源环境等制约。《“十四五”全国渔业发展规划》正式印发，提出“十四五”期间坚持“稳产保供、创新增效、绿色低碳、规范安全、富裕渔民”的工作思路，明确“提升水产品稳产保供水平、提升渔业产业现代化水平、提升行业治理水平、促进渔业资源可持续利用、促进渔业安全发展、促进合作共赢”的重点任务。经国务院同意，财政部、农业农村部印发通知，实施新一轮渔业发展支持政策，构建与渔业资源养护和产业结构调整相协调的新时代渔业发展支持政策体系，为渔业现代化建设提供坚实保障。

3.长江十年禁捕实现平稳起步 长江禁捕政策体系框架基本搭建，出台《长江水生生物保护管理规定》《长江十年禁渔工作“三年强基础”重点任务实施方案》和《长江生物多样性保护实施方案（2021—2025年）》，细化禁捕退捕各项政策措施。退捕渔民生计水平总体改善，落实中央财政补助资金130亿元，推动各地配套落实资金131.77亿元，支持退捕渔民安置保障等工作。长江退捕渔民就业帮扶“暖心行动”稳步开展，全年举办培训1 400余期、培训渔民2万余人，16.45万名有就业能力和意愿的退捕渔民转产就业，符合社保条件的22.18万人落实社会保障，基本实现应帮尽帮、应保尽保。印发《农业农村部关于发布长江流域重点水域禁用渔具名录的通告》《长江“十年禁渔”工作约谈办法（试行）》，联合国家发展和改革委员会等部门出台《关于完善长江流域禁捕执法长效管理机制的意见》，联合公安部制定《长江流域非法捕捞重点地区挂牌整治实施办法》，会同水利部部署禁捕水域网格化管理工作，会同公安部等部门3次专题部署推进长江流域非法捕捞专项整治工作，开展9次流域性同步执法行动，形成有力震慑，长江禁捕秩序总体平稳。2021年月均查处非法捕捞案件1 400多件、近1 800人，均比2020年下半年月均减少近30%，整体呈现下降趋势。

4.水产绿色健康养殖深入推进 水产种业振兴行动全面推进，首次开展全国水产养殖种质资源普查，普查主体91万余家，采集遗传材料4万余份。国家海洋渔业生物种质资源库正式挂牌运行。育种创新和联合育种持续推进，审定发布新品种11个。水产种业投入力度加大，优势企业培育加快。全国省级水产养殖的养殖区、限制养殖区和禁止养殖区“三区”划定基本完成，实现养殖水域滩涂规划全覆盖，规划至2030年，全国共划定水产养殖的养殖区约1 933万公顷、限制养殖区约 2 933 万公顷、禁止养殖区约 6 067 万公顷。高标准、严要求创建国家级水产健康养殖和生态养殖示范区 65 个。开展养殖池塘标准化改造和尾水治理，落实 2.29 万公顷水产养殖池塘改造和尾水达标治理试点任务。打响水产绿色健康养殖技术推广“五大行动”品牌，部署生态健康养殖模式推广、养殖尾水治理模式推广、水产养殖用药减量、配合饲料替代幼杂鱼、水产种业质量提升五大行动重点任务，培育“五大行动”骨干基地 984 个，示范面积 98.4 万公顷，示范推广水产新品种 96 个，骨干基地生态健康养殖模式实现全覆盖，养殖尾水循环综合利用或达标排放，水产养殖用兽药总使用量同比减少 7%，配合饲料替代率平均达到 77%，有力推动水产养殖业转型升级和绿色高质量发展。

5.渔业对外合作成果丰硕 第四届全球水产养殖大会在上海市举办，来自 120 多个国家、地区和经济体及有关国际和区域组织的 2 700 多人通过线上线下参加会议。大会发布《上海宣言》，全面总结近十年全球水产养殖发展成就，着力推动全球负责任水产养殖发展，同时全方位展示我国水产养殖发展成就，展现了我负责任大国的良好形象。会议期间举办促进可持续水产养殖发展的南南和三方合作高端圆桌会议，发起的合作倡议得到各方积极响应和广泛支持。首届中国-太平洋岛国渔业合作发展论坛在广东省广州市举办，来自 10 个与我国建交太平洋岛国及有关国际、区域组织和国内有关部门、科研院所、社团组织、企业代表共 300 多人通过线上线下参加会议。论坛以“开创中国-太平洋岛国渔业合作新局面”为主题，通过《广州共识》，推动建立政府间多边渔业磋商机制。论坛期间签署多项企业投资协议，促进我国与太平洋岛国形成更加紧密的渔业合作关系。推进实施澜沧江-湄公河流域水生生物保护及渔业合作项目。远洋渔业国际合作不断深化，正式部署实施公海自主休渔，首次实行公海转载观察员自主监管。推进远洋渔业企业履约评估与支持政策挂钩，不断提高国际履约能力和水平。稳步推进多双边合作交流，深入参与国际渔业治理，首次派遣专业资源调查船开展公海渔业资源调查。发布远洋渔船标准化船型参数，指导做好境外报废处置工作。

6.渔业科技创新不断突破 水产遗传育种取得进展，成功解析四倍体鲤亚基因组适应性进化及选育机制，首次在多倍体脊椎动物中观察到亚基因组趋同进化现象。水产养殖装备研发应用取得突破，建立大黄鱼深远海 3 000 吨级中试船“船载舱养”系统，实现大黄鱼全程集约化高效养殖。延绳吊养牡蛎机械化采收设备研制成功，填补了我国牡蛎采收装备的空白。渔船动态监控管理系统正式上线运行。与联合国粮食及农业组织(FAO)联合发起的“全球水产养殖可持续发展联盟”正式成立。国际标准《冷冻鱼糜》发布，实现了我国主导制定水产领域国际标准“零的突破”。

7.渔船管理改革稳步推进 渔船源头监管取得新突破，农业农村部、工业和信息化部、公安部、交通运输部、海关总署、国家市场监管总局、中国海警局等七部门联合印发《关于加强涉渔船舶审批修造检验监管工作的意见》，建立部门间涉渔船舶审批修造检验监管协调机制，首次多部门联合全面部署涉渔船舶综合监管工作，涉渔船舶规范化、科学化管理迈入新阶段。渔船规范管理取得新进展，印发《海洋捕捞渔船拆解操作规程》，进一步提高监管要求，优化办理程序，提升服务水平；开展渔船数据复核，适当扩大核查范围，进一步摸清渔船家底。渔船管理服务水平取得新提升，落实“放管服”改革要求，启动捕捞许可、登记等相关管理制度修订工作，推进渔船管理改革。

8.渔政亮剑执法行动成效显著 依托“中国渔政亮剑 2021”专项执法行动，扎实做好长江流域重点水域全面禁捕、海洋伏季休渔、涉外渔业管理、清理取缔涉渔“三无”船舶和“绝户网”等 9 个专项执法行动，严厉打击涉渔违法违规行为。据不完全统计，2021 年全国累计查办涉渔违法违规案件 4.7 万件，移送司法案件4 253件，清理取缔涉渔“三无”船舶 2.6 万艘，清理整治违规网具 103.8 万张(顶)，渔业资源恢复明显，渔区经济效益、社会效益同步上升。渔政执法能力建设稳步提升，印发《农业农村部关于加强渔政执法能力建设的指导意见》，部署推动渔政执法能力建设工作；联合公安部、中国海警局、海关总署等部门制发《依法严厉打击海洋渔业违法犯罪的指导意见》《“三无”船舶联合认定办法》等政策文件，首次统一规范海洋渔业行政处罚裁量基准。执法协作机制不断完善，深化渔政、公安、海警执法协作，浙闽、鲁津冀辽、晋陕豫等区域间渔政执法合作机制落实落地，政府牵头抓总、部门联动监管、区域协调共振、社会立体监督的渔业执法监管机制初步形成。

9.水生生物资源养护效果明显 海洋伏季休渔制度不断完善，调整闽粤交界海域休渔制度，统一了北纬 26.5 度以南海域休渔时间，稳步扩大伏休期间专项特许捕捞范围，新增口虾蛄、鱿鱼、毛虾为专项特许捕捞品种。会同财政部制定海洋渔业资源养护补贴政策，对依法执行休渔制度和负责任捕捞的海洋捕捞渔船给予相应补贴。渔业资源环境保护措施不断加强，科学开展水生生物增殖放流，举办增殖放流活动 2 700 余次，放流各类水生生物苗种 400 余亿尾。创建 17 个国家级海洋牧场示范区，总数达到153个。农业农村部与生态环境部联合发布《2020年中国渔业生态环境状况公报》。水生野生动物保护水平不断提升，调整发布《国家重点保护野生动物名录》，将水生物种由48种（类）大幅提高至302种（类）。规范开展中华鲟、长江鲟等旗舰物种增殖放流活动。实施长江江豚迁地保护行动，迁移长江江豚21头。印发《长江流域水生生物完整性指数评价办法（试行）》，发布《长江流域水生生物及生境状况公报（2020年）》。严厉打击水生野生动物违法违规行为，累计出动渔业执法人员7.8万多人次，查处违法违规案件170余起，查获违规交易水生野生动物530余只，制品380余千克。组织救治12头搁浅瓜头鲸，并成功将其中6头放归大海。出台林蛙保护管理政策，切实解决蛙农的"急难愁盼"。

10.渔业安全生产形势保持稳定 渔业安全生产事故起数和人数"双下降"，重特大事故"零发生"。据统计，2021年全国共发生渔船安全生产事故120起、死亡失踪135人，同比分别减少21起、42人。应急管理能力建设进一步强化，启用"一网一号一中心"，实现险情事故第一时间接警、第一时间处置、第一时间上报，险情事故处置效率不断提高。全年救助渔船险情事故871起、救起渔民7 065人，挽回直接经济损失4亿元。部门合作进一步推进，联合开展"商渔共治2021"专项行动，推动水上安全共管共治。全年商渔船碰撞事故18起，死亡失踪渔民38人，同比分别减少6起、36人。

（农业农村部渔业渔政管理局）

水产养殖业管理

2021年，围绕中央1号文件"推进水产绿色健康养殖"部署，抓住"保障水产品供给"渔业部门第一要务，以及"水域"和"种子"两个关键要害，做好产业支持和保障"六项重点工作"，积极推动产业高质量发展，取得显著成效。

【稳定和优化养殖空间】 一是落实养殖水域滩涂规划制度。指导督促各级养殖水域滩涂规划出台和养殖证核发，23个省（自治区、直辖市）及计划单列市、303个地级市和1 557个县级人民政府已颁布本级规划，规模以上的地级市、县（区）规划全覆盖，暂未出台的13个省（自治区、直辖市）及计划单列市中，7个已经提交省级政府审议；全国累计核发有效养殖证14.4万本，确权445.6万公顷，发证确权率已达70%，比上年年底提高14个百分点，创历史新高。二是研究重要养殖水域保护制度。启动860余个池塘养殖重点县情况调查，客观分析养殖池塘被侵占和划入永久基本农田情况，指导上海海洋大学文法学院牵头成立研究起草组，做好研究和起草《重要养殖水域保护条例》相关准备工作。三是稳步推进深远海养殖。研究梳理专属经济区养殖生产管理方式，研究起草《全国深远海大型智能化养殖渔场发展规划（2021—2035年）》。召集自然资源、交通、海警和外交等部门明确专属经济区深远海养殖生产管理权责。指导有关省份落实现代渔业装备设施（深远海养殖设施设备建设）奖补政策，推动各地利用奖补资金，不断提升深远海养殖设施装备水平。四是积极推进盐碱地水产养殖。成立《全国盐碱地水产养殖产业发展规划》起草组，召开规划编制启动会，由包振民院士牵头，以中国水产科学研究院东海水产研究所为秘书处，组织相关专家和省份启动规划起草工作。深入贯彻习近平总书记关于开展盐碱地综合利用保障国家粮食安全的重要指示精神，将盐碱地渔业开发纳入农业农村部《盐碱地综合利用示范工程（2021—2030年）》实施方案。

【实施水产种业振兴行动】 一是研究并落实水产种业振兴行动方案。制定水产种业振兴行动方案，确定种质资源保护利用等五大行动，向国务院报送《关于我国水产种业发展有关情况的报告》。二是召开水产种业振兴行动工作推进会。全国水产种业振兴行动工作推进会于10月28日在青岛顺利召开，农业农村部副部长马有祥为国家海洋渔业生物种质资源库揭牌，并在会议上做重要讲话。三是加强水产种业体系建设。起草并形成《国家水产种质资源保护利用体系总体框架》《国家水产种质资源库资格验收与复查办法》等管理规范初稿，及时调度种业项目建设进展。进一步完善渔业法修订时新增的"水产种质资源"章节内容，做好水产种质资源保护体系顶层设计。四是部署水产养殖种质资源普查。印发普查工作方案、培训手册、技术专家组等规范，编印工作简报9期。召开普查线上推进会，举办普查技术培训班，组织开展各区域系统调查启动会。指导全国水产技术推广总站、中国水产科学研究院分别做好水产养殖种质资源基本情况普查和系统调查，协调各方关系，及时调度进展并向农业农村部领导和相关司局报送。此外，11月将普查进度通报各省（自治区、直辖市）人民政府办公厅和农业农村（渔业）部门，截至2021年年底，基本情况普查工作进度已达95%，系统调查任务基本完成。五是严格水产苗种进出口管理。推进出台"十四五"期间水产苗种进口免税管理实施办法和免税清单，审查评估同意裸盖鱼首次进口。截至11月月底，水产苗种进出口审批213批，为企业节省进口增值税2 499万美元。六是组织开展水产新品种审定工作。继续修订完善《水产新品种审定办法》，召开全国水产原种和良种审定委员会会议审定2020年度申报水产新品种，公告推广虹鳟水科1号等11个水产新品种，开展全面宣传展示，全国累计审定水产新品种240个。七是推动国家级水产原良种场动态管理。截至11月月底，完成1家国家级场资格验收，3家复查，国家级场数量已达84家。动员部分国家级水产原良种场等单位捐赠鱼苗鱼种10.3万千克，助力河南水产灾后复产。

【扎实做好产业支撑和保障的重点工作】

1.扩大健康养殖模式示范 根据人力资源和社会保障部《全国创建示范活动保留项目目录(第二批)》，2021年首次开展水产健康养殖和生态养殖示范区创建活动。印发《国家级水产健康养殖和生态养殖示范区管理办法(试行)》《2021年国家级水产健康养殖与生态养殖示范区创建示范活动通知》，组织各地开展国家级水产健康养殖和生态养殖示范区创建。全年共创建国家级水产健康养殖和生态养殖示范区65个。为发挥前期创建的5 778家国家级示范场和61个示范县的养殖经营主体作用，研究将原示范场(县)转换为《国家重点养殖主体数据库》。

2.提升水产技术推广服务 深入实施水产绿色健康养殖技术推广"五大行动"，在昆山举办"五大行动"集中研讨活动，农业农村部副部长马有祥做书面发言。围绕推广生态健康养殖模式、养殖尾水治理模式、水产养殖用药减量、配合饲料替代幼杂鱼、水产种业质量提升等五方面，全面提升水产养殖业绿色发展水平。经过一年努力，形成了一批可复制、可推广的绿色发展典范，为探索水产生态健康养殖良方，推进水产养殖业高质量发展发挥了积极作用。

3.加强水生动物疫病防控 实施《2021年国家水生动物疫病监测计划》，在全国范围监测鲤春病毒血症、白斑综合征等14种重大水生动物疫病，监测样品1 947个，阳性样品检出率6.5%，对突发疫情和阳性场均及时进行了应急处置。全面实施水产苗种产地检疫制度，累计确认渔业官方兽医超过8 000名，2021全年检疫水产苗种737亿余尾，开具检疫合格证近2万份(同比增加约3倍)，查处违法案件19起。加强水生动物疫病防控支撑能力建设，组织开展全国防疫体系实验室能力验证，举办全国水产苗种产地检疫培训班和全国水生动物防疫系统实验室技术培训班。加大水生动物疫病防控宣传指导，出版水生动物防疫系列宣传图册《水产养殖生物安保知识问答》，印发《冬季恶劣天气水产养殖灾害预防指引》。

4.强化养殖用投入品监管 积极与农业农村部畜牧兽医局协调，规范水产养殖用投入品生产、经营和使用行为，印发《关于加强水产养殖用投入品监管的通知》《水产养殖用投入品使用白名单制度工作规范(试行)》，指导地方严厉打击投入品使用环节相关违法行为，部署开展水产养殖用投入品规范使用专项执法行动和水产养殖用兽药、饲料和饲料添加剂相关违法行为三年专项整治，请农业农村部领导解读相关文件。加强水产养殖用投入品规范使用宣传，组织开展规范用药科普下乡。开展水产养殖用投入品安全隐患排查，对未经依法审批的非规范投入品进行抽检，风险物质检出率为10%。10月，会同农业农村部畜牧兽医局、中国水产科学研究院和全国水产技术推广总站，开展水产养殖业执法交叉检查活动，指导地方自查并组织4个工作组开展抽查(因疫情原因暂停)，据初步统计，各地出动执法人员12万余人，检查各类生产经营主体8万余家，行政处罚659起，罚款361万元，印发宣传材料125万余份。

5.加强产地水产品药残监控 指导中国水产科学研究院，组织实施《2021年国家水产品兽药残留监控计划》，首次将省级监督抽查纳入全国计划统计，全年共抽检产地水产品81 500批次(其中国家级计划2 351批次，省级定量21 162批次，省级快速检测57 987批次)，发现48批次不合格，监测合格率99.9%，同比增加0.8个百分点，连续9年合格率保持在99%以上。截至2021年年底，无害化处理不合格水产品40 109.7千克，罚款20.15万元。全面将药残监管工作向前延伸，将有规定休药期的恩诺沙星和环丙沙星两种水产兽药，首次纳入产地监测范围(以前仅在市场监测)，在2 351批次检测样品中有51批次样品检出超标，超标率为2.2%，对阳性样品不计合格率，但指导地方检测合格后才可销售，起到了较强政策引导作用。

6.积极促进水产养殖尾水减排 印发《全国池塘养殖尾水治理专项建设规划(2021—2035年)》，指导有关省份落实渔业绿色循环发展(内陆水产养殖池塘改造和尾水达标治理)奖补政策资金约10.9亿元。加强与生态环境部工作协调，推动地方环保部门制定出台水产养殖业污染物排放标准，联合生态环境部研究出台关于加强海水养殖环境监管工作的意见，明确监管职责，避免整治"一刀切"。按照暂时分工，组织牵头研究渔业"碳达峰、碳中和"有关问题，编制完成《渔业减排增汇实施方案》。

(农业农村部渔业渔政管理局)

近海捕捞

1. 近海海洋捕捞生产量增值增 据全国海洋捕捞动态采集网络监测数据分析，2021 年我国海洋渔业总体状况好于 2020 年，全年海洋捕捞产量为 751.63 万吨，较 2020 年渔业评估产量增加 2%。拖网、流刺网、围网和张网渔业构成全年海洋渔业的主体；鳀鱼、鲹类、鲐鱼、带鱼、鲳鱼、二长棘鲷、马鲛鱼、小黄鱼、鲣和青鳞鱼等资源种类是我国海洋渔业的主要利用对象，但资源利用结构仍以当龄和低龄鱼为主；分品种渔获量与 2020 年相比，鲐鱼、鲳鱼、二长棘鲷和鲣产量有明显增加，鳀鱼、鲹类和带鱼有小幅增加，而马鲛鱼、小黄鱼和青鳞鱼有明显下降。全年全国各渔港多数渔获种类的销售价格相比上年显著上涨；经济鱼类比例相比上年有所下降，而虾蟹类和头足类均有所增加；渔业生产燃油成本相比上年有明显上涨，人力成本也有显著增加，捕捞渔民的总体收益不如上年。

2. 近海主要作业类型生产特点

单拖作业：黄渤海产量相对较高水域出现在石岛渔场、烟威渔场和连青石渔场，东海产量相对较高水域出现在闽中渔场、温外渔场和台北渔场，南海产量相对较高水域出现在北部湾南部及海南岛西南部渔场、北部湾北部渔场和台湾浅滩渔场。全国单拖作业整体生产情况好于上年。

双拖作业：黄渤海产量相对较高水域出现在滦河口渔场、辽东湾渔场和烟威渔场，东海产量相对较高水域出现在台北渔场、舟山渔场和闽中渔场，南海产量相对较高水域出现在北部湾北部渔场、粤东渔场和北部湾南部及海南岛西南部渔场。全国双拖作业整体生产情况差于上年。

桁杆拖虾作业：黄渤海产量相对较高水域出现在海州湾渔场、连青石渔场和大沙渔场，东海产量相对较高水域出现在温台渔场、鱼山渔场和江外渔场，南海产量相对较高水域出现在东沙渔场、北部湾北部渔场和台湾浅滩渔场。全国桁杆拖虾作业整体生产情况好于上年。

围网作业：黄渤海产量相对较高水域出现在大沙渔场、连青石渔场和石东渔场，东海产量相对较高水域出现在闽中渔场、闽外渔场和闽东渔场，南海产量相对较高水域出现在台湾浅滩渔场和南沙中西部渔场。全国围网作业整体生产情况好于上年。

光诱敷网作业：黄渤海产量相对较高水域出现在连青石渔场、石岛渔场和连东渔场，东海产量相对较高水域出现在鱼山渔场、温台渔场和闽东渔场，南海产量相对较高水域出现在海南岛东南部渔场、西沙西部渔场和南沙中部渔场。全国光诱敷网作业整体生产情况差于上年。

流刺网作业：黄渤海产量相对较高水域出现在石岛渔场、沙外渔场和吕四渔场，东海产量相对较高水域出现在鱼外渔场、舟外渔场和江外渔场，南海产量相对较高水域出现在台湾浅滩渔场、北部湾南部及海南岛西南部渔场和东沙渔场。全国流刺网作业整体生产情况好于上年。

帆式张网作业：黄渤海产量相对较高水域出现在大沙渔场、沙外渔场和吕四渔场，东海产量相对较高水域出现在舟山渔场、长江口渔场和江外渔场，南海无相关作业渔船。全国帆式张网作业整体生产情况好于上年。

定置张网作业：黄渤海产量相对较高水域出现在大沙渔场、吕四渔场和海州湾渔场，东海产量相对较高水域出现在闽东渔场、温台渔场和舟山渔场，南海产量相对较高水域出现在北部湾南部及海南岛西南部渔场和北部湾北部渔场。全国定置张网作业整体生产情况差于上年。

钓具作业：黄渤海 2021 年无相关作业生产，东海产量相对较高水域出现在鱼外渔场、鱼山渔场和舟外渔场，南海产量相对较高水域出现在东沙渔场、台湾浅滩渔场和海南岛东南部渔场。全国钓具作业整体生产情况好于上年。

笼壶作业：黄渤海产量相对较高水域出现在海州湾渔场、吕四渔场和渤海湾渔场，东海产量相对较高水域出现在舟山渔场、鱼山渔场和闽南渔场，南海产量相对较高水域出现在台湾浅滩渔场、北部湾北部渔场和粤西及海南岛东北部渔场。全国笼壶作业整体生产情况好于上年。

3. 近海主要经济渔业种类资源动态

带鱼：全年主要汛期为 9—12 月和 1 月。生产情况相对较好的水域分布在渤海湾渔场、长江口渔场和大沙渔场。整体资源状况比 2020 年增加 1.73%。

小黄鱼：全年主要汛期为 2—4 月和 9—10 月。生产情况相对较好的水域分布在沙外渔场和连东渔场。整体资源状况比 2020 年减少 34.96%。

鲳鱼：全年主要汛期为 9—12 月和 2 月。生产情况相对较好的水域分布在长江口渔场和沙外渔场。整体资源状况比 2020 年增加 36.42%。

马鲛鱼：全年主要汛期为 9—12 月和 1 月。生产情况相对较好的水域分布在渤海湾渔场、大沙渔场和长江口渔场。整体资源状况比 2020 年减少 35.71%。

鲐鱼：全年主要汛期为 8—11 月和 4 月。生产情况相对较好的水域分布在闽外渔场、南沙中西部渔场和石东渔场。整体资源状况比2020年增加29.2%。

鲹类:全年主要汛期为8—12月。生产情况相对较好的水域分布在东沙渔场、闽中渔场和闽东渔场。整体资源状况比2020年增加5.54%。

鳀鱼:全年主要汛期为9—12月和2月。生产情况相对较好的水域分布在鱼山渔场、舟外渔场和鱼外渔场。整体资源状况比2020年增加4.09%。

虾蟹类:全年主要汛期为8—12月。虾类生产情况相对较好的水域分布在闽东渔场、温台渔场和闽中渔场。蟹类生产情况相对较好的水域分布在海州湾渔场、吕四渔场和连青石渔场。整体资源状况比2020年增加22.88%。

头足类:全年主要汛期为3—4月和9—11月。生产情况相对较好的水域分布在中沙东部渔场、闽南渔场和连东渔场。整体资源状况比2020年增加20.87%。

4.近海渔业资源养护措施实施效果显著 休渔期结束后首月全国总产量可用作对比历年休渔效果的差别。据全国海洋捕捞动态采集网络监测数据结果,2021年9月全国海洋捕捞产量比上年同期增加4.75%,可见2021年伏休期对资源的养护效果好于上年。三大海区伏休前后的产量变化差别明显。其中,黄渤海伏休前后产量差别最大,伏休后(9月)产量比伏休前(4月)增加307.27%;其次为东海,伏休后(9月)产量比伏休前(4月)增加145.87%;而南海差别最小,伏休后(8月)产量比伏休前(4月)增加5.57%。

(全国海洋捕捞动态采集网络)

远 洋 渔 业

2021年,远洋渔业面临严峻复杂的外部环境,遭受新冠疫情持续冲击。远洋渔业系统认真贯彻党中央、国务院决策部署,在农业农村部党组正确领导下,统筹推进远洋渔业疫情防控和稳产保供,持续推动转型升级和绿色高质量发展,全行业生产形势总体稳定,初步实现"十四五"开好局起好步。

1.远洋渔业生产总体平稳有序 据统计,2021年获得农业农村部远洋渔业企业资格的企业共178家,比上年减少3家。远洋渔船2 559艘(不含辅助船),比上年减少86艘。远洋渔业总产量225万吨,同比减少3%;运回自捕水产品171万吨,运回率76%,比上年提高8个百分点。

2.公海大洋性渔业产量增长 全年公海渔业总产量171万吨,同比增长16%。其中,受益于公海自主休渔等带来的资源变化,鱿鱼钓产量64万吨,同比增长22%;拖围网产量68万吨,同比增长26%。受疫情导致渔船停产等影响,金枪鱼产量32万吨,同比减少6%。受投产渔船减少和资源变化影响,大型拖网产量7万吨,同比减少48%,其中南极磷虾产量4.8万吨,同比下降59%。

3.过洋性渔业产量继续减产 受疫情导致渔船大量停产等影响,全年过洋性渔业总产量53万吨,同比减少21%。其中,亚洲6个入渔国产量7万吨,同比减少31%;非洲18个入渔国产量45万吨,同比减少8%;南美洲3个入渔国产量1万吨,同比减少28%。

4.远洋水产品市场运行平稳 根据部分企业及市场监测情况,2021年远洋渔业主要产品涨跌互现,经济效益有所分化。鱿鱼增产不增收,受境内外疫情持续影响,国内外市场疲软,价格处于历史低位,同时海上加油、船舶修理、进关防疫等费用大幅攀升,多数渔船全年亏损,进入冬季后需求有所增加,市场行情有逐步好转趋势。金枪鱼减产增收,在上年产量大幅减少的情况下继续小幅减产,由于鱼货供应少,市场需求放大,全球市场回暖,价格有所回升,金枪鱼企业整体盈利好转。秋刀鱼、南极磷虾减产不增收,受市场影响,销路不旺,成本上升,经济效益下滑。

(农业农村部渔业渔政管理局)

水产品加工业

【概况】 截至2021年年底,全国水产加工企业9 202个,水产冷库8 454座。水产加工品总量2 125.04万吨,同比增长1.64%。其中,海水加工产品1 708.81万吨,同比增长1.76%;淡水加工产品416.23万吨,同比增长1.15%。用于加工的水产品总量2 522.68万吨,同比增长1.84%。其中,用于加工的海水产品1 951.10万吨,同比下降0.10%;用于加工的淡水产品571.57万吨,同比增长9.04%。

为推动水产品加工相关基础设施设备建设,促进水产品加工发展,构建现代渔业产业体系,提升产业链供应链现代化水平,2021年9月,农业农村部渔业渔政管理局在广州组织召开水产品加工发展座谈会,指导各地聚焦关键环节,大力发展产地水产品初加工和冷藏保鲜,补齐设施短板,积极引导支持水产品冷链物流建设,加强科技支撑,统筹各方力量,共同促进水产品加工业高质量发展。

指导中国渔业协会、中国水产流通与加工协会、中国远洋渔业协会等单位组织开展海水产品进内陆系列活动,推动国内市场水产品流通,促进水产品稳价保供。

指导中国水产流通与加工协会召开中国水产品大会，指导中国水产科学研究院南海水产研究所组织召开国家水产品加工技术研发体系年度会议。

（农业农村部渔业渔政管理局）

水产品市场运行

据监测，2021年全国水产品批发市场交易量额齐升。受生产成本上升、投入不足和国内消费回升等多重因素影响，水产品市场交易价格同比上涨，创历史新高。

【水产品市场交易活跃，淡水产品价格大幅上涨】 据对全国80家水产品批发市场成交情况监测，2021年我国水产品综合平均价格总体呈上涨的态势，达到25.20元/千克，同比上涨8.21%。其中，海水产品45.05元/千克，同比上涨4.43%；淡水产品17.67元/千克，同比上涨13.26%。另据对可对比的45家批发市场监测，1—12月水产品成交量840.08万吨，同比增长6.08%；成交额2 211.54亿元，同比增长11.95%（图1）。

监测的49个品种中，37个品种价格上涨，占比超过70%。其中，17个品种涨幅超过10%；9个品种价格稳定，涨跌幅度在2%以内（表1，图2）。

表1 2021年同比涨跌幅度较大的品种

品种	均价（元/千克）	同比增减（%）
蛙	20.77	33.38
鲢鱼	9.23	21.94
草鱼	15.19	21.14
虹鳟	45.09	20.64
鳙鱼	16.20	18.23
鳜鱼	72.22	18.20
青虾	139.70	17.43
鲤鱼	13.14	15.50
梭子蟹	187.25	13.97
甲鱼	60.29	13.31
鲐鱼	6.58	−5.96
蓝园鲹	12.24	−5.82
田螺	9.25	−4.34
墨鱼	33.19	−2.50
克氏原螯虾	48.63	−2.32
扇贝	38.25	−1.96
贻贝	3.98	−1.94
银鲳	111.20	−1.70
黄颡鱼	26.50	−1.42
日本对虾	226.64	−0.79

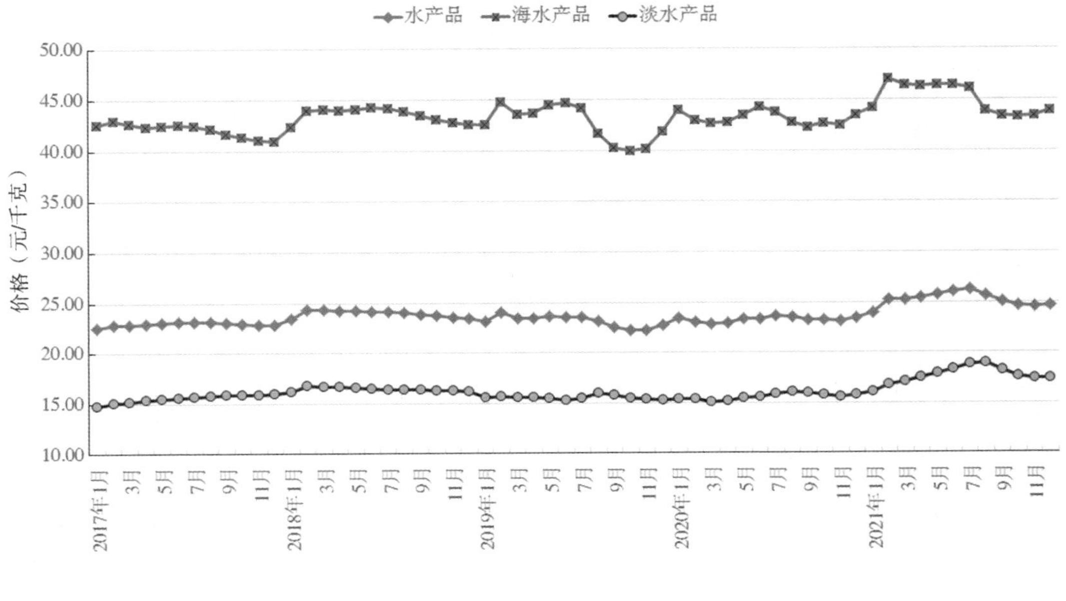

图1 2017—2021年水产品月度价格走势

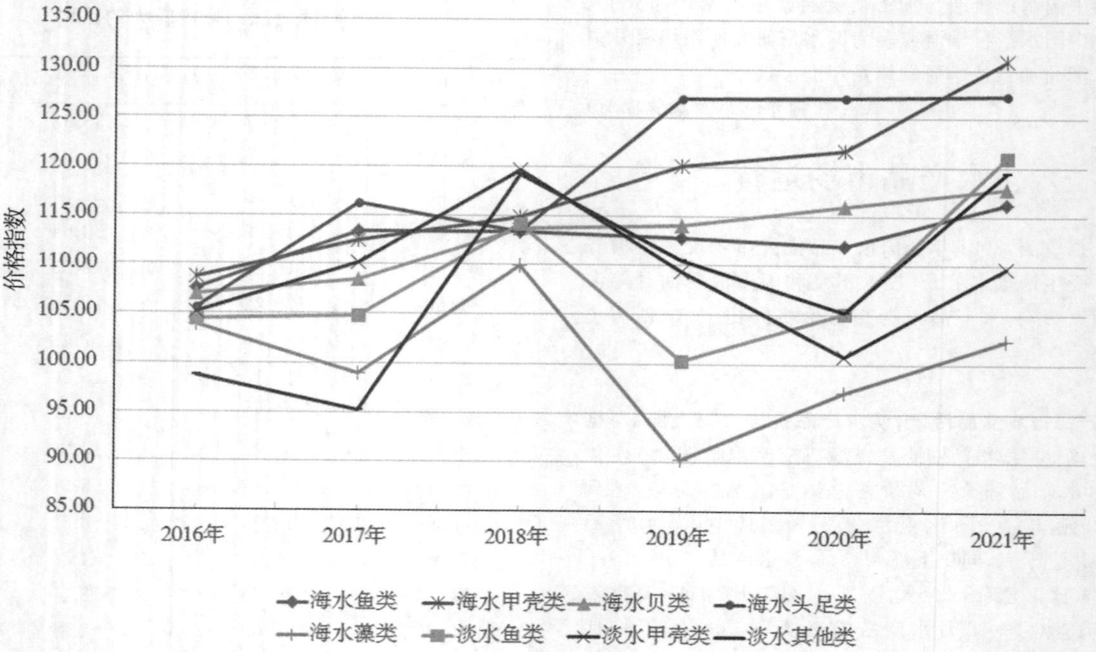

图 2 2016—2021 年 1—12 月八大类水产品价格指数走势

【海水产品价格涨多跌少】

1.海水鱼类价格上涨(图 3) 海水鱼类同比上涨 3.73%，价格监测的 10 个海水鱼品种中，7 个品种上涨，3 个品种下跌：大黄鱼 35.44 元/千克、小黄鱼 71.91 元/千克、带鱼 32.43 元/千克、马面鲀 28.82 元/千克、海鳗 46.16 元/千克、大菱鲆 55.65 元/千克、马鲛鱼 35.70元/千克，同比分别上涨 1.25%、6.66%、10.25%、2.96%、7.29%、10.43%、0.61%；银鲳 111.20 元/千克、鲐鱼 6.58 元/千克、蓝园鲹 12.24 元/千克，同比分别下跌 1.70%、5.96%、5.82%。

2.海水甲壳类价格大幅上涨(图 4) 海水甲壳类价格以上涨为主，同比上涨 7.53%，对拉高综合平均价格做出重要贡献。8 个品种中，7 个品种上涨，1 个品种微跌：南美白对虾 69.73 元/千克、斑节对虾 204.37 元/千克、鹰爪虾 46.95 元/千克、虾蛄 85.71 元/千克、梭子蟹 187.25 元/千克、青蟹 148.15 元/千克、花蟹 183.03 元/千克，同比分别上涨 2.04%、4.74%、8.04%、4.58%、13.97%、2.20%、11.83%；日本对虾 226.64 元/千克，同比下跌 0.79%。

3.海水贝类和海水头足类价格保持稳定(图 5 和图 6) 海水贝类和海水头足类价格同比较为稳定，涨跌幅度在 2%以内，其中海水贝类同比上涨 1.66%，海水头足类同比下跌 0.20%。监测的 6 个贝类品种中，贻贝 3.98 元/千克、同比下跌 1.94%，扇贝 38.25 元/千克、同比下跌 1.96%，杂色蛤 14.69 元/千克、同比下跌 0.38%；鲍鱼 138.74 元/千克、牡蛎 20.17 元/千克、蛏 29.67 元/千克，同比分别上涨 1.93%、4.88%、3.56%。海水头足类中，海蜇 40.82 元/千克，同比上涨 2.19%；鱿鱼 34.00 元/千克、墨鱼 33.19 元/千克，同比分别下跌 0.41%和 2.50%。

4.海水藻类价格上涨(图 7) 海水藻类价格同比上涨 5.44%。监测的两个品种中，海带 8.35 元/千克，同比上涨 5.48%；紫菜 80.78 元/千克，同比上涨 5.37%。

【淡水产品三大类监测品种价格均上涨】

1.淡水鱼类价格大幅上涨(图 8) 淡水鱼类同比上涨 15.17%，对水产品综合平均价格贡献率最高。监测的 13 个淡水鱼品种中，12 个品种价格上涨。草鱼 15.19 元/千克、鲢鱼 9.23 元/千克、鳙鱼 16.20 元/千克、鲫鱼18.83元/千克、鲤鱼 13.14 元/千克、鳜鱼 72.22 元/千克、鳊鲂 19.42 元/千克、黄鳝 68.92 元/千克、虹鳟 45.09 元/千克，价格涨幅均超过 10%，同比分别上涨21.14%、21.94%、18.23%、12.16%、15.50%、18.20%、12.61%、12.16%、20.64%。罗非鱼 17.37 元/千克、乌鳢 21.15 元/千克、鲈鱼 29.67 元/千克，同比分别上涨 7.81%、4.18%、4.80%；黄颡鱼 26.50 元/千克，同比下跌 1.42%。

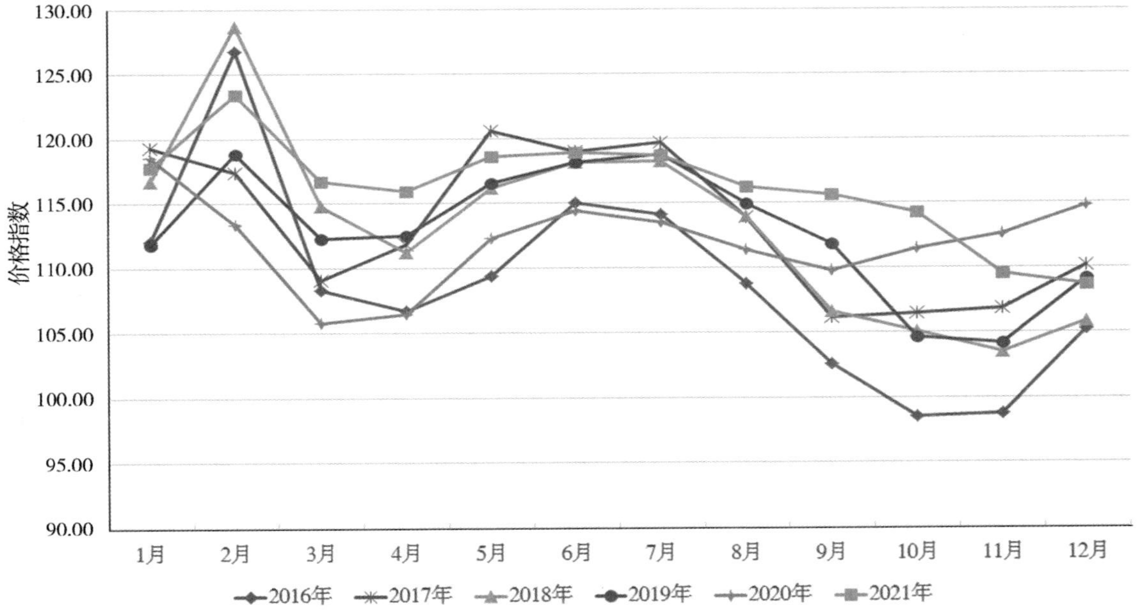

图 3　2016—2021 年 1—12 月海水鱼类价格指数
（以 2015 年为基期）

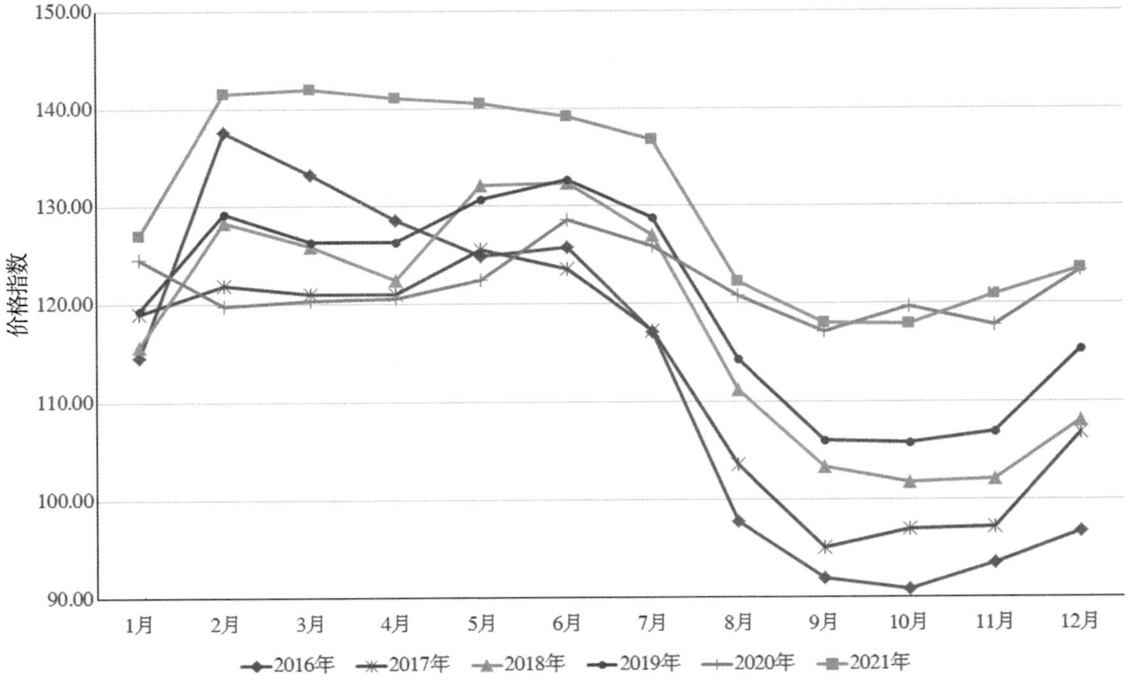

图 4　2016—2021 年 1—12 月海水甲壳类价格指数
（以 2015 年为基期）

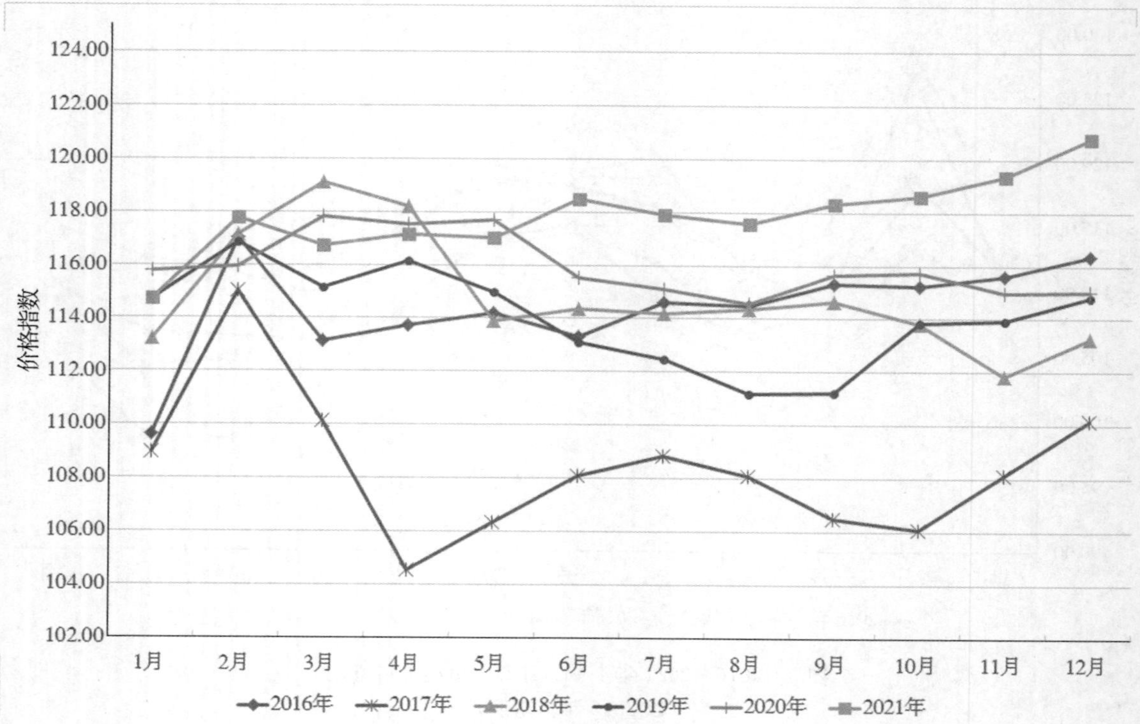

图 5 2016—2021 年 1—12 月海水贝类价格指数
（以 2015 年为基期）

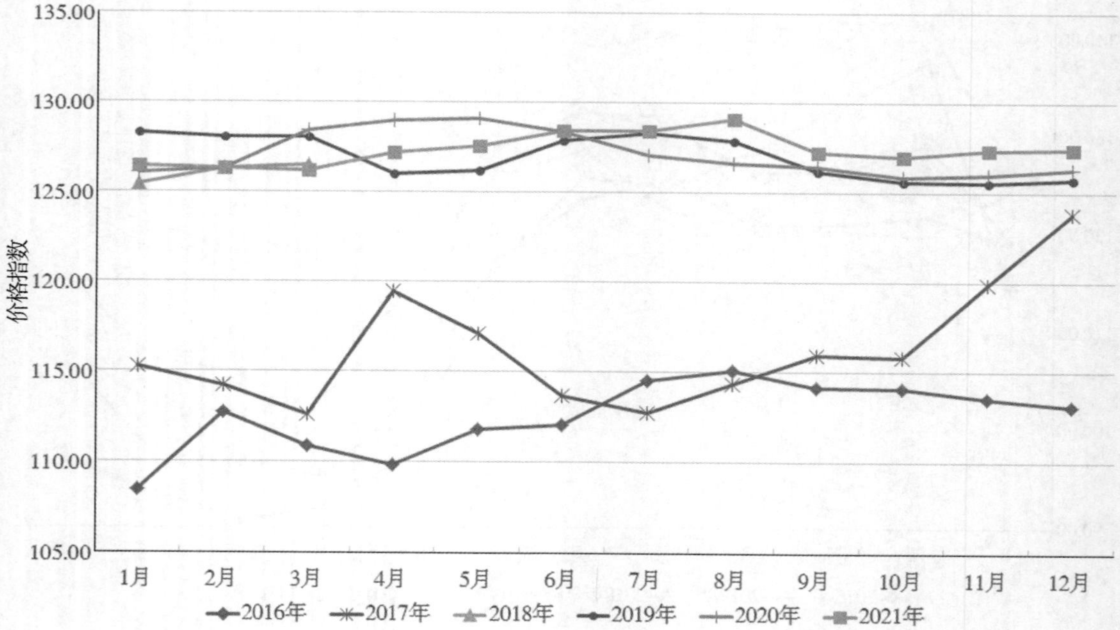

图 6 2016—2021 年 1—12 月海水头足类价格指数
（以 2015 年为基期）

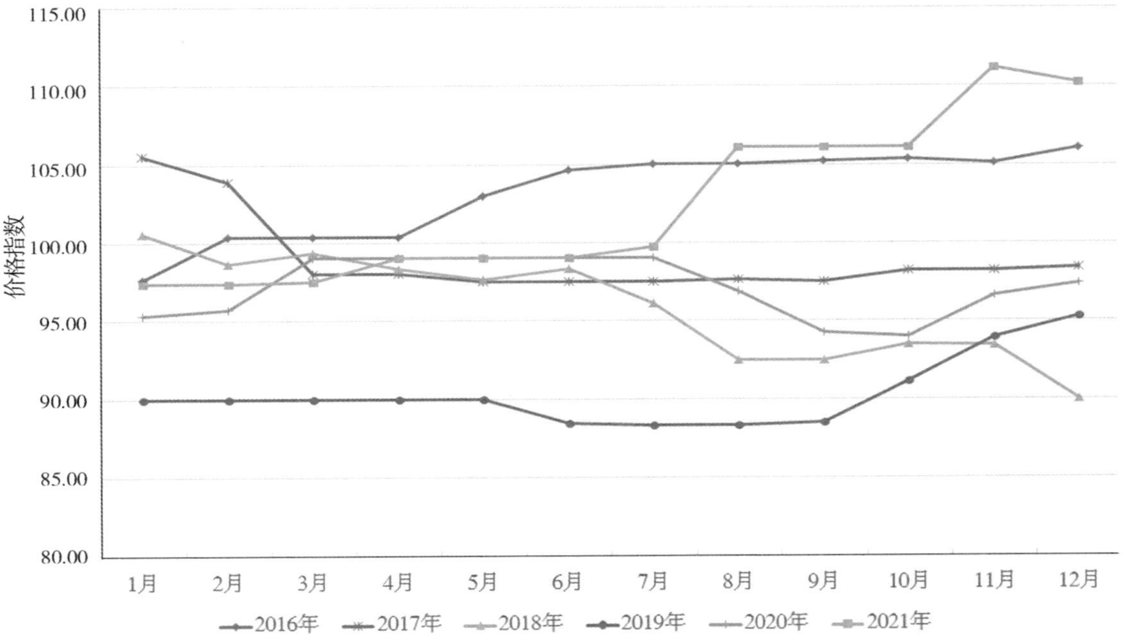

图 7 2016—2021 年 1—12 月海水藻类价格指数
（以 2015 年为基期）

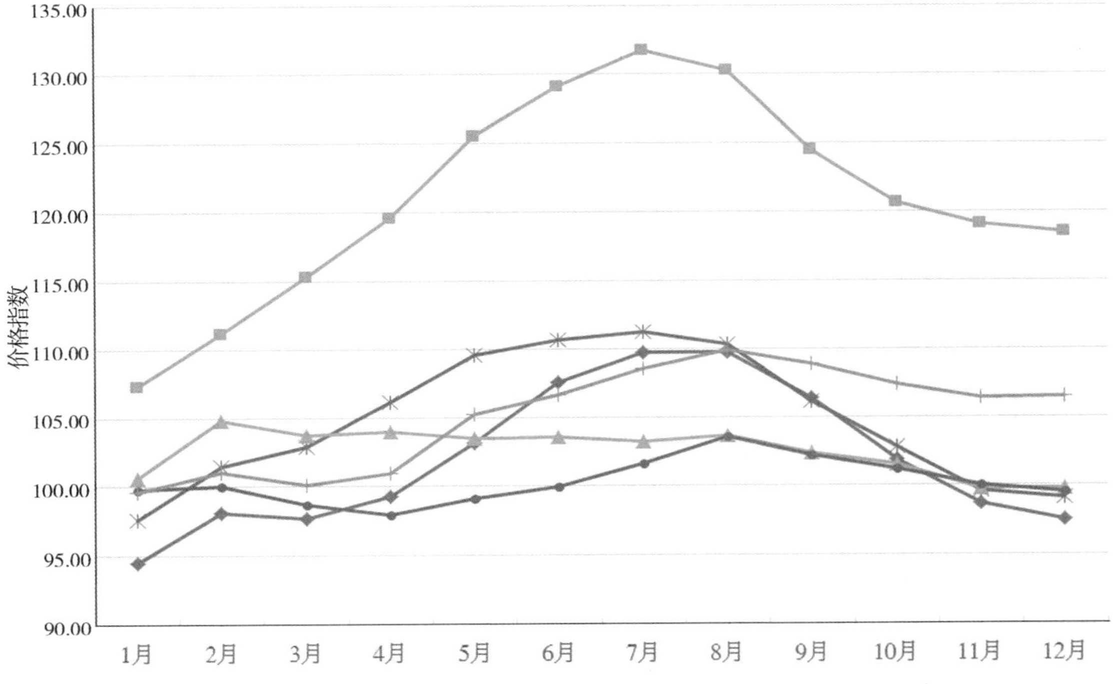

图 8 2016—2021 年 1—12 月淡水鱼类价格指数
（以 2015 年为基期）

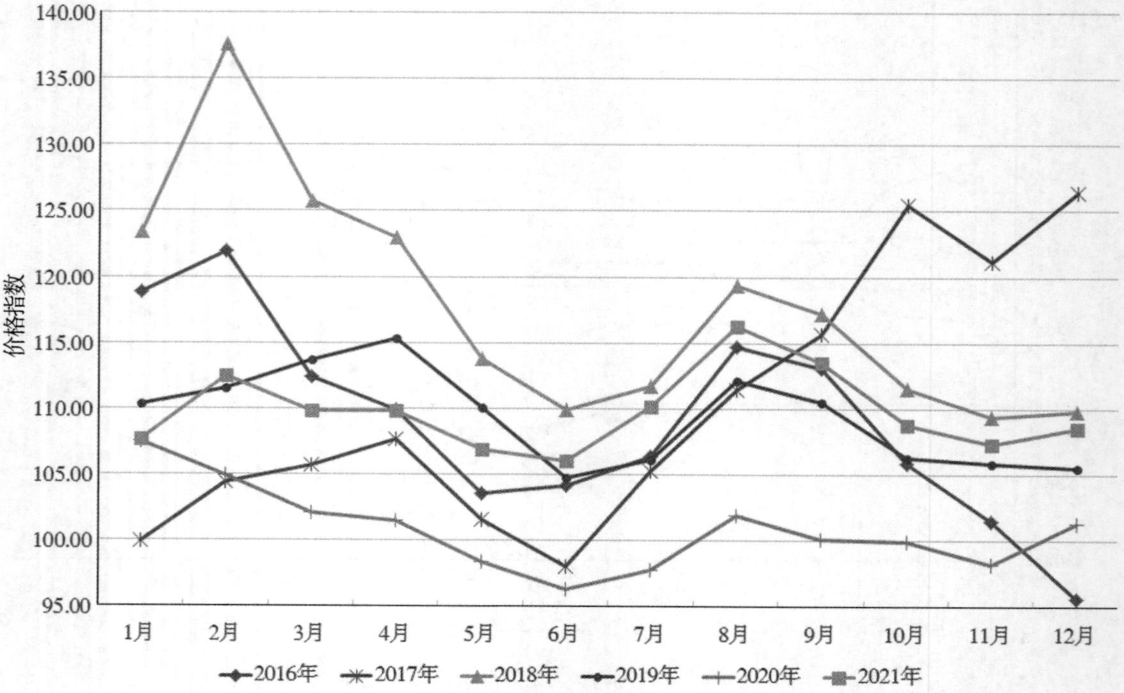

图 9 2016—2021 年 1—12 月淡水甲壳类价格指数
（以 2015 年为基期）

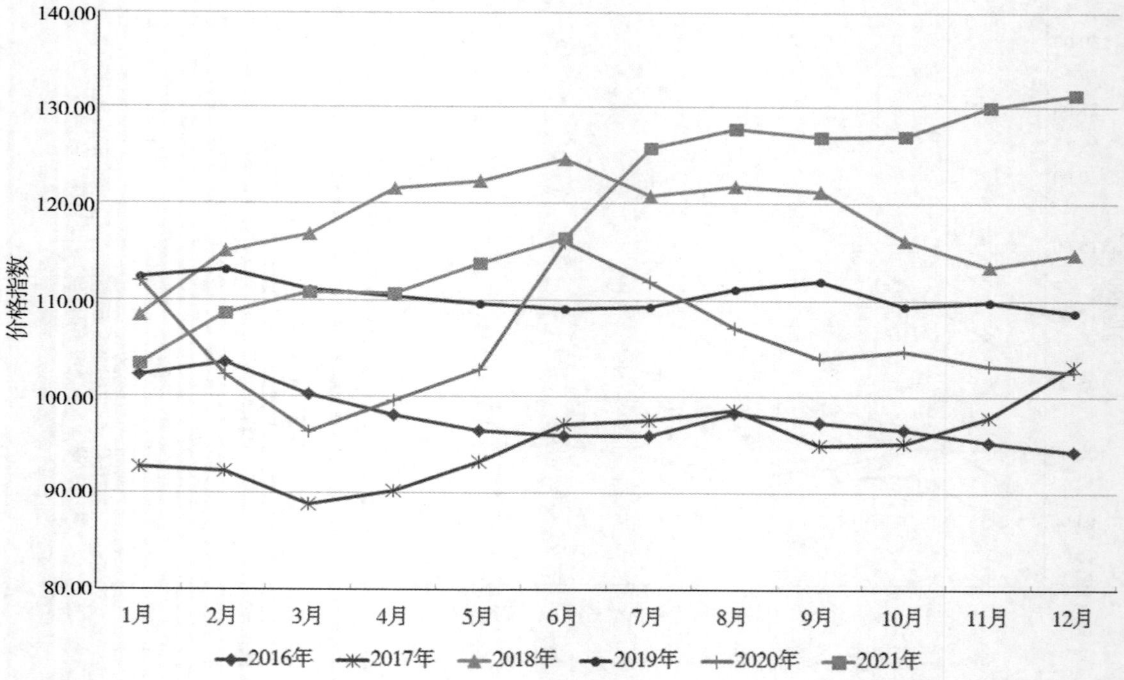

图 10 2016—2021 年 1—12 月淡水其他类价格指数
（以 2015 年为基期）

2.淡水甲壳类和淡水其他类价格上涨(图 9 和图 10) 淡水甲壳类和淡水其他类同比分别上涨 8.86%和13.45%。淡水甲壳类中,除克氏原螯虾 48.63 元/千克、同比下跌 2.32%外,其余三个品种价格均上涨。罗氏沼虾 65.85 元/千克、青虾 139.70 元/千克、中华绒螯蟹 101.55 元/千克,同比分别上涨 4.85%、17.43%、10.44%。淡水其他类中,甲鱼 60.29 元/千克,同比上涨 13.31%;蛙 20.77 元/千克,同比上涨 33.38%;田螺9.25元/千克,同比下跌 4.34%。

(农业农村部渔业渔政管理局)

水产品进出口贸易

据海关统计,2021 年我国水产品进出口总量 939.38万吨,同比下降 1.02%,总额 401.59 亿美元,同比增长 16.05%;与 2019 年相比,总量下降 10.81%、总额增长 2.05%。总体看,水产品进出口总额首次突破 400 亿美元,创造历史新高,其中出口量减额增,进口量额双增,贸易顺差 43.79 亿美元,同比增长 25.98%,食用水产品保持净出口。

【出口情况】 2021 年水产品出口量 367.43 万吨,同比下降 3.61%,出口额 222.69 亿美元,同比增长16.96%。与 2019 年相比,出口量下降 13.89%,出口额增长 7.83%。

1.一般贸易出口同比增长 一般贸易出口量 286.2万吨,出口额 176.83 亿美元,同比分别增长 3.16%和 24.86%。一般贸易在总出口量额中的占比有所提升,分别为 77.89%和 79.41%。各主要品种的出口普遍增长。其中,头足类出口量额同比分别增长 21.60% 和 28.59%,对虾出口量额同比分别增长 19.81%和 36.89%,罗非鱼出口量额同比分别增长 10.29%和 27.65%(表 1)。

表 1 一般贸易主要出口品种

出口品种	占一般贸易出口额比例(%)	2021 年		同比增长(%)		出口品种	占一般贸易出口额比例(%)	2021 年		同比增长(%)	
		数量(万吨)	金额(亿美元)	数量	金额			数量(万吨)	金额(亿美元)	数量	金额
头足类	24.24	54.47	42.86	21.60	28.59	鲭鱼	2.90	24.96	5.12	3.72	5.60
对虾	10.97	16.66	19.40	19.81	36.89	藻类	2.79	7.10	4.93	8.43	23.91
罗非鱼	8.80	48.74	15.57	10.29	27.65	蟹类	2.73	4.28	4.84	1.69	20.29
鳗鱼	7.15	6.53	12.65	31.96	35.97	大黄鱼	1.73	3.95	3.06	14.59	17.32
贝类	6.99	20.61	12.37	9.58	21.28	淡水小龙虾	0.67	0.98	1.19	27.62	58.59
金枪鱼	6.27	19.15	11.09	0.00	21.97						

2.来进料加工贸易出口持续下降 2021 年水产品来进料加工贸易出口量 76.86 万吨,出口额 43.07 亿美元,同比分别下降 13.58%和 6%,在水产品总出口量额中的占比分别为 20.92%和 19.34%。其中,进料加工出口量 62.98 万吨,出口额 31.81 亿美元,同比分别下降 13.94%和 7.18%,出口额占来进料加工出口总额的 73.86%。来料加工出口量 13.88 万吨,出口额 11.26 亿美元,同比分别下降 11.93%和 2.48%,出口额占来进料加工出口总额的 26.14%。

3.东盟成为第一大出口市场 2021 年水产品前六大出口市场分别为东盟、日本、美国、中国香港、韩国和欧盟。其中对东盟、中国香港、美国的水产品出口额增幅最大,同比分别增长 35.43%、23.10%和 21.26%。东盟超过日本,成为我国水产品第一大出口市场(表 2)。

表 2 主要出口市场情况

出口市场	数量(万吨)	同比增长(%)	金额(亿美元)	同比增长(%)
东盟	60.32	1.27	46.97	35.43
其中:泰国	17.79	−26.17	14.77	5.97
日本	55.94	−0.43	38.50	10.98
美国	43.19	1.30	25.84	21.26

（续）

出口市场	数量（万吨）	同比增长（%）	金额（亿美元）	同比增长（%）
中国香港	20.07	9.86	19.24	23.10
韩国	39.48	－18.34	18.26	8.64
欧盟	39.13	－5.00	17.52	2.88

【进口情况】 2021 年我国水产品进口量 571.95 万吨，进口额 178.9 亿美元，同比分别增长 0.72%和 14.94%。与 2019 年相比，进口量额分别下降 8.71%和 4.33%。

1.一般贸易进口较快增长 鱼粉一般贸易进口量 182.13 万吨，进口额 27.29 亿美元，同比分别增长 28.87%和 40.31%；食用水产品一般贸易进口量 254.2 万吨，进口额 118.29 亿美元，同比分别增长 2.05%和 17.41%。来进料加工原料进口量 82.87 万吨，同比下降 3.55%；进口额 21 亿美元，同比增长 3.43%（表 3）。

表 3 一般贸易主要进口品种

国家和地区	占进口总额比例（%）	2020 年		同比增长（%）	
		数量（万吨）	金额（亿美元）	数量	金额
对虾	26.57	63.43	38.68	11.37	20.21
鱼粉	18.74	182.13	27.29	28.87	40.31
龙虾	9.79	4.27	14.25	－10.91	－0.05
蟹类	8.73	7.71	12.70	34.98	53.79
头足类	6.05	38.57	8.80	58.52	49.81
鲑鱼	4.09	5.39	5.95	30.89	78.80
贝类	3.35	8.54	4.88	83.70	60.80
鲶鱼	2.00	15.08	2.92	－38.20	－27.41

2.东盟仍为第一大进口市场 东盟自 2019 年起成为我国水产品第一大进口市场，2021 年进口量 122.28万吨，进口额 30.1 亿美元，同比分别下降 6.86%和 2.59%，其中自越南进口量额同比分别下降 16%和 23.33%。自其他主要市场进口额普遍增加，增幅最大的是秘鲁和厄瓜多尔（表 4）。

表 4 主要进口市场情况

国家和地区	占进口总额比例（%）	2020 年		同比增长（%）	
		数量（万吨）	金额（亿美元）	数量	金额
东盟	16.82	122.28	30.10	－6.86	－2.59
其中：越南	5.31	46.66	9.50	－16.00	－23.33
厄瓜多尔	12.62	43.63	22.58	20.91	29.04
俄罗斯	11.75	76.36	21.03	－29.00	7.01
秘鲁	11.29	123.89	20.20	63.54	79.44
美国	6.66	32.12	11.91	－2.58	21.83
加拿大	5.92	9.05	10.59	－18.72	26.22
印度	5.38	22.54	9.62	－3.45	13.93

【主要影响因素分析】

1.全球通胀及物流成本推高产品单价 通胀方面，2021 年全球经济和贸易需求呈现恢复性增长，在全球流动性过剩、供需缺口扩大、经济复苏不平衡等多种因素推动下，大宗商品价格普遍上涨。物流成本方面，受疫情反复、劳动力不足等多重因素影响，欧美重要港口严重拥堵，货运效率下降，运价持续高位运行。中国水产流通加工协会调研结果显示，2021 年部分热门航段国际运价是 2020 年的 3～4 倍。

2.国际需求拉动一般贸易出口 自 2020 年下半年起，美欧等市场的水产品消费明显回暖、进口需求增加。我国实施动态清零防疫政策，既保障了水产品生产总体有序进行，又从卫生角度提升了产品竞争力。印度、越南等主要出口国疫情反复发生、生产能力受限，促使更多订单流向我国。虽然出口交付环节困难突出，但在充足外需的拉动下，我国水产品一般贸易出口实现量额齐增。

3.多重因素制约来进料加工业发展 自 2020 年 9 月起，我国各港口不断加码进口防疫措施，具体形式包括多重消杀检测和设立集中监管仓等，大连等港口还曾拒绝散货船卸货。这些措施增加了来进料加工企业经营成本，减缓、阻碍了原料进口。来进料加工业在原料进口难、出口交付难的双向打压下举步维艰，正逐步向东南亚及俄罗斯等地转移。来进料加工出口额在水产品总出口额中的占比已由 2019 年的 26.61%缩减至 2021 年的 19.34%。

（农业农村部渔业渔政管理局）

国际交流与合作

【概况】 2021年,渔业国际交流合作克服新冠疫情的不利影响,以促进渔业高质量发展和服务外交大局为目标,相关工作任务推进顺利,取得较好成效。

【成功举办第四届全球水产养殖大会和首届中国-太平洋岛国渔业合作发展论坛】 9月22—24日,农业农村部会同联合国粮农组织、亚太区域水产养殖中心网在上海成功举办第四届全球水产养殖大会。大会每十年举办一次,是新千年以来规格最高、规模最大的全球渔业盛会。来自120多个国家、地区和经济体及有关国际和区域组织的2 700多人通过线上线下参加会议。大会通过了《上海宣言》。会议期间,农业农村部和联合国粮农组织共同举办促进可持续水产养殖发展的南南和三方合作高端圆桌会议。

12月8日,农业农村部会同广东省人民政府在广东成功举办首届中国-太平洋岛国渔业合作发展论坛。论坛是中国与太平洋岛国首次就渔业合作举行的高级别会议,来自10个建交太平洋岛国及有关国际、区域组织和国内有关部门、科研院所、社团组织和企业的代表共计300多人通过线上线下参加会议。论坛通过了《首届中国-太平洋岛国渔业合作发展论坛广州共识》。论坛同期举办政策推介和渔业产业对接研讨会,并达成一批合作项目。

【积极维护周边海域渔业生产秩序】

1.做好中韩渔业协定谈判、执行及相关工作 一是强化入渔管理。为落实第20届中韩渔业联合委员会(以下简称中韩渔委会)年会纪要,及时组织协调有关省份渔业部门做好渔船入渔组织和管理工作,指导中国渔业协会,按照新的入渔作业程序和规则,重点做好渔船进出水域通报、渔获物报告、渔船避风以及保证金缴纳等工作,维护黄海渔业正常生产秩序。二是筹备并完成第21届中韩渔委会谈判工作。根据双方商定,筹备并召开了第21届中韩渔委会第一次、第二次筹备会和年会,维护我在黄海渔业利益。举行中韩第三次联合增殖放流和第十届中韩渔业高级别会议,参加中韩海洋生物资源专家组第十八次会议和2021年度中韩渔业执法工作会谈,为顺利举行中韩渔委会年会奠定坚实基础。

2.做好中俄渔业合作相关工作 一是在未召开中俄渔业合作混合委员会第30次会议情况下,继续维持两江议定书、打击IUU协定执行等方面合作。二是继续开展中俄边境水域春季、秋季联合检查,未发现违规行为。中俄边境水域渔民非法越界捕捞事件逐年下降,2021年零发生。

3.做好中越北部湾渔业协定到期后相关工作 一是组织2021中越北部湾渔业资源联合增殖放流与养护活动,向北部湾放流经济苗种近5 600万尾。二是开展续签《中越渔业协定》研究,参与外交部牵头与越方进行的海上共同开发磋商、湾口外海域划界磋商和低敏感领域合作相关磋商会谈,提供渔业相关材料和会谈口径。

【扎实推进与重要国家双边渔业合作】

1.积极推动中美渔业合作 召开中美渔业对话第五次会议。双方通报渔业最新政策,并就打击IUU捕鱼、区域渔业组织管理、海洋哺乳动物保护合作、渔业科技合作以及执法合作等议题交换意见。通过对话,沟通协调立场,弥合分歧,为下一步务实合作打下良好基础。

2.继续密切中欧渔业合作 召开中欧打击IUU工作组会间会议,通报双方打击IUU捕捞活动的政策措施和执法情况,并就我输欧水产品合法性认证执行情况和存在问题协调立场。

3.稳步推进中新渔业合作 召开中国新西兰双边渔业会谈第五次会议。双方就渔业政策进展、渔业补贴改革、落实中新打击IUU声明以及区域渔业管理等议题深入交换了意见。

4.积极开展中菲渔业合作 组织召开中菲南海问题双边磋商机制第六次会议渔业事务工作组会议,双方就中菲水产养殖合作、藻类产业合作、中菲渔船相撞后续处理、技术培训与能力建设等议题交换意见,并达成一致共识。

【全面加强国际渔业治理】 参与WTO渔业补贴谈判、FAO渔业委员会第34次会议、亚太渔业委员会第36届会议、APEC海洋渔业工作组相关会议,全力维护我渔业利益。组织上海海洋大学召开港口国措施协定国际研讨会,持续推进加入港口国措施协定进程。参与国家管辖范围外海洋生物多样性谈判(BBNJ)、《全面与进步跨太平洋伙伴关系协定》(CPTPP)、《预防中北冰洋不管制公海渔业协定》等相关工作,为我渔业发展提供良好的外部环境。

(农业农村部渔业渔政管理局)

渔 业 管 理

渔业法制建设

2021 年，全国各级渔业渔政主管部门及渔政执法机构不断完善渔业领域法律法规，进一步强化制度供给，为加快推进渔业高质量发展提供有力制度保障。

【不断完善渔业法律制度】 围绕《中华人民共和国渔业法》修订草案，持续加强与司法部的沟通协调，会同司法部召开《渔业法》修订专题研讨活动。2021 年 9 月，会同司法部组织 11 省（自治区、直辖市）渔业主管部门和有关单位开展《渔业法》修订集中调研，了解当前《渔业法》相关制度实施情况、存在主要问题和有关意见建议，进一步完善修订草案，加快推进《渔业法》修订进程。配合做好立法征求意见工作，就《中华人民共和国黄河保护法》《中华人民共和国南极活动与环境保护法》《出海船舶和人员治安管理规定》等 20 余部法律法规中涉及渔业的相关条款与相关部门进行了立法协调。

【强化渔政执法支撑制度】 会同海关总署、公安部、交通运输部、中国海警局出台《“三无”船舶联合认定办法》，明确了“三无”船舶定义和联合认定工作的相关程序和要求。会同中国海警局研究起草《海洋渔业行政处罚自由裁量基准（试行）》，统一沿海执法量罚标准，规范海上渔业行政执法的自由裁量活动。

（农业农村部渔业渔政管理局）

渔业标准化

2021 年新发布水产标准 44 项（表 1），其中：国家标准 13 项、行业标准 31 项。组织制（修）订水产健康养殖、苗种繁育、水生动物疫病诊断和监测、海洋牧场建设、水产品质量、渔具和渔具材料、观赏鱼等方面的标准，为渔业高质量发展和行业管理提供技术支撑。组织对 39 项国外水产技术性贸易措施通报进行评议，对 22 项重要通报进行深度评议，为国家履行 WTO 对外评议职责提供技术支撑。

表 1　2021 年发布的水产国家标准和行业标准目录

序号	标准号	标准名称
		一、国家标准
1	GB/T 40946－2021	《海洋牧场建设技术指南》
2	GB/T 40962－2021	《干鲍鱼》
3	GB/T 40963－2021	《冻虾仁》
4	GB/T 40745－2021	《冷冻水产品包冰规范》
5	GB/T 40746－2021	《淡水有核珍珠》
6	GB/T 40749－2021	《海水重力式网箱设计技术规范》
7	GB/T 39920－2021	《蛙病毒感染检疫技术规范》

（续）

序号	标准号	标准名称
8	GB/T 40249—2021	《斑节对虾杆状病毒病诊断规程　PCR 检测法》
9	GB/T 40256—2021	《牡蛎马尔太虫病诊断规程　显微镜检查组织法》
10	GB/T 40253—2021	《牡蛎小胞虫病诊断规程　显微镜检查组织法》
11	GB/T 40255—2021	《对虾肝胰腺细小病毒病诊断规程　PCR 检测法》
12	GB/T 40257—2021	《桃拉综合征诊断规程　RT-PCR 检测法》
13	GB/T 40251—2021	《牡蛎单孢子虫病诊断规程　原位杂交法》
二、行业标准		
1	SC/T 1135.2—2021	《稻渔综合种养技术规范　第 2 部分　稻鲤(梯田型)》
2	SC/T 1151—2021	《池蝶蚌》
3	SC/T 1152—2021	《高体革鯻》
4	SC/T 1153—2021	《乌龟　亲龟和苗种》
5	SC/T 1154—2021	《乌龟人工繁育技术规范》
6	SC/T 1155—2021	《黑斑狗鱼》
7	SC/T 1156—2021	《鲂　亲鱼和苗种》
8	SC/T 2102—2021	《绿鳍马面鲀》
9	SC/T 2103—2021	《黄姑鱼》
10	SC/T 2105—2021	《红毛菜》
11	SC/T 2106—2021	《牡蛎人工繁育技术规范》
12	SC/T 2107—2021	《单体牡蛎苗种培育技术规范》
13	SC/T 2108—2021	《鲍人工繁育技术规范》
14	SC/T 2109—2021	《日本对虾人工繁育技术规范》
15	SC/T 2111—2021	《浅海多营养层次综合养殖技术规范　海带、牡蛎、海参》
16	SC/T 3204—2021	《虾米》
17	SC/T 3305—2021	《调味烤虾》
18	SC/T 3307—2021	《速食干海参》
19	SC/T 4001—2021	《渔具基本术语》
20	SC/T4009.1—2021	《钓竿通用技术要求　第 1 部分:术语、分类与标记》
21	SC/T 048.4—2021	《深水网箱通用技术要求　第 4 部分:网线》

（续）

序号	标准号	标准名称
22	SC/T 5025—2021	《蟹笼通用技术要求》
23	SC/T 5053—2021	《金鱼品种命名规则》
24	SC/T 5712—2021	《金鱼分级　望天眼》
25	SC/T 5801—2021	《珍珠及其产品术语》
26	SC/T 5802—2021	《马氏珠母贝养殖与插核育珠技术规程》
27	SC/T 7011.1—2021	《水生动物疾病术语与命名规则　第1部分：水生动物疾病术语》
28	SC/T 7011.2—2021	《水生动物疾病术语与命名规则　第2部分：水生动物疾病命名规则》
29	SC/T 7023—2021	《草鱼出血病监测技术规范》
30	SC/T 7024—2021	《罗非鱼湖病毒病监测技术规范》
31	SC/T 7215—2021	《流行性造血器官坏死病诊断规程》

（农业农村部渔业渔政管理局）

渔业安全生产与渔港监督管理

【渔业安全生产】 2021年，农业农村部渔业渔政管理局认真贯彻习近平总书记关于安全生产的重要指示批示精神和党中央、国务院有关安全生产工作部署，切实履行职责，狠抓落实见效，强化责任考核，确保渔业安全生产工作落到实处。

1.统筹谋划渔业安全生产 一是强化工作部署。召开两次全国农业安全生产视频会议，组织召开全国渔业安全生产工作视频会议，部署强化渔业安全生产。将渔业安全生产重点工作纳入《全国渔业发展第十四个五年规划》，全面推进渔业安全"三线一体系"建设。二是加强重点时期渔业安全生产保障。多次召开渔业安全生产专题会议，针对重大节假日、春季汛期、建党100周年、开渔前等关键时间节点，组织工作研判，通报安全事故，加大督促指导力度，分析研究渔业安全生产形势和突出问题，部署安全生产工作。三是牢固树立安全发展理念。组织观看学习《生命重于泰山》电视专题片，同时推动各级渔业渔政部门进行专题学习，推进学习教育全覆盖。四是落实整改措施。积极迎接国务院安全生产委员会办公室对农业农村部的考核巡查，按照国务院安全生产委员会印发的《关于2020年度国务院安委会成员单位安全生产工作考核情况的通报》，认真制定整改工作措施，推动考核意见落实见效。

2.加强渔业安全源头监管 一是深入开展三年行动集中攻坚。推动各级渔业渔政主管部门持续动态更新问题隐患和制度措施"两个清单"，针对重点难点问题加大攻坚力度。开展为期3个月的全国渔业安全生产专项治理，组成8个工作组进行交叉互检和问题集中整治，有效防范化解风险。二是强化督查督导。牵头完成国务院安委会对西藏、陕西的安全生产考核巡查，对辽宁和山东两省的重点督导检查，对广东"商渔共治2021"专项行动落实情况的督导，对福建、浙江两省水上交通和渔业船舶安全的明察暗访。完成对河北、江苏、山东、辽宁的专项督查，推动地方安全隐患有效排查整改。三是突出重点开展隐患排查。伏休结束前开展渔船适航船员适任隐患排查整治，深入排查治理渔业安全重大风险隐患，有效遏制事故高发态势。四是提升本质安全水平。印发七部门意见，全面加强渔船审批、修造和检验监管，从源头上遏制不安全渔船和涉渔"三无"船舶产生。继续实施海洋捕捞渔船减船转产，船上安全设施设备更新改造，以及渔业安全生产信息化建设，确保渔船本质安全。五是开展示范创建工作。完成"平安渔业"创建活动，评定21个全国平安渔业示范县和6个全国文明渔港，强化示范引领作用。

3.提升渔业应急处置水平 一是全力做好渔业应急管理相关工作。严格执行渔业24小时应急值班和重要时段领导带班制度，认真做好渔业应急处置和风险防范。加强重特大险情事故应急处置，积极妥善处置"4·4苏启渔03434""10·16浙岱渔06609"渔船翻沉事故，督促指导开展事故调查，全力做好各项善后处置和舆情应对，确保渔区社会和谐稳定。二是加强渔业安全警示教育和技能提升。开展事故调查案件评查，制作典型事故案例汇编，以我国渔业领域第一起涉嫌危险作业罪案例为蓝本拍摄警示教育片，强化警示警醒教育。组织开展全国渔业安全与应急管理骨干队伍业务培训，切实提升渔业安全管理能力。开展渔业"安全生产月"和"安全生产万里行"活动，推动渔业安全生产宣传教育工作走深走实。三是积极争取安全生产资金。及时调度各地渔业防灾减灾情况，争取渔业生产救灾补助，指导帮助受灾地区加快恢复生产。申请渔业海难救助补助项目资金，对参与海上救助的渔船、渔业执法船艇、组织救助单位予以支持鼓励。

4.夯实安全生产基层基础 一是完善法律制度和标准规范。完成《渔业船员违法违规记分办法》《渔业船员管理办法》《渔业无线电管理规定》《渔业船舶重大事故隐患判定标准》修订起草、征求意见工作，编制、印发《渔业船舶自动识别系统(AIS)B类设备技术规范》并在全国进行推广应用。二是加强安全监管执法。部署开展"三个全覆盖"督导检查，逐港逐船逐人重点检查，层层传导责任和压力，切实加强安全监管执法。三是推进改革风险保障体系。指导帮助中国渔业互保协会依法依规做好新设保险机构的筹建、报批及业务开展等相关工作，积极会同中国银行保险监督管理委员会研究有关政策支持事项，确保改革工作顺利推进。推动《安全生产责任保险实施办法》在渔业领域全面实施，指导渔业保险规范有序发展。推广普及渔业养殖保险，有效分散风险，促进恢复生产、防止因灾返贫。

5.深化部门联动合作 一是有效防范化解商渔船碰撞安全风险。印发《加强渔业船舶安全风险防控工作实施方案》，明确12项主要任务和20项具体举措，重点防范化解商渔船碰撞安全风险。组织召开第五次商渔船安全工作会商会，推动商渔共建共治、船位数据实时共享、事故联合调查等重点工作，进一步强化渔业与海事安全管理工作协调联动。联合交通运输部印发《"商渔共治2021"专项行动实施方案》，开展"商渔共治2021"专项行动，以"有效防范遏制商渔船碰撞事故"为主题，部署开展了多项专项任务，取得了明显成效。二是认真落实国家海上搜救和溢油应急处置部际联席会议部署。配合开展"最美搜救人""生死一线党旗扬"推选宣传活动和遇险船舶船员海上联合搜救，激发渔民群众自救互救积极性，切实保障渔民群众生命财产安全。三是建立完善海洋气象灾害预警预报信息共享机制。及时准确将天气预报和台风、风暴潮等灾害信息通过北斗系统、无线电台、手机短信等多种渠道，发送给渔区、渔船和渔民，为广大渔民群众提供气象预警和避险信息服务。

6.聚力重点任务办实事 一是开展渔业安全生产"我为群众办实事"实践活动。进渔区、摸民情，开展渔民培训、送温暖和应急演练，自编自演渔业安全三句半等。二是开展"小卡有大爱"活动。推动研制插卡式AIS设备，免费为福建省5 350艘小型渔船装上"千里眼"，加强出海安全保障。三是推进"一网一号一中心"工作。发布公告和通知，开设全国渔业安全应急中心，开通全国统一的渔业安全应急值守电话"95166"，推广应用全国渔业安全事故直报系统，自2022年1月1日起在农业农村部和沿海省份同步启用，进一步畅通海上生命救援通道，加强渔业应急管理体系建设。

【渔港监督管理】 2021年，渔港监督管理工作稳步推进，继续做好定点上岸渔港的审查和发布工作。

1.继续做好定点上岸渔港审查和发布工作 为加快推动渔获物定点上岸制度实施，农业农村部渔业渔政管理局对《渔获物定点上岸渔港申报标准》《渔获物定点上岸渔港申报表》及《渔获物定点上岸渔港汇报PPT提纲》进行了修订。5月14日，农业农村部公布了41座通过评审的第二批国家级海洋捕捞渔获物定点上岸渔港(农业农村部公告第428号)。12月，启动了第三批国家级海洋捕捞渔获物定点上岸渔港的申报工作。

2.开展文明渔港评审工作 根据全国文明渔港考核表中的考核内容，组织召开全国文明渔港专家评审会，专家组对上报的渔港进行了材料审查和视频质询，最终有6座渔港通过全国文明渔港评审。

3.不断完善渔港核查报告 组织相关技术单位，在前两次核查数据基础上，将2020年渔港核查信息整理后的存疑部分反馈地方进行审核确认，通过多轮数据比对、审查和复核，以及在线地图核验分析，最终编制完成了《全国沿海渔港及避风锚地基础数据手册(2021)》，包括全国沿海11个省(自治区、直辖市)1 154座渔港、138座避风锚地的208个数据项。

4.推动渔港环境监测 推动渔港环境综合整治，组织有关科研单位对60个重点渔港开展了水陆域环境监测工作，并将2020年沿海重点渔港环境监测情况，写入《中国渔业生态环境状况公报(2020)》。

5.推动国务院批准发布《关于加强沿海渔港建设和管理的意见》 2021年4月，经与相关部委反复沟通协调，并征求沿海11个省级人民政府和5个行业协会的意见，最终农业农村部与19个部委联合报请国务院印发《关于加强沿海渔港建设与管理的意见》(以下简称《意见》)。后根据中央统一要求，重新修改《意见》，在征得15个相关部委同意后，11月26日，修改后的《意见》再次报送国务院。

（农业农村部渔业渔政管理局）

渔业船舶水上安全事故及救助情况

【事故情况】 2021年全国共发生渔业船舶（不含特殊船舶）水上安全事故138起、死亡（或失踪）213人。其中：水上生产安全事故102起、死亡97人；水上交通事故18起（未按《统计规定》减半）、死亡38人；自然灾害事故18起、死亡78人。

1.按事故分类划分

（1）生产安全事故。生产安全事故发生102起、死亡97人。

触损4起、死亡2人，风损8起、死亡10人，火灾14起、死亡11人，机械损伤16起、死亡10人，碰撞10起、死亡6人，溺水17起、死亡16人，自沉18起、死7人，其他15起、死亡35人。2021年各类生产安全事故所占比例及与2020年同期比较情况见图1～图4。

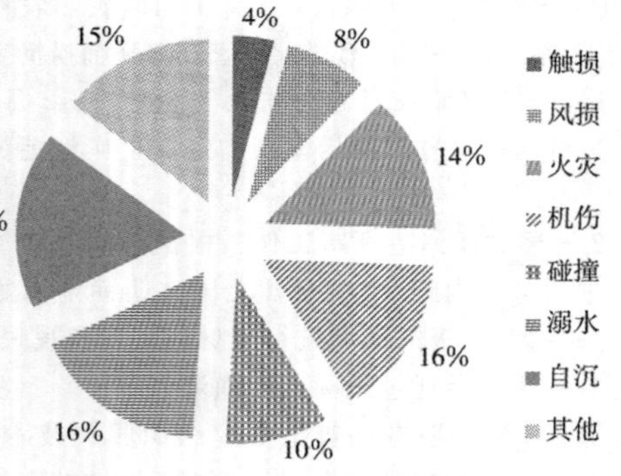

图1　生产安全事故起数比例

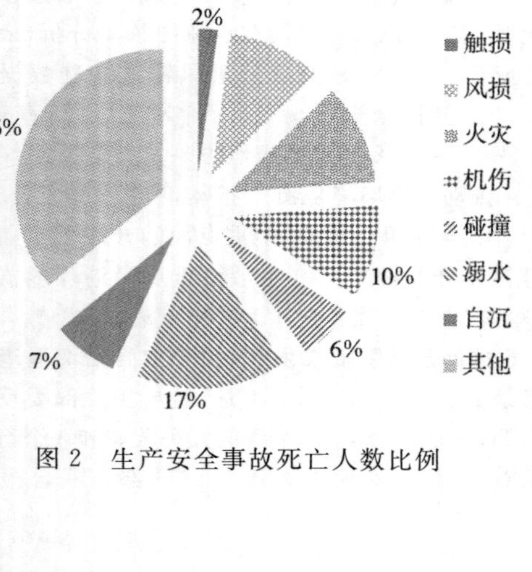

图2　生产安全事故死亡人数比例

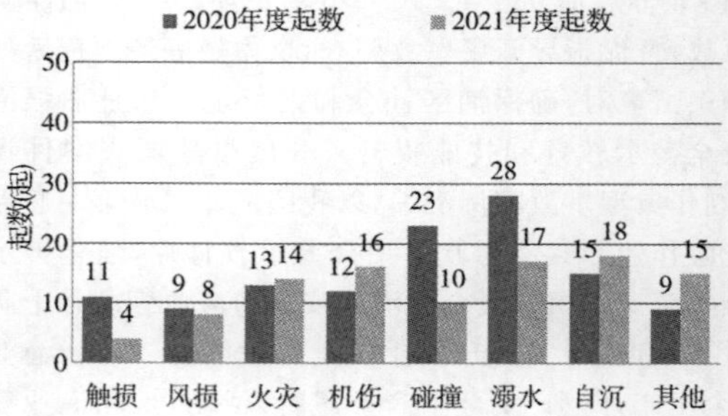

图3　生产安全事故发生起数比较

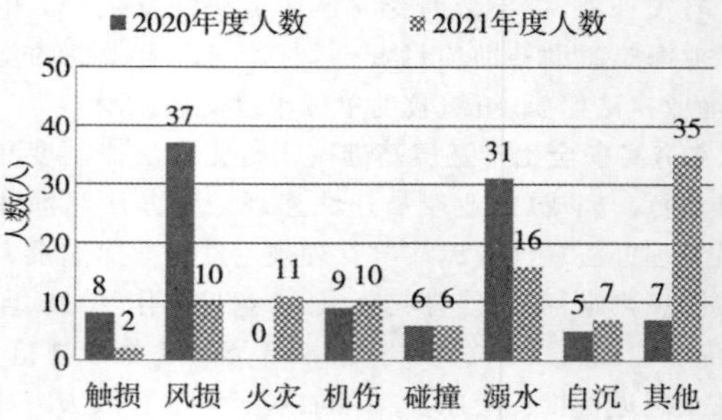

图4　生产安全事故死亡人数比较

（2）水上交通事故。水上交通事故发生18起、死亡38人，分别占水上安全事故的13.04%和17.84%。

（3）自然灾害事故。自然灾害事故共发生18起、死亡78人，分别占水上安全事故的13.04%和36.62%。

2021年事故分类与上年比较和所占比例情况见图5～图8。

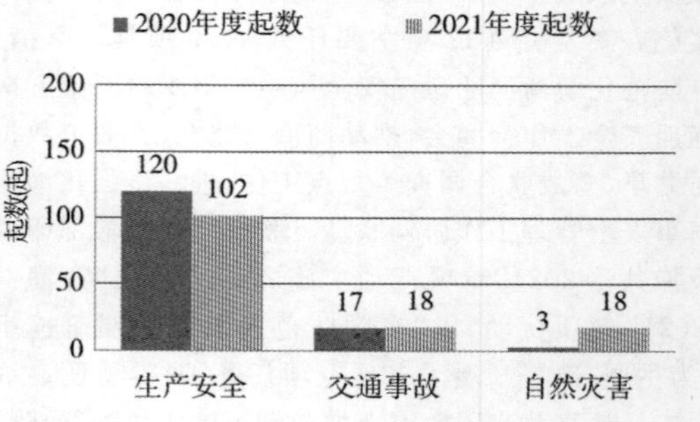

图5　事故发生起数比较

2.按事故等级划分

（1）一般事故。一般事故发生107起、死亡56人，分别占2021年事故总数的77.54%和26.29%。同比事故起数减少20起、死亡人数减少8人。

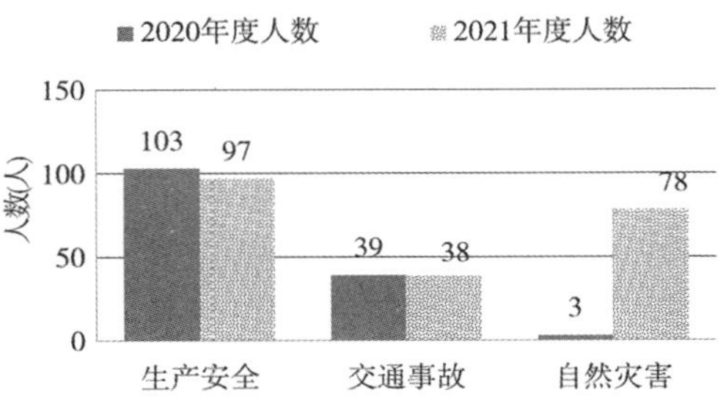

图 6　事故死亡人数比较

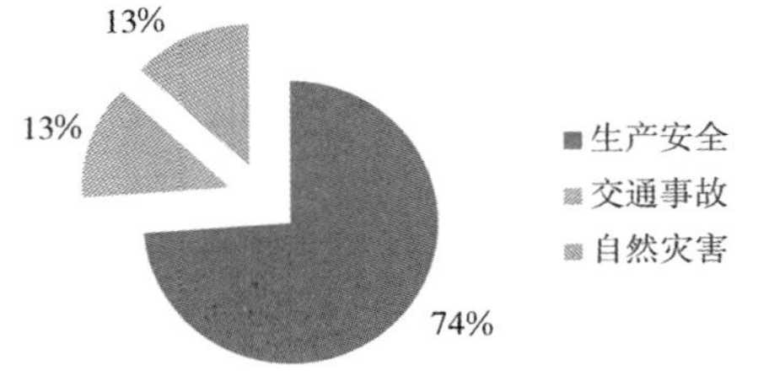

图 7　事故分类起数比例

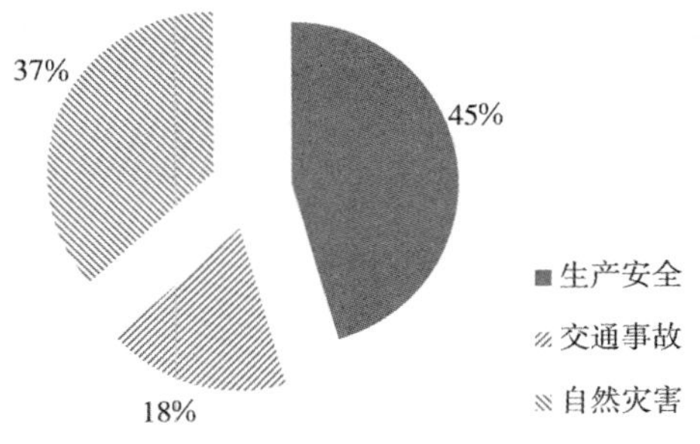

图 8　事故分类死亡人数比例

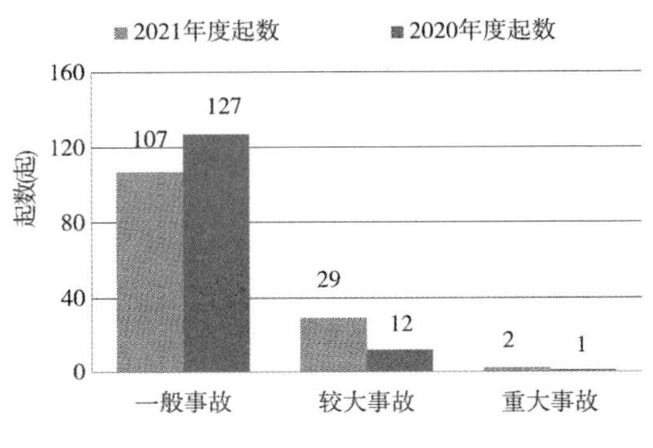

图 9　事故等级发生起数比较

(2)较大事故。较大事故发生 29 起、死亡 131 人，分别占 2021 年事故总数的 21.01%和 61.50%。同比事故起数增加 17 起、死亡人数增加 71 人。

(3)重大事故。重大事故发生 2 起、死亡 26 人，分别占 2021 年事故总数的 1.45%和 12.21%。同比事故起数增加 1 起、死亡人数增加 5 人。

(4)特别重大事故。无特别重大事故发生。

2021 年事故等级与上年比较和所占比例情况见图 9～图 12。

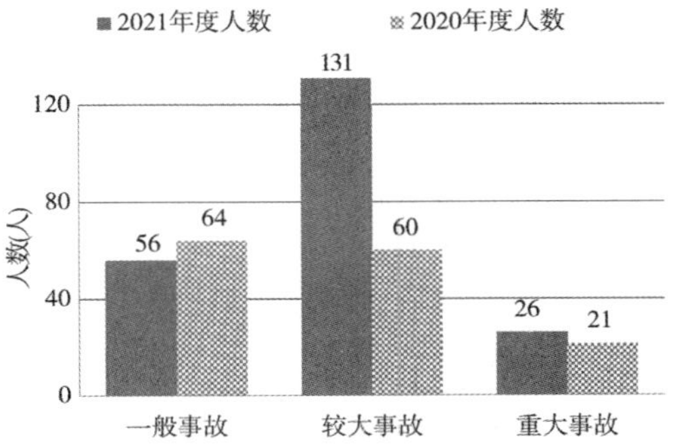

图 10　事故等级死亡人数比较

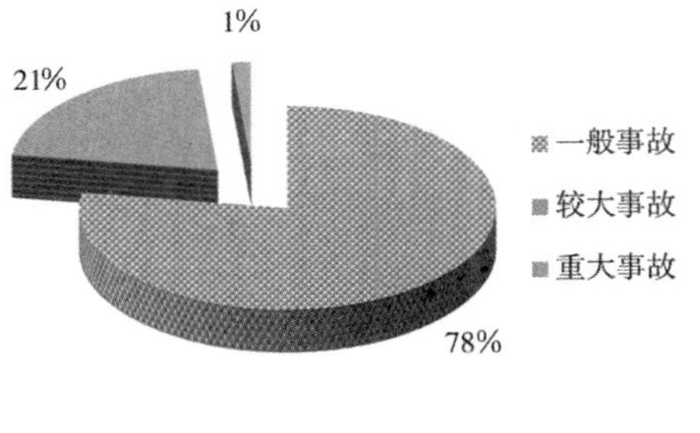

图 11　事故等级起数比例

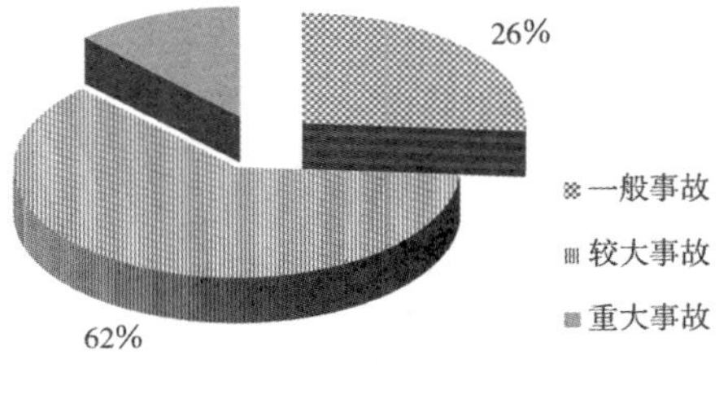

图 12　事故等级死亡人数比例

3.按照事故发生省份划分　2021 年度各省渔业船舶水上安全事故发生情况见表 1。

表 1 2021 年度渔船水上安全事故汇总表

地区	事故总数		生产安全事故		水上交通事故		自然灾害事故	
	事故起数（起）	死亡人数（人）	事故起数（起）	死亡人数（人）	事故起数（起）	死亡人数（人）	事故起数（起）	死亡人数（人）
辽宁	23	36	15	17	2	2	6	17
河北	5	17	4	14	1	3	0	0
天津	1	0	1	0	0	0	0	0
山东	10	34	3	10	1	3	6	21
江苏	17	46	13	17	0	0	4	29
上海	5	3	5	3	0	0	0	0
浙江	26	48	21	25	5	23	0	0
福建	17	3	13	3	4	0	0	0
广东	12	4	9	4	2	0	1	0
广西	14	9	11	2	3	7	0	0
海南	8	13	7	2	0	0	1	11
合计	138	213	102	97	18	38	18	78

【事故特点与原因】

1.按事故发生时态分析 2021 年渔业船舶水上安全事故时态图如图 13 所示，全年平均每月发生事故 11.5 起，死亡 17.75 人。

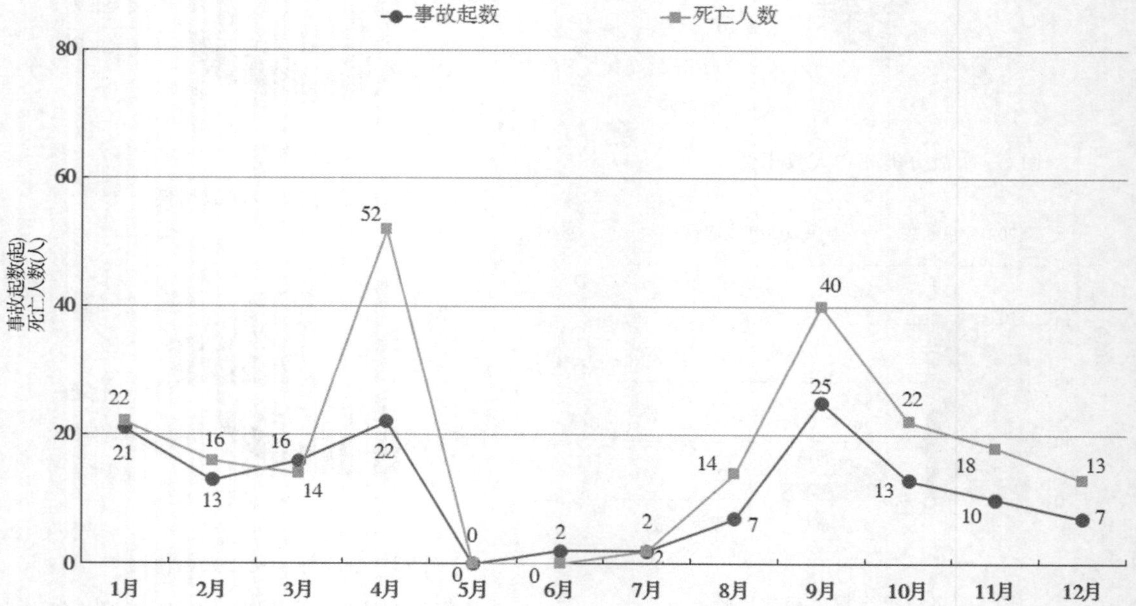

图 13 2021 年渔船水上安全事故时态图

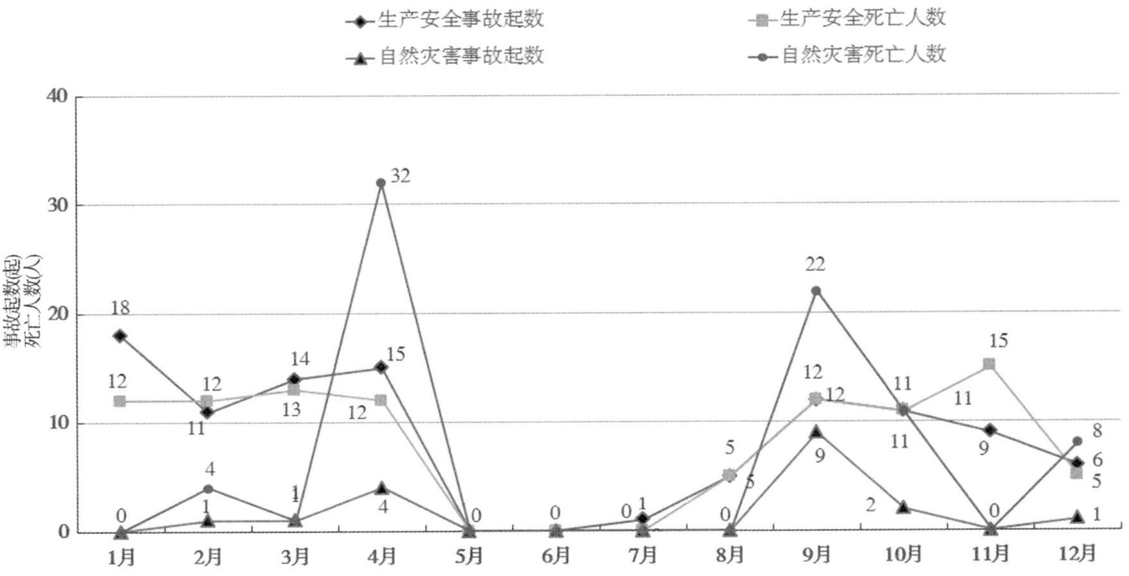

图 14　2021 年渔船生产安全事故、水上交通事故时态图

事故发生起数和死亡人数折线图走势基本吻合，其中 4 月和 9 月是事故高发月份，伤亡人数较多。渔船生产安全事故和自然灾害事故发生时态趋势与以上折线趋势也有相似之处(图 14)。

2.按捕捞渔船作业类型分析　刺网渔船发生事故 47 起、死亡 50 人，拖网渔船发生事故 52 起、死亡 73 人；分别占事故总数的 34.06%、23.47%和 37.68%、34.27%。刺网渔船和拖网渔船是捕捞渔船事故中发生事故数量和死亡人数最多的两种渔船，这主要与两种渔船的数量较多，基数较大有关(图 15)。

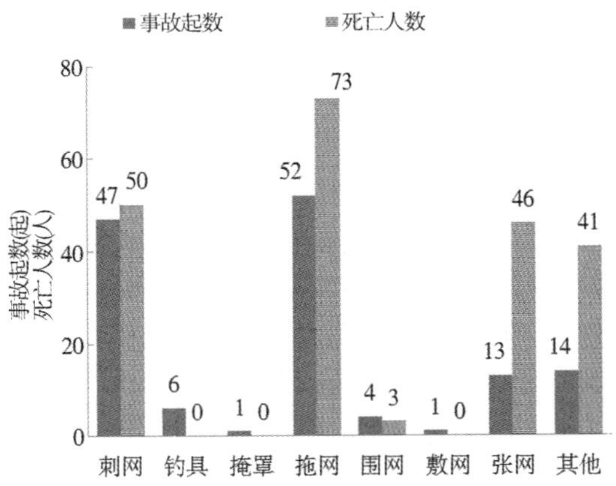

图 15　不同作业类型渔船事故起数及死亡人数

【渔业海难救助概况】　2021 年全国各级渔业行政主管部门及其渔政渔港监督管理机构共组织渔业救助 976 起；渔业行政执法船艇参与救助 94 艘次，渔船参与 1 219 艘次；救助渔船 1 175 艘，救助渔民 7 905 人；实际投入救助费用 2 532.22 万元，挽回经济损失 43 713.1万元。2021 年渔业海难救助具体情况见表 2。

表 2　2021 年渔业海难救助情况

地区	救助起数(起)	救起渔民(人)	救起渔船(艘)	调度救助船舶(艘)		投入救助费用(万元)	挽回经济损失(万元)
				公务船	渔船		
天津	1	2	13	0	13	8.20	0.0
河北	6	22	46	0	47	12.25	5.0
辽宁	19	105	26	12	16	119.80	5 290.0

（续）

地区	救助起数（起）	救起渔民（人）	救起渔船（艘）	调度救助船舶（艘）		投入救助费用（万元）	挽回经济损失（万元）
				公务船	渔船		
山东	24	138	82	16	94	125.70	3 455.0
上海	7	69	7	0	8	11.30	1 820.0
江苏	18	85	19	6	26	68.50	1 946.0
浙江	830	6 963	880	31	884	1 942.55	22 518.5
福建	28	292	33	2	37	91.60	8 250.0
广东	23	139	40	24	45	117.30	91.0
广西	9	23	17	1	25	3.00	90.0
海南	11	67	12	2	24	32.02	247.6
全国总计	976	7 905	1 175	94	1 219	2 532.22	43 713.1

（农业农村部渔业渔政管理局）

捕捞许可和渔船管理

1.首次多部门联合发文，不断强化渔船管理　一是会同交通运输、工业和信息化等7部委联合印发了《关于加强涉渔船舶审批修造检验监管工作的意见》，明确责任分工、强化部门协同，全面加强涉渔船舶审批、修造、检验监管工作。这是首个多部门、全方位部署涉渔船舶监管的指导性文件，是推进涉渔船舶治理体系和治理能力现代化，防范化解重大风险的重要举措。文件印发后，同步开展了新闻宣传和政策解读，并商相关部门建立涉渔船舶审批修造检验综合协调机制。二是继续推动渔船管理制度建设。结合当前渔船管理需要，出台《海洋捕捞渔船拆解操作规程》，印发《农业农村部办公厅关于进一步做好远洋渔船境外报废处置工作的通知》《远洋渔船标准化船型参数系列表（2021年版）》，启动修订《渔业船舶登记办法》和《渔业捕捞许可管理规定》，研究起草《船舶进出渔港报告管理办法》《船网工具指标管理办法》，组织编纂《中国海洋渔船船谱》。三是探索渔船改革的思路和方向，不断梳理下一步渔船改革思路；委托专家开展海洋捕捞强度综合评价指数研究，探索对功率的替代方案。

2.反复核查确认渔船基础情况，摸清家底强化支撑　一是在2020年沿海渔船核查的基础上，印发《关于进一步做好海洋渔船核查工作的通知》，部署开展渔船数据复核工作，重点复核疑似"有证无船"渔船，并将涉渔乡镇和"三无"船舶纳入核查范围。初步统计，国库海洋捕捞渔船11.2万艘；各地上报的地方管理渔船1.28万艘，其中捕捞渔船1.14万艘、养殖渔船0.1万艘；涉渔乡镇船舶5.22万艘，其中捕捞渔船3.56万艘、养殖渔船1.1万艘；涉渔"三无"船舶3.76万艘。二是开展远洋渔船数据核查，从渔船审批、远洋渔业项目管理和九位码配置等多个角度理清远洋渔船数据脉络，明确远洋渔船定义以及对外发布口径，部署清理失效远洋渔船。

3.强化国际履约工作　为适应《开普敦协定》（以下简称《协定》）的推进进程，农业农村部渔业渔政管理局委托上海海洋大学和大连海事大学对《协定》进行追踪，分析研判《协定》进展情况，提出履约建议，为2022年《协定》的生效提前做好准备。根据《协定》的推进情况，农业农村部渔业渔政管理局还推荐上海海洋大学和大连海事大学相关专家加入《协定》履约导则制定非正式工作组，以更好地获得《协定》最新履约动态。参加国际海事组织（IMO）履约分委会（III）第7次会议，积极磋商会议内容形成提案建议，对议题提案中涉及的有争议描述积极谏言，并得到会议组织方的考虑。参加IMO"亚洲批准和实施《2021年开普敦协定》区域网络研讨会"，在会上做专题演讲，表明中国态度，并明确拒绝参与会议联合声明。

4.政务服务有关工作　一是渔业捕捞许可证（临时）/专项（特许）核发审批事项（部本级）已于2021年12月1日起实行全程电子化审批，申请人可通过农业农村部政务服务平台提交申请并上传电子版申请资料，在平台中即时查询受理和审批结果信息。二是"渔业船网工具指标"和"渔业捕捞许可"审批涉及的有关证明事项，已于 2021 年 12 月 10 日起实行告知承诺制，申请人可自主选择是否采用告知承诺制方式办理审批事项，采用告知承诺制的，申请人按照行政许可事项服务指南提交材料并填写《证明事项告知承诺书》，不再提交有关证明。三是 2021 年共召开 19 次远洋渔船船网工具指标审批局长办公会，核发渔业船网工具指标批准书 284 个（远洋 261 个，港澳 23 个），核发专项（特许）渔业捕捞许可证 1 328 个。

（农业农村部渔业渔政管理局）

渔 具 管 理

1. 开展专项行动 结合“中国渔政亮剑 2021”系列专项执法行动开展清理取缔涉渔“三无”船舶和“绝户网”专项执法行动、打击电鱼活动专项执法行动，突出重点，严厉打击“绝户网”，重点打击加装衬网、网目极小和电毒炸等违规违法行为。2021 年全国共清理“绝户网”103. 8 万张（顶），收缴电鱼器具 8 566台（套）。

2. 加快推进渔具目录及配套制度研究 2021 年 6 月 21 日印发《关于征求〈海洋捕捞渔具准用目录（征求意见稿）〉意见的函》（农渔船港便〔2021〕49 号），征求各地渔业主管部门意见，并组织召开渔具专家委员会对意见进行集中研讨；印发《关于征求清理整治“绝户网”、禁捕禁售太平洋磷虾等有关文件意见的函》（农渔船港便〔2021〕40 号），进一步深化渔具管理；继续开展渔具标识和实名制管理制度研究，完善渔具标识技术，开展渔具标识试点示范。

3. 规范废弃渔具管理并强化支撑保障 应对国际社会对“幽灵渔具”“海洋微塑料”的关注，继续开展我国渔具使用现状调查，提出减少废弃渔具的措施建议，组织开展废旧渔具回收实践，探索建立废旧渔具回收利用新模式。

（农业农村部渔业渔政管理局）

水生生物资源养护与水域生态环境修复

2021 年，坚持以习近平生态文明思想为指导，深入贯彻落实“绿水青山就是金山银山”的理念，按照党中央、国务院各项工作部署，稳步推进水生生物资源养护和水域生态环境修复工作，重要水生生物资源有所恢复，水生生物多样性保护进一步加强，水域生态环境状况有所改善。

1.进一步优化完善海洋伏季休渔制度 一是休渔时间进一步优化。统筹考虑现阶段渔业资源状况、渔民生产生活、地方监管能力等情况，对闽粤交界海域的休渔制度进行局部优化，统一了北纬 26.5 度以南海域休渔时间，将休渔分界线由三条减为两条，减少区域间休渔“时间差”，便于执法监管，执行效果良好。二是专项特许捕捞品种有序扩大。经专家论证，在黄渤海部分海域新增口虾蛄、鱿鱼、毛虾三种专项特许捕捞品种，专项特许捕捞品种数量达到 5 个；各地共批准作业渔船 2 734 艘，捕捞产量 1.4 万吨。从实施效果看，专项特许捕捞实现了渔业资源合理利用、渔民收入增加和休渔秩序平稳的有机统一，受到广大渔民群众的欢迎；同时，锻炼了渔政队伍，提升了渔船渔港监管能力，为推进实施渤海限额捕捞管理制度奠定了基础。三是配套支持政策顺利出台。利用渔业发展补助资金，会同财政部制定了海洋渔业资源养护补贴政策，对依法执行休渔制度的海洋捕捞渔船给予相应补贴，提高休渔制度执行力。

2.科学规范开展增殖放流活动 起草《关于做好“十四五”水生生物增殖放流工作的指导意见》。组织各地科学规范开展增殖放流活动，全年共落实中央财政资金 3.985 亿元，带动全国投入放流资金超过 10 亿元，放流各类水生生物苗种 400 余亿尾，在修复渔业种群资源、改善水域生态环境以及促进渔业增效、渔民增收等方面发挥了重要作用，取得了良好的生态、经济和社会效益。其中，6 月 6 日在大连主会场和江苏、江西、湖北分会场共同启动以“养护水生生物、建设美丽中国”为主题的“放鱼日”活动，当天全国各地举办放流活动 200 余场，放流水生生物苗种近 30 亿尾。

3.确定加强黄河水生生物资源养护工作的思路措施 在深入开展调研、广泛听取各方意见基础上，提出了农业农村部关于暂不急于实施黄河全面禁渔的研判和加强黄河水生生物资源养护措施的建议，向国务院报送了关于黄河水生生物资源养护情况的报告。开展黄河水生生物资源养护政策研究。

4.开展国家级海洋牧场示范区创建 经组织地方申报、专家评审，择优评选出第七批共 17 个国家级海洋牧场示范区，国家级海洋牧场示范区总数达到 153 个。支持海南省海洋牧场建设，批复海南省人民政府办公厅报送的《海南省现代化海洋牧场建设试点方案》。同时，积极争取财政部门支持，将海洋牧场建设纳入“十四五”渔业发展补助政策支持范围，2021 年落实国家级海洋牧场项目补助资金 12 250 万元。

5.加强渔业水域环境保护 严格审查涉渔工程渔业资源影响专题报告，提出有关保护和生态补偿意见。2021 年共审查涉渔工程项目 65 个，要求项目单位落实生态补偿资金 7 亿元以上。开展近海渔业资源调查和环境监测，会同生态环境部公布了《2020 年中国渔业生态环境状况公报》，起草了《中国近海渔业资源状况报告》。参与全国人大关于湿地保护法、黄河保护法、野生动物保护法、海洋环境保护法等制（修）订，配合水利部落实好河长制湖长制有关要求。

（农业农村部渔业渔政管理局）

水生野生动植物保护与管理

2021 年，遵照习近平总书记重要批示精神和中央领导批示要求，农业农村部渔业渔政管理局按照《农业农村部贯彻落实〈加强野生动物保护领域立法执法工作落实方案〉工作方案》有关安排，大力加强水生野生动物保护。

1.完善水生野生动物保护制度措施 经国务院批准，会同国家林业和草原局联合发布《国家重点保护野生动物名录》，将国家重点保护水生野生动物物种数量由 48 种（类）大幅提高至 302 种（类）。先后就贯彻落实《国家重点保护野生动物名录》、加强海洋哺乳动物保护管理、规范水生野生动物科研审批活动等作出部署安排。此外，按照农业农村部"我为群众办实事"党史学习教育实践活动有关要求，抓紧出台了林蛙保护管理政策，切实解决蛙农的"急难愁盼"事项。

2.强化水生野生动物监督管理 联合国家市场监督管理总局等五部门开展打击野生动物违规交易专项执法行动，截至 2021 年 11 月累计出动渔业执法人员 7.2 万多人次，查处违法违规案件 150 余起，查获违规交易水生野生动物 500 余只、制品 380 千克以上。

3.加强水生野生动物国际履约和科普宣传 积极参与生物多样性大会筹备工作，深入分析海洋保护地目标对我远洋渔业的影响并提出对策建议。派员参加濒危野生动植物种国际贸易公约（CITES）有关会议，维护国家权益。积极组织开展形式多样的宣传活动，提升社会水生野生动物保护意识。

（农业农村部渔业渔政管理局）

周边渔业协定执行情况

【《中韩渔业协定》实施情况】 《中韩渔业协定》是在中韩两国尚未完成海域划界的情况下，就两国渔业问题做出的临时性安排。近年来，中韩双方在《中韩渔业协定》框架下开展了一系列务实渔业合作，对于稳定黄海渔业秩序起到了积极作用。

根据第二十届中韩渔委会年会纪要，2021 年韩方许可中方渔船赴其管辖水域作业的生产渔船为 1 300 艘、运输船等辅助船为 48 艘，捕捞配额 56 750 吨。全年共有 1 219 艘生产渔船申请了入渔许可证。全年实际入渔的生产渔船为 1 139 艘、完成配额 38 853 吨（配额完成率 68.46%）。

中方渔业管理部门在强化渔船管理方面开展了大量工作，严格管理入渔韩国管辖水域的中方渔船，同时严厉打击涉渔"三无"船舶和违规网具。2021 年，农业农村部继续组织开展"中国渔政亮剑"渔政执法行动，取缔涉渔"三无"船舶 2.49 万艘，清理"绝户网"等违规渔具103.82万余张（顶）。据不完全统计，2021 年，韩方共抓扣我渔船 107 艘，其中有证渔船 75 艘、无证等严重违规渔船 32 艘。

【《中越北部湾渔业合作协定》执行情况】 《中越北部湾渔业合作协定》于 2020 年 6 月 30 日到期。2020 年 7 月 1 日零时起，中方根据《中越关于两国在北部湾领海、专属经济区和大陆架的划界协定》确立的海上分界线对渔业事务实施管辖，直至中越两国政府就北部湾渔业合作达成新的协定或作出安排。目前，中越正在积极推进商签新的协定。

（农业农村部渔业渔政管理局）

渔情统计监测与渔业信息化

【渔情统计监测】 2021 年，面对新冠疫情和国内外经济发展复杂多变的环境，全国各级渔业主管部门和广大渔业统计监测工作者深入贯彻落实党中央、国务院和农业农村部重大决策部署，不断提升数据质量，扎实开展统计监测工作。

1.树牢法治意识，坚持依法统计 各级渔业主管部门认真贯彻落实《中华人民共和国统计法》《防范和惩治统计造假、弄虚作假督察工作规定》《关于更加有效发挥统计监督职能作用的意见》以及农业农村部关于做好渔业统计监测工作有关文件要求，不断强化依法统计意识，坚决杜绝统计造假、弄虚作假。浙江省组织开展渔业统计专项抽查，对各地统计数据来源、采集方式、质量管理、统计制度落实等情况进行全面检查。广东省下发渔业统计数据自查通知，要求各市认真做好各级渔业统计年报数据自查工作。

2.夯实质量之基，提升保障能力 各级渔业主管部门聚焦数据质量，不断完善渔业统计质量保障框架，贯彻落实《国家统计质量保证框架（2021）》《统计业务流程规范（2021）》《国家统计局关于进一步加强统计基层基础建设的意见》等文件精神，坚持把提高数据质量作为统计工作的中心任务。全国水产技术推广总站/中国水产学会举办数据质量控制研讨活动，听取各地统计数据质量控制执行情况，对加强数据质量控制提出意见和建议。浙江省严格执行省、市、县三级审核制度，及时开展重点指标审核分析。

3.树立变革意识，践行改革创新 各地各单位围绕渔业渔政中心工作，聚焦全面统计、养殖生产、海洋捕捞、休闲渔业、水产品市场、渔民家庭收支等重点领域，不断完善渔业统计监测调查制度体系及调查方法。山东省利用全面统计、抽样调查及重点调查等多种统计调查方法，开展渔业统计监测工作。广东省印发关于基层填报系统试点工作的通知，加快推进基层渔业统计信息化。

【渔业信息化】 7月13日，农业农村部渔业渔政管理局组织举办渔船渔港动态监控管理系统建设集中研讨，强调要充分发挥渔船渔港动态监控管理系统数据备份、联通和共享的作用，推动渔业信息化相关工作。

（农业农村部渔业渔政管理局）

渔 政 执 法

2021年，全国各级渔业渔政主管部门及渔政执法机构以习近平新时代中国特色社会主义思想为指导，深入贯彻党的十九大和十九届历次全会以及中央农村工作会议、全国农业农村厅局长会议精神，继续实施以“中国渔政亮剑”为统一代号的系列专项执法行动，着力开展执法攻坚，重拳整治违法违规活动，取得显著成效。

据不完全统计，2021年，各级渔业渔政主管部门及渔政执法机构累计出动执法人员241万人次，同比增长34.5%；检查渔船、渔港码头、市场、船舶网具修造厂（点）97.2万个（艘），同比增长11.2%；水上巡查436万余海里，同比分别增长33.4%；查处违法违规案件4.7万件，同比增长12.2%；取缔海洋涉渔“三无”船舶1.5万艘，同比增长39.1%。全年清理“绝户网”103.8万张（顶），同比下降24.6%；收缴电鱼器具8 566台（套），同比下降50.6%；移送涉嫌犯罪4 253件，同比下降23.8%。

【强化执法监管】 聚焦重点领域突出问题，以伏季休渔执法、打击涉渔“三无”船舶为重点，调整“中国渔政亮剑2021”行动方案，继续擦亮渔政亮剑执法品牌。在休（禁）渔方面，组织沿黄9省（自治区）召开黄河流域禁渔专项执法行动启动仪式，会同公安部、中国海警局联合部署开展海洋伏季休渔执法行动，在浙江象山召开部署启动会，强化专项捕捞和钓具作业等特许渔船管理。在打击涉渔“三无”船舶方面，系统梳理“十三五”时期清理整治涉渔“三无”船舶工作经验及成效，提出“十四五”时期工作思路和举措；推动中央外事工作委员会办公室加强对清理整治涉渔“三无”船舶工作的组织领导；加大力度督导地方加强涉渔“三无”船舶整治力度。在抓好督查督办方面，中国渔政执法举报受理平台接受举报线索5 155起，并及时转送地方，重点督办328件，做到件件有回音，特别是抓好山东琼三亚渔10453/10454、浙江省琼临渔运71006/71007船的重点督办。在加强渔政执法宣传方面，海洋伏季休渔、黄河禁渔等新闻多次在中央广播电视总台《新闻联播》《朝闻天下》以及《人民日报》播出、刊出。“中国渔政”微信公众号刊发相关法律法规宣传、执法信息795篇，阅读量达144.1万次，公众号总关注人数近8.6万人，宣传效果明显。

【着力队伍建设】 一是全面部署渔政执法能力建设工作。贯彻落实2021年中央1号文件部署要求，研究出台了《农业农村部关于加强渔政执法能力建设的指导意见》，对“十四五”时期加强渔政执法能力作出全面部署。二是多方协调理顺渔政队伍。加强与相关单位协调，厘清渔政执法与农业综合执法队伍的职责边界；反复协调争取保留渔政执法制服，为保留渔政制服赢得了时间和空间。三是举办渔政执法骨干人员能力提升活动。委托上海海洋大学、大连海洋大学借助信息技术手段组织开展线上全国渔政执法骨干人员能力提升活动，6 500余名渔政执法人员参与活动。四是开展渔政执法案卷评查。针对各地申报参评的129件渔政执法案卷开展综合评查，评出优秀案卷91件，提升执法人员能力和执法案卷制作水平，确保严格规范公正文明执法。五是通报表扬先进集体和个人。对全国在“中国渔政亮剑2021”系列专项执法行动中工作成绩突出的140个集体和230名个人进行通报表扬，凝聚正能量、激发新活力。

【凝聚监管合力】 会同公安部、中国海警局等相关部门出台《依法严厉打击海洋渔业违法犯罪的指导意见》等执法制度，细化部门职责，完善协作机制。持续加大区域执法协作力度，形成了辽冀鲁、沪苏浙、川甘青等渔政执法协作模式；同时各地深化与公安、海警等部门执法合作，构建了部门协调、齐抓共管的良好格局。

（农业农村部渔业渔政管理局）

渔业政务信息与宣传

1. 主动加强行业宣传，充分展现渔业成就 2021年，全国渔业渔政系统以习近平新时代中国特色社会主义思想为指导，贯彻落实中央农村工作会议、中央1号文件等有关精神，克服新冠疫情等不利影响，坚持稳产保供、创新增效、绿色低碳、规范安全、富裕渔民，持续推进渔业高质量发展和现代化建设，渔业经济保持平稳向好态势，为“菜篮子”产品保供稳价提供有力支撑，为“十四五”渔业发展开好头、起好步。各级渔业渔政主管部门充分利用各类信息渠道和新闻媒介，积极宣传新成果新成就，渔业工作得到社会各界关注、重视和支持。《中国水产》杂志、《中国渔业报》、中国渔业政务网进一步发挥渔业宣传的主渠道作用，全面反映全国渔业经济发展和渔业渔政工作开展情况。全国畜牧渔业工作会议、“十四五”全国渔业发展规划、第四届全球水产养殖大会、“中国渔政亮剑2021”渔政执法行动、长江禁捕退捕、全国水产养殖种质资源普查等重大会议、重大决策和重要活动得到媒体广泛宣传报道，效果显著。2021年，渔业工作在央视《新闻联播》播出10余次，《人民日报》、新华社、《经济日报》、中央广播电视总台等中央主流媒体有关渔业的宣传报道达100多次。

2.聚焦“十四五”发展，开展重点工作宣传 按照《“十四五”全国渔业发展规划》“稳产保供、创新增效、绿色低碳、规范安全、富裕渔民”的工作思路，积极协调各方媒体，围绕“十四五”渔业发展规划、长江十年禁渔、水产品稳产保供、水产绿色健康养殖、渔业对外合作、渔业科技创新、渔船管理改革、“中国渔政亮剑”执法、水生生物资源养护、渔业安全生产等重点工作开展系列宣传。在《农民日报》《中国渔业报》《中国水产》杂志等媒体连续刊登《李克强总理对全国畜牧渔业工作会议批示要求全面提升畜禽水产品增产保供能力》《农业农村部部长唐仁健在上海调研强调做好“菜篮子”产品稳产保供打好“十年禁渔”持久战》《“十年禁渔”良好开局》《十年禁渔多方发力 共护长江成效初显》《走出去战略积极推进渔业对外合作》《促进全球水产养殖业可持续发展的上海宣言在第四届全球水产养殖大会上讨论通过》《法网恢恢撒向海洋》《“十三五”科技创新发挥引领作用 助力渔业绿色高质量发展》《渔业绿色发展显成效》《敢向深海要“粮仓”》《探索“六有”模式 跨区联合执法 提升智能监管 安康禁渔禁出“水清鱼欢家园美”》《安全培训接地气 救生设备很实用》等专题报道，向社会充分展现我国渔业在提升水产品稳产保供水平、提升渔业产业现代化水平、提升行业治理水平、促进渔业资源可持续利用、促进渔业安全发展、促进合作共赢等方面的工作成绩，展现我国为世界渔业发展贡献的“中国智慧”“中国方案”和“中国力量”。

3.强化日常信息报送，扎实规范信息公开 积极开展渔业政务信息报送活动，编制《渔业情况》、农业农村部渔业渔政管理局大事记，编发中国渔业政务网信息，及时通报渔业发展重大情况和工作进展。全年编发《渔业情况》18期、农业农村部渔业渔政管理局网站信息270余条，为各级领导了解渔业发展情况、部署有关工作、制定措施政策提供重要参考，有效促进了工作开展。扎实开展信息公开，严格执行《中华人民共和国政府信息公开条例》《农业农村部信息公开规定》等制度，保障信息公开工作全面、准确、按时完成。全年主动公开信息84条，主动公开率、按时公开率达100%。办结申请公开事项21件，均做到按规定方式及时答复申请人，依申请公开率达到100%，有效保障人民群众知情权、参与权、表达权和监督权。积极配合农业农村部法规司行政审批办公室清理、整合行政审批事项，按时完成行政审批工作。

（农业农村部渔业渔政管理局）

长江流域渔政管理

长江十年禁渔是党中央、国务院为全局计、为子孙谋而作出的重大决策。2021 年是"十四五"的开局年，是长江十年禁渔全面实施的第一年。农业农村部长江流域渔政监督管理办公室认真贯彻落实党中央、国务院决策部署，会同长江水生生物保护暨长江禁捕工作协调机制成员单位和沿江省份，强化政策措施，细化落实机制，扎实推进退捕渔民安置保障，基本实现应帮尽帮、应保尽保；加强禁渔执法，严抓严管，初步遏制了非法捕捞案件高发频发态势；畅通长江口江海洄游通道，水生生物资源恢复向好，推动长江十年禁渔实现了良好开局。

【完善顶层设计，政策体系框架基本搭建】 会同相关部门制定了《长江水生生物保护管理规定》《长江十年禁渔工作"三年强基础"重点任务实施方案》《长江"十年禁渔"工作约谈办法（试行）》和《长江生物多样性保护实施方案（2021—2025 年）》，出台退捕渔民身份认定、船网工具补偿、过渡期生活补助、养老保险补贴、转产就业帮扶等退捕渔民安置保障措施，初步搭建起了十年禁渔的政策体系框架。部署开展长江渔文化资源普查，推动优秀渔文化资源识别、收集和保护体制机制建设。

【推进安置保障，退捕渔民生计总体改善】 截至 2021 年年底，中央财政累计拨付长江禁捕退捕相关补助资金 130 亿元，有退捕任务的沿江 10 省（直辖市）各级财政累计落实资金 131.77 亿元，有力保障了禁捕退捕资金需求。把长江退捕渔民就业帮扶工作纳入党史学习教育"我为群众办实事"实践活动，开展退捕渔民返捕情况集中排查，指导各地健全工作长效机制，重点帮扶生活困难渔民，动态消除"零就业"家庭，防止出现因退致贫现象。实施就业帮扶"暖心行动"和"十省百县千户"跟踪调研，增强帮扶措施的针对性、有效性，累计培训近 2 万人，开发"护渔员"公益性岗位，确保渔民退得出、稳得住。截至 2021 年年底，沿江有退捕任务的 10 省（直辖市）有就业能力和意愿的 16.45 万名退捕渔民转产就业，实现应帮尽帮；符合条件的 22.18 万人参加基本养老保险，实现应保尽保。根据实地调研和问卷调查，退捕渔民对安置保障工作总体满意。

【强化执法监管，长江禁捕秩序总体平稳】 建立健全跨区域、跨部门、跨层级联合执法新机制，构建横向到边、纵向到底、水陆结合、区域协同的执法监管新格局，推进"四清四无"常态化，保持禁捕高压态势。会同最高人民法院、最高人民检察院、公安部出台打击长江流域非法捕捞犯罪的司法解释，发布长江流域重点水域禁用渔具名录，完善行刑衔接机制。会同公安部、国家市场监督管理总局实施为期三年的专项打击整治行动，会同交通运输部持续加强商船携带网具渔具禁捕执法检查，先后 5 次召开打击非法捕捞专项推进会，9 次开展流域性同步执法行动，形成打击破坏渔业资源违法犯罪合力。沿江各地签署交界水域联合执法协议，建立网格化监管体系，加大非法捕捞和市场销售非法渔获物打击力度。2021 年，会同公安、交通运输等部门月均查处非法捕捞案件 1 400 多件、近 1 800 人，其中月均破获非法捕捞类刑事案件 410 余起，高压严打态势基本形成。

【推进物种保护，生物资源逐步恢复向好】 系统部署长江水生生物保护工作，加强中华鲟、长江江豚、长江鲟等旗舰物种保护。开展水生野生动物调查摸排，先后挂牌成立中华鲟、长江江豚、鼋等珍稀特有水生动物人工繁育和科普教育基地，组织长江江豚迁地保护 21 头次。在长江流域设置 700 多个资源监测点，构建统一的监测网络，制定《长江流域水生生物完整性指数评价办法（试行）》，于 2022 年正式启动评价工作。印发《关于进一步规范长江十年禁渔后水生生物增殖放流工作的通知》。先后在三峡库区、芜湖江段等联合举办 4 次增殖放流活动，累计放流中华鲟、长江鲟、胭脂鱼等珍稀物种 15 万余尾。6 月 6 日全国放鱼日当天，所辖水域同步举办增殖放流活动 150 余场，放流各类水生生物苗种超过 7.6 亿尾(粒)。严格涉渔工程环境影响评价,适应性调整国家级水产种质资源保护区 6 个,集中抽查长江流域 11 省份 80 个涉渔工程,同步开展珠江、淮河等专项检查。目前,“微笑天使”长江江豚群体在鄱阳湖、洞庭湖、湖北宜昌和中下游江段出现的频率显著增加,长江刀鲚时隔 30 年再次溯河洄游到达历史分布上限洞庭湖,水生生物资源恢复向好趋势逐步显现。

【加强宣传引导,保护社会共识广泛凝聚】 参加联合国《生物多样性公约》第十五次缔约方大会平行论坛,并举办“水中精灵——长江水生生物”全国专题巡展、长江禁渔与渔文化论坛、长江生态保护与渔业发展论坛、长江十年禁渔展、长江江豚保护暨科普宣传、“我在长江有条鱼”认购认捐等活动,组织长江渔文化专题展览和巡回展出,开展“长江十年禁渔与水生生物保护”征文活动,累计安排央媒采访 11 件次,提供采访口径 80 多条,发布宣传稿件近 200 件,中央媒体报道 500 余次,其中新闻联播 6 次、央视新闻 22 次,取得良好宣传效果。2021 年,长江十年禁渔被评为全国农业农村十大亮点、渔业渔政十大新闻。

(农业农村部长江流域渔政监督管理办公室　任甜甜)

各地渔业

北京市渔业

【概况】 2021年,北京市认真贯彻落实农业农村部和市委、市政府各项决策部署,进一步推动现代养殖、良种培育、疫病防控等体系建设,促进渔业高质量发展,全面提升水产品质量安全。

2021年,全市渔业养殖面积近2 049公顷,全市养殖场(户)数757个,其中精品渔业1 010.4公顷、籽种渔业221.73公顷、休闲渔业816.3公顷;全年水产品产量21 965吨,其中淡水养殖产量12 013吨、淡水捕捞产量2 652吨。

1.推动水产养殖业绿色健康发展 落实财政部、农业农村部扶持渔业发展支持政策,推动渔业高质量发展,一是与市财政局联合印发《北京市关于落实渔业发展支持政策推动渔业高质量发展的通知》,对标对表农业农村部"十四五"期间渔业发展方向和要求,落实渔业发展相关支持政策,将支持重点确定在加快构建生态健康养殖模式、提高养殖设施和装备水平、加强养殖尾水治理技术推广和开展水产养殖用药减量行动等四方面。二是印发《北京市2021年渔业高质量发展项目实施方案》,利用中央资金486万元,支持通州、平谷、房山三个区的食用鱼和观赏鱼养殖场,推进养殖方式转型升级和渔业绿色循环发展,推广生态健康养殖方式,进一步改善生产条件,提高渔业现代化水平,加强质量安全控制。

2.组织开展增殖放流工作 实施资源养护,修复水域生态环境。安排中央转移支付资金在全市重点水域开展增殖放流和水生生物养护,投放各种鱼苗280万尾。制定招标文件,公开组织招投标,公平公正选定供苗企业。聘请监理公司,对中标企业现场核查,严密组织增殖放流项目。开展生态效果评估,科学实施增殖放流,发挥渔业在水域生态修复中的作用;组织开展增殖放流宣传活动。

3.水产养殖种质资源普查 一是加强组织领导。印发《第一次北京市水产养殖种质资源普查实施方案(2021—2023年)》,市级成立普查领导小组和专家组。各区分别制定普查工作方案,并成立区一乡镇的普查队伍,负责入户普查和系统填报。二是加强培训指导。组织普查技术人员参加国家级、市级及区级的培训426人次。三是按计划完成核查。全市水产养殖种质资源面上普查完成率100%,共覆盖13个涉农区、841个普查主体,并完成第一轮审核。按照5%~10%的核查比例且每个区至少核查1家的原则,制定相关现场核查方案,对各区普查主体开展现场核查工作。房山区、朝阳区、密云区、怀柔区和平谷区已开展了现场核查工作。四是加强经费保障。争取市级资金294.83万元用于普查工作。同时,要求各区积极争取财政资金支持,将普查工作纳入本级财政预算。

4.水生动物防疫 制定全市水生动物疫病专项监测方案,共完成5个项目34批次样品的监测任务,涉及怀柔、大兴、平谷、通州等区的15个养殖场,抽样品种包括金鱼、锦鲤、鲤、虹鳟等。其中1个养殖场的2批次为鲫造血器官坏死病阳性(金鱼),3个养殖场的3批次为鲤浮肿病阳性(锦鲤)。全市总的阳性养殖场检出率26%;阳性样品检出率15%。指导养殖场采取隔离、消毒、无害化处理等防控措施,并开展阳性样品的流行病学调查与溯源,密切关注上述阳性养殖场的后续情况。拍摄虹鳟鱼疫病防控宣传片2个,开展专家讲堂在线讲授防控技术,听众达30万人次。防控技术研究继续深入,初步研发出检测技术5项,制备CEV抗体3个,初步研制出发酵中药制剂2种,编制形成4种重大水生疫病预防和应急管理规程。发放防控技术资料1 000余份,完成200余人次下乡的鱼病防控服务。

5.渔业执法 全市共执法检查水产养殖场2 087场次,下发《责令整改通知书》149份,办理投入品违法案件5起,罚没款1.93万余元,每季度发布风险隐患警示信息1次,全年未发生重大水产品质量安全事件。实行水产养殖场风险分级、档案管理、"双随机"量化监督，建立并不断完善养殖场(户)监管档案，综合分析风险因子，划分并动态调整风险级别，根据不同风险级别，量化落实“双随机”执法检查。在春节、两会、国庆等重点时段、冬奥会等关键节点，对水产品供应保障单位开展水产品质量安全检查，保障重点时段水产品供应质量安全。

6.持续抓好远洋渔业生产 积极做好船只及外籍船员管理工作，加强远洋渔业作业安全要求，做实做细做好生产各环节安全管理工作。转移支付北京市水产有限责任公司中央资金 1 750 万元，用于远洋渔船船上设备更新改造和履约养护国际渔业资源远洋渔船奖补，支持远洋捕捞工作，丰富水产品供应。

【重点渔业区基本情况】

北京市重点渔业区基本情况

地区	总人口（万人）	渔业产值（万元）	水产品产量（万吨）	其中		养殖面积（公顷）
				捕捞	养殖	
平谷	45.7	8 370.23	0.48		0.48	396.12
顺义	132.6	6 858.10	0.30		0.30	298.80
通州	184.3	10 802.04	0.17		0.17	347.95
房山	131.3	6 312.08	0.13		0.13	122.19
延庆	34.6	1 267.80	0.07		0.07	95.62

【大事记】

[1]5 月 22 日，会同农业农村部渔业渔政管理局在永定河水系上游的玉渡山自然保护区举办 2021 年国际生物多样性日北京地区水生生物增殖放流活动，外交部、农业农村部等单位相关领导和社会各界群众 300 余人参加了主题宣传活动。

[2]5—7 月，北京市养殖场(户)在第十届中国花卉博览会上参展的观赏鱼获得 1 金 2 银 2 铜的佳绩。

[3]5—9 月，市水产技术推广站承担全国《鲤浮肿病病原检测能力验证》组织工作。

[4]10 月，组织完成全国水生生物病害防治员北京赛区的人员培训和选拔工作，3 名选手将代表北京参加全国比赛。

[5]11 月 25 日，市水产技术推广站小务基地顺利通过国家级良种场资格验收，被命名为“国家级北京通州观赏鱼良种场”。

（北京市农业农村局）

天津市渔业

【概况】 2021 年，天津市水产品产量 27.33 万吨，同比减少 4.04%，其中海洋捕捞 2.67 万吨，海水养殖 1.09 万吨，淡水捕捞 0.29 万吨，淡水养殖 22.71 万吨，远洋渔业投入生产渔船 15 艘，捕捞产量 0.57 万吨。渔业产值 82.89 亿元，同比增长 18.55%。渔民人均纯收入2.85 万元，同比增长 0.71%。全市水产养殖面积 2.27 万公顷，同比减少 4.15%，其中淡水养殖面积 2.17 万公顷，海水养殖面积 0.10 万公顷。海、淡水工厂化养殖 21.73 万立方米水体，同比减少 20.93%。全市生产海、淡水苗种 120 亿尾，同比增长 12.15%；产值 1.96亿元，同比增长 7.12%。观赏鱼产量 2.64 亿尾，同比增长 513.91%；产值 2.4 亿元，同比增长 22.32%。

1.渔业绿色发展 2021 年，天津市稻渔综合种养继续呈现高速发展势头，稻渔综合种养面积达到 3.65 万公顷，同比增长 80%；产量 0.42 万吨，同比增长 63.86%，实现亩增效益 300 元以上；新建稻渔综合种养示范基地 4 000 公顷；成立 10 个技术服务组，先后开展生产技术对接服务、现场指导、线上咨询等 101 次，累计服务面积 1.17 万公顷，组织开展技术培训、现场观摩 10 余次，培训 410 人次。全面实施水产绿色健康养殖，创建国家级水产健康养殖和生态养殖示范区 4 个；在全市已建立 7 个“水产健康养殖模式推广基地”的基础上，新增 5 个推广基地和 3 个推广技术模式，辐射带动生态健康养殖技术模式广泛应用；实施农业农村部“2021 年集中连片内陆养殖池塘标准化改造和尾水治理项目”，打造技术先进、可复制、可推广的模式样板。持续开展水产养殖尾水治理工作，组织开展养殖尾水处理科技攻关，因地制宜遴选实施复合人工湿地尾水处理模式、池塘工程化循环水模式等6种尾水处理模式，推进水产生态健康养殖。加强水产苗种检疫工作，水产苗种产地检疫出证工作实现电子出证，并出具电子检疫合格证160份；完成水产苗种检疫50亿尾以上；实施农业农村部动植物保护提升工程“天津市水生动物疫病监测中心建设项目”。扎实推进天津市第一次水产养殖种质资源普查工作，普查主体2 579个，普查种质资源5 561个，普查品种81个，完成普查率100%；实施农业农村部现代种业提升工程“天津市鲤鲫鱼水产种质资源场建设项目”，完成天津市重点投资项目“天津市宁河区名优淡水鱼繁育基地建设项目”，推动实施天津市渤化集团汉沽盐场起步区“对虾种质种苗测试养殖温室项目”。

2.渔业资源养护 积极开展渔业资源增殖放流，在渤海湾近岸和内陆重要渔业水域放流中国对虾、三疣梭子蟹等各类经济苗种共13.57亿单位。组织开展“6月6日放鱼日”增殖放流宣传活动，进一步扩大增殖放流活动社会影响力。推动实施《海河流域（天津）水生生物多样性保护实施方案》，开展生物多样性调查监测，实施生物多样性增殖放流，投放鲢、鳙、草鱼等淡水苗种1 653.68万单位。推进海洋牧场建设，组织编制《天津市现代化海洋牧场建设总体规划（2021—2025年）》；对大神堂国家级海洋牧场示范区开展跟踪监测，为海洋牧场的管理维护提供技术支撑。实施伏季休渔期间口虾蛄资源专项捕捞工作，批准口虾蛄作业渔船53艘。组织天津海产贝类贝毒抽样检测与海域溯源调查，完成对本市部分批发市场、菜市场销售海产贝类现场调查采样17个品种40个样本。开展渔业资源损害赔偿评估工作，全年查处涉生态环境损害赔偿案件12起，资源损害赔偿金22万余元。实施渔业发展补贴资金项目，制定了《天津市中央财政渔业发展支持政策总体实施方案（2021—2025年）》，对2021年资金11 644万元进行调整优化，重点支持现代渔业装备设施更新改造、海洋牧场建设及管理维护、渔业绿色循环发展、渔业资源调查养护、渔业基础公共设施建设和渔业发展管理等。

3.渔业安全监管 结合渔业安全生产专项整治三年行动工作计划，周密部署安排，健全完善4项制度措施，针对“两节”“两会”等重要时期和寒潮大风重要时段，对渔船、渔港、航标加强安全管理和检查，全年出动检查22组次、48人次、检查单位40家次；组织开展“天津市2021年渔业安全海上应急演练”和市民消防及救生演练，举办3次船东船长安全培训班，不断提高渔民安全意识；协调安装“船舶安全集中保障监控管理平台”和“AIS渔船渔港动态监控管理系统”，保障渔船生产安全。加强水产养殖用投入品管理，集中对水产养殖用兽药、饲料和饲料添加剂生产经营开展三年专项整治行动、水产养殖用投入品使用执法等五个专项行动，严厉打击制售假劣水产养殖用饲料、兽药的行为；依法建立健全水产养殖投入品使用记录制度，加强水产养殖用药指导，严格落实质量安全监管，确保天津市产地水产品合格率保持在98%以上。

4.渔政管理 从2017年起，黄渤海区海洋伏季休渔时间调整为每年5月1日12时至9月1日12时，天津市严格落实海洋伏季休渔制度，严厉打击各类涉渔违法行为。强化海上联合执法，与河北省渔政、天津海警局共同开展联合执法行动10次，市、区两级渔政执法部门开展联动执法13次。伏季休渔期间，天津市累计出动执法人员4 700人次，出航巡查5 200海里，路上巡查1 100千米，处罚案件145起，清理违规渔具2万余条，没收涉渔“三无”船（艇筏）96艘。实施海河流域禁渔制度，禁渔期为每年5月16日12时至7月31日12时，强化禁渔期执法检查，采取定期与随时检查相结合、陆上与水上检查相结合的方式，市、区两级渔政执法部门累计出动执法人员2 602人次，检查相关水域300余次，查获涉案人员73人，清理内陆水域“三无”船舶99艘，收缴电鱼器具12套，移交司法案件6起。切实加强渔船、渔港监督监管力度，2021年共开展渔船、渔港执法活动86次，检查渔港394家次，渔业企业331家次，立案查处19起，下达限期整改通知书7份，处罚渔船18艘。扎实推进水生野生动物保护工作，全年累计出动执法车30余辆次，执法人员80余人次，查处违法案件1起。

【重点渔业区基本情况】

天津市重点渔业区基本情况

地区	总人口（万人）	渔业产值（万元）	水产品总产量（吨）	其中				养殖面积（公顷）	
				海洋捕捞	海水养殖	内陆捕捞	淡水养殖	海水	淡水
宁河区	39.5	147 245	55 195				55 195		3 620

（续）

地区	总人口（万人）	渔业产值（万元）	水产品总产量（吨）	其中				养殖面积（公顷）	
				海洋捕捞	海水养殖	内陆捕捞	淡水养殖	海水	淡水
宝坻区	72.2	160 969	53 993			358	536 35		4 527
滨海新区	206.7	256 494	51 910	26 722	10 865		14 323	971	3 525
武清区	115.1	55 865	30 047				30 047		2 425
静海区	78.7	61 084	29 002			7	28 995		2 799

【大事记】

［1］6月21日，天津市副市长李树起赴滨海新区中心渔港、东沽渔港检查渔船渔港安全工作。

［2］12月14日，印发《天津市渔业发展“十四五”规划》。

（天津市农业农村委员会　陈　莹）

河北省渔业

【概况】 2021年，全省渔业系统统筹谋划全省渔业发展思路，着力推动渔业高质量发展，强力推动制约瓶颈突破解决，不断创新发展举措，补短板、强弱项，转方式、调结构，围绕提质增效、减量增收、绿色发展、富裕渔民的目标，积极应对新冠疫情不利影响，狠抓水产品稳产保供，推动全省渔业向可持续和高质量发展目标迈进，取得显著成效。

全省水产品总产量108万吨，渔业经济总产值366.7亿元，渔民人均纯收入达到2.15万元。水产品进出口体量不大，出口量2.9万吨、出口额2.3亿美元，同比增长24.5%；进口量6.2万吨，进口额1.8亿美元。

1.政策措施 认真做好全局规划性工作，促进渔业可持续发展。一是制定相关规划及方案。2021年，以省政府名义发布《河北省养殖水域滩涂规划（2021—2035年）》，至此，省、市、县三级养殖水域滩涂规划任务全部完成，划定可养面积逾37万公顷，为河北渔业高质量发展奠定了空间基础。启动《河北省现代化海洋牧场建设规划（2021—2025年）》，已完成初稿并进一步修改完善。研究制定《关于落实渔业发展支持政策推动河北渔业高质量发展实施方案》，为财政支持渔业发展提供了政策依据。二是出台系列文件及工作方案。修订发布《河北省人工鱼礁建设管理规定》，印发《河北省农业农村厅关于印发〈2021年渔业补助资金中央一般性转移支付项目（渔业生产发展）实施方案〉的通知》（冀农财发〔2021〕23号），配套出台5个项目实施方案，制定《关于持续深化“四个农业”行动方案》水产专件、《河北省农业农村厅关于加强涉渔工程渔业资源补偿管理工作的通知》等文件，对各项重点工作进行安排部署，有力推动渔业快速发展。

2.产业集群 以特色水产集群为抓手，水产养殖绿色高效发展水平进一步提升。一是积极推进特色水产集群发展。十大绿色养殖示范园区产值达全省10%，特色水产品产量达到50万吨，占总产量的48%，新打造养殖区1 667公顷，示范推广新品种、地方新模式0.67万公顷，“昌黎扇贝”通过农产品地理标志登记认证，“唐山河鲀”入选河北省第五届农产品区域公用品牌。依法开展水域滩涂养殖确权登记，保护养殖生产者合法权益。截至2021年年底，全省水域滩涂养殖证核发3 736本，其中海水水域滩涂养殖证核发2 932本、淡水水域滩涂养殖证核发804本，依法确权水域滩涂面积10.64万公顷，核发率达到75%以上。二是水产种业建设进一步夯实。研究制定了《河北省水产养殖种质资源普查实施方案（2021—2023年）》，建立普查机制和工作专班，培训水产工作人员836名，对全省4 825家水产养殖场（户）进行了摸底调查。全省水产养殖种质资源普查已全部完成，因推进工作有力受到农业农村部表扬。新批准建设南美白对虾、海参、河鲀、单环刺螠等省级原良种场4家。与中国水产科学研究院黄海水产研究所联合选育的半滑舌鳎鳎优1号新品种，通过全国水产原种和良种审定委员会审定。三是强化水生动物疫病监测和水产品质量安全。2021年，继续对12种疫病开展专项监测，完成国家监测任务85个样品，省级监测任务497个样品，检测结果全部上传国家水生动物疫病监测信息管理系统。完成国家及省级水产品监督抽查任务160个样品，按照国家省级有关工作安排，组织开展水产养殖执法行动，累计检查水产养殖场1 205家，发现1起违法案件，已移交公安机关。

3.**产业融合** 加快产业融合发展，渔业综合效益进一步提升。一是休闲渔业取得长足发展。按照“一带、三区”的休闲渔业优势布局，不断完善管理举措和扶持政策，休闲渔业呈现出蓬勃发展的强劲势头。全省休闲渔业经营主体900多家，累计创建省级休闲渔业示范基地80余家。克服了疫情的不利影响，全省休闲渔业经营总产值超过7亿元，同比增长7%以上，年接待游客近400万人次，促进了渔业提质增效和渔民增收。休闲渔业统计工作受到农业农村部通报表彰。二是水产品加工流通及品牌建设进一步发展。加强水产品精深加工与鲜活流通建设，全省年水产品加工总量10万吨，现有水产加工企业200余个，加工能力达30万吨。同时，注重品牌培育与营销管理，培树了曹妃甸河鲀、黄骅梭子蟹等区域公用品牌，打造了河鲀特色小镇，进一步扩大了产业知名度和影响力。三是大水面生态渔业加快发展。着力解决内陆湖库渔业发展空间受制约问题，采用“人放天养”等健康模式，推进大水面渔业生态绿色发展。全省建设大水面生态渔业示范基地7个，推广湖库生态增养殖面积超过1 300公顷，通过净水渔业提升水域生态环境，打造了“横山岭捕鱼节”等渔业节庆活动，实现生态、生产、生活相得益彰。

4.**资源养护** 深入开展渔业资源养护工作，水域生态环境进一步改善。一是加大增殖放流工作力度。在近海海域和内陆湖库持续开展水生生物增殖放流，放流中国对虾、褐牙鲆等10个品种30亿单位以上。6月6日在官厅水库组织开展国家“放鱼日”同步增殖放流活动，进一步提高了公众环保意识。二是加快海洋牧场建设。年投放人工鱼礁42万空方，累计创建国家级海洋牧场示范区17家，建设规模位居全国第三。经过多年建设，人工鱼礁区水域生态环境和海洋生物群落构成均有改善，生物种类数量为非礁区的2倍以上，生物量是非礁区的3倍以上。三是积极推进国家级水产种质资源保护区建设。加强20处国家级水产种质资源保护区建设和管理，20多个重要水产品种得到有效保护。四是加强白洋淀水生生物养护工作。在重点淀泊放流净水水生生物和重点保护物种苗种6 707万单位。利用无人机监控、水陆巡查等方式对白洋淀国家级水产种质保护区巡护检查120次以上。开展白洋淀水生生物调查监测6次，调查数据显示，淀区游泳动物由2020年的40种增至44种，生物多样性显著提高，外来水生物种分布范围和种群数量均有所减少。

5.**渔业安全** 渔业安全监管进一步强化。一是压实责任。加强督导调度，将安全生产贯穿于渔业渔政管理全过程，印发《进一步加强水上运输和渔业船舶安全风险防控工作实施方案》《渔业船舶领域大排查大整治专项方案》，制定渔船三年整治行动工作台账，实行月调度、季总结，三次印发通报，对三个市局进行督办，促使行业监管责任落地落实。致函沧州市委、市政府，对三个安全事故多隐患大的县、区政府进行约谈，督促地方进一步压实属地责任，加强渔业安全管理。制作安全“双控”标志牌4 000套、80 000块，开展安全“双控”机制评估检查，促进渔民落实主体责任。二是组织海洋渔船安全生产专项整治，省农业农村厅党组书记王国发亲自部署，副书记吴更雨专项督导，以解决存在的问题为导向，派出3组18人进行为期一个月的专项督导，组织涉渔单位28名处级干部对17个重点县、区进行包联，核查渔船6 255艘，排查各类隐患2 148项，行政立案查处57起，罚款4.7万元，全面掌握了全省渔船管理现状，安全管理能力得到明显提高。三是开展商渔共治。深化与海事部门安全工作会商机制，召开防范商渔船碰撞事故会商会，联合河北海事局、河北海警局共同开展“商渔共治2021”联合执法行动，开展联合执法21次，出动船艇24艘，为化解商渔船碰撞风险提供了有利保障。四是强化宣传教育。制定公布《海洋渔船安全生产作业十个必须、十个严禁》，开展安全生产月宣传教育活动，印制各类宣传资料2万多份，发送预警信息20万条。加强船员培训考试，严格船员持证上岗执法检查，组织培训职务船员和普通船员3 000多人。五是强化风险保障。联合省应急管理厅印发《关于进一步加强全省渔业生产领域安全生产责任保险工作的通知》，指导省渔业互保协会稳步推进渔业安全责任险落实，全年投保渔船4 962艘，渔民24 853人，参保率90%（其中企业参保率100%），沿海渔民人均保险金额达53万元。

6.**渔船渔港** 渔船渔港综合管理不断深入。一是组织伏休期间海蜇和口虾蛄专项捕捞，首次申请口虾蛄专项捕捞获得农业农村部批准并顺利实施，专项捕捞渔民创收近3亿元，生产标识、定港上岸等7项管理措施得到有效落实，实现经济效益和管理双丰收。二是规范发展远海远洋渔业。认真做好远洋渔业企业资格和项目初审工作，严格涉韩入渔资格审查。克服疫情影响，组织开展涉外渔业培训、发证和异地、涉韩渔船登船检查工作，确保渔船“不安全不出海”、合法合规生产。三是推进渔船更新改造和减船转产工作，印发《关于做好渔民减船转产和渔船更新改造工作有关事项的通知》，明确“十四五”期间项目实施程序、补助标准等，支持指导市、县做好减船转产和更新改造相关工作，不断养护渔业资源，缓解近海捕捞压力，提升渔船远海生产能力。四是推动渔港经济区建设，编制《河北省渔港经济区建设规划》，组织唐山市申报国家级渔港经济区，已通过农业农村部组织的专家答辩并进行公示，年底前可启动 6 000 万元首批资金项目建设。五是持续开展渔港环境综合整治，安排资金 6 000 万元，对 6 座渔港进行现代化更新改造，改善渔港基础设施条件，提升综合服务能力，沧州市新村渔港被评为全国文明渔港，为全省提供了渔港综合管理样板。六是积极推进渔船进出港报告制度落实，组织申报第二、第三批国家级海洋捕捞渔获物定点上岸渔港，全省定点上岸渔港已达 7 座。七是组织开展平安渔业创建活动，印发《平安渔业创建活动工作方案》，河北省唐山海港经济开发区荣获全国平安渔业示范县称号。

7.渔业信息化 信息化建设成效初显。一是强化系统培训和应用。印发《河北省渔船渔港动态监控管理系统运行管理办法》，组织全省渔船渔港动态监控管理系统应用培训，积极督导各地系统使用情况。二是不断完善升级系统。收集整理渔船渔港有关信息，结合省渔船渔港动态监控管理系统及硬件设备试用情况，完成系统升级改造。三是推进通导设备应配尽配。申请“插卡式 AIS”渔用终端试点，制定印发《河北省“插卡式 AIS”试点工作方案》。四是开展海洋捕捞渔船海上移动通信业务标识码专项整治与执法行动，组织力量逐县、逐船对九位码进行核实确认，年底前确保所有海洋渔船一一对应，全部录入省渔船渔港动态管理系统。

8.渔政执法 渔政执法力度不断加大。一是严格执法监管。落实最严海洋伏季休渔执法监管，印发《2021 年全省休禁渔管理工作方案》《2021 年度伏季休渔期间口虾蛄专项捕捞实施方案》，开展海洋伏季休渔、内陆禁渔、渔业安全生产等专项执法行动。不断加强与海警、公安等部门执法联动，落实好行刑衔接要求；密切与山东、辽宁、天津等周边省份渔政执法部门间的沟通联系，组织各地开展渔事纠纷摸排和调解，妥善处置涉外渔业和海上渔事纠纷事件。2021 年，全省共清理取缔涉渔“三无”船舶 22 艘、违规渔具 2 100 余套(张)，摸排化解渔事纠纷隐患 7 起，查办违规违法案件 540 件，罚款 251 万元，移送司法案件 22 起。二是深化执法协作。与河北海事局、海警等部门密切协作，召开会商会，签订打击涉渔“三无”船舶联席会议纪要，和相邻省份签订鲁津冀辽渔政执法协作备忘录，联合开展春季海上生产秩序稳控、交界水域管理、专项捕捞监管、安全管理专项等执法行动，形成执法监管合力，震慑违法违规行为。联合河北海事局、河北省应急管理厅举办渔业安全生产集中宣传活动，营造浓厚氛围，提高安全意识，确保各项安全目标任务落实到位。三是加强队伍建设。持续开展集中或定向执法培训和督查，监督各地落实好《河北省渔政执法处罚自由裁量基准和细则》，组织违法违规案件查办和案卷评查等工作。河北省 1 个案卷被农业农村部渔业渔政管理局评为全国典型案卷。四是加大水生野生动物执法监管。认真组织开展水生野生动物保护“清风行动”、太平洋斑海豹专项执法行动、科普宣传月活动、“双随机一公开”执法活动。规范水生野生动物行政许可审批流程，重新补充和调整了许可管理专家库、许可申报程序、现场勘(核)验格式等内容。截至 2021 年年底，印发宣传材料 1 万份，承办许可事项 174 份，组织专家现场核查 28 次，按时办结率均为 100%。

9.渔业科技 渔业科技创新取得新突破。鲆鲽、对虾等特色水产精品的优质种苗供应能力不断增强。繁育北鲆 1、2 号优质苗种 140 万尾，推广示范 15 万平方米；鳎优 1 号半滑舌鳎新品种鱼卵国内市场占有率在 70%以上；繁育黄海 5 号中国对虾苗种 2.84 亿尾，繁育各类品系南美白对虾 135 亿尾；繁育加州鲈鱼水花 600 多万尾、鱼种 60 多万尾，福瑞鲤苗种 27 亿尾，冷水鱼 350 万尾，重点供应邢台、邯郸园区发展。在全省示范推广生态健康养殖、养殖尾水治理、配合饲料替代幼杂鱼等技术 8 项，建示范基地 27 个，面积超过 1 300公顷，所示范的技术模式平均增效 10%以上。配合饲料替代取得显著进展，河鲀、大菱鲆和牙鲆三个示范品种，替代率达 60%。实施水产养殖用药减量行动，建示范点 11 个，近 600 公顷，总用药量减少 7%，抗生素类用量减少 11%。实施水产种业质量提升行动，引进和推广对虾、牡蛎、海参等养殖水新品种 12 个，建示范点 9 个，示范 467 公顷，增效 20%以上。

10.存在问题 一是龙头企业示范带动能力仍需进一步增强。引领带动作用强、一二三产融合度高的龙头企业较少，省级重点农业产业化龙头企业仅 20 多家，且企业规模相对较小，品牌建设和水产品加工短板仍然突出。二是水产种业体系建设与先进省份相比仍有明显差距。苗种繁育和供应能力在北方乃至全国占有较高比例，但省内拥有苗种选育、繁殖、越冬等全套技术的水产种业企业较少，缺乏高科技、高标准的现代化领军企业，部分主导优势品种良种省内自育自给能力不足。三是安全保障能力还需进一步提高。全年发生 5 起渔船事故，造成 11 人死亡或失踪，需要认真吸取教训。尤其是遇海上大风天气或秋冬季事故高发时段，渔业生产安全管理形势严峻。为此，全省组织了为期一个月的专项整治行动，效果明显，说明渔业安全生产事故可防可控。

【重点渔业市(县、区)基本情况】

河北省重点渔业市(县、区)基本情况

市(县、区)	渔业人口(人)	水产品产量(吨)	其中				养殖面积(公顷)	
			海洋捕捞	海水养殖	内陆捕捞	淡水养殖	海水	淡水
北戴河新区	24 382	189 139	16 619	172 384	16	120	18 644	105
乐亭县	7 850	175 050	28 156	106 419	10	615	27 350	100
曹妃甸区	24 010	163 223	13 551	64 980	20	84 672	6 916	7 453
昌黎县	12 200	112 455	5 505	106 790	29	131	13 820	97
滦南县	12 594	75 803	25 202	36 068	570	13 963	9 801	984
黄骅市	52 941	62 730	49 670	10 000		3 060	4 965	713
丰南区	10 684	56 232	13 025	651	1 516	41 040	740	2 751
唐山湾国际旅游岛		42 218	8 853	33 365			13 762	
渤海新区	10 235	26 279	19 675	104				
迁西县	680	1 180			680	11 120		429

(河北省农业农村厅　周栓林)

山西省渔业

【概况】 2021年,全省渔业渔政系统坚持以习近平新时代中国特色社会主义思想为指引,深入学习贯彻党的十九届六中全会和山西省第十二次党代会精神,认真贯彻执行省委、省政府和省农业农村厅党组关于全方位推动农业农村高质量发展的决策部署,立足自身资源禀赋,坚定实施“特”“优”战略,深挖渔业发展潜力,增强创新驱动,加强先进技术示范推广,推动全省渔业绿色高质量发展。

全省水产品总产量为50 863吨,同比增长8.68%。其中捕捞产量951吨,同比减少41.73%;养殖产量49 912吨,同比增长10.51%,占水产品总产量98.13%。养殖产量中:池塘产量36 569吨,同比增长14.28%,占养殖产量的73.27%,位居第一;水库产量12 727吨,同比减少1.02%,占养殖产量的25.50%,位居第二。水产养殖面积14 867公顷,同比持平。全省渔业经济总产值为151 109.80万元,同比增长65.71%。其中渔业产值91 240.57万元,同比增长35.30%(其中淡水养殖产值为86 628.57万元,同比增长37.68%);渔业工业和建筑业产值43 152.46万元,同比增长502.70%;渔业流通和服务业产值16 716.77万元,同比增长0.74%。全省渔民人均纯收入12 137.18元,同比增长7.54%。

1.积极落实养殖水域滩涂规划制度　报请省政府完成《山西省养殖水域滩涂规划(2021—2030年)》省级发布工作,有效保障了水产养殖生产空间,有序推进水域滩涂登记发证工作,截至2021年年底,全省共计核发养殖证480本,发证总面积达到10 330.19公顷。出台《关于加快推进大水面生态渔业发展的实施意见》。

2.扎实推进水产健康养殖和生态养殖示范创建　完成国家级渔业健康养殖示范县(永济市)创建,实现全省国家级渔业健康养殖示范县“零”的突破。完成国家级水产健康养殖和生态养殖示范区(山西汾河二库管理有限公司)创建。印发了《山西省国家级水产健康养殖和生态养殖示范区管理细则(试行)》。

3.养殖池塘标准化改造及养殖尾水治理取得突破　实施池塘养殖尾水治理项目12个、工厂化循环水养殖改造项目7个,改造老旧池塘100公顷。争取到中央渔业发展补助资金1 661万元,支持永济市实施集中连片内陆养殖池塘标准化改造和尾水治理项目,治理面积达到466公顷。

4.圆满完成水产绿色健康养殖“五大行动”年度任务 在全省开展生态健康养殖模式、养殖尾水治理模式推广行动、水产养殖用药减量行动、水产种业质量提升行动,创建各类示范推广基地17个。

5.开展鱼菜综合种养等技术模式试验示范 在太原市晋源区三家村试验示范多种大棚鱼菜综合种养技术模式,取得了良好效果并推广至多个市、县,推进了全省渔业循环绿色发展。

6.积极推进实施水产苗种产地检疫制度 印发了《山西省水产苗种产地检疫工作方案》,确认了215名渔业官方兽医,开发完成了山西省水产苗种产地检疫电子出证系统,在太原市晋源区等8个水产苗种生产销售重点县设置了水产苗种检疫申报点。

7.扎实推进水产种质资源普查工作 会同省农业农村厅种业处制定了《山西省第一次水产种质资源普查实施方案》。举办了普查培训班,派出包联专家组跟进指导各市、县普查工作。年底前完成本年度基本情况普查和1 500份遗传材料采集制作及上报工作。

8.持续加强产地水产品质量安全监管 完成农业农村部安排的产地水产品兽药残留监测47批次,水产养殖用投入品安全隐患排查4批次,抽检合格率100%。首次将水产养殖用投入品风险隐患排查纳入监控范围。完成154批次产地水产品和水产苗种兽药残留监督抽查任务,涉及全省9个市的71个养殖场和12个苗种场。印发了《山西省水产养殖用投入品专项整治行动方案(2021—2023年)》,深入开展水产养殖用投入品专项整治行动,全年共计出动执法人员1 707人次,执法车辆509辆次,检查单位432家;共计发放相关宣传材料7 445份,媒体宣传51次;举办培训62期次,培训相关人员1 359人次。

9.渔业增殖放流活动持续开展 制定了年度重要水生生物增殖放流计划。在全省范围内持续开展水生生物增殖放流活动,对促进全省“两山七河一流域”水域生态环境的改善和鱼类种群资源的恢复起到了积极作用。本年度共计放流各类优质鱼种400余万尾。

10.水生野生动物保护工作持续加强 与省林业和草原局联合组织开展了代号为“清风行动”的打击野生动物非法贸易联合行动。在山西农业大学举办了以“关爱水生动物,共建和谐家园”为主题的2021年水生野生动物保护科普宣传月山西分会场启动活动。

11.渔业综合执法能力建设稳步提升 制定了《“山西渔政亮剑2021”系列专项执法行动实施方案》,开展了多项专项执法行动,禁渔期间,查办各类涉渔违法案件15件,办理农业农村部渔业渔政管理局休禁渔执法督办1件。会同省畜牧兽医局在全省范围内组织开展了水产养殖业执法行动,配合完成了农业农村部联合抽查行动。完成农业农村部对运城市黄河流域禁渔重点水域交叉执法和督导检查工作和省农业农村厅对青海省的交叉执法检查工作。完成农业农村部渔业渔政管理局对山西省开展的黄河流域禁渔政策调研及山西省黄河流域禁渔政策调研。

12.扎实做好渔业安全生产工作 印发《山西省加强渔业船舶安全风险防控工作实施方案》,加大渔业船舶安全生产的法律法规宣传,加强渔业船舶风险隐患排查,全年共检查渔船183艘,检查率达100%。

13.存在的主要问题

一是渔业发展空间受限。湿地自然保护区以及基本农田的划定、相关环保新规的出台,使得全省传统的池塘养殖、冷泉水流水池塘养殖、大水面养殖面积大幅度缩减,部分生态保护制度和生产发展政策不协调,一些保护制度没有充分考虑渔业的生态和生产功能,没有给予渔业充分合理的发展空间,一些地方“一刀切”地禁止渔业发展,池塘养殖、大水面渔业发展受阻。

二是产业发展质量效益不高。全省水产养殖大多以分散经营为主,养殖区域分布不集中,养殖规模小,池塘老旧,相关配套基础设施老化,传统、粗放养殖模式仍为主导,现代化养殖新技术、新模式推广应用刚刚起步,水产品品牌不多、知名度不高,产业融合度不强,影响了产业发展的质量效益。

三是专业人才不足。机构改革后,渔业行政管理职能由水利部门划归农业农村部门,致使原来完整的省市县三级渔业管理体系被打破,各市、县原本独立的渔业管理机构被整合,人员流失严重,造成了渔业专业技术人员的空缺和断档。

【重点渔业市(县、区)基本情况】

山西省重点渔业市(县、区)基本情况

市(县、区)	总人口(万人)	渔业产值(万元)	水产品产量(吨)	其中		养殖面积(公顷)
				捕捞	养殖	
永济市	46.42	32 413	19 280		19 280	554

（续）

市(县、区)	总人口(万人)	渔业产值(万元)	水产品产量(吨)	其中		养殖面积(公顷)
				捕捞	养殖	
万荣县	35.07	3 595	2 076		2 076	247
曲沃县	24.80	3 016	1 726		1 726	223
潞州区	89.53	2 707	1 721		1 721	1 308
清徐县	34.45	2 659	1 662		1 662	291
尧都区	95.92	1 609	1 196		1 196	150
沁县	17.79	1 710	1 140		1 140	355
襄汾县	46.14	1 322	936		936	205
榆社县	11.17	1 620	900		900	352
垣曲县	24.03	1 368	838	683	838	17

【大事记】

[1]1 月 4 日，完成国家级渔业健康养殖示范县(永济市)创建，实现全省国家级渔业健康养殖示范县“零”的突破。

[2]3 月 12 日，印发《关于印发山西省养殖水域滩涂规划（2021—2030 年)的通知 》，对全省渔业养殖空间进行三区划分，科学划定禁止养殖区、限制养殖区和养殖区，有效合理利用养殖空间。

[3]4 月 2 日，山西省农业农村厅联合运城市人民政府、垣曲县人民政府在山西古城国家湿地公园举办“山西渔政亮剑 2021”系列专项执法行动启动活动。

[4]6 月 6 日，山西省和太原市农业部门在汾河景区举行 2021 年全国放鱼日山西 · 太原同步增殖放流活动，共投放草鱼、鲤鱼等鱼种 10 万余尾。

[5]6 月 29 日，对全省具备第一批渔业官方兽医条件的 215 人进行资格确认。

[6]11 月 12 日，山西水生野生动物保护科普宣传月活动在山西农业大学举行启动仪式，本届宣传月主题为“关爱水生动物，共建和谐家园”。宣传月期间，全省开展了形式多样的水生野生动物保护科普宣传活动，进一步普及水生野生动物保护知识和相关法律法规，传递水生野生动物保护理念。

[7]12 月 29 日，完成国家级水产健康养殖和生态养殖示范区(山西汾河二库管理有限公司)创建。

（山西省农业农村厅　王毅欣）

内蒙古自治区渔业

【概况】 2021 年，内蒙古自治区以习近平新时代中国特色社会主义思想为指导，认真贯彻落实党的十九大和十九届历次全会精神，围绕实施乡村振兴战略，坚持生态优先、绿色发展理念，优化水产养殖空间布局，发展水产生态健康养殖，发展休闲渔业，加大水生生物资源养护力度、加强渔政执法、强化水产品质量安全和渔业生产安全，抓好科技支撑和带动，推动渔业绿色高质量发展。

2021 年，内蒙古自治区水产品总产量 10.68 万吨，比上年减少 1.08 万吨、同比下降 9.2 %；全区渔业经济总产值 25.86 亿元，比上年增加 1.1 亿元、同比上升 4.4%；全区水产养殖面积 11.39 万公顷，比上年减少 1.31万公顷，同比下降 10.3%。

1.认真落实渔业发展支持政策　2021 年，国家下达内蒙古自治区渔业发展支持政策资金 5 960 万元，其中集中连片内陆养殖池塘标准化改造和尾水治理项目资金 2 033 万元，一般性转移支付资金 3 927 万元。一是按照《财政部、农业农村部关于实施渔业发展支持政策推动渔业高质量发展的通知》要求，为管好、用好渔业发展补助资金，提高资金使用效益，内蒙古自治区农牧厅先后印发《关于用好 2021 年渔业补助预算资金支持渔业高质量发展的通知》《内蒙古自治区集中连片池塘标准化改造和尾水治理项目的实施方案》，推动全区渔业产业高质量发展。二是积极参加农业农村部渔业渔政管理局召开的池塘标准化改造和尾水治理项目研讨会，并于9月26—27日召开全区项目建设工作推进会。三是加强项目日常监管，严把项目审批关。对项目实施定期调度制，督促项目按计划进度落实；组织相关专家对项目盟(市)上报的相关实施方案进行评审，并经厅长办公会议研究通过，予以批复。

2.切实推进全区水产养殖种质资源普查 成立全区水产养殖种质资源普查办公室及技术专家组，制定印发了《内蒙古自治区第一次水产养殖种质资源普查及系统调查实施方案(2021—2023年)》及《内蒙古自治区第一次水产种质资源普查及系统调查实施细则》，召开了全区水产种质资源普查启动暨培训会议，对全区水产养殖种质资源普查工作进行了全面部署。同时，成立4个技术工作组，对全区各盟(市)、旗(县)就普查主体确认、表格填写、信息录入进行现场培训、实地指导。2021年完成2 849个普查主体的现场普查和数据录入、审核及提交工作。普查工作受到全国水产养殖种质资源普查办公室书面表扬。

3.大力发展水产生态健康养殖 全区各地持续推进水产生态健康养殖，加快渔业转方式调结构步伐，推动养殖水域滩涂规划制度的落实。一是在39个重点旗(县)、12个盟(市)养殖水域滩涂规划正式发布的基础上，内蒙古自治区农牧厅委托中国水产科学研究院淡水渔业研究中心编制全区养殖水域滩涂规划。经自治区人民政府同意，于12月22日正式发布。该规划的发布为加快构建水产养殖业绿色发展空间格局，进一步促进全区渔业健康可持续发展提供政策保障。二是按照农业农村部要求，不断推动持证养殖，加快推进水域滩涂养殖证发放工作，确保水域滩涂养殖证合法性、有效性。截至2021年年底，累计发放水域滩涂养殖证1 424本，面积70 990.26公顷。三是根据《农业农村部办公厅关于实施水产绿色健康养殖技术推广“五大行动”的通知》要求，印发了《2021年内蒙古自治区水产绿色健康养殖“五大行动”实施方案》，在全区开展“生态健康养殖模式推广、养殖尾水治理模式推广、水产养殖用药减量、配合饲料替代幼杂鱼、水产种业质量提升”等五大行动，全区建立示范点9个，其中盐碱水健康养殖模式示范点2个、配合饲料替代幼杂鱼示范点1个、稻渔综合种养示范点2个、养殖尾水处理模式示范点1个、瓦氏雅罗鱼种业提升示范点1个、减量用药示范点2个。

4.有效保护渔业资源和水域生态环境 一是为强化禁渔期、禁渔区管理，内蒙古自治区农牧厅印发了《内蒙古自治区2021年禁渔期禁渔区渔政管理通告》，内蒙古自治区天然水域禁渔期为5月1日至7月31日，边境水域有特殊规定的除外；天然水域鱼类产卵场和洄游河道划为常年禁渔区；黄河内蒙古段禁渔期为4月1日12时至7月31日；黄河干流和大黑河、无定河等2条主要支流的干流河段为禁渔区。禁渔期内，各盟(市)结合宣传引导与水陆联合执法，较好地维护了渔业秩序。二是为落实好2021年水生生物资源养护工作，自治区农牧厅印发了《关于组织开展2021年增殖放流活动的通知》。各盟(市)渔业主管部门负责具体组织，严格按照《水生生物增殖放流管理规定》《农业部办公厅关于进一步规范水生生物增殖放流活动工作的通知》有关要求，强化增殖放流规范管理工作，确保增殖放流科学有序开展。三是为配合农业农村部在6月6日全国放鱼日组织开展的全国范围集中增殖放流活动，内蒙古自治区农牧厅与呼伦贝尔市、巴彦淖尔市人民政府分别在呼伦湖、乌梁素海联合开展水生生物增殖放流活动，共放流鲢鳙鱼苗种505万尾、草鱼1.59万尾。放鱼日当天全区10个盟(市)12个放流点同步开展增殖放流活动，共放流各类鱼类苗种1 694.39万尾。2021年全区共放流各类鱼类苗种9 334.13万尾。四是开展水生野生动物保护，11月12日，在鄂尔多斯市海洋馆启动全区水生野生动物保护科普宣传月活动启动仪式。科普宣传月旨在向全社会普及水生野生动物保护知识和法律法规，提高社会公众对野生动物的保护意识。

5.强化渔业科技支撑能力 一是实施“华北多类型盐碱水综合养殖模式构建与示范应用”国家科技计划创新项目。在呼和浩特市、巴彦淖尔市、鄂尔多斯市分别开展了耐盐碱鱼类品种高效养殖模式筛选，养殖品种为黄河鲤、福瑞鲤、中科五号异育银鲫、花鲈等，建立了多种高效健康养殖模式，示范面积累计1 733公顷，推广面积累计3 467公顷；在赤峰市开展了达里湖瓦氏雅罗鱼、鲫鱼放牧养殖模式构建与示范应用，示范面积2 667公顷，推广面积4 000公顷。二是实施国家大宗淡水鱼产业技术体系项目。组织引进福瑞鲤、津新鲤、中科三号异育银鲫、长丰鲢等新品种；推广福瑞鲤、松浦镜鲤、南美白对虾等耐盐碱品种，推广池塘养殖1 000余公顷；围绕国家大宗淡水鱼产业技术体系2021年工作任务目标，会同5个示范县，加快推动区域渔业转型升级、提质增效试验示范。三是实施现代渔业转方式调结构试验示范项目。养殖品种结构调整方面，引进新品种示范推广面积1 667公顷。绿色健康养殖模式构建方面，在兴安盟、呼伦贝尔市、巴彦淖尔市、鄂尔多斯市推广稻渔综合种养模式，累计推广面积1 067公顷；在呼和浩特、巴彦淖尔、鄂尔多斯推广盐碱水绿色健康养殖模式，累计推广面积 800 余公顷；在赤峰市推广大水面生态增殖模式 667 公顷。四是水产技术服务深入基层，助力渔业绿色发展。内蒙古农牧业技术推广中心专业技术人员赴基层指导企业、养殖户进行南美白对虾虾苗的标粗淡化养殖、瓦氏雅罗鱼人工繁育、鲤鱼水花的孵化、泥鳅水花的繁育等工作。

6.持续加强渔政管理 按照农业农村部《关于印发〈“中国渔政亮剑 2021”系列专项执法行动方案〉的通知》要求，自治区农牧厅制定了《关于印发〈“中国渔政亮剑 2021”内蒙古自治区系列专项执法行动方案〉的通知》，各盟（市）在全区开展“中国渔政亮剑 2021”内蒙古自治区系列专项执法行动。一是印发了《关于开展 2021 年渔业法律法规宣传月活动的通知》，在全区开展以《中华人民共和国渔业法》《中华人民共和国野生动物保护法》《内蒙古自治区实施〈渔业法〉办法》等渔业法律法规为主要内容的宣传教育活动，营造知法懂法守法的良好社会环境。全区共进行媒体宣传 200 余次，共发放宣传册和宣传页 5 万余份。三是全区各级农牧部门严格落实属地管理责任，完善部门间协调联动机制，开展专项执法检查。禁渔期检查渔港码头和渔船自然停靠点 432 个，检查渔船数量 863 艘次，查获违规违法案件 6 起，没收渔获物 149.6 千克；开展清理取缔涉渔“三无”船舶 12 次，清理取缔“三无”渔船 110 艘；开展违规渔具渔法清理整治 50 次，清理整治违规网具 2 198 张（顶）；开展水产养殖用投入品规范使用专项行动，检查养殖场 874 个。四是受农业农村部委托，宁夏回族自治区农业农村厅于 5 月 17—23 日，对黄河内蒙古杭锦旗段、巴彦淖尔段、乌海段开展了禁渔交叉执法检查。

7.不断强化渔业安全生产监管 全区认真贯彻习近平总书记关于安全生产的重要论述，牢固树立安全第一的理念和责任意识，进一步落实渔业安全生产责任制。全年未发生渔业安全生产事故。一是成立以分管厅长为组长的渔业安全生产领导小组；制定了《内蒙古自治区 2021 年渔业安全生产专项治理工作方案》《内蒙古自治区加强渔业船舶安全风险防控工作实施方案》，修订了《内蒙古自治区渔业船舶水上安全突发事件应急预案》。二是组织各级农牧部门及渔业生产主体集中观看学习了《生命重于泰山——习近平总书记关于安全生产重要论述》电视专题片及“渔业安全生产专题片”；开展 2021 年渔业“安全生产月”活动。三是加大排查力度，在深入分析安全生产新特点、新形势的前提下，根据渔业生产季节，结合“渔业安全生产专项整治三年行动”，每月都组成督导组对重点渔业水域、企业进行督导检查，消除安全隐患，指导地方、企业开展应急演练。四是深化渔船、船员专项整治，严格渔船安全检查，严厉打击渔船逃避检验和管理行为、船员不胜任、使用禁用渔具作业行为；开展了渔业船员培训考试发证工作。五是接受全国渔业安全生产专项治理交叉排查第五工作组对内蒙古开展渔业安全生产排查工作，并获得排查组的充分肯定。

8.存在的主要问题 一是受资源和生态环境保护约束，养殖空间缩小，内蒙古自治区水产品产量逐年下降，5 年下降了 32.7%。二是基层渔业行业监管和农业综合执法有效衔接尚需进一步加强。三是基层工作人员少，专业人员更少，能力弱。

【重点渔业市（旗、县、区）基本情况】

内蒙古自治区重点渔业市（旗、县、区）基本情况

市（旗、县、区）	总人口（万人）	渔业总产值（万元）	水产品产量（吨）	其中		养殖面积（公顷）
				捕捞	养殖	
莫力达瓦达斡尔族自治旗	32.5	10 644.00	7 960	3 263	4 697	5 000
达拉特旗	37.2	10 493.20	5 124	61	5 063	1 016
九原区	25.0	10 572.71	4 905	112	4 793	573
磴口县	8.8	9 947.00	4 544		4 544	11 267
临河区	58.9	6 316.86	4 245		4 245	1 534

【大事记】

[1]4 月 1—30 日，内蒙古自治区农牧厅组织全区开展《渔业法》宣传月活动。

[2]4 月 1 日至 7 月 31 日，内蒙古自治区农牧厅组织各盟(市)农牧部门，在黄河内蒙古段，贝尔湖、额尔古纳河等边界水域，自治区重要河流、湖泊、水库开展禁渔期渔政综合执法行动。

[3]5 月 17—23 日，受农业农村部委托，宁夏回族自治区农业农村厅对黄河内蒙古杭锦旗段、巴彦淖尔段、乌海段开展禁渔交叉执法检查。

[4]6 月 6 日，内蒙古自治区农牧厅与呼伦贝尔市、巴彦淖尔市人民政府分别在呼伦湖、乌梁素海联合开展水生生物增殖放流活动。同日，全区 10 个盟(市)12 个放流点同步开展水生生物增殖放流活动。

[5]9 月 8 日，全国渔业安全生产专项治理交叉排查第五工作组由福建省海洋与渔业局副局长邱章泉带队对赤峰市克什克腾旗达里诺尔渔场、兴安盟察尔森水库进行渔业安全生产检查。

[6]9 月 26—27 日，在呼和浩特市召开全区养殖池塘标准化改造和尾水治理项目建设工作推进会。

[7]9 月 30 日，在呼和浩特召开全区水产养殖种质资源普查启动暨培训会，会议以视频形式召开，自治区农牧厅设立主会场，全区 12 个盟(市)和满洲里市、46 个旗(县)设立分会场。

[8]11 月 12 日，内蒙古自治区农牧厅在鄂尔多斯市海洋馆举行了全区水生野生动物保护科普宣传月启动仪式。受疫情影响，启动仪式采用了线上直播的形式。

[9]12 月 22 日，经自治区人民政府同意，内蒙古自治区农牧厅印发《内蒙古自治区养殖水域滩涂规划(2020—2030 年)》。

(内蒙古自治区农牧厅 菅 腾)

辽宁省渔业

【概况】 2021 年，辽宁省水产品总产量达到 482.4 万吨，同比增长 3.6%，居全国第 6 位，为“菜篮子”产品的稳价保供作出了积极贡献。渔业产值达到 709.2 亿元，同比增长 3.6%，占全省农林牧渔业总产值的 14.6%，水产品出口占辽宁省大宗农产出口额的 60% 左右，领先地位突出，渔民人均纯收入 23 478 元，居全国第 8 位。

1.全力做好水产品稳产保供 2021 年全省养殖水产品产量 406.6 万吨，占水产品总量的 84.3%。其中海水养殖产量达到 325 万吨，产值 410 亿元；淡水养殖产量 81.7 万吨，产值 120 亿元。

一是稳定和拓展水产养殖发展空间。指导推动各地依法开展养殖水域滩涂规划编制发布和养殖证核发工作，组织各市对渔业发展支持政策项目需求进行摸底调查，推进稻渔综合种养规划发展，下发《2021 年辽宁省推进稻渔综合种养工作方案》，创建稳产高效、特色鲜明的示范基地，引领带动稻渔综合种养规范发展。全省新增稻渔综合种养面积 1.4 万公顷，累计总面积达 8 万公顷以上。

二是全面推进水产养殖业绿色发展。合理开发利用浅海滩涂资源，发展海水贝类底播增养殖，积极推广鱼贝藻类间养和多营养层级立体养殖等 3 项生态健康养殖新技术、新模式，开展国家级水产健康养殖和生态养殖示范区创建，开展海水浮筏养殖生态疏密示范。制定下发《2021 年水产绿色健康养殖技术推广“五大行动”实施方案的通知》，促进水产养殖业绿色健康发展和养殖水产品安全稳产保供。

三是巩固发展优势特色品种。壮大海参、鲍鱼、对虾、扇贝、杂色蛤、鲆鲽鱼、海蜇、河鲀、梭子蟹、裙带菜等 10 个海水优势特色主导品种，海参和蛤仔 2 个品种全产业链产值超百亿元、河蟹和扇贝 2 个品种产值超 50 亿元，全年海参产量 6.5 万吨，同比增长 16%；虾夷扇贝产量 18.7 万吨，同比增长 8.1%；蛤仔产量 150 万吨，同比增长 12%；海蜇产量 7.9 万吨，同比增长 6%。

2.积极推进水生生物资源养护 2021 年全省海洋捕捞产量 47.5 万吨，比 2018 年下降 9.3%，产值 111.6 亿元，近海捕捞强度得到有效控制；远洋捕捞年产量 25 万吨，居全国第 4 位，远洋渔业稳步发展。多措并举实施资源养护措施，加大水产种质资源保护力度，累计建设国家级水产种质资源保护区 8 处，面积达 100.7 万公顷，保护海蜇、中华绒螯蟹、刺参、皱纹盘鲍、海胆、三疣梭子蟹等 18 种水产种质资源。“十三五”以来，全省累计减船转产渔船 3 100 艘，功率总和 15 万千瓦，更新改造渔船 425 艘。

一是扎实开展渔业增殖放流。印发《2021 年农业资源及生态保护补助资金渔业增殖放流实施方案的通知》，持续开展渔业增殖放流，全年全省利用各级资金近 9 400 万元，全年放流中国对虾、三疣梭子蟹、海蜇、池沼公鱼等海淡水物种累计达到 100 亿单位，全力推动全省渔业资源有效恢复，提高渔民收入。

二是创建国家级海洋牧场示范区。高质量编制全省“十四五”海洋牧场建设规划，提高海产品质量，打造海洋渔业新的增长极，促进全省渔业高质量发展。2021 年新申报第七批国家级海洋牧场示范区项目 6 家，全省累计创建国家级海洋牧场示范区 34 个，位居全国第 2 位，示范海域 3.8 万公顷。完成锦州市海域国家级海洋牧场示范区人工鱼礁建设项目验收。

三是加强水生野生动物保护。下发《关于进一步加强水生野生动物保护工作的通知》，严厉打击非法经营利用、繁育水生野生动物等行为。持续开展国家一级保护动物斑海豹管护专项执法行动，积极救助救治，累计救助并成功放归斑海豹 11 只，其中人工繁育个体 4 只。

四是积极推进水产养殖种质资源普查。全省各级形成普查合力，共完成水产养殖种质资源基本情况普查生产主体 12 287 个，普查养殖物种 167 种。推进水产养殖绿色发展，良种培育取得重大突破，培育出菲律宾蛤仔白斑马蛤、虾夷扇贝明月贝、虾夷扇贝獐子岛红、刺参安源 1 号等 4 个经国家审定的水产新品种，为全省渔业发展提供了坚实的种质保障。

3.加快推进涉海渔船智能监管

一是开展渔船起底式大排查。分两个阶段组织实施渔船起底式大排查，配合海警部门开展海上“大清零”行动。2 次组织召开全省排查调度会议，选派 6 个检查组不定期督导检查，压实各层级责任。开发渔船信息普查填报系统及手机 App，提高排查工作效率质量。排查工作历时近 9 个月，于 8 月底如期完成，全省共排查各类渔船 26 583 艘，其中海洋捕捞渔船 13 945 艘，捕捞辅助船 720 艘，养殖渔船 11 105 艘，界江船 813 艘。

二是安装新型北斗船载终端。委托中国水产科学研究院渔业工程研究所编制智能监管系统项目建设实施方案，积极争取农业农村部对智能监管项目资金支持 9 141 万元，严格依法按程序实施招标采购，妥善解决了北斗 IC 卡审批问题，坚持“日调度、周公布、月通报”制度，全力推进北斗设备安装。截至 8 月 25 日，全省共安装北斗船载终端设备 26 583 台，其中太阳能设备 19 333 台，浮离式设备 7 250 台，做到了应安尽安。

三是推进智能监管平台建设。辽宁省涉海渔船智能监管系统是对原有辽宁省渔船渔港动态监控系统进行全面升级，强化船位监控、进出港管理、越线管制、航迹回放、报警处置、电子围栏等功能，实现对全省涉海渔船的全海域、全天候、无死角监管。新平台覆盖全部涉海渔船，新增自动报警功能，支持数据互通共享，强化涉外渔业管控，构建辽宁渔船渔港动态监管的“一张网”。

4.继续保持渔政执法高压态势

一是健全完善渔业规章制度。按照急用先立的原则，借鉴兄弟省份立法经验，结合实际，以小切口、真管用为出发点，突出智能监管，在地方立法权限内，提出更加严格的管控要求，加大违法行为处罚力度，实现管住这个硬道理。2021 年 5 月 27 日，省第十三届人大常委会第二十六次会议审议通过《辽宁省海洋渔业船舶导航安全设备使用暂行规定》，自 2021 年 7 月 15 日起施行。截至 2021 年年底，共查处违反北斗使用规定行为 460 余起，处罚金额 900 余万元，有力震慑了私拆北斗设备违法行为。

二是加强渔政执法能力建设。按照省委机构编制委员会下发《关于组建省级海洋与渔业执法队伍的通知》，组建辽宁省海洋与渔业执法总队。积极主动沟通对接省自然资源厅、省交通运输厅，在人员转隶、资产划转等方面做好各项准备工作。加强执法人员培训，结合涉及划转原单位职能和全省渔业执法队伍现状，进一步优化省总队 6 个执法队职能，提升执法效能。

三是开展“亮剑”专项执法行动。印发《“中国渔政 2021”辽宁省系列专项执法行动实施方案》，组织召开“亮剑 2021”专项执法行动暨海洋伏季休渔部署会议，严厉打击各类涉渔违法违规行为。“十三五”以来，全省累计清理取缔海洋涉渔“三无”船舶 7 307 艘，其中 2021 年清理取缔 964 艘。伏休期间，沿海各市共召回省外转港渔船 193 艘，各级渔业执法部门查获处置违法违规渔船 955 艘，清理违禁网具 20 850 张，处罚金额 1 787 万元，提高了法律震慑力。

5.坚持做好常态化疫情防控 在前期工作的基础上，对防控漏洞再排查、防控重点再加固、防控要求再落实，同步跟进整改，补齐防控短板，切实切断渔业相关领域疫情传播途径。严格按照《关于进一步加强渔船疫情防控工作的通知》要求，严格入韩渔船疫情防控。加强水产品加工企业管理，督促企业通过正规渠道进口经过检疫合格的原料，不得通过走私或其他非法渠道获取原料。认真落实《农业农村部关于做好农机跨区作业和远洋渔业疫情防控工作的通知》要求，采取现代化手段跟踪远洋渔船，继续实施远洋渔船输入疫情风险防控机制，严格做好疫情远端防控工作。

6.存在的主要问题 一是渔业转型升级亟待加强。养殖方式粗放，基础设施落后，现代化水平不高，渔业生产方式和技术模式亟待更新和提高。二是渔业产业链条短。目前全省渔业仍以养殖和捕捞为主，水产品加工小、散、弱，粗多精少，海多淡少，地区发展不平衡，资源利用率低，技术装备水平落后。三是传统产业空间资源日益受限。渔业资源衰退趋势尚未根本性扭转，传统养殖和捕捞产业空间受限。环保压力大，部分地区“撤网拆围一刀切”，甚至出现禁养扩大化。四是渔业安全隐患大。渔船渔港本质安全水平不高，渔业安全源头监管点多、线长、面广，渔业违法违规问题时有发生。加之周边海域局势敏感复杂，海上生产管理和海域管控任务十分繁重。

【重点渔业市(县、区)基本情况】

辽宁省重点渔业市(县、区)基本情况

市(县、区)	渔业产值(万元)	水产品产量(吨)	其中				养殖面积(公顷)	
			海洋捕捞	海水养殖	内陆捕捞	淡水养殖	海水	淡水
长海县	811 019	602 370	71 024	485 049			265 207	
庄河市	1 029 792	578 869	47 879	525 771		1 114	55 686	689
东港市	567 470	502 037	25 211	353 447	708	27 661	77 969	5 391
金州区	583 171	399 406	32 006	367 400			42 901	
绥中县	142 620	241 733	22 746	200 868		18 119	28 144	12 030
旅顺口区	273 900	228 846	26 927	201 913		6	10 050	1
盖州市	199 461	203 599	23 165	178 300		2 134	35 721	5 032
兴城市	200 960	199 306	20 593	175 983		2 730	19 734	191
大洼区	298 429	162 003	19 200	31 200	1 500	110 103	17 200	23 023
瓦房店市	578 776	150 351	29 896	103 516		714	17 760	1 560

【大事记】

[1]5月27日，辽宁省第十三届人大常委会第二十六次会议审议通过《辽宁省海洋渔业船舶导航安全设备使用暂行规定》，自2021年7月15日起施行。

[2]8月25日，全省26 973艘涉海渔船完成北斗设备安装工作，9月1日完成3 075艘界江船舶北斗设备安装工作，实现了应安尽安。

[3]9月8日，农业农村部副部长马有祥率工作组赴辽宁省丹东东港市，调研渔业安全生产和粮食安全工作。副省长王明玉参加调研。调研组先后来到丹东市渔业发展服务中心、东港市大平渔港，了解渔业安全管控、北斗智能监控平台应用、渔港视频监控系统建设情况和特色亮点，实地察看渔船更新改造"木改钢"拆船现场，对涉海渔船渔港综合整治工作给予高度评价。

(辽宁省农业农村厅　张　涵)

吉林省渔业

【概况】 2021年，全省渔业系统认真贯彻落实省委农村工作会议、全省农业农村局长会议精神，对全年渔业渔政工作进行统筹部署，渔业工作得到省委主要领导专门肯定性批示，景俊海书记、高广滨副书记提出要把渔业打造成全省现代农业的重要产业，要将吉林省建设成为全国知名的绿色水产品生产基地。印发《吉林省政府办公厅关于推进渔业高质量发展的意见》，提出推进渔业高质量发展的16条具体措施。编制发布《吉林省渔业发展"十四五"规划》，对"十四五"全省渔业发展目标、任务、布局、项目、措施等进行全面谋划和部署。联合省林业和草原局出台《关于保护林蛙资源　推进林蛙产业高质量发展的意见》，是2020年国家明确林蛙由渔业部门按照水生动物管理以来首次出台支持政策。组织开展国家级水产健康养殖和生态养殖示范区创建活动，大安市信达农业发展有限公司、地方国营镇赉县渔场、通榆县太平沟渔业有限责任公司、伊通满族自治县聚成现代农业发展专业合作社等4家单位获评首批国家级水产健康养殖和生态养殖示范区。

2021年，全省水产品产量24.95万吨，同比增长3.2%；实现渔业经济总产值160亿元，同比增长6.7%；渔民人均纯收入16 408元，同比增长2.4%。全省加工海水、淡水水产品25.52万吨，同比增长0.27%；实现产值69.35亿元，同比增长6.89%。

1.水产绿色健康养殖 制定《吉林省加强水产养殖用投入品监管工作方案》，确定开展养殖用投入品三年专项整治行动等5项重点任务，推进水产养殖用投入品规范生产、经营和使用。印发《关于实施水产绿色健康养殖技术推广"五大行动"的通知》，在全省组织生态健康养殖模式推广、水产养殖用药减量、配合饲料替代幼杂鱼模式推广和水产种业质量提升等活动，培育省级骨干基地32处，推广新品种和土著品种3个、先进技术模式5项。以东部长白山区为优势区的名优冷水鱼养殖规模持续扩大，稻渔综合种养等生态养殖模式持续带动农民增收，全省共实施稻-鱼、稻-蟹、稻-鳅、稻-虾等养殖模式5万公顷，在第五届全国稻渔综合种养模式创新大赛中获金银奖等4项。

2.水生生物资源养护 持续实施水生生物增殖放流，在自然江河、大型湖库、水产种质资源保护区等重要渔业水域开展增殖放流活动，开展6月6日全国放鱼日、图们江大麻哈鱼增殖放流、吉林市松花江流域水生生物增殖放流等活动47次，全年投入增殖放流资金1 158.15万元，放流鱼苗2 152万尾，其中鲢、草鱼、大麻哈鱼等经济物种2 097万尾，细鳞鲑、马苏大马哈鱼、花羔红点鲑、鸭绿江茴鱼等珍贵濒危物种55万尾。完成松花江、鸭绿江、图们江等重要渔业水域增殖放流效果评估和生态环境监测工作。落实新修订的《国家重点保护野生动物名录》，联合省林业和草原局对吉林省分布的国家重点保护野生动植物进行全面调查，编制《吉林省国家重点保护野生动物名录》《吉林省国家重点保护野生植物名录》，整理吉林省分布的所有国家重点保护野生动植物名称、图片、形态特征、生活习性及分布等，形成图册。

3.水产种业 按照农业农村部统一部署，完成第一次水产养殖种质资源普查工作，普查细鳞鲑、花羔红点鲑、鲢、鳙等水生物种104个，涉及各类繁育和养殖主体7 335个，累计填报普查数据26 630条。开展省级水产良种场培育工作，培育创建34家省级水产良种场。全面开展水产苗种产地检疫工作，组织各地参加全国水产苗种产地检疫线上培训班，设立36处检疫申报点并配发系统秘钥，实现水产苗种产地检疫机打出证，9月初，签发全省第一批水产苗种产地检疫证书。

4.渔业基础设施建设 强化渔业发展保障能力，6月镇赉渔港投入使用，7月查干湖渔港、榆树渔港立项，通过省级油补统筹资金为基层渔政机构配备执法快艇19艘、执法用无人机24架。

5.渔政管理 继续对松花江、辽河实施全流域禁渔，发布2021年禁渔期通告，统一印制并下发禁渔通告6 000份供各地张贴宣传。省农业农村厅联合省公安厅开展“中国渔政亮剑2021”系列专项执法行动，下发行动方案，组织各地开展执法活动，联合黑龙江省开展嫩江渔政联合执法活动，累计出动执法人员15 057人次、执法车辆3 952辆次、执法船艇1 442艘次；查处渔业违法案件110件，涉案人员119人，其中移送司法部门9件、14人；清理取缔涉渔“三无”船舶46艘，违规网具2 773张（顶），收缴电鱼器25台；印发各类宣传材料96 883份。开展渔业行政执法船舶注册登记工作，加强渔政执法规范化建设。吉林省农业农村厅渔业渔政管理局、吉林市农业综合行政执法支队监察二大队（渔政大队）、榆树市农业综合执法大队渔政执法中队3家单位和吉林省农业农村厅渔业渔政管理局王雷等6名同志获得农业农村部“中国渔政亮剑2021”系列专项执法行动工作成绩突出的集体和个人表彰。吉林市农业农村局、舒兰市农业农村局的2份渔业行政执法案卷被农业农村部渔业渔政管理局评为2021年全国渔业行政执法案卷评查优秀案卷。

6.林蛙管理 规范林蛙增殖管理，对林蛙野外种群和增殖种群实行分类差别化管理，捕捉利用活动仅限于增殖种群，禁止无证捕捉、“只捕不养”等破坏性捕捉方式。省农业农村厅联合省林业和草原局印发《关于保护林蛙资源　推进林蛙产业高质量发展的意见》，协调省发改委、财政部门将针对林蛙的渔业资源保护费征收标准降为零。组织吉林省林蛙产业发展培训班和林蛙相关政策宣讲交流会，以及4次蛙农座谈会。印发1万份《林蛙生产利用十问十答》，积极宣传林蛙产业发展相关政策。核发林蛙专项（特许）渔业捕捞许可证1 400余张。

7.渔业安全生产 在全国渔业安全生产视频会议上做典型交流发言，联合省交通部门召开商渔船防碰撞专项整治活动磋商会，初步建立沟通协调工作机制。开展渔业船舶安全专项整治三年行动，深入开展隐患排查、应急演练和制度建设，强化渔船登记、船员教育培训和发证管理，印发《渔民水上安全倡议书》16 000份，为全省渔民配发船用救生衣9 000件，开展市、州间安全隐患交叉排查和冬季渔业安全生产专项检查，全年未发生重大渔业安全生产事故。前郭尔罗斯蒙古族自治县被评为全国平安渔业示范县。

8.渔业科技 实施国家、省科研项目和专项17项，包括国家大宗淡水鱼产业技术体系、吉林省生态渔业繁育、养殖技术示范与推广、北方池塘节水生态养殖关键技术研究与应用、长白山土著名贵鱼类——杂色杜父鱼驯化繁育技术研究、北方池塘中华小长臂虾绿色生态养殖关键技术研究及应用等方面。科研成果丰硕，通过专家验收成果5项，发表论文11篇，SCI论文2篇，授权发明专利6项，“长白山区重要土著经济濒危鱼类资源保护及其关键技术研究”获得吉林省科技进步奖二等奖，“富营养湖库修复治理与渔业应用研究”获得吉林省科技进步奖三等奖。完成水产品质量安全检测、渔业生态环境监测和增殖放流水产苗种检测等检测监测工作，完成了256个样品的检测、7个重要渔业水域生态环境监测任务以及102批次增殖放流水产苗种检测。

9.水产技术推广体系建设 扎实推进水产绿色健康养殖，组织实施生态健康养殖模式推广、养殖尾水治理模式推广、水产养殖用药减量、配合饲料代替幼杂鱼和水产种业质量提升等水产绿色健康养殖技术推广"五大行动"，在17个县(市、区)设立32个省级推广骨干示范基地，具体实施稻渔综合种养、大水面生态增养殖、集装箱式循环水养殖等技术模式，投放蟹苗5 000千克，名优鱼类5 600千克，鱼苗67万尾，建设完成一套流水槽循环水养殖系统和池塘底排污尾水治理系统。实施"池塘标准化健康养殖技术""鲑鳟鱼健康养殖技术"等省级推广(示范)项目27项，推广(示范)总面积7.3万公顷以上。在全省9个地区开展鲤春病毒血症等6种疫病30个样本的专项监测工作。在全省42个县(市、区)开展水生动植物疾病预报测报工作，监测面积0.87万公顷，监测品种包括鲤鱼、草鱼、鲢鱼等8个主养品种，涵盖30余种大宗淡水鱼类疾病。稻渔综合种养等10个水产技术推广(示范)项目获得2018—2020年度吉林省农业技术推广奖，其中一等奖1项、二等奖4项、三等奖5项。

10.存在的主要问题

一是产业发展方面。受环保政策收紧影响，水源地等部分水域"退渔"，水产养殖发展空间受到挤压。养殖尾水治理、池塘改造等方面投入不足，建设滞后，水产养殖业绿色发展基础保障能力受限。渔业规模不大，效益不高，各地普遍缺乏有带动能力的渔业发展典型。农渔融合还需要加强，渔业主动融入大农业的步伐还不够快，农业方面的相关政策将渔业纳入还不够多。

二是行业管理方面。作为一个行业、一个产业，渔业管理既涉及产业指导，又涉及资源管理，既包括养殖、捕捞、加工、休闲渔业发展指导，又包括渔政、渔船、渔港、船员、渔业资源养护、水生野生动物保护、水产品质量、渔业安全生产等管理，面对一个完整产业，省本级行政管理人员仅有5人，省以下绝大多数县市无专门的渔业行政科室、无专职或专业的行政管理人员，农业综合执法改革省以下渔政机构全部撤并，行政部门履职更难。同时，林蛙管理权的划入，对渔业管理工作提出新的挑战。

【重点渔业市(县、区)基本情况】

吉林省重点渔业市(县、区)基本情况

市(县、区)	总人口(万人)	渔业经济总产值(万元)	水产品总产量(吨)	其中		养殖面积(公顷)
				捕捞	养殖	
镇赉县	25.72	42 790.00	26 000	2 580	23 420	33 333
前郭尔罗斯蒙古族自治县	60.00	48 087.38	21 300	846	20 454	41 415
扶余市	71.00	41 504.50	17 734	3 755	13 979	7 104
大安市	37.00	17 743.00	11 300	825	10 475	31 100
农安县	111.74	17 002.87	9 603	361	9 242	11 958

(吉林省农业农村厅 李少华)

黑龙江省渔业

【概况】 2021年，黑龙江省各级渔业渔政行政主管部门扎实做好稳产保供工作，采取有效措施，调整产业结构，推动池塘改造，发挥大水面生态渔业优势，提升稻蟹养殖面积，克服新冠疫情和低温降雪等自然灾害影响，渔业经济稳步增长。2021年，全省水产品总产量达到71.9万吨，其中养殖产量67.6万吨，渔业产值135.9亿元，分别比上年增长了6.6%、6.9%、6.8%，全年没有渔业安全生产事故和渔民越界捕捞事件发生。

1.高位谋划推动产业发展 省委、省政府高度重视渔业产业发展，省委书记、省长、分管副省长分别对渔业提出发展目标和要求。省农业农村厅主要领导多次深入现场调研，提出"全产业链思维、全要素配置、全方位服务"的"三全"工作思路，将渔业作为万亿级产业集群重点内容加以谋划推进。分管领导带队在省内外开展多次专题调研，组织专家学者反复论证，起草并印发了《黑龙江省"十四五"渔业发展规划》，省河湖长制办公室牵头，联合五厅局制定了《关于助推黑龙江省大水面生态渔业高质量发展的意见》，高位谋划渔业产业布局，扎实推动渔业高质量发展。

2.种业振兴快速行动 出台《黑龙江省水产原良种场管理办法》，规范水产种业管理。建设15个稻田培育扣蟹苗种基地，全省扣蟹苗种稻田养殖自给率达40%以上，南蟹北养获得成功。实施兴凯湖大白鱼水产种质资源场项目，提高保种能力。省内企业与烟台经海海洋渔业有限公司、广东春水种业公司签订协议，开展虹鳟鱼、鳜鱼苗种繁育和供种合作。编制下发《黑龙江省第一次全国水产养殖种质资源普查实施方案（2021—2023年）》，出台《技术专家组工作规则（试行）》，组建技术专家组和工作专班，开展第一次全省水产养殖种质资源普查工作，全面高质量完成了121个县（市、区）14 573个生产经营主体入户普查工作，摸清了家底，为水产种业振兴奠定了基础。

3.绿色发展助力产业增收 组织实施水产绿色健康养殖技术推广"五大行动"，推广七大主导品种和3项主推技术逾15万公顷，推广稻蟹综合种养模式2.27万公顷，比上年增长51.8%，6个渔业企业单位被评为省级现代农业科技示范基地。出台《黑龙江省国家级水产健康养殖和生态养殖示范区实施细则（试行）》，3个生产经营单位创建为国家级水产健康养殖和生态养殖示范区。组织开展全省水产养殖用投入品专项整治三年行动，严厉打击违法违规行为。完成黑龙江省水生动物疫病监控中心项目建设，新认定渔业官方兽医117人，国家产地水产品兽药残留监测抽检合格率100%。首次召开全省农业农村系统河湖长制工作推进视频会议，分流域严格推进落实农业投入品管理、畜禽污染防治等任务，受到省河湖长制办公室书面表扬。

4.林蛙产业成为新经济增长点 在全国率先出台了《关于加强林蛙资源保护与规范繁育增殖管理的意见》，在管理上先行先试，对林蛙增殖实行专项（特许）渔业捕捞许可证管理，清理"只捕不养"行为，进一步规范林蛙产业发展。龙江森工集团出台政策，规范承包管理。全省林蛙养殖产量3 500吨。伊春市四宝生物科技股份有限公司成为全国唯一出口活体林蛙备案企业，并成功与韩国贸易公司签订了40吨、总价值2 400万元的养殖活体林蛙出口合同。蛙之宝全人工繁育有限公司徐彩凤入选全国农村创业创新优秀带头人典型案例。

5.招商引资成效初显 制定《黑龙江省渔业产业招商方案》，成立工作专班，先后组织省内渔业企业赴北京、上海、广东、四川等10余省份进行招商洽谈，在苗种繁育、水产品加工和产品销售等环节开展合作对接。在牡丹江市组织开展招商活动，北创商学院创新领袖EMBA研学班学员及20多个国内知名企业高管来黑龙江省考察，牡丹江市与安徽富煌集团、镜泊湖水产养殖场与北京北水食品有限公司洽谈鱼糜等加工合作事宜，黑龙江北鱼渔业产业集团有限公司与上海东方渔谷就设施渔业建设开展实质性合作。在亚布力论坛第二十一届年会上，黑龙江省副省长王永康与北京物美商业集团总裁张文中团队进行了会谈，北鱼集团与北京物美商业集团有限公司签订了4万吨、总价值10亿元的黑龙江优质水产品全国销售战略合作框架协议。

6.加大渔政管理执法力度 印发《黑龙江省"渔政亮剑2021"系列专项执法行动方案》，举办黑龙江省"渔政亮剑2021"系列专项执法行动暨松花江流域禁渔执法行动启动仪式，深入开展禁渔期、中俄边境水域、清理取缔涉渔"三无"船舶和"绝户网"等系列专项执法行动。组织开展中俄边境水域春秋两季渔政执法检查和黑龙江与吉林省际交界水域禁渔联合执法检查，强化执法合作。全省共出动渔政执法车船艇1.9万余辆（艘）次、执法人员3.15万人次，查处涉渔"三无"船舶323艘，清理违禁网具9 784件（套），行政处罚案件152起，移交司法部门案件69起，严厉打击涉渔违法违规行为，有力震慑不法分子。多措并举，综合施策，渔民越境捕捞事件零发生，实现了历史性突破。省农业农村厅渔业渔政管理局等3个单位被农业农村部评为"中国渔政亮剑2021"系列专项执法行动成绩突出集体，2个单位执法案卷被评为全国渔政执法案卷评查优秀案卷。

7.资源保护工作取得实效 举办2021年全国放鱼日、中俄边境水域鲟科鱼类联合增殖放流、省委边防委员会办公室边境巡查增殖放流等活动，首次放流黑龙江茴鱼和花羔红点鲑，首次采取茜素红S和金属线码标志放流，累计增殖放流鱼类苗种9 483万尾，其中珍稀濒危物种185万尾，有力保护了鱼类资源。对6项涉及保护区的建设项目进行渔业生态环境影响专题报告审查，落实生态补偿资金927万元。针对达氏鳇升级为国家一级重点保护野生动物，哲罗鲑、细鳞鲑等升级为国家二级重点保护野生动物，下发《关于贯彻落实〈国家重点保护野生动物名录〉进一步加强水生野生动物保护管理工作的通知》，组织开展全省打击破坏水生野生动物资源及非法交易水生野生动物专项执法行动和水生野生动物宣传月活动，查办违法案件20起，强化对全省14种土著国家重点保护水生野生动物保护。

8."零事故"保障渔业安全生产 下发《2021年全

省渔业安全生产工作方案》《全省渔业行业“除隐患、保平安、迎大庆”百日专项行动工作方案》，成立5个检查组深入13个地(市)26个县(市、区)开展渔业安全生产交叉大检查，针对渔船“脱检”“脱管”、安全责任制和各项制度落实、渔船载人载货等发现的问题，下达40份整改通知书，对问题立行立改、限时整改，实现渔业安全生产事故全年零发生。针对重点水域不同特点，制定发布了20套标准化船型图纸，填补了全省小型渔业船舶建造没有标准的空白，为老旧渔船的改造奠定了基础。组织开展全省渔业安全生产月活动，制作《渔民水上安全作业》宣传片，举办“6·16安全宣传咨询日”活动，树牢安全生产责任意识。与黑龙江海事局等部门共同起草《关于黑龙江省加强乡镇自用船舶安全管理的意见》，填补水上安全管理空白。

【重点渔业市(县、区)基本情况】

黑龙江省渔业重点市(县、区)基本情况

市(县、区)	总人口(万人)	渔业总产值(万元)	水产品产量(吨)	其中		养殖面积(公顷)
				养殖	捕捞	
肇东市	10 150	100 541	50 263	257	50 006	15 330
杜尔伯特蒙古族自治县	23 000	138 513	46 146	7 930	38 216	65 617
肇源县	2 800	102 140	41 322	3 306	38 016	26 773
北林区	6 120	62 424	37 136	31	37 104	7 417
密山市	6 990	83 462	29 230	1 811	27 419	24 353
巴彦县	1 750	37 709	24 056	248	23 808	4 900
大庆市区	500	53 455	23 779		23 779	22 025
安达市	1 050	46 500	16 863	1 141	15 721	13 503
庆安市	4 100	19 840	16 113	339	15 774	4 500

(黑龙江省农业农村厅渔业渔政管理局　宁　博)

上海市渔业

【概况】 2021年，全市拥有淡水养殖面积8 935.87公顷，捕捞渔船和渔业辅助船等各类渔船538艘。全市水产品总产量23.04万吨，同比减少6.85%，其中淡水水产品产量6.84万吨，同比减少17.92%，海水水产品产量16.2万吨，同比减少1.22%。2021年上海渔业总产值达44.3亿元，同比减少7.27%。2021年上海渔民人均纯收入达29 792元，同比增长2.8%。

1.长江“十年禁渔”扎实推进 2021年是长江“十年禁渔”开局之年，上海市农业农村委员会会同上海市公安局、上海市市场监管局等相关部门和相关区，深入开展“清船、净岸、打非”三大行动，持续巩固长江口水域“四清四无”，全市累计查处非法捕捞、运输、交易长江野生鱼类案件1 060起，涉案人员1 283人；清除违规网具4 000多顶、清理取缔“三无”船舶141艘；检查市场、商超、餐饮等经营主体17.22万个次，监测电商平台(网站)95.8万个次，督促下架(删除、屏蔽)非法交易信息300多条。加强执法监管能力建设，投资1.38亿元在长江禁捕区域(逾3 200平方千米水域)建设上海市长江禁捕智能化管控系统，统一接入“一网统管”平台；市政府安排200米岸线并投资1亿元建设执法码头，实现当年谋划、当年启动、当年完工；追加2 400万元新建高速船艇及配套装备，沿江沿海各区新增各类执法船艇8艘。加强禁捕配套制度建设，完善长江流域禁捕水域网格化管理体系，创新跨部门协同执法机制，形成“先发现、即暂扣、再移交、后处置”联动执法模式。加强长三角区域协同，长三角三省一市同步出台《关于促进和保障长江流域禁捕工作若干问题的决定》，联合签订《长三角地区联合做好长江“十年禁渔”合作备忘录》，并同步开展长江禁捕联动监督联合执法行动；崇明区与江苏海门、启东、太仓，浦东新区与浙江嵊泗，宝山与江苏太仓，金山与浙江平湖等加强省际交界水域联合执法监管。全市“水上不捕、市场不卖、餐馆不做、群众不吃”的社会氛围日渐浓厚，长江流域禁捕成效逐渐显现。

2.水产养殖绿色发展取得新成效 加强水产养殖绿色生产方式推广，2021 年全市共有 634 家水产养殖场按照《上海市水产养殖绿色生产操作规程(试行)》开展绿色生产方式养殖，覆盖水面 7 600 公顷，覆盖率达 82.6%。推进水产养殖尾水治理，至 2021 年全市共下达尾水治理面积 5 733.33 公顷，逐步推进规划保留的规模化水产养殖场尾水治理全覆盖。开展水产健康养殖示范场创建，2021 年全市创建(含复审)水产健康养殖示范场 19 家，创建面积达 384.73 公顷；全市累计已有 87 家水产养殖场获得水产健康养殖示范场称号，面积达 3 866.67 公顷。推进养殖水域滩涂规划编制和发布，市、区两级均已编制和发布养殖水域滩涂规划(2018—2035 年)。推进水域滩涂养殖发证工作，全市共发放水域滩涂养殖证 677 本，发证总面积 6 960.75 公顷。加强水产遗传资源保护和开发利用，发布《上海市水产原种遗传资源保护名录》，公告刀鲚等 31 个品种为上海市水产原种遗传资源保护品种，实现鱼类良种覆盖率达 96%，虾类良种覆盖率达 50%。高效完成水产养殖种质资源普查，全市应普查主体 2 465 个，普查完成率 100%，获得农业农村部表扬。

3.渔业行政执法管理和生态资源养护迈上新台阶 渔船证书“电子证照”改革试点取得突破，完成海洋渔船捕捞许可证的证照数据归集和上线应用(随申办)，在全国范围内首次实现纸质证书与“电子证照”并行，为在全国推广提供了上海模板。严格加强海洋伏休、内陆水域禁渔期执法监管，确保各项制度落实到位，加大对各类违法捕捞行为打击力度。实施海洋渔业资源总量管理，组织开展 2021 年全市海蜇专项限额捕捞，21 艘专项捕捞渔船生产秩序良好。加强珍稀濒危物种救护保护，2021 年全市共收容救护灰鲸、长江江豚、瓜头鲸等各类水生野生动物及其制品 133 尾(只)。中华鲟保护基地二期项目建设进展顺利，建成使用后将为珍稀、濒危水生生物保护提供重要平台。建设长江口生物多样性监测及修复信息平台，在长江口水域设立 25 个监测点，监测评估渔业生态资源状况。长江口国家级海洋牧场示范区建设通过验收，有效缓解水域荒漠化，加快恢复生物多样性。2021 年全市共投入各类增殖放流资金 1 291.8 万元，在重要渔业水域放流各类水生生物 1.2 亿尾(只)。

4.渔业安全生产监管水平得到新提升 加强水产品质量安全监管，实施水产养殖用投入品白名单制度，2021 年全市共组织抽检 154 家水产养殖场 271 份地产养殖水产品，其中 1 份不合格，合格率 99.6%。加强水生动物疫病监测，组织完成国家和全市水生动物重大疫病监测任务 355 批次，妥善做好阳性样品通报处置工作。推进水产苗种产地检疫，全市设置水产苗种产地检疫申报点 17 个，出具《动物检疫合格证明》288 份，检疫苗种数量 1.18 亿尾。加强渔业安全生产监管，落实渔业安全生产责任制，加强渔业安全隐患排查，做好渔业防台防汛、进博会期间渔业安全维稳等各项工作，2021 年全市无重特大渔业安全事故发生。加强远洋渔船规范作业和安全生产管理，落实远洋渔船船员疫情防控、远洋渔船船位监管和西非海域作业远洋渔船防海盗日报制度，全市相关远洋企业疫情防控、船位监控和防海盗措施落实情况正常。

5.渔业产业融合和功能拓展有新推进 休闲渔业稳步发展，2021 年第十六届上海国际休闲水族展览会成功举办，上海休闲水族产业影响力和知名度进一步扩大。远洋渔业产业外扩和产品回国战略稳步实施，2021 年全市远洋渔业企业运回远洋自捕水产品 14.67 万吨，同比增长 21.95%，优质、高档的深海水产品持续供应市民餐桌。

【重点渔业区基本情况】

上海市重点渔业区基本情况

地区	渔业人口(人)	渔业产值(万元)	水产品产量(吨)	其中				养殖面积(公顷)	
				海洋捕捞	海水养殖	内陆捕捞	淡水养殖	海水	淡水
崇明区	4 293	115 580.20	40 190	9 651			305 39		2 841
青浦区	2 072	37 285.86	13 341			527	12 814		1 389
奉贤区	1 385	33 852.00	9 730	110	231		9 389	220	1 892
金山区	1 541	16 826.20	5 249			118	5 131		778

（续）

地区	渔业人口（人）	渔业产值（万元）	水产品产量（吨）	其中				养殖面积（公顷）	
				海洋捕捞	海水养殖	内陆捕捞	淡水养殖	海水	淡水
浦东新区	632	8 491.00	8 053	2 451			5 602		523

【大事记】

［1］2 月 26 日，上海市第十五届人民代表大会常务委员会第二十九次会议通过《上海市人民代表大会常务委员会关于促进和保障长江流域禁捕工作若干问题的决定》。

［2］3 月 1 日，学习贯彻落实长江保护法座谈会暨长江口水生生物监测与保护联合实验室揭牌仪式在上海市水生野生动植物保护研究中心举行。上海市农业农村委员会副主任陆峥嵘和上海海洋大学党委书记吴嘉敏共同为联合实验室揭牌。

［3］3 月 26 日，上海市河长制湖长制工作现场推进会举行。上海市委书记、市总河长李强在会上强调，要以高度的责任感共抓长江大保护，严格执行长江“十年禁渔”规定，认真实施《中华人民共和国长江保护法》。

［4］4 月 1 日，长三角三省一市人大常委会在上海召开新闻发布会，由四地人大共同商定、协同出台的《关于促进和保障长江流域禁捕工作若干问题的决定》统一于 2021 年 4 月 1 日起施行。

［5］4 月 2 日，上海市人大常委会、市政府联合召开“一法一决定”贯彻实施推进会。上海市人大常委会副主任肖贵玉、市政府副市长彭沉雷出席会议并讲话，市人大常委会副主任陈靖主持。

［6］4 月 23 日（当地时间），正在亚丁湾、索马里海域执行护航任务的我国海军第 37 批护航编队为上海水产集团“沪渔 1715”等 5 艘中国渔船实施伴随护航。这是该编队执行护航任务以来首次为我国渔船船队执行护航任务。

［7］4 月 27 日，2021 年庆祝“五一”国际劳动节暨“建功‘十四五’、奋进新征程”主题劳动和技能竞赛动员大会在北京人民大会堂隆重举行。上海水产集团有限公司下属上海开创远洋渔业有限公司海上指挥王国来荣获全国五一劳动奖章。

［8］5 月 7 日，上海市农业农村委员会党组成员、市纪委监委驻市农业农村委纪检监察组组长邓帅萍一行，与市农业农村委执法总队一线执法人员座谈交流，研究扎实推进长江禁捕专项治理工作。

［9］5 月 11 日，由农业农村部长江流域渔政监督管理办公室、上海市农业农村委员会、中国环境新闻工作者协会指导的“致爱长江全民行”活动在上海启动。农业农村部长江办党组成员、二级巡视员黄晓发等出席活动。

［10］5 月 18 日，上海市长江退捕与禁捕工作领导小组办公室与江苏省推进长江流域禁捕退捕工作领导小组办公室、浙江省推进长江禁捕工作领导小组办公室、安徽省长江禁捕退捕工作领导小组办公室联合签署《长三角地区联合做好长江“十年禁渔”合作备忘录》。

［11］6 月 6 日，上海市委副书记、市长龚正出席 2021 年长江口珍稀水生生物增殖放流活动并调研崇明区，上海市副市长汤志平参加调研。

［12］6 月 16 日，由上海市农业农村委员会、崇明区政府主办的“上海市‘6·16’渔业安全宣传咨询日”活动在崇明区陈家镇奚家港渔业村举行。上海市农业农村委员会副主任陆峥嵘出席活动并宣布开幕。

［13］6 月 25 日，上海市人大常委会副主任陈靖率队赴上海嘉燕水产品集中交易区开展长江禁捕执法检查。上海市人大常委会委员、市农业与农村委员会副主任委员李富荣，市人大常委会委员、市农业与农村委员会委员毛祥东，市农业农村委员会副主任陆峥嵘，市市场监管局副局长许瑾，市商务委二级巡视员赖晓宜，嘉定区委常委、副区长傅俊等参加执法检查。

［14］6 月 30 日，上海市人大常委会委员、市人大农业与农村委员会副主任委员李富荣，市人大常委会委员、市农业与农村委员会委员毛祥东等赴市农业农村委执法总队调研。市农业农村委员会副主任陆峥嵘参加调研。

［15］7 月 19 日，上海市崇明区委副书记、区长缪京来到南门港渔政码头，亲切慰问顶着酷暑坚守一线的渔政执法人员。崇明区政协副主席顾钱菊等陪同。

［16］7 月 30 日，由上海水产行业协会、浙江省水产流通与加工协会、江苏省渔业协会、安徽省渔业协会联合主办的“协同长三角　启航新征程——2021 长三角水产市场高质量发展论坛暨上海水产行业协会成立 20 周年庆典”活动在上海举行，三省一市水产行业协会共同签署《长三角水产行业一体化发展促进平台合

作协议》。

[17]8月12日，上海市农业农村委员会党组书记、主任张国坤召开上海市水产养殖工作专题研讨会。市农业农村委员会党组成员、副主任徐惠勤，市农业农村委员会党组成员、副主任陆峥嵘等参加研讨。

[18]8月17日，上海市农业农村委员会副主任陆峥嵘到上海市水产研究所（上海市水产技术推广站）奉贤、青浦两个市内科研基地调研指导工作。

[19]9月3日，上海市农业农村委员会总经济师施忠一行赴崇明区调研渔业安全生产管理工作。

[20]9月8日，上海市农业农村委员会党组成员、副主任叶军平带队赴崇明横沙渔港慰问2020年度上海市青年五四奖章获得者长江禁捕执法青年工作组。

[21]9月9日，农业农村部长江流域渔政监督管理办公室主任马毅一行到上海市崇明区调研长江禁渔工作。上海市农业农村委员会副主任陆峥嵘，崇明区委副书记、区长缪京，崇明区委常委、副区长郑益川等陪同调研。

[22]9月22—24日，由农业农村部、联合国粮农组织和亚太区域水产养殖中心网共同主办的第四届全球水产养殖大会在上海召开。农业农村部部长唐仁健作视频致辞。农业农村部副部长马有祥主持大会开幕式并在闭幕式上致辞。联合国粮农组织总干事屈冬玉，亚太区域水产养殖中心网总干事黄倢，上海市副市长彭沉雷等分别通过现场或线上方式致辞。

[23]10月20日，上海市人大组织在沪华人华侨代表开展“走进人大——长江禁捕”专题检查调研活动。上海市人大侨民宗委、外事委员会主任委员高德毅，市人大侨民宗委、外事委员会副主任委员林海平，市人大农业农村委员会副主任委员李富荣，市侨联副主席兼秘书长陶勇等出席活动。

[24]10月25日，长三角三省一市人大常委会开展长江禁捕联动监督联合执法行动。上海市人大常委会主任蒋卓庆，市人大常委会副主任陈靖，上海市副市长、市公安局局长舒庆等出席。

[25]11月19日，第六届中国创新挑战赛（上海）长三角区域一体化发展专题赛上海区域现场赛及颁奖仪式在上海举办。上海市水产研究所（上海市水产技术推广站）水产科研劳模工作室施永海团队“美洲鲥人工繁育”技术咨询服务项目荣获最具推广价值奖。

[26]11月26日，农业农村部上海长江水生生物多样性保护基地揭牌仪式在上海市水生野生动植物保护研究中心崇明基地举行。农业农村部长江流域渔政监督管理办公室主任马毅出席活动，农业农村部长江流域渔政监督管理办公室副主任赵依民、上海市农业农村委员会副主任陆峥嵘为基地揭牌。

（上海市农业农村委员会　田青霄）

江苏省渔业

【概况】 2021年，全省水产养殖面积58.53万公顷，同比减少2.20%；水产品总产量493.80万吨，同比增长0.73%，其中捕捞产量60.3万吨、同比下降12.1%，养殖产量433.4万吨、同比增长2.82%；渔业产值1 919亿元，同比增长3.53%；渔民人均收入3万元，同比增长0.76%。

1.落实养殖规划制度 推进养殖水域滩涂规划编制发布，全省13个设区市、73个重点县（市、区）全部完成了养殖水域滩涂规划的发布工作，高宝邵伯湖、洪泽湖、骆马湖养殖水域滩涂规划已经省政府同意正式发布。加强“三区”管理，禁养区内严禁新增水产养殖，依法推进禁养区现有养殖退出；按照“依法行政、应发尽发”的要求，稳妥推进养殖区、限养区内养殖证发证登记工作。

2.推进水产种业建设 启动第一次全省水产养殖种质资源普查，成立工作领导小组、实施小组，制定《江苏省第一次水产养殖种质资源普查实施方案（2021—2023年）》，按时完成年度目标任务，全省普查水产养殖主体6万多个。加大水产新品种选育推广力度，青虾太湖3号通过全国水产原种和良种审定委员会审定，29个水产种业项目列入江苏省种业振兴“揭榜挂帅”项目。组织对水产良种（繁育）场开展专题检查，指导做好水产原良种保种和亲本更新工作。

3.实施池塘生态化改造 江苏省尾水排放强制标准《池塘养殖尾水排放标准》（DB32 4043—2021）正式对外发布，省农业农村厅、省生态环境厅、省市场监督管理局联合召开标准宣传贯彻新闻发布会，印发宣传资料，向社会宣传养殖尾水达标排放政策。将养殖尾水达标排放试点扩大到全省13个设区市，积极争取省级以上资金支持，全省改造生态化池塘面积达1.3万公顷以上。

4.加强养殖生产管理 将全省480万吨水产品产量目标分解落实到各地，加强督促指导，压实保供责任。成立水产工作专班，围绕“防疫保供”、渔业“春繁春放”、“绿色发展”等重点工作，开展疫情防控、春季及上半年渔业生产专题调研，及时调度各地水产品稳产保供情况，指导各地做好疫情防控、防灾减灾、水产品产销衔接等工作，为稳定全年渔业生产打好基础。

5.强化质量安全监管 出台《江苏省水产养殖用投入品专项整治三年行动方案》，印发《关于进一步加强水产养殖规范用药工作的通知》等，进一步加强水产养殖投入品使用监管。制定治理清单方案，加强对大口黑鲈、鳊鱼、乌鳢、大黄鱼等 4 个重点品种治理。组织开展产地水产品兽药残留监测，全年抽检产地监督水产品样品 1 000 个，合格率达 98.8%，未发生重大水产品质量安全事件。加大水产品质量安全执法力度，全省出动执法人员 1 万人次，检查养殖场 3 311 个次，检查苗种场 672 个次，清理整治水产养殖非法投入品 200 多千克，查处水产养殖违法违规使用投入品案件 11 起，水产养殖用投入品违法经营案件 11 起，其他水产品质量安全执法案件 3 起，查获涉案人员 23 人，移送司法机关案件 5 起。

6.推动产业结构调整 推进国家级水产健康养殖和生态养殖示范区创建，制定印发《江苏省国家级水产健康养殖和生态养殖示范区管理细则(试行)》，南京市江宁区、苏州市吴江区，兴化市板桥故里水产品养殖有限公司、南通龙洋水产有限公司入选首批国家级水产健康养殖和生态养殖示范区。按照农业农村部部署要求，积极推进水产绿色健康养殖“五大行动”，全国水产绿色健康养殖技术推广“五大行动”推进会在昆山召开，江苏省作典型交流发言。实施《特色水产产业千亿级发展规划》，大力推广新品种、新技术和新模式，全省特色水产养殖面积占比达 80%。

7.全面推进长江流域禁捕退捕工作 立足江苏江河湖海实际，进一步健全长效管理机制，落实属地和部门工作责任，有力有序推动禁捕退捕各项措施落实，列入 2021 年退捕计划的骆马湖其他水域的 1 599 艘渔船、3 072 名渔民全部退捕完成，打赢了全省长江流域重点水域退捕收官战。2021 年 4 月，全国长江流域重点水域打击非法捕捞专项工作会议在江苏南京召开。在渔民安置保障方面，省人大通过《江苏省就业促进条例》，率先将全省“退捕渔民”群体纳入就业援助范围。在禁捕制度落实方面，省人大出台《关于促进和保障长江流域禁捕若干意见的决定》，汇聚形成多部门齐抓共管长江禁渔工作的强大合力。在禁捕执法监管方面，着力抓好“一机十四防”，即强化公安、渔政、市场等部门联合执法机制，建设“人防”“技防”“群防”“预防”等四个体系，确保禁渔令落实到位。

8.强化水生生物资源养护 科学开展各类增殖放流，在长江、湖泊、沿海等重点水域放流苗种 20 亿尾(粒、只)。强化重要水生生物栖息地涉渔工程管理，严格按要求对保护区内涉渔工程进行论证、报批，切实保护好水产种质资源。组织开展水生生物资源重大专项调查、主要渔业水域生态环境监测等工作，加大水产种质资源保护区监测力度，努力提升水生生物资源养护水平。

9.加强渔业安全生产监管 加强组织领导，紧盯任务目标，强化责任落实，细化工作举措，高标准高质量推动渔业船舶安全风险防控、专项整治三年行动等各项工作。印发《江苏省沿海渔港实施“港长制”指导意见》，沿海 12 个县(市、区)出台了“港长制”，20 座沿海渔港全部明确了港长。全省完成初任、晋升船员培训 8 135 人，开展安全宣传教育 2.2 万人次。组织商渔船船长“面对面”活动 7 次，单船应急演练 14 场。开展“三类船舶”专项清理整治，清理借名登记渔船 218 艘、涉渔乡镇船舶 1 127 艘，查处涉渔“三无”船舶 2 916 艘。全省渔业安全生产形势保持稳定，2021 年共发生海洋渔业生产安全事故 4 起、死亡(失踪)10 人，实现了“双下降”目标。

10.存在的主要问题 一是资源环境压力非常突出。水生生物资源衰退的趋势尚未根本扭转，优良渔业水域不断受到挤压，传统渔业生产方式不适应生态环境保护新要求，亟待转型升级。二是渔业产业结构有待升级。基础设施建设亟须完善，水产品加工业不够发达，休闲渔业等新业态发展不够充分，渔业一二三产业融合程度不够高，产业结构不尽合理。三是渔业安全管理能力亟待提升。渔业安全生产属地管理责任落实不够，渔业执法体系不够健全，执法装备不够完备，难以满足渔业安全生产管理需求。

【重点渔业市(县、区)基本情况】

江苏省重点渔业市(县、区)基本情况

市(县、区)	总人口(万人)	渔业产业(万元)	水产品总产量(吨)	其中				养殖面积(公顷)	
				海洋捕捞	海水养殖	内陆捕捞	淡水养殖	海水	淡水
赣榆区	100.41	1 244 189	433 959	93 712	255 925	1 154	83 168	23 376	4 840
启东市	108.74	881 100	321 250	157 822	120 420	8 380	34 628	18 121	4 510
如东县	99.26	798 100	317 175	37 200	221 850		58 125	48 551	5 311

（续）

市（县、区）	总人口（万人）	渔业产业（万元）	水产品总产量（吨）	其中				养殖面积（公顷）	
				海洋捕捞	海水养殖	内陆捕捞	淡水养殖	海水	淡水
兴化市	112.66	1 111 720	302 492			12 165	290 327		32 349
射阳县	92.46	632 579	184 740	24 300	11 000	7 100	142 340	3 000	11 267
东台市	105.46	484 490	190 000	20 400	76 500	9 200	83 900	21 070	7 300
高邮市	78.86	722 462	179 691			4 087	175 604		28 307
大丰区	69.38	466 407	166 918	11 088	51 127	12 147	92 556	11 743	8 766
宝应县	85.9	697 877	149 058			14 500	134 558		18 011
盐都区	70.04	415 096	109 820	20		2 720	107 080		8 333

【大事记】

[1]1 月 8 日，省长吴政隆主持召开省政府全体会议和政府常务会议，研究部署推进长江“十年禁渔”等工作。

[2]2 月 8—9 日，副省长赵世勇检查长江禁捕等工作。

[3]3 月 1 日，《中华人民共和国长江保护法》正式施行，由江苏省高级人民法院、省农业农村厅联合主办的“贯彻长江保护法　共同守护母亲河——江苏环境司法修复增殖放流活动”，在南京、苏州、泰州、无锡、南通、淮安等地同步举行。

[4]3 月 8—9 日，农业农村部渔业渔政管理局局长刘新中带队，来江苏省核查禁捕退捕情况并赴泰州靖江市开展实地核验。省政府副秘书长诸纪录出席汇报交流会并讲话。

[5]3 月 31 日，江苏省第十三届人民代表大会常务委员会第二十二次会议通过《江苏省人民代表大会常务委员会关于促进和保障长江流域禁捕工作若干问题的决定》，自 2021 年 4 月 1 日起施行。

[6]4 月 8 日，长江禁捕退捕工作专班印发《关于通报 2020 年度长江流域重点水域禁捕退捕工作考核结果的函》，江苏省 2020 年度禁捕退捕工作考核结果为优秀。

[7]4 月 15 日，全国长江流域重点水域打击非法捕捞专项工作会议在江苏南京召开，农业农村部副部长于康震、副省长潘贤掌出席并讲话。

[8]4 月 23 日，全省海洋渔业安全生产视频调度会召开，副省长潘贤掌出席会议并讲话。

[9]5 月 18 日，长三角三省一市（直辖市）签署《长三角地区联合做好长江“十年禁渔”合作备忘录》。

[10]6 月 3 日，江苏省《池塘养殖尾水排放标准》（DB32 4043—2021）发布，为全省池塘养殖尾水达标排放提供重要依据和行动遵循。

[11]6 月 6 日，全国放鱼日江苏同步增殖放流活动在常州滆湖水域举行，副省长潘贤掌宣布活动启动并参加放流。2021 年全省在江河湖海等水域放流各类苗种达 20 亿尾（粒、只）。

[12]6 月 14 日，《高宝邵伯湖（省管渔业水域）养殖水域滩涂规划（2020—2030 年）》《洪泽湖（省管渔业水域）养殖水域滩涂规划（2020—2030 年）》《骆马湖（省管渔业水域）养殖水域滩涂规划（2020—2030 年）》经省政府同意，正式印发实施。

[13]7 月 15—16 日，省政协副主席周继业率调研组赴扬州，就“实施好长江十年禁渔保护修复长江生态”开展民主监督。

[14]8 月 8 日，省政府办公厅印发《江苏省沿海借名登记渔船、涉渔乡镇船舶、涉渔“三无”船舶专项清理整治行动方案》。

[15]9 月 6—8 日，省人大常委会副主任魏国强率省人大常委会执法检查组一行赴连云港、泰州，就渔业法、省渔业管理条例以及促进和保障长江流域禁捕工作若干问题的决定贯彻实施情况进行实地检查。

[16]10 月 13—16 日，由农业农村部长江办副主任赵依民带队的检查组赴南京市、南通市、高宝邵伯湖开展长江流域重要水生生物栖息地专项检查行动。

[17]10 月 29 日，省农业农村厅、省生态环境厅、省市场监督管理局在南京市联合举行“全面推进池塘生态化改造、促进养殖尾水达标排放”新闻发布会。

[18]11 月 22 日，江苏省推进长江流域禁捕退捕

工作领导小组召开会议。省委副书记、代省长许昆林主持会议并讲话。

[19]12 月 30 日,《江苏省"十四五"渔业发展规划》印发实施。

(江苏省农业农村厅 蒋泽敏)

浙江省渔业

【概况】 2021 年,浙江省水产品总产量 626.0 万吨,同比增长 1.7%。其中国内海洋捕捞产量 256.9 万吨,与上年持平;海水养殖产量 139.3 万吨,同比增长 1.5%;内陆捕捞产量 15.6 万吨,同比下降 8.0%;淡水养殖产量 126.4 万吨,同比增长 3.9%;远洋渔业产量 87.7 万吨,同比增长 6.1%。全省渔业经济总产值 2 330.7 亿元,同比增长 3.9%,渔业一、二、三产占比52∶22∶26。全省水产品批发市场 72 个不同品种(规格)综合均价监测表明,主要水产品综合均价同比上涨 10.0%。全省拥有机动渔船 2.71 万艘,同比减少 1 514 艘;总功率 442.8 万千瓦,同比减少 12.2 万千瓦。全省水产品进出口总量 32.3 万吨,进出口贸易总额 14.8 亿美元,分别同比增长 18.8%和 39.6%。全省渔民人均纯收入 31 311.0 元,首次突破 3 万元,同比增长 7.3%。

1.水产养殖 全年水产养殖面积 24.9 万公顷,比上年减少 2.1%。其中海水养殖面积 8.1 万公顷,减少 1.3%;淡水养殖面积 16.8 万公顷,减少 2.5%。持续推进渔业健康养殖示范创建,全省共有 4 家单位成功入选首批国家级水产健康养殖和生态养殖示范区名单;全年建成水产健康养殖示范场 360 家,累计建成省级以上水产健康养殖示范场 1 309 家;建成省级渔业健康养殖县 15 个,累计建成省级以上健康养殖示范县 35 个。建成渔业转型发展先行区 18 个。全省规模以上养殖主体尾水零直排率达到 98.5%。全面启动实施水产苗种产地检疫制度。制定发布《浙江省水产苗种产地检疫暂行办法》,公布 2021 年水生动物疫病诊断实验室名单,组建拥有 234 人的渔业官方兽医队伍,完善电子出证系统,开具了 443 张苗种产地检疫电子合格证。推进规模以上主体信息数字化采集工作。在浙江"三农"数字协同平台中录入规模养殖场信息 10 756 条,苗种生产主体信息 320 条。积极拓展养殖空间,争取并落实中央渔业发展补助资金 6 000 余万元支持水产品初加工、深远海养殖设施装备及池塘标准化改造等。

2.国内海洋捕捞 开展异地挂靠渔船整治,出台《省内"异地挂靠"海洋渔船专项整治工作方案》及其操作指南,到 9 月 14 日全面完成省内 1 367 艘挂靠渔船清零整治任务。抓好渔船风险普查工作,制定《浙江省涉海涉渔领域安全风险普查工作方案》,组织开发风险普查操作平台,举办业务培训班,开展全省海洋大中型渔船风险普查,全面完成全省 15 829 艘渔船安全风险普查和隐患排查,发现并整改隐患渔船 8 252 艘,渔船安全重大风险得到管控。谋划实施海洋渔船"千万工程",完成引领船改造 92 艘,强化渔船安全本质建设。继续开展"船证不符"渔船建造完工日期修订及功率增补工作,完成 674 艘次,增补双控功率 9 003 千瓦。抓好伏休期间特殊经济品种专项捕捞和辅助船配套服务项目管理工作,组织完成伏休期间海蜇专项捕捞、丁香鱼专项捕捞和辅助船配套服务方案申报。抓好海上渔船疫情防控工作,研究出台《关于进一步加强渔船渔民疫情防控的通知》《浙江省海洋渔船新冠肺炎疫情防控工作指南》,切实加强对渔港渔村的管理,严格渔船进出港报告制度,严查涉渔"三无"船舶、渔船海上违章载客、非法转载人员等违法违规行为。推进渔船审批改革工作,积极争取农业农村部渔业渔政管理局的支持,将"渔小二"系统推广延伸到内陆渔船。全年共核发渔船捕捞许可、渔船登记、船网工具指标审批等 4 650 件(捕捞许可证 2 070 件、专项证 1 569 件、渔船登记 188 件、船网工具指标审批 823 件),承诺件提前办结率 100%。

3.远洋渔业 积极争取中央财政油补资金对远洋渔业的支持,推动省财政出台《关于促进远洋渔业持续健康发展的意见》,加大财政对远洋渔业扶持力度。优化国际资源利用,继续开展远洋渔业资源探捕及常规监测,引进带配额远洋渔船 9 艘,新开发过洋性渔场 2 个;更新远洋渔船 10 艘,改造设备 1 000 余套;持续加大支持舟山国家远洋渔业基地建设。全省 45 家企业通过农业农村部远洋渔业企业资格审核,拥有远洋渔船 738 艘。完善"两调度+五环节"工作机制,强化远洋渔船船员换班全流程闭环管理,全年累计调度接进远洋渔船 470 艘次,完成 8 979 名远洋渔业船员转运工作,确保远洋渔业船员零感染。

4.渔港建设 温岭、岱山渔港经济区项目列入农业农村部渔业渔政管理局计划,实施方案通过专家组审核验收,补助资金 1.2 亿元。完成舟山市定海区西码头中心渔港疏浚等改造工程 4 个,新开工嵊泗中心渔港整治维护等建设项目 5 个,大力推进岱山大衢渔港扩建工程等 14 个续建项目建设进度,加强渔港工程质量和施工安全等管理工作。路桥金清渔港、瑞安东山埠渔港、象山鹤浦渔港通过农业农村部组织的审核,被农业农村部批准为第二批国家级海洋捕捞渔获物定点上岸渔港,有力推动渔获物定点上岸渔港建设。

完成《浙江省渔港和渔港经济区建设规划(2021—2025年)》编制发布工作,推动渔港经济区建设,以此为平台,推进渔区一二三产业融合发展,完善产业链和供应链。

5.渔业资源养护 严格落实长江十年禁渔,组织召开长江口鳗苗捕捞管理专题会议,印发了《关于加强长江口鳗苗专项捕捞管理的通知》。加强与上海、江苏渔政的联合执法,引导原在长江口扩延禁渔区作业的海洋捕捞渔船实施减船转产或调整作业海域。积极推动省人大出台《浙江省人民代表大会常务委员会关于促进和保障长江流域禁捕工作若干问题的决定》。严格落实海洋伏季休渔和钱塘江流域禁渔休渔制度,实施"亮剑"行动,严打各类涉渔违法违规行为,全力维护正常休禁渔秩序。全省沿海 15 847 艘应休渔船(含辅助船)全部按时回港休渔。编制《浙江省八大内陆水系及邻近海域水生生物多样性和资源调查方案》,落实八大水系和河口资源调查监测任务,推动八大水系禁渔工作。做好渔业资源养护修复,制定出台《浙江省水生生物增殖放流实施方案(2021—2025 年)》,进一步规范增殖放流活动。在湖州市吴兴区成功举办 2021 年"全国放鱼日"暨首届长三角区域水生生物增殖放流活动。活动现场放流各类鱼苗 39 吨,共同助力太湖水生生物资源保护。2021 年投入资金 5 500 万元,放流水生生物 43 亿单位。

6.渔业安全生产监管 完善并运行海上安全管理机制,组建并运行省、市、县 33 个涉海涉渔安全专委会和省(市)6 个海上安全综合执法指挥部,建立健全集中办公、专班运作、定期通报、定期调度、互派互学、督查督办、联合执法等七大运行机制,组建省(市)政府分管领导办公群、全省渔业"遏重大"局长群和专委办主任交流群等 3 个日晾晒工作推进群。推进商渔共治,认真落实农业农村部和交通运输部联合印发的《"商渔共治 2021"专项行动实施方案》,先后发布《浙江沿海主要公共航路公告》《浙江沿海航行商船防范商渔船碰撞安全指引》《防范商渔船碰撞须知》等公共指引;建立健全渔政、海事干部互派互学、信息及时交互等机制,累计交流干部 82 人次;举办"五进四讲"、商渔船长交流互学、船东船长"面对面"警示教育、船员适任培训和安全应急演练等活动,累计覆盖 16 万人次。推进海上智慧管理,以数字化改革为牵引,以浙江省被列入国家精密智控试点省为契机,谋划构建了浙江省渔船安全精密智控系统(浙渔安)"1+3+1+N"架构体系。率先推出了商渔船防碰撞、"双非"打击、高风险渔船监管、应急指挥、救援在线等 5 个多跨应用场景,"浙渔安"1.0 测试版于 9 月 16 日在象山开渔节期间上线运行,开启海上渔船安全监管工作智治新模式,极大提升了海上渔船风险防范智控水平。

7.存在主要问题 一是治理体系和治理能力不够完善。随着机构改革的推进,部分市、县渔业管理部门被撤并和压减,存在基层执法队伍人员配备不足,执法船艇、执法用车等执法装备配备不完善等现象。渔船安全源头治理还不够彻底,渔港和避风锚地等渔业防灾减灾设施建设仍然不足。二是养殖方式和捕捞结构亟须转变。非药品等养殖投入品管控存在较大困难,绿色养殖模式创新仍有较大提升空间。捕捞产能依然过剩,捕捞结构仍需调整优化。三是环境治理和资源养护有待加强。养殖尾水排放和天然渔业水域环境问题依然存在,现有修复治理手段和效果仍有较大提升空间。渔港船舶油污水、污泥和垃圾定点收集处置工作亟待推进。渔业资源空间不断受到挤压,渔业资源生态修复和养护水平亟待提升。四是品牌建设和融合发展亟待提振。水产品精深加工比重不足,产业结构仍有较大调整空间。休闲渔业地方文化特色仍需挖掘。公共品牌建设仍需加强。

【重点渔业市(县、区)基本情况】

浙江省重点渔业市(县、区)基本情况

市(县、区)	总人口(万人)	渔业总产值(万元)	水产品产量(吨)	其中					养殖面积(公顷)	其中	
				国内海洋捕捞	海水养殖	内陆捕捞	淡水养殖	远洋渔业		海水	淡水
普陀区	34.76	129 7913	893 660	340 273	47 824			505 563	1 477	1 477	
象山县	56.77	1 123 763	620 258	361 957	158 408	2 000	14 693	83 200	12 566	11 213	1 353

（续）

市（县、区）	总人口（万人）	渔业总产值（万元）	水产品产量（吨）	其中					养殖面积（公顷）	其中	
				国内海洋捕捞	海水养殖	内陆捕捞	淡水养殖	远洋渔业		海水	淡水
温岭市	141.62	1 117 843	551 756	417 436	70 355		6 335	57 630	5 421	4 812	609
嵊泗县	6.69	599 590	410 802	201 002	209 800				1 520	1 520	
岱山县	20.8	645 070	324 975	299 369	24 460		1 146		647	586	61
三门县	37.95	638 105	318 140	13 790	301 202	360	2 788		14 019	13 533	466
玉环市	64.40	678 075	262 771	138 692	117 300	3 436	3 343		4 028	3 368	660
椒江区	82.61	229 004	132 366	115 623	12 931		3 812		363	260	103
定海区	35.87	147 895	198 667	25 499	3 455		130	169 583	365	343	
南浔区	54.29	305 600	197 033			50	196 983		12 302		12 302

【大事记】

［1］1月11—12日，省农业农村厅党组书记、厅长王通林带队赴长江口禁捕管理区浙江管辖海域检查指导渔政执法工作。他强调，全省渔业系统要坚决贯彻落实长江“十年禁渔”和省委、省政府有关部署要求，结合深入开展海上“一打三整治”和海洋生态修复等行动，扎实平稳打好长江口禁捕退捕攻坚战，为忠实践行“八八战略”、奋力打造“重要窗口”贡献渔政执法力量。省农业农村厅党组成员、总农艺师杨大海参加检查。

［2］2月23日，受省政府分管领导委托，省政府副秘书长蒋珍贵主持召开专题会议，研究渔船精密智控工程推进工作。会议听取了省农业农村厅渔船精密智控工程建设方案情况汇报。省农业农村厅副厅长杨大海和省级有关部门负责人参加会议。

［3］2月24日，省农业农村厅党组成员、总农艺师杨大海带队到舟山普陀、定海开展“三联三送三落实”活动。参加活动人员深入渔村、码头、企业，了解当地渔业安全生产、远洋渔业、美丽乡村建设等情况，帮助渔业企业和基层解难题、出主意。

［4］4月4日，省农业农村厅厅长王通林主持召开全省渔业安全生产紧急会议。会议传达学习了国务院和省委、省政府领导批示精神，通报一季度全省渔船海上事故和重大险情及江苏籍“苏启渔03434”沉船事故情况，并就持续做好搜救，抓紧抓细抓实省安委会“遏重大”工作要求进行再部署再落实。沿海设区市、县（市、区）渔业主管局主要负责人参加会议。

［5］4月26—28日，应急管理部副部长宋元明带队赴舟山、宁波调研安全生产工作。听取了舟山市涉海涉渔安全生产工作汇报，与基层渔民代表座谈。副省长刘小涛参加调研。省农业农村厅副厅长杨大海和省级有关部门负责人陪同调研。

［6］4月29日，副省长刘小涛赴象山调研海洋渔业工作。省农业农村厅厅长王通林，副厅长杨大海，宁波市、象山县政府有关领导陪同调研。

［7］4月30日，由农业农村部、公安部和中国海警局联合举办的“中国渔政亮剑2021”海洋伏季休渔专项执法行动启动仪式在象山县石浦镇举行。农业农村部副部长于康震、公安部副部长林锐、中国海警局副局长赵学翔、浙江省人民政府副省长刘小涛、宁波市人民政府市长裘东耀、中央外事工作委员会办公室海洋权益局副局长梁金哲等领导出席。省农业农村厅厅长王通林出席活动并做交流发言。

［8］5月31日，副省长刘小涛主持召开专题会议，研究涉海涉渔“遏重大”百日攻坚行动等工作。会议听取了省农业农村厅有关工作情况汇报。省农业农村厅厅长王通林，副厅长杨大海和省级有关部门负责人参加会议。

［9］6月8日，2021年“全国放鱼日”暨首届长三角

区域水生生物增殖放流活动在湖州市吴兴区举行，农业农村部长江流域渔政监督管理办公室党组成员、副主任赵依民，上海市农业农村委员会党组成员、副主任陆峥嵘，江苏省农业农村厅二级巡视员单干银，安徽省农业农村厅二级巡视员陈海林，浙江省农业农村厅党组成员、副厅长杨大海出席活动。活动以“共抓大保护，共推一体化”为主题，旨在提升社会公众保护水生生物资源和水域生态环境的意识，加强长三角区域渔业资源保护工作紧密合作，协同推进长三角一体化。现场放流各类鱼苗 39 吨。

[10]6 月 28 日，省农业农村厅召开全省水产品质量安全专项整治工作视频会议，6 个渔业重点市和 35 个渔业重点县(市、区)设分会场。德清、三门、嘉善、乐清和宁海等 5 个县(市、区)做交流发言。省农业农村厅党组成员、副厅长杨大海主持会议并讲话，指出“用最严谨的标准、最严格的监管、最严厉的处罚、最严肃的问责，确保广大人民群众舌尖上的安全”。

[11]6 月 29 日，省长郑栅洁主持省政府专题会议，研究海洋渔业系统治理工作，谋划部署全省海洋渔业系统治理的针对性举措。会议听取了省农业农村厅厅长王通林关于海洋渔业系统治理工作的汇报。

[12]7 月 7 日，农业农村部在江苏苏州市举行水产绿色健康养殖技术推广“五大行动”集中研讨活动。会议总结交流了各地开展水产绿色健康养殖技术推广“五大行动”的做法和经验，研究谋划水产养殖业高质量发展重点工作，部署“十四五”时期水产绿色健康养殖技术推广“五大行动”。省农业农村厅副厅长杨大海代表浙江省在会上做典型交流发言。

[13]7 月 21 日，省农业农村厅在舟山召开全省远洋渔业安全工作会议，研究部署加强与规范远洋渔业安全管理工作。省农业农村厅副厅长杨大海出席会议并讲话。省级有关部门、沿海有关市(县)渔业主管部门、全省远洋渔业企业、部分远洋渔业劳务代理公司负责人参加会议。

[14]8 月 1 日，交通运输部、农业农村部“商渔共治 2021”专项行动在舟山启动。交通运输部、农业农村部、应急管理部有关司局负责同志，省农业农村厅副厅长杨大海，舟山市人民政府和省级有关部门负责同志出席启动仪式。

[15]8 月 10 日，省长郑栅洁主持召开省政府专题会议，研究“遏重大”攻坚战薄弱环节、主要问题及下一步工作。会议明确了帆张网、涉氨冷藏渔船淘汰整治、“三无”船舶治理、“异地挂靠”船舶管理、浙江沿海海域航路调整等涉海涉渔领域安全工作责任分工及要求。

[16]8 月 24 日，副省长刘小涛召开专题会议，研究渔船安全精密智控工程。会议听取了省农业农村厅关于浙江渔船安全精密智控工程建设情况的汇报。省农业农村厅副厅长杨大海和省级有关部门负责人参加会议。

[17]9 月 16 日，“浙渔安”系统 1.0 测试版上线仪式在象山县举行。副省长徐文光，农业农村部渔业渔政管理局局长刘新中出席；省农业农村厅厅长王通林主持仪式；副厅长杨大海和省级有关部门负责人参加。

[18]9 月 27 日，全省水产技术推广工作会议在龙游召开。会议总结回顾了“十三五”期间水产技术推广工作，研究“十四五”时期工作思路，部署水产绿色健康养殖“五大行动”、科技强农相关工作。全国水产技术推广总站站长崔利锋，省农业农村厅党组成员、副厅长杨大海出席会议并讲话。

[19]10 月 19 日，中国水产科学研究院副院长刘英杰携院科研处、东海水产研究所、淡水渔业研究中心等单位专家来浙江调研水产种业工作，就浙江省水产养殖种质资源普查等相关工作进行了座谈交流。省农业农村厅党组成员、副厅长杨大海陪同。

[20]10 月 29 日，代省长王浩主持召开省政府专题会议，研究安全生产和自然灾害风险防控、海洋渔业渔船安全有关工作。会议听取了省农业农村厅厅长王通林关于海上渔船安全生产的工作汇报。

[21]11 月 12 日，副省长徐文光主持召开专题会议，研究帆张网渔船淘汰清零工作。会议听取了舟山市政府和省农业农村厅有关情况汇报。省农业农村厅副厅长杨大海、省级有关部门和舟山市政府相关负责人参加会议。

[22]11 月 15 日，省农业农村厅厅长王通林主持召开专题会议，传达学习省委、省政府领导关于安全生产重要指示批示精神和全省涉海涉渔领域安全生产工作视频调度会议精神，专题研究部署海上渔业安全生产工作。相关厅领导以及相关处室负责人做了交流发言。

[23]11 月 23 日，代省长王浩在象山主持召开省政府渔业安全专题座谈会。听取省农业农村厅、省应急管理厅、沿海 4 市、象山县政府领导领导和部分基层代表的意见建议。徐文光副省长出席会议并讲话。

[24]12 月 12 日，省农业农村厅厅长王通林主持召开专题会议，研究涉海涉渔领域安全生产系统治理暨安全整治三年行动方案，听取“浙岱渔 06609”事故调查情况汇报。副厅长杨大海参加会议。

(浙江省农业农村厅　周朝生)

安徽省渔业

【概况】 2021年，安徽渔业渔政系统深入贯彻习近平总书记对安徽的系列重要讲话指示批示精神和党中央、国务院的决策部署，全面落实省委、省政府和农业农村部工作要求，坚持稳中求进工作总基调，以渔业提质增效和水产品稳产保供为主题，以稳住、管好长江十年禁渔为重要任务，对标学习苏浙沪，加强科学谋划，推进任务落实，以实际行动践行了长三角一体化、服务乡村振兴的责任担当，为谱写现代化美好安徽建设新篇章作出渔业贡献。

从综合指标看，2021年全省水产养殖面积41.5万公顷，同比下降13.3%，稻田养殖面积39.6万公顷，同比增长16.8%；水产品总产量236.5万吨，同比增长1.8%，其中捕捞产量12.3万吨，同比下降14.7%，养殖产量224.2万吨，同比增长2.9%；渔业经济总产值1 018.1亿元，同比增长10.1%；机动渔船6 293艘，同比下降18.4%；渔民人均纯收入为22 343.4元，同比增长14.1%。"十四五"渔业经济发展取得良好开局。

1.产业发展举措成效 2021年，全省稻渔综合种养面积34.8万公顷，位居全国第2位，组织开展首批国家级水产健康养殖和生态养殖示范区创建活动，高起点、高标准创建4家首批国家级水产健康养殖和生态养殖示范区，池州市获得"中国鳜鱼之乡"、霍邱县获得"中国生态稻虾第一县"等荣誉称号，较好地完成了年初确定的目标任务。

一是力促加快，筑牢水产养殖业绿色基础。严格落实养殖水域滩涂规划制度，16个市、82个水产养殖主产县养殖水域滩涂规划实现全覆盖，为稳定渔业基本养殖水域发展空间、保障养殖渔民合法权益、促进水产养殖业绿色发展奠定了坚实基础。启动安徽省第一次全国水产养殖种质资源普查，录入养殖场（户）83 575个，普查完成率100%，全省累计有国家级水产原良种场3家，省级水产良种场42家。积极拓展养殖生产空间，全省新增稻渔综合种养面积6.9万公顷、养殖池塘标准化改造面积0.3万公顷，建成池塘循环流水养殖槽429条、圈养桶2 400多个、集装箱105个，推广生态养殖技术27万多公顷。实施水产养殖骨干基地扩增行动，50个基地实现"五大行动"技术全覆盖，设置水生动物疫病监测点61个，新认定渔业官方兽医213人，产地水产品抽检合格率达到100%。

二是力聚振兴，渔业高质量发展亮点纷呈。召开全省渔业高质量发展现场会，印发《全省"十四五"渔业发展规划》《关于实施渔业发展支持政策推动渔业高质量发展的通知》等政策文件，集智汇力推动渔业高质量发展。在水产健康养殖上，计划到2025年，完成集中连片的重点养殖池塘尾水治理工作。在养殖结构调整上，启动克氏原螯虾、光唇鱼、大口黑鲈、鳜鱼、乌龟、中华绒螯蟹等六大品种的新品种选育攻关，形成"稻虾轮作"平田式、"稻渔共生"沟凼式、"设施渔业＋稻田"种养循环式等一批成熟推广模式。在做大做强淡水鱼（小龙虾）产业链上，继续推进"江淮小龙虾"产业集群建设，开启黄山臭鳜鱼、小龙虾、鮰鱼、草龟等预制菜产业链新赛道、新征程，新增国家级重点龙头企业1家，累计3家，2021年水产规模加工企业181家，年加工量21万吨、产值58亿元。积极打造餐饮垂钓、文化旅游、休闲康养、渔事体验等新业态，积极开展龙虾节、渔文化节等地方特色活动，全年举办各类特色活动30次以上，有力促进了区域产业融合发展。

三是力求实效，长江十年禁渔起步良好。坚决落实党中央为全局计、为子孙谋的长江"十年禁渔"决策部署，全省长江干流及其8条重要支流、44个水生生物保护区禁捕退捕工作全面完成，退捕渔民转得出、稳得住，退捕区域水生生物恢复迅速、生态环境明显改善。截至2021年12月底，全省有就业意愿的21 085人全部转产就业，符合参保条件的26 814人全部参保，转产就业率、参保率动态实现100%。其中实现稳定就业16 963人，占比81%，较全国平均水平高20个百分点；沿江市、县增加的85名渔政管理人员、522名渔政执法人员基本配备到位，渔政协助巡护人员达到856人，投入资金近2.7亿元，建成全省"一张网、一张图、一平台"的渔政信息化监管联动系统，长江干流和重点水域基本实现监控有效覆盖；根据科研部门监测，与全面禁捕前相比，长江安徽段刀鲚资源密度显著上升，淮河保护区长吻鮠等代表性鱼类资源量逐步回升，巢湖肉食性鱼类种群密度大幅增加，鱼类种群结构趋于优化。

四是力抓统筹，渔业渔政管理富有成效。印发《安徽省"中国渔政亮剑2021"系列专项执法行动实施方案》，组织开展长江流域重点水域全面禁捕、水生野生动物保护和规范利用、重要水域禁渔、清理取缔涉渔"三无"船舶和"绝户网"等违规渔具、打击电鱼活动、水产养殖用投入品规范使用等六项专项执法行动，全年开展执法行动5 368次，查办案件1 376件，查获涉案人员1 466人，司法移送案件156件、人员197人，清理"三无"船舶1 188艘，收缴非法网具1.7万张。组织开展了"6月6日全国放鱼日"增殖放流活动，全年放流水生生物1.6亿尾，有力地促进水域生态环境修复和渔业资源的可持续利用。组织开展为期两个月的水生野生动物管理“清风行动”，查办案件3起，收缴野生动物30只(尾)。开展渔业“安全生产月”和“安全生产渔区行”活动，在浍河固镇县城关镇海事码头水域开展“安徽省暨蚌埠市2021年渔业船舶水上突发事件应急演练”活动，创建国家级、省级平安渔业示范县1个、5个，实现渔业安全生产责任事故“零发生”。

2.存在的主要问题 一是随着《水污染防治行动计划》《关于全面加强生态环境保护坚决打好污染防治攻坚战的意见》等一系列生态环境治理方案的出台，对水产养殖提出了环保方面的更高要求，行业对于养殖尾水治理需求显得尤为迫切，但水产养殖具有面积广、分布散、尾水集中整治难、资金投入大等特点，如何实现养殖尾水循环利用或达标排放是当前急需解决的核心问题。二是消除禁捕水域的商货船偷捕隐患，以及夜间打击违法违规垂钓行为还存在一定难度，少数退捕渔民年龄偏大、劳动技能单一、文化水平低、学习能力较弱，培训再就业存在困难。

【重点渔业市(县、区)基本情况】

安徽省重点渔业市(县、区)基本情况

市(县、区)	总人口(万人)	渔业产值(万元)	水产品总产量(吨)	其中		养殖面积(公顷)
				捕捞	养殖	
巢湖市	72.8	701 740	42 299	332	41 967	4 130
宿松县	61.3	511 350	87 790	4 619	83 171	7 542
当涂县	41.2	493 339	61 579	301	61 278	8 050
庐江县	88.9	435 610	54 540	2 850	51 690	7 100
无为市	82.5	408 000	67 943	1 252	66 691	12 613
枞阳县	46.6	347 200	65 350		65 350	10 665
望江县	46.2	325 120	70 618	140	70 478	10 164
天长市	60.4	308 409	76 640	852	75 788	10 785
宣州区	77.0	292 213	66 395	5 434	60 961	8 261
霍邱县	94.6	271 357	114 051	1 522	112 529	14 179

【大事记】

[1]发布《安徽省农业农村厅关于长江干流(安徽段)及其重要支流禁捕的通告》，长江干流(安徽段)及其8个重要支流(湖泊)除水生生物保护区以外水域自2021年1月1日0时起，暂定至2030年12月31日24时实行常年禁捕，其间禁止天然渔业资源的生产性捕捞。水生生物保护区已于2020年1月1日0时起，全面禁止生产性捕捞。

[2]1月11日，安徽省长江禁捕退捕工作领导小组专职副组长、副省长张曙光赴铜陵市调研调度长江禁捕退捕工作。

[3]1月19日，安徽省政府印发《关于设立安庆江豚省级自然保护区的批复》，安庆江豚自然保护区等级由市级升格为省级。

[4]1月25日，安徽省长江禁捕退捕工作领导小组办公室专职副主任、省农业农村厅副厅长(一级巡视员)杨增权做客安徽新媒体集团，就安徽省如何坚决打赢长江“十年禁渔”攻坚战持久战接受专访。

[5]2月12日，安徽省长江禁捕退捕工作领导小组办公室组织有关专家走进安徽电视台“三农时空”直播间，科普解读长江禁捕退捕相关政策知识。

[6]3月10—11日，农业农村部渔业渔政管理局局长刘新中率领部际长江禁捕退捕工作专班考核评估

组一行 6 人，对安徽省 2020 年度长江禁捕退捕任务完成情况进行实地核验。

[7]3 月 17 日，全省春季巩固长江禁捕退捕工作视频会议在合肥召开。时任省委书记李锦斌，省长王清宪会前分别作出批示，副省长张曙光出席会议并讲话。

[8]4 月 1 日，安徽、江苏、浙江、上海三省一市人大常委会坚持主要条款、基本格式和实施时间保持一致的基础上，协同发布的《关于促进和保障长江流域禁捕工作若干问题的决定》正式实施。

[9]4 月 2 日，安徽省长江禁捕退捕工作领导小组专职副组长、副省长张曙光主持召开春季长江禁捕退捕专题调度会，进一步部署落实长江禁捕退捕工作。

[10]4 月 8 日，长江禁捕退捕专班印发《关于通报 2020 年度长江流域重点水域禁捕退捕工作考核结果的函》，经国家六部委综合评定，安徽省获得 2020 年长江禁捕退捕工作考核"优秀"等次(全国仅 3 个)。

[11]4 月 15 日，农业农村部等四部门在江苏南京设立主会场，召开长江流域重点水域打击非法捕捞专项工作会议，农业农村部副部长于康震出席会议并讲话。安徽省农业农村厅副厅长、一级巡视员杨增权参加主会场会议，省市场监管局党组成员、副局长刘存俊做交流发言。

[12]4 月 16 日，全国水产技术推广总站、中国水产学会联合长江中下游地区六省水产技术推广部门在安徽省无为市举办"2021 年水产养殖规范用药科普下乡活动"启动仪式。

[13]4 月 17—18 日，省长王清宪从长江安徽段起点同马大堤段窑段顺流而下，在安庆、池州、铜陵三市督导调研长江禁渔、长江突出生态环境问题整改等工作。

[14]4 月 22—23 日，安徽省农业农村厅副厅长、一级巡视员杨增权率队前往中国科学院水生生物研究所、中国水产科学研究院淡水渔业研究中心学习考察长江江豚保护工作。

[15]5 月 12 日，安徽、湖北、江西、湖南、重庆五省(直辖市)长江禁捕退捕工作领导小组办公室共同签署《长江流域重点水域"十年禁渔"联合执法合作协议》，进一步强化跨区域跨部门执法合作活动。

[16]5 月 18 日，省长王清宪赴芜湖市、马鞍山市督导调研长江"十年禁渔"、长江生态环境保护修复等工作。

[17]5 月 18 日，长三角地区三省一市长江禁捕退捕工作领导小组办公室共同签署《长三角地区联合做好长江"十年禁渔"合作备忘录》，联合推进长江"十年禁渔"。

[18]5 月 26 日，《农民日报》专版刊登"绘出'皖'美乡村画卷"，报道安徽省长江禁捕退捕"禁得最早、做得最好"成效。

[19]5 月 31 日，时任省委书记李锦斌主持召开省级总河长第五次会议时强调，要长效落实长江"十年禁渔"管理机制，加快建立长江流域禁捕水域网格化管理体系。

[20]6 月 3 日，安徽省农业农村厅、省公安厅、省市场监管局及省交通运输厅联合召开打击长江流域非法捕捞专项整治行动视频推进会，安排部署重点工作。

[21]6 月 10 日，安徽省长江禁捕退捕工作领导小组办公室在合肥市召开长江禁捕执法管理工作座谈会，省禁捕办专职副主任、省农业农村厅副厅长、一级巡视员杨增权出席会议并讲话。

[22]6 月 25—29 日，农业农村部长江流域渔政监督管理办公室副主任赵依民率领部际长江禁捕退捕工作专班第四调研核查组，对安徽省长江流域重点水域"四清四无"和退捕渔民安置保障落实情况"回头看"开展调研核查。

[23]7 月 13—14 日，安徽、江苏、浙江、上海三省一市人大常委会主任在合肥召开座谈会，商定落实 2021 年长江流域禁捕联动监督等协作重点工作。

[24]7 月 15—16 日，农业农村部渔业渔政管理局一级巡视员李书民一行来安徽调研，在六安市组织开展稻渔综合种养集中研讨活动，在滁州市调研水产种质资源保护和种业创新攻关情况。安徽省农业农村厅副厅长、一级巡视员杨增权，全国水产技术推广总站有关负责同志，江苏、湖北、四川等稻渔综合种养主产省份渔业部门负责同志，以及浙江大学、上海海洋大学的专家教授参加有关活动。

[25]7 月 31 日，农业农村部长江禁捕退捕工作视频调度会议结束后，安徽省接续召开部署会，省长江禁捕退捕工作领导小组办公室主任、省农业农村厅厅长卢仕仁就贯彻落实会议精神提出具体要求。

[26]8 月 4 日，省委副书记程丽华在铜陵市调研长江岸线生态保护时强调，要严格落实"十年禁渔令"。

[27]9 月 7 日，省委副书记程丽华在池州市调研时要求，深刻认识长江禁渔的长期性、复杂性、艰巨性，坚持不懈打好"十年禁渔"持久战。

[28]9 月 27 日，全省长江禁捕暨渔业高质量发展现场会在池州市召开，省农业农村厅副厅长、一级巡视员杨增权出席会议并讲话。

[29]9 月 27—28 日，省委副书记程丽华在芜湖市、马鞍山市调研时强调，要坚决抓好长江大保护，落

实"十年禁渔"。

[30]10 月 10 日，省委书记郑栅洁在芜湖市调研时强调，要把加强长江生态资源保护摆在重要位置，扎实做好"十年禁渔"工作。

[31]10 月 21—22 日，全国水产技术推广总站副站长胡红浪带队，赴安徽省定远县安徽海辉水产养殖有限公司开展调研和技术指导。

[32]11 月 16 日，省委书记郑栅洁在马鞍山市调研时强调，要深入抓好"十年禁渔"，保持长江生态原真性和生物多样性。

[33]11 月 20—22 日，第五届中国国际现代渔业暨渔业科技博览会（以下简称"渔博会"）在安徽合肥举办，农业农村部原副部长于康震、安徽省农业农村厅厅长卢仕仁在博览会开幕式上致辞。农业农村部长江流域渔政监督管理办公室主任马毅出席"长江生态保护与渔业发展论坛"并做主旨演讲。

[34]11 月 8 日，国务院办公厅印发《关于对国务院第八次大督查发现的典型经验做法给予表扬的通报》，对 16 个省（自治区、直辖市）开展实地督查时发现的 48 项典型经验做法予以通报表扬，安徽省马鞍山市统筹推进生态环境高水平保护和产业高质量发展位列第 23 项。

[35]12 月 2 日，中国渔业协会授予池州市"中国鳜鱼之乡"牌匾。

[36]12 月 3 日，在农业农村部渔业渔政管理局组织指导下，中国水产流通与加工协会公布了 6 家全国首批刀鲚养殖核查合格名单，其中安徽省 2 家。

[37]12 月 10 日，农业农村部与安徽省在北京举行工作会谈，签署共同推动长三角绿色农产品生产加工供应基地建设加快农业现代化合作框架协议。中央农村工作领导小组办公室主任，农业农村部党组书记、部长唐仁健，安徽省委书记郑栅洁、省长王清宪参加会谈。协议规定，农业农村部与安徽省将在加强珍稀濒危物种保护，落实长江"十年禁渔"要求，强化渔政执法能力建设，做好退捕渔民安置保障工作等方面加强合作。

[38]12 月 10 日，以"落实长江禁渔，保护传承长江渔文化"为主题的长江禁渔与渔文化论坛在安徽省芜湖市举办。农业农村部副部长马有祥出席并做主旨报告，省政府副省长周喜安出席并讲话。同期启动了中国（芜湖）长江渔文化博物馆项目建设，召开了 2021 年长江流域水生生物资源监测工作会议，举办了 2021 年长江水生生物科学增殖放流等系列大型活动。

[39]12 月 10 日，第五届全国稻渔综合种养产业发展高峰论坛暨 2021 年优质渔米推介活动在安徽省合肥市举办。农业农村部渔业渔政管理局一级巡视员李书民、全国水产技术推广总站站长崔立锋等出席并致辞。全国水产技术推广总站副站长于秀娟发布《中国稻渔综合种养产业"十三五"发展报告》。

[40]12 月 22 日，农业农村部、国家发展改革委等七部门公布了《第七批农业产业化国家重点龙头企业名单》，决定认定 412 家企业为农业产业化国家重点龙头企业，安徽蓝田农业集团有限公司位列其中，也是全省第 3 家获评水产企业。

[41]12 月 24 日，安徽省长江禁捕退捕工作领导小组办公室在合肥市召开全省长江禁渔工作会议，部署安排新形势下全力打好长江"十年禁渔"持久战各项重点工作。省农业农村厅副厅长、一级巡视员杨增权出席会议并讲话。

[42]12 月 29 日，农业农村部公布了《国家级水产健康养殖和生态养殖示范区名单（2021 年）》，共有 65 家单位入选，其中安徽省 4 家。

[43]12 月 30 日，安徽省长江禁捕退捕工作领导小组专职副组长、副省长张曙光在铜陵市督导长江禁捕退捕工作。

（安徽省农业农村厅　霍礼辉）

福建省渔业

【概况】 2021 年全省渔业经济总产值 3 452.27 亿元，比上年增长 10.1%。全省水产品总产量 853.07 万吨，比上年增长 2.41%，其中：海洋捕捞产量 153.11 万吨，比上年增长 0.14%；远洋渔业产量 60.66 万吨，比上年下降 0.22%；海水养殖产量 543.72 万吨，比上年增长 3.21%；淡水捕捞产量 7.18 万吨，比上年增长 2.30%；淡水养殖产量 88.40 万吨，比上年增长 3.44%。渔民人均纯收入 2.58 万元，比上年增长 6.52%。

1.加快养殖转型升级　省政府办公厅出台《海上养殖转型升级行动方案》，在全省推进传统养殖渔排、浮球更新替代工作，改造传统渔排 13.2 万口、浮球逾 1 万公顷，新建深水抗风浪网箱 275 口。推进深远海装备养殖发展，经省政府同意，省发展和改革委员会、省海洋渔业局出台《深海装备养殖项目试点工作方案（2021—2023 年）》，新建深远海养殖装备 4 台、养殖水体约 16 万立方米。"定海湾 1 号""定海湾 2 号"建成下水，投放大黄鱼 26 万尾。全省累计投建各类深远海养殖平台 12 台（套）。

2.推进水产种业振兴　实施水产养殖种质资源普查，普查主体 16 000 多个，资源 23 000 多个，合计普查物种 189 种，全省 81 个普查县全部完成普查系统数据录入。启动第四轮水产种业创新与产业化工程项目，建立鲍鱼、大黄鱼遗传育种创新平台，以及海参、高值淡水鱼种质保存及苗种核心繁育基地，繁育鲍、仿刺参、马口鱼、半刺厚唇鱼等新品种（系）苗种近3 000万尾（粒、头）。新增（复评）省级水产原良种场12家，全省累计建成水产原良种场50家，大黄鱼、鲍鱼、海带、坛紫菜、花蛤等主要品种苗种产量位居全国首位。

3.提升远洋综合实力 推动更新改造远洋渔船72艘；支持远洋渔业企业争取公海项目，开拓冈比亚、阿曼海域新渔场。2021年，全省远洋渔业企业27家，居全国第三；渔船总数605艘，居全国第二；远洋渔业产量60.66万吨、产值45.7亿元。福州（连江）国家远洋渔业基地加快建设，完成投资3.5亿元。

4.实施科技创新驱动 推进厦门南方海洋研究中心建设，构建"孵化基地＋平台共享＋产业金融＋专业展会"的产业创新服务体系。建设海洋生物种业技术国家地方联合工程研究中心，按照"一库一中心四个分中心"模式建设海洋生物种质资源库、海洋生物遗传育种中心和鱼类、虾类、贝类、藻类种业分中心。征集海洋科技创新储备项目72项、科技创新成果50项，行业共性需求和技术瓶颈22项，支持实施15个关键技术开发和科技成果转化重大项目，发布稻田综合种养等13项渔业主推技术，推进海洋与渔业成果孵化转化，多项成果获省级以上科技奖。实施基层水产技术推广体系改革与建设项目，分解下达中央转移支付资金1 229万元，支持39个主要渔业县（市、区）健全基层水产技术推广体系，建设95个渔业科技示范基地，培育774个渔业科技示范主体，培训水产技术人员、示范主体、渔民等3 454人次。

5.推进加工提质增效 引导水产加工龙头企业加强创新研发、加快改造升级、提升品牌质量、带动产业链建设，新增国家级农业产业化重点企业6家，全省国家级农业产业化重点企业达19家、省级龙头企业达158家。持续加大资金扶持力度，提升水产加工能力，新建水产品加工生产线15条。实施品牌带动战略，新增水产行业省级名牌农产品6个、农产品区域公用品牌2个。大黄鱼、南美白对虾、牡蛎、鲍鱼、鳗鲡、紫菜等优势品种全产业链产值均超100亿元。

6.强化渔业生态保护 实施水产绿色健康养殖技术推广"五大行动"，推广生态健康养殖模式5个，培育骨干基地60多个，合计推广面积逾410公顷，辐射带动面积逾2 330公顷，推广点兽药使用量同比平均减少16.7%，抗生素类水产用兽药使用量同比平均减少19.1%，配合饲料替代率平均达到70%。推进养殖尾水综合治理，建成"水产养殖入海排放口信息管理服务平台"，形成全省养殖入海排放口"一张图"，全省42家规模以上海水养殖主体实现养殖尾水达标排放或循环利用。持续实施渔业增殖放流，全年放流各类水生生物54.76亿单位。福清市东瀚海域海洋牧场（一期）人工鱼礁建设项目完成4.07万空方礁体投放，连江黄岐半岛人工鱼礁建设项目获批立项。开展水产健康养殖和生态养殖示范区创建，4家企业入选国家级水产健康养殖和生态养殖示范区。

7.推进休闲渔业发展 组织创建第十四批福建省"水乡渔村"休闲渔业示范基地，新增"水乡渔村"25家，全省累计达223家。省级安排休闲渔业补助资金700万元，支持休闲渔业品牌建设。举办2021年海峡（福州）渔业周暨中国（福州）国际渔业博览会等活动，搭建休闲渔业对接合作平台。

8.强化防灾减灾基础 加快渔港项目建设，组织开展计划内所有渔港项目外业调查，构建渔港海洋环境数据库，为50多个渔港等重点项目提供数据服务。联合多部门深入各地开展渔港建设指导服务、现场办公，全省新开工渔港项目23个、累计开工68个，完成年度投资12.5亿元。印发《福建省海洋观测网规划（2021—2025年）》，面向社会提供潮位、海浪预报、海水浴场等10多项海洋预警预报产品，新增针对全省11个渔港群的精细化预报服务。推进第一次全省海洋灾害风险普查，完成同安、南安两地海洋灾害风险普查国家试点任务，形成数据成果437条、图件成果49幅及报告16份。建立全国首个省级海上志愿救助队伍"福渔救助志愿者联盟"，由22家社会组织、209艘渔船组成首批成员。全年共防范应对7个台风（含1个热带低压），撤离渔船7 491艘次，转移渔排人员88 276人次，实现人员零伤亡目标；共防范处置赤潮4起，影响总面积约12.5平方千米。

9.深化渔业安全治理 开展严厉打击涉渔"三无"船舶专项行动，组织"封港清查"行动954次，查获"三无"船舶700艘。推进"商渔共治2021"专项行动，建立九大工作机制和18项合作任务，完善商渔船北斗和AIS信息数据对接共享。开展为期3个月的"严执法、强攻坚、促提升"渔船安全生产执法监管专项行动，全省共出动执法人员12 997人次，检查渔港2 797个次，登临检查渔船4 538艘次。修订《福建省渔业船舶安全救助终端管理办法（暂行）》，1 449艘大中型渔船配备天通卫星终端，完成5 300艘小型渔船"插卡式AIS"试点应用。举办线上线下渔业船员培训班，培训船员24 752人次。加强渔港（码头）、渔排养殖区及"水乡渔村"休闲渔业示范基地等非景区景点安全管理，提升安全设施水平。

10.落实民生服务保障 做好水产品质量安全监管，开展水产品质量安全风险监测和监督抽查 9 700 余批次。省部级产地水产品监督抽检合格率 99.9%，市场例行监测合格率 98.3%，均高于全国平均水平。推进"一品一码"追溯与合格证制度落实，全省近 4 100 家生产主体纳入系统监管，已生成三项记录总数约 100 万条，赋码数量 20 多万条。持续加强渔业政策性保险，全省沿海 12 米以上渔船渔工保险覆盖率达 97.1%、海上作业远洋渔船渔工保险覆盖率 100%，率先推出内陆地区水产养殖生物保险。2021 年，实现签单保费 3.92 亿元，居全国第二位，提供风险保障金额 957.97 亿元。

11.加强渔业执法监管 开展"中国渔政亮剑"、福建海洋"蓝剑"等专项执法行动，聚力打击各类海洋与渔业违法行为。开展海洋伏季休渔执法监管，查办违反海洋伏休规定案件 675 起，涉案渔获物 86.532 吨，行政处罚金额 1 115.94 万元，移送司法部门案件 14 起；开展闽江禁渔专项打击整治行动，严打电炸毒鱼等非法捕捞行为，查办案件 9 起，查处涉渔"三无"船舶 8 艘、清理违规渔具 4 222 米。开展水产养殖与水产品质量安全执法检查行动 2 124 次，发放宣传材料 4.9 万份，检查养殖企业和个体养殖者 3 916 个，责令整改 54 家，行政处罚 20 起，罚款 14.2 万元，销毁超标苗种 8 万尾、问题水产品 502 千克，移送公安 4 起；举办水生野生动物保护宣传活动 763 场次，宣传教育群众 10 万多人。做好水生野生保护动物救助、放生、处置工作，涉及中国鲎、海龟、海豚、江豚、水獭等国家级、省级重点保护水生野生动物 350 只(头)。

【重点渔业市(县、区)基本情况】

福建省重点渔业市(县、区)基本情况

市(县、区)	总人口(万人)	渔业产值(万元)	水产品总产量(吨)	其中					养殖面积(公顷)	
				海洋捕捞	远洋渔业	海水养殖	内陆捕捞	淡水养殖	海水	淡水
连江县	67.64	2 820 141.06	1 281 199	201 948	263 763	809 452	639	5 397	19 797	396
秀屿区	73.55	711 453.93	578 054	57 510		520 544			10 505	
福清市	140.02	1 165 322.98	56 7041	15 809		440 607	427	110 198	17 804	5 479
霞浦县	54.93	1 276 202.73	479 214	72 858	4 463	401 494		399	19 759	95
平潭县	45.29	647 569.00	469 098	103 264	44 223	321 427		184	6 655	46
诏安县	68.37	554 387.86	449 220	55 800		373 326	733	19 361	6 875	1 526
东山县	22.29	708 738.34	436 590	117 855	3 816	305 184		9 735	7 388	469
龙海区	91.20	651 699.19	434 508	92 700	5 550	20 3421	6 871	125 966	2 221	4 901
漳浦县	94.88	864 206.86	420 948	43 980		318 110	3 400	55 458	14 039	3 603
石狮市	11.19	511 162.19	394 649	288 186	44 353	61 665		445	946	50

【大事记】

[1]1 月 25 日，福建省小型海洋渔船固定式北斗示位仪(定位终端)建设项目通过福建省数字福建建设领导小组办公室组织的项目竣工验收。至此，完成了全省海洋渔船固定式北斗示位仪设备安装工作，实现全省渔船 24 小时"看得见"目标。

[2]1 月 29 日，在 2021 年全国农产品质量安全监管工作视频会议上，福建省海洋与渔业局做典型发言。

[3]4 月，福建省人民政府办公厅印发《海上养殖转型升级行动方案》，在全省沿海地区集中开展海上养殖转型升级，计划用三年时间改造传统养殖渔排 44 万口、筏式养殖泡沫浮球 2.12 万公顷，建设深水大网箱 888 口。

[4]5 月，福建省 2 家水产企业获评农业农村部 2021 年农业国际贸易高质量发展基地。

[5]5月12日，海洋“防灾减灾日”系列活动在泉州晋江市举办，建立全国首个省级海上志愿救助队伍“福渔救助志愿者联盟”，出台《福建省渔业互保协会福渔救助志愿者联盟搜救奖励暂行办法》，组织省、市、县联合开展渔业海上突发事件应急演练，积极构建防灾减灾人民防线。

[6]5月，福建省人民政府印发《加快建设“海上福建”推进海洋经济高质量发展三年行动方案(2021—2023年)》，提出包括加快养殖业蓝色转变、培优做强水产种业、拓展远洋渔业发展长板、推进水产品精深加工、发展水产品冷链物流、培育水产龙头企业和品牌、加快发展休闲渔业在内的多项重点任务。

[7]6月25日，福建省海洋与渔业执法总队与浙江省海洋与渔业执法总队签署《深化海洋渔业执法协作联合机制》。

[8]7月，福建省人民政府办公厅印发《推动远洋渔业高质量发展八条措施》，安排专项资金扶持远洋渔业发展，推动远洋渔业产业做大做强。

[9]9月，福建省海洋与渔业局印发《福建省海洋观测网规划(2021—2025年)》，进一步加强全省海洋观测网建设，全面提升海洋资源科学保护和开发利用水平、更好地服务海洋生态文明建设和海洋强省建设。

[10]10月28日，在农业农村部召开的全国水产种业振兴行动工作推进会上，福建省海洋与渔业局做典型发言。

[11]11月，经中共福建省委、福建省人民政府研究同意，福建省人民政府办公厅印发《福建省“十四五”海洋强省建设专项规划》，明确“十四五”期间福建海洋强省建设主要目标和重点任务，并展望到2035年。

[12]12月，福州马尾区“红蚂公社”休闲渔业基地等25家单位被授予第十四批福建省“水乡渔村”休闲渔业示范基地称号。

(福建省海洋与渔业局　许伟澎)

江西省渔业

【概况】 2021年，江西渔业系统努力克服新冠疫情反复，低温冰雪和洪涝、干旱灾害交替等不利影响，迎难而上，扎实做好水产品稳产保供，渔业经济发展和渔政管理保持良好势头。全年渔业经济总产值达1 152.7亿元，增幅8.6%，其中第一产值583.6亿元(含苗种)、第二产值317.7亿元、第三产值251.4亿元。水产品总产量达269.5万吨，增幅5.1%，其中养殖产量266.1万吨、捕捞产量3.4万吨、名特优水产品产量达102.8万吨(占全省水产品总产量38.1%以上)。水产养殖规模保持稳定，养殖面积40.6万公顷；稻渔综合种养面积达15.67万公顷，新增2.26万公顷。

1.生产基本盘持续稳固 科学编制并发布了《江西省养殖水域滩涂规划》，科学划定禁养区6.87万公顷，限养区23.93万公顷，可养区19.27万公顷，从制度上稳固了渔业发展空间。加快推进标准化池塘改造，进一步优化池塘养殖条件，大力夯实全省48万公顷养殖池塘这一“家底”，提升渔业综合生产能力。全省稻渔综合种养面积达15.67万公顷，稻虾面积占80%以上。试验推广池塘循环水养殖、工厂化(循环微流水)养殖、圈养桶等陆基渔业和设施渔业，以圈养桶为代表的养殖模式发展迅猛，数量达5 000余个。

2.产业结构不断调优 名特优水产养殖持续增长，名特优水产品产量102.8万吨，同比增幅3.09%。以打造国家级鄱阳湖小龙虾产业集群为重点，安排专项资金0.5亿元，推进全省小龙虾产业全产业链开发、全价值链提升。以13个小龙虾产业集群建设项目县为纽带，围绕完善繁养体系、扩大养殖规模、培植龙头企业、扩大品牌效应等重点，推动全省小龙虾产业高质量发展。全省已建设年繁育亿尾以上的小龙虾良种繁育中心6个。全省综合型的小龙虾龙头企业已达15家、加工活储企业10家，加工能力每年达10万吨以上。

3.绿色发展水平有力提升 以实施绿色健康养殖技术推广“五大行动”为主抓手，加快推进水产业养殖业绿色健康发展。制定出台了《江西省水产养殖用投入品专项整治工作方案(2021—2023年)》。以项目扶持与企业自筹相结合的方式，广泛开展水产养殖尾水处理试点示范。重点在水产养殖主产区，推动工厂化养殖企业完善养殖尾水治理设施。据不完全统计，全省养殖尾水治理试点数量达170个以上。全省已创建18个水产健康养殖和生态养殖示范区。

4.渔政管理水平有效增强 严把环境影响专题评价评审关，对6个涉渔工程开展了专题影响评价。严格规范水生野生动物经营利用特许，加强执法监管。全省已办理国家重点保护水生野生动物人工繁育许可证32家、经营利用许可证37家，品种有龟类、暹罗鳄、虎纹蛙、鲟类、海马类、大鲵等20多个品种；申领海马和龟类标识201 510个。办理5个水产苗种免税进口审批转办件；特许捕捞许可16个。

5.渔业资源养护取得实效 加强江豚保护巡护救助，进一步落实江豚保护属地管理机构和属地责任，确保责任到单位，任务落实到人。在退捕禁捕水域，组建了一支2 400名湖区渔民的“护渔队”，加大巡护频次和范围，确保江豚栖息地得到全面有效保护。进一步健全江豚信息报送网络，建立江豚遇险、死亡报告制度，提高江豚监测保护和遇险救护能力。依托国家、省、市三级科研院所的江豚保护专家队伍，在省内开展了3次长江江豚科考。利用中央财政增殖放流项目，推动各地开展水生生物资源养护与修复。全省共完成放流各类苗种3.9亿尾。

6.渔业安全生产平稳运行 深入开展渔业安全生产专项整治三年行动。印发了《加强渔业船舶安全风险防控工作实施方案》，就渔业船舶安全风险防控进行专门部署，强化渔船安全风险源头监管，压实地方、船东安全监管责任。结合禁捕退捕工作以及"我为群众办实事"实践活动，多次深入基层开展禁捕退捕及安全生产督导、调研工作，查找渔业安全生产存在的痛点难点问题，了解基层和群众对渔业安全生产的需求。截至2021年年底，共开展督导检查11次，检查单位45个，开展渔区走访调研安全生产6次。组织各地开展渔业"安全生产月"活动，加大渔业安全生产宣传教育，共开展专题学习38次，宣传报道68次，专题培训21场，安全宣传"五进"437人次。全省未发生一起重特大渔业安全生产事故。

7. 存在的问题

第一是产业发展空间形势严峻。随着资源环境约束日益加大，传统渔业生产方式受到限制，渔业发展空间不断压缩。全省湖泊水库等大水面采取"人放天养"、所有网箱全部退养，产能骤降，多地存在养殖历史在先的池塘因湿地规划而被迫退养。部分地区因旱稻任务优先等顾虑，对发展稻渔综合种养不予支持，近年来面积增速急剧下降。同时还面临渔光互补项目侵占养殖水面或破坏养殖功能等因素。全省水产养殖空间挤压严重，稳产保供压力较大。

第二是渔业产业化程度有待提升。一是规模化程度不高。全省水产养殖面积虽大，集中连片的大规模养殖池塘偏少，"小、散、弱"经营主体大量存在，6.7公顷以上的池塘仅为4.31万公顷，占比23%。二是集约化程度不高。传统养殖方式仍占主导，设施渔业近年发展较快，但技术模式不优、盈利水平低、尾水治理难等问题还未攻克，总体还处于探索起步阶段。

第三是产业链短板亟待补齐。一是养殖结构不够优。以草鱼为主的四大家鱼养殖仍占大头，价格长期低迷，名特优水产养殖比例相对较低，"土特产"挖掘利用不够。二是加工水平不高，各地仅有部分烤鳗、小龙虾、四大家鱼加工企业，其他特色鱼类的加工企业极少，高附加值的水产精深加工方面更是空白。三是三产融合不深。"鄱阳湖"作为江西的公共品牌，更是金字招牌，在全国影响力仍然有限，各地本土渔业品牌较少。集线上、线下、活储和冷链物流、相关服务为一体的综合性交易平台较少，养殖户定价话语权微弱，存在优质不优价情况。

第四是水产种业水平偏弱。全省淡水鱼苗产量占全国鱼苗生产总量不到3%，且绝大部分为四大家鱼等常规品种，鲈鱼、鳜鱼、黄颡鱼等名优苗种大部分需从外省引进。水产原良种选育和新品种研发工作落后，仅选育7个水产新品种，其中5个是2000年前研发的，占国审水产新品种的2.92%，至今没有真正在全国具有影响力的水产种业企业。

【大事记】

[1]1月19日，江西省农业农村厅办公室印发《关于规范全省禁捕水域内垂钓管理工作的通知》，就规范长江江西段、鄱阳湖和35个水生生物保护区等禁捕退捕水域垂钓管理提出要求。

[2]4月8日，江西省农业农村厅成立江西省保护救助江豚领导小组。

[3]12月19日，在南昌召开全省渔业高质量发展会。

（江西省农业农村厅渔业渔政局　曾智勉）

山东省渔业

【概况】 2021年，全省渔业经济总产值4 050.2亿元，同比减少2.4%，渔业产值1 732.4亿元，同比增长10.7%，占全省农林牧渔业总产值的14.4%。水产养殖面积76.5万公顷，同比增长2.7%，其中海水养殖面积60.8万公顷，同比增长4.8%；淡水养殖面积15.7万公顷，同比减少4.3%。水产品总产量854.4万吨，同比增长3.1%，其中海水养殖产量537.4万吨，同比增长4.5%；近海捕捞产量169.2万吨，同比增长2.2%；远洋捕捞产量33.7万吨，同比减少12.2%；淡水养殖产量104.5万吨，同比增长3.6%；淡水捕捞产量9.6万吨，同比持平。渔民人均可支配收入2.5万元，同比增长4.2%。

1.渔业转型升级新格局初步构建 编制《山东省渔业转型升级实施方案》《山东省养殖水域滩涂规划(2020—2030年)》《山东省"十四五"渔业高质量发展规划》《山东省大水面生态渔业发展规划(2021—2025年)》《山东省渔港经济区建设规划(2021—2025年)》。牵头对接"十四五"渔业发展支持政策改革，会同省财政厅印发《山东省落实渔业发展支持政策推动渔业高质量发展实施方案》《关于做好2021年渔业发展补助政策实施工作的通知》《关于做好2021年成品油价格调整对渔业补助一般转移支付项目的通知》，重点实施十大工程。

2.水产种业振兴成效明显 启动水产养殖种质资源普查，如期完成基本情况普查，录入普查主体信息31 068家；系统调查顺利启动；争取保护区种质资源本底调查项目立项，摸清重点自然水域家底。通过国家审定水产新品种5个(全国共11个)，全省新品种总数占全国的28%；新认定12家省级水产原良种场；完成全省国家级水产种质资源保护区的复核勘测工作并形成矢量数据和图件。全国水产种业振兴工作推进会10月28日在山东召开，省农业农村厅厅长李希信做典型发言。

3.水产养殖业绿色发展势头良好 指导各级落实养殖水域滩涂规划，对不符合分区管控的建档立卡、分类整治；全省水域滩涂养殖发证登记面积达到74万公顷，108个重点渔业县发证率均达到90%以上。印发《山东省国家级水产健康养殖和生态养殖示范区管理工作实施细则(试行)》，高标准创建首批国家级示范区4个；积极争取省财政把"五大行动"示范基地创建纳入扶持范围；实施集中连片池塘改造和尾水治理1 733公顷。开展海参养殖中违法用药专项整治行动，印发《山东省水产养殖用投入品专项整治三年行动方案(2021—2023年)》，全面实施投入品使用白名单制度，编印5 000本指导手册。抽检647个样品，对11类重点水生动物疫病进行检测；确认第二批渔业官方兽医98人，组织参加全国渔业官方兽医线上培训；布设92个监测点持续开展省级重点养殖水域生态环境监测；配合开展对胶州湾海星暴发的应急处置；牵头对冬季南美白对虾突发死亡、夏季高温、秋季多雨等灾害提出防控措施。省农业农村厅提出的生物安保措施在健康养殖的应用理念得到农业农村部认可，在全国水生动物防疫工作座谈会上做典型发言。

4.现代化海洋牧场试点圆满收官 会同省发改委对三年试点工作进行了全面总结，并由省政府行文报国家发改委和农业农村部。完成第6批7处和第5批3处国家级海洋牧场示范区人工鱼礁建设项目实施方案编制和专家评审。对首批4处和前三批15处国家级海洋牧场示范区完成复查和年度评价工作，评价结果总体处于全国领先水平。新获批5处国家级海洋牧场示范区，总数达59处。稳步推进深远海养殖，烟台"百箱计划"顺利实施，经海系列3个网箱陆续下水投产；日照"深蓝1号"成功收获三文鱼；青岛国信3 000吨级试验船舱养大黄鱼顺利起捕，全球首艘10万吨级养殖工船开工建造，并申请开展运营管理试点。

5.拓展远洋捕捞稳步发展 截至2021年年底，全省远洋渔业企业45家，远洋渔船560艘。2021年远洋捕捞产量33.4万吨、产值49.1亿元，作业海域分布在太平洋、印度洋和大西洋公海及近20个国家专属经济区。境外建设加纳、毛里求斯、塞拉利昂、斐济、乌拉圭等5处海外远洋渔业基地建设；支持建设沙窝岛国家远洋渔业基地，建成中心渔港港池面积42公顷、年船舶修造能力100万载重吨。将远洋渔业基地建设和南极磷虾船建造纳入省财政扶持项目，对经国家批准的远洋渔业基地和南极磷虾船，分别再给予每个最高3 000万元、每艘最低3 000万元的资金支持。

6.水生生物资源养护深入推进 印发《山东省2021—2023年度增殖放流布局方案》《关于进一步规范和引导社会放生(增殖放流)活动的通知》，创新供苗预采购和事中事后监管工作。共完成增殖放流苗种约42.8亿单位，编印发放《科学放生手册》5 000份。打造"6月6日放鱼日"品牌，与滨州市政府联合举办了山东省2021年全国"放鱼日"同步增殖放流活动。强化涉渔生态环境影响评价和涉保护区工程项目管理，积极跟进服务省重大工程项目，协调争取农业农村部渔业渔政管理局对裕龙岛炼化一体化项目的支持；认真参与涉国家级水产种质资源保护区环境影响评价和补偿措施落实。

7.水生野生动物保护全面加强 建立完善水生野生动物保护工作机制，与青岛海关、济南海关签署合作备忘录。依托现有海洋馆在青岛等6市各设立一处省级水生野生动物收容救护中心。完善了水生野生动物保护专家库。组织专家对6家大型新建水生野生动物驯养展演场馆和青岛等5市水生野生动物经营许可工作进行现场勘查、评估。加强科普宣传，会同聊城市政府联合举办2021年水生野生动物保护科普宣传月启动仪式。探索大宗罚没水生野生动物制品交接处置程序，印发《关于做好查获水生野生动物制品接收、处置工作的通知》；对青岛海关查没的1 316千克大宗海马干制品，在全国渔业系统首次采用公开拍卖方式成功处置，共上缴省财政480多万元，获得各级各界的高度评价，有关经验做法农业农村部将在全国推广。

8.渔业环保防控力度加大 做好涉及湾长制、河长制、南四湖流域、黄河流域等方面涉及渔业污染防控"十四五"规划和重点工作落实，完成南四湖省级自然保护区核心区、缓冲区渔业退养整改销号。推进渔港环境综合整治，全省190处名录内渔港已全部完成整治，并实现了渔港防污染设施设备的全覆盖。高标准高质量配合完成了第二轮中央生态环境保护督察涉及的渔业环保工作。

9.渔业全产业链持续构建 扎实推进渔港经济区建设，完成总投资20多亿元的日照开发区、烟台牟平区两个国家级渔港经济区项目三年实施方案编制、批复。实施了12个省级渔港经济区核心渔港整治维护项目。提升水产品加工业。组织开展全省水产品加工产业发展情况调研，推进临沂、滨州2021年水产品初加工和冷藏保鲜设施设备建设项目。全省水产品加工业产值突破1 100亿元，继续保持在全国的领先地位，并在全国水产加工发展座谈会上做典型发言。

10.渔业安全监管纵深推进 抓工作责任部署落实。年初制定《2021年全省渔业安全工作要点》，召开2次全省渔业安全生产视频会议，开展3次渔业安全专项调研督导，制定下发《渔业安全生产主体责任清单》，对23处重点渔港实施驻点安全监管。严控渔业安全风险。制定《加强渔船安全风险防范实施方案》《关于加强养殖渔船安全管理的通知》，强化企业渔船渔港源头监管。做好商渔船事故防范。制定《2021年防范商渔船碰撞工作要点》《防范商渔船碰撞警示宣传片》《关于联合巡航执法配合办法》，开展为期4个月的“商渔共治2021”专项行动。多频次排查整治安全隐患。先后开展渔业安全生产大排查大整治、“渔船不适航、船员不适任”、渔业安全生产执法百日攻坚、全覆盖督导检查等系列整治行动。全省共派出个渔业安全生产检查组1 291个，检查渔船1.9万艘次，整改隐患4 616起。强化安全宣传教育。印发《渔民海上安全建议书》等宣传材料2万余册；制定《防范商渔船碰撞安全警示教育活动方案》，开展渔业安全警示教育“七进”活动。加强渔业安全应急管理。印发《山东省渔业船舶水上安全突发事件应急预案》，举办2021年渔业安全突发事件应急演练，下发70余期重要天气预警，高质量完成了国务院安委会渔业船舶安全生产重点督导检查迎检工作。8月31日，副省长李猛在国务院安全生产委员会办公室召开的加强安全生产执法暨水上安全防范工作视频会议上，代表山东省做渔业安全领域的典型发言。

11.扎实开展各项执法检查 以“中国渔政亮剑2021”山东省系列专项执法行动为统领，认真组织谋划，严厉打击涉渔违法违规行为。会同省公安厅等8部门联合开展海洋伏季休渔十大专项执法行动，采取船籍港“休”、网格化“管”、全方位“查”、智慧化“控”等有效措施，坚持严字当头，圆满完成休渔任务。严格落实黄河、海河等内陆水域禁渔期制度，开展打击非法电鱼专项行动，水陆联动，部门联防，有效保护了内陆渔业资源。以“清风行动”为抓手，切实规范濒危物种经营利用秩序。建立“立体布控、精细监管、区域督导”监管机制，坚决挤压涉渔“三无”船舶和“绝户网”生存空间。严厉打击非法侵占山东省渔民作业网场、损坏渔民渔具的行为。2021年，全省共取缔涉渔“三无”船舶1 668艘，清理取缔违规网具7.8万余套(张)，查办违法违规案件2 935件，移送司法案件71件，移送司法处理151人，涉案渔获物68 560千克，涉案渔获物价值50.18万元，罚款2 225.74万元。

【重点渔业市(县、区)基本情况】

山东省重点渔业市(县、区)基本情况

市(县、区)	总人口(万人)	渔业产值(万元)	水产品总产量(吨)	其中			养殖面积(公顷)	
				海洋捕捞	海水养殖	淡水养殖	海水	淡水
荣成市	71.4	553 446	1 319 292	403 426	911 225	4 641	37 921	37 741
乳山市	57.3	2 156 458	518 054	34 297	476 442	7 315	41 606	41 270
长岛	4.4	278 895	425 923	94 775	331 148		54 785	54 785
青岛市黄岛区	190.4	893 237	350 564	62 743	285 127	2 694	12 866	12 458
威海市环翠区	84.4	30 053	342 893	89 105	253 788		9 500	9 500
海阳市	58.3	162 779	303 178	92 734	209 539	905	14 572	14 356
青岛市即墨区	51.9	456 261	291 977	51 015	240 854	108	13 339	13 079
莱州市	82.5	76 406	272 730	61 049	211 681		55 040	55 040

（续）

市（县、区）	总人口（万人）	渔业产值（万元）	水产品总产量（吨）	其中			养殖面积（公顷）	
				海洋捕捞	海水养殖	淡水养殖	海水	淡水
威海市文登区	84.4	570 961	270 428	71 228	189 205	9 995	12 667	10 667
日照市岚山区	40.0	23 031	214 242	97 077	116 990	175	19 245	19 149

说明：总人口数来自网上查询数据。

【大事记】

［1］1月28日，省第十三届人民代表大会常务委员会第二十五次会议审议通过《山东省规范海洋渔业船舶捕捞规定》。按照省委、省政府工作部署，省公安厅、省农业农村厅等14部门建立海洋涉渔综合治理协调机制，开展为期一年的海洋涉渔综合治理专项行动。

［2］4月10日，省农业农村厅承办的国家首次派遣公海转载观察员活动在威海荣成石岛新港顺利举办。

［3］6月21日，位于日照以东130多海里黄海冷水团海域的"深蓝1号"网箱，正式收获三文鱼（虹鳟），收获鱼平均每条体重超过4千克，成活率达到80%，网箱出鱼总量将超15万尾，近800吨，品质达到欧盟出口标准，标志着我国首次深远海规模化养殖鱼类取得成功。

［4］8月31日，在国务院安全生产委员会办公室召开的加强安全生产执法暨水上安全防范工作视频会议上，副省长李猛代表山东省做渔业安全领域的典型发言。

［5］9月13日，省政府召开全省海洋涉渔综合治理专项行动动员部署会议，副省长、省公安厅厅长范华平，副省长李猛牵头组织推进。

［6］9月17日，在全国水产品加工发展座谈会上，山东省做典型发言。

［7］10月10日、10月12日，副省长李猛、农业农村部副部长马有祥分别对山东海洋伏季休渔管理工作做出重要批示。

［8］10月28日，全国水产种业振兴工作推进会在山东省召开，农业农村部副部长马有祥、副省长李猛出席会议，省农业农村厅厅长李希信做典型发言。全国唯一的国家海洋渔业生物种质资源库落户山东，顺利通过审计署种业专项审计。

［9］11月30日，在全国水生动物防疫工作座谈会上，山东省率先提出立足生物安保，开展风险点综合管控的水生动物疫病防控理念并做典型发言。

［10］12月3日，省农业农村厅与青岛海关、济南海关在青岛签署《山东省农业农村厅、青岛海关、济南海关罚没水生野生动物及其制品移交工作协作备忘录》。

［11］12月16日，海马干专场拍卖会在青岛举行，5家报名参加拍卖的企业经过近20轮激烈竞拍，3家单位竞价获得4个标的，共上缴省财政480多万元，有关经验做法农业农村部在全国推广。

［12］山东省开创的增殖站、云放鱼、大放流等山东理念被纳入全国"十四五"增殖放流工作指导意见草案。

（山东省农业农村厅）

河南省渔业

【概况】 2021年，全省水产品总产量94.3万吨，比上年减少37 370吨，同比下降3.81%；其中养殖产量833 260吨，比上年减少35 869吨，同比下降4.13%。渔业利用水面274 686公顷，比上年减少4 678公顷；其中养殖面积125 687公顷，比上年减少2 906公顷。渔业经济总产值2 230 516万元，比上年增加262 577万元，同比增长13.34%；其中水产品产值1 434 112万元，比上年增加257 806万元，同比增长21.92%。渔民人均纯收入18 276元，比上年增加553元，同比增长3.12%。

1.牢固树立"发展为要，项目为王"理念 统筹全省渔业资金、项目，积极构建与渔业资源养护和产业结构调整相协调的渔业发展支持政策体系。大力支持池塘标准化改造和尾水治理、水产绿色养殖业发展、渔政执法船艇码头等装备配备及运维、渔业信息化、水产品加工流通、渔业资源养护和水产种业提升。实施池塘标准化改造和尾水治理1 233.4公顷，有效提高了池塘养殖综合生产能力和可持续发展能力。创建国家级水产健康养殖和生态养殖示范区4个，建设省级现代绿色渔业示范场15个、大水面生态渔业示范基地2个、特色渔业小镇 2 个。稻渔综合种养面积稳步增长，超过 7 万公顷，覆盖带动脱贫农(渔)民 4 万多户 10 万余人，取得了良好的经济、生态和社会效益。

2.严格落实禁渔期和长江“十年禁渔”制度 印发《河南省农业农村厅关于实行 2021 年禁渔期制度的通告》，自 3 月 1 日起，河南省长江、淮河、黄河、海河流域依次进入禁渔期。为加强禁渔执法监管，制定印发《河南省“中国渔政亮剑 2021”系列专项执法行动方案》，积极配合有关部门开展渔政执法亮剑行动，打击禁渔期禁渔区内电毒炸、无证捕捞、使用禁用渔具捕捞等非法活动。

3.加强水生生物增殖放流工作 审核公布《2021 年河南省水生生物增殖放流苗种供应单位名单》，印发《关于下达 2021 年渔业资源与生态保护补助项目任务量的通知》《关于进一步加强水生生物增殖放流工作的通知》。全省各地加强增殖放流苗种供应单位、苗种种质、苗种质量、苗种数量等方面的监管，全年共安排增殖放流项目资金 717 万元，增殖放流各种经济鱼类 4 700多万尾。

4.积极开展水产养殖种质资源普查 积极协调高校、科研院所、推广系统涉渔专家，组成 47 人的技术指导专家团队，全省共投入普查人员 1 233 人，普查覆盖全省 190 个县(市、区)。按照“应普尽普，应查尽查，摸清家底”的工作要求，2021 年全省共登记养殖主体 20 756家，涉及养殖面积超过 10 万公顷，养殖物种 180 个，包括大宗淡水鱼类、经济水产品种、观赏鱼类、珍稀物种、特色品种等；累计向国家种质库提交遗传材料 1 325份，省水产种质资源库保存遗传材料 2 975 份。针对名优特水产，省水产科学研究院开展特色品种黄河鲤、淇河鲫，珍稀品种大鲵、乌苏里拟鲿的调查工作，为下一步全省特色水产品种开发和利用奠定基础。

5.全力保障水产品质量安全 制定印发《河南省 2021—2023 年水产养殖投入品专项整治行动方案》《2021 年国家产地水产品兽药残留监测及投入品安全隐患排查河南省抽检工作方案》《实施水产养殖用投入品使用白名单制度工作规范(试行)》，开展部级和省级水产品产地抽检，举办全省水产品质量安全培训班，对养殖企业及从业人员宣传水产品质量安全和养殖用药知识，全省产地水产品检测合格率达 98.3%，比 2020 年提高 4.8 个百分点，巩固了多年无重大水产品质量安全事故的良好局面。

6.狠抓渔业安全生产责任落实 健全渔业安全生产管理体系，制定渔业安全生产年度监管方案，成立渔船安全生产监管领导小组，将渔业安全生产纳入本单位、本行业发展规划。开展渔业安全生产隐患排查治理专项行动，全面整治排查治理渔业生产经营单位事故隐患；强化渔业船员培训和渔民安全管理，确保全省渔业船员持证上岗率 100%，渔民群众的安全意识不断增强，坚决防范和遏制重特大渔业安全生产事故发生。推动开展渔船渔港综合管理改革，落实“港长”管港、管人、管渔获、管安全的责任，优化执法力量驻港监管，推动监管关口前移，全面提升渔业安全管理能力和治理水平。组织渔业安全水上应急救援演练，积极开展“商渔共治”专项行动。组织全省水上应急救援演练，为渔业安全生产、应急管理和渔业水上搜救积累了宝贵经验。

7.抓好水生野生动物保护工作 按照 2021 年 2 月 1 日公告的新版《国家重点保护野生动物名录》，印发《关于贯彻落实〈国家重点保护野生动物名录〉加强水生野生动物保护管理的通知》，设置过渡期，要求各地渔业主管部门顺应新形势新要求，充分利用好过渡期，周密部署，细化安排，确保水生野生动物保护管理工作平稳过渡、有效衔接。11 月 12 日至 12 月 11 日，在全省范围内组织开展以“关爱水生动物，共建和谐家园”为主题的水生野生动物保护科普宣传月活动。实行水生野生动物行政许可管理，加强对水生野生动物人工繁育、经营利用场馆的监督检查，2021 年，共审批核查水生野生动物人工繁育和经营利用单位 70 家。

8.积极做好水产业防灾减灾工作 郑州 7·20 特大暴雨后，省农业农村厅水产局第一时间成立全省渔业灾后恢复重建指导工作专班，统一组织、协调和指导全省渔业灾后恢复重建工作。根据各地灾情，按照科学调度、分工负责、通力协作、靠前指挥的原则，迅速落实各项应急处置措施。印发《应对极端降雨开展抗灾救灾恢复水产养殖生产的指导意见》《洪灾后水产养殖水质调控明白纸》，研究制订《蓄滞洪区适用补偿对象认定与补偿标准(水产养殖)》，组织专家开展灾后生产恢复技术服务，保证技术人员到受灾坑塘进行现场指导，帮助渔民尽快调节水质、清污消毒、科学投喂，及时检查评估养殖存塘情况，帮助受灾户和受灾企业最大限度减少灾后损失。积极统筹协调苗种调剂调运，山东、湖北、湖南共向河南省捐赠苗种 37 吨，对恢复灾后生产做出了积极贡献。

9.存在的主要问题 一是渔业发展基础建设落后。池塘生态修复和改造任务重。全省池塘坍塌、淤积严重，沿黄高产池塘多数是 20 世纪 80、90 年代初建成的，各种设施陈旧老化与现代渔业养殖标准相去甚远。现代设施养殖规模较小、发展滞后，特别是二、三产业支柱更少，总体与现代渔业发展布局不相适应。

二是种业发展滞后。全省水产种业体系建设整体滞后于养殖发展需求，苗种质量不稳定，捕捞、运输、放养后的成活率较低等问题突出，影响了水产品品质和养殖效益。

【重点渔业市（县、区）基本情况】

河南省重点渔业市（县、区）基本情况

市（县、区）	总人口（万人）	渔业总产值（万元）	水产品产量（吨）	其中		养殖面积（公顷）
				捕捞	养殖	
潢川县	63.24	63 436	54 255	1 315	52 940	9 387
汝南县	89.73	55 611	36 050	27 199	8 851	1 364
固始县	103.29	179 804	35 105	638	34 467	10 032
商城县	45.69	62 909	34 700	2 900	31 800	4 400
罗山县	49.04	55 742	34 590	1 011	33 579	5 032

注：渔业总产值是渔业部门口径，即包含苗种产值。

【大事记】

［1］2月18日，印发《河南省农业农村厅关于2021年实行禁渔期制度的通告》，全省四大流域陆续开始进入禁渔期。

［2］5月21日，全面开展第一次水产养殖种质资源普查工作。

［3］6月6日，根据农业农村部“全国放鱼日”统一行动安排，进一步加大全省水生生物资源养护力度，改善生态环境，省农业农村厅联合各相关单位举办“2021年河南省水生生物增殖放流活动”。

［4］7月22日，省农业农村厅成立灾后重建领导小组，并印发《关于成立全省渔业灾后恢复重建指导工作专班的通知》，全面开展全省渔业灾后恢复重建工作。

［5］9月28日，2021年河南省渔业水上突发事件应急演练在淅川县丹江口水库宋岗码头举行。此次演练真实地模拟了商渔船发生碰撞事故的应急处置场景，具有较强的针对性和实战性，为今后渔业安全生产、应急管理和渔业水上搜救积累了宝贵经验，既锻炼了救援队伍，又提高了实战水平。

［6］10月15日，省农业农村厅印发《河南省渔业安全生产集中整治实施方案》《河南省渔业船舶水上突发事件应急预案》，开展渔业安全生产隐患排查治理专项行动，全面整治排查治理渔业生产经营单位事故隐患。

（河南省农业农村厅水产局）

湖北省渔业

【概况】 2021年，在农业农村部统一部署安排下，在湖北省委、省政府的坚强领导下，全省上下全面落实新发展理念，坚持全产业链思路，稳总量、提质量、转方式、保生态，加快实现淡水渔业大省向渔业强省的新跨越。

2021年，全省水产养殖面积51.63万公顷，同比下降1.81%；水产品总产量483.2万吨，同比增长3.27%，连续26年淡水水产品总量全国第一，其中养殖产量457.8万吨，同比增长4.4%；捕捞产量2.6万吨，同比下降65.3%。渔业经济总产值3 236亿元，同比增长17.4%；其中渔业第一产业产值1 556.2亿元（含苗种产值96.8亿元），同比增长25.6%，占全省农林牧渔业总产值的17.6%；渔业工业和建筑业产值624.8亿元，同比增长7.89%；渔业流通和服务业产值1 055.2亿元，同比增长12.3%。

1.长江禁渔持续发力 一是抓好组织调度，召开周例会38次、部门联席会商8次，开展交叉检查2次、暗访5次。抓好执法监管，查办非法捕捞案件235起，司法移送120件165人，月均查办案件数仅为2020年的1/6。二是抓好宣传引导，开展违规渔具集中销毁行动，编印典型案例1万册，签订《禁售承诺书》24万余份。三是抓好安置保障，将退捕渔民过渡期由2年延长为3年，退捕渔民参保率、就业率均保持100%，灵活就业比例由50%下降为30%。四是抓好机制运行，组织7省签订交叉水域联合执法协议，明确江段长983人、岸线长3 455人，配备巡护员1 705人(其中退捕渔民824人)，37个市、县天网工程完成建设。

2.产业发展提质增效 一是推进种业振兴，开展水产种质资源普查，培训普查人员3 356人次，入户普查54 024户。长江刀鱼历史上首次在湖北人工养殖成功，黄鳝人工繁育的世界性难题被成功攻克。二是推进健康养殖，开展水产绿色健康养殖“五大行动”，新改造治理面积超过1.3万公顷，打造万亩示范基地6个、333公顷示范基地7个，创建国家级生态养殖示范区4个。三是推进设施渔业，对接脱贫县产业振兴，安排项目资金5 277万元，大力推广工程化循环水、“零排放”圈养桶等高效生态养殖模式，全省已建成“零排放”圈养桶1 301个、陆基高位圆池2 513个、池塘循环水养殖流道802条、养殖集装箱108口，年新增水产品产量3.13万吨。老河口、孝昌、团风等渔业小县正加快向渔业特色强县转变，渔业经济新的增长极逐步成型。

3.小龙虾产业链谋定快动 加快“谋链”，制定《湖北省小龙虾产业链补短板工作方案》，出台《湖北省小龙虾产业发展规划(2021—2025)》。加快“强链”，安排小龙虾产业链资金5 000万元，撬动社会资本投入6.6亿元。“潜江龙虾”区域公用品牌价值评估达251.8亿元，连续三年位居中国小龙虾区域公用品牌第一名。加快“延链”，小龙虾完成全基因测序和遗传分子标记筛选，正进入全面选育阶段。推进“总公司+子公司+门店”三位一体的运作模式，已在西安设立餐饮连锁店3个。加快“补链”，在潜江、赤壁等地开展“七钱虾”养殖试点示范，虾稻种养模式的“七钱虾”占比达60%以上，池塘养殖的“七钱虾”占比达80%以上，亩均纯收入比普通养虾模式高出800元以上。

4.渔业安全有效治理 一是强化渔业生态安全，开展水生野生动物保护科普宣传月活动，累计放流水产苗种4亿尾以上。协调农业农村部长江流域渔政监督管理办公室、省农业农村厅、荆州市人民政府签订《支持中华鲟保护荆州基地建设合作协议》，支持荆州中华鲟基地扩建升级。组织实施长江江豚迁地保护行动，成功迁出19头。二是强化产品质量安全，印发《湖北省水产养殖用投入品专项整治三年行动方案》，对水产品抽检不合格的7个市、县进行约谈，水产苗种产地检疫合格率连续9年保持100%，部省级水产品抽检合格率达97.41%。三是强化渔业生产安全，制定《湖北省渔业船舶安全生产专项整治三年行动方案》，举办全省2021渔业船舶水上安全应急救助演练活动，组织开展“中国渔政亮剑2021”、渔业领域安全生产隐患排查和“打非治违”等专项行动，全省未发生重大渔业安全生产责任事故。

5.特色养殖 坚持“一鱼一产业”发展战略，全力推进小龙虾全产业链建设，积极谋划河蟹产业链建设，不断壮大小龙虾、鳝鳅、河蟹三大“百亿元”产业，小龙虾产量107.7万吨，占全国总产量约40%；黄鳝产量13.8万吨，全国占比超过45%，黄颡鱼产量14.2万吨，占全国约26%，均居全国第一；河蟹产量15.5万吨，占全国约17%，居全国第二。

6.种业发展 小龙虾完成全基因测序和遗传分子标记筛选，进入全面选育阶段；黄鳝人工繁育苗种产量突破3 000万尾；河蟹苗种本土化培育取得突破，年产扣蟹6 500万尾。新创建省级水产原良种场10家，累积创建国家级水产原良种场11家、省级水产原良种场81家，2021年苗种产量1 276亿尾。

7.产业融合 “潜江龙虾”区域公用品牌价值251.8亿元，位列全国小龙虾区域公用品牌第一。累积创建中国驰名商标10个、中国名牌农产品4个、中国百强农产品区域公用品牌2个。全省休闲渔业场所9 006家，其中全国休闲渔业示范基地29个。

8.全产业链 按照省委办公厅、省政府办公厅《关于培育壮大农业产业化龙头企业的意见》要求，加快构建小龙虾产业新发展格局。2021年全省小龙虾养殖面积达59.77万公顷，产量107.7万吨，综合产值达到1 325.4亿元，同比增长26.5%。除出台《湖北省小龙虾产业发展规划(2021—2025年)》外，还制定《湖北省小龙虾产业链补短板工作方案》和《2021年小龙虾产业链工作计划》。协调金融机构量身定制54个小龙虾贷款系列产品，梳理出台22项小龙虾产业链财政支持政策，安排小龙虾产业链资金4 000万元，重点支持精深加工和冷链物流建设等关键环节。

9.科技服务 创新服务方式，成功打造国内首个渔业技术手机教学平台“湖北省渔业科技超市”(云上渔)，2020—2021年累计点击量超过1 416万人次。“云上课堂”在线授课11次，累计在线观看人数684万人次。“在线咨询”专家答疑1 489次。“渔业资讯”发布渔业技术视频图文和市场信息657篇。遴选并发布水产养殖主推技术，建设核心骨干基地80个以上，培训人数15 000人次以上，农民满意度达98%以上。

10.科技攻关 组织专家团队开展了“稻虾憨”模式和“七钱虾”工程试验攻关，建成试验攻关基地15个，试验面积120公顷。其中4个“七钱虾”试验基地大虾平均占比70.88%，亩均增收809元；11个“稻虾憨”模式试验基地，平均亩产小龙虾117千克，平均亩产“沙塘鳢”8.76千克，亩均增收1 039元。

11.病害测报 全省共设立 151 个监测点，监测面积 2 671.6 公顷，监测养殖品种 19 个。全省测报区内，全年共监测到 13 种养殖品种发病，鱼类疾病 23 种、虾类疾病 5 种、蟹类疾病 2 种、鳖疾病 5 种，其中，病毒性疾病 4 种，占 11.43%；细菌性疾病 14 种，占 40%；真菌性疾病 3 种，占 8.57%；寄生虫病 9 种，占 25.72%；非病原性疾病 2 种，占 5.71%；其他不明病因疾病 3 种，占 8.57%。开展鲤春病毒血症（SVC）、白斑综合征（WSD）等 7 种疫病的专项监测工作，共采集样品 45 个。

12.减量用药 为了解和掌握水产养殖主要病原菌耐药性情况及变化规律，指导渔民科学使用水产用抗菌药物，提高细菌性疾病防控成效，推动渔业绿色生态发展。全省重点对鲫鱼的病原微生物进行了监测，分离到维氏气单胞菌、嗜水气单胞菌等病原菌，并测定其对 8 种水产用抗菌药物的敏感性，从鉴定结果中随机选取 32 株气单胞菌（其中维氏气单胞菌 22 株，嗜水气单胞菌 10 株），进行药物敏感性测定。

13.资源保护 全面完成重点水生野生动物人工保种现状摸排。协调中国科学院水生生物研究所、中国水产科学研究院长江水产研究所等科研单位相关团队，按鲟鱼保护救护、长江江豚保护救护、大鲵保护救护、胭脂鱼及其他保护鱼类四个组别，组建 18 人的全省水生野生动物保护救治救护专家指导组。同步启动全省重点水生野生动物救治救护工作技术服务应急预案、分品种救治救护技术指导手册的编撰工作。

14.存在问题与不足 湖北渔业发展虽然取得很大成绩，但也存在一些突出问题，亟待加以解决。一是种业大而不强。小散企业多，多数水产苗种企业设施简陋、产能较低，没有一家产值过亿的苗种企业；黄鳝、河蟹、鳜鱼、鲈鱼等名优品种苗种 90% 依靠外购，养殖存活率低，影响产业高质量发展。二是加工业发展不快。龙头企业实力不强，没有一家水产上市企业；精深加工发展滞后，现代设施配备不够，加工产品主要为冷冻品、鱼糜制品、干腌制品等初级产品，产品附加值和生产利润处于较低水平。三是有市场影响力的品牌缺失。品牌多而杂，区域公用品牌建设不足，叫得响的只有“潜江龙虾”，“鄂州武昌鱼”“荆州鱼糕”等虽有一定知名度，但市场影响力较低。四是水产养殖转型升级压力大。50% 以上池塘老旧、设施薄弱，生产和抗灾能力低下；渔业机械化程度低，水质在线监测、远程智能控制等现代装备应用不够；水产养殖环境整治任务艰巨，全省池塘尾水治理资金缺口较大，制约了渔业可持续发展。五是农企利益联结不够。渔民组织化程度低，大部分渔民仍然在“单打独干”；企业与合作社、渔民利益联结不紧密，并未真正实现“利益共享、风险共担”。

【重点渔业市（县、区）基本情况】

湖北省重点渔业市（县、区）基本情况

市（县、区）	渔业人口（人）	渔业产值（万元）	水产品产量（吨）	其中		养殖面积（公顷）
				捕捞	养殖	
洪湖市	86 880	1 213 150	407 063	91	406 972	52 007
仙桃市	115 294	918 727	290 623		290 623	35 410
监利县	112 229	891 579	280 120		280 120	27 078
潜江市	47 108	717 116	156 020		156 020	156 020
沙洋县	23 583	409 583	191 247		191 247	191 247
汉川市	37 864	355 278	156 123		156 123	156 123
钟祥市	32 320	310 275	148 900		148 900	148 900
阳新县	21 410	387 404	141 483	4 238	137 245	141 483
公安县	23 350	346 690	136 850		136 850	136 850
天门市	38 510	516 971	114 021		114 021	114 021

（湖北省农业农村厅　魏　蕾）

湖南省渔业

【概况】 2021年，湖南省委、省政府把发展现代渔业摆上重要位置，各地各部门认真贯彻省委、省政府决策部署，全省渔业渔政管理工作牢固树立生态优先、绿色发展理念，大力实施"三高四新"战略，始终把抓好现代渔业作为保障市场供应、改善水域生态环境、促进农民增收致富的一项重要举措，大力推行生态健康水产养殖方式，重点培育了大宗淡水鱼和名优特色水产等一批主导品种、优势产业和特色产区，初步探索出了一条"产业与生态相融、保护与发展互促"的高质量发展路径。

2021年，湖南省水产养殖面积43.31万公顷，同比增长1.49%；水产品产量266.11万吨，同比增长2.78%。发展稻渔综合种养面积33.8万公顷，同比增长1.97%。名特优水产品养殖面积14.51万公顷。工厂化养殖面积68.26万平方米，同比增长7.96%。渔民家庭人均纯收入20 496.98元，同比增长11.44%；人均可支配收入19 764.51元，同比增长9.67%。

"一江一湖四水"禁捕水域保持了"四清四无"常态化，全力建设全天候、全覆盖、全流程、精准预警、网格化管理与智能视频监控相融合的智慧渔政监管网络，高质量完成了"一年起好步、管得住"的目标。全省渔业渔政行业无重大动物疫病、无重大质量安全事故、无重大安全生产事故发生，实现了"十四五"渔业高质量发展的良好开局。

2021年，湖南省渔业经济总产值945.48亿元，同比增长27.83%。渔业一产产值605.06亿元、同比增长18.76%，其中养殖产值565.42亿元、同比增长19.53%，水产苗种产值34.24亿元、同比增长7.04%；渔业工业和建筑业等二产产值110.25亿元、同比增长20.54%，其中水产品加工产值54.75亿元、同比增长41.46%。渔业流通和服务业等三产产值230.17亿元、同比增幅65%，其中水产流通150.39亿元、同比增长78.26%。

2021年，湖南省生产鱼苗546.83亿尾，同比增长3.24%；鱼种生产保持在44万吨左右；投放鱼种45.30万吨，同比增长9.89%。全省有水产品加工企业204家，其中规模以上加工企业68家；加工总量32.12万吨，同比增长46.94%。截至2021年年末，全省有国家级水产原良种场4家，全国现代渔业种业示范场4家，省级水产原良种场56家。

1.着力夯实渔业发展"基本盘" 一是发布省级养殖水域滩涂规划，稳住水产养殖面积。经省人民政府同意，发布了《湖南省养殖水域滩涂规划（2021—2030年）》，划定禁养区面积70.92万公顷、限养区面积36.31万公顷、养殖区面积38.2万公顷，明确了相应的管理措施；规划稻渔综合种养面积55.52万公顷。核发养殖证14 659本，发证总面积16.7万公顷。全省各地稳步推进渔池改造和渔业基础设施建设。二是实施水产绿色健康养殖技术推广"五大行动"。通过开展"五大行动"，支持"五大行动"示范基地97家，促进全省水产养殖业绿色高质量发展，提升水产品质量安全和有效供给能力。三是推进池塘改造和养殖尾水治理。编制《湖南省池塘养殖尾水治理专项建设规划（2020—2025年）》；颁布《湖南省水产养殖尾水污染物排放标准》（DB43/1752—2020）于2021年2月起正式实施，该标准是国内首次发布的强制性水产养殖尾水污染物排放标准。以全省集中连片精养池塘为重点，实施养殖池塘标准化改造和尾水治理示范工程。确定在湘阴县、安乡县、汉寿县、沅江市等4个水产养殖大县整县推进集中连片内陆养殖池塘标准化改造和尾水治理项目。2021年实施池塘改造7 436公顷。在洞庭湖区岳阳县、沅江市、汉寿县等10个水产养殖重点县开展养殖尾水监测试点。同时，印发《关于做好全省池塘养殖系统治理　促进尾水达标排放工作的通知》和《关于加强全省水产养殖尾水治理工作的通知》，通过调整养殖品种结构、推广健康养殖技术、严格生产过程控制、注重末端治理利用等方式，解决渔业提质增效与水环境保护之间的矛盾。四是开展精养池塘改造"回头看"。对洞庭湖区27个县、市、区4.67万公顷精养池塘改造工作开展"回头看"，全面核查完成情况，按期完成审计问题整改销号。

2.着力提升水产种业发展水平 一是科学规划现代种业发展。研究制定《湖南水产种业振兴行动实施方案》，建立湖南水产"种质资源数据库""遗传资源保护库"和特色水产种业创新试验区（基地），主动融入岳麓山种业创新中心。二是开展全省水产养殖种质资源普查。全省14个市、州的122个县（市、区）和17个市辖区均开通了系统账户。2021年收录普查主体57 269个、普查总养殖面积61.88万公顷，收集资源信息16.6万条，普查覆盖各市（州）、县（市、区），覆盖面100%，基本建立了全省水产种业和水产养殖业有史以来最基础、最全面的数据库。三是创新水产良种繁育技术。发挥地方特有水产种质资源优势，打造以院士为领衔的湖南水产种业产学研平台，重点围绕草鱼、鲫、鳊等优质大宗淡水鱼类和鳜鱼、鲈鱼、小龙虾、中华鳖等特色水产，开展高效繁育技术研究，培育多倍体鱼、抗病草鱼、中华鳖和小龙虾等新品种。按照一鱼一团队安排1 000万元用于新品种(系)创制。四是培育种业龙头企业。筛选一批国家级、省级水产苗种优势重点企业,支持建设标准化、精密化、现代化的设备设施,打造现代水产种业龙头企业。对13家水产良种场进行创建验收或资格复查,其中11家单位综合考评结果合格。

3.着力强化水产养殖质量安全 一是加强水产养殖用投入品监管。为贯彻落实农业农村部《关于加强水产养殖用投入品监管的通知》,制定下发了《湖南省加强水产养殖用投入品监管三年行动实施方案(2021—2023)》,在全省试行水产养殖用投入品使用白名单制度。开展水产养殖用投入品违法行为专项整治。重点查处故意以所谓非药品、动保产品、水质改良剂、底质改良剂、微生态制剂等名义生产、经营、使用假兽药,逃避兽药监管的违法行为。全年出动执法人员7 000余人次,检查企业(养殖户)8 000余家。全年完成产地水产品质量安全监督抽查,合格率为98.1%;完成水产苗种兽药残留监测,合格率为99.7%。二是加强水产养殖病情测报及预报。组织长沙等9个市(州)开展测报工作,共收集县级测报点上报数据313组,审核省级水产养殖动物病情测报数据136组,监测养殖种类18种、养殖水面1.642万公顷,编发7期《湖南省水产养殖病害预测预报信息》。支持病害测报点建设255万元。三是加强水产苗种产地检疫。全省设置水产苗种产地检疫申报点130个,对其中80个水产苗种生产县(市、区)拨付水产苗种产地检疫申报点建设补助资金400万元,将申报点建设纳入年底绩效考核目标。据统计,2021年全省检疫水产苗种近10亿尾(粒)以上,珍稀物种近60万尾以上。四是强化专业人员队伍建设。2021年9月17—18日,第四届湖南省水产技术推广职业技能竞赛在长沙举行,来自14个市(州)代表队的41名水产技术推广人员参加理论知识和操作技能比赛。比赛共决出一等奖2个、二等奖4个、三等奖6个。获得第一名的选手耿相昌被授予湖南省技术能手称号,并由省总工会按程序授予湖南省五一劳动奖章。

4.着力延伸产业链条 全省拥有204家水产品加工企业,其中农业产业化(水产)省级以上龙头企业33家,国家级重点龙头企业5家(大湖水殖、顺祥食品、渔米之湘、味芝元、劲仔食品),实现年销售收入过亿元企业近20家。加工品总量32.1万吨,水产品加工产值54.75亿元,同比增长41.61%。水产专业批发市场11个,年交易量大都在20万吨以上。休闲渔业经营单位9 200余家,其中省级以上休闲渔业示范基地328家,年接待总人数超过1 000万人次、产值25.88亿元。"南县小龙虾""汉寿甲鱼"等14种水产品获国家地理标志保护产品称号,成为老百姓餐桌上优质的食材。

5.存在的主要问题 一是基础设施亟待加强。水产良种场、标准化养殖池塘等基础设施建设投入长期不足,渔业抵御灾害和防范风险的能力较弱。全省水产良种繁育单位设施老化,水产苗种规模化繁育不能满足市场需求,尤其是名特优和大规格鱼种生产能力不足,与产业发展不相适应。二是产业结构亟待优化。常规品种鲜销市场趋于饱和,优质特色水产品比例低,提质增效是湖南水产当前急需解决的主要难题。水产品精深加工和现代冷链流通业发展滞后,品牌建设还处在初级阶段,严重制约了产品增值、产业升级和渔业增效。2021年全省渔业二、三产业产值占渔业经济总产值的比重仅约36%,其中用于水产品加工量比例仅占总产量的12.78%,加工产值仅占5.79%,渔业全产业链、主体链、创新链、价值链、利益链"五链一体"有待形成。三是水产种业亟待创新。水产种业投入较低,加之研究对象广泛,技术参差不齐,具有重要育种价值的基因和标记少,重要性状的遗传解析不够,全基因选育仍处于起步阶段。优质鱼类品种研发主要依靠高等院校与科研单位,鱼类种业企业分散,企业在鱼类新品种研发方面贡献很少;研发、繁育与推广严重脱节。新品种知识产权保护措施不健全,导致创新回报大幅下降,极大地挫伤了创新主体的积极性。

【重点渔业市(县、区)基本情况】

湖南省重点渔业市(县、区)基本情况

市(县、区)	渔业人口(万人)	渔业产值(万元)	水产品产量(吨)	其中		养殖面积(公顷)
				捕捞	养殖	
岳阳市	15.52	143.10	533 099	1 962	531 137	77 714
常德市	14.19	180.82	474 261	1 260	473 001	85 137

（续）

市（县、区）	渔业人口（万人）	渔业产值（万元）	水产品产量（吨）	其中		养殖面积（公顷）
				捕捞	养殖	
益阳市	9.00	174.99	447 563		447 563	58 155
衡阳市	3.55	92.43	290 196	229	289 967	46 623
永州市	14.34	63.44	190 603	794	189 809	25 878
湘阴县	5.28	35.25	186 090		186 090	19 809
沅江市	3.16	74.66	163 170		163 170	14 900
华容县	3.03	57.69	156 079		156 079	17 789
南 县	3.05	56.44	153 561		153 561	9 002
安乡县	5.44	34.50	139 600		139 600	14 933

（湖南省农业农村厅渔业渔政管理处　陈　芳）

广东省渔业

【概况】 2021年，广东省渔业渔政工作在农业农村部的悉心指导下，全省各级渔业主管部门坚持以习近平新时代中国特色社会主义思想为指导，按照省委、省政府的部署，认真落实各项渔业政策，努力化解疫情不利影响，持续保持攻坚态势，水产品总产量保持增长，现代渔业获得长足发展。渔业经济总产值、水产品总产量连续多年位居全国前列。

2021年，广东省水产品总产量885万吨（全国排名第一），比上年增长1.0%。其中海洋捕捞产量（不含远洋）112万吨，下降0.4%；远洋渔业6万吨，下降1%；内陆捕捞产量8.9万吨，下降9%；全省水产养殖产量758万吨（全国排名第一），增长2.4%，连续24年位居全国首位（从1998年开始养殖产量位居全国第一）。海水养殖产量335万吨（全国排名第三），增长1.1%；淡水养殖产量423万吨（全国排名第二），增长1.8%。水产养殖面积保持平稳，其中海水养殖16.68万公顷，淡水养殖31.02万公顷。2021年广东省渔业经济总产值4 050亿元（全国排名第二），其中水产品产值（第一产业）1 763亿元（全国排名第二），增长8.3%。广东省水产品供给充足，水产品质量稳步提升，为丰富城乡居民“菜篮子”供给、稳定农产品价格、保障食品安全发挥了积极作用。

1.掀起百万亩养殖池塘升级改造热潮 3月，省人民政府印发《2021年省〈政府工作报告〉重点任务分工方案》，提出召开推进粤港澳大湾区百万亩池塘升级改造现场会，推进水产养殖尾水综合治理。省农业农村厅组织对珠江三角洲9市开展调研，形成3年开展百万亩池塘升级改造的总体思路。9月14日，在佛山召开珠三角百万亩池塘升级改造暨全省水产养殖业转型升级绿色发展现场会，对珠三角地区水产业迈向更高发展阶段，进行了具体规划部署：计划用3年时间，率先完成6.7万公顷池塘升级改造，5年内改造完成总面积的60%，以此带动水产业升级转型，实现绿色发展。时任省委常委叶贞琴和省委农村工作办公室、省农业农村厅以及珠三角9个地级以上市分管领导出席会议。10月23日，省政府办公厅印发经省人民政府同意的《珠三角百万亩养殖池塘升级改造绿色发展三年行动方案》，要求结合实际认真贯彻落实。省农业农村厅组织专家研究制订《水产养殖尾水排放地方标准》，委托中国水产科学研究院珠江水产研究所对广州、佛山、中山、惠州等市3.67万公顷池塘养殖水面开展排污调查，印发《广东省水产养殖尾水处理技术推荐模式》，结合实际因地制宜，推广集中连片池塘“三池两坝”、分散池塘“一渠一池”、陆基推水集装箱养殖、“池塘+稻渔”共作等14种尾水处理模式。12月3日，举行《珠三角百万亩养殖池塘升级改造绿色发展三年行动方案》新闻发布会，加快推进方案实施，掀起全社会推动养殖池塘升级改造热潮。广州、湛江、佛山、江门、惠州等市已启动整市推进养殖尾水治理计划，全省共完成6.532万公顷池塘尾水综合治理。

2.开启渔港经济区建设新纪元 2021年，农业农村部大力推动渔港综合管理改革和渔港经济区建设，3月15日，省委农村工作办公室、省农业农村厅印发《关于开展“建渔港、保平安”专项行动，切实维护渔民群众安全利益的通知》，以“你生命　我关爱　建渔港保平安”为行动主题，开展“渔港建设100%推进、管港机制100%提升、驻港机构100%建立、港务管理100%到位、污染防治100%落实、避风泊位100%保障”六个百分百的专项行动，从2021年2月起至2025年6月实施。5月13日，在广州召开广东省渔港经济区规划编制集中研讨会，在全国率先吹响了渔港经济区建设的“号角”，全省渔港经济区统一规划编制标准要求，建立上下联动机制，各区域协调发展。7月，《中共广东省委　广东省人民政府关于全面推进乡村振兴加快农业农村现代化的实施意见》出台并提出“推进渔港环境综合整治，大力打造渔港经济区，加快渔业产业转型升级。”9月9日，省农业农村厅在珠海召开广东省渔港建设与管理现场会，全面总结渔港建设与管理经验，分析当前形势，切实落实农业农村部以及省委、省政府关于渔港建设与管理系列工作部署，充分发挥地方政府主体作用，加强综合协调，推进渔船渔港综合管理改革，加快推进广东17个渔港经济区建设，确保渔港建设和管理责任落到实处，为促进全省渔业高质量发展、实施乡村振兴战略作出更大贡献。10月30—31日，农业农村部召开2021年渔港经济区项目答辩评审会，广州市番禺区、汕头市南澳县在广州通过视频连线的方式，参加了国家级沿海渔港经济区项目视频答辩会议，《番禺国家级沿海渔港经济区建设规划（2021—2030年）》《汕头南澳国家级沿海渔港经济区项目建设实施方案》顺利通过专家评审，广东率先步入渔港经济区建设实地推进阶段。安排中央资金6 000万元补助广州番禺（珠江口渔港经济区）及6 000万元补助汕头市（南澳渔港经济区）国家级渔港经济区建设。

3.推动水产产业园建设　截至2021年年底，广东创建了14个国家级现代农业产业园，161个省级现代农业产业园。资金投入力度走在全国前列，2018年至2020年省财政共安排农业产业园专项资金投入75亿元。2021年新增9个渔业产业园项目。南沙渔业产业园于2019年6月入选省级现代农业产业园创建名单，总占地约0.26万公顷。截至2020年12月，南沙渔业产业园20个建设项目，已投入建设资金2.15亿元，已建成19个项目，撬动社会资本投入9 000万元，带动农户2 492户，2020年产值达到7.5亿元，比建园初期增长92%。按照南沙渔业产业园总体规划目标，到2030年，全面构建完善的大湾区现代渔业产业体系，成为国家级“科技含量最高”“产业效益最好”“要素配置最优”“景观风貌最美”的现代农业产业园。2021年，阳西县率先在程村蚝省级现代农业产业园应用数字农业生产技术，在园区养殖基地安装了海水传感器等监测系统和视频监控系统，并用上养殖管理系统，提高生产的智慧化水平。惠州市粤港澳流动渔民深海网箱养殖产业园顺利投产。

4.建设深远海大型智能养殖渔场　深入开展调研，赴湛江湾实验室调研，就联合开展湛江深远海养殖试点项目开展座谈。与省自然资源厅共同组织了广东省养殖用海海域使用金征收标准调整调研。赴惠来就惠来华深公司委托上海振华公司设计并建造大型外海鲍鱼养殖平台项目开展实地调研。赴山东调研海洋牧场项目，实地考察了“耕海一号”项目。在此基础上，已经初步拟定《关于大力发展深远海大型智能养殖渔场的实施方案（讨论稿）》。在省政府大力推动下，助推有关项目落地，阳江市恒邦渔业有限公司携手中国船舶集团广州广船国际股份有限公司在广州南沙龙穴岛开工建设1艘80米半潜式深远海智能养殖平台。这是广东省内首台商业化大型半潜式深远海智能养殖旅游平台，将为海水养殖产业转型升级提供技术和装备支撑，助力海洋渔业经济高质量发展。

5.完成首次水产养殖种质资源普查　省农业农村厅从4月开始进行广东省首次水产养殖种质资源普查，成立广东省水产养殖种质资源普查工作领导小组，召开全省第一次水产养殖种质资源普查视频会，指导各地（市）加快推进第一次水产养殖种质资源普查工作，并组织14家科研院所、高等院校等相关单位近10万人次作为面上普查辅助力量，协助各市（县）开展普查。组织水产养殖种质资源普查技术培训，跟踪了解普查工作进展，对进度缓慢的地（市）开展督导，截至12月10日，全省普查对象22万家，普查的水产资源物种数量为446个，其中资源类型为新品种的有58个，全面完成普查任务。建立健全良种体系，全省种苗企业达2 200家，其中国家级良种场5家，省级良种场64家，有国家级水产种质资源保护区17个，罗非鱼、加州鲈、鳜鱼等苗种产量多年稳居全国榜首。积极开展苗种产地检疫工作，取得成效。

6.举办第二届中国水产种业博览会　12月5—8日，在广州南沙举办第二届中国水产种业博览会暨第三届广东水产种业产业大会，参展单位超300家，参展品种250多个，展示广东重点鱼类种质资源保护品种38个，汇聚行业10多位院士，展示中国渔业形象，发出中国渔业声音。7月28日，农业农村部公告第451号公布虹鳟水科1号等11个水产新品种，有广东3个品种：禾花鲤乳源1号，以2010年分别从广东省乳源瑶族自治县华南鲤稻田养殖群体和珠江水系北江华南鲤野生群体中收集挑选的200尾个体为基础群体，以生长速度和体型为目标性状，经连续5代选育而成；翘嘴鳜广清1号，以2013年从安徽秋浦河、洞庭湖收集的翘嘴鳜野生群体和清远市清新区宇顺农牧渔业科技服务有限公司保种的翘嘴鳜华康1号选育群体中挑选的600尾个体为基础群体，以生长速度和成活率为目标性状，经连续4代选育而成；全雌翘嘴鳜鼎鳜1号，以2009—2010年从湖南省水产原种场引进后经4代群体选育获得的翘嘴鳜选育系雌鱼为母本，以性别控制技术获得。

7.承办首届中国-太平洋岛国渔业合作发展论坛 12月8日，在广东国际渔业高科技园举办，以“开创中国-太平洋岛国渔业合作新局面”为主题的渔业合作发展论坛，农业农村部副部长马有祥出席并致辞。时任广东省委常委叶贞琴，来自与我国建交的10个太平洋岛国农渔业部长及驻华使节，有关国际、区域组织代表出席论坛，还有国内有关部门、科研院所、社团组织、企业的代表300多人通过线上线下方式参加会议。论坛通过《首届中国-太平洋岛国渔业合作发展论坛广州共识》，建立政府间多边渔业磋商机制，签署多项企业投资协议，推动广东与太平洋岛国形成更加紧密的渔业合作关系。5月19日，广东省农业农村厅召开全省远洋渔业工作座谈会，正视受疫情影响导致的企业困难，谋划远洋渔业发展，降低入渔国有关风险，加强远洋渔船船位监测运行及数据分析工作，督促企业做好安全生产工作并做好远洋渔业疫情外防输入管理。推进国内外远洋渔业基地建设，包括深圳联成公司密克罗尼西亚基地、广州远洋公司斐济基地、广东顺帆文莱基地、广东协盛莫桑比克基地，同时抓紧推进深圳大铲湾、珠海洪湾等国内远洋渔业基地建设，完善功能，为远洋渔业发展打下坚实基础。

8.加强水产品质量安全监管 年初，省农业农村厅印发《广东省加强水产养殖投入品监管工作实施方案》，进一步界定水产养殖用投入品内涵和监管范围，明确属地监管责任。同时，根据农业农村部、国家市场监管总局、公安部、最高人民法院、最高人民检察院、工业和信息化部、国家卫生健康委员会等7部门联合印发《食用农产品“治违禁　控药残　促提升”三年行动方案》，结合本省实际制定了《广东省食用农产品“治违禁　控药残　促提升”三年行动计划（2021—2024年）实施方案》（以下简称三年行动方案），6月开始在全省范围内集中开展为期3年的联合治理行动，重点治理11种食用农产品（其中有“四条鱼”：大口黑鲈、乌鳢、鳊鱼、大黄鱼）较为突出的质量安全问题。广东省三年行动方案与全国统一方案相比，进一步确定了水产品专项治理行动等12个重点专项行动。在集中治理阶段（2021年9月至2024年3月）发布一批典型案例，集中发布一批关注度高、代表性强的农产品及食品安全案件。同时，根据广东省委、省政府关于食品安全重点工作安排部署要求，立足新形势下农产品质量安全工作新情况老问题，助力乡村振兴和现代农业高质量发展，广东省农业农村厅还制定了《广东省食用农产品“不安全、不上市”三年行动（2021—2024年）方案》，印发《关于开展“不安全　不上市”专项行动　构建水产品质量安全长效机制的通知》，部署水产品质量安全管理工作，在水产品用药上提出“最严”要求，筑起违禁药物不得使用、使用药物务必登记、投入品务必审批、上市前务必过休药期、生产经营者主体责任务必落实、属地监管责任务必到位等“六道防线”，推动水产品质量安全水平稳步提升。

9.顺利实施珠江禁渔 3月1日凌晨，珠江流域正式进入2021年禁渔期。同日，广东省2021年珠江流域禁渔启动仪式在佛山九江举行，农业农村部长江流域渔政监督管理办公室、广东省农业农村厅、佛山市人民政府、珠江水产研究所等单位领导出席活动。禁渔时间为3月1日至6月30日，禁渔期间，除休闲渔业、娱乐性垂钓外，珠江流域所有干支流、通江湖泊及重要独立入海河流等水域禁止所有捕捞作业。来自珠江水产研究所的数据显示，自2011年珠江实施禁渔以来，东江等水域在保持作业时间基本不变的情况下，渔获量及渔获率均呈稳步提高的趋势。2020年，该所在珠江干流及主要支流发现鱼类新种6种，珠江流域的生态多样性正得到稳步恢复，鱼产量、渔获物数量明显提高，渔民生产捕捞收入也有所增长。此外，在珠江流域广东段的渔民将获得500～2 200元不等的一次性禁渔期补贴，较好地保障禁渔期间渔民的基本生活需求。在启动仪式上，珠江渔政执法特编船队（以下简称“特编船队”）首次亮相并开展联合巡航执法。特编船队由农业农村部长江流域渔政监督管理办公室于2020年12月牵头成立，成员单位包括粤桂两省（自治区）的公安、渔政、海事、水利、交通运输、珠江水利委员会等水上执法部门。多部门联合巡航执法，在流域禁渔巡查期间，如发现违法采砂、走私、偷渡等行为，相关部门可联合执法，清理整治，有助于解决以往水域执法“看得见管不着”的问题。

10.加强南海伏季休渔监管 根据《农业农村部关于调整海洋伏季休渔制度的通告》，2021年，广东省休渔海域为：广东省管辖的北纬12度至“闽粤海域交界线”的南海海域（含北部湾）；海洋伏季休渔时间为5月

1日12时至8月16日12时，共3个半月；休渔作业类型：除钓具以外的所有作业类型，以及为捕捞渔船配套服务的捕捞辅助船。广东省内应休渔船2万多艘，免休1 816艘。广东省农业农村厅和省海洋综合执法总队等相关单位，部署做好2021年休渔相关工作，印发《关于做好2021年海洋伏季休渔工作的通知》，明确休渔水域范围、时间以及工作要求，制定工作方案，组织各地市严格落实休渔制度。2021年，全省海洋综合执法部门（渔政执法部门）开展“最严”休渔执法，落实“最严”休渔制度，共出动执法人员46 047人次，执法船艇7 444艘次，检查渔船20 890艘次，查处违法违规案件1 833宗，查获涉渔“三无”船舶1 767艘，移送海警（公安）部门涉刑案件13宗37人，成功驱离外籍渔船10艘，有效维护南海伏季休渔良好秩序。休渔期间，全省海洋综合执法队伍取消休假，全力投入休渔执法监管，综合运用船位监控、港内巡查、海上巡航等手段，确保全省23 694艘应休渔船“船进港、人上岸、网封存”。开展渔船安全专项整治，整改安全隐患3 317处，整改率100%，确保在港渔船安全渡休。广东省海洋综合执法总队同时开展打击涉渔“三无”船舶专项行动，牵头组织粤闽、粤港澳、粤桂琼交界海域联合行动，加强与公安、海警、海事部门协同作战，合力打击跨地区、跨海域“流窜作案”，组织违规钓具渔船专项整治，严厉打击各类违反休渔制度行为。

11.央视“围观”广东开渔 8月16日12时，南海伏季休渔结束，正式开渔。中央电视台新闻频道和财经频道记者分别来到阳江、湛江两地，直击开渔现场。8月16日11:09，开渔前夕，央视新闻频道《新闻直播间》记者来到海陵岛闸坡码头，现场详细报道渔港、渔民的开渔准备情况及伏季休渔制度进展情况；当天，央视财经频道《经济信息联播》记者来到湛江市渔人码头附近的海鲜市场，介绍开渔“第一网”的水产品种、质量和价格。广东省沿海城市的渔港都统一于8月16日开渔，在惠州市，当天12时，停靠大亚湾澳头海域的渔船有序出港，多艘执法船艇在海域巡查，做好开捕前后渔船渔港安全监管和疫情防控工作，确保海上开捕秩序和安全，切实把“护海有责、护海尽责”落实到位。在东莞，当天11点多，虎门新湾渔港的150多艘渔船在开阔的珠江口海面集合，静候开渔时刻到来；12点正式开渔，鞭炮齐鸣，150多艘渔船同时开足马力，如天女散花般散开，驶向远海，开始新一年的开渔季。在潮州，饶平县三百门渔港内的渔民早早开始忙着整理渔具、调试出海设备、加载出海物资备战开渔，期待开渔第一网满载而归。开捕后第二天，汕头市各大渔港陆续迎来一些首航归来的渔船，为市民带来丰富多样的海鲜鱼货。8月17日傍晚，濠江区达濠渔港热闹起来，一艘艘渔船首航满载而归，处处洋溢着丰收的喜悦。

12.开展渔业资源增殖放流 2021年，广东省各级渔业主管部门科学制定渔业资源增殖放流工作方案，严格按规定组织苗种招投标，落实检验检疫，扎实开展增殖放流活动。5月中下旬，新冠疫情不利形势突然抬头，各地渔业主管部门在严格落实疫情防控要求的前提下，努力克服困难，采取小规模多次和乘船海上放流等形式，积极落实增殖放流任务。6月6日“全国放鱼日”活动期间，珠海、潮州、阳江、茂名等地积极开展增殖放流活动，受到了省、市有关媒体广泛报道，取得良好的社会宣传效应。2021年度中央财政下达预算1 427万元，整合上一年中央财政结转资金185万元，以及市、县自筹资金以及社会投入资金2 295万元，在全省江河流域、海域共放流海水、淡水和珍稀濒危物种超过6亿尾，圆满完成农业农村部下达的增殖放流绩效目标任务，还带动社会民众积极参与。根据2021年广东省农业农村厅委托中国水产科学研究院南海水产研究所和珠江水产研究所开展的增殖放流效果调查评估报告显示，“增殖放流补充了自然水域资源群体，一定程度实现了碳中和，促进了生态环境改善，增殖放流资金投入产出比大于1∶6，促进了渔民增产增收，总体上产生了良好的生态效益和经济效益。”

13.救护水生野生动物濒危物种 2021年，省农业农村厅根据新调整的《国家重点保护野生动物名录》，开展《广东省重点保护水生野生动物名录》调整工作，要求各地积极开展新调整国家名录的宣传贯彻工作。支持科研机构开展鼋、鲎的保护研究和珊瑚普查，加大濒危水生野生动物保护力度。编印水生野生动物保护法律法规和规范性文件（续编）等资料，分发各地宣传学习。5月，农业农村部联合广东省政府开展了长江江豚保护暨“江豚进馆”主题活动，省农业农村厅配合协调落实长江江豚迁地保护工作。8月底在韩江流域梅州大埔段发现一只体重23千克国家一级保护动物鼋，省农业农村厅组织专家团队实施救护，转入农业农村部佛山鼋人工繁殖基地进行后续救护；另外在潮州河段、丰顺河段分别发现一只0.9千克和一只16千克的鼋，现场鉴别后就地归野。9月，省农业农村厅按照省领导指示，协助深圳市渔业主管部门妥善做好大鹏湾布氏鲸死亡后相关处置工作。11月27日，省农业农村厅在深圳联合举办科普宣传月活动启动仪式，开展系列科普活动，向公众宣传水生野生动物保护法律法规、救护方法等知识，提高公众的野生动物保护意识和遵法守法意识，倡导科学文明健康的生活理念，营造全社会共同保护的良好氛围。同时,规范水生野生动物行政许可管理,加强对地市行政许可管理的指导监督,召开水生野生动物行政许可管理工作座谈会,明确相关工作要求,举办全省水生野生动物保护管理培训班,培训市、县(区)级行政管理人员164人,提升基层管理人员的业务水平,确保水生野生动物行政许可审批工作规范有序进行。全年共审核上报国家重点保护水生野生动物(一级9种类)相关行政许可件95件。

积极落实渔业资源生态补偿,根据省生态环境厅批复的环境影响报告书文件等,2020年12月至2021年12月期间,省农业农村厅同有关项目建设主体共签订5份补偿协议,收缴海洋与渔业资源环境损失赔偿款7 971万元,统筹用于渔业水域生态环境修复,落实生态补偿措施。

14.规范渔业行政管理 2021年,广东省规范海洋捕捞管理,编制广东省海洋渔船数据维护管理办法,进一步规范渔船数据管理。修订《广东省渔业捕捞许可管理办法》,完善船网工具指标管理和捕捞许可证核发制度,强化法律责任。组织办理尖笔帽螺专项捕捞许可,预防2021年尖笔帽螺再次爆发对大亚湾核电站安全生产造成不利影响;印发《2021年海洋渔船核查工作实施方案》,掌握全省海洋渔船基本情况。做好建议提案办理,承办人大建议6件、政协提案10件,承办的建议提案答复完毕。深入推进行政审批事项改革,做好行政审批工作,落实简证便民各项措施,推动事项办理电子证照关联,扎实开展双公示工作。加强水产品质量安全监管,印发《广东省加强水产养殖投入品监管工作实施方案》,进一步界定水产养殖用投入品内涵和监管范围,明确属地监管责任,开展水产品投入品三年专项整治行动。印发《关于开展"不安全、不上市"专项行动 构建水产品质量安全长效机制的通知》,部署水产品质量安全管理"六道防线"。

15.实施渔业安全生产 1月4日,省农业农村厅召开渔业安全生产工作会议,听取各督导组挂点市"不安全、不出海"行动进展情况汇报,要求严厉查处不安全出海违法行为,推动渔业安全生产专项整治工作落实落细。1月21日,省新冠肺炎防控指挥部办公室农村疫情防控工作专班(省农业农村厅)派出工作组赴深圳东部海域渔港开展春节前渔船渔民新冠疫情防控检查调研,实地检查了渔民上下鱼货操作和防疫检查点运作情况,现场检查指导内地渔民、港澳流动渔民疫情防控和远洋渔业疫情防控,疫苗接种和鼓励渔民就地过年措施,筑牢疫情防控海上防线,确保渔港渔船生产安全有序。3月26日,省农业农村厅网站发布《生命至上——2021年渔业安全生产专题片》。3月29日,省委农办主任、省农业农村厅厅长、省扶贫办主任顾幸伟出席全省海洋综合执法工作会议并讲话,省农业农村厅党组副书记,省委农办、省扶贫办常务副主任许典辉出席会议,省海洋综合执法总队党组书记、总队长徐放政做工作报告,省海洋综合执法总队党组副书记、政委秦磊主持会议,省自然资源厅、省生态环境厅、省纪委监委派驻省农业农村厅纪检监察组、武警海警总队南海海区指挥部相关负责人出席会议。会议要求,进一步强化渔船"不安全、不出海"安全综合监管,制定渔港港务管理规定,开展渔港执法监管示范行动,切实发挥渔船应急救援处置5项机制作用。12月31日,省农业农村厅召开渔业安全生产工作会议,省委农办常务副主任、省农业农村厅党组副书记、省乡村振兴局常务副局长黎明出席会议并讲话,学习贯彻习近平总书记关于安全生产重要指示批示精神,落实党中央、国务院和省委、省政府安全生产工作部署,专题研究渔业安全事故原因,防范化解元旦春节期间渔业安全风险工作措施。全省海洋综合执法队伍认真落实广东省防台风"6个100%"要求,全年组织防御"查帕卡""卢碧"等9个台风,召回渔船8.5万艘次,组织渔民上岸避风3.1万人次,连续5年实现渔业防台"零死亡"。广东省防汛防旱防风总指挥部办公室向省海洋综合执法总队发来《感谢信》并给予充分肯定。

16.做好港澳流动渔民工作 2021年,广东省农业农村厅强化新冠疫情防控措施,无偿向港澳流动渔民提供口罩、消毒液等防疫物资。提前完成省新冠肺炎防控指挥部办公室关于港澳流动渔民、内地渔工、港澳流动渔船停靠渔港工作人员及渔港所在镇街目标人群疫苗接种四个100%的目标,建立防疫屏障。在防控专班中率先建立由省农业农村厅厅长任总指挥,6位厅领导挂点督战的港澳流动渔民疫情防控工作制度,并及时对联系挂钩工作机制提档升级。港澳流动渔民全年累计上岸离港21 247人次,累计核酸检测数46 467人次,检测结果均为阴性,保持了港澳流动渔民"零"疫情的目标。香港渔民团体联会、澳门渔民互助会多次来信表示感谢,协调小组副组长、国务院港澳事务办公室副主任黄柳权多次就流动渔民工作批示,广东省委常委叶贞琴专程到协调小组工作办公室调研指导并给予充分肯定,协调小组联络办公室、国务院港澳办交流司、农业农村部渔业渔政管理局多次指导流动渔民疫情防控工作。广东省农业农村厅和广东省港澳流动渔民协会统筹安排500多万元,支持全省各地流动渔民协会及港澳渔民社团开展疫情防控相关工作,无偿向流动渔民提供口罩、消毒液等防疫物资,受到流动渔民的高度好评。7月1日,香港渔民团体联会、广东省港澳流动渔民协会联合在香港维多利亚港举办“贺建党百年 庆香港回归”流动渔船海上大巡游，充分展示流动渔民这支爱国爱港爱澳队伍关键时刻“拉得出、打得响、打得赢”的形象。香港特区2021年选举委员会界别分组一般选举圆满结束，渔农界界别60名候选人自动当选，再一次证明渔农界这支传统爱国爱港的“铁军”力量。

17.实施政策性渔业保险 2019年8月至2021年12月，广东省政策性渔业保险累计承保符合补贴条件的渔民205 741人次、渔船11 916艘次，使用财政保费补贴资金9 921.18万元；提供风险保障994.13亿元；累计赔付渔民保险1 000宗[含死亡(失踪)93宗93人]、渔船保险35宗，累计赔付金额6 972.91万元。切实减轻了渔民的经济负担，有效实现了财政补贴资金的放大效应，显著提高了渔业保险保障水平，有力增强了渔业恢复生产能力。2021年，全省有10.26万名渔民参加渔民互保(包括雇主责任互助保险和渔民人身意外伤害互助保险，下同)，提供保障金额528.95亿元，渔民互保人均保额达51.53万元；6 638艘渔船参加渔船财产互保，提供保障金额31.60亿元。渔民互保和渔船财产互保合计承担渔业风险保障金额560.55亿元，创历年新高。理赔服务方面，办理渔民互保理赔案888宗，已决赔款5 310.51万元；办理渔船财产互保理赔案113宗，已决赔款966.36万元；办理水产养殖保险理赔案6宗，已决赔款45.64万元。全年合计办理案件1 007宗，已决赔款6 322.51万元，简单理赔率41.78%。未决赔案110宗，预估赔款900万元。

18.存在的主要问题 2021年，“乡村振兴战略”明确未来农村和渔业发展方向，各级农业农村部门统筹推进社会经济发展和疫情防控，扎实做好水产品稳产保供任务，广东渔业发展基本平稳，但在“绿水青山就是金山银山”的环保要求下，水产养殖三区(禁养区、限养区、养殖区)划定工作逐步落实，广东渔业也面临诸多挑战，一些影响渔业发展的老问题依旧存在，也出现了一些新问题急需解决。

一是发展方式亟待转型升级。水产养殖主要仍以片面追求产量为目标，忽略了养殖效益的提升和对水域生态环境的保护；水产种业体系建设滞后，具有自主知识产权的新品种少，现代水产种业运营模式和产业技术体系亟待建立；养殖综合配套技术仍未达到标准化生产水平。

二是渔业产业结构有待优化。全省渔业发展不平衡，产品同质化严重，导致产业效益难以提升，渔业优势未能有效凸显；渔业经济总产值仍然主要集中在生产环节，水产品加工附加值较低，休闲渔业等新兴产业以及深水网箱、工厂化养殖等高效集约化养殖比重不高，一二三产业融合发展乏力，整体盈利能力较差。

三是规模生产程度仍然较低。全省渔业生产普遍经营规模小，渔业经营管理水平较差，集约化和组织化程度低，优质渔业品牌太少，品牌溢价无法体现。水产养殖仍然以个体经营为主，抵御风险能力较差，大公司经营管理成本过高，盈利能力不足。渔业产业化经营仍处于低水平发展状态，现代渔业总体竞争力有待提高。

四是产品质量安全问题突出。养殖生产中滥用、乱用药物或水产投入品的现象依然存在，水产品质量监管仍然存在一些盲点盲区，水产品质量安全事故仍时有发生，水产品质量安全成为影响全省水产品出口竞争力的重要因素；全省水产品质量安全科研机构缺乏，科研与检测能力比较薄弱，水生动物疫病防控技术体系需要加强。

五是渔业环境保护仍待推进。受工业污水、城镇生活废水和农业面源污染的影响，渔业生态环境污染和退化问题日益凸显，赤潮灾害和渔业水域污染事故仍时有发生，鱼类栖息地功能下降，已建各类水生生物保护区基础设施和保护能力不足，保护效率不高，未能满足新时期水域生态文明建设要求。

六是渔业基础设施建设滞后。养殖基础设施建设投入不足，全省淤积老化的低产鱼塘占了总面积的五成；全省小型海洋捕捞渔船占到半数以上，大部分渔船是木质渔船，渔船老旧，装备落后，渔民安全生产意识不强，渔船安全生产隐患大。渔港建设滞后，渔政设施、安全救助通信设施等装备比较落后，保障能力不足，不适应执法和救助需要。

【重点渔业市(县、区)基本情况】

广东省重点渔业市(县、区)渔业基本情况

市别	渔业人口(人)	渔业产值(亿元)	水产品产量(吨)	其中				养殖面积(公顷)	
				海洋捕捞	海水养殖	内陆捕捞	淡水养殖	海水	淡水
全省	889 109	1 753.15	8 845 163	1 188 000	3 362 424	89 067	4 205 672	166 805	309 903

（续）

市别	渔业人口（人）	渔业产值（亿元）	水产品产量（吨）	其中				养殖面积(公顷)	
				海洋捕捞	海水养殖	内陆捕捞	淡水养殖	海水	淡水
湛江	290 914	256.81	1 210 423	214 971	821 422	4 145	169 909	57 203	22 622
阳江	113 861	176.73	1 189 810	298 829	784 171	6 533	100 277	21 971	13 828
茂名	81 556	120.04	924 541	125 964	465 692	1 390	331 495	14 185	22 785
江门	13 813	224.43	830 717	67 440	236 748	6 999	519 530	18 785	41 895
佛山		188.77	757 817			5 586	752 231		35 526
汕尾	142 682	114.43	590 541	182 284	356 065	1 764	50 428	15 093	3 810
肇庆		93.36	517 174			3 333	513 841		30 517
广州	9 292	132.33	507 701		23 795	110 019	28 433	4 423	17 204
汕头	55 671	72.41	473 522	121 212	260 397	2 968	88 945	10 646	4 184
中山	20 151	84.46	362 179	464		978	360 737		20 321
珠海	3 008	71.46	333 439		12 014	96 166	1 136	11 934	10 187

【大事记】

［1］1 月 8 日，我国首个鱼类南繁基地——淡水鱼类南沙（南繁）育种中心开工仪式在广州市南沙区举办。育种中心科研带头人、中国工程院院士刘少军在育种中心开工仪式上表示，广州市南沙区具有独特的温暖气候和水温，具备建立鱼类南繁育种中心优越的自然条件。广东省农业农村厅副厅长高庆营、中国水产科学研究院副院长刘英杰研究员出席仪式。淡水鱼类南沙（南繁）育种中心是我国首个以鱼类为主的南繁基地，地点设在广州市南沙区渔业产业园内。

［2］1 月 19 日，广东省农业农村厅网站推荐广东年货备货宝典，推荐台山鳗鱼、茂名罗非鱼、中山脆肉鲩、湛江对虾、高要罗氏沼虾、台山青蟹等 6 个名牌水产品为过年正餐必备“硬菜”。

［3］1 月 21 日，省新冠肺炎防控指挥部办公室农村疫情防控工作专班派出工作组赴深圳东部海域开展春节前渔船渔民新冠疫情防控检查调研。深圳市规划与自然资源局副局长高尔剑和渔业管理处、深圳市海洋综合执法支队、深圳市港澳流动渔民办公室、深圳市港澳流动渔民协会相关负责同志参加本次调研。省农业农村厅二级巡视员陈文肯定深圳市作出的努力，并针对防疫工作提出具体要求，筑牢疫情防控海上防线，确保渔港渔船生产安全有序。

［4］2 月 2 日，广东召开现代种业发展交流座谈会，全省农口相关单位、有关金融机构、部分种业企业等单位负责人齐聚一堂，共商打好全省种业翻身仗。

［5］2 月 4 日，省委常委叶贞琴到珠海市调研港澳流动渔民疫情防控及安全生产等工作，实地察看港澳流动渔民核酸检测点、隔离医学观察酒店和桂山镇乡村振兴示范点，对奋战在防控一线的工作人员及广大港澳流动渔民表示新春慰问，并召开座谈会听取基层意见建议。

［6］3 月 1 日，广东省 2021 年珠江流域禁渔启动仪式在佛山举行，农业农村部长江流域渔政监督管理办公室执法监督处处长吴建平、广东省农业农村厅副厅长高庆营、佛山市副市长葛承书、珠江水产研究所所长徐瑞永出席活动。启动活动后，农业农村部长江流域渔政监督管理办公室，水利部珠江水利委员会，广东省公安、渔政、海事等涉水执法部门执法船艇组成编

队，沿珠江开展巡航执法，拉开广东省 2021 年珠江流域禁渔执法序幕。

[7]4 月 30 日至 5 月 4 日，广东省海洋综合执法总队总队长徐放政，政委秦磊，副总队长吴大畏、吴义养、吴卓龙，一级调研员刘建军等 6 位总队领导分别带队赴沿海各地级以上市开展伏季休渔执法督导检查，维护海上休渔秩序，确保在港休渔渔船安全监管措施落实到位。6 个督导组分别督导检查潮州三百门，汕头后江、云澳，珠海洪湾，江门崖门、烽火角，揭阳惠来，汕尾马宫、红海湾、汕尾港，湛江乌石、外罗、硇洲，阳江闸坡、东平，茂名博贺，深圳南澳、盐田、蛇口，惠州惠东、大亚湾等重点渔港和主要休渔船停泊区。重点检查各地“船进港、人上岸、网封存”，在港休渔渔船安全度休管控措施，24 小时应急值班，以及渔港监管责任落实等情况。

[8]5 月 13 日，广东省渔港经济区规划编制集中研讨会在广州举行，此次研讨会标志着广东在全国率先吹响了渔港经济区建设的“号角”，全省渔港经济区统一规划编制标准要求，建立上下联动机制，各区域协调发展。

[9]5 月 24 日，农业农村部印发通知，公布 2020 年度“平安渔业”创建结果，包括广东江门市新会区、佛山市南海区在内的 21 个县(市、区)被评为全国平安渔业示范县，广东珠海市洪湾渔港等 6 座渔港被评为全国文明渔港。

[10]6 月 4 日，农业农村部发布第 431 号公告称，根据《农产品地理标志管理办法》规定，经过初审、专家评审和公示，对全国共计 186 个产品实施农产品地理标志登记保护。其中，广东共计有 8 个产品入选，渔业有 3 个:大桥石鲤、清新桂花鱼、金湾黄立鱼。

[11]6 月 8 日，第 13 个世界海洋日，主题是“保护海洋生物多样性，人与自然和谐共生”，近年来随着我国保护措施的完善和保护意识的增强，一批具有代表性的珍稀海洋生物种群不断壮大，其中广东省惠东海龟自然保护区的海龟保护也取得良好成效，海龟产卵纪录再次被刷新。

[12]6 月 10 日，广东省人民政府办公厅向各地级以上市人民政府，省政府各部门、各直属机构印发经农业农村部、广东省人民政府同意的《农业农村部 广东省人民政府共同推进广东乡村振兴战略实施 2021 年度工作要点》，提出推进农业绿色发展，开展珠三角百万亩渔塘转型升级行动，建设国家级水产健康养殖与生态养殖示范县(区)。强化渔业资源管控与养护，开展增殖放流，建设海洋牧场，严格实施海洋伏季休渔制度。同时，坚决打好种业翻身仗，实施粤强种芯工程，强化种业科技创新，开展水产等良种重大科研联合攻关，着力解决一批关键核心技术；保障“菜篮子”“果盘子”等重要农产品供给，发展深水网箱养殖。加强现代农业产业体系建设，建设沿海渔港和渔港经济区，提升渔业基础设施和装备水平。加强农产品质量安全监管，开展水产品“不安全、不上市”专项行动；大力推动农业保险高质量发展，将淡水养殖作为中央财政对地方优势特色农产品保险奖补试点险种，提高水产养殖等承保覆盖率。

[13]7 月 2 日，广东省农业技术推广中心组织相关单位和企业召开创建国家级水产良种场和申报水产新品种协调会，鼓励有条件省级良种场申请创建国家级水产良种场。

[14]7 月 2 日，由广东省农业技术推广中心牵头的广东省牛蛙产业高质量发展线上研讨会顺利召开，中心党委副书记刘胜敏致辞，全国牛蛙产业代表及行业专家建言献策。这是广东牛蛙业界首次研讨，共同谋划牛蛙产业转型升级之路。6 月，广东多个地区对牛蛙养殖进行整治，成为业界关注的热点。省农业农村厅领导提出“将牛蛙打造成中国乃至世界知名的水产品牌”，传递出强烈的变革信号。

[15]7 月 23 日，以“广东水产，鲜动贵州”为主题的广东省名特优水产品(贵州)推介会在贵州省贵阳市隆重举行。活动由广东省农业农村厅、广东省乡村振兴局、贵州省农业农村厅、贵州省水利厅指导，湛江市农业农村局、茂名市农业农村局主办。此次推介会集中数十种广东特色水产品，以茂名罗非鱼、湛江对虾为主。在活动现场，众多贵州当地水产品经销商、贸易商、餐企代表、生鲜电商、专业媒体到场品鉴，让更多的消费者品尝到优质的广东水产品，对推动粤黔两地水产品产销合作，促进渔业高质量发展起到有力的推动作用。

[16]7 月 28 日，农业农村部根据《中华人民共和国渔业法》有关规定，发出第 451 号公告:对业经全国水产原种和良种审定委员会审定通过的虹鳟水科 1 号等 11 个水产新品种，公示期满无异议，现予公告。广东选育的有禾花鲤乳源 1 号、翘嘴鳜广清 1 号、全雌翘嘴鳜鼎鳜 1 号 3 个水产新品种位列其中。

[17]8 月 13 日至 11 月 30 日，广东省农业农村厅、广东海事局在广州番禺莲花山渔港举办广东省“商渔共治 2021”专项行动启动仪式。旨在通过开展商渔船水上航行避碰等演练，借助全省首个渔业安全港长制管理平台，构建渔船安全监管一张图，并开展商渔船防碰撞专题培训、警示警醒教育、商渔船船长“面对面”等活动，聚焦商渔船安全开展联合执法行动，严查各类违

法违规行为。启动仪式当天，参会人员共同见证广东首个渔业安全港长制管理平台试点启动。广东省沿海地区共有渔港（渔船停泊区）123个，已全部落实由镇委书记或镇长任"港长"。各地全面落实落细责任措施，健全渔业安全"港长制"职责和工作机制，加强信息手段，充实监管力量。

[18]9月9日，省农业农村厅在珠海召开广东省渔港建设与管理现场会，全面总结渔港建设与管理经验，分析当前形势，研究部署下一步渔船渔港综合改革工作，加快推进广东17个渔港经济区建设。各单位就渔港建设与港务管理、渔港监管和渔船防台、涉渔涉海"一打二拆三整治"行动、渔业油价补贴资金实施等渔港建设与管理相关工作进行经验交流，并为渔港建设"破题"建言献策。

[19]9月27日，广东省农业农村厅组织召开《番禺国家级沿海渔港经济区建设规划（2021—2030年）》专家评审会，对番禺国家级沿海渔港经济区建设实施方案的科学性与可行性进行评估。与会代表和专家通过听取实施方案编制单位对渔港经济区建设实施方案的汇报、查阅相关资料等方式，经讨论形成了评审意见。此次渔港经济区实施方案评审是广东省按照国家级沿海渔港经济区建设实施细则要求，由农业农村部渔港经济区建设管理专家组织的评审会。

[20]11月12日，农业农村部召开2021年渔港经济区项目答辩评审会，广州市番禺区、汕头市南澳县在广州通过视频连线的方式，参加了国家级沿海渔港经济区项目视频答辩会议。答辩会上，《番禺国家级沿海渔港经济区建设规划（2021—2030年）》《汕头南澳国家级沿海渔港经济区项目建设实施方案》顺利通过专家评审，这标志着广东率先吹响渔港经济区建设"号角"，渔港经济区建设正式进入实地推进阶段。

[21]12月6日，水产种业及健康养殖中国工程科技论坛暨第十七期花城院士科技峰会（下称"论坛"）在广州市南沙区举办。本次论坛主题为"原始创新　种业振兴　智慧渔业　助力种业"，旨在聚集国内多位种业院士专家，共同为实现种业振兴出谋划策，破解种业"卡脖子"问题。

[22]12月7日，第二届中国水产种业博览会暨第三届广东水产种业产业大会在广州南沙广东国际渔业高科技园开幕。博览会以"领绿色渔业，谋种业振兴"为主题，参展单位超300家，参展品种250多个。中国科学院院士桂建芳，中国工程院院士罗锡文、刘少军、陈松林等出席开幕式。农业农村部渔业渔政管理局、全国水产技术推广总站、中国水产学会、中国水产科学研究院负责人，各省、自治区、直辖市农业农村部门、技术推广机构负责人，广东各地市分管负责人，相关科研院所专家、行业协会及企业代表参加博览会的系列活动。

[23]12月19日，"白蕉海鲈"登上广州塔，数百万市民目睹这一特色水产品的风采，这是广东首个水产品登上"小蛮腰"，也是"白蕉海鲈"产业高质量发展一个标志性事件。当天晚上7点，"千里珠江水，醉美白蕉鲈""农民增收致富鱼、乡村振兴希望鱼"等字眼在广州塔上次第亮起，灯光闪耀吸引无数人拍照留念。

（广东省农业农村厅　贺书岚）

广西壮族自治区渔业

【概况】 2021年，广西水产品总产量352.94万吨，同比增长2.61%，总产量位列全国第8位。其中海水养殖产量158.72万吨，同比增长5.34%；淡水养殖产量137.73万吨，同比增长1.19%；海洋捕捞产量47.94万吨，同比下降0.96%；淡水捕捞产量8.55万吨，同比下降2.52%。单个养殖品种上，近江牡蛎产量67.22万吨，位列全国第1位；金鲳鱼产量11.05万吨，位列全国第1位；南美白对虾产量29.69万吨，位列全国第2位；罗非鱼产量25.36万吨，位列全国第3位。

全区渔业经济总产值1 177.51亿元，位列全国第8位。全区渔业人口100.26万人，渔业从业人员80.19万人，渔民人均纯收入22 867.11元，是广西农民人均纯收入的1.4倍，位列全国第7位。

1.加强渔业发展顶层设计，为高质量发展"保驾护航" 一是指导编制《广西渔业"十四五"发展规划》，组织编写《广西大水面生态渔业发展专项规划》《广西"十四五"稻渔综合种养产业规划》《广西水产养殖尾水生态处理建设规范》等文件。二是圆满完成自治区政府部署开展海洋渔业高质量发展调研各项任务，按时报送《推进广西海洋渔业高质量发展的指导意见（送审稿）》和《广西海洋渔业高质量发展联席会议制度（送审稿）》。

2.积极争取统筹财政资金，扎实推进渔业项目建设 一是积极向中央争取渔业发展补助资金。2021年共争取中央渔业发展补助资金15 050万元，支持近海渔船更新改造1艘、建设重力式深水网箱标准箱280个、履约养护国际渔业资源远洋渔船奖补19艘、补助水产品初加工和冷藏保鲜等设施设备60个。二是分配下达2021年中央渔业成品油价格调整一般性转移支付资金，建立好2022年广西渔业高质量发展生产类储备项目库。2021 年共安排支持渔业生产发展资金 1.615 亿元，扶持水产健康养殖和生态养殖示范区创建、渔业种业提升工程、水产养殖（育苗）尾水生态治理项目。三是持续推进自治区农业专项转移支付资金项目建设。2021 年共下达自治区农业专项转移支付资金 190 万元，通过强化基层水生动物防疫及疫情测报和水产苗种产地检疫工作，及时掌握重大水生动物疫病流行情况，保障水产品安全有效供给。

3.全力抓好冬春季渔业生产，确保水产品稳产保供 一是印发了《关于加强 2021 年渔业生产及病害防控工作的通知》，及时开展水产养殖技术培训和指导服务，做好亲本和过冬种苗保暖越冬工作，加大渔业投入品的监管力度，强化水生动物疫病监测与防控，为来年水产养殖健康发展奠定基础。二是指导养殖户均衡上市规格水产品，确保水产品市场供应；指导各地及时发布市场供求和价格信息，做好产销对接，拓展销售渠道，推动解决防城港市等地“压塘卖难”等问题。

4.大力发展设施渔业，实现水产养殖业绿色发展 围绕“优质高效、绿色安全”的渔业发展理念，推动渔业生产方式从原来以消耗资源换取产量的粗放式发展方式，转变为节水节地节能的集约化发展方式。统筹各项产业扶持资金，重点发展陆基圆池循环水养殖、工厂化循环水养殖、工程化循环水（跑道式）养殖、集装箱循环水养殖、棚式对虾养殖等设施渔业，稳步发展重力式深水网箱养殖，不断拓展深远海养殖空间。2021 年，全区新增工程化循环水（跑道式）生态养殖水槽 116 条，新增陆基圆形生态养殖池 2 511 个、19.94 万立方米水体，新增工厂化养殖车间 33.46 万立方米水体，新增深水抗风浪养殖网箱 1 028 口、472 万立方米水体。

5.规范发展稻渔综合种养，稳步提升渔业综合效益 继续加强“稻鱼”“稻虾”“稻螺”等主导技术模式的研发推广，科学合理利用稻田资源，坚决防止耕地“非农化”“非粮化”，实现“稳粮增收”。2021 年，全区新增稻渔综合种养面积 5 333 公顷；2021 年 8 月，抽调专家组分赴全区各地对稻渔综合种养情况开展摸底调查，未发现不合法、不规范以及沟坑占比不符合《稻渔综合种养技术规范通则》标准等问题。

6.有序发展大水面渔业，促进水域生态生产协调发展 根据自治区农业农村厅等四厅局《关于推进广西大水面生态渔业发展的实施意见》，科学合理设置拦网等大水面生态渔业必要设施，统筹协调大水面生态渔业生产与水利、航运、水生态环境及鱼类生殖洄游等方面功能，大力发展以滤食性、草食性、杂食性鱼类为主的增养殖，支持建设一批大水面生态渔业示范基地，依法保障大水面生态渔业发展空间。2021 年，全区新增大水面生态渔业面积 13 333 公顷。

7.支持发展海洋增养殖渔业，推进海洋渔业生态文明建设 推广使用新型环保抗风浪贝类养殖材料，推动传统贝类养殖浮筏（排、绳、球）升级改造。鼓励发展浅海滩涂贝类底播生态养殖，示范推广兼具经济效益和生态效益的“碳汇渔业”，助力实现“碳达峰”“碳中和”。2021 年，全区新增新型贝类浮筏养殖面积 667 公顷，新增贝类底播生态养殖面积 5 333 公顷。

8.不断加快渔业“走出去”步伐，推动发展外向型渔业 先后与马来西亚开展对虾生态养殖，与文莱开展牡蛎浮（排）筏生态养殖、金鲳鱼深水网箱养殖，与斯里兰卡开展海参养殖等水产科技合作，与安哥拉开展远洋渔业综合开发合作；指导广西祥和顺远洋捕捞有限公司在非洲毛里塔尼亚建设和运营远洋渔业海外基地项目，打造覆盖全产业链的海外渔业综合开发样板。

9.存在的主要问题 一是水产养殖空间受到挤压。随着经济社会发展和建设用地不断扩张，全区渔业发展面临着资源和环境瓶颈的严重制约，水产养殖水域空间受到严重挤压。据初步统计，2021 年全区共清理网箱 2 000 多万平方米，水产品产量减少约 15 万吨。

二是水产原良种体系建设滞后。主导或地方特色品种如卵形鲳鲹、文蛤等至今尚未建成原种场或良种场，种业体系不够健全，良种覆盖率偏低。水产苗种尤其是优质苗种自给能力不足，30％的罗非鱼苗种、80％～90％的黄颡鱼、黄鳝、卵形鲳鲹和对虾苗种等来自广东、海南等省。

三是渔业发展基础比较薄弱。全区养殖池塘约有 80％老化严重，埂低、泥深、水浅，产量低，病害多，易受灾。发展设施渔业存在用地、用水、用电难的问题。重力式深水网箱建设门槛较高，企业前期需要投入较多资金，风险保障机制不完善，养殖用海存在“招拍挂”滞后问题。

四是组织化、规模化和产业化程度较低。渔业专业合作组织和龙头企业数量少，特别是规模以上企业严重缺乏。牡蛎、金鲳鱼、南美白对虾等水产品多粗加工为原汁蚝油、冻干冻条等，预制菜等新型产业发展较慢。流通业规模小，经营分散，冷链基础薄弱；销售方式单一，缺乏大型现货销售市场，交易量小、成本较高。

【重点渔业市(县、区)基本情况】

广西壮族自治区重点渔业市(县、区)基本情况

市(县、区)	总人口(万人)	渔业产值(万元)	水产品产量(吨)	其中				养殖面积(公顷)	
				海洋捕捞	海水养殖	内陆捕捞	淡水养殖	海水	淡水
北海市合浦县	110.90	814 053	477 759	61 290	346 499	3 301	66 669	19 037	2 828
钦州市钦南区	63.32	643 608	468 652	70 701	376 324	1 633	19 994	18 715	1 785
北海市银海区	31.85	497 500	255 246	93 218	154 401		7 627	4 640	80
北海市海城区	53.34	361 300	246 167	109 501	133 026		3 640	2 752	9
防城港市港口区	24.43	343 416	240 800	46 482	191 193		3 125	5 307	316

【大事记】

[1]4 月 23 日,《广西壮族自治区养殖水域滩涂规划(2021—2030 年)》印发实施。至此,自治区、设区市、县(市、区)三级养殖水域滩涂规划发布率达到 100%,实现全覆盖。

[2]7 月 7 日,农业农村部在苏州市举办水产绿色健康养殖技术推广“五大行动”集中研讨活动,广西在研讨会议上做典型交流发言。

[3]8 月,农业农村部印发《关于开展 2021 年农业农村部重大引领性技术集成示范工作的通知》,广西“陆基高位圆池循环水养殖技术”被列入 2021 年全国“大农业”十项重大引领性技术之一。

[4]8 月,根据农业农村部水产种质监督检验测试中心(广州)反馈的 2021 年国家产地水产品兽药残留抽检结果,广西 2021 年抽查的 90 批次水产样品全部合格,抽查检验合格率 100%,创造历史最好成绩。

[5]10 月 27 日,由自治区农业农村厅、自治区人力资源和社会保障厅、自治区总工会联合举办,广西大学广西水生动物病害诊断实验室承办的 2021 年广西水生物病害防治职业技能竞赛决赛在南宁市举行。

[6]11 月 8—10 日,自治区渔业产业创新发展生态养殖技术暨“我为群众办实事”专题培训班在桂林市举办,集中培训渔业行业代表 150 人以上,为实施乡村振兴战略凝聚了思想共识和渔业力量。

[7]11 月 12 日,广西桂西北山地稻鱼复合系统入选农业农村部第六批中国重要文化遗产名单,将向外界展示广西优美的生态环境、独特的稻鱼产业、久远的稻鱼文化和富有魅力的民族风貌,有力推进农业产业融合发展和农民就业增收。

[8]11 月 19 日,由农业农村部渔业渔政管理局指导,广西壮族自治区农业农村厅、中共贵港市委员会、贵港市人民政府共同主办的第三届广西稻渔丰收节在贵港市平南县东华镇开幕,农业农村部渔业渔政管理局发来贺信。

[9]12 月 30 日,农业农村部公布 2021 年国家级水产健康养殖和生态养殖示范区名单,南宁市上林县(以县级人民政府为主体)、梧州市龙圩区的广西梧州田中农业有限责任公司和梧州市兴民富硒农业科技有限公司联合体(以生产经营单位为主体)榜上有名,成为广西首批成功创建“国家级水产健康养殖和生态养殖示范区”的县(市、区)和生产经营单位。

[10]2021 年,广西组织开展第一次全国水产养殖种质资源普查,全区 118 个有普查主体的县(市、区)总体普查完成率 100%,填报普查数据量 323 692 条,已普查主体信息录入量 88 305 个。

(广西壮族自治区农业农村厅　俸君辉)

海南省渔业

【概况】

1.水产养殖　2021 年,海南省水产养殖面积 4.50 万公顷,养殖产量 62.48 万吨,产值 193.33 亿元。其中海水养殖面积 1.59 万公顷,产量 27.30 万吨,产值 136.49亿元;淡水养殖面积 2.91 万公顷,养殖产量 35.18万吨,产值 56.84 亿元。全省水产苗种生产量 2 084.46亿尾,产值约 31.09 亿元,其中对虾苗2 009.46 亿尾、海水鱼苗 4.02 亿尾、贝类 10.60 亿尾;淡水鱼苗 60.38 亿尾,其中罗非鱼鱼苗 53.57 亿尾,罗非鱼和南美白对虾苗种产量分别居全国第二位和第三位。

2.海洋捕捞　2021 年,海南省海洋捕捞量 100.08 万吨,实现农业农村部实施的海洋捕捞产量控制目标。积极压减渔船,引导渔民“往岸上走”。压减近海岸老、小、木质渔船,有效控制近海海洋捕捞产能,缓解近海

岸渔业资源枯竭压力。2021 年，全省共减船 851 艘，核减功率 40 429.44 千瓦，发放补助资金 20 214.72 万元。超额完成渔船更新改造任务，鼓励渔民“往深海走”。2021 年建造完工并办理完证书证件的渔船 61 艘，超额完成当年省委 1 号文件下达的 50 艘渔船更新改造任务。完工下水投入生产的特定水域骨干渔船 11 艘，发放省级补助资金 155 万元。启动“三库”项目（南海生物多样性库、生物种质资源库和信息数据库）建设。为摸清南海渔业资源状况，省农业农村厅于 2021 年 3 月委托中国水产科学研究院南海水产研究所开展“三库”建设，项目总投资 2 200 万元。

3.渔船管理 2021 年，海南省入库渔船共 19 451 艘，其中大中型渔船 3 686 艘，小型渔船 15 765 艘。多次印发文件，要求农业农村和渔政渔监部门加强渔船管控，建立 24 小时值班制度，对大中型渔船进行实时监控；通过核查北斗监控设备和“船港通”系统，调取本地渔船船位及进出港情况，一旦发现渔船有跨海区作业嫌疑，即刻要求渔船返港。

4.渔港建设 2021 年，海南省三大渔港全面开工，完成国家提出的任务要求。5 月 20 日，万宁乌场一级渔港开工，概算总投资 81 585.06 万元；下达资金 13 000 万元（含中央 12 000 万元），完成投资 11 000 万元。7 月 13 日，乐东莺歌海一级渔港开工，概算总投资 22 912.43 万元；下达资金 6 000 万元（含中央 4 000万元），完成投资 5 365 万元。12 月 17 日，文昌铺前中心渔港开工，概算总投资 73 048.56 万元；下达资金 2 500 万元，完成投资 2 354 万元。

5.渔船油补发放 2021 年，海南省积极配合农业农村部做好 2020 年度专项油补资金的发放，发放补助资金 3 676 万元；指导市、县在 12 月中旬前完成 2020 年度特定水域油补资金的发放，发放补助资金 15 051 万元；根据农业农村部有关文件要求，研究制定海南省 2020 年度海洋渔业资源养护补贴发放方案，方案出台后将指导市、县完成补贴资金测算和资金下达工作。

6.海洋牧场建设 2021 年，海南省印发《海南省现代化海洋牧场发展规划（2021—2030 年）》。农业农村部批复《海南省现代化海洋牧场建设试点方案》。规范海洋牧场的建设与管理，截至 2021 年 12 月底，初步建成海洋牧场 6 个，三亚蜈支洲岛海洋牧场、海口东海岸海洋牧场、文昌冯家湾海洋牧场、临高头洋湾海洋牧场、万宁洲仔岛海洋牧场初步建成，儋州峨蔓海洋牧场制作礁体，完成环评后可投放人工渔礁。

7.渔业安全生产 2021 年，海南省印发《关于加强沿海市县渔船安全生产管理工作的十条措施》。协调有关部门推进气象灾害预警直达渔船渔民手机。开展隐患排查整治，排查整治渔船风险隐患 800 多项。督导市、县抓好渔业安全生产宣传培训、警示教育、应急演练 100 多期次，覆盖渔民上万人。开展“商渔共治 2021”专项行动，清理取缔渔民违规放置的碍航网具 451 张，完成商渔船风险隐患排查整治 800 多项。全年组织市、县渔船防御台风 10 次，组织海上渔船回港避风近 10 万艘次，转移渔民上岸近 32 万人次。

8.渔业资源和水生野生动物保护 2021 年，海南省印发《海南省 2021 年海洋伏季休渔工作实施方案》《“中国渔政亮剑 2021”海南省系列专项执法行动方案》。强化巡查执法，加强渔港和渔船停泊点监管，实施“依港管船”“定人联船”和渔船进出港报告制度，落实属地管理责任主体，发挥渔船船位监控、安全生产监管平台等信息手段作用，实时掌握渔船动态。上半年伏季休渔期间出动执法工作人员 2 584 人次，执法车辆 160 辆次，执法船艇 320 艘次，巡航里程近 8 681海里，检查渔船 1 829 艘次，查扣违规渔船、涉渔“三无”船舶共计 129 艘，没收网具 408 张，立案 40 宗，罚款21 500元，处理涉案人员 94 人。《博鳌乐城先行区乐天大桥工程队万泉河国家级水产种质资源保护区影响专题论证报告（送审稿）》上报农业农村部长江流域渔政监督管理办公室审批；组织开展 180 只罚没救助海龟放归活动；协助审批办开展 10 余家鳄鱼养殖企业换发证件的现场检查工作；批准两家水生野生动物救助和保育中心，提升全省救助和保护海洋水生野生动物能力。

9.健全机构，创建园区，开发新品种 2021 年，海南省推动重新成立省级水产推广站，强化本省水产推广力量，助推产业升级。加快完善文昌冯家湾地区水产养殖尾水治理体系，创建文昌冯家湾渔业产业园，并争取农业农村部资金支持 7 000 万元，成功申报建设国家级现代农业产业园项目，成为全省首家渔业国家级现代农业产业园。推动临高县罗非鱼水产种质资源场项目和省级水生动物疫病监控中心项目开工建设，继续推动向农业农村部申报东方市石斑鱼繁种基地项目，金鲳晨海 1 号、凡纳滨对虾渤海 1 号 2 个新品种通过农业农村部审定。

（海南省农业农村厅　刘逢君）

重庆市渔业

【概况】 2021 年，全市水产养殖面积 84 355.49 公顷，比上年的 82 970 公顷增长 1.67%，其中池塘、水库、其他分别为 49 696.93 公顷、34 553.73 公顷、104.83 公顷；稻渔综合种养面积 24 077.03 公顷，同比增长

8.63%。水产品总产量54.53万吨，同比增长4.08%，居西部地区第四位。渔业经济总产值221.83亿元，同比增长19.34%，其中渔业、渔业工业和建筑业、渔业流通和服务业产值分别为149.90亿元、13.18亿元、58.76亿元，同比分别增长25.42%、12.49%和7.52%。渔民人均纯收入22 713元，同比增长13.79%。

1.长江"十年禁渔"开局良好 全市10 489名退捕渔民中需转产就业7 657人全部就业，新帮助变换工作491人、新安置公益性岗位407人；符合参保条件10 421人全部参保，选择居民养老保险最高缴费3 000元/年档次的达97.03%。举办《长江保护法》系列宣传活动，宣传报道1.2万余次，印发资料100万份，发布10大典型案例。查办非法捕捞刑事、行政案件1 422件、同比下降37.00%，市级平台接到投诉举报521起、同比下降23.00%。健全法规制度，市人大常委会出台禁捕决定；在全流域率先制定非法捕捞量刑指引，出台休闲垂钓管理办法，发布禁用渔具渔法名录；建立有奖举报制度。组建专职协助巡护队伍1 496人，依托河长制明确兼职网格协管员12 373人；新建设AI预警处置设施800个点位，基本实现重点水域24小时不间断管控。

2.尾水治理任务超额完成 完成全市养殖尾水排放量抽查，初步掌握尾水排放情况；整改治理直排尾水9 562万吨，占任务总量的88.8%，超年度计划1.4倍。研发集成7种尾水治理典型模式，编制《养殖尾水治理技术指南》，其中鱼菜共生模式列入全国4个尾水治理模式之一。与市生态环境局联合印发《关于加强水产养殖尾水治理工作的通知》，共同推进2公顷以上池塘尾水治理；全市2 707户整改单位均建立"一场一策"台账，打表推进整改工作。启动150个养殖监测点水质监测，监测面积1 266.67公顷。

3.水产种业振兴全面启动 落实资金1 000万元用于水产种质资源普查工作，直接下达区、县800万元。全市累计普查养殖主体47 391个，现有繁育物种45个、养殖品种169个。实施亲本换代工程，更新、改良市内原良种场亲本5 000千克。引进华海1号、中科5号、长丰鲢等新品种1 100万尾。支持指导西南大学申报国家水产种质资源库重庆分库（全国地方库共3个）建设。实施长江鲟、中华沙鳅等长江上游珍稀特有鱼类保种繁育，开展罗非鱼、鳜鱼种质创制。

4.渔业安全形势平稳 开展"治违禁、控药残、促提升"和水产养殖用投入品专项整治两个"三年行动"。市水产总站"两中心"（市水产品质量监督检验测试中心、市水生动物疫病监控中心）通过市级综合验收，获部级水产质检中心创建资格。对全市237艘渔业船舶、84艘执法船艇、99艘协助巡护船全面摸排，强化安全监管，规范注册、登记，完成渔业船员新版证书发放工作。全市地产水产品抽检合格率100%。全年未发生水产品质量安全事件和渔业船舶安全事故。

5.资源养护力度持续加强 全市投入资金1 021.44万元，增殖放流水生生物2 133.25万尾，其中增殖放流珍稀特有鱼类200余万尾，建设人工鱼巢7.8万平方米。组织审查、报送涉自然保护区工程建设专题评价报告6个、审查涉渔工程水生生态补偿项目实施方案9项，审查涉种质资源保护区工程对保护区影响专题论证报告14个。对长江、嘉陵江、乌江等14条重要河流水生生物资源开展市域内的全面调查，设立常年监测站点41个，对135个鱼类"三场"开展摸底调查。办理水生野生动物人工繁育许可或经营利用许可证件105个。

6.渔业高质量发展稳步推进 印发《重庆市"十四五"渔业发展规划》，编制《重庆市养殖水域滩涂规划》。组建市水产科技创新联盟，启动18项关键技术协同攻关，资助经费410万元。新发展稻渔综合种养2 267公顷、水库生态养殖2 067公顷，同比分别增长9.3%、5.9%。研究集成5种绿色健康养殖模式，池塘鱼菜共生综合种养技术、稻田综合种养、池塘一改五化生态集成养殖技术等多次入选全国农业主推技术。打造27个骨干基地，建设水产养殖用药减量示范基地10个、配合饲料替代幼杂鱼试验推广点4个、水产新品种试验推广基地10余个，引进推广新品种1 100万尾，推广生态健康养殖模式20 000公顷、人工配合饲料替代率达90%以上。重庆在农业农村部水产绿色健康养殖"五大行动"集中研讨会上做了交流发言。

7.存在的主要问题 一是渔业保供增收难。池塘渔业是全市水产品保供和渔业持续增收的主体，因环保等投入持续加大，养殖密度降低，养殖饲料、人力成本持续攀升，部分养殖户收入减少，甚至出现因亏弃养，池塘养殖面积不增反降，加之耕地之外可用于渔业开发的土地极其有限，池塘渔业规模难以扩大，稻渔综合种养开发严重不足，渔业保供增收的形势十分严峻。

二是产业转型升级难。全市渔业生产经营组织化、规模化和专业化程度较低，产品附加值低，品牌建设不够，优势品牌不足，缺乏竞争力。渔业一二三产融合发展不够，产业链短，水产品冷链物流、休闲渔业等新型业态发展不够充分。

三是支撑保障到位难。全市渔业科研力量和经费亟须进一步整合，突出重点开展应用性研究；渔业技术推广队伍建设亟须持续加强，技术推广方式需持续创新；渔业执法队伍力量需进一步加强，执法软硬件条件需进一步完善，渔业管理执法方式亟待创新，执法经费亟须得到有效保障。渔业投入严重不足，渔业融资难、流动资金短缺等问题凸显，渔业保险、渔民社会保障等政策亟待完善。

【重点渔业区基本情况】

重庆市重点区渔业基本情况

区	总人口（万人）	渔业产值（万元）	水产品总产量（吨）	其中		养殖面积（公顷）
				捕捞	养殖	
合川区	124.25	170 293	47 563		47 563	4 723
永川区	114.92	230 556	46 170		46 170	5 336
长寿区	69.22	156 409	45 140		45 140	10 649
潼南区	69.04	120 925	40 344		40 344	4 898
铜梁区	68.94	132 885	39 500		39 500	4 580
开州区	120.47	151 391	32 140		32 140	3 803
江津区	136.28	97 221	27 430		27 430	4 068
大足区	83.64	96 303	25 040		25 040	5 798
万州区	156.87	101 667	22 149		22 149	3 852
巴南区	117.89	96 367	22 200		22 200	2 384

【大事记】

[1]1月1日，重庆市长江“十年禁渔”全面启动，市农业综合执法总队组织开展“十年禁渔”巡航执法检查，拉开了全市打击非法捕捞的序幕。

[2]1月14日，市委农业农村工作委员会副书记文明维出席生态渔业产业技术体系2020年度工作绩效考评会，并做总结讲话。

[3]1月11—22日，市农业综合执法总队与市公安、市市场监管执法部门联合组织开展打击整治非法捕捞联合暗访检查行动。

[4]1月19日，市农业农村委副主任詹仁明到市水产品质量监督检验测试中心和市水生动物疫病监测中心检查指导工作。

[5]2月6日，市农业综合执法总队组织相关区、县在长江干流哑巴洞水域查获非法渔获物长江鲟9条，价值100余万元。案件移交公安机关，抓获6名犯罪嫌疑人，获公安部祝贺。

[6]3月1日，市农业综合执法总队与市珍稀特有鱼类国家级自然保护区管理处签署执法联动合作协议。

[7]3月3日，市农业农村委员会副主任杨宏带队到农业农村部长江流域渔政监督管理办公室汇报长江禁捕管理工作。

[8]3月19日，2021年全市渔政执法工作视频会议召开，安排部署全市长江十年禁渔打非断链执法工作。

[9]3月24日，市政府副秘书长游贤勇、市农业农村委员会副主任杨宏赴渝中、沙坪坝、北碚和合川区等地，开展“十年禁渔”暗查暗访和调研指导。

[10]4月1日，市农业综合执法总队与市公安局水警总队签署水上执法合作协议。

[11]4月7—9日，重庆组团40余人考察学习四川省渔业绿色发展经验，于9日参加在成都举行的第五届中国水产科技大会。

[12]5月18日，农业农村部农产品质量安全监管司司长肖放到市水产品质量监督检验测试中心和市水生动物疫病监测中心检查指导工作。

[13]5月28日，市水产学会第五次会员大会召开，市农业农村委员会副主任杨宏、市科协副主席龙晖出席并讲话。

[14]6月7日，市长江禁捕退捕领导小组办公室

与四川省、贵州省和云南省签署《长江流域重点水域“十年禁渔”联合执法合作协议》。

[15]6月22—25日，农业农村部长江流域渔政监督管理办公室主任马毅率队，调研核查重庆长江流域重点水域“四清四无”和退捕渔民安置保障等落实情况“回头看”工作。

[16]7月6日，市长江禁捕退捕领导小组办公室在江津区举办“发言人来了——我为群众办实事”重庆市长江禁捕工作发布活动，市农业农村委员会等5个市级部门和江津区政府发言人发布了长江禁捕工作热点。

[17]7月7日，在农业农村部举办的水产绿色健康养殖技术推广“五大行动”集中研讨活动上，重庆参会代表做了典型交流发言。

[18]7月28日，重庆市市长唐良智主持召开市政府第150次常务会议，调度了长江流域禁捕退捕工作。

[19]7月29日，市人大常委会发布《重庆市人民代表大会常务委员会关于促进和保障长江流域禁捕工作的决定》。

[20]7月30日，农业农村部与重庆市人民政府联合主办，市农业农村委员会和万州区政府承办的长江珍稀濒危水生生物增殖放流活动在万州区举行。同日，“水中精灵——长江水生生物专题巡回展”在重庆自然博物馆正式启动。

[21]8月12日，市农业综合执法总队与市公安、市市场监管执法部门联合召开重庆市长江十年禁渔执法联席会议。

[22]8月13日，市农业农村委召开重庆市水产科技创新座谈会。

[23]9月1日、10月12日，市农业综合执法总队分别与市公安局环保总队和警务情报信息中心印发《非法捕捞水产品违法犯罪线索双向移交工作规范》、签署《社会公共信息资源整合工作数据使用及保密协议》。

[24]9月13日，市农业农村委员会印发重庆市禁捕水域休闲垂钓管理办法(试行)，发布重庆市禁捕水域禁止使用的渔具和捕捞方法名录。

[25]11月19日，市农业农村委员会联合市生态环境局督促指导云阳县水产养殖尾水治理工作。

[26]11月22日，市农业农村委员会批复同意组建重庆市水产科技创新联盟。

[27]11月25日，市农业农村委员会主任路伟主持召开长江禁捕紧急会议。

[28]11月26日，市农业农村委员会副主任莫杰率市级相关部门人员赴永川、江津调研检查，并召开会议部署长江上游珍稀特有鱼类国家级自然保护区禁捕工作。

[29]12月1日，全市渔业工作视频会召开，市农业农村委员会副主任莫杰出席并讲话。

[30]12月10日，市长江禁捕退捕工作领导小组办公室召开长江禁捕执法专项行动工作部署视频会议，部署开展长江禁捕执法三大行动并发布十大典型案例。

[31]12月22—23日，全国水产技术推广总站副站长于秀娟来渝检查指导水产技术推广工作。

[32]12月23日，市农业农村委员会印发《重庆市渔业发展“十四五”规划》，召开重庆市水产科技创新联盟成立大会及其第一次理事长会议。

(重庆市农业农村委员会渔业处　吴中华)

四川省渔业

【概况】 2021年，全省水产品产量166.49万吨、渔业经济总产值达655.27亿元，同比分别增长3.79%和22.19%。全省稻渔综合种养(说明：国家渔业统计调查制度中的统计指标名称为：稻田养鱼)产量46.56万吨，稻渔综合种养面积32.10万公顷，同比分别增长7.92%和6.94%，均居全国第4位。养殖品种中，鲶鱼7.24万吨、鮰鱼9.15万吨、长吻鮠1.12万吨，均居全国第1位。全省渔民人均纯收入22152元，同比增长11.17%。

1.长江禁捕退捕　印发了《关于健全四川省长江流域禁捕长效管理机制的意见》《四川省2021年长江禁捕工作意见》《四川省长江“十年禁渔”工作约谈办法(试行)》《关于建立完善长江流域禁捕水域网格化管理体系》等文件。扎实开展执法监管，健全完善禁捕执法联席会议制度，印发《四川省非法捕捞案件行政执法与刑事司法衔接工作指引》，积极推动两法衔接，和公安、市场监管等部门联合开展两个“打非”和“中国渔政亮剑2021”“护渔百日联合执法”等行动，合力斩断非法捕捞水生野生动物利益链。2021年，全省共查办各类涉渔违法违规案件4650件，破获涉渔刑事案件839件，打掉非法捕捞团伙77个，检查市场、商超和餐饮等场所60万个次，监测电商平台(网站)7万个次。根据《关于进一步加强我省长江流域退捕转产渔民生活保障工作的通知》要求，大力开展退捕渔民岗位推介、技能培训等服务，加大公益性岗位开发和发展农渔业产业带动就业力度，积极落实退捕渔民养老保险政策，实现“应帮尽帮、应保尽保、应补尽补”。组织开展“十省百县千户”长江退捕渔民调研，把符合条件的退捕渔民纳入防止返贫动态监测对象。全省退捕渔民中有劳动能力和就业意愿的 12 844 人已全部转产就业，符合参加养老保险条件的 16 318 人已全部参保。3 月底，连同相关厅局联合召开全省禁捕工作情况新闻发布会，在四川广播电视台滚动播放长江禁捕公益广告，广泛宣传《中华人民共和国长江保护法》和《最高人民法院 最高人民检察院 公安部 农业农村部依法惩治长江流域非法捕捞等违法犯罪的意见》等法规政策。全省共开展媒体宣传 22 万余次，印发宣传资料 117 万余份。

2.鱼米之乡 2021 年投入财政资金 1 亿元整县建设合江县、富顺县、资阳市雁江区、西充县、剑阁县、平昌县、中江县、大竹县、射洪市、宜宾市翠屏区等 10 个“鱼米之乡”。新建稻渔综合种养面积 1.49 万公顷，核心区面积达到 0.846 万公顷，其中沟凼式面积 0.49 万公顷；核心区水稻均产每公顷 8 539.5 千克、渔业产值每公顷 55 467 元，比单一种粮效益平均提高 1.5 倍以上。

3.园区建设 2021 年新增培育江安县和武胜县 2 个水产现代农业园区，全省已累计建成现代水产农业园区 12 个，其中五星级 2 个、四星级 2 个、三星级 4 个、省级培育园区 3 个、水产种业园区 1 个。指导隆昌市、开江县争创并成功纳入国家现代农业产业园区培育。引导川渝毗邻县(市、区)加强合作、统筹规划，隆昌市与重庆市荣昌区签订了共建 2.67 万公顷稻渔产业示范带合作协议。隆昌荣昌、大足安岳、开江梁平现代农业合作示范园区稻渔综合种养示范基地建设也在稳步推进。

4.水产种业 完成全省第一次全国水产种质资源普查年度工作，初步摸清省内水产种质资源现状。编制完成水产种苗供给能力提升行动方案，争取省级资金 910 万元用于现代水产种业提升，实施水产良繁能力建设和亲本更新。2021 年全省淡水鱼苗产量达 295.97 亿尾、鱼种产量 19.39 万吨、水产苗种产值达 32.17 亿元，同比分别增长 3.01%、3.65%和 6.53%。其中，黄颡鱼、长吻鮠鱼苗产量居全国第一。修订《四川省省级水产原、良种场资格验收与复查办法》，2021 年全省拥有国家级水产原(良)种场 2 个，省级水产原(良)种场 45 个。

5.绿色发展 全省已完成养殖水域滩涂规划编制，依法划定了禁养区、限养区和养殖区。推广池塘健康养殖、稻渔综合种养、水库生态养殖、流水养殖、设施渔业及循环水养殖等健康养殖模式，积极发展休闲渔业，构建资源节约、环境友好、质效双增的现代渔业。邛崃市、盐亭县成功创建 2021 年国家级水产健康养殖和生态养殖示范区。落实财政资金 1.57 亿元，对全省 0.577 万公顷养殖池塘进行标准化改造和养殖业尾水达标治理。

6.品牌建设 积极做好水产品品牌培育和宣传工作。截至 2021 年年底，全省共认定无公害水产品 627 个、绿色水产品 3 个、有机水产品 9 个，登记水产品地理标志 12 个。在四川科教频道《田园四川》栏目对“资中鲶鱼”和“梓江鳜鱼”进行品牌展播、在全国品牌推介活动中推介“两湖有机鱼”等。

7.质量安全监管 完成水产出证平台与省政务一体化平台对接，实现检疫证明“一网通办”“全程网办”，2021 年开具水生动物检疫合格证明 3 203 份，检疫苗种 16.01 亿尾；完成农业农村部下达四川省疫病监测任务，结果均为阴性。做好水产品质量安全监测，组织完成部省级例行监测、监督抽查、专项检查(飞行检查)及全省规模水产养殖基地(303 公顷以上)水产品快速检测工作，全年共抽检水产品 7 280 批次，整体合格率为 99.2%。印发《四川省水产养殖用投入品专项整治三年行动方案》，重点整治查处生产、经营和使用假兽药、逃避兽药监管的违法行为；印发《四川省食用农产品“治违禁 控药残 促提升”三年行动方案》，开展全省“四条鱼”(大口黑鲈、乌鳢、鳊鱼、大黄鱼)生产经营过程中存在的隐患问题及治理管控对策专项调研，编制“四条鱼”常见疾病及防控技术方案。全年新增立项标准 5 项，完成终审评定并颁布实施省级水产地方标准 6 项，全省现行有效的水产地方标准达到 91 个。

8.资源养护 开展长江流域重要水生生物栖息地专项检查行动，对全省水生生物保护区涉渔工程渔业资源补救措施落实情况进行检查，全省共计梳理涉渔工程建设项目 313 个。截至 2021 年年底，全省共建有水产种质资源保护区 39 个，其中国家级 31 个、省级 8 个。加快建设长江上游流域水生生物资源及栖息地监测网络，构成系统完善的监测体系。在长江流域重点水域科学设置 132 个水生生物监测点位，监测水域覆盖了 60%以上的水生生物关键栖息地，提高了资源监测信息化水平，不断适应长江“十年禁渔”新形势、新要求。科学开展增殖放流，积极建设农业农村部长江鲟保育中心，组织放流长江鲟 100 余尾。开展川陕哲罗鲑的人工驯养繁殖研究，复核并公布了全省水生生物增殖放流经济物种苗种供应单位名单，2021 年争取落实渔业资源保护资金 1 387 万元，在全省放流水生生物经济物种及濒危物种共计 5 234.83 万尾。截至 2021 年年底，省级共办理水生野生动物驯养繁殖许可证 192 件、经营利用许可证 409 件、禁渔期专项(特许)捕捞许可证 135 件、特许捕捉证 5 件、重要经济价值的苗种或禁捕怀卵亲体的捕捞许可证 5 件、水产苗种进口及水生动物特许利用初审 9 件。全年省级渔业行政主管部门共完成涉渔工程项目审查和审批 45 个。

9.科技与推广 “稻渔生态种养提质增效关键技术创新与应用”获得 2020 年度四川省科技进步奖一等奖，“鲟鱼高效健康养殖及鱼子酱加工技术创新与应用”等 4 项成果获得四川省科技进步奖二、三等奖。扎实推进水产绿色健康养殖技术推广“五大行动”，建成“五大行动”骨干基地 82 个。全面推进水产苗种产地检疫，在全省建立渔业官方兽医队伍 522 人，建立水生动物检疫申报点 121 个，检疫水产苗种 16.01 亿尾。在全省 19 个市、州共 24 个渔业大县的 121 个测报点对草鱼等 20 个品种开展了水产养殖动物病害测报，监测面积近 0.2 万公顷。开展水产养殖规范用药科普下乡活动，派出技术专家 642 人次，指导渔民 22 582 人次，举办培训班次数合计 51 次，参加培训人数总计 7 680人，发放宣传资料 119 000 份。

【重点渔业市(县、区)基本情况】

四川省重点渔业市(县、区)基本情况

市	县、区	总人口(万人)	渔业产值(万元)	水产品产量(吨)	其中		养殖面积(公顷)
					捕捞	养殖	
眉山市	仁寿县	152.47	131 832.20	53 847		53 847	6 832
乐山市	井研县	42.00	129 551.00	48 699		48 699	3 581
泸州市	泸县	105.60	98 604.29	47 632		47 632	4 318
眉山市	东坡区	87.43	237 001.70	45 467		45 467	3 125
乐山市	市中区	83.00	146 468.00	42 000		42 000	2 459
内江市	隆昌市	75.69	118 005.93	37 181		37 181	1 922
宜宾市	翠屏区	90.34	110 470.00	35 280		35 280	2 595
内江市	资中县	121.67	146 709.72	34 050		34 050	2 611
内江市	东兴区	88.14	105 957.76	30 171		30 171	1 320
成都市	简阳市	111.70	68 442.31	29 636		29 636	4 993

【大事记】

[1]1 月 8 日，省农业农村厅巡视整改工作领导小组副组长卿足平一行到省水产局就省委第一巡视组反馈的问题整改情况进行专项督查。

[2]1 月 13 日，省水产局局长何强率队赴成都市邛崃市、崇州市、大邑县、新津区对 2020 年长江经济带生态环境警示片中反映的水产面源污染问题整改工作进行督导检查，成都市农业农村局有关负责同志参加督导。

[3]1 月 15 日，省农业农村厅党组成员、副厅长薛学深率队赴乐山市井研县调研督导 2020 年长江经济带生态环境警示片中反映的水产面源污染问题整改工作情况。

[4]1 月 28 日，省农业农村厅、省创新团队领导小组办公室在成都组织专家对国家现代农业产业技术体系四川淡水鱼创新团队 2020 年度工作进行考核。按照《国家现代农业产业技术体系四川创新团队绩效考核实施办法》要求，淡水鱼创新团队 10 位岗位专家对照各自年度任务，汇报了 2020 年度工作开展情况，并接受专家质询、答疑。与会领导、专家分别对做好淡水鱼创新团队工作提出意见建议。考核显示，四川淡水鱼创新团队 10 个岗位专家均获得高于 90 分的好成绩。淡水鱼创新团队首席专家何川结合专家意见对四川淡水鱼创新团队 2021 年工作做了部署。

[5]2 月 25 日，全国脱贫攻坚总结表彰大会在北京人民大会堂隆重举行。中共中央总书记、国家主席、中央军委主席习近平为受表彰的全国脱贫攻坚先进个人和先进集体代表颁奖。其中，省水产局推广站副站长(挂职喜德县农业农村局副局长)王俊同志，荣获“全

国脱贫攻坚先进个人”荣誉称号。

[6]3月3—11日，长江禁捕退捕工作专班委托第三方单位成立核查组，赴四川开展长江流域重点水域禁捕退捕实地抽查核验工作。核验组充分肯定四川长江流域重点水域禁捕退捕工作成绩，认为四川省委、省政府高度重视长江禁捕退捕工作，退捕渔民安置保障全面有力，打击非法捕捞等违法违规行为成绩明显，禁捕宣传工作扎实有效。省农业农村厅二级巡视员付洪、夏攀峰分别陪同核验组开展核验。

[7]3月31日，省长江流域重点水域禁捕和退捕渔民安置保障工作领导小组办公室召开禁捕工作情况新闻发布会，介绍近期长江流域重点水域禁捕工作情况，对《关于健全四川省长江流域禁捕长效管理机制的意见》进行政策解读，并通报6起执法监管典型案例。

[8]4月8日，省农业农村厅在成都召开全省渔业渔政工作会议，总结2020年工作，安排部署2021年渔业渔政重点任务。厅党组成员、副厅长薛学深出席会议并讲话，省水产局党委书记、局长何强安排工作，厅二级巡视员夏攀峰主持会议。

[9]4月13日，省农业农村厅党组成员、副厅长薛学深带队到南充市高坪区、西充县、营山县和绵阳市盐亭县调研水产工作。南充市副市长沈一凡，省水产局党委书记、局长何强，省农业农村厅计划投资财务处负责同志参加调研。

[10]4月21—23日，省农业农村厅水产局与省交通运输厅海事局组成联合调研组，赴广安市邻水县、武胜县、南充市南部县调研船舶管理工作。调研组先后对邻水县大洪河库区渔政执法船（艇）和养殖渔船、武胜县嘉陵江水域乡镇自用船舶、南部县升钟湖库区船舶管理等情况进行了联合调研。

[11]4月21日—23日，省农业农村厅和省交通运输厅组成联合暗访组，赴广安市、南充市部分县（区）暗访检查长江禁捕工作落实情况。暗访组先后对广安市、南充市嘉陵江段和南部县升钟湖库区禁捕工作落实情况进行了明察暗访。

[12]4月27—28日，省农业农村厅党组成员、副厅长薛学深一行到达州市调研水产工作。达州市副市长王全兴，市政府副秘书长、市扶贫开发局局长冯远国陪同调研。

[13]4月28日，省农业农村厅党组成员、副厅长卿足平率队调研江阳区禁捕工作。卿足平一行沿江查看了江阳区“四清”（清船、清网、清江、清湖）“四无”（无捕捞渔船、无捕捞渔具、无捕捞生产、无捕捞渔民）工作和视频监控安装布控情况后，对全区禁捕工作给予充分肯定。并要求，沿江视频监控要更加智能化，以“技防＋人防”的结合方式，严厉打击非法捕捞行为；要以更坚决的态度、更严格的标准、更有力的举措，扎实推进长江流域重点水域禁捕退捕工作，用实际行动践行习近平总书记“共抓大保护、不搞大开发”重要指示精神。泸州市政府副市长郭庆陪同调研。

[14]4月22—24日，2020年度渔业统计年报数据集中会审会在浙江杭州召开。会议通报了2020年度全国渔情监测统计工作表现突出单位和个人。省水产局获评表现突出单位，杨育梅同志被评为表现突出个人。同时，四川还进行了典型交流发言。

[15]5月14日，省农业农村厅召开了全省水产养殖尾水治理技术培训暨工作布置视频会。省水产局党委书记、局长何强出席会议并讲话。厅渔业渔政管理处处长漆乾余主持会议。

[16]5月17—18日，农业农村部渔业渔政管理局会同中国兽医药品监察所、中国水产科学研究院质量与标准研究中心、全国水产技术推广总站、农业农村部淡水鱼类种质监督检验测试中心赴四川省调研指导2020年长江经济带生态环境警示片水产问题整改和水产养殖用投入品监管工作。

[17]5月28日，全省长江流域禁捕水域网格化管理培训电视电话会议在成都召开。省水利厅副厅长、省河长制办公室副主任王华，省农业农村厅副厅长、省禁捕退捕领导小组办公室副主任薛学深出席会议，省农业农村厅二级巡视员付洪主持会议。

[18]5月28日，农业农村部渔业渔政管理局局长刘新中带队赴眉山市东坡区和成都市新津区开展现代渔业建设工作指导与调研。

[19]6月6日，2021年全国放鱼日四川分会场增殖放流活动在金堂县沱江文化博物馆东进港举行。副省长尧斯丹出席并宣布活动启动，省委农办主任、省农业农村厅厅长杨秀彬讲话，成都市副市长刘旭光致辞，成都市农业农村局局长张俊国主持活动。2021年“6·6”是全国第7个放鱼日，主题是“养护水生生物，建设美丽中国”。四川分会场在沱江金堂段现场，投放了中华倒刺鲃5万尾、鲢65.8万尾、鳙50万尾，共计120.8万尾。与此同时，全省各地在当日同步开展增殖放流活动，共计放流各类经济物种和珍稀濒危物种1 700多万尾。

[20]6月4日，四川省水产局在乐山市市中区白马镇水产现代农业园区举办全省水产养殖用投入品专项整治暨放心渔资下乡活动。省水产局党委书记、局长何强出席活动并讲话。

[21]6月6—7日，省农业农村厅水产局局长何强一行在广元市利州区、青川县开展了长江流域重点水

域“四清四无”回头看专项行动检查调研工作。

[22]6月6—9日，由省水产局党委书记、局长何强带队，局内相关处室工作人员组成的全省长江流域重点水域“四清四无”回头看专项行动省级第一调研组赴广元市和德阳市调研相关工作落实情况。

[23]6月23日，农业农村部长江流域渔政监督管理办公室副主任赵依民率部际长江禁捕退捕工作专班第四检查组赴川检查指导四川省长江流域重点水域“四清四无”回头看专项行动推进情况并召开汇报会。省农业农村厅党组副书记、副厅长卿足平主持会议，厅党组成员、副厅长薛学深出席会议。省长江禁捕退捕工作领导小组部分成员单位省农业农村厅、省公安厅、省人力资源社会保障厅、省市场监管局、省交通运输厅、省水利厅等相关部门(处室)负责同志，省长江禁捕工作专班有关负责同志参加会议。

[24]7月6—9日，省水产局、省农产品质量安全中心组成调研组赴乐山市、自贡市、内江市、成都市调研水产养殖用投入品整治工作情况。

[25]7月16—17日，内江市举行了白乌鳢种业提升研讨会，来自全国水产渔业领域的院士、专家和省级部门领导等20余人齐聚甜城，为白乌鳢种业提升献智支招。省农业农村厅党组副书记、副厅长卿足平出席并讲话。

[26]7月26—28日，省水产局党委书记、局长何强带队到大竹县、平昌县调研“鱼米之乡”建设工作。调研组实地走访了大竹县月华镇糯稻园区，石河镇前锋村、五通村和平昌县道生渔业有限公司，灵山镇巴灵台社区、明益村，涵水镇庆丰村、幸福村等“鱼米之乡”建设核心区，现场听取了大竹县和平昌县“鱼米之乡”整体规划和项目实施情况介绍。

[27]8月30日，省禁捕退捕领导工作小组办公室召开全省长江流域重点水域禁捕工作视频调度会议，传达学习党中央、国务院和省委、省政府关于“十年禁渔”的最新决策部署，通报2021年以来全省工作进展情况，研究安排下步工作。省委农办主任，省农业农村厅党组书记、厅长、省禁捕退捕工作领导小组办公室主任杨秀彬出席会议并讲话，厅党组副书记、副厅长卿足平主持会议。厅党组成员、副厅长、领导小组办公室副主任薛学深，厅总畜牧师李春华出席会议。领导小组办公室成员单位和省乡村振兴局相关负责同志在主会场参会。

[28]8月30日，省长江流域重点水域禁捕和退捕渔民安置保障工作领导小组办公室组织召开全省长江流域重点水域禁捕工作视频调度会议，围绕执法监管、渔民增收、安置保障、能力建设等方面进行工作交流与安排部署。

[29]8月31日，四川省第一次全国水产养殖种质资源普查技术专家组会商会在成都召开。

[30]9月10日，省水产局局长何强、省农业农村厅渔业渔政管理处处长漆乾余等一行到郫都区袁隆平杂交水稻科学园调研设施化稻渔综合种养新模式。

[31]9月13日，省农业农村厅党组成员、副厅长薛学深带领发展规划与农业园区处、省水产局等单位(处室)负责同志到成都蒲江县督办中央第五生态环境保护督察组重点关注的寿安街道非法捕捞、销售野生鱼案调查处理工作，省水产局党委书记、局长何强参加督导。薛学深一行实地察看了寿安街道非法销售野生鱼现场，到蒲江河调研“十年禁渔”和河长制网格化管理开展情况，听取了案件办理和禁渔工作开展情况汇报。

[32]9月15日，省农业农村厅党组成员、副厅长薛学深带队到绵阳市江油市、绵阳市游仙区调研水产工作。

[33]9月12—17日，由四川省水产局主办的第四届全国农业行业职业技能大赛水生物病害防治员项目四川省选拔赛在省水产校成功举办。本次比赛以县级报名、市级推荐、省级遴选方式确定参赛选手，来自成都、广元、达州、乐山、泸州等地选手参加选拔，选手们同场竞技、激烈角逐，全面展现了全省新时代水产职业技能人才的优秀风采。经过5天集中学习培训和理论实操考核，最终选拔出3名优秀选手组成四川代表队参加全国大赛。

[34]9月28—30日，省水产局组织人员分赴宜宾、达州、遂宁三地开展长江流域重要水生生物栖息地专项检查。重点对涉水生生物保护区在建和已建项目进行督查，跟踪评估涉渔项目生态补偿措施的落实情况。

[35]为坚决贯彻落实党中央、国务院有关长江“十年禁渔”的重大决策部署，保障川陕甘跨省交界水域全覆盖无死角执法监管，按照《四川省广元市、陕西省汉中市、甘肃省陇南市长江流域重点水域禁捕联防联控工作协议》安排，由广元市牵头，组成三省联合执法检查组，于2021年10月18—21日开展2021年度川陕甘跨省交界水域禁捕联合执法行动。10月19日，联合执法行动启动仪式在广元市青川县举行。广元市人民政府副秘书长杜剑致辞，四川省水产局党委书记、局长何强讲话并宣布联合执法行动正式启动。

[36]10月29日，全省长江流域重要水生生物栖息地专项检查工作视频调度会在成都召开，会议由省水产局党委书记、局长何强主持，省农业农村厅一级巡

视员赵勇出席会议并讲话。省农业农村厅相关处室（单位）负责同志、各市（州）农业农村部门负责同志和科股（室）负责人参加会议。

[37]12 月 10 日，省水产局举办了 2021 年全省渔业官方兽医线上培训班。此次培训在省水产局设主会场，19 个市（州）设分会场，各地水产科（站）长、检疫申报点负责人、渔业官方兽医共 340 余人参加培训。

[38]12 月 17 日，全省渔业渔政工作会在成都召开，会议深入贯彻落实中央经济工作会议、全国畜牧渔业工作会议精神，全面总结 2021 年渔业渔政工作，进一步明确"十四五"发展目标和思路，安排部署 2022 年重点工作任务。省农业农村厅一级巡视员赵勇出席会议并讲话，省水产局局长何强主持会议。厅渔业渔政管理处、厅综合执法监督局、省水产局等处室（单位）负责同志，各市（州）农业（农牧）农村局、"鱼米之乡"建设县和交流发言县农业农村局有关负责同志及水产股（站、中心）负责同志参加会议。宜宾市翠屏区、武胜县、合江县、盐亭县、眉山市东坡区、井研县农业农村局做工作经验交流。

[39]12 月 17 日，全省"鱼米之乡"建设座谈会在成都召开，省水产局党委书记、局长何强同志主持会议。省农业农村厅渔业渔政管理处处长漆乾余，10 个"鱼米之乡"建设项目实施县（市、区）及所在市农业农村局以及省水产局相关处室负责人参加会议。

[40]12 月 18 日，全国首批 100 个星级基层水产技术推广机构遴选结果公布。经单位申报、省级推荐、形式审查、专家评审、公示等程序，四川省 8 个县级水产站（中心）获评全国星级基层水产技术推广机构，数量居全国第二。

（四川省水产局　王　放）

贵州省渔业

【概况】 2021 年，贵州省渔业渔政系统坚持以习近平新时代中国特色社会主义思想为指导，认真贯彻落实党中央、国务院和省委、省政府决策部署，坚持稳中求进工作总基调，紧扣渔业提质增效和水产品稳产保供主题，立足新发展阶段、贯彻新发展理念、构建新发展格局，确保"十四五"期间贵州生态渔业高质量发展开好局、起好步，推动渔业转型升级和高质量发展，取得了较好的成效。全年累计完成水产品产量 26.2 万吨，同比增长 5.4%。渔业一产产值 69.8 亿元，同比增长 14.6%，渔民人均纯收入 13 704 元，同比增长 28.1%。

1.长江流域禁捕退捕　强化执法监管，与四川省、重庆市、云南省签订长江流域重点水域"十年禁渔"联合执法合作协议，与重庆市签订《关于打击长江流域非法捕捞水产品犯罪合作协议》，构建跨区域联合执法格局。农业农村部门出动执法人员 3.97 万人次，查处违法案件 967 件，行政处罚 82.27 万元。会同省公安厅、省交通运输厅，息烽县、遵义市播州区、金沙县农业农村局开展联合执法行动。召开长江流域跨界水域渔政管理及执法机制协调会，组织贵阳、遵义、毕节、安顺、黔南等五市（州）签订《长江流域重点水域十年禁捕执法联防联控合作框架协议》，严厉打击省内交界水域非法捕捞行为。

2.生态渔业发展　省政府办公厅印发《关于加快推进生态渔业高质量发展的意见》，大力发展生态环保型现代设施渔业、有序发展大水面增殖渔业、大力推进稻渔综合种养、加快推动生态环保型冷水鱼养殖、积极发展休闲渔业，促进渔业转型升级，加快推进生态渔业高质量发展。制定《2021 年贵州省生态渔业发展工作方案》，创建贵州省生态渔业锦屏县有限责任公司、贵州益寿生态养殖有限公司 2 个国家级水产健康养殖和生态养殖示范区，创建设施渔业示范基地 19 家，推广新品种 7 个，推广运用新技术 5 个。推广稻渔综合种养，丰富品种搭配、提升稻鱼品质、加强田间管理，探索设施渔业新技术新模式的运用和流水养殖尾水处理技术。启动第一次贵州省水产养殖种质资源普查工作，完成普查主体数 7 167 个，普查完成率 100%。

3.绿色健康养殖　制定印发《贵州省 2021—2023 年水产养殖用投入品监管工作方案》《2021 年水产绿色健康养殖"四大行动"实施方案》，深入实施生态健康养殖、养殖尾水治理、水产养殖用药减量、水产种业提升"四大行动"，创建国家级水产健康养殖示范场 10 个。加强水产养殖病情预测和水生动物疫病监测，开展水产养殖规范用药科普下乡活动，发放《渔药与水产品质量安全管理》《农业农村部关于加强养殖投入品监管的通知》《水产养殖用药明白纸 2020 年 1、2 号》等宣传资料 24 845 余份，有效推进水产养殖业绿色发展。加强水产养殖用投入品监管，抽检产地水产品样品 858 批次，抽检合格率为 99.41%。开展水产品质量安全专项集中整治行动，查办违规使用投入品案件 4 件。

4.渔政执法　组织实施"中国渔政亮剑 2021"专项行动，联合公安、交通、市场等部门开展渔政联动执法行动，有效落实禁渔期制度，清理并取缔涉渔"三无"船舶和"绝户网"等违规网具，严厉打击违法违规渔业行为。"中国渔政亮剑 2021"专项执法行动期间，累计出动执法人员 3.63 万人次，出动执法车辆 8 450 车次，出动执法船艇 2 093 艘次，检查渔港码头及渔船自然停靠点 2 020 个次，检查船舶网具修造厂点 22 个次，检查市场 8 132 个次，检查饲养繁育、展演展示、经营利用场所 840 个次、水产养殖用投入品规范使用专项执法行动检查养殖场点 517 个次，清理取缔涉渔“三无”船舶 300 艘，清理整治违规网具 2.2 万余张，查办违规违法案件 669 件，查获涉案人员 783 人。举办两期执法队伍能力提升培训班，培训渔政执法人员 190 余名。

5.资源养护 投入增殖放流资金 789 万元，累计开展增殖放流活动 44 次，投放青鱼、草鱼、鲢、鳙、黄颡鱼、中华倒刺鲃等鱼苗 2 161.74 万尾。在贵州省水生野生动物科普基地举办主题为“关爱水生动物 共建和谐家园”的水生野生动物保护科普宣传月活动。在习水县习酒镇举行贵州省水生生物增殖放流暨长江流域禁捕宣传启动仪式活动。督促 19 个涉水产种质资源保护区工程开展水生态环境影响专题评价。开展水产种质资源保护区现场调研，督促落实生态补偿资金及生态补偿措施。

6.渔业安全 全年未发生渔业安全事故，安全生产形势总体稳定。制定印发《贵州省 2021 年渔业安全生产专项治理工作方案》《贵州省渔业船舶安全风险防控工作实施方案》，加强渔业安全生产管理，落实安全生产责任制。制定《贵州省渔业船舶水上安全应急预案》，经省政府同意，以省政府办公厅名义印发。在关岭布依族苗族自治县举办贵州省 2021 年渔业船舶安全应急处置演练和渔业“安全生产月”“安全生产贵州行”活动，完成“平安渔业示范县”创建。切实做好春节、汛期等重要时间节点渔业安全工作，确保广大人民群众生命财产安全。全年各级渔业主管部门共组织安全检查 2 502 组次，检查人员 9 902 人次，现场检查企业（渔船）5 263 家次，全年渔业安全生产事故“零发生”。

【重点渔业市（县、区）基本情况】

贵州省重点渔业市（县、区）基本情况

市（县、区）	总人口（万人）	渔业产值（万元）	水产品产量（吨）	其中		养殖面积（公顷）
				捕捞	养殖	
遵义市播州区	76	51 816	14 900		14 900	3 361
松桃苗族自治县	73	21 981	8 000		8 000	2 009
江口县	25	20 570	7 014		7 014	506
安顺市西秀区	64	17 517	6 796		6 796	1 672
思南县	46	17 762	6 660		6 660	1 233

【大事记】

[1]5 月 11—12 日，国家大宗淡水鱼产业技术体系首席科学家戈贤平研究员、国家特色淡水鱼产业技术体系岗位专家陈家长研究员到贵州调研生态渔业。

[2]5 月 14—15 日，全国水产技术推广总站站长崔利锋到贵州调研水产养殖生产。

[3]5 月 21 日，贵州省生态渔业产业广东招商推介会在广州市举行。副省长、省生态渔业发展领导小组组长郭瑞民出席会议并讲话 。

[4]6 月 6 日，由省农业农村厅主办，遵义市农业农村局、习水县人民政府承办，习酒公司协办的 2021 年全国放鱼日暨贵州省水生生物增殖放流活动在习酒镇二郎滩渡口举行。

[5]8 月 17—18 日，福建省海洋与渔业局副局长邱章泉率全国渔业安全生产专项治理交叉排查第五组赴贵州省开展渔业安全生产工作检查。

[6]9 月 10 日，省长江流域禁捕和退捕工作领导小组办公室在息烽县、遵义市播州区和金沙县乌江交界水域组织开展长江流域打击非法捕捞联合执法行动。

[7]9 月 23 日，省农业农村厅在关岭布依族苗族自治县举行贵州省 2020 年渔业船舶安全应急处置演练。

[8]11 月 10 日，省长江流域禁捕和退捕工作领导小组办公室召开长江流域重点水域禁捕退捕工作视频会议，研究部署下步工作。

[9]11 月 18 日，长江流域跨界水域渔政管理及执法机制协调会在贵阳市举行。贵阳市、毕节市、遵义市、安顺市和黔南布依族苗族自治州签订《长江流域重

点水域十年禁捕执法联防联控合作框架协议》。

[10]12 月 3 日，由省农业农村厅主办的主题为“关爱水生动物　共建和谐家园”的 2021 年贵州省水生野生动物保护科普宣传月活动启动仪式在贵州省水生野生动物科普基地、贵州龙川极地海洋世界举行。

[11]12 月 24 日，省政府办公厅印发《关于加快推进生态渔业高质量发展的意见》。

[12]12 月 29 日，农业农村部公布贵州省生态渔业锦屏县有限责任公司、贵州益寿生态养殖有限公司 2 个企业为国家级水产健康养殖和生态养殖示范单位。

（贵州省农业农村厅　廖中华）

云南省渔业

【概况】 2021 年，全省各级渔业部门认真贯彻落实省委、省政府决策部署和农业农村部工作要求，坚持“生态优先、绿色发展、增养结合、种养协调”总方针，紧盯“提质增效、减量增收、绿色发展、富裕渔民”总目标，以建设“长江经济带”、打出绿色食品牌为契机，紧扣渔业提质增效和水产品稳产保供主题，着力转变渔业发展方式、调整渔业产业结构，突出抓好长江“十年禁渔”，协调推进水产绿色健康养殖，渔业经济保持平稳增长，为“十四五”渔业高质量发展奠定良好基础。全省水产养殖面积 10 万公顷，水产品总产量 65.77 万吨，其中养殖产量 62.84 万吨，捕捞产量 2.93 万吨。全省鲟鱼产量居全国第 1 位，鳟鱼产量居全国第 2 位，罗非鱼产量居全国第 4 位。水产加工品总量 1.3 万吨。渔业经济总产值 195.68 亿元。渔民年人均纯收入 19 585.39 元。机动渔船 881 艘，其中生产渔船 786 艘，辅助渔船 95 艘。渔业人口 23.06 万人，渔业从业人员 19.21 万人。渔业受灾养殖面积 2 460 公顷，直接经济损失0.65 亿元。

1.长江“十年禁渔”开局良好　一是及早谋划部署。2021 年 2 月 4 日，省长江“十年禁渔”工作领导小组办公室召开全省 2021 年长江禁渔工作部署视频会议，明确了 2021 年长江禁渔重点工作。二是健全工作机制。与省级有关部门联合印发禁捕长效机制、网格化管理的通知和非法捕捞挂牌整治实施办法。省农业农村厅制定印发赤水河增殖放流名录、水生生物采集管理办法，与四川、重庆、贵州签订 4 省（直辖市）禁渔执法合作协议。三是做好安置保障。截至 2021 年年底，有就业意愿的 338 人 100％实现转产就业，符合参保条件的 375 名退捕渔民 100％参保。对参加基本养老保险的退捕渔民给予缴费补贴，全省累计兑现养老保险缴费补贴 130.75 万元。四是严格执法监管。2021 年 1—12 月，各级农业农村部门清理取缔涉渔“三无”船舶 24 艘，清理违规网具 5 217 张（顶），查办违法违规案件 105 件；各级公安部门办理非法捕捞案件 121 起、抓获嫌疑人 218 人，查处行政案件 24 起、行政处罚 37 人。各级市场监管部门监测电商平台 30 368次，督促下架非法交易信息 299 条。持续保持对非法捕捞行为的高压严打态势，坚决遏制非法捕捞违法犯罪活动。五是推进网格管理。按照《关于建立完善长江流域禁捕水域网格化管理体系的通知》，共划分 259 个网格、1 160 段禁捕区域，明确责任领导和责任人 2 342 人。六是提升技防能力。整合中央和省级资金 7 100 万元，建设长江禁捕智能监控系统，共规划建设 681 个视频监控点位，其中，第一批建设 291 个点位 ，已建成 241 个，省级指挥中心建设也已积极推进。

2.水产绿色健康养殖深入推进　一是推进水域滩涂规划编制发布和养殖证核发工作。报省政府同意，于 2021 年 4 月印发《云南省养殖水域滩涂规划（2020—2030 年）》，16 个州（市）发布养殖水域滩涂规划，106 个县（市、区）发布养殖水域滩涂规划，县级完成率达 120％。指导各地开展三区划定和界限标定，各地核发养殖证 1 575 本、发证面积 14 594.05 公顷，其中全民所有水域滩涂的养殖证 802 本、发证面积 9 918.72公顷，集体所有水域滩涂的养殖证 773 本、发证面积 4 675.33 公顷。二是开展池塘养殖标准化改造和尾水治理。落实《全国池塘养殖尾水治理专项建设规划（2021—2035 年）》，统筹安排中央渔业发展补助资金 3 267 万元和油补资金 1 920 万元，共计 5 187 万元用于开展 1 183 公顷池塘标准化改造和尾水治理。三是推广生态健康养殖模式。持续推进生态健康养殖模式示范推广、养殖尾水治理模式推广、水产养殖用药减量、水产绿色健康养殖技术推广等“五大行动”，示范推广池塘工程化循环水养殖、工厂化循环水养殖、集装箱式循环水养殖、多营养层级综合养殖、大水面生态增养殖、鱼菜共生生态种养、稻渔综合种养等。四是推进水产健康养殖示范创建。制定《云南省国家级水产健康养殖和生态养殖示范区管理细则》，组织开展申报、验收工作，推荐玉溪市江川区人民政府、勐海县云清水产养殖专业合作社申报国家级水产健康养殖和生态示范区，元阳县呼山众创农业开发有限公司创建为省级水产健康养殖和生态示范区。五是推动大水面生态渔业发展。坚持生态优先、融合发展原则，落实九湖革命制度措施，推进研究制定湖泊以渔控藻、以渔净水实施方案，实施科学增殖放流，鼓励支持休闲渔业健康发展，推进大水面生态保护与渔业协调发展。六是做好水产品稳产保供。按照统筹疫情防控和经济社会发展要求，安排1名处级干部参加省疫情防控指挥部市场监管组工作，持续推进水产健康生态养殖，对水产品稳产保供信息进行调度，确保水产品市场供应稳定。

3.水产种业振兴行动稳健起步 一是推进水产养殖种质资源普查工作。制定《云南省第一次水产养殖种质资源普查实施方案》，成立省级领导小组和办公室，组建技术专家组，有序推进水产养殖种质资源普查工作。基本情况普查成效明显，全省16个州（市）、129个县共确定普查主体12 959个，填报普查数据量44 018条，其中普查资源数据31 059条。系统调查同步开展，完成滇东北等4个调查区域共44个物种样本采集，制作遗传材料600余份，完成DNA条形码编组。二是规范水产种质资源保护区管护。严格工程项目环境影响评价审查，共审查涉保护区环境影响专题评价项目6个，其中国家级保护区项目4个、省级保护区建设项目2个。完成滇池国家级水产种质资源保护区规划调整省级初审和农业农村部终审。全面开展水产种质资源保护区存在问题大排查，推进长江流域重要水生生物栖息地专项检查行动，组织召开问题整改视频会议，推进问题整改。印发关于建立水产种质资源保护区涉渔工程落实生态补偿措施长效机制的通知，督促落实涉渔工程生态补偿措施，安排315万元补助资金推进规范化管理，切实加强水产种质资源及其栖息地保护。三是推进水产种业发展。新认定云南阿穆尔鲟鱼集团（会泽）有限公司等3家为省级良种场，罗平美丽家园水产有限公司等4家为省级原种场，对1家省级良种场进行资格复查。学习贯彻国家种业振兴行动计划，组织申报2022—2025年现代种业提升工程项目，强化种质资源场建设等项目监管。立足云南水产种质资源优势，推进土著鱼类人工驯养繁育研究，丝尾鳠产业化关键技术研究，联合开展重点品种育种攻关。安排资金900万元，用于3个原良种场繁育能力提升改造。四是强化水产苗种管理。落实苗种生产许可和证后监管制度，推进水产苗种场（站）建设。组织445名专业技术人员参加全国水产苗种产地检疫培训并取得合格证书，按照《云南省水产苗种产地检疫办法（试行）》开展水产苗种产地检疫。积极推广罗非鱼、虹鳟、鲟鱼等优势水产品和福瑞鲤、中科五号、松浦镜鲤等大宗优良品种。

4.水生生物资源养护持续强化 一是加强珍贵、濒危水生野生动植物保护。制定《金沙江流域（云南段）珍贵、濒危水生野生动植物保护计划》《赤水河流域珍稀特有鱼类保护计划》，举行水生野生动物科普宣传月活动，《生物多样性公约》缔约方大会第十五次会议（CBD COP15）期间配合中国野生动物保护协会水生野生动物保护分会举办长江水生生物多样性科普展暨中华鲟、长江鲟入驻融创海世界仪式，统筹开展"清风行动"等系列执法行动，依法打击非法猎捕、杀害珍贵、濒危野生水生动植物的违法行为。二是强化水生野生动物特许管理。落实新公布的《国家重点保护野生动物名录》，依法规范开展水生野生动物人工繁育和经营利用行政审批工作，持续开展"双随机一公开"事中事后监管。全年共发放许可证109本，年审许可证25本，审批发放《水生野生动物特许猎捕证》3份、专项（特许）渔业捕捞行政许可决定29份。持续开展"中国渔政亮剑2021"系列专项执法行动，集中打击整治炸鱼、毒鱼、电鱼等非法捕捞行为。三是规范开展增殖放流活动。组织9家单位申报获得珍稀濒危水生动物增殖放流苗种供应单位资格，最终8家通过农业农村部审查并予以公布。制定渔业资源增殖放流实施方案，聚集六大水系、九大高原湖泊和电站库区，有序开展"6·6"全国放鱼日活动。全省共组织增殖放流65次，投入放流资金4 665.30万元，累计增殖放流各种鱼类3 984.99万尾。组织珍稀濒危水生野生动物增殖放流30次，投入放流资金1 107.44万元，累计增殖放流珍稀濒危鱼类319.35万尾。增殖放流品种62种，其中经济物种7种，土著珍稀濒危和土著经济物种53种，底栖动物2种。四是协同开展赤水河流域（云南段）生态环境保护治理。贯彻落实省委、省政府现场会精神，根据"六大行动"要求，推进划分30个网格、190段禁捕区域，明确责任领导和责任人370人，建立健全网格化管理工作机制。规划建设98个视频监控点位，完成第一批43个点位建设。指导编制赤水河流域珍贵、濒危水生野生动植物保护计划，安排专项经费500万元，对赤水河流域水生生物资源开展本底调查和监测。印发《赤水河流域（云南段）允许增殖放流鱼类名录》，联合省林草局、昭通市政府举办渔业资源增殖放流活动，共计放流106万尾赤水河土著鱼类。五是推进生态环境问题整改。牵头会同省公安厅、省住建厅完成景洪市澜沧江西双版纳大桥段禁渔区非法捕捞问题整改验收备案销号，积极推进长江经济带生态环境问题"滇池非法捕捞"问题整改验收工作。推进中央第二轮生态环境保护督察反馈2个重点关注举报问题、8个群众信访举报问题整改落实。印发《关于妥善处置向家坝库区网箱养殖的通知》，指导督促绥江县、水富市依法依规推进向家坝库区网箱处置。

5.渔业安全生产和水产品质量安全监管扎实有效 一是持续开展渔业安全生产专项整治三年行动。组织召开全省渔业安全生产工作视频会议，与16个州（市）农业农村局和9大高原湖泊签订《云南省2021年度渔业安全生产管理责任书》，压实部门监管责任和船主等主体责任，制定工作清单和2021年渔业安全生产和渔船安全风险防控工作方案，持续推进安全生产专项整治三年行动，修订印发了《云南省渔船安全生产风险分级分类管控办法》。强化渔船和船员源头管理。围绕渔业“安全生产月”活动开展宣传教育，共开展安全宣传咨询活动108场次，“我为群众办实事”实践活动86场，渔港、渔区走访调研70次，“专题行、区域行、网上行”活动65次。组织开展渔业安全生产自检自查和交叉检查，共发现安全隐患34个、问题6个，跟踪督促整改，实行闭环管理。抓紧抓好元旦、春节等关键节点隐患排查、监督检查，扎实开展系列专项执法行动，有效防范风险隐患，全省渔业安全生产形势持续保持稳定。二是深入推进水产品质量安全管理。落实食用农产品“治违禁、控药残、促提升”三年行动方案要求，印发《加强水产养殖用投入品监管工作实施方案》，开展水产养殖用兽药、饲料和饲料添加剂相关违法行为专项整治。配合开展国家农产品质量安全例行监测，共计680个样品，合格率为98.8%。制定《云南省2021年产地水产品兽药残留监控计划》，落实水产养殖用兽药及其他投入品安全隐患排查工作，共抽取55个样品，合格率达100%。开展云南省农产品质量安全例行监测工作，共计680个样品，合格率为98.8%。开展2021年度国家农产品质量安全监督抽查工作，共抽取样品50个，合格率达100%。开展水产养殖业执法行动，全省共出动执法人员4 456人次，检查苗种场75家次，养殖场2 345家次；行政处罚18起，罚款2.562万元。

6.存在的困难和问题 一是渔业发展空间持续受到挤压。各地养殖水域滩涂规划颁布实施后，原有的部分养殖面积被划定为禁养区，逐步退出养殖，导致养殖面积减少、产量下降。同时，受环保政策影响，多数电站库区开展网箱养鱼的清理整治行动，养殖产量受到直接影响。二是渔政执法力量和装备保障不足。长江流域水生生物保护区实施全年禁捕，珠江流域延长禁渔期时间、扩大禁渔区范围。基层渔政执法机构不健全，执法人员力量严重不足，基层执法装备和经费保障不足，难以保障“十年禁渔”常态化执法监管工作。退捕渔民养老保险水平不高，退捕渔民大多年龄偏大，文化程度偏低，技能水平不高，转产就业的稳定性不高。三是渔业发展支撑政策力度较弱。渔业发展基础设施薄弱，科技水平较低，生产经营主体小散弱，水产品加工落后，渔业产业发展缓慢。渔业发展政策支持力度不够，水产种质资源保护、土著鱼的驯化开发、新技术推广示范、水产品质量安全监管等需要强化，把资源优势转化为产业优势、经济优势，推进渔业产业发展力度不够。

【重点渔业市（县、区）基本情况】

云南省重点渔业市（县、区）基本情况

市（县、区）	渔业人口（人）	渔业产值（万元）	水产品产量（吨）	其中		养殖面积（公顷）
				捕捞	养殖	
景洪市	8 533	81 248	47 659	102	47 557	3 733
勐海县	7 890	45 185	24 904	220	24 684	1 386
双江拉祜族佤族布朗族傣族自治县	662	30 271	20 181	1 070	19 111	546
云 县	2 777	25 230	19 085	844	18 241	784
景谷傣族彝族自治县	4 474	26 853	18 964	997	17 967	1 647
普洱市思茅区	3 520	22 307	17 624	400	17 224	1 412
凤庆县	831	33 294	17 026	366	16 660	6 999
墨江哈尼族自治县	6 050	29 474	16 990	4 938	12 052	532
陆良县	4 861	38 407	16 506	116	16 390	1 867
会泽县	3 291	46 329	15 387		15 387	2 837

【大事记】

[1]1月26日，代省长王予波在《云南省人民政府工作报告(2021年)》中提出，坚决落实长江“十年禁渔”，做好长江“十年禁渔”和赤水河流域保护工作。

[2]2月4日，省“十年禁渔”工作领导小组办公室召开全省2021年长江禁渔工作部署视频会议，明确2021年长江禁渔重点工作。

[3]2月5—6日，省委副书记、省长王予波到昭通市镇雄、威信两县调研并开展走访慰问，听取长江流域重点水域“十年禁渔”工作情况汇报。

[4]2月8日，省政府印发《云南省国民经济和社会发展第十四个五年规划和二〇三五年远景目标纲要》，提出落实长江十年禁渔。

[5]3月17日，省农业农村厅、省发展和改革委员会、省公安厅、省财政厅、省交通运输厅、省市场监督管理局印发《转发关于完善长江流域禁捕执法长效管理机制意见的通知》，进一步健全工作机制。

[6]4月25日，省长王予波主持召开第十三届省政府第106次常务会议，专题学习《中华人民共和国长江保护法》《中华人民共和国生物安全法》。

[7]4月28日，赤水河流域(云南段)生态环境保护治理工作现场会在昭通市镇雄县举行。省委书记、省级总河(湖)长阮成发主持会议并讲话，强调要重点实施“六大行动”，其中第一大行动是实施全流域全面禁渔行动，严格落实“十年禁渔”，严抓生境保护，严控增殖放流。

[8]5月28日，云南省十三届人大常委会第二十四次会议表决通过《云南省人民代表大会常务委员会关于加强赤水河流域共同保护的决定》《云南省赤水河流域保护条例》，于2021年7月1日起施行。

[9]11月3日，省农业农村厅、省林业和草原局、昭通市人民政府联合主办，主题为“共推赤水河物种多样性保护　筑牢长江上游生态安全屏障”的增殖放流活动在昭通市镇雄县举行，放流赤水河土著鱼类苗种106万尾。

[10]11月27日，省委书记王宁在省第十一次党代会上报告，提出实施好长江流域重点水域十年禁渔。

[11]12月20—22日，省委副书记、省长王予波率队到昭通市调研时强调，要求深入学习贯彻党的十九届六中全会、中央经济工作会议和省第十一次党代会精神，悟透并践行以人民为中心的发展思想，扛牢长江上游生态保护政治责任。

[12]12月1日，省农业农村厅发布《关于规范云南省长江流域禁捕水域垂钓管理的通告》，于2021年12月10日正式施行。

[13]12月31日，省农业农村厅发布《云南省长江流域禁捕水域禁止使用的渔具和捕捞方法名录的通告》，于2022年2月1日正式施行。

(云南省农业农村厅　施传岳)

西藏自治区渔业

【概况】 2021年是中国共产党成立100周年、西藏和平解放70周年，西藏渔业各级部门认真学习贯彻党的十九届历次全会精神、中央第七次西藏工作座谈会精神和自治区第十次党代会精神，深入推进西藏渔业持续健康发展，在自治区党委、政府的正确领导和农业农村部渔业渔政管理局、长江流域渔政监督管理办公室的关心支持下，不断强化渔业资源养护和水域生态修复相关工作，推进西藏渔业可持续发展再上新台阶。2021年全区水产品产量828.41吨，其中卤虫捕捞量688.41吨、水产养殖产量140吨。

1.开展渔业增殖放流　根据财政部《关于提前下达2021年农业相关转移支付资金预算的通知》，下达西藏自治区2021年度中央财政增殖放流资金580万元，自治区农业农村厅制定了《2021年西藏渔业资源增殖放流项目实施方案》，计划增殖放流鱼苗450万尾，其中标记鱼苗13.5万尾。自6月6日开展全国放鱼日活动到10月30日，西藏实际增殖放流502.02万尾，比计划增加了52.02万尾(其中标记鱼苗数量达到16.6万尾，占增殖放流鱼苗总数的3.31%)，超额完成任务的11.6%。其中中央预算内资金增殖放流472.32万尾，超额完成任务的5%。大型水电站落实生态环境保护和水电站企业环保责任，实施增殖放流鱼苗29.7万尾。

2.严格落实禁渔休渔制度　2002年以来，西藏所有高原湖泊暂停一切鱼类捕捞活动，对所有湖泊、河流实施禁渔和禁渔期制度。2012年、2017年拉萨市、林芝市对辖区内所有天然水域实行禁渔制度，2020年昌都市人民政府发布《关于在金沙江西藏昌都河段实施禁捕的通告》，金沙江西藏段实行为期10年的常年禁捕。其他地市每年3月1日至7月31日实行休渔制度。根据国务院《关于切实做好长江流域禁捕有关工作的通知》，公安部、农业农村部联合发布《打击长江流域非法捕捞专项整治行动方案》，农业农村部等10部委发布《关于加快推进水产养殖业绿色发展的若干意见》，依法依规加大了水生生物资源养护力度。

3.开展水生种质资源调查　根据《第一次全国水产养殖种质资源普查实施方案(2021—2023年)》《西

藏自治区水产养殖种质资源普查实施方案（2021—2023 年）》统一安排部署，利用 3 年时间，摸清全区水产养殖种质资源（卤虫资源）种类、群体数量、区域分布、特征特性及遗传结构等状况，其中 2021 年重点完成水产养殖种质资源基本情况普查。截至 2021 年年底，西藏完成 43 个调查点的系统录入工作，包括水产养殖场 23 个（含 5 个增殖放流站）、自然水域调查点 21 个。保存拉萨裂腹鱼子一代 2.5 万尾、巨须裂腹鱼子一代 0.5 万尾、重口裂腹鱼子一代 0.9 万尾、尖裸鲤子一代 1.2 万尾、黑斑原鮡子一代 800 尾。收集驯养弧唇裂腹鱼 200 余尾、异齿裂腹鱼 120 余尾、墨脱四须鲃 100 余尾、亚东鲑 1 500 余尾、异齿裂腹鱼子一代 3 万余尾。采集了措勤县、尼玛县当穷措、改则县洞措等 7 个湖泊环境数据 18 份和卤虫生物样品 27 份。

4.濒危物种救护和驯养繁育 开展黑斑原鮡、尖裸鲤、拉萨裂腹鱼、巨须裂腹鱼和重口裂腹鱼 5 种国家二级保护水生野生动物人工驯养繁殖、苗种培育技术攻关，具备人工繁殖和苗种培育的技术能力；开展平鳍裸吻鱼野生亲本驯养研究。培育完成黑斑原鮡子一代鱼苗 2 000 尾，尖裸鲤子一代鱼苗 3.0 万尾、拉萨裂腹鱼 3.0 万尾、巨须裂腹鱼 0.5 万尾、重口裂腹鱼 0.5 万尾。人工驯养平鳍裸吻鱼 100 尾，尚未开展人工繁殖。

5.增强社会公众保护意识 积极利用全国放鱼日、增殖放流活动等特殊时间节点，倡导科学放鱼、依法放鱼、合理放鱼理念，制作增殖放流科学放生标识牌 20 个，印发科学放流宣传材料近 7 000 份，引导社会群众放流本地土著鱼，杜绝放生外来鱼种。2021 年 12 月 13 日，全区按照《农业农村部渔业渔政管理局关于开展 2021 年水生野生动物保护科普宣传月活动的通知》精神，与全国同步开展了宣传月活动，组织水产学会、学校、志愿者代表 200 人参加了宣传月启动仪式，开展了“进四区”“减塑天天做”活动，累计发放宣传资料 1 000 余份、展板 10 个，科普讲座 3 次，清理白色垃圾 50 千克。

6.外来物种入侵发生情况与防治 针对外来水生生物入侵风险，自治区农业农村厅联合自治区科技厅、自治区司法厅、自治区生态环境厅、自治区水利厅、自治区市场监管局、自治区农科院等部门召开专题会议，确定自 2021 年起实行防范外来水生生物工作联席会议制度，共同应对外来水生生物入侵。

7.持续开展“亮剑”执法行动 根据《西藏自治区“中国渔政亮剑 2021”系列专项执法行动实施方案》《西藏自治区农业农村厅关于开展水生野生动物保护监督执法的通知》要求，各级农业农村部门突出抓好水生野生动物保护，加强了渔业执法检查，严厉打击各类违法捕捞行为。2021 年共开展渔业执法 303 次，出动执法车 273 辆次、执法人员 824 人次，查办违法捕捞案件 8 起，没收违规渔具 37 台（套），查获违法捕捞鱼类 2 202.02千克。其中行政执法处理案件 1 起，查获涉案人员 13 人，处罚 1 万元。移交司法违法捕捞野生鱼类案件 5 起，1 起案件由法院依法判处被告人 4 人有期徒刑 3 年缓期 4 年，其他 4 起案件已由法院追诉。检查水产养殖企业（单位）17 家，未发现违规使用兽药情况。发放宣传材料 9 694 份，制作禁渔宣传牌 38 个，张贴禁渔告示及标语 68 余张（幅）。

8.养护好水产种质资源保护区 依据《中国水生生物资源养护行动纲要》《环境保护部 农业部关于进一步加强水生生物资源保护严格环境影响评价管理的通知》要求，强化了 5 个国家级水产种质资源保护区内建设项目督导检查。因国防建设、重大水利枢纽工程建设需要，保护区内涉及新建跨西藏亚东鲑国家级水产种质资源保护区大桥、新建川藏铁路拉萨至林芝段需跨雅鲁藏布江裂腹鱼国家级水产种质资源保护区工程。工程建设单位依据《水产种质资源保护区管理暂行办法》要求，编制了专题论证报告，自治区农业农村厅组织专家进行了初审，并按程序上报农业农村部渔业渔政管理局审批。

9.推动渔业绿色发展 根据《财政部 农业农村部关于实施渔业发展支持政策推动渔业高质量发展的通知》、自治区农业农村厅等 10 部门《关于加快推进水产养殖业绿色发展的实施意见》要求，进一步细化实化 1 178万元渔业补助资金，加快构建西藏水产养殖业绿色发展基础设施、产业结构和生产方式，推动水生野生动物资源保护、水产养殖业绿色发展。

10.存在问题 一是渔业执法装备不足。违法捕鱼案件有所抬头，并已逐渐从城市周边蔓延到偏远水域，且夜间作业比例明显增加、隐蔽性强，违法捕捞人员配备轻卡、氧气罐、橡皮船等，违法作业范围广，机动性强，现有执法装备不能满足执法需求。二是渔业人才紧缺。渔政管理工作涉及面广、法律专业性强，西藏水产养殖管理主要依靠畜牧兽医人员兼职管理。三是需要加大对西藏增殖放流资金支持。近年来，在农业农村部的大力支持下，西藏增殖放流规模不断扩大，为西藏特有土著鱼资源恢复发挥了重要作用，目前增殖放流资金体量较小，不利于西藏水生生物资源养护工作的全面开展。

【大事记】

2月1日，国家林业和草原局、农业农村部发布

《国家重点保护野生动物名录》，将黑斑原鲱、尖裸鲤、拉萨裂腹鱼、巨须裂腹鱼、重口裂腹鱼、平鳍裸吻鱼列为国家二级保护野生动物。黑斑原鲱主要分布于西藏昂仁县、萨迦县、拉孜县、朗县等县。

（西藏自治区农业农村厅　王启明）

陕西省渔业

【概况】 2021年，陕西省渔业工作认真贯彻落实党中央、国务院决策部署和省委、省政府工作要求，自觉服从服务全省“三农”工作大局，坚持“提质增效、稳量增收、富裕渔民”原则，全面推进渔业绿色高质量发展，扎实开展长江“十年禁渔”和黄河禁渔期管理，全年渔业生产形势安全稳定。据统计，全省水产养殖面积稳定在5.3万公顷，稻渔综合种养面积突破0.67万公顷，水产品总产量17.07万吨，同比增长1.07%，渔民人均纯收入1.58万元，同比增长1.94%。

1.产业发展政策日臻完善 经省政府同意，发布了《陕西省养殖水域滩涂规划（2019—2030年）》，为加快推进水产养殖业绿色发展提供了重要依据；制定了《关于加快推进冷水鱼产业发展的实施意见》《关于加快推进大水面生态渔业发展的实施意见》和《池塘养殖尾水治理规划（2021—2035年）》，为稻渔、大水面、冷水鱼、池塘养殖等产业发展提供政策保障。

2.渔业绿色转型升级明显 通过深入实施水产绿色健康养殖技术推广“五大行动”、池塘标准化改造和尾水治理等重大行动、重大工程建设，全省绿色养殖步伐加快。2021年，投入资金5 403万元用于池塘养殖尾水治理，完成治理任务1 667公顷。全省稻渔综合种养面积突破1万公顷，汉中市第一个出台市级稻渔综合种养产业发展实施意见，制定了《汉中市稻渔综合种养政策性保险方案》，小龙虾、泥鳅等稻田养殖品种列入农业保险范畴，填补了全省水产养殖保险业务空白。靖边县和宝鸡市冯家山水库渔场首批创建为国家级水产健康养殖和生态养殖示范单位，绿色健康养殖迈上新台阶。

3.水产品质量安全成效明显 全面实施水产苗种产地检疫制度，持续开展水产品产地兽药残留监控、渔业水域生态环境和水生动物疫病监测。印发了《2021年陕西省产地水产品兽药残留监控计划》《2021年陕西省重要渔业水域生态环境监测计划》《2021年陕西省水生动物疫病监测计划》。全年监测产地水产品兽药残留国家任务40个样品，合格率100%，省级任务137个样品，合格率98.54%；监测重大水生生物疫病32个样品，全部为阴性；监测渔业水域水样102份，监测数据1 740个。开展渔业官方兽医培训，新认定渔业官方兽医261名，新增31个水产苗种产地检疫申报点。

4.禁渔执法工作有效推进 全面实施长江流域“十年禁渔”，长江禁捕渔政执法监管“六有”标准建设基本形成，建立了约谈、网格化、行刑衔接、河湖长、有奖举报、垂钓管理等长效监管机制。制定了长江流域垂钓管理规定，公布了禁用渔具名录。在国家长江禁捕退捕工作专班工作考核中，成绩位列无退捕任务4省之首。“中国渔政亮剑2021”黄河流域禁渔专项执法暨陕西省“亮剑”行动启动仪式在合阳县举办，黄河流域9省（自治区）共同发布了《黄河流域生态保护和渔业高质量发展宣言》，与山西省运城市、河南省三门峡市农业综合执法机构签署《黄河禁渔联合执法合作协议》。

5.水生资源养护工作扎实有效 首次开展水产养殖种质资源普查工作，完成普查2 588家，完成率100%，年度普查目标任务圆满完成。6月6日，在安康市组织开展了全国放鱼日同步增殖放流活动，当日放流各类鱼种超过260万尾；全年各地共组织增殖放流活动45次，累计放流经济鱼类780万尾，珍稀水生动物3万尾。11月12日，在咸阳市组织开展2021年全省水生野生动物保护科普宣传月活动启动仪式，向社会公众普及水生野生动物保护法律法规和科普知识。

6.渔业科技推广持续深入 按照水产绿色健康养殖五大行动方案，扎实开展生态健康养殖模式推广、养殖尾水治理模式推广、水产养殖用药减量和水产种业质量提升行动。积极开展绿色高效养殖模式试验示范，推广面积1 300公顷，形成3个绿色高效养殖模式示范点，增加效益20%。引进草鱼出血病新型替代药物及灭活疫苗、EM菌微生态制剂等，推广应用面积超过150公顷，减少渔药使用82%。开展养殖尾水治理试验示范，形成池塘水质精准调控与修复模式，推广面积逾100公顷。加大水产良种引进力度，积极引进、扩繁大宗鱼类优良新品种7 000万尾，推广养殖面积384公顷，良种平均增产15%以上。

7.渔政执法管理水平持续提升 扎实开展“中国渔政亮剑2021”系列专项执法行动，组织开展“三无”船舶、违法违规网具钓具等集中拆解销毁活动35次，参加执法人员22 407人次，参与执法车船6 493次，查处涉案人员322人，罚没款22.25万元，移交司法部门处理57案68人。

8.存在问题 2021年，全省渔业产业稳步推进，为稳产保供和粮食安全做出了积极贡献，但同渔业绿色高质量发展目标还存在一定差距。主要是传统养殖品种占比较大，名特优水产品引领作用发挥不明显；渔业财政资金投入不足，池塘尾水治理推进较慢；基层技术推广队伍较弱，服务一线能力有待提升。

【重点渔业市基本情况】

陕西省重点渔业市基本情况

地区	渔业产值（万元）	水产品产量（吨）	其中		养殖面积（公顷）
			捕捞	养殖	
汉中市	296 929	44 805		44 805	6 080
安康市	206 617	35 966		35 966	13 199
渭南市	98 557	50 979		50 979	6 293
西安市	54 824	11 361		11 361	1 016
商洛市	30 598	5 260		5 260	1 925

【大事记】

[1]4 月 1 日，“中国渔政亮剑 2021”黄河流域禁渔专项执法暨陕西省亮剑执法行动启动活动在陕西省渭南市合阳县举行。农业农村部渔业渔政管理局副局长江开勇讲话并宣布执法行动开始，陕西省农业农村厅党组成员、副厅长蔡斌，渭南市政协副主席、中共合阳县委书记李县平分别致辞。山西省、内蒙古自治区、山东省、河南省、四川省、陕西省、甘肃省、青海省、宁夏回族自治区等沿黄 9 省（自治区）农业农村（农牧）厅、海洋与渔业监督督查总队，中国水产科学研究院，河南师范大学及山西、河南、陕西有关市（县）代表 200 余人参加活动。

[2]4 月 23 日，全省渔业渔政工作会议在渭南市大荔县召开。会议全面总结了“十三五”和 2020 年全省渔业渔政工作，进一步明确了“十四五”渔业绿色高质量发展目标和思路，安排部署了 2021 年重点工作。省农业农村厅党组成员、副厅长蔡斌出席会议并讲话。

[3]5 月 19—22 日，农业农村部黄河禁渔联合交叉执法检查组第六组，对黄河中游陕西渭南市的合阳段和大荔段开展了黄河禁渔联合交叉执法检查。内蒙古自治区农牧厅副厅长赵永华为检查组组长，省农业农村厅二级巡视员高巨星、渭南市政府副秘书长惠建军，合阳县、大荔县人民政府及农业农村局等相关部门陪同检查。

[4]5 月 26—28 日，农业农村部渔业渔政管理局二级巡视员栗倩云一行 2 人，来陕开展黄河流域禁渔政策调研工作，并在省农业农村厅召开座谈会，中国水产科学研究院黄海水产研究所、黄河水产研究所等省内外专家和有关企业代表参加座谈，座谈会由省农业农村厅党组成员、副厅长蔡斌主持。省农业农村厅渔业渔政局负责人陪同调研。

[5]6 月 6 日，省农业农村厅联合安康市人民政府在旬阳县海事码头共同举办了主题为“养护水生生物资源、共建共享生态文明”的 2021 年全国放鱼日陕西省鱼类增殖放流活动启动仪式。活动现场向汉江投放了多鳞铲颌鱼、大眼鳜、赤眼鳟、大鳍鳠、黄颡鱼等 9 种土著鱼类和鲢鳙草鲤鱼等经济鱼类 50 万尾。

[6]7 月 13 日，陕西省打击长江流域非法捕捞专项整治行动联合指挥部在石泉县召开全省打击长江流域非法捕捞专项整治行动推进会，并举行非法捕捞渔具及“三无”船舶销毁活动。销毁活动现场，安康市石泉县报告了打击长江流域非法捕捞专项整治行动成果，省联合指挥部副总指挥、省农业农村厅副厅长蔡斌通报了全省长江流域禁捕工作成效，省联合指挥部副总指挥、省公安厅副厅长李向阳下达非法网具及“三无”船销毁指令。

[7]9 月 22 日，由省农业农村厅、安康市人民政府主办，以“庆丰收、感党恩”为主题的“2021 年中国农民丰收节暨陕西安康汉水鱼庆丰收、‘十市百城联展’消费帮扶活动”在汉阴县涧池镇洞河水库举行。

[8]10 月 15 日，陕西省长江流域重点水域禁捕退捕工作专班召开联络员会议。会议听取了各成员单位工作开展情况介绍，分析存在的问题，研究落实第四季度重点工作。会议听取了省农业农村厅、省公安

厅等部门长江禁捕工作进展情况汇报，研讨了省禁捕退捕工作专班联合督导检查方案，涉及禁捕工作考核、禁捕执法、退捕家庭及“三无”船舶涉及人员的安置保障情况、“三无”运输船舶的清理整治、非法捕捞水生野生动物水陆运输监管和保护区日常管理等内容。

[9]12月2日，省农业农村厅与中国水产科学研究院东海水产研究所在西安签订《2021年度长江流域重点水域县（区）禁捕退捕效果评估服务项目技术服务合同》，省农业农村厅党组成员、副厅长蔡斌，省农业农村厅二级巡视员许西利，中国水产科学研究院东海水产研究所副所长程家骅共同出席。

（陕西省农业农村厅　段荣娟）

甘肃省渔业

【概况】 2021年，全省各级渔业部门深入贯彻落实中央农村工作会议及中央1号文件精神，对照省委农村工作会议、1号文件和省政府工作报告确定的目标任务，紧紧围绕实施乡村振兴战略，坚决打赢生态环境保护攻坚战，加快推动全省渔业绿色高质量发展，持续推进长江“十年禁渔”，切实加强渔业生态环境保护，努力培育渔业发展新动能，推进全省渔业绿色高质量发展。全省水产养殖面积7 895.7公顷，水产品总产量1.42万吨，渔业产值3.46亿元。

1.扎实开展长江“十年禁渔”工作 一是组织召开全省长江流域禁捕工作领导小组会议，对共同扎实推进长江“十年禁渔”各项措施落地落实，进一步加强水域生态环境保护和水生生物资源养护等方面进行了安排部署。二是完成境内长江禁捕“省考”和“国考”，制定印发了全省的考核实施方案，1月下旬，组织农业农村、公安、市场等部门相关人员赴陇南、天水、定西、甘南4个市（州）开展考核工作；3月上旬，国家考核组对甘肃省开展实地抽查核验工作，经综合评定，甘肃省2020年度禁捕工作考核结果为良好。三是召开长江流域打击非法捕捞专项工作推进会，传达农业农村部在江苏南京召开的长江流域重点水域打击非法捕捞专项工作会议精神，部署2021年长江流域重点水域打击非法捕捞重点工作任务，推动落实禁渔执法监管工作，确保长江“十年禁渔”开好局、起好步。四是开展长江流域重点水域“四清四无”回头看专项行动，制定印发了《甘肃省长江流域重点水域“四清四无”回头看专项行动实施方案》，对全省“四清四无”回头看专项行动进行了安排部署。五是建立健全跨流域、跨部门联合执法机制，甘肃省与陕西省、四川省共同组织农业农村、公安、市场监管等部门联合开展执法行动，打击非法捕捞行为。六是开展甘肃省2021年度境内长江流域禁捕考核工作，制定印发了《甘肃省境内长江流域禁捕工作领导小组办公室关于印发〈甘肃省2021年度境内长江流域禁捕工作考核方案〉的通知》，成立三个考核组对相关市（州）进行考核。

2.持续加强渔业资源养护管理工作 完成涉水产种质资源保护区专题影响评价1个，为洮河定西市临洮县太石至红旗段防洪治理工程对洮河定西特有鱼类国家级水产种质资源保护区影响专题论证报告，进一步加强水产种质资源保护区的监管，保护水产种质资源。在兰州、天水、甘南等11个市（州）境内黄河、长江、内陆河水系放流草鱼、鲢、鳙、兰州鲶、重口裂腹鱼等各类淡水经济鱼种1 650万尾以上；放流大鲵、秦岭细鳞鲑、厚唇重唇鱼、极边扁咽齿鱼、祁连山裸鲤等珍稀濒危物种79万尾以上。调查黄河上游特有鱼类资源及水域环境，省水产研究所积极申报甘肃省科技计划项目，建设甘肃省黄河上游渔业资源环境野外科学观测研究站，项目建成后，将为黄河生态环境保护提供理论和技术支撑。

3.持续推进渔业绿色高质量发展 一是大力推进全省养殖水域滩涂规划编制工作，印发了《甘肃省养殖水域滩涂规划（2021—2035年）》，通过划定禁止养殖区、限制养殖区和养殖区，保障农民合法权益、促进水域滩涂有序利用，推进渔业绿色高质量发展。二是召开刘家峡水库增养殖容量评估报告通报会，就《刘家峡水库增养殖容量评估报告》有关内容、保障措施及工作开展情况等进行了通报。三是推进水产种质资源普查工作，制定印发了《甘肃省农业农村厅关于开展全省农业种质资源普查的通知》，就启动并完成第一次全国水产养殖种质资源普查工作的阶段性、时段性等提出了明确的要求。四是开展养殖池塘改造和尾水治理，结合全省渔业养殖生产实际，安排资金2 017万元，在临夏回族自治州永靖县、白银市景泰县、庆阳市宁县、张掖市甘州区、陇南市文县和礼县等6个县（区），开展集中连片养殖池塘标准化改造和尾水治理。五是制定印发《2021年甘肃省水产绿色健康养殖“五大行动”实施方案》，大力推进生态健康养殖模式、养殖尾水治理、水产养殖用药减量、配合饲料替代幼杂鱼和水产种业质量提升等养殖技术示范和推广应用。

4.持续加大禁渔执法监管力度 一是继续落实禁渔制度，制定印发了《关于在全省自然水域继续禁渔的通知》，在全省自然水域继续禁渔。二是制定印发了《2021年甘肃省渔业渔政工作要点》及《“中国渔政亮剑2021”系列专项执法行动甘肃省实施方案》，对加强水生野生动物保护宣传、水生野生动物保护和规范利用专项执法行动等进行了安排部署。三是启动黄河禁渔专项执法行动，制定印发了《关于开展2021年度黄河禁渔交叉检查行动的通知》，组织兰州、白银、甘南、临夏4个市（州）组成交叉检查工作组，于5月15—31日开展交叉检查工作；按照农业农村部办公厅《关于开展黄河禁渔渔政联合交叉执法的通知》要求，5月18—22日配合河南省、陕西省执法检查组对甘肃省临夏回族自治州、甘南藏族自治州、兰州市检查黄河甘肃段禁渔工作；6月19—24日，按照农业农村部的统一安排，由省农业农村厅分管领导带队赴宁夏开展黄河宁夏段禁渔执法检查。

5.大力推进水产品质量安全监管 一是开展产地水产品兽药残留监测，上报了《2021年国家产地水产品兽药残留监督抽检单位备选名单》，制定印发了《2021年产地水产品兽药残留监控计划安排的通知》，抽检产地水产品样品46个，水产养殖用兽药及其他投入品安全隐患排查1个，加强养殖投入品监管工作。二是启动水产养殖用投入品专项整治行动，制定了《水产养殖用投入品专项整治行动方案（2021—2023）》，通过专项行动及发布甘肃省养殖水产品质量安全风险隐患警示信息，引导水产养殖企业、养殖农户规范使用投入品。

6.持续抓好渔业安全管理 印发了《关于认真贯彻落实全国渔业安全生产工作视频会议精神扎实做好全省渔业安全生产工作的通知》等文件。认真组织开展渔业“安全生产月”活动，落实安全生产监管责任，强化监督管理。省农业农村厅分管厅领导带领厅渔业渔政管理局执法人员每季度到刘家峡水库、陇南、甘南等地检查渔业安全生产工作。组织渔政管理机构深入刘家峡水库、汉坪嘴水库、九甸峡水库进行渔业安全生产执法检查工作，重点检查了渔业安全生产管理制度落实情况等，从管行业必须管安全的角度出发，对网箱养殖设施等进行了安全检查，并提出安全生产要求。全省未发生重大渔业安全生产事故。

7.主要问题 一是由于饮用水源地和自然保护地生态环境所限，全省水产养殖空间缩减；二是渔业规模经营化水平低，经营方式仍以粗放、分散式为主，缺少有辐射带动能力的龙头企业，产业化步伐发展不快；三是渔业生产发展和生态保护不平衡，生态保护不充分；四是从事渔业生产的各类经营主体与新型经营主体不平衡，新型经营主体发展不充分。

【重点渔业市（州）基本情况】

甘肃省渔业重点市（州）基本情况

市（州）	总人口（万人）	水产品总产值（万元）	水产品总产量（吨）	其中		养殖面积（公顷）
				捕捞	养殖	
张掖市	113	6 770.5	2 191		2 191	2 361
临夏回族自治州	211	3535.7	1 855		1 855	2 833
酒泉市	105	5 531.74	2 190		2 190	1 406
陇南市	239	2 391.9	1 407		1 407	881
白银市	151	2 443.2	1 452		1 452	78

【大事记】

［1］2月3日，甘肃省境内长江流域禁捕工作领导小组会议召开，省委农办主任、省农业农村厅厅长、省长江流域禁捕工作领导小组办公室主任李旺泽主持，省发改委、省公安厅、省财政厅、省人社厅、省生态环境厅、省交通运输厅、省水利厅、省农业农村厅、省林草局、省市场监管局分管负责同志及有关业务处室负责同志参加。会议深入总结分析了前一阶段工作开展情况，研究部署2021年重点工作任务。

［2］2月24日，省农业农村厅、省发展改革委、省公安厅、省财政厅、省交通运输厅、省市场监管局等6厅局联合印发了《关于完善长江流域禁捕执法长效管理机制的实施意见》。

［3］3月22日，省农业农村厅印发《关于在全省自然水域继续禁渔的通知》。

［4］3月24日，省农业农村厅印发《2021年甘肃省渔业渔政工作要点》。

[5]5月18日，甘肃省长江流域打击非法捕捞专项工作会议在陇南市文县召开。会议贯彻落实习近平总书记等中央领导关于长江禁捕重要指示批示精神和省委、省政府有关工作要求，进一步统一思想认识、明确目标任务，研究部署下一阶段重点工作任务，确保长江“十年禁渔”开好局、起好步。省农业农村厅一级巡视员妥建福，陇南市委常委、副市长潘海峰出席会议。

[6]5月18—22日，河南省农业农村厅副厅长杨玉濮带领河南省及山西省渔政执法人员对甘肃省甘南州、临夏州、兰州市开展黄河禁渔联合执法交叉检查。

[7]6月6日，全国放鱼日甘肃同步增殖放流暨长江流域“十年禁渔”宣传活动在天水市秦州区举行，共投放各类苗种153万余尾。省农业农村厅一级巡视员妥建福、天水市政府副市长逯克宗出席活动。

[8]9月16日，全省水产绿色健康养殖“五大行动”暨长江禁捕工作推进会在定西市临洮县召开，会议对水产绿色健康养殖“五大行动”、水产种质资源普查以及长江禁捕等方面的工作进行系统安排部署。省农业农村厅一级巡视员妥建福出席会议。

[9]10月12日，全国水产技术推广骨干人员培训班在兰州举办。全国水产技术推广总站党委书记张锋、省农业农村厅一级巡视员妥建福出席开班仪式。

[10]12月7日，甘肃省境内长江流域禁捕工作领导小组办公室印发《甘肃省2021年度境内长江流域禁捕工作考核方案》。

（甘肃省农业农村厅　张国维）

青海省渔业

【概况】 青海省渔业渔政系统在省委、省政府坚强领导和相关部门和各级财政的大力支持下，注重充分利用当地资源优势，经过多年的努力，大力发展具有高原特色的淡水冷水鱼养殖，逐步形成了以三倍体虹鳟鱼养殖为主体的沿黄特色冷水鱼产业带。截至2021年年底，全省共有网箱养殖场27家，网箱养殖面积39万平方米。水产品产量为18 285吨，产值4亿多元。其中鲑鳟鱼14 678吨，与上年相比略有增长。池沼公鱼3 185吨、河蟹250吨，同比略增，其他水产品172吨，基本与上年持平。鲑鳟鱼出口3 000吨，增长较快，主要销往俄罗斯、欧盟。

为确保全省水产品稳供应，助力绿色有机农畜产品输出地建设，2021年重点围绕水产养殖转型升级、水生生物疫病防治、水质监测、水产品质量安全，不断加大工作力度，强化水产苗种种业和水产技术推广服务体系建设，水产养殖业绿色发展迈出新步伐。

一是按照财政部、农业农村部《关于实施渔业发展补助政策推动渔业高质量发展的通知》要求，安排中央油补资金2 623万元支持水产养殖业绿色发展、渔政执法船艇装备维护、渔业资源养护监测监控、渔业信息化可追溯体系、水产加工流通等项目，加快推进渔业转型升级，为现代渔业发展奠定基础。

二是争取中央预算内资金2 000多万元实施省水生生物疫病监控中心和大通县鲑鳟鱼种质资源场建设项目，重点提升水生动物疫病防治能力和增强冷水鱼供种能力，保障全省渔业高质量绿色发展。

三是紧盯网箱养殖场渔业生产安全、生态安全、疫病防控和投入品监管，在2020年对全省27家养殖场渔业养殖生产评估的基础上，2021年再次对省内2个苗种场、19家网箱养殖企业的渔业安全监管责任落实、渔业船舶安全、养殖场评估整改落实、投入品使用管理、生态安全及疫病防控措施等方面进行了专项检查，提出了整改任务，确保养殖生产安全、生态安全、产品安全。

四是以水生生物防疫为重点，对省内三家苗种场引进的580万粒鲑鳟发眼卵和22家鲑鳟鱼养殖场进行了74批次的IHN、IPN疫病检测，检出IPN阳性7例，按照“小、快、严、早”的原则对所有染疫虹鳟鱼进行隔离、捕杀、消毒和无害化处理，避免造成疫病扩散。印发了《鲑鳟鱼传染性胰脏坏死病防控指南》，明确了苗种场、养殖场预防、消毒和无害化处理技术规程，指导养殖场做好水生动物疫病防控工作。

五是依托青海省重大科技专项“高原冷水鱼养殖技术研发与集成示范”课题，开展工厂化循环水苗种繁育、集装箱大规格虹鳟鱼种培育、网箱大规格虹鳟商品鱼养殖三种不同养殖模式接力养殖试验研究，为今后渔业转型升级提供坚强技术指导。

六是健全完善13个水产养殖重点县技术推广体系，提升基层技术部门水产养殖疫病防控、投入品监管、水产品质量及水质环境监测检测设备设施与水平，常态化开展水产疫病监测预警，水产品饲料、兽药、兽药残留等投入品速检，补齐基层水产技术推广服务能力短板，促进水产养殖健康可持续发展。

现阶段，全省冷水鱼产业虽取得不少成果，但仍面临着以下问题。一是传统养殖方式仍占主导地位，新型养殖技术、装备覆盖面窄，推广不足，三倍体制种育种技术尚在攻坚阶段。二是渔业发展模式由天然水域网箱养殖向陆基养殖转型的需求加大，但支撑青海冷水鱼养殖产业转型升级的政策、资金、技术、用地等方面的制约因素仍较多。三是基层水产技术推广服务机构不健全、渔业科技人才缺乏、技术服务能力薄弱。四是沿黄网箱养殖区疫病风险尚未完全杜绝，仍然威胁着全省冷水鱼产业健康发展，疫病防控压力较大。

【重点渔业市(县、区)基本情况】

青海省渔业重点市(县、区)基本情况

市(县、区)	总人口(万人)	渔业产值(万元)	水产品总产量(吨)	其中		养殖面积(公顷)
				内陆捕捞	内陆养殖	
共和县	13	40 000	15 880	3 100	12 780	25

【大事记】

[1]1月1日，省政府正式启动为期十年的长江流域青海段禁捕和青海湖第六次封湖育鱼工作。

[2]1月19日，省农业农村厅、省财政厅、省林业和草原局印发《关于设立长江流域禁捕协助巡护队伍的通知》。

[3]2月18日，省人民检察院印发《关于充分发挥公益诉讼检察职能助力长江青海流域治污治岸治渔工作专项活动的实施方案的通知》。

[4]3月，农业农村部长江流域监督管理办公室副主任赵依民赴果洛藏族自治州久治县开展长江禁捕现场核验。

[5]4月，省农业农村厅印发2021年全省渔业渔政工作要点，组织召开长江禁捕部门联席会议。

[6]5月，省农业农村厅联合省发展和改革委、省财政厅、省公安厅等11部门印发《长江流域青海段重点水域禁捕工作考核办法(试行)》。

[7]6月，省农业农村厅、省公安厅、省市场监管局联合对玉树藏族自治州、果洛藏族自治州、海西蒙古族藏族自治州长江禁捕工作进行督导检查。

[8]7月，省农业农村厅组织省内8市(州)农业综合执法部门开展跨地区渔业渔政交叉执法检查。

[9]7月，省农业农村厅发布《关于黄河流域青海段禁捕的通告》，决定自2021年8月1日起至2026年7月31日对黄河流域青海段实施禁捕管理。

[10]7月15日，青海省长江流域青海段禁捕工作领导小组召开会议，听取长江流域青海段禁捕工作情况汇报，审议《关于加强长江流域青海段禁捕执法长效管理的通知》。省长、省长江流域青海段禁捕工作领导小组组长信长星主持会议并讲话。

[11]7月19日，省政府办公厅印发《关于加强长江流域青海段禁捕执法长效管理的通知》。

[12]9月，省农业农村厅、省公安厅、省市场监管局联合开展中秋、国庆水生生物专项执法检查。

[13]9月，省农业农村厅研究制定2021年中央渔业发展补助资金使用方案，印发青海省2021年渔业发展补助政策实施方案。

[14]12月，省政府召开冷水鱼产业发展专题会议，研究全省冷水鱼产业发展举措。

[15]12月，省农业农村厅渔业渔政管理局、玉树藏族自治州农牧综合行政执法监督局、省公安厅治安总队打击环境犯罪侦查支队荣获农业农村部“中国渔政亮剑2021”系列专项执法行动成绩突出集体称号。

(青海省农业农村厅　毛永亮)

宁夏回族自治区渔业

【概况】 2021年，宁夏渔业系统认真学习习近平总书记视察宁夏重要讲话和指示批示精神，贯彻落实全国农业农村厅局长会议精神，紧紧围绕生态保护、高质量发展，转方式，调结构，补短板，求创新，推进渔业高质量发展取得新成效。全区渔业面积稳定在3.3万公顷；水产品产量达到16.6万吨，同比增长2.7%；渔业总产值47亿元，同比增长21.4%；长期从事渔业农民人均可支配收入15 291.61元，同比增长9.67%。在全国产地水产品监督抽查中，宁夏产地水产品合格率100%；渔业安全生产形势稳定，渔业经济发展与生态环境保护协调推进。

1.主推品种“2+3”，结构优化调整成效显著 准确研判市场，主推“2+3”品种，下大力气推进常规品种提质增效、名优品种扩量增收。鲤鱼、草鱼抓住了养殖以来最好的价格机遇，最高价格每千克卖到30元，实现有价、有市、有鱼卖；加州鲈反季节繁育首次取得成功，并向广州等地销售受精卵1 200万粒，实现宁夏水产养殖史上名优品种“北苗南进”的历史性突破；南美白对虾外塘养殖、设施养殖成活率普遍显著高于往年，其中工厂化设施养殖成活率高达90%以上，实现了全程不换水、不施药、尾水零排放，亩效益达10万元以上。大水面生态增养殖面积达到0.67万公顷，名优品种设施养殖面积达到82万平方米，绿色、名优水产品保障能力进一步增强。

2.探索发展渔菜共生，渔业精准扶贫成效显著 针对固原市现有设施蔬菜温棚9 000多座，但水资源利用率不高，化肥、农药使用量较高的现状，在原州区姚磨村建立8个集水培/土培蔬菜与水产品养殖尾水利用为一体的“鱼-微生物-菜”共生系统，开展“鱼菜共生”试验示范，探索水资源和土地资源高效综合利用的循环农业模式。试验点测产显示，“鱼菜共生”养殖水体除浇菜外100%循环利用，农药用量降低75%，化肥施用量减少80%；单棚利润相较普通蔬菜大棚增长25%，促增收和节水、减肥、减药效果显著，为固原市巩固脱贫攻坚成果、接续推进乡村振兴做出有效探索。在此基础上，全区已有4个县（区）共24栋温棚开展“鱼菜共生”试验示范，并与中国水产科学研究院签订技术合作协议，共同研究示范。

3.多措并举推进治理，养殖尾水治理成效显著 积极争取中央资金并整合中央及地方财政，带动社会投入8 000多万元，标准化改造老旧池塘1 000公顷，清淤泥、增建澄清池、完善进排水系统，更新换代投饲设备，配备智能水质监测系统，因地制宜配套“三池两坝”“设施养鱼+稻渔共作”等生态治理技术，综合治理水产养殖尾水。监测分析数据显示，养殖尾水中的氨氮、亚硝酸盐、总磷、总氮分别降解了73.0%、98.6%、35.3%、45.4%，尾水达标排放或零排放循环利用，有效降低农业面源污染。

4.实施种业提升工程，良种繁育能力显著提升 新建国家级水产种质资源场1个、全国珍贵濒危水生动物增殖放流苗种供应单位1个，苗种生产能力提升50%左右。开展基因编辑育种等现代鱼类育种新技术研发，黄河鲶繁育孵化率由50%提升至80%左右，大规格苗种培育成活率由原来的11%提高至26%。攻克并建立了赤眼鳟人工驯养繁育技术，全年成功繁育赤眼鳟240万尾。国家二级保护动物大鼻吻鉤人工孵化技术研发取得重大突破，首次实现了见卵、见苗，本年度成功孵化鱼苗200尾。2021年计划放流黄河鲤等苗种1 000万尾以上，苗种采购工作也已完成。启动第一次水产养殖种质资源普查工作，普查786户，4项指标综合指数86.3，进度位列全国第9名。

5.积极发展加工渔业，三产融合发展实现突破 聚焦水产加工业严重不足这个短板，2021年整合中央及自治区财政支渔资金210万元，以螺旋藻养殖与加工为突破口，充分利用银北和银南盐碱地、卤水资源，加快发展水产加工业，螺旋藻干粉加工能力达到1 000吨、真空灌装丰年虫卵制品生产加工能力达到600吨，新增产值1亿元以上；开展鱼子酱试加工，产品呈金黄色，为鱼子酱中的极品。全区休闲渔业产值达到1.7亿元，同比增长4.35%；“稻渔空间”成为游客网红打卡地。以“宽沟深槽”为基础，进一步优化升级“稻田+设施养殖”模式，全区稻渔综合种养面积4 400公顷，实现化肥、农药、人工、用水“四减少”，氨氮、亚硝酸盐、总磷、总氮“四降低”，水资源利用率、土地资源利用率、亩产值、亩利润“四提高”，推动渔业一二三产接力发展。

6.加大执法力度，渔业“三个安全”监管有力 切实落实部门监管责任和生产经营单位主体责任，强化水产品质量安全、渔业安全生产和水生生物安全监管，打造“平安渔业”，确保“舌尖上的安全”，助力“美丽宁夏”建设。一是启动水产养殖用投入品专项整治，全面开展产地水产苗种检疫，深入推进水产养殖“五大行动”，加强养殖全环节防范。2021年自检产地水产品211个、抽检合格率99.53%，市场水产品240个、合格率99.17%；苗种59个、合格率100%；农业农村部抽检宁夏产地水产品50个、抽检合格率100%，市场水产品96个、合格率98.96%。二是扎实开展渔业安全生产专项整治、“安全百日会战　喜迎百年华诞”安全生产和灾害防御百日专项整治行动、“安全生产月”活动等，抓早、抓小，防患于未然，全区未发生重特大渔业安全生产事故。三是以黄河为重点，4月1日至7月31日，在黄河宁夏段禁渔，开展“中国渔政亮剑2021”系列专项执法行动，多部门联动打击非法捕捞行为。以线上为主线下为辅，启动并开展2021年全国水生野生动物保护宣传月活动。实施2021年中央农业资源保护项目，向黄河宁夏段主河道及沙湖等增殖放流经济鱼类1 350万尾。协调开展自治区重大项目涉渔工程环评工作，监督施工方落实涉渔工程环境补偿，协调推进渔业绿色发展和渔业资源保护。

7.存在的主要问题 一是占宁夏全区水产品产量比重约90%的常规品种品质下降，养殖效益偏低；名优品种比重偏低，不能很好适应市场多元化需求。二是整体养殖方式相对落后，新技术、新设施、新装备普及率较低；养殖尾水达标排放水平低，与高质量发展不相适应。三是渔业品牌建设滞后，宁夏产地水产品市场竞争力不强，没有形成品牌溢价效益。四是产业融合发展不够，一产产值比重高达54.9%，二产、三产产值加起来仅占45.1%，特别是二产只占10.1%，水产品加工企业数量少、业务窄、未形成规模。

【重点渔业市(县、区)基本情况】

宁夏回族自治区重点渔业市(县、区)基本情况

市(县、区)	总人口(万人)	渔业产值(万元)	水产品总产量(吨)	其中		养殖面积(公顷)
				捕捞	养殖	
贺兰县	34.2	71 179	60 000	735	59 265	3 875
平罗县	27.4	37 030	31 355	799	30 556	5 253
沙坡头区	40.0	20 756	16 794	2 075	14 719	1 467
大武口区	29.9	13 603	15 486		15 486	3 314
青铜峡市	24.5	10 583	12 061	1 530	10 531	1 653

【大事记】

[1]1月6日,农业农村部副部长于康震对自治区农业农村厅呈报的《关于宁夏开展稻渔综合种养和示范推广"渔菜共生"生态种养模式情况的汇报》作出批示:"宁夏的稻渔综合种养探索很有意义,实现了鱼米(菜)双收,节肥省水,提质增效,取得了良好的经济效益、社会效益和生态效益,经验做法值得认真总结、积极推广。"

[2]1月29日,报请自治区政府同意,自治区农业农村厅发布《宁夏回族自治区养殖水域滩涂规划(2020—2030年)的通知》,进一步优化国土空间开发保护格局,科学利用水域滩涂资源,合理布局水产养殖生产,强化水域生态环境保护,稳定基本养殖水域,保障渔民合法权益,加快渔业生产绿色转型。

[3]3月19日,黄河经济鱼类水产种质资源场建设项目评审会在宁夏贺兰县召开。项目建成后,贺兰县黄河鲤、黄河鲶鱼、黄河甲鱼、黄河泥鳅等黄河经济鱼类亲本储备量将增加2.8倍,对推动全区现代渔业可持续发展,保障渔业"种苗"安全意义重大。

[4]3月30日,自治区农业农村厅印发《宁夏加强水产养殖用投入品监管工作实施方案的通知》,严格水产养殖用投入品生产、经营和使用全过程监管,完善水产养殖用投入品生产、经营、使用行为,推行水产养殖用投入品使用白名单制度,保障养殖水产品质量安全,加快推进全区渔业高质量发展。

[5]4月6日,《全国池塘养殖尾水治理专项建设规划(2021—2035年)》中将宁夏"稻渔空间"模式("IPRS流水槽+大田种植"尾水处理模式)作为典型治理模式在全国推广。

[6]4月12—15日,为加快推进宁夏渔业产业结构优化调整,促进宁夏渔业高质量发展,自治区农业农村厅组织相关人员赴中国水产科学研究院珠江水产研究所考察学习交流,在产品流通体系建设、养殖技术、标准化生产等方面达成意向性合作协议。

[7]5月,农业农村部黄河禁渔联合交叉执法行动第四执法组来宁夏开展黄河禁渔检查,并联合银川市、石嘴山市、吴忠市农业综合执法大队组织开展联合交叉执法,严厉打击各类违法捕捞活动,强化渔政执法监督,推动黄河禁渔秩序持续向好和基层渔政执法水平持续提升。

[8]6月6日,自治区在沙湖举办"养护水生生物,建设美丽中国"为主题的全国"放鱼日"同步增殖放流活动,通过放鱼活动提升社会各界养护水生生物和保护湿地生态环境的意识、助推生态文明建设。

[9]7月7日,在江苏省昆山市举办的全国水产绿色健康养殖技术推广"五大行动"集中研讨现场观摩会上,宁夏做典型交流发言。

[10]8月,全区启动第一次全国水产养殖种质资源普查(2021—2023年),旨在摸清水产种质资源家底状况,推动水产种质资源有序开发利用,为打好种业翻身仗提供数据支撑。

[11]9月,农业农村部在广州举办内陆养殖池塘标准化改造和尾水治理工作集中研讨会,宁夏做典型交流发言。

[12]10月29日,全国水产技术推广总站、中国水产学会发布2021年度渔业优秀科技成果,自治区水产技术推广站联合宁夏广银米业有限公司、灵武市金河渔业专业合作社的技术成果"宁夏稻田镶嵌流水槽生态循环综合种养技术"入选渔业新技术2021年度优秀科技成果。

[13]12月28日,农业农村部对"中国渔政亮剑2021"系列专项执法行动工作先进集体和先进个人予以通报表扬,宁夏回族自治区2个集体和5名个人榜

上有名。

[14]12 月 29 日，自治区农业农村厅印发《宁夏回族自治区渔业"十四五"发展规划》，系统总结了"十三五"渔业发展成就，分析研判产业发展形势，从指导思想、基本原则、发展目标、区域布局、主要任务、重点工程等方面对"十四五"全区渔业发展作出总体谋划。

[15]12 月 30 日，农业农村部对首批国家级水产健康养殖和生态养殖示范区予以公布。宁夏 2 家单位名列其中，分别为贺兰县人民政府和宁夏新明润源农业科技有限公司。

[16]2021 年年底，自然资源部向全社会发布了 11 个生态产品价值实现典型案例，宁夏回族自治区银川市贺兰县"稻渔空间"一二三产融合促进生态产品价值实现案例名列其中。

（宁夏回族自治区农业农村厅渔业渔政管理局 郑岚萍 吴旭东）

新疆维吾尔自治区渔业

【概况】 2021 年，全疆（含兵团）渔业经济总产值41.08 亿元，同比增加 9.81 亿元，增幅为 31.37%，其中第一产业产值 35.95 亿元，同比增加 8.71 亿元，增幅为 32.00%；第二产业产值 3.37 亿元，同比增加 1.13 亿元，增幅为 50.08%；第三产业产值 1.75 亿元，同比减少 0.03 亿元，减幅为 1.79%。渔民人均纯收入 1.97 万元，同比增加 0.06 万元，增幅为 3.41%。

2021 年，全疆（含兵团）水产品总产量 17.05 万吨，同比增加 0.75 万吨，增幅为 4.61%，其中淡水养殖产量 15.50 万吨，同比增产 0.58 万吨，增幅为 3.89%；淡水捕捞产量 1.55 万吨，同比增产 0.17 万吨，增幅为 12.44%。2021 年，全疆（含兵团）淡水鱼苗产量 7.4 亿尾，淡水鱼种产量 1.65 万吨，投放鱼种 1.58 万吨；拥有水产加工企业 10 家，水产冷库 31 座；拥有机动渔业船舶 920 艘、总吨位 3 190 吨，其中执法船 33 艘、241 吨；渔业从业人口 1.36 万人；全年受灾 0.14 万公顷，损失 0.27 亿元。

1.加大渔业资源养护修复力度 2021 年各级渔业行政主管部门共组织增殖放流活动 44 次，全年总计放流鱼类 1.027 亿尾。组织水生野生动物保护和宣传活动，增强各族人民群众对水生野生动物的保护意识。通过不懈努力，新疆扁吻鱼等水生野生动物种群得到一定程度的恢复，保护了新疆水生物种多样性，践行了绿水青山生态发展理念，改善了河湖水域渔业生态环境。

2.加快推进水产养殖绿色发展 赴渔业主产区开展调研 5 次，对全疆渔业人员队伍、机构情况、渔业用水情况、绿色发展等方面进行调研和调查，形成 5 份调研报告，为全区渔业发展决策提供支撑。采用以训代会形式，组织全疆各地（州、市）县（区、市）农业农村局及有关处室共 166 人参加自治区渔业工作培训班，制定并发布全疆渔业工作任务重点清单，2021 年渔业安全生产工作要点，对 2021 年及"十四五"期间渔业发展工作作出部署。针对全区水产养殖技术难题，积极主动与农业农村部渔业渔政管理局对接，组织内地专家来新疆进行指导和帮助，通过黑龙江水产研究所选派的冷水鱼科技援疆专家团队指导，实现了国家Ⅱ级保护野生动物哲罗鲑首次在阿勒泰地区人工催产成功。全年以来共办理了 38 个单位的 54 个行政许可证件，其中经营利用许可 18 个、驯养繁殖许可 21 个，捕捉证 15 个。重点示范推广跑道式养鱼、稻渔综合种养等生态健康养殖模式，辐射推广面积 2 667 公顷。部署水产养殖业"五大行动"，累计实施面积近 2 667 公顷，推广新品种 2 300 万尾，辐射水产养殖企业（户）230 余户，新品种覆盖面得到有效提升，保障全区水产品有效供给，基本满足了人民群众日益增长的对优质水产品的需求。

3.水产种业提升 为推动新疆水产种业发展，认定 10 个自治区级水产原良种场，储备一批水产苗种繁育基地项目。在阿勒泰地区、阿克苏地区、巴音郭楞蒙古自治州、喀什、和田、伊犁哈萨克自治州、昌吉回族自治州、乌鲁木齐市、吐鲁番市等地开展水产苗种繁育基地基础设施建设，基本满足全区增殖放流和市场对优质种苗的需求。

4.渔业安全生产 2021 年以来，全区渔业船舶安全生产整体水平明显提高，安全生产形势呈持续稳定向好态势，全年没有发生渔业安全事故。制定《2021 年渔业安全生产工作要点》，印发《关于进一步加强我区渔业船舶船员监管和安全风险防控工作的通知》等文件，组织开展 2021 年"安全生产月"和"安全生产万里行"专项活动，指导各地开展渔业水上安全突发事件应急演练 93 次。督促福海县、博湖县渔业船舶集中停泊点做好渔业船舶安全生产监管视频接入工作，开展安全生产调度。指导各地开展安全生产隐患排查 294 次，发现问题 102 个，已全部整改完成。

5.水产品质量安全管理 2021 年对全疆主要地（州）市的重点水产品种开展产地水产品质量安全监督抽查，全年抽检水产品样品 100 个，2021 年全区水产品抽检合格率为 100%。开展用药减量行动，向各地发放水产养殖用药明白纸、水产苗种宣传手册，提高渔民群众安全养殖意识。

6.加快推进渔业规划编制和发布 推动《新疆维吾尔自治区水域滩涂养殖规划(2021—2030年)》编制工作。完成《新疆维吾尔自治区渔业"十四五"发展规划》发布。符合编制规划的9个地州(市),15个县(市)中,8个地州和13个县(市)已完成编制并发布,乌鲁木齐市、米东区、泽普县规划编制工作有序推进。

7.水产种质资源普查 制定《新疆维吾尔自治区第一次水产养殖种质资源普查实施方案(2021—2023)》,组织全疆普查培训5期,培训人员588人次。组织技术专家组和技术人员赴各地(州、市)现场指导,并督促推进普查工作。截至2021年年底,全区第一次水产养殖种质资源普查工作已取得了阶段性成果。已完成所有普查主体的普查及数据填报工作,已录入种质资源4 852条,21个县(市、区)普查资源数据已通过自治区审查。

8.渔业科研 新疆渔业科研工作在健康养殖技术、水生生物资源养护和渔业水域生态环境保护等方面取得了显著成绩。其中,土著鱼类新疆裸重唇鱼、斑重唇鱼全人工繁育技术,北极茴鱼、哲罗鲑人工繁育技术取得突破性进展;扁吻鱼人工增殖放流初见成效,在博斯腾湖已形成一定的种群规模且出现一定数量的性成熟个体;完成扁吻鱼全基因组测定组装,制定新疆裸重唇鱼、扁吻鱼、欧鲶种质标准;首次系统性完成塔里木河全流域渔业资源调查评估;2项科技成果分获2020年度新疆维吾尔自治区科技进步奖二等奖(基层项目)、三等奖,自治区水产科学研究所被农业农村部渔业生态环境监测中心评为2016—2020年度全国渔业生态环境监测先进集体,4名科研与推广人员先后获得全国渔业生态环境监测先进个人、中华农业科教基金会神内基金农技推广奖等荣誉称号。

9.存在的主要问题 一是人员队伍力量配置及资金投入方面。渔业管理队伍薄弱,技术推广体系不健全,水产技术人员匮乏,渔业发展资金不足,自治区财政对渔业发展投入有限,不能满足全区渔业发展需要。二是水产品稳产保供存在隐患。一些地方限水和水价问题对水产养殖业影响日益加大,各地渔业用水核定标准不统一,且不合理,"定额用水"标准增加了养殖成本,影响了渔民的积极性。受生态环境保护红线等因素影响,水产养殖发展空间受限,一些地方核发养殖证推进缓慢,养殖者的权益得不到有效保护。三是基础设施老化问题严重。池塘养殖未标准化改造仍较多,未改造的池塘养殖空间小、单产低、鱼病发生率高。同时,进排水、供电线路、渔业设备、道路等不同程度的老化问题,成为制约健康养殖发展的"瓶颈"。部分养殖场承包期不长,导致养殖企业不愿意在基础设施建设上过多投入。

【重点渔业市(县)基本情况】

新疆维吾尔自治区重点渔业市(县)基本情况

市(县)	总人口(万人)	渔业产值(万元)	水产品产量(吨)	其中		养殖面积(公顷)
				捕捞	养殖	
昌吉市	40.45	18 000	13 657		13 657	1 673
温宿县	23.39	15 000	11 000		11 000	730
伊宁县	42.54	15 410	9 440	2	9 398	506
福海县	7.42	7 000	7 080	4 250	2 830	13 300
拜城县	24.03	7 800	5 200		5 200	558

【大事记】

[1]4月,自治区第一次水产养殖种质资源普查工作启动。全区组织开展线上线下培训4期,培训普查人员640人次;先后选派技术人员28人赴地县参与现场指导、培训普查队伍,确保普查工作有序推进。10月完成面上基本普查工作,为促进水产养殖种质资源保护与利用、打好种业翻身仗奠定种质基础。11月,农业农村部对第一次水产养殖种质资源普查工作进展情况进行通报,新疆工作进度在全国与北京和上海并列第一。

[2]5月20日,举办2021年全区渔业工作培训会。

[3]6月6日,自治区农业农村厅、巴州农业农村局及博湖县农业农村局在博斯腾湖开展主题为"养护

水生生物资源，促进生态文明建设”的全国放鱼日增殖放流活动，增殖放流国家Ⅰ级保护水生野生动物扁吻鱼5万尾，经济鱼类3.2万尾，PIT芯片标记和VIE荧光色带标记3万尾。

[4]7月12日，自治区水产科学研究所、博尔塔拉蒙古自治州农业农村局在精河艾比湖河口区放流自治区Ⅰ级保护水生野生动物——准噶尔雅罗鱼2.5万尾。

[5]7月12—14日，在乌鲁木齐市举办全疆渔业管理人员培训班。

[6]10月，自治区农业农村厅认定伊河鲟业科技有限公司等10家单位为自治区级水产原良种场。

[7]11月10日，自治区水产科学研究所、巴州农业农村局在博斯腾湖开展了扁吻鱼增殖放流活动，放流扁吻鱼子二代苗种3万尾，其中PIT芯片标记和VIE荧光色带标记1.2万尾。

（新疆维吾尔自治区农业农村厅　阿依古力·卡拉拜）

大连市渔业

【概况】 2021年，大连市有甘井子区、旅顺口区、金州区（金普新区）、瓦房店市、普兰店区、庄河市、长海县和中山区8个涉渔区市（县），以及高新技术产业园区、长兴岛经济技术开发区2个涉渔开放先导区；有渔业乡、镇、街道34个，渔业村183个，渔业户5.8万户；渔业人口22万人，其中传统渔民14万人；渔业从业人员14.5万人，其中专业从业人员9.5万人。专业从业人员中，从事捕捞业3.9万人，从事养殖业4.4万人，其他1.2万人。

全市地方渔业（不含辽宁省属企业在大连分支机构）经济总产值712.8亿元，比上年增长0.9%，其中渔业产值（含苗种）390.6亿元。渔业经济增加值349.1亿元。渔业产值中，海洋捕捞产值60.9亿元，海水增养殖产值287.6亿元，苗种产值41.5亿元；淡水养殖产值0.7亿元。全市地方渔业水产品产量240.1万吨。

2021年大连市地方渔业产量及产值

地　区	产量（万吨）	产值（亿元）	地　区	产量（万吨）	产值（亿元）
大连市	240.1	390.6	瓦房店市	15	57.9
长海县	60.2	81.1	高新技术产业园区	7.9	6.1
庄河市	57.9	103	甘井子区	3.5	5.4
金州区（金普新区）	39.9	58.3	中山区	6.6	6.1
普兰店区	14.4	31.6	市直单位	10.7	9.5
旅顺口区	22.9	27.4	长兴岛经济区	1.1	4.3

2021年大连市地方渔业生产基本情况

项目	数量	比上年增长（%）	项目	数量	比上年增长（%）
渔业经济总产值（亿元）	712.8	0.9	淡水养殖（万吨）	0.5	1.8
渔业（含苗种）（亿元）	390.6	6.2	养殖面积（万公顷）	43.2	−0.2
渔业工业和建筑业（亿元）	197.9	−3.5	海水养殖（万公顷）	42.5	−0.2
渔业流通和服务业（亿元）	124.3	−7.1	淡水养殖（万公顷）	0.7	
水产品总产量（万吨）	240.1	6	渔业船舶拥有量（万艘）	1.9	−10.3
海洋捕捞（万吨）	28	1.6	渔业船舶总吨位（万吨）	31.9	1.2
海水养殖（万吨）	195.6	7.2	渔业船舶总功率（万千瓦）	82	10

1.海洋渔业资源增殖放流 2021年，大连市放流中国对虾和三疣梭子蟹苗种31.708亿尾，总回捕率2.11%，增殖放流总产量3 472.67吨，总产值5.16亿元，总投入产出比1∶17。

2.海洋牧场建设 2021年，大连市大长山岛海域禹龙、大长山岛海域权发、长海县海域东晟3处海洋牧场获批农业农村部第7批国家级海洋牧场示范区。截至2021年年末，全国153处国家级海洋牧场示范区中，大连市有25处。

3.海洋捕捞 2021年，大连市有渔业船舶18 788艘，比上年减少2 163艘，下降10.3%。其中，机动渔船18 428艘，非机动渔船360艘。机动渔船中，生产渔船17 961艘(含捕捞渔船8 448艘、养殖渔船9 513艘)，辅助渔船467艘，其他渔船0艘。全市有远洋项目渔船263艘。全年海洋捕捞产量27.98万吨，比上年增长1.7%，其中远洋捕捞产量16万吨。海洋捕捞产值60.87亿元，比上年下降4%，其中远洋捕捞产值13.7亿元，增长11.8%。

4.远洋渔业 2021年，大连市有远洋渔业企业资格企业18家，与上年持平；远洋项目渔船263艘，其中金枪鱼钓船56艘、专业鱿鱼钓船4艘、单拖网船199艘、流刺网船2艘、运输船2艘。远洋渔业捕捞分布于几内亚、索马里、加纳、科特迪瓦、喀麦隆、刚果(布)、阿根廷、阿曼、几内亚比绍、毛里塔尼亚、加蓬、塞拉利昂、塞内加尔、冈比亚、利比里亚、太平洋、大西洋、印度洋18个项目海域。远洋捕捞产量16万吨，与上年持平；产值13.7亿元，下降29.38%；运回国内水产品产量3.06万吨，比上年增长7.74%。

5.入韩渔船作业管理 2021年，大连市获批进入中韩渔业协定水域韩方一侧专属经济区管理海域捕捞许可渔船245艘，其中拖网船152艘、流网船79艘、运输船14艘，比上年减少19艘。市各级渔业行政主管部门加强入韩渔船日常生产作业管理，汇总上报渔船进出通报3 500余艘次，通报准确率100%。进行具有进入许可作业资格船长、船东集中培训，举办培训班2轮次，培训船长、船东310人次。入韩渔船均按照中韩两国渔业协定进行捕捞作业。

6.水产原良种场建设 2021年，大连市有国家级水产原良种场3家、省级水产原良种场21家，涵盖刺参、皱纹盘鲍、虾夷扇贝、黄海胆等品种。年内，对虾小镇实业有限公司被新认定为中国对虾、三疣梭子蟹省级良种场，大连裕隆水产有限公司被新认定为海肠省级良种场，大连金州区鹿鸣岛度假村被新认定为中国对虾省级良种场，大连天正实业有限公司被新认定为褐牙鲆、许氏平鲉省级良种场，大连金州泓源水产育苗场被新认定为仿刺参省级良种场，大连富谷食品有限公司被新认定为刺参省级良种场。加强海参、扇贝等优势水产苗种疫病检测，检测水产苗种500样次，各项疫病检测指标均合格，重点养殖品种无重大疫情发生。

7.海水增养殖 2021年，大连市地方渔业海水养殖面积42.5万公顷，比上年下降0.29%；海水养殖产量195.6万吨，比上年增长7.21%；产值(不含苗种)222.9亿元；苗种产值26.4亿元。

8.水产养殖政策性保险 2021年，大连市水产养殖政策性保险海水养殖风力指数保险和水产制种保险生效保费4 493.19万元，保额5.62亿元，其余政策性海水养殖保险无保费。其中，海水养殖风力指数保险30%保费由市财政补助，水产制种保险50%保费由市财政补助。

9.渔业管理 2021年，大连市各级海洋与渔业主管部门发放水域滩涂养殖证1 241本，发证面积52 067.88公顷，累计发放养殖证7 049本，累计发证面积47.7万公顷；市本级新发、换发水产苗种生产许可证17本，发、换证涉及水体28.5万立方米；发放船员证书7 364本，其中职务船员证书2 836本、普通船员证书4 528本。

10.渔业安全生产监管 2021年，大连市各级海洋与渔业主管部门落实安全责任，组织区(市、县)农业农村局、庄河渔业渔民渔船管理局签订《2021年大连市农业安全生产责任书》11份，组织全市渔船船东船长签订《大连市制止渔船非法越界及渔业安全生产包保责任书》1.9万份。加强渔业安全隐患排查，成立检查组438个，督导检查6 484次，检查渔船51 221艘次，行政处罚820次，罚款395.06万元，发现突出问题10项，完善制度措施18项，排查一般隐患6 870项，全部整改完成。加强宣教培训，组织定点宣教45场，开展应急演练7次，参加活动执法人员和渔民代表达1.4万人。组织全市60余名基层监管人员参加大连市渔业安全管理实务培训班。开展遇险救助，处置渔船险情32起，协调派出救助船只173艘次，成功救助渔民111人。加强专家队伍建设，确定大连市渔业船舶水上安全突发事件应急专家库成员25名。落实《辽宁省“商渔共治2021”专项行动实施方案》，市农业农村局与大连海事局签订水上安全管理合作协议书，加强在宣传教育、应急演练、会商研判、联合执法等多方面深度交流合作。加强工作交流。组织部分商渔船长代表在大连湾渔港召开防范商渔船碰撞座谈会，破解相互认知不一致、沟通不顺畅、避让不协调等难题。开展联合执法。市渔业执法队与大连海事局开展秋季海上联合执法，双方执法人员在老铁山水道等重点水域开展秋季执法巡航。

11.渔业监督执法 2021年，大连市各级海洋与渔业主管部门开展涉海渔船起底式大排查专项行动，开展“中国渔政亮剑2021”专项执法行动，出动执法人员3.4万人次、执法车辆1.1万辆次、执法船艇3 368艘次，海上巡察5.1万海里，陆域和港口巡察39.4万次，检查渔港和自然港湾16 291座次，下达停航整改书140份，查处渔业案件441起，清理取缔涉渔“三无”船舶649艘。开展斑海豹保护冬季执法行动，印发宣传材料7 585份，出动执法人员4 746人次、执法车272次，执法里程3 681海里，救助斑海豹幼崽5只，放生斑海豹2次。开展野生动物保护救助，协调处置江豚、抹香鲸各1只，救助猪鼻龟、绿海龟各1只，查处野生动物违法案件1起。按照《大连市捕捞渔船结构性改革实施方案》《大连市海洋捕捞渔船减船转产项目操作管理暂行办法（试行）》推进减船转产项目，拆解国内海洋捕捞渔船2 143艘，压减功率9.46万千瓦。

12.水产品质量安全监督管理 2021年，制定《大连市2021年水产品质量安全监控计划》，加强水产品质量安全监督管理。以本地区重点大宗增养殖品种为监控对象，以氯霉素、硝基呋喃类等禁用渔药违法使用为重点监测项目，完成市本级检测1 014样次，检测合格率99.1%。农业农村部在大连市进行海参产地监督抽检30样次，合格率100%；例行监测批发市场水产品，抽检鱼虾76个样品，合格率97%。省海洋与渔业厅例行监测大连市产地海参10样次，合格率100%。全市主要养殖品种实现监测全覆盖。

（大连市农业农村局　印明昊）

青岛市渔业

【概况】 青岛市深入贯彻落实农业农村部等十部委《关于加快推进水产养殖业绿色发展的若干意见》，按照中央赋予青岛市建设引领型现代海洋城市的定位，推动渔业转型升级，渔业现代化和高质量发展取得显著成效。2021年青岛市渔业产值224.8亿元，同比增长16.3%。国内水产品产量101.3万吨，同比增长0.2%，其中，海洋捕捞产量19.8万吨，同比增长2.1%，海水养殖产量79.8万吨，同比减少0.3%，淡水养殖产量1.6万吨，同比增长4.5%。海水养殖面积3.4万公顷，同比增长6.4%，淡水养殖面积0.3万公顷，同比减少0.4%。

1.养殖空间布局 认真贯彻落实《农业部关于印发〈养殖水域滩涂规划编制工作规范〉和〈养殖水域滩涂规划编制大纲〉的通知》《农业农村部关于进一步加快推进水域滩涂养殖发证登记工作的通知》等文件要求，充分研究全市渔业发展空间布局，指导渔业养殖产业规范化发展，印发实施《青岛市养殖水域滩涂规划（2021—2030年）》，为渔业高质量发展提供规划依据。按照应发尽发原则为养殖户核发水域滩涂养殖证。累计发证861宗，总面积55 600.23公顷。

2.现代种业 持续推进即墨区田横镇青岛市水产种苗研发中试基地建设，发挥中国海洋大学、中国水产科学研究院黄海水产研究所和山东省海洋科学研究院顶级科研平台优势，打造全国水产种业科技研发中心。承办全国水产种业振兴行动工作推进会。推动我国迄今投资规模最大、保存规模最大、设施最先进的国家海洋渔业生物种质资源库正式挂牌运行。培育壮大水产种业企业，支持瑞滋申报国家级刺参良种场，推动瑞滋、卓越海洋、七彩种业等水产种业公司扩大产能，预计投资6.5亿元，建设现代化种业基地。推动中国水产流通与加工协会水产种业分会在青岛市成立，推动前沿海洋种业有限公司组建三倍体牡蛎产业联盟。

3.深远海养殖 建造了深远海全潜式养殖网箱“深蓝1号”，6月首次出鱼，实现产值6 000多万元，为我国深远海渔业资源开发提供又一成功案例。“国信101号”3 000吨级深远海养殖工船建成投产，集成自动投喂、实时观测及中继通信系统，首批舱养大黄鱼已起捕，利用工船在南北方海域开展游弋舱养的模式得到印证。为加快青岛国家深远海绿色养殖试验区建设，成功引入山东海洋投资集团，借助国有资本力量，进一步壮大试验区发展规模。

4.海洋牧场 全市海洋牧场示范区达23处，总面积12 590公顷，共投放礁体超过320万空方。其中，16处被评为国家级海洋牧场示范区，占全国总量近1/9。累计投资1.7亿元，建成休闲体验中心和海洋牧场平台各4处，不断提升海洋牧场装备化、信息化、现代化水平。指导企业举办全国范围内规模最大的海钓路亚大赛，数万人同时在线观看直播，带动了海洋牧场与旅游、垂钓、餐饮等多个产业协同发展。

5.增殖放流 2021年，中央、市、县三级累计投资1 331万元，在胶州湾、灵山湾、琅琊台湾、鳌山湾、崂山湾等海域以及重点水库开展日本对虾、中国对虾、梭子蟹、褐牙鲆、金乌贼、鲢、鳙等经济品种放流活动，完成放流苗种8.6亿单位，有助于全市渔业资源恢复，改善水域生态环境，维护生态平衡。创新开展“增殖放流一线体悟”活动，受到国家部委、央企和科研院所在青挂职干部、人大代表、政协委员、媒体记者等社会各界人员广泛关注和积极与参，累计参与50余人次。

6.绿色养殖 印发《关于统筹利用中央渔业捕捞和养殖业油价补贴结余资金支持渔业新旧动能转换的通知》，支持水产种苗产业提升、三产融合发展、渔业生态环境整治三大领域发展，并将池塘、工厂化养殖尾水生态化处理示范列为支持方向，在全市开展养殖尾水处理试点示范。推动建成养殖尾水试点 34 处，探索总结了适合青岛市养殖现状的尾水处理模式，为大范围养殖尾水处理推广奠定了经验基础。

7.远洋渔业 稳定全市现有远洋渔业发展规模，抓好 155 艘作业渔船的规范管理工作，加快在建渔船的建设进度。继续深化“走出去”战略，促进新渔场开发，全市 11 家企业与 10 个国家建立合作项目。顶格推进中国北方(青岛)国际水产品交易中心和冷链物流基地项目建设。截至 2021 年年底，冷链物流基地项目一期工程竣工投产使用，冷库二期工程已开工建设，三期工程在土地招拍挂后将陆续开工。推进中鲁远洋国际金枪鱼创新产业园等重大项目建设，打造海洋高新技术产业集群。

8.水产品质量 加大水产品质量监督抽查和风险监测力度，重点做好上市产品抽查、风险隐患摸查等专项监测和对检测机构的飞行检查工作，对检出的不合格样品进行严格执法。完成水产品及水产苗种定量检测 1 576 批次，产地水产品质量安全合格率为 99.9%，有效保障了市民“菜篮子”产品安全。保持高压态势，深入开展禁限用农兽药残留源头治理，共开展执法检查 290 次，派出执法人员 634 人次，检查生产主体 639 家次，销毁问题水产品 54.3 千克，责令问题整改 8 起；发放宣传材料 3 956 份；立案查处不合格水产品案件 2 起，总计罚款 2.5 万元。

9.渔技推广 组建专家顾问组，成立了由 30 人组成的科技指导队伍，遴选 60 户科技示范户，全年入户指导 600 人次；开展水产良种良法示范推广，重点推广 4 个良种良法。科技指导员以登门指导为主，线上、线下答疑为辅的服务模式，充分利用网络平台、微信、短信等手段，对帮扶对象开展实用技术、防疫技术和渔情信息的指导服务。举办了水产健康养殖技术、工厂化循环水养殖模式及尾水处理技术等专业科技的 6 期培训班，培训基层渔业专业技术人才 491 人次。

10.水生动物防疫 为从源头严控疫病发生，印发了《2021 年青岛市水产品质量安全监督抽查工作方案》，并根据全市水产养殖实际情况申请了渔业技术推广及水产品质量检测业务费项目，争取了专项资金用于水产苗种产地检疫，全年共抽检水产苗种产地检疫样品 60 批次，合格率 100%，水产苗种产地检疫合格电子出证率 100%。对全市南美白对虾、半滑舌鳎、海鲈鱼等品种的白斑综合征、桃拉综合征、传染性肌肉坏死病等疾病进行检测，全年共抽检样品 60 批次，合格率及电子出证率达 100%。全市设立水产病害测报点 41 处，上报月报表 300 余份，强化了水产病害的预测预报工作。

11.涉渔综合治理 建立全市海洋涉渔综合治理协调机制，全面推动综合管控措施落地落实。建立渔业、公安、市场监管、城市管理、交通运输、商务、海警等部门共同参与的市海洋涉渔联合执法联席会议机制，强化联合执法协作，始终保持高压态势，增强执法力度，坚决遏制违规态势。积极开展渔船压减工作，全年累计拆解老旧渔船 78 艘，淘汰主机功率 2 919 千瓦，更新改造渔船 41 艘。

12.渔政执法监管 大力开展“中国渔政亮剑 2021”系列专项执法行动，围绕中心任务，巩固和完善了“常态巡航、交叉执法、蹲点守候、突击检查”十六字执法战术，协同海警、公安等部门开展海陆联合执法，有效遏制破坏海洋渔业生态资源等违法行为。全年派出执法船艇 1 700 艘次，派出执法人员 1.2 万余人次，航程 3 万余海里，查获违规渔船 260 余艘，罚款 280 余万元，没收渔获物 21 230 千克，清理收缴禁用渔具“地笼”网 4.5 万余套，查扣没收涉渔“三无”船舶 156 艘。相关工作被中国渔政、山东渔政和省、市电视广播等融媒体网络宣传报道 40 余次，青岛近海渔业资源养护成效显著。

【重点渔业市(区)基本情况】

青岛市重点渔业市(区)基本情况

市(区)	总人口(万人)	渔业产值(万元)	水产品产量(吨)	其中				养殖面积(公顷)	
				海洋捕捞	海水养殖	内陆捕捞	淡水养殖	海水	淡水
黄岛区	196.42	868 857	350 564	62 743	285 127		2 694	12 458	408
崂山区	51.08	83 941	33 314	27 888	5 426			986	
城阳区	114.78	286 184	231 648	32 637	198 413		598	6 012	153
即墨区	136.18	695 640	291 977	51 015	240 854		108	13 079	260

（续）

市(区)	总人口（万人）	渔业产值（万元）	水产品产量（吨）	其　中				养殖面积(公顷)	
				海洋捕捞	海水养殖	内陆捕捞	淡水养殖	海水	淡水
胶州市	102.19	302 822	101 480	23 799	68 472		9 209	1 751	691
平度市	118.78	2 439	1 337				1 337		509
莱西市	71.91	7 737	2 240			184	2 056		947

【大事记】

[1]2 月 24 日，青岛市海洋发展局、西海岸新区管委、山东海洋集团有限公司就共建青岛国家深远海绿色养殖试验区签订合作协议，标志着试验区建设进入新阶段。

[2]3 月 11 日，全市渔业工作会议召开，总结 2020 年全市渔业工作开展情况，部署 2021 年全市渔业工作。

[3]3 月 15 日，国家发展改革委农经司副司长邱天朝、农业农村部计划财务司副司长郭红宇带队来青岛调研现代化海洋牧场建设综合试点项目推进情况。

[4]4 月 28 日，市委常委、副市长薛庆国主持召开全市伏季休渔暨渔业安全生产工作会议，落实 2021 年度伏季休渔管理和渔业安全生产工作。

[5]6 月，青岛国家深远海绿色养殖试验区成功养殖并收获 15 万尾虹鳟鱼，实现了全球首次低纬度温带海域虹鳟鱼规模化收鱼。

[6]9 月 1 日，2021 青岛渔业(线上)博览会启动，旨在打造国内首个水产品行业互联网垂直交易平台，实现平台一站式购物服务。

[7]9 月 10 日，《青岛市养殖水域滩涂规划(2021—2030 年)》正式印发实施。

[8]10 月 27 日，2021 全球渔业可持续发展论坛暨第 25 届中国国际渔业博览会在红岛国际会议展览中心开幕，农业农村部副部长马有祥出席开幕式并致辞，冰岛驻华大使易卜雷出席。

[9]10 月 28 日，农业农村部在山东省青岛市召开全国水产种业振兴行动工作推进会。农业农村部副部长马有祥出席会议并讲话。山东省副省长李猛出席会议。

[10]10 月 28 日，国家海洋渔业生物种质资源库正式揭牌，标志着我国水产种质资源保存与利用水平、海洋渔业生物多样性保护能力迈上了新台阶。

[11]11 月 16 日，以“创新·融合·突破，开启渔业品质未来”为主题的 2021 中国(青岛)渔业发展高峰论坛召开。中国工程院、中国渔业协会、中国水产流通与加工协会、中国海洋大学及渔业领域权威人士、专家学者和企业代表等齐聚青岛，探讨中国渔业产业高质量发展之路。

[12]12 月 18 日，中国水产流通与加工协会水产种业分会成立大会暨中国水产种业论坛在青岛举行。

（青岛市海洋发展局　王　鹏）

宁波市渔业

【概况】 2021 年，全市水产品总产量 107.36 万吨，同比增长 4.73%，其中海洋捕捞产量 50.11 万吨，同比增长5.83%；海水养殖产量 37.59 万吨，同比增长 5.4%；淡水捕捞产量 2.63 万吨，同比减少 11.49%；淡水养殖产量 6.21 万吨，同比增长 8.32%；远洋渔业产量 10.83 万吨，同比增长0.28%。水产养殖面积 4.12 万公顷，同比减少 2.85%，其中海水养殖面积减少 2.41%，淡水养殖面积减少 4.35%。

1.渔业基础设施建设　制定《宁波市渔船精密智控工程方案》，落实建设资金 1.08 亿元。2 680 余艘大中型渔船完成视频监控系统安装，780 艘渔船完成卫星宽带终端安装。建成 21 个环港视频监控站点、4 个环港雷达基站，累计完成 10 个渔船进出港口门监控系统建设，基本实现渔船进出港监控全覆盖。宁波市渔业应急处置现场(会商)指挥系统列入浙江省数字化改革先行先试项目并试运行。

2.渔业船舶整治　制定《宁波市“证业不符”渔船整治工作方案(试行)》，按照“依法整治、分类处置、规范管理、构建长效”原则，全面开展整治工作。完成整改改变作业方式渔船 776 艘、改变作业类型渔船 91 艘。完成全市 2 692 艘船长 24 米及以上渔船稳性资料核查，整改落实 709 艘渔船稳性资料不全问题。完成首批 23 艘示范引领船整治改造。

3.渔业基层管理组织建设 象山县整合重组20家渔业基层管理组织，优化提升石浦镇、鹤浦镇和高塘乡3个分中心能力；宁海县将56个渔业合作社整合为4个跨区域基层组织；奉化区新建莼湖镇分中心和桐照、栖凤村2个渔船基层管理组织。举办渔业安全管理、应急处置培训班3期，培训区（县、市）、乡镇（街道）及基层渔船管理人员225人。

4.防范商渔船碰撞 完善防范商渔船碰撞联席会议机制，每季度在主要进出港航道、沿海大轮习惯航线、商渔船碰撞事故高发海域开展商渔共治联合执法行动，登检商渔船122艘次，纠正不安全航行行为98个，立案查处安全违规渔船32艘，驱离影响航道渔船105艘次。农业农村、海事部门互派干部驻点双方应急指挥中心学习，组织商渔船长"面对面交流"活动5次。

5.渔业船员培训教育 以"数字化、生态化、人本化、规范化"为目标，组织渔业安全大培训、大宣传、大警示、大演练活动，累计培训人员35 966人次，其中职务船员6 383人次、普通船员9 068人次、"面对面"警示教育20 515人次。

6.渔业应急管理 开展编组落单、进入敏感水域等渔船动态干预，累计发送天气预警信息193.6万条次、安全提醒信息349.3万条次、禁航通告等管理信息305.1万条次，核查北斗非正常下线渔船2 686艘次，点验渔船4 536艘次。启动渔船防范寒潮大风等应急响应11次，防御应对"烟花""卢碧""奥麦斯""灿都""圆规"等台风和寒潮大风，组织渔船回港或转移到安全水域避风，累计撤离或转移渔船7 837艘次。

7.渔业资源养护 实施船籍港休渔、船位首报、伏休日报等海洋伏季休渔制度，应休渔船定人联船率100%，辖区渔船船籍港休渔率98%以上。开展大规模水生生物增殖放流活动，在象山港、南韭山、渔山列岛海域、姚江等水域放流大黄鱼、曼氏无针乌贼、中国对虾等品种8.04亿尾（颗）。

8.水产健康养殖 推进省级渔业健康养殖示范点创建，新增省级渔业健康养殖示范县2个（慈溪市、鄞州区）、省级水产健康养殖示范场38家。推进生态养殖模式推广与尾水治理，累计建成144个水产养殖尾水治理示范场（点），涉及全市集约化设施养殖区和主要养殖区。开展水产养殖用药减量行动，在2020年6个用药减量示范区（县）、10个养殖推广点基础上新增17个推广点，2021年全市各示范点整体实现兽药使用总量同比平均减少8.3%，抗生素使用量同比下降11.8%。

9.水产种业建设 开展泥蚶、缢蛏、文蛤等良种选育研究，先后突破岱衢族大黄鱼、青蟹、黄姑鱼、银鲳、小黄鱼、日本鬼鲉、褐菖鲉、石斑鱼和马鲛鱼等本地野生经济种类的采捕和繁育技术难题，其中大黄鱼甬岱一号每年育苗量3 000万尾以上；青蟹工厂化育苗取得历史性突破，育苗量2 000万余只。开展水产养殖种质资源普查，填报普查主体表985份、养殖对象登记表2 483份，养殖品种188种，基本摸清辖区水产资源种类、群体数量、区域分布和保护利用等情况。

10.水产品质量安全监管 组织开展水产养殖专项执法检查行动，加强初级水产品、水产苗种、渔用饲料和渔药等质量安全监督抽查和风险监测。市本级例行抽检265批次，合格率100%；监督抽查309批次，合格率98.4%；市场专项抽查301批次，合格率98.0%。全市初级水产品质量总体评价良好。

11.渔业行政执法 组织开展"铁拳""中国渔政亮剑2021"专项执法和水上交通安全整治专项行动，出动执法船艇3 050艘次、执法人员43 070人次，检查渔船10 767艘次、渔港码头和其他渔船集中停泊点1 501个次、涉渔经营场所7 150个次，立案查处违法案件858件，移送司法机关71起，移送涉案人员161人；取缔涉渔"三无"船舶606艘，收缴违规网具31 315顶（张）。

【重点渔业市（县、区）基本情况】

宁波市重点渔业市（县、区）基本情况

市（县、区）	渔业总产值（万元）	水产品产量（吨）	其中				养殖面积（公顷）	
			海洋捕捞	海水养殖	内陆捕捞	淡水养殖	海水	淡水
象山县	722 350	620 258	361 957	158 408	2 000	14 693	11 213	1 353
宁海县	291 548	173 597	5 600	161 200	439	6 358	12 266	2 012
奉化区	227 210	162 655	126 567	32 403	1 714	1 971	1 261	187

（续）

市（县、区）	渔业总产值（万元）	水产品产量（吨）	其中				养殖面积（公顷）	
			海洋捕捞	海水养殖	内陆捕捞	淡水养殖	海水	淡水
慈溪市	144 519	44 281	2 389	18 062	9 685	14 145	5 932	2 781
余姚市	60 164	25 903	1 399		6 664	17 840		1 656

【大事记】

[1]1月，市海洋与渔业研究院主持申报的“大黄鱼全雄及抗逆育种技术研究”项目获宁波市“科技创新2025”重大专项立项。

[2]2月，市海洋与渔业研究院牵头完成的“岱衢族大黄鱼养殖产业提升关键技术创新与应用”分别获得宁波市科学技术奖一等奖、中国水产科学研究院科学技术奖二等奖。

[3]3月5日，中共宁波市委办公厅、宁波市人民政府办公厅联合印发《涉海涉渔领域遏制重大生产安全事故整治攻坚实施方案》。

[4]4月30日，农业农村部和公安部、中国海警局在宁波市象山县石浦镇联合举办“中国渔政亮剑2021”海洋伏季休渔专项执法行动启动活动。农业农村部副部长于康震、公安部副部长林锐、中国海警局副局长赵学翔、浙江省人民政府副省长刘小涛、宁波市人民政府市长裘东耀、中央外办海洋权益局副局长梁金哲、公安部治安管理局局长李京生、农业农村部渔业渔政管理局局长刘新中等领导出席。

[5]5月25日，市海洋与渔业执法队在全省海洋与渔业执法系统技能比武活动中获得团体总分第二名。

[6]6月24日，市涉海涉渔安全专业委员会及办公室正式成立。

[7]7月，第6号强台风“烟花”袭击宁波，全市转港渔船2 300艘，撤离渔船人员3 740人、水产养殖人员10 590人。水产养殖受灾总面积超过2万公顷，损失水产品2.1万吨，3艘小型渔船沉没，29艘渔船、9座渔港受损，总经济损失2.5亿元。

[8]7月1日，宁波市启动“证业不符”渔船整治工作；同日，市海洋与渔业执法队举行“护航建党100周年”渔业专项执法行动誓师大会。

[9]8月，市海洋与渔业研究院牵头开展宁波市首次水产养殖普查试点工作，普查执行率达到80%，水产养殖种质资源物种达到63种，获得农业农村部致信表扬。

[10]9月14日，市农业农村局发布实施“宁波市海洋渔船新冠疫情防控十五条措施”。

[11]9月16日，作为2021中国农民丰收节系列活动之一，第二十四届中国（象山）开渔节活动在象山石浦港举行。副省长徐文光宣布开渔，宁波市委副书记、市长裘东耀讲话。

[12]11月10日，浙象渔40055船在象山县石浦镇正东约115海里处失联，船上7名船员失踪。

[13]11月，市海洋与渔业研究院参加2021年全国水生动物防疫系统实验室检测能力验证，通过鲤春病毒血症等14种疾病病原的全项检测能力验证，并获得2021年水生动物防疫系统实验室检测能力验证优秀单位称号。

[14]11月23日，省委副书记，省政府党组书记、副省长、代理省长王浩一行到象山县开展涉海涉渔领域安全生产督导检查并主持召开全省渔业安全专题座谈会。

[15]11月29日，根据《浙江省农业农村厅关于公布2021年浙江省渔业健康养殖示范创建结果的通知》，慈溪市、鄞州区荣获省级渔业健康养殖示范县称号、全市38家养殖主体荣获省级水产健康养殖示范场称号。

[16]12月28日，市海洋与渔业执法队获得农业农村部“中国渔政亮剑2021”系列专项执法行动工作成绩突出集体通报表彰。

（宁波市农业农村局　赵东海）

厦门市渔业

【概况】 2021年，厦门市各级渔业主管部门认真贯彻落实农业农村部及福建省关于加强渔业工作的各项文件指示精神，以推进开展乡村振兴战略为主线，统筹推进渔业各项工作落实，重点推动远洋渔业发展、水产种业振兴、渔业资源生态保护、海上渔船管控等工作，成效良好。2021年，厦门市渔业总产值61.54亿元（含一二三产），同比下降4.57%；其中捕捞产值6.08亿元，养殖产值2.17亿元，苗种产值5.55亿元。水产品总产量 6.96 万吨，同比下降 8.29%，其中养殖产量 1.15 万吨，捕捞产量 5.81 万吨。生产对虾苗 596 亿单位。水产加工量 9.65 万吨，同比增长 1.18%；加工产值 15.70 亿元，同比增长 8.70%，夏商国际水产交易中心总交易量 17.05 万吨，交易额 75.38 亿元。

1.渔港经济区 12 月，厦门市获农业农村部批准成为首批国家级沿海渔港经济区。厦门国家级沿海渔港经济区规划以高崎闽台中心渔港、欧厝对台渔业基地、厦门现代水产种业园区为核心，对接联动高崎渔港片区、厦门海洋高新产业园两大片区，将建设现代化都市综合性休闲渔港、两岸水产品交易中心和高端水产品交易中心，打造辐射全省乃至全国的高端水产品交易中心。

2.水产苗种业 2021 年，厦门市着力做强做大特色种苗业，支持百利龙程、闽锐宝公司开发凡纳滨对虾、绿盘鲍等特色优势苗种。着力推动百利龙程、闽锐宝等种苗企业实施品牌战略，培育对虾苗、鲍鱼苗等品牌苗种。推进厦门百利龙程同安石浔仔虾繁育产业园落地建设。2021 年全市共生产鱼虾苗 596 亿尾，产值 5.55 亿元。

3.远洋渔业 2021 年，厦门市现有远洋渔业企业 5 家、远洋作业渔船 54 艘，作业海域分布于北太平洋、印度洋以及缅甸、塞内加尔。2021 年远洋渔业捕捞总产量 5.49 万吨、产值近 4 亿元，自捕远洋水产品回运厦门 2.6 万吨，为市民菜篮子提供优质海产品。

4.水产品质量安全监管 2021 年，厦门市开展水产养殖投入品专项整治行动和迎接国家食品安全示范城市验收等重点工作，加强水产品质量安全监测和执法监管，有力保障全市水产品质量安全，2021 年水产品质量监管总体上安全平稳有序。开展水产品质量安全监测，排查水产品风险隐患，组织各类水产品质量安全监测共 1 274 批次，其中产地水产品合格率 100%。强化高崎水产品批发市场监管，迎接农业农村部流通环节水产品质量安全例行监测工作，合格率为 100%，从批发市场环节把好水产品质量安全关。按照市应对疫情指挥部相关要求，严格落实市场准入，扎实开展水产品批发市场疫情防控工作。

5.渔业资源修复与保护 一是持续推进下潭尾红树林公园建设。2021 年下潭尾红树林公园通过国家蓝色海湾整治行动项目验收，入选国家海岸带生态和减灾协同增效典型案例，并成为厦门的新名片。联合国秘书长海洋事务特使汤姆森在接受新华社书面采访时，对厦门开展红树林保护和恢复种植给予高度肯定。二是开展渔业资源增殖放流。2021 年，组织开展“6 · 6”全国放鱼日、“6 · 8”全国海洋宣传日专场和厦金海域增殖放流活动等 10 批次，共放流鱼虾苗 4.81 亿尾，其中放流鱼苗 1 458 万尾；放流虾苗 4.66 亿尾。举办“增殖放流海洋文化科普研学”宣传活动，宣传海洋文化，增强民众的海洋保护意识。

6.渔业执法监管 2021 年，开展“中国渔政亮剑 2021”专项执法行动，共拆解依法没收涉渔“三无”船舶 62 艘，拆除各类违法捕捞网具及设施 4 840 件，辖区海域违法捕捞乱象问题得到有效治理。加强伏季休渔工作，从源头杜绝伏休渔船违规出海作业。2021 年伏休期间，累计出动执法人员 4 000 余人次、执法车辆 455 车次、执法船艇 317 艘次；查获违法涉渔船舶及排筏 57 艘，没收肩背式电鱼设备 4 套，拆除违法捕捞网具 552 张，办结案件 19 起，印发相关宣传材料 1 000 余份，张贴宣传通告 400 余张。

7.渔业科技培训与推广 充分利用在厦高校和科研院所的技术力量，建立一支专家服务队伍，2021 年共组织“水产品质量安全”“绿色健康养殖”等 11 期为民办实事渔民培训，培训渔民 490 人次，提升渔业从业人员绿色发展理念和专业技术水平。

（厦门市海洋发展局 郑燕玲）

深圳市渔业

【概况】 2021 年，为贯彻落实习近平总书记“三农”工作重要论述和“全面推进乡村振兴”重大战略，抢抓建设粤港澳大湾区、深圳先行示范区和全球海洋中心城市重大历史机遇，深圳市以创新、协调、绿色、开放和共享五大发展理念为核心，以渔业高质量发展为主题，以渔业供给侧结构性改革为主线，推动形成“保供有力、产业融合、创新驱动、绿色低碳”的现代渔业高质量发展新格局。2021 年全市（含深汕特别合作区）渔业产量 7.97 万吨，同比增长 5.45%。其中，远洋捕捞产量 3.23 万吨、近海捕捞产量 2.65 万吨、水产养殖产量 2.09万吨，实现渔业一产产值 25.07 亿元，发展态势稳中向好。

1.加强顶层设计，促进渔业高质量发展 一是编制《深圳市现代渔业发展规划（2022—2025 年）》并已通过专家评审。明确深圳现代渔业发展的总体目标和重点方向，提出现代渔业高质量、国际化的发展路径。二是制定现代渔业扶持政策。全面梳理、系统分析全国现有渔业发展政策，按照渔业供给侧结构性改革的要求，围绕渔业科技创新、产业发展、水产品稳产保供、品牌建设与交流合作等领域制定具体扶持措施，形成渔业一二三产全产业链政策支持体系，引导渔业转型升级和绿色高质量发展。

2.大力发展远洋渔业，提升全球资源配置能力 深圳国家远洋渔业基地正式获批。按照“一基地两港区、整体规划、差异发展、分步实施”的工作思路，以大铲湾和深汕两港区为空间承载，推进国家远洋渔业基地申报建设。依托大铲湾临近空港和口岸优势，规划建设集储藏交易、拍卖展示、消费观光于一体的国际金枪鱼交易中心；在深汕港区引入储藏、冷链物流、精深加工、研发检测等机构，壮大远洋渔业产业链，提升远洋渔业全球资源配置能力。经市政府同意，2021 年 7 月 15 日，《深圳建设国家远洋渔业基地专题报告（报批稿）》以省政府名义上报农业农村部。2021 年 12 月 2 日，农业农村部正式批复，同意深圳市建设国家远洋渔业基地。

3.坚持科技兴渔，深入实施水产种业振兴行动 一是全力推动水产种业创新发展。按照国家、省农业种质资源普查有关部署，启动全市（含深汕特别合作区）水产养殖种质资源的全面普查，为提升种业创新能力和产业发展奠定基础。基本完成全市现场普查工作并开展相关普查数据审核。筹建深圳现代渔业（种业）创新园，集聚水产种业、水产科技机构、科技项目等优质资源，着力打造水产种质遗传育种中心。二是依托中国水产科学研究院南海水产研究所深圳试验基地、深圳华大海洋科技有限公司等种业科研创新主体，搭建种业科研创新平台，发展现代育种新技术，持续推进水产育种技术创新和示范应用。2021 年深圳华大海洋科技有限公司和中国水产科学研究院联合创制的建鲤 2 号通过国家水产新品种审定。推进新品种大鹏湾 1 号长茎葡萄蕨藻上报水产原种和良种审定委员会评审，推广墨瑞鳕鱼优良新品种的工厂化养殖，大力推进南海 1 号斑节对虾抗病新品种示范推广，完善卵形鲳鲹等高档优质水产品种质库基地建设，完成方斑东风螺、波纹龙虾引种养殖新技术新模式试验示范推广。

4.规划建设现代化渔港群，刻画海洋中心城市靓丽风景线 一是编制《深圳市渔港空间布局规划》。综合考虑城市建设、生态环境、产业需求、防台防汛功能，差异定位各渔港的主要承载功能及未来转型方向，科学引导传统渔港转型升级和智慧化改造，形成多港联动、互为支撑的现代化渔港群。推动完成全市（含深汕特别合作区）渔港现状调研，形成规划阶段性成果。二是推进传统渔港升级改造。编制蛇口渔港升级改造规划，组织开展设计方案国际竞赛相关工作，科学引导蛇口渔港发展转型和品质提升，推进盐田渔港城市更新，保留南澳渔港传统特色。推动小漠、鲘门渔港更新改造工作。将由原本仅有单一生产交易功能的蛇口传统渔港上升为粤港澳大湾区都市生活休闲渔港，既能延续生产岸线的历史，成为拥有高标准配套设施的现代化渔港，又能顺应当下休闲文化岸线的定位，成为集海洋教育、渔文化博览、艺术集会、文创休闲等丰富业态于一体的都市渔港生活圈。三是推动渔港渔船规范化管理。制定渔港港章，建立健全渔船进出港报告、港容港貌、渔船渔民及渔获物上岸等工作机制，明确具体管理标准。完善蛇口渔港、盐田渔港和南澳渔港各港章修订稿，持续推进渔港港章正式发布工作。大力推动“港长制”建设工作。组织编制《深圳市全面推行渔港“港长制”实施方案》，明确港长任职、港长职责、配套制度、联合执勤点办公场所等具体内容。推进“智慧渔港”建设，提升渔港信息化管理水平。

5.深入推进渔业资源养护，不断改善海洋生态环境 一是科学养护水生生物资源。贯彻落实南海伏季休渔和渔业资源总量控制制度。扎实推进国家级海洋牧场示范区和人工鱼礁区建设管理。加强水生野生动物保护科普宣传。联合省农业农村厅，在深圳市举办 2021 年广东省水生野生动物保护科普宣传月启动仪式，开展进学区、进社区、进景区、进渔区等系列线上线下活动。积极开展水生生物资源增殖放流工作，试点珍稀水生动物中国鲎的增殖放流。2021 年全市海域累计增殖放流虾苗 2.8 亿尾，鱼苗 2 900 万尾，贝类 1 500万只，中国鲎 10.2 万只，不断推进渔业资源可持续发展。二是开展渔业资源环境调查和监测。开展水生生物资源调查评估和智慧系统项目前期研究，统筹对全市水生生物资源（包括渔业资源、基础生物、保护物种、特有物种、典型渔业栖息地、入侵物种等）进行调查评估，结合立体监测、视频 AI 与大数据应用等建设水生生物“一张图”智慧管理系统，实现水生生物资源管理的可量化、可视化、可预测化。

6.强化财政资金保障，助推现代渔业转型发展 一是健全专项资金制度体系。依据《深圳市农业发展专项资金管理办法》，2021 年 3 月，印发《深圳市农业发展专项资金（渔业类）资助操作规程》，进一步明确和细化专项资金资助标准、条件等。制定深圳市农业发展专项资金（渔业类）专家评审评分表，出台《深圳市农业发展专项资金（国内渔业类）项目专项审计基本原则和标准（试行）》。依据中央专项资金和一般转移支付资金使用规定，组织编制深圳市海洋渔业资源养护补贴实施方案（国内渔船、港澳流动渔船），渔民休渔困难补助实施方案，水产品加工及保鲜能力建设项目实施方案，渔民减船和渔船更新改造实施方案等，推动财政专项资金规范化管理。二是组织开展渔业专项资金资助工作。第一是组织 2021 年中央渔业发展补助资金补助工作。财政部下达深圳市 2021 年渔业发展补助资金 12 162 万元，用于全市远洋渔船设施设备更新改造以及养护国际渔业资源履约奖补。本年度累计拨付 12 119 万元，资金执行进度约 99.65%，有效发挥了专项资金对全市远洋渔业的支持、引导作用，促进远洋渔业规范有序和可持续发展。第二是组织开展 2021 年市农业发展专项资金（渔业类）项目资助工作，对 17 家企业 57 个项目共拨付资助资金 12 635.25 万元。通过对全市远洋渔业、水产种业、休闲渔业、智慧渔业等领域进行资金扶持，助推现代渔业转型升级、高质量发展。

7.强化水产品质量监管，保障人民群众"舌尖上的安全" 一是制定水产品质量安全相关工作方案。与市市场监管局联合印发《深圳市食用农产品"治违禁控药残 促提升"三年行动计划（2021—2024 年）实施方案》《深圳市食用农产品"不安全、不上市"专项行动方案》。制定《深圳市水产品"不安全、不上市"专项行动方案》，明确各单位工作职能，完善管理措施，健全工作制度，探索构建食用农产品质量安全长效监管机制，提升食品安全现代化治理水平。二是强化水产养殖环节质量安全监管。组织开展水产品质量监督抽查，全年共完成养殖水产品质量安全检测 36 批次，检测结果均为合格。对水产养殖企业证照、生产日志、投放药物等情况开展执法检查，共出动执法人员 86 人次，检查养殖场所 39 家次。开展深圳市农业产业化重点龙头企业和深圳市"菜篮子"水产基地评定复核工作。加强水产苗种产地检疫工作，全年累计出具苗种产地检疫证 59 批次，检疫合格苗种 6.6 亿尾。开展水产养殖病情测报工作，设立 6 个水生动物病害监测点，全年共收到测报 61 次。对测报点及主要养殖场开展疫病监测，监测样品 145 份，监测水生动物种类达 20 多种，全年未发生重大水生动物疫病。

8.加强执法监管，构建渔业安全生产治理体系 一是加强渔业安全生产制度体系建设。2021 年 5 月 17 日，《深圳市渔业安全生产工作方案》经市政府同意后印发，全面厘清并夯实全市渔业安全生产主体责任、属地责任和监管责任，筑牢渔业安全生产底线。印发《深圳市海洋渔业局渔业安全生产内部职责分工》，明确市海洋渔业局各相关部门的监管职责。编制《深圳市"建渔港、保平安"专项行动实施方案》《深圳市规划和自然资源渔业船舶海上安全突发事件应急预案》《深圳市规划和自然资源渔业船舶海上安全突发事件应急预案操作手册》《深圳渔业领域安全风险评估报告》《渔业船舶安全检查指南》《深圳市海洋渔船跟帮编队生产管理暂行办法》等系列文件，推动渔业安全生产管理规范化、制度化、流程化，完善渔业安全生产治理体系，提升安全生产现代化治理水平。二是加强渔业执法监管。系统推进全市渔船"不安全、不出海"专项行动、全市渔业船舶安全专项整治三年行动，各沿海区政府、街道等部门各司其职，严格落实渔船 6 个 100%规定，组织开展渔船安全检查 835 次，检查各类渔船3 368艘次，完成船舶检验 628 艘次，整改安全隐患 290 处。组织开展"不安全、不出海"渔船安全应急演练和各类安全培训，培训渔民 301 人次。积极开展"护渔""亮剑""蓝盾"等系列渔业执法专项行动，重拳整治各类海上违规捕捞行为，铁腕整治"三无"船舶。本年度共查获"三无"船舶 185 艘，非法网具 16.9万米，全部予以公开销毁。持续开展反走私反偷渡专项执法行动 464 次，查获并销毁走私冻品 200 千克，查获涉嫌走私案件 1 宗、涉嫌偷渡案 2 宗，移交涉案人员 5 人，渔业执法工作成效显著。三是全力以赴做好海上应急处置与救助。始终坚持以人民为中心，全力开展海上搜救工作 29 次，成功救助遇险人员 13 人。全力以赴组织台风防御工作，全年召回海上作业渔船 3 196 艘次，督促、协助辖区撤离渔排养殖人员 1 114 人次，转移外来渔民上岸避风 139 人次，实现渔业防台"零死亡"。

9.强化新冠疫情防控，全方位织牢织密海上防护网 一是抓好渔民疫情常态化防控工作。联合公安、边检、卫生健康、街道等部门，对全市三大渔港码头实行合围封闭式管理，严查海上渔船，强化码头上下货作业点的巡查监管，划定港澳流动渔船上下渔获物专用码头，试行渔民进出港自助申报小程序，高效高质地做好渔民信息核查、核酸检测以及疫苗接种等常态化工作。全年组织开展渔民核酸检测 78 批次，检测渔民 6 483人次，开展疫苗接种 17 批次，人数 2 544 人次，保持"零疑似、零感染、零确诊"。二是开展"三无"船舶专项整治行动和疫情防控演练。以疫情防控为契机，充分发挥跨部门协调联动机制，定期联合辖区街道、海警、海事、海防等部门在全市海域开展打击"三无"船舶专项行动；联合香港特别行政区渔农署、水警开展深港交界水域执法行动，杜绝海上输入隐患，全年共开展巡查 511 次，出动执法人员 2 327 人次，执法检查 361 艘渔船和 77 家渔排，查获"三无"船舶 66 艘、非法网具 5 900米。组织开展全市港澳流动渔民应急上岸疫情防控演练，完善了海上疫情联防联控机制，提升了疫情防控应急能力和水平。

10.存在问题 一是传统渔业生产模式难以为继。深圳西部海域水环境污染状况依然严峻，全海域范围内航道、锚地众多，渔业资源衰退趋势未发生根本性转变。随着国家对资源环境的刚性约束不断加强，深圳需要持续加大对渔业资源的保护力度，推动渔业发展向质量效益型转变。传统的养殖和近海捕捞生产作业方式占地占海较多、效益不高，在深圳海陆空间极为有限的条件下，亟须寻求渔业产业模式创新，实现更大综合效益。二是远洋渔业发展模式面临转型。国际贸易形势风云变幻，远洋渔业发展形势严峻。公海渔业资源管护要求日益严苛，开发利用门槛不断提高，全国远洋渔船实施总量管控，涉外渔业规模拓展难度增加，国际消费量明显减少，远洋渔业面临不确定风险。当前国内远洋渔业内循环链条尚未打通，远洋渔业码头、超低温仓储、加工等配套设施缺乏，下游消费市场尚需培育。改变"两头在外"发展掣肘，推动"以国内大循环为主，国内国际双循环发展"已成为深圳远洋渔业可持续发展的关键。三是渔港渔村品质急需改善。深圳不断向海发展，大型公共设施、企业总部基地等重要城市功能节点向海岸带范围集聚，沿海渔港、渔村从城市边缘变为核心区，发展面临挑战。首先是现有渔港港区空间受到不同程度挤占，冷库、市场、环卫、消防等生产配套落地难，渔港存续受到质疑；其次是渔港面貌老旧、作业方式粗放，实现与周边环境协调融合有待规划引导，需要多方合作；最后是大量渔村、渔民社区面临更新改造，但对渔文化空间的价值认识不足、保护意识淡漠，传统渔文化存在消失风险。四是渔业管理现代化水平有待提升。深圳渔业管理依然面临较大的安全生产压力。首先是深圳面向南海，受台风影响频繁，防台防汛压力长期存在；其次是随着水产品消费需求增长与升级，从生产到物流、消费全链条的水产品质量安全监管责任明显增加；最后是机构改革和管理扩区后，与深汕特别合作区的渔业渔政管理机制有待进一步理顺，多部门协同管理水平有待提升。对照国家城市治理现代化要求，深圳渔业管理的规范化、精细化和智慧化水平亟待进一步提高。

【重点渔业区基本情况】

深圳市重点渔业区基本情况

重点渔业区	渔业总产值（万元）	水产品产量（吨）	其中				养殖面积（公顷）	
			海洋捕捞	海水养殖	内陆捕捞	淡水养殖	海水	淡水
大鹏新区	18 859	4 288	1 344	2 880		64	100.00	2.00
深汕合作区	154 718	41 393	25 025	13 339		3 029	548.57	258.23

【大事记】

［1］3 月 24 日，印发《深圳市农业发展专项资金（渔业类）资助操作规程》，进一步明确和细化渔业专项扶持资金的资助标准、条件等。

［2］7 月 1 日，开展以"养护水生生物资源，促进生态文明建设"为主题的渔业资源增殖放流活动，共放流 124 万尾黑鲷鱼苗和 491 万尾斑节对虾虾苗。2021 年全市海域累计增殖放流虾苗 2.8 亿尾，鱼苗 2 900 万尾，贝类 1 500 万只，中国鲎 10.2 万只。

［3］12 月 2 日，农业农村部正式批复同意深圳市建设国家远洋渔业基地。

［4］2021 年，中央拨付渔业发展补助资金共 12 119万元，用于全市远洋渔船设施设备更新改造以及养护国际渔业资源履约奖补；拨付市农业发展专项资金（渔业类）共 12 635.25 万元，对远洋渔业、水产种业、休闲渔业、智慧渔业等重点领域进行资金扶持。

（深圳市海洋渔业局　吴　璇）

新疆生产建设兵团渔业

【概况】 2021 年，兵团水产品总产量 63 350 吨，同比增长 3.76%，占全疆水产品总量的 37.15%，养殖水域面积 30 570 公顷，占全疆水产养殖面积的 33.56%。其中：池塘养殖面积 4 381 公顷，产量 43 177 吨；水库养殖面积 20 227 公顷，产量 13 001 吨；坑塘及其他养殖面积 5 962 公顷，产量 7 173 吨。

1.水生生物资源养护 6 月 4 日，在第七师柳沟水库组织开展了以"养护水生生物，建设美丽中国"为主题的全国放鱼日增殖放流活动；全年累计在第一师胜利水库、上游水库等宜渔大中型水库组织了 11 次师（市）级渔业增殖放流活动，向塔里木河、伊犁河放流叶尔羌高原鳅、斑重唇鱼、裸重唇鱼等新疆特有鱼种 14 万尾，向宜渔大中型水库放流各规格经济鱼种 2 347 万尾。开展以"关爱水生动物，共建和谐家园"为主题的水生野生动物保护科普宣传月活动 11 场（次），发放水生野生动植物保护宣传资料 500 余份。通过渔业资源调查，兵团辖区内各类水域水生生物资源量得到一定恢复、水域生态环境得到一定改善。

2.水产品质量安全 农业农村部淡水鱼类种质监督检验测试中心有关人员在第一师阿拉尔市、第二师铁门关市、第四师可克达拉市5个水产养殖单位抽取10个样本，开展产地水产品兽药残留监控，检测样本全部为阴性。2021年，兵团农业农村局委托农业农村部食品质量监督检验测试中心（石河子分中心）对辖区内100余个水产品样品进行了硝基呋喃类代谢物、孔雀石绿、氯霉素等药残检测，合格率为100%。

3.水产养殖种质资源普查 8月3日举办兵团水产养殖种质资源普查技术培训班，在兵团辖区内全面启动水产养殖种质资源普查工作。11月27日举办兵团水产养殖种质资源普查数据现场审核培训，进一步规范了各师水产养殖种质资源普查系统中的填报数据。经普查，辖区内共有水产养殖主体582个，其中既繁育又养殖的主体20个，仅进行养殖的主体562个；共有水产养殖物种41个，可繁育物种18个，仅用于养殖物种23个；养殖资源共计74个，用于繁育的种质资源21个，用于养殖的种质资源53个。第一次全国水产养殖种质资源普查工作办公室对兵团水产养殖种质资源普查工作办公室赵新红、闫瑾、向伟3名同志予以通报表扬。

4.渔业监督 按照《兵团渔业安全生产专项整治三年行动实施方案》在辖区内开展渔业安全隐患整治排查，全年无渔业安全生产事故发生。积极开展“中国渔政亮剑2021”行动，配合自治区农业农村厅在塔里木河、伊犁河、额尔齐斯河等水域开展保护水生野生动物、打击涉渔“三无”船舶、打击电毒炸鱼等方面的联合检查，全年累计出动监督执法车辆22车次，人员53人次。农业农村部就“中国渔政亮剑2021”系列专项执法行动对第四师可克达拉市农业农村局，兵团农业农村局畜牧兽医处（渔业监督处）闫瑾同志、第八师石河子市农业农村局茅渊同志通报表扬。

5.水产技术推广 组织兵团水产技术推广总站赴各师（市）开展渔业技术指导20余次，发放《水产养殖规范用药科普问答》和鱼病防治挂图200余套。开展水产疫病监控工作，及时发布监测情况报告8次，有效减少了兵团辖区内水产疫病的发生。在第一师阿拉尔市6团和第四师可克达拉市68团开展稻渔综合种养示范推广，其中第一师示范推广20公顷，第四师示范推广223.33公顷。推广抗病草鱼、长丰鲢等良种水花鱼苗5 598万尾，辐射面积1 000公顷，在南疆垦区推广河鲈、南美白对虾等特种鱼（虾）苗600万尾，有效提高了兵团辖区水产良种苗种质量。

【重点渔业师（市）基本情况】

新疆生产建设兵团重点渔业师（市）基本情况

师（市）	总人口（万人）	渔业产值（万元）	水产品产量（吨）	其中		养殖面积（公顷）
				捕捞	养殖	
第四师			14 583		14 583	1 540
第十师			13 128		13 128	10 659
第八师			10 556		10 556	1 741
第一师			8 280		8 280	5 667
第七师			6 361		6 361	3 029

（新疆生产建设兵团农业农村局 闫 瑾）

全国渔业重点事业单位

中国水产科学研究院

【概况】 2021年，中国水产科学研究院紧紧围绕乡村振兴和科技创新驱动发展战略，聚焦农业农村中心工作总体部署和渔业高质量发展总体要求，坚持面向世界科技前沿、面向经济主战场、面向国家重大需求、面向人民生命健康，牢牢把握全院"十四五"发展战略目标和重大任务，着力深化"科技创新一体化、科技兴渔一体化、现代院所建设一体化"发展，更加注重科技创新、人才强基、开放融合、系统布局，积极推进管理改革和机制创新，稳步提升科技创新供给的质量与效率，加快科技自立自强，加速实现"一流院所、两个中心、三个基地"，圆满完成了各项工作部署，为渔业发展提供有力的科技支撑。

1.科研项目与成果产出 全年新上科研项目1 180项，合同经费总额达6.06亿元。全年发表论文1 711篇，其中SCI或EI收录862篇，影响因子10以上的高质量论文22篇，其中最高影响因子38.3；出版专著22部；获软件著作权344项；获授权专利587项；获神农中华农业科技奖一等奖2项。创新一批基础理论，解析了四倍体鲤亚基因组适应性进化及选育机制，首次在多倍体脊椎动物中观察到亚基因组趋同进化现象；阐明了酸化条件下硅藻砷应答和解毒分子机制，为系统认知气候变化下海洋生物砷代谢机制奠定基础；利用基因编辑技术创制世界首例无肌间刺鲫鱼新种质，社会反响大、影响好。培育一批水产新品种，虹鳟水科1号、乳源1号，翘嘴鳜广清1号、建鲤2号，半滑舌鳎鳎优1号等5个新品种通过审定，占2021年度全国水产品种审定总数的近半。牵头承担第一次全国水产养殖种质资源调查，调查场所402家，制作遗传材料42 000份。攻克一批核心关键技术，开发鲆鲽鱼类高效分子育种技术，研制出我国鱼类首款抗病育种基因芯片，解决了海水鱼类抗病基因组育种关键技术难题；研发渔业养殖碳汇技术，通过多营养层次综合养殖，提高水体空间利用率，增加水产养殖效益，提升碳存储能力；研制高效活性反硝化胶囊，总无机氮去除率达97%；攻克了圆口铜鱼等3种珍稀特有鱼类人工繁殖技术；创新稻渔生态种养提质增效技术，推动稻渔种养转型升级。研制一批养殖设施装备，创制了深远海大型管桩围栏养殖设施与装备，实现养殖过程自动化、智能化；研制了延绳吊养牡蛎机械化采收设备，生产效率提高10倍，采收率达到99%；构建了大黄鱼深远海5 000吨级中试船"船载舱养"系统；设计全球首艘10万吨级大型养殖工船并推动建造。

2.科技支撑与公益服务 稳步推进中国水产科学研究院乡村振兴科技支撑行动，开展了东营海参、昆山大闸蟹、仙桃黄鳝等一批品种与地域相结合的技术支撑活动，带动形成多个数十亿元的产业示范区。协助西藏自治区建立高原鱼仓养殖模式，保障当地鲜活水产品供给；通过中国水产科学研究院现代渔业装备升级示范工程，推动新疆维吾尔自治区打造区域渔业样板；与青岛国信集团共建深蓝渔业产业研究院，推动深远海养殖产业发展；联合昆山市成立阳澄湖大闸蟹产业研究院，开展阳澄湖大闸蟹品质遗传改良，提升品牌知名度和影响力，树立全国农业科技现代化先行县建设的典范。全面支撑长江"十年禁渔"，会同农业农村部长江流域渔政监督管理办公室健全长江流域水生生物资源监测工作机制，构建了长江水生生物完整性指数评价体系，完成"一江两湖七河"年度监测任务。承担了海区流域禁休渔、近海渔业限额捕捞、黄河水生生物资源养护等工作；完成了水产品质量安全监测与风险评估、投入品安全隐患排查、水产标准体系建设等任务；牵头制定大口黑鲈、乌鳢、鳊鱼、大黄鱼质量安全管控指导意见。

3.国内外协同创新 积极开展协同创新，推动科企、科地结合，与天津市农业农村委员会、千岛湖鲟龙公司等建立了战略合作关系，联合建立产业研究院4个；与地方政府、企业签署合作协议累计150余项。深化国家渔业科技创新联盟运行，构建了产学研用深度融合、上中下游有机衔接的协同工作机制。持续开展国际合作,成立了中国水产科学研究院与联合国粮食及农业组织(FAO)联合发起的全球水产养殖可持续发展联盟,全球 18 家科研教育机构作为创始成员加入,联盟成立入选全国渔业年度十大新闻。

4.科研条件建设 建成国家海洋渔业生物种质资源库并揭牌运行,推进"深蓝渔业创新实验室""国家南海渔业生物种质资源库""淡水渔业生物种质资源库"3 个重大建设项目立项,三亚项目用地、规划等前期准备工作进展顺利;在积极协调、精心组织下,两艘 3 000 吨级海洋渔业资源调查船通过国家发改委验收。筹建的我国首个 FAO 水产养殖抗微生物药物耐药性(AMR)和生物安保参考中心正式授牌,成为全球水产领域仅有的 3 家 FAO-AMR 参考中心之一。

5.人才队伍建设 时隔 16 年,中国水产科学研究院高层次人才队伍建设取得重大成果,黄海水产研究所陈松林研究员当选中国工程院院士;成功召开全院人才工作会,研究制定了中国水产科学研究院落实中央人才工作会议精神的工作方案,出台了中国水产科学研究院人才工作指导意见,提出了深化中国水产科学研究院人才体制机制改革的 27 条具体措施,进一步完善了全院人才制度建设体系;加强领导班子建设和干部队伍年轻化,全院所站班子已基本实现有"70 后"或"80 后"成员,一批"85 后"进入中层干部队伍,全院干部年龄结构明显改善。

【黄海水产研究所】

1.科研项目与成果 全所共主持、承担各级各类科研课题 452 项,其中主持国家重点研发计划项目 10 项、国家重点研发计划课题 11 项。申报各类课题 278 项,新上各类科研项目(课题)192 项。获国家授权发明专利 76 件。发表论文 376 篇,其中 SCI 收录Ⅰ区 103 篇。"对虾'育繁推'种业关键技术""石斑鱼新种质创制与应用技术"2 项渔业新技术入选全国水产技术推广总站、中国水产学会渔业新技术新产品新装备 2021 年度优秀科技成果。参与完成的"海参功效成分解析与精深加工关键技术及应用"项目获 2020 年度国家科学技术进步奖二等奖(第三完成单位)。"鲆鲽鱼类重要性状遗传解析及分子育种技术创建与良种培育"获神农中华农业科技奖科学研究类成果一等奖。主持完成的我国首项水产领域国际标准《冷冻鱼糜》正式发布。研发的深远海大型管桩围栏养殖设施与装备入选 2021 中国农业农村重大科技新成果。牵头培育和申报的半滑舌鳎鳎优 1 号通过国家新品种审定。

2.成果转化与科技支撑服务 山东长岛近海渔业资源国家野外科学观测研究站获科学技术部正式批复建设。黄海水产研究所首个乡村振兴示范基地落户东营后技术辐射环渤海沿岸,构建的"刺参高温灾害防控技术体系"等多项技术入驻中国农学会"科创中国"技术服务和交易平台。"渔业科技援藏"合作助力亚东鲑鱼苗种培育技术逐步走向成熟,搭建起黄海水产研究所与西藏"鱼水之情"。通过共建鄂尔多斯市渔业发展专家工作站、盐碱地水产养殖产学研合作基地,助推内蒙古自治区渔业绿色高质量发展。潍坊渔业产业技术研究院正式落户,支撑潍坊地区虾贝双百亿产业发展。完成了黄渤海区休禁渔秩序年度调查、渔业安全生产相关工作,为黄渤海区渔业管理和安全生产提供了决策参考。

3.学术交流与国际合作 海洋渔业国际科技合作基地在科技部国家国际合作基地综合绩效评估中获评"优秀"。组织申报的 FAO 水产养殖抗微生物药物耐药性(AMR)和生物安保参考中心启动建设。获批牵头建设"科创中国""一带一路"国际海水养殖产业科技创新院。举办 2021 全球渔业可持续发展论坛(水产贸易发展高峰论坛暨第四届丝路国家水产养殖国际论坛)等多双边国际会议。举办科技部发展中国家培训计划——丝路国家海水养殖技术国际培训班、2021 年农业农村部"扬帆出海"人才培训工程——渔业"走出去"国际合作能力建设培训班。16 人次专家在国际主要渔业科学组织履约履职,其中 1 人新当选联合国粮农组织亚太渔业委员会(APFIC)主席。

4.人才队伍建设 高层次人才培养取得重大成果,陈松林研究员当选中国工程院院士,1 人入选泰山学者攀登计划人选、1 人入选泰山学者产业领军人才、2 人入选泰山学者青年专家、2 人入选农业科研杰出人才计划、2 人获青岛市拔尖人才称号等。研究生、博士后培养质量进一步提升,作为 2020 年落实科研项目吸纳高校毕业生就业先进单位获科技部通报表扬。

5.科研条件建设 国家海洋渔业生物种质资源库 10 月 28 日由农业农村部副部长马有祥、山东省副省长李猛揭牌后正式运行。3 000 吨级海洋渔业综合调查船"蓝海 101"号建设项目顺利通过竣工验收和财务决算验收。不断提升项目管理水平和资金使用效益,稳步推进科研基础条件能力升级和现代院所建设。认真落实"过紧日子"要求,盘活存量资源,推进国有资产科学配置、高效使用和规范处置。进一步完善重大科研设施和大型科学仪器管理运行机制,提升资产使用成效。不断提高网络安全和信息化建设水平。

【东海水产研究所】

1.科研项目与成果 2021年全所在研项目596项，其中主持534项。新上项目182项，其中主持173项，包括国家自然科学基金项目5项、其他省部级项目56项等。获得各类科技奖励7项，包括海洋工程科学技术奖二等奖1项，上海海洋科学技术一等奖1项、二等奖2项等。发表论文167篇，其中SCI论文56篇（其中Ⅰ区29篇）、EI论文11篇，影响因子5以上的论文15篇，最高为9.229；授权专利94项，申请专利84项，其中发明专利42项；授权软件著作权27项。发布行业标准2项。12项技术开发项目和2项技术转让项目通过上海市技术市场管理办公室认定。首次申报了水产新品种——拟穴青蟹东方1号，建立了大黄鱼育种基础群体。牵头东海区水产养殖种质资源系统调查，顺利完成了大黄鱼等7个物种、40余个调查点的调查任务。

2.技术支撑与科技服务 盐碱渔业技术在甘肃景泰、新疆生产建设兵团等地助力乡村振兴工作，作为上海市级机关开展“我为群众办实事”实践活动典型宣传。认真落实渔业援藏工作方案，推进西藏循环水设施养殖。多渠道开展成果转化宣传，“海马规模化全人工繁育和养殖关键技术”“渔用聚甲醛单丝网具”分别获渔业新技术和渔业新产品2021年度优秀科技成果。《海洋渔业》首次被国际知名数据库EBSCO收录，获第七届华东地区优秀期刊。参加国家市场监管总局和农业农村部能力验证，获得满意评价。

3.学术交流与国际合作 援非渔业调查项目组克服疫情困难，完成塞拉利昂渔业资源探捕调查任务。支撑农业农村部渔业渔政管理局的对外合作交流，就欧美拟将日本鳗鲡列入CITES保护物种名单一事，出具专业报告并提供建议。推进对日本及我国周边国家渔业资料收集及分析，为渔业交流及谈判提供支撑。与中国水产有限公司、江苏海洋大学、安徽师范大学等签订全面合作协议；推进了与福建宁德、浙江宁海、江苏连云港、海南文昌等地共建合作，设立地方法人机构1个。

4.人才队伍建设 1人荣获上海市“五一劳动奖章”，1人入选国家“万人计划”科技创新领军人才，1名博士获批“超级博士后”；1人当选民建上海市委主任委员，1人当选杨浦区人大代表，1人入围首届全国乡村振兴青年先锋评选。此外，入选中国水产科学研究院“百名科技英才培育计划”6人次；新增联合培养高校2所，3名联合培养研究生获优秀毕业生称号。

5.科研条件建设 首个省级工程技术研究中心上海长江口渔业资源增殖和生态修复工程技术研究中心通过建设项目验收。组织申报了2个部级重点实验室，获批5个院级重点实验室与工程中心，组建了盐碱渔业科技创新联盟。加强了与青岛海洋科学与技术试点国家实验室合作，3艘科学调查船在海洋渔业资源调查与养护工作中发挥重要作用并入列国家实验室共享平台。

【南海水产研究所】

1.科研项目与成果 2021年全所主持和承担各类纵向科研项目291项，获得科研成果奖励21项次，其中“深远海网箱养殖工程关键技术及产业化应用”成果获得海洋科学技术奖一等奖、广东省科技进步奖二等奖，“南海近海渔业资源增殖关键技术与应用”和“南海区石斑鱼工厂化循环水养殖设施设备研发与配套技术推广”分别获得海洋科学技术奖二等奖。累计发表学术论文398篇，其中SCI和EI收录201篇；获得软件著作权61项、专利108件，发布各类标准8项。重大科研基础设施和大型科研仪器开放共享工作被科技部评价为“良好”。

2.科技支撑与成果转化 牵头建立广东省休闲渔业与垂钓协会海洋牧场专业委员会。建立并实施乡村振兴战略行动示范点。选派工作队到广东省雷州市雷高镇开展乡村振兴驻镇帮扶工作。科技人员深入一线开展科技指导，累计培训指导28场（次），覆盖渔民村户2 370余人次。“方斑东风螺-海参-海藻多营养层次综合养殖技术”入选渔业新技术2021年度优秀科技成果；8项科技成果被列为广东省2021年渔业主导品种和主推技术。新增“四技”服务项目91项，比2020年增长42.6%。配合农业农村部渔业渔政管理局圆满完成南海渔业管理任务，积极服务长江“十年禁渔”开局起步；圆满完成渔业安全、渔具鉴定、增殖放流、水产品检测和质量安全等相关支撑工作。

3.学术交流与国际合作 全年立项国际合作项目3项。组织参加首届中国-太平洋岛国渔业合作发展论坛，组织完成2021中越北部湾渔业资源联合增殖放流与养护活动，举办2期中国-东南亚国家现代渔业技术培训研讨班。主办期刊《南方水产科学》的影响因子连续六次位居水产学类期刊首位。参与筹备全球水产养殖大会，积极参与应对美国《海洋哺乳动物保护法（MMPA）鱼及鱼产品进口规定》工作。

4.人才队伍建设 2名青年入选2019年度全球前2%顶尖科学家榜，1名青年入选广州2021年青年科技人才托举工程，1名青年被评为全国农业科研杰出人才，1名青年获团中央全国乡村振兴青年先锋荣誉称号等。三亚热带水产研究院热带海洋资源开发与保护团队获三亚崖州湾科技城先进青年集体荣誉称号。两个创新团队入选中国水产科学研究院十大“优秀”创新团队。与大连海洋大学、河北农业大学海洋学院签订研究生实践教育基地协议。

5.科研条件建设 “中国水产科学研究院南海水产研究所水生动物疫病专业实验室建设”项目投入使用。“国家渔业资源环境大鹏观测实验站建设”项目完成招标和工程建设。“开放共享——调查船基地基础设施改造”项目进展顺利，部分工程建设完成。“国家数字渔业（海洋牧场）创新分中心建设”项目获批立项。4个修购项目全部通过验收。

【黑龙江水产研究所】

1.科研项目与成果 2021年全所承担各类科研项目（课题）122项，新上科研项目54项，其中国家级2项、省部级28项。新增国家自然科学基金青年基金1项、4个产业技术体系岗位获得继续资助并新增试验站1个、承担政府购买服务东北西北青藏高原区域水产养殖种质资源调查。通过审定水产新品种虹鳟水科1号1个；IHN核酸疫苗获得了转基因生物安全评价（生产性试验）审批书。发表科技论文116篇，其中SCI收录47篇（JCR1区20篇，影响因子6.0以上8篇），出版专著3部，授权专利86项（发明专利20项、国际专利1项），登记软件著作权99项。

2.成果转化与科技服务 2021年签订“所地企”战略合作协议9项、横向技术合同81项。组织承办了全院乡村振兴科技支撑行动现场观摩研讨会；编制完成《雅鲁藏布江水生生物资源保护规划》初稿及泰来县、兴安盟的《稻渔综合种养产业发展规划》；分7批次完成了以“养护水生生物，建设大美龙江”为主题的达氏鳇、施氏鲟和细鳞鲑等9种珍稀濒危鱼类总数量217万尾的增殖放流活动。首次实现了额河哲罗鲑人工繁殖，并在中央广播电视总台新闻频道《朝闻天下》和《欧洲时报》等媒体网站宣传报道。组织专家团队深入基层，累计培训技术人员和渔民1 000多人次，发放资料1 100余份，推广鲤、虹鳟等苗种1.04亿尾（粒）。

3.国际合作与学术交流 通过现场、在线形式开展了20余场学术交流活动。主办三北地区渔业绿色高质量发展研讨会，邀请中国工程院院士唐启升、中国科学院院士桂建芳等知名专家做报告；主办中国水产科学研究院杰出青年科学家论坛，邀请杰出青年科学家与科研人员进行近距离交流；邀请来自中国科学院水生生物研究所、中国水产科学研究院东海水产研究所等多位专家到所开展交流指导；通过网络视频，与马来西亚博特拉大学、美国威斯康星大学等院校专家与科研团队开展在线交流。多人次参加范蠡学术大会、第三届水生经济动物良种繁育与养殖产业化青年论坛、2020大水面生态渔业发展高峰论坛等学术活动并做报告。

4.人才队伍建设 获得国家和黑龙江省博士后科学基金面上资助各1项，黑龙江省博士后科研启动资助项目1项。

5.科研条件建设 申报“水生动物防疫专业实验室（黑龙江所）”基建项目可研报告；申报2022—2024年改善科研条件专项资金项目（第六期），2021年度“开放共享——北方寒冷地区鱼类健康养殖与质量控制实验平台仪器设备购置”项目获得批复。

【长江水产研究所】

1.科研项目与成果 2021年全所共承担各类科研项目250项，其中新上项目130项。“稻田小龙虾绿色高效养殖和质量安全控制关键技术与应用”和“大鲵工厂化繁育与养殖技术及其产业化应用”分获2021年度湖北省科技进步奖二等奖和三等奖。首次成功解析匙吻鲟的全基因组序列，揭示脊椎动物水生到陆生的遗传基础。在国内率先实现了圆口铜鱼、长鳍吻鮈、后背鲈鲤的全人工繁殖并通过了专家组的现场验收，为后续产业化应用奠定良好基础。完成了长江流域渔业资源与环境专项调查，牵头编制的《长江流域水生生物完整性指数评价办法（试行）》由农业农村部正式发布实施。发表论文180篇，其中长江水产研究所人员为第一或通讯作者发表论文137篇。获得授权发明专利40项、实用新型专利14项、外观专利1项、软件著作权36项。

2.科技支撑与成果转化 承担农产品质量安全例行监测（风险监测）任务、水产品质量安全专项监测、产地水产品质量安全监督抽查等任务，为我国水产品质量安全保驾护航。承办了中华鲟、长江鲟、长江四大家鱼、澜沧江土著鱼类、圆口铜鱼等增殖放流活动，养护水生生物资源，促进生态文明建设。危起伟研究员走进中央电视台《开讲啦》栏目，宣传长江大保护。以仙桃市张沟镇黄鳝人工繁育示范基地为抓手，2021年黄鳝全人工繁育苗种1 500万～1 800万尾，示范面积67公顷。国家技术转移中部中心科技成果转化资源分站获授牌，有助于聚焦渔业相关技术转移服务，集聚资源助力科技成果转化。先后与贵州省铜仁市农业农村局、武汉农业集团武湖农业发展有限公司等单位签订合作协议，在鲟鱼特色养殖、淡水渔业科技园规划等方面提供技术服务。在湖北、湖南、山东等8省（自治区）参与或举办各种科技培训21次，服务养殖户1 600余人次，培训基层水产专业技术人员和养殖人员 1 000 余人，发放相关技术资料 1 400 余册。

3.国际合作与学术交流 2021 年新上国际合作重大项目 1 项。参加第四届全球水产养殖大会、鱼类学研讨会等学术交流会议。组织召开第六届中部地区水产饲料实用技术论坛启动会。

4.人才队伍建设 进一步加强干部队伍建设，2 名青年职工走上中层正职岗位。成立海外人才专班，提高新进博士租房补贴，加大人才引进和招聘力度。继续开展长江水产研究所英才计划人选评选工作，2021 年 6 人当选。组织实施各类竞争性人才、科研团队等申报，5 人获批湖北省 2021 年"院士专家企业行"人选。1 人在新疆挂职，支援边疆建设。

5.科研条件建设 落实中共中央、国务院关于加强农业种质资源保护和利用、开展种质资源收集保存和实现种业振兴精神，加强部、院沟通，成立工作专班，编制完成《国家淡水渔业生物种质资源库建设项目可行性研究报告》。报告先后通过中国水产科学研究院、农业农村部组织的专家论证和评审。

【珠江水产研究所】

1.科研项目与成果 在研项目合同总经费 1.4 亿元，新上纵向项目 148 项，其中，新上国家级项目 5 项，省部级项目 14 项。"淡水鱼类嗜水气单胞菌败血症免疫防控技术关键及产业化应用"获广东省科技进步奖二等奖 1 项，"淡水池塘环境生态工程调控与尾水减排技术及应用"入选"十三五"广东省十大农业科技标志性成果且为渔业领域唯一入选成果。翘嘴鳜广清 1 号和禾花鲤乳源 1 号获国家水产新品种证书，全雄杂交鳢雄鳢 1 号等 3 个项目被评为广东农业科技创新大比武总决赛优秀项目。发表论文 157 篇，其中 SCI 和 EI 论文 112 篇，IF≥5.0 论文 9 篇。获授权专利 46 件，其中国内发明专利 30 件、意大利发明专利 1 件。获颁布农业行业标准 3 项、广东省地方标准 6 项。开展科技成果登记 18 项。

2.水产种业科技创新 全力以赴打好种业翻身仗，以成员单位身份参与广东省打好种业翻身仗协调领导小组工作，参与《广东省打好种业翻身仗行动方案》编制，大口黑鲈、草鱼、罗非鱼、禾花鲤 4 个品种的育种创新能力提升，尖塘鳢种源关键核心技术联合攻关，大口黑鲈育种关键技术研究，重要优质淡水鱼类性别控制技术，淡水水产种质资源库建设等 8 项研究任务入选广东省重点攻关计划；大口黑鲈、鳢、鳜、罗非鱼、草鱼、中华鳖 6 个研究对象列入中国水产科学研究院打好种业翻身仗行动种业全链条攻关计划。承办了第一次全国水产种质资源普查方案研讨会、华南区淡水养殖种质资源调查启动会，圆满完成 7 个水产种质资源的普查任务。组织力量为广东省淡水区域种质资源普查工作提供技术指导。

3.助推乡村振兴战略实施 加大科技支撑力度，作为主要技术依托单位，全力支撑广东珠三角百万亩池塘改造；派出 4 个农村科技特派员团队分别前往阳春市、乐昌市和龙川县开展乡村振兴科技帮扶工作。加强与地方政府的战略合作，与佛山市南海区共建现代农业产业研究院，加快与佛山市共建佛山钟麟现代渔业研究院；与宁夏回族自治区、池州市等地单位建立产学研合作。深化与企业的合作交流，与广东粤海饲料集团股份有限公司共建研发中心广东粤海饲料集团研究院；与广东大疆渔业设备有限公司等 6 家企业共建产学研合作基地，推动新技术、新养殖模式应用和产业转型升级。定点帮扶的新坑村实现两个百分百脱贫攻坚出列任务，2 名同志被评为 2019—2020 年脱贫攻坚突出贡献个人。积极响应号召，派出工作队开展新一轮驻镇帮镇扶村工作。

4.人才队伍建设 探索科研创新团队目标式考核，开展团队建设专题培训，积极推进团队建设；设立珠江水产研究所人才发展基金，加强人才培养和科技人才队伍建设。大力培养年轻干部，50%研究室主要负责人（含主持工作）由"80 后"专家担纲。鱼病室获得全国妇女联合会"巾帼文明岗"称号，谢骏研究员获得广东省"五一劳动奖章"。

5.科研条件建设 三水基地建设有序推进，已取得总体规划方案批复及有关建筑物的建设工程规划许可证。珠江水产研究所仪器共享平台相关制度也已完备并顺利进入试运行阶段，仪器共享工作迈出了新的一步。

【淡水渔业研究中心】

1.科研项目与成果 2021 年淡水渔业研究中心新上项目 200 项，在研项目 454 项，其中国家级 44 项、省部级 239 项。合同总经费 3.2 亿元。牵头"蓝色粮仓科技创新专项"中"典型湖泊水域净水渔业模式示范"项目 1 项，承担国家自然基金项目 2 项。在研项目取得重要进展：创新稻渔生态种养提质增效关键技术，创制团头鲂精准营养及饲料配制技术、构建团头鲂循环水绿色养殖全程生态防控与节水减排技术，创制全国淡水养殖池塘尾水达标排放的行业标准体系，培育了建鲤 2 号水产新品种。获科技奖励 7 项，其中，省部级奖 4 项，其他 3 项。发表学术论文 237 篇，其中 SCI 和 EI 收录 116 篇，影响因子 10 以上 3 篇、7 以上 15

篇；出版专著1部；获国家授权专利46项，软件著作权7项，制(修)订标准2项；实施专利转化2项。

2.成果转化与科技服务 发挥作为农业农村部淡水学科群建设依托单位，国家大宗淡水鱼、特色淡水鱼及江苏省青虾产业技术研发中心作用，聚焦产业发展技术瓶颈，推动渔业科技现代化和乡村振兴。深入开展产学研合作，与地方政府、龙头企业签订科技合作协议14项，新上横向项目91项。完成长江下游禁捕监测体系构建，全面启动禁捕监测评估工作，重点跟踪长江江豚、刀鲚等代表物种资源动态；组织实施最大规模长江江豚迁地保护行动；立足地方产业发展，牵头成立“太湖三白”种质资源保护利用创新中心；积极组织有关单位实施了中老澜湄同步增殖放流暨联合执法活动。

3.联合办学与国际合作 积极有效应对新冠疫情严重影响，不断强化后疫情时代国际合作与国内教育工作。渔业学院27名本科生、61名硕士生和4名博士生毕业；承办11期国内培训项目。获批首批中非现代农业技术交流示范和培训联合中心；牵头打造建设“科创中国”“一带一路”国际淡水渔业产业科技创新院；争取到国际合作项目22项。举办14期在线技术培训项目和官员研修项目，组织参加联合国粮农组织(FAO)与农业农村部共同举办的促进可持续水产养殖发展的南南和三方合作高端圆桌会议并做大会主旨报告。落实“澜沧江-湄公河水生生物保护及渔业合作项目”。

4.人才队伍建设 选派2名青年干部赴上级及有关单位挂职锻炼。实施“优青”人才培育计划，加强领军人才、拔尖人才培养，新入选全国农业科研杰出人才1人，江苏省青年人才托举工程1人；引进人才8人，其中博士3人。落实中国水产科学研究院人才工作会议及农业农村部人才工作座谈会会议精神，进一步优化院级创新团队建设方案，提升创新团队核心竞争力，中心3个创新团队入选中国水产科学研究院年度监测十大优秀团队。

5.科研条件建设 完成水生动物疫病专业实验室改造并投入使用，完成长江中下游渔业生态环境评价与资源养护重点实验室设备购置。国家数字渔业淡水养殖专业创新分中心、长江下游水生生物资源养护研究基地基础设施改造(靖江基地)和渔业生态环境与水产品质量安全检测平台设备购置工作有序推进。靖江科研实验基地《水生动物疫病研究专业试验基地建设项目可行性研究报告》通过农业农村部工程服务中心现场评审，并获农业农村部建设项目立项公示，预算总投资2 998万元。完成“无锡阳山国家级现代渔农旅融合发展示范园区”项目区镇两级签约，积极推进阳山综合性科学试验基地建设。

【渔业机械仪器研究所】

1.科研项目与成果 2021年全所合计新上项目43项，其中，国家自然科学基金面上项目1项，“蓝色粮仓”国家重点研发计划课题5项。申报各类科研项目22项。全年发表论文79篇，获得授权发明专利48项、实用新型专利65项、软件著作权62项。获得国家科技进步奖二等奖、上海市科技进步奖二等奖和三等奖各1项次、山东省海洋与渔业科学技术奖一等奖，“内河挂桨渔船防渗漏油技术”入选渔业新技术2021年度优秀科技成果、“延绳吊养牡蛎机械化采收设备”入选2021年中国农业农村十大新装备、“池塘养殖水质调控与尾水生态治理技术”入选2021年农业主推技术。

2.科技支撑与成果转化 以科技服务支撑行业管理，开展渔船标准化研究，起草《“十四五”渔船更新改造实施方案》10多项渔船标准化技术方案和研究报告、完成渔船建造相关6项团体标准的制定发布；开展长江流域水生生物保护信息系统规划、长江流域重点水域退捕渔船管理信息化建设等工作；开展渔机产品推广鉴定、质量抽查和委托检验等服务200多项次。以成果转化助力产业振兴，菜鱼综合种养系统在宁夏、山西等地示范推广2万余平方米；池塘养殖生态工程技术建立核心示范点6处，推广面积超过166公顷；规划的文昌市国家现代农业产业园入选农业农村部、财政部2021年国家现代农业产业园创建名单；飞船返回舱新型高海况打捞回收系统设备完成载人航天神舟12、13号发射保障任务；“牡蛎机械化采收装备技术”入选2021年中国农业农村重大新装备；开展池塘高效养殖和菜鱼综合种养等技术示范，推进援疆援藏工作；推广渔业船舶、捕捞装备和智慧渔业等装备技术20多项次；培训指导养殖户和技术人员超500人。

3.国际合作与学术交流 与马来西亚砂拉越大学签署拟在孟加拉国开展拟穴青蟹繁育项目的合作备忘录；与斯特灵大学水产养殖研究院签署拟在集约化水产养殖模式可持续发展、海水养殖可持续发展和深远海养殖模式研究等方面的合作备忘录。推进中国-马耳他政府间合作项目“海水鱼循环水智能繁育设备技术合作研究”的实施；与泰国渔业公司合作推动了清迈内陆养殖研究与发展中心繁育车间改造方案的实施。

4.人才队伍建设 加大对年轻干部关注度和培养力度，切实加强渔业机械仪器研究所中层干部队伍建设，从探索临退干部退出机制入手，进一步贯彻落实中国水产科学研究院人才工作会议精神，疏通干部的“出口”，把好干部的“进口”，打破领导职务终身制，开展中层干部临近退休退出管理岗位和部门正职干部选拔任用工作。贯彻落实干部挂职锻炼制度，加强青年干部挂职交流工作，共有3名青年干部进行挂职、借调；1人选送至世界粮食计划署担任初级专业官员。15人晋升专业技术职务资格。新增两所学校导师6人次。参加博士后创新创业大赛1人，推荐博士后创新创业大赛专家1人。

5.科研条件建设 实施“养殖基地基础设施改造”“本部道路修缮”“实验室基础设施改造”“智能渔业仪器设备购置”“渔船安全仪器设备购置”等项目建设。组织完成“国家数字渔业近海养殖专业创新分中心建设”项目初步设计工作；完成中国水产科学研究院渔业机械仪器研究所在荣成桑沟湾海域51.85公顷公益性渔业用海申请；组织编制“中国水产科学研究院渔业机械仪器研究所苏州科研试验基地建设”项目可研报告。

【渔业工程研究所】

1.科研工作与成果 2021年渔业工程研究所在研课题及行业标准共25个，科技成果取得软件著作权9项，获得发明专利授权1项，实用新型授权15项；发表学术文章18篇。其中，“淡水池塘养殖尾水达标排放的关键生态技术与应用”获得2021年神农中华农业科技奖科学研究类成果三等奖。完成了现代渔港规划布局模式、投融资模式等研究，完成了渔业科学数据中心信息交换技术规范制定、多级数据存储与智能数据集成体系构建、渔船安全指标体系构建研究等。

2.技术支撑与服务 承担了农业农村部渔业渔政管理局多部门的信息化支撑工作，包括海洋渔船捕捞许可证发放、渔具管理、内陆渔船管理、全国渔船动态管理系统。国家级沿海渔港经济区建设支撑工作进展明显，为不断推进我国现代渔港及渔港经济区建设提供支持。援疆、援藏、扶贫等工作持续进行，先后四次组织专家和技术人员进藏，开展实地调研工作。协助农业农村部以及渔业渔政管理局编制《全国池塘养殖尾水治理专项建设规划（2021—2035年）》，为带动渔民脱贫致富发挥了重要作用。

3.交流合作 基于渔工所在渔业工程和信息工程方面的特色和优势，召开了2021年现代渔港与渔业工程建设研讨会，参会单位十余家，共70余名专家学者参加了会议。

4.人才队伍建设 渔业工程研究所综合办公室获中国水产科学研究院先进集体荣誉称号，信息党支部被评为中国水产科学研究院先进党支部，1人被评为中国水产科学研究院先进工作者，1人被评为中国水产科学研究院优秀共产党员。

5.科研条件建设 渔工所现有1个试验基地和2个院级功能实验室。如东试验基地承担各类科研试验项目4项，取得专利6项，其中发明专利3项，实用新型专利3项。渔港工程功能实验室开展了组合礁体水动力学试验研究、双渔船港内并列系泊可靠性试验研究等工作。渔业信息工程功能实验室在渔业数字化平台建设技术、系统集成技术等领域发挥了关键作用。

（中国水产科学研究院）

全国水产技术推广总站
中国水产学会

2021年，全国水产技术推广总站与中国水产学会（以下简称总站学会）坚决贯彻党中央和农业农村部党组的部署要求，以推动渔业高质量发展为主题，以保障国家粮食安全和水产品有效供给为目标，以推进渔业科技创新和推广服务为手段，积极促进渔业转型升级、提升质量效益、保障健康安全、实现绿色发展，圆满完成了年初制定的重点工作计划，为“十四五”渔业现代化建设开好局、起好步提供了有力支撑，为推进乡村振兴和农业农村现代化作出了新的贡献。

【抓好大事要事，贯彻落实农业农村部重大决策部署】 牢牢把握“保供固安全、振兴畅循环”工作定位、“耕地”和“种子”两个要害以及“保供、衔接、禁渔、建设、要害、改革”六个关键词，围绕中心、服务大局，抓好大事要事。

1.落实《种业振兴行动方案》全力推进水产种业振兴 组织开展全国水产养殖种质资源基本情况普查，编制完成《第一次全国水产养殖种质资源普查操作手册（试行）》等10余项普查技术规范，完成2万人次技术培训。截至2021年年底，全国已完成普查主体90余万家，全国基本情况普查完成率100%。与广东省联合主办第二届中国水产种业博览会，农业农村部副部长马有祥，广东省委常委、省人大常委会副主任叶贞琴出席开幕式，展示品种250余个。

2.配合抓好长江“十年禁渔” 派员参加长江禁渔专班，开展部分地区长江禁捕退捕工作的督导检查。受委托启动《长江流域珍贵濒危物种栖息地生境修复规划（2022—2026）》编制工作，制定了编制工作方案。收集整理珍贵濒危和长江水生生物基线信息，采集了134个物种近2万张图像资料，组织36位专家编撰了

400多个物种基线百科信息。

3.积极助力水产品稳产保供 组织专家起草《强降雨天气水产养殖防灾减灾技术措施》《冬季恶劣天气水产养殖灾害预防指引》，应对恶劣天气，稳定养殖生产。主动适应新冠疫情防控常态化需要，举办4次专家线上直播讲堂，受益渔民达数十万人次。优化“鱼病远诊网”服务方式，搭建29个省级服务平台，开发微信小程序，增加专家讲堂、渔事视频等功能，连续9年被列为农业农村部办理的实事之一。

4.巩固拓展脱贫攻坚成果与乡村振兴有效衔接 总站学会领导带领专家组到西藏日喀则市，新疆北屯市、福海县及布尔津县，云南元阳开展渔业科技帮扶。支持新疆在昌吉回族自治州、阿克苏等地区开展池塘流水槽循环水养殖技术试验与示范推广。

【抓好“五大行动”，深入推进水产绿色健康养殖】

1.部署深入实施“五大行动” 印发《关于做好2021年水产绿色健康养殖技术推广“五大行动”实施工作的通知》。会同农业农村部渔业渔政管理局在江苏苏州召开“五大行动”集中研讨活动和现场观摩推进会，马有祥副部长发表书面讲话，对相关工作提出要求。“五大行动”相关内容已列入“十四五”全国渔业发展规划和水产技术推广工作规划。

2.出实招推动各项工作落实 制定印发《“五大行动”骨干基地认定管理办法（试行）》并组织认定工作。完成2020年度骨干基地行动扩增和2021年度骨干基地遴选工作。2021年共遴选骨干基地985个，示范面积32.84万公顷，骨干基地抗生素类兽药使用量同比减少11%，水产养殖用兽药总使用量同比减少7%，配合饲料平均替代率为77%，实现了年初预定目标。各推荐2项渔业相关技术分别入选2021年农业主推技术和2021年农业农村部重大引领性技术。“绿色水产养殖典型技术模式丛书”各分册陆续出版。编制8期工作动态和两期《渔业情况》“五大行动”专刊，同时通过“中国水产”平台刊登“五大行动”重要政策信息和各地典型经验做法78条。

3.协同配合取得预期效果 “池塘生态养殖专项”三年任务全部完成并通过结题验收。审定通过11个新品种，完成33个新品种的形式审查和函审，组织研究生物育种技术培育新品种审定技术规范并形成初稿。开展南美白对虾等重点品种联合育种。组织完成10个国家级场验收复查。

【抓好产业促进，推进养殖业转型升级融合发展】

1.稳步推进稻渔综合种养产业发展 牵头完成稻鲤（山丘型）行业标准起草与报批，申报《稻渔综合种养通用技术要求》国家标准制定、修订项目并获立项。编制发布《“十三五”中国稻渔综合种养产业发展报告》《中国小龙虾产业发展报告（2021）》。参与中国工程院农业学部重点项目“中国稻田综合种养高质量发展战略研究”。举办第五届全国稻渔综合种养产业高峰论坛暨2021优质渔米评比推介活动。

2.持续推进休闲渔业健康发展 组织开展休闲渔业发展监测集中研讨，发布《中国休闲渔业发展监测报告（2021）》。采取线上线下相结合的形式举办第六届中国休闲渔业高峰论坛，直播当日累计点击量达2.21万人次。

3.认真组织实施“蓝色粮仓”项目 积极参与申报国家重点研发计划“蓝色粮仓科技创新”专项并取得重大突破，总站学会28人参与到4个项目、7个课题的研究工作中。相关研究为盐碱水养殖等产业技术集成推广发挥了重要作用。

【抓好“三个安全”，做好现代渔业建设支撑工作】

1.扎实推进全国水产养殖病害防控 组织实施2021年国家水生动物疫病监测计划，开展全国水产养殖动植物病情测报和预警，监测养殖面积约27余万公顷。举办全国水产苗种产地检疫培训班，近9 000名学员接受线上考试并获得电子合格证书。推动《全国动植物保护能力提升工程建设规划（2017—2025年）》进一步落实，省级项目的启动率达到83%。开展全国水生动物防疫实验室能力验证，206家实验室检测结果合格。编撰年度《中国水生动物卫生状况报告》《水生动物防疫系列宣传图册》《动物防疫法》等权威资料。

2.切实规范用药技术指导和服务 举办规范用药科普下乡活动，发放技术资料60余万份，惠及渔民20万人次。组织14个省级水产技术推广机构开展药敏试验。组织编写病原微生物耐药性监测分析报告。撰写《水产养殖用中草药制剂隐性添加化学药物风险评估报告》。

3.积极做好水生生物资源养护相关工作 推进海洋牧场团标编制。完成人工鱼礁建设项目、国家级海洋牧场示范区评审复查。协助编制增殖放流“十四五”规划，放流10厘米牙鲆鱼苗56万尾、8厘米许氏平鲉鱼苗130万尾。组织完成第二、三批渔获物定点上岸渔港评审。制定全国渔船标准化技术委员会章程、标准体系和工作计划。

【抓好品牌建设，扎实推进中国特色一流学会建设】

1.打造党建活动品牌 组织参与中国科学技术协

会"庆祝建党100周年"系列活动，学会荣获中国科协党建工作先进学会称号。在湖南开展水产种业振兴专题活动，邀请院士专家为100余名基层水产科技工作者和渔民代表授课，崔利锋秘书长受邀在"智汇"平台上进行示范宣讲，授人以渔"党建强会"特色活动被中国科协评为党建强会计划十佳品牌活动。推荐刘家富同志当选全国最美科技工作者。入围第七届(2021—2023年度)中国科协青年人才托举工程，获得中国科协资助名额3个。

2.打造学术会议品牌 认真筹备范蠡学术大会，报名参会代表达904人，收到论文摘要749篇。召开青年学术年会，共300余位青年学子现场参会，千名研究生在线互动。组织举办水产种业青年科学家沙龙。学会分支机构学术会议有声有色，其中渔药专业委员会召开首届渔药科技创新与产业发展大会，是近年来渔药领域学术交流范围最广、权威性最强的一次大会。

3.打造科普工作品牌 学会被中国科协评为2021年度全国学会科普工作优秀单位。在全国科普日活动中，中国水产学会主会场活动被评为2021年全国科普日优秀活动，学会被评为2021年全国科普日优秀组织单位。完成了2021年度中国水产学会科普教育基地认定工作，新增24家科普基地。中国科协副主席孟庆海专程到学会调研科普工作，对学会开展的科普工作给予高度评价，农业农村部副部长马有祥也对学会科普工作给予肯定性批示。

4.打造科技期刊品牌 开展首届中国水产学会"十佳"优秀科技论文遴选工作。组织召开期刊分会学术年会，着重探讨学科发展热点、期刊发展挑战和出版服务趋势，学会主办的4本期刊分别入选2项"2021年度全国学会期刊出版能力提升计划项目"。

5.打造智库工作品牌 组织开展"2021重大科学问题和工程技术难题"征集工作，被中国科协授予重大科技问题难题征集发布2018—2021年度优秀组织单位荣誉称号。组织专家对《中华人民共和国科学技术进步法(草案)》等4部法律草案研提意见建议。对所实施的科技服务团项目进行高度总结提炼，被评为全国学会"四服务"优秀案例。组织制定《渔业新技术新产品新装备年度优秀科技成果遴选办法(试行)》，遴选2021年度"三新"优秀科技成果19项。修订《中国水产学会渔业科技成果评价管理办法》，完成6项渔业科技成果评价。修订《中国水产学会团体标准管理办法》，发布8项团标。组织开展《MMPA进口规定》研究，完成技术磋商任务和"MMPA可比性认定"填报工作。

6.推动国际交流合作 参与第四届全球水产养殖大会筹备工作，承担大会宣传片、宣传展板制作、《上海宣言》修订和大会新闻宣传任务。向世界动物卫生组织报送我国水生动物卫生状况报告。参加11个国际视频会议活动。首次参与了FAO"改善水生动物卫生状况"合作项目。

【抓好信息宣传，认真开展统计监测分析和新闻舆论工作】

1.认真开展渔业和水产品市场信息统计监测 完成全国渔业统计数据汇总、分析，形成了《2021年全国渔民家庭人均收入与支出情况》《2020年养殖渔情分析》报告，编辑出版《2021中国渔业统计年鉴》。加强水产品国内市场和国际贸易信息采集，汇总整理价格条目25万多条，成交量条目25万多条，形成重点市场信息800多篇(条)，撰写周报30多篇。对外发布11类水产品价格指数，为FAO提供指定品种的月度价格信息12份。参与完成《关于淡水鱼等水产品价格上涨情况的报告》上报国务院办公厅。

2.筑牢《中国水产》渔业宣传主阵地 开设"种业普查""长江禁渔""五大行动"等专栏，对全国畜牧渔业工作会议、水产种业振兴行动工作推进会等40余个会议和专项工作进行跟踪报道，圆满完成12期杂志的编辑出版工作。在原有微信公众号的基础上，拓展了视频号、头条号、新华号、抖音号等新阵地，全年共发布信息近2 000条，总阅读量达230万余次。

【抓好规划编制，科学谋划"十四五"各项工作】

1.完成《全国水产技术推广工作"十四五"规划》编制工作 全面总结"十三五"全国水产技术推广工作成效，提出"十四五"时期水产技术推广工作的思路和目标任务。提出要重点抓好水产绿色健康养殖技术推广"五大行动"、积极做好水产"五大产业"科技服务、统筹做好现代渔业建设支撑保障"五项工作"、加强体系队伍和自身条件"五项建设"、支持水产学会系统建设"五大品牌"等五方面工作。

2.印发《中国水产学会"十四五"工作规划》 提出要保持和增强政治性、先进性和群众性，强化渔业科技自立自强，持续推进"学术""科普""智库"三轮驱动，着力开展"五大品牌"建设，切实履行为水产科技工作者服务、为渔业科技创新驱动发展服务、为提升全民科学素质服务、为党和政府科学决策服务的职责，致力创建世界一流学会。

【抓好能力提升，加强体系队伍和自身条件建设】

1.加强水产技术推广体系队伍建设 开展"全国

水产技术推广体系能力提升年”活动，开展“十个一”行动。通过技能大赛平台，有2位推广人员获得全国“五一劳动奖章”，创办3个省级劳模创新工作室。启动并完成首批星级推广机构和首批人才培训基地的遴选工作。召开全国水产技术推广体系建设工作会，修订国家职业分类大典，完善职业标准、培训教材和试题库。

2.加强学会分支机构建设 召开学会分支机构主任委员工作会，提出分支机构设置调整方案，确定8个“分会”类分支机构、15个“专业委员会”类分支机构和4个“工作委员会”类分支机构，分支机构总数从24个增加到27个。

3.加强总站学会自身建设与管理 制定《承担国家重点研发计划资金使用管理暂行办法》《预算绩效管理办法》，统筹规范预算绩效管理，加强预算执行。海天公司完成市场化处置，其他总站学会所属控股公司完成注销。认真做好新冠疫情防控工作，确保全体干部职工安全。

4.坚持党建引领，加强政治、思想、组织建设 及时组织学习传达习近平总书记重要讲话精神，扎实开展党史学习教育，全年共组织召开党委会13次，理论中心组学习会5次、专题读书班1期。各党支部共组织党员学习会50次，党小组开展学习活动156次，党课24次，主题党日74次。2人和一个党支部获农业农村部直属机关“两优一先”表彰，3位老党员荣获“光荣在党50年”纪念章。聚焦主业办实事，将开展水产绿色健康养殖示范推广服务及水产养殖病害防控和规范用药技术服务列入“我为群众办实事”内容。

（全国水产技术推广总站 中国水产学会
李胜利 王祖峰）

渔业社会团体

中国渔业协会

2021年，中国渔业协会（以下简称协会）坚持以习近平新时代中国特色社会主义思想统领工作全局，认真贯彻落实党的十九大和十九届历次全会精神，开展党史学习教育、主题党日等活动；成立分支代表机构，壮大会员队伍；聚焦行业热点，举办论坛、展会等活动，搭建交流、经贸平台；完成中韩、中日、中越北部湾三个渔业协定相关执行工作，以及养殖河鲀鱼源基地备案及管理、组织编写全年及各季度全国渔业经济形势分析报告等委托事项；响应农业农村部渔业渔政管理局的号召，开展“海水产品进内陆活动”、组织企业参加长江退捕渔民招聘等活动；加快团标制订，推进应用示范等工作。

【壮大会员队伍，严格内部管理】 3月和7月，协会分别设立了舟山代表处和广西代表处；12月，在广州成立水产种苗分会。协会根据不同分支（代表）机构的特点和问题，借鉴有关协会的管理经验，在事项报备、财务管理、印章使用、人员聘用等方面，进一步严格监督管理。根据民政部关于严格规范社会组织行为等通知要求，组织分支（代表）机构认真学习领会，开展自查自纠，规范自身行为。

【聚焦行业热点，举办论坛活动】 6月，在福州主办第三届中国渔业渔村振兴论坛，在“三农”工作重心历史性转向全面推进乡村振兴这一关键时期和特殊节点，就如何振兴渔业渔村，推动渔村振兴与脱贫攻坚有效衔接展开深入探讨。

11月，在珠海主办首届碳中和与绿色水产发展论坛，以“价值创新——水产产业链的变革之道”为主题，组织专家学者从多角度分享当前行业背景下“双碳”研究进展、推进方式方法，为推动绿色低碳科技创新和提升渔业碳汇能力贡献智慧方案。

11月，采用线下线上相结合的方式，在合肥主办长江生态保护与渔业发展论坛，深入贯彻习近平生态文明思想，推动落实《中华人民共和国长江保护法》等法律法规和政策精神，宣传保护长江的重要意义和好经验、好做法，引导全社会参与到长江大保护工作中来。

11月，在合肥主办首届中国数字渔业大会暨第三届中国智慧渔业发展论坛，邀请专家学者、企业代表就智慧渔业领域相关政策、前沿成果、应用前景与技术模式等内容做了深度解读。

12月，与中国国际贸易促进委员会海南省委员会在海口共同主办RCEP背景下渔业发展论坛，帮助会员了解《区域全面经济伙伴关系协定》（简称RCEP）主要内容和重要意义，把握RCEP带来的机遇和挑战。

2021年协会还在宿迁举办第六届中国河蟹产业发展高峰论坛，推动打造生态河蟹产业；在福州、海口举办“慧吃鱼”水产品营养与健康研讨大会，邀请专家医生科普水产品营养健康知识，传递水产品营养健康理念；与通威集团在成都主办第五届中国水产科技大会，诸多院士专家到会演讲，共商“科技引领、产业智变、质量兴渔”话题。

【坚持办好展会，搭建经贸平台】 6月，主办2021中国（福州）国际渔业博览会，展会面积达4.6万平方米，来自15个省份和地区的351家企业参展，展位数1 750个，采购商达16 386人，展品覆盖全部渔业领域及周边产业链。

11月，主办第五届中国国际现代渔业暨渔业科技博览会，展会面积2.3万平方米，聚焦九大主题展区，吸引了全国400余家参展单位，展品多达万余种。同期，举办了长江流域重点水域禁捕退捕工作专题展、超级买家订货会、新产品新技术发布会等多场专题活动。

12月，与中国贸促会海南省委员会联合承办了2021中国（海南）国际海洋产业博览会，帮助企业依托海南自由贸易港政策和区位优势，谋划未来发展布局，加强国际经贸合作,拓展新兴市场。

【加快团标制订,推进应用示范】 协会在山东东阿和浙江温州组织召开团体标准研讨会,就团标制定工作中的热点难点和发展路径与相关单位进行深入交流。

7月和12月,以线上和线下结合的方式组织了立项评审会和审查评审会。完成了《东阿黄河鲤鱼养殖技术规范》《滨州盐田虾养殖技术规程》《高唐锦鲤养殖技术规范》《洞头生态大黄鱼大型抗风浪深水网箱养殖技术规程》等11项团体标准的立项工作。组织专家审定通过了《青虾养殖技术规范》《青虾繁育技术规范》《南美白对虾高盐度养殖技术规范》《南美白对虾苗种盐化培育技术规范》等4项团体标准。完成《青虾养殖技术规范》和《青虾繁育技术规范》两项标准的发布工作。

【完成购买服务,当好政府助手】 完成了农业农村部渔业渔政管理局委托的中韩、中日、中越北部湾三个渔业协定相关执行工作。为中韩渔船入渔对方水域、捕捞许可证的申请和颁发提供服务,为双方渔船生产作业进行信息通报;及时处理我方渔船违规信息,通报有关省份渔业主管部门;为我渔船通报赴韩紧急避风824艘次,协调韩方搜救遇险沉没的"鲁威经渔51267"船员,协调韩方及时送返已缴纳担保金的违规渔船船员,保障我渔民生命财产安全,维护其合法权益;作为涉韩渔船违规担保金缴纳唯一窗口,为74艘次违规渔船缴纳了担保金,总额49.69亿韩元(人民币约2 675万元);作为"两无"渔船确认窗口,办理韩方确认申请16件;派员参加5场相关会议,为有关谈判提出协会建议,并做好信息提供、会务服务等工作;在休渔期派员赴山东、浙江、江苏等地举办5场涉外入渔培训,更新涉韩入渔培训重点暨考试试题题样。

6月,响应农业农村部渔业渔政管理局的号召,广泛发动宣传,整合内部资源,组织正大水产等9家有用工需求的会员企业到江西鄱阳开展现场招聘活动,为长江退捕渔民提供就业机会,助力长江"十年禁渔"政策实施。积极筹划落实中央国内大循环为主体、国内国际双循环相互促进的"双循环"发展战略,推动海水产品在内陆地区销售,促进水产品稳价保供。

11月,联合安徽省团餐配送行业协会在第五届中国国际现代渔业暨渔业科技博览会期间举办了海水产品进内陆活动,帮助有关企业与安徽餐饮单位对接,部分企业现场签订购销协议。

【充实会员服务,深化对外合作】 5月,与江苏省渔业协会合作举办水产养殖绿色规模化集聚发展培训班。10月,向国家知识产权局推荐江苏中洋集团股份有限公司等3家会员单位的发明专利参评第23届中国专利奖,还就会员企业在推广发展养殖工船、研发绿色投入品等方面的需求提供了专项服务。

在新冠疫情背景下,协会通过视频方式与韩国水产会、大日本水产会举行民间协议会事务级会谈,就双方业务和加强民间渔业交流等议题交换意见;向联合国工业发展组织(UNIDO)申请"大黄鱼养殖全产业链食品安全与环境友好最佳可行技术和最佳管理实践"项目;与海洋管理委员会(MSC)合作开展黄渤海区域(中国管辖海域)渔业可持续示范项目的可行性评估,提升区域渔业生态和社会经济效益;派员参加东盟商务理事会产业抓住RCEP机遇会议,与RCEP有关国家驻华使馆和商协会代表进行交流,加强联系;应邀参加有关部委举办的中国-非洲葡语国家渔业暨水产品推介对接会、第六届中非民间论坛开幕会等活动,了解有关国家渔业现状与合作需求,增进彼此了解,为下一步开展中非"一带一路"渔业合作奠定基础。

【分会平稳发展,工作各具特色】 各分支(代表)机构结合产业实际和会员需求,积极开展各具特色的工作,帮助会员反映呼声、开拓市场、培养人才、增进交流、加强合作。

1.发挥桥梁作用,反映产业情况 海洋牧场分会承担农业农村部渔业渔政管理局委托的《中国海洋牧场产业发展白皮书》编制工作,开展产业调研,分析存在问题和发展趋势,向政府部门提出对策建议;海参产业分会联合有关单位制定《网箱养殖海参操作规范》,向主管部门提出大连地区网箱养殖规范发展的建议,收集整理暴雪寒潮给海参产业造成损失情况,及时上报协会,向农业农村部渔业渔政管理局反映情况,寻求支持;水产养殖投入品分会针对《农业农村部关于加强水产养殖用投入品监管的通知》(农渔发〔2021〕1号),组织会员学习有关精神,共同发布《水产养殖用投入品安全联合宣言》,将有关情况经协会上报农业农村部渔业渔政管理局;水产动保分会和江苏代表处针对该通知,也联合近百家会员企业向行业发出倡议。

2.举办专业活动,推动合作共赢 国际贸易分会协办2021年中国(海南)国际海洋产业博览会,并承办相关论坛活动;河豚鱼分会与海安市政府举办国际河鲀文化高峰论坛暨第十一届中国海安河鲀节;智慧渔业分会在厦门举办中国智慧渔业绿色发展峰会(厦门站)等;海参产业分会与兴城市政府等主办中国(兴城)海参产业发展论坛;河蟹分会针对北方河蟹病害问题,举办中国北方河蟹病害防治研讨会；淡水龙虾分会参与举办了第二十一届中国·盱眙国际龙虾节、中国龙虾产业高质量发展大会；品牌分会在合肥举办了区域特色渔业公用品牌发展论坛。

3.通过开展培训，提升能力水平 品牌分会与有关地方政府共同举办以“品牌建设与应用”“品牌数字渔业精准化管理”等为题的12期培训班；水产动保分会在湛江举办水产养殖规范用药技术指导培训班；河鲀餐饮文化专业委员会举办第三期全国养殖河鲀厨师培训班；龙鱼分会举办水族服务黄埔培训班；海洋观赏生物分会举办首届珊瑚养殖与繁育技术培训班；智慧渔业分会举办工业化循环水养殖技术培训班、休闲农业经理人暨智慧渔业产业融合研修班等。

4.制订、发布产业报告 河豚鱼分会编写发布了《2020年中国河鲀鱼产业发展报告》，分析整理了《福建省河鲀鱼产业发展报告》；大黄鱼分会牵头制订《优质大黄鱼春苗评定》《跨区调运活体大黄鱼苗种检疫标准》等地方标准，组织专家编写并发布《2021中国大黄鱼产业发展报告》；金鲳鱼分会推进种质、亲鱼、人工繁殖技术等多个地方标准及协会团体标准的制订，积极推动金鲳鱼纳入《中国渔业统计年鉴》。

5.主动创新求变，开展赛事活动 金鱼分会举办了第四届中国（福州）世界金鱼大赛、第五届中国（淄博）金鱼大赛、长城杯世界金鱼锦标赛（线上赛）；龙鱼分会举办了龙协杯世界龙鱼锦标赛及世界虎鱼锦标赛；水族造景分会举办了长城杯国际造景大赛（网络赛）；小型观赏鱼虾分会参与举办了国内外10多场线上和线下观赏鱼赛事。

（中国渔业协会　胡　柳）

中国渔业互保协会

【概况】 2021年，中国渔业互保协会（以下简称协会）在农业农村部、农业农村部渔业渔政管理局的正确领导下，认真贯彻落实全国渔业安全生产工作视频会议部署，统筹体制改革和业务发展两不误，全力推进渔业互助保险事业改革，继续稳固渔业保险市场主力军地位，不断加强自身能力建设，扎实做好过渡期各项工作，确保体制改革方案全面落实。2021年，全国渔业互助保险系统共承保渔民62.51万人次，渔船5.25万艘次；参与承保水产养殖面积11.26万公顷。为渔民会员提供风险保障共计6 022.46亿元，同比增长19.27%。

1.有序做好渔业互助保险体制改革工作 按照农业农村部和中国银行保险监督管理委员会关于推进渔业互助保险系统体制改革工作要求，有序进行各项筹建工作。配合农业农村部改革工作小组与中国银行保险监督管理委员会就有关改革支持事项进行沟通协商，争取了中国渔业互助保险社和辽宁、大连、广西、海南主要分支机构同步筹建。中国渔业互助保险社及主要分支机构筹建申请材料按要求准备完毕并完成了预审核。同时，按照保险机构开业验收要求，有序开展了业务规划制定、保险产品研发、信息化建设等前期准备工作。

2.全面落实政社脱钩改革工作 根据行业协会商会与行政机关脱钩联合工作组办公室的工作部署，顺利完成协会脱钩后的党建、资产财务和登记管理等各项工作衔接，强化了党建工作的组织领导和国有资产的规范管理。同时，按照脱钩不脱指导、脱钩不脱扶持、脱钩不脱服务的原则，争取农业农村部和各级渔业主管部门继续对渔业互保工作给予指导支持，积极承担政府购买服务事项，探索建立与渔业主管部门协同加强渔业安全管理的新机制。

3.着力提升承保理赔服务水平，不断增强会员服务举措

一是组织全系统召开业务研讨会，协调解决渔船跨省（自治区、直辖市）参保问题，研究推动全系统开展船员实名参保；细化展业量化考核，调动基层机构和员工的积极性，提升人船险业务的广度和深度；规范沿海直属机构渔船评定、承保操作，制定远洋渔船专用条款，推动远洋保险业务发展，适时上调团体险保额标准，着力解决应收保费到账率低问题，不断提高精细化管理水平；积极应对安全生产责任保险实施，做好互保改制期间与雇主责任险的衔接，保持业务规模相对稳定；推动全系统水产养殖保险发展并做好风险分散工作，优化提升安徽、四川等内陆省份业务，支持福建、浙江等沿海省份业务开展。

二是加大推进理赔清查力度。指导全系统理赔业务开展，加强对基层机构的业务指导和质量考核督查；强化大案要案理赔流程监管，完善跨区域理赔协调处理机制，妥善处理了“桂钦渔20216”商渔船碰撞案等多起重大理赔案件及诉讼案件；加大未决赔案清查力度，重新梳理并限期解决立案时间长而未决的赔案，提升理赔服务质量；不断拓展外部理赔渠道，与保险公估、打捞局、民营救捞等机构及中国船级社等第三方专业机构保持密切联系，不断提高查勘定损的及时性和准确性。

三是不断增强会员服务举措。加大海南、广西会员培训基地的支持力度，全年共进行渔民会员培训4 345人次，补贴费用64万元，船员持证比例和安全作业技能大幅提升；优化完善会员服务举措，继续开展困难会员临时救助和渔民身故及高残会员子女教育资助工作；拓展远洋渔业保险及证书代办范围，代办残骸险证书388份、油污险证书193份，便利远洋渔业企业。

4.深化渔业互保队伍建设和财务管理规范化 加大人事工作数字化办公应用，提高人事工作管理效率；推动《分支机构劳动人事管理办法》落地实施，指导省级机构编制年度薪酬福利预算并严格监督执行。严格预算管理制度，切实做好财务预算的编制和执行，强化省级和市（县）级办事机构财务监督管理；完善省级机构财务管理制度，规范和增强资产清查力度，保证资产资金的妥善处置和安全完整。

5.加快完善信息化建设工作 加强现有系统数据维护和信息安全建设，完成海南共保体数据接口对接等信息化建设，保障人险、船险及养殖险业务系统的日常运行；配合推进核心业务系统开发工作，为业务顺利转接提供保障；完善全系统业务数据和各省（自治区、直辖市）业务数据统计分析工作，为业务政策调整提供依据。

6.持续加强党建和协会文化品牌建设 认真贯彻落实党中央决策部署、中央和国家机关行业协会商会党委工作要求，深入学习贯彻十九届五中、六中全会精神，以党的政治建设为统领，坚持党建工作和业务工作融合发展。扎实开展党史学习教育、庆祝建党100周年系列活动，深入开展“我为群众办实事”实践活动。在农业农村部渔业渔政管理局、长江流域渔政监督管理办公室等单位的指导下，圆满完成第四届“大美渔村、平安渔业”中国渔业摄影展宣传活动，扎实做好渔文化宣传和协会文化建设。

（中国渔业互保协会）

中国水产流通与加工协会

2021是“十四五”规划开局之年，百年变局叠加世纪疫情，形势错综复杂，水产行业也面临异常艰巨的挑战。中国水产流通与加工协会（以下简称协会）贯彻创新、协调、绿色、开放、共享的新发展理念，及时采取积极措施，聚焦会员关切，维护行业利益；帮助企业解决产销对接难题，协助主管部门出台相应政策，助力行业持续健康发展；开展产业调研，精准摸排问题；进行舆情监测，遏制谣言传播。多措并举，为推动我国水产行业绿色高质量发展不断开拓新路径。

【发挥协会作用，做好政府帮手】

1.做好行业成果展示，树立良好国际形象 一是做好联合国粮食及农业组织第四届全球水产养殖大会展览展示。在农业农村部和渔业渔政管理局的统一领导下，协会与全国水产技术推广总站配合，完成“可持续发展的中国水产养殖业”展示区的设计、搭建工作，重点展示了中国水产养殖业发展历史、概况、规模、贡献、模式、科技、教育、推广、政策法规、国际合作等内容，展现了中国政府围绕实施乡村振兴战略，坚持水产养殖业绿色高质量发展，持续为全球渔业发展贡献力量的决心、态度和行动。二是做好水产品国际贸易高质量发展宣传推介。在2021年中国国际渔业博览会期间，协会组织开展农业国际贸易高质量发展（水产类）系列活动，展示我国水产品国际贸易高质量发展成果，帮助基地企业进一步了解国际市场形势，拓展国际市场渠道，提升水产类国贸基地建设国际化、标准化、品牌化水平。

2.做好基础支撑工作，为政府决策提供依据 一是持续开展水产品贸易跟踪监测和预警。持续跟踪水产品贸易形势，整理分析重点水产贸易品种数据变化。连续多年参与中美、中欧等渔业对话会并关注贸易议题，开展贸易监测和市场能力建设相关培训，参与贸易政策研究和应对工作。发布欧盟关于延长动物卫生证书过渡期的贸易预警通报、越南有关咸水虾种苗国家技术法规的通报及越南有关软体动物种苗国家技术法规的通报等，提请相关企业提前做好应对措施，降低损失。二是做好出口水产品合法性认证审核。全年共协助农业农村部渔业渔政管理局审核办理出口水产品合法性认证文件21 979批次，涉及出口水产品41.35万吨。处理西班牙、德国等海关以及欧盟总部发来的协助核查27起，帮助输欧水产品顺利通关。参与中欧打击IUU工作组线上会议，就最新案例情况进行通报和沟通。三是完成水产品加工业景气指数调查。完成2020年中国规模以上水产品加工业景气状况调查报告，为行业宏观管理决策及企业生产经营提供参考。四是做好“中国渔政”微信公众号运维。普及渔业法律法规，解读渔政重大制度，发布渔政重大活动及执法工作信息，宣传渔政执法典型经验。

3.协助做好鲨鱼、鳄鱼等水生物种CITES履约 代表国内产业参加CITES第73次常务委员会和第31次动物委员会的线上会议，并重点关注鲨类、鳐类、海马等水生物种议题，为主管部门准备应对口径，参与工作组讨论，维护产业利益。开展CITES附录Ⅱ鲨鱼和鳐的科普宣传。承担“全国养殖鳄鱼及其制品标识管理系统”试运行工作，在原有国内标识系统的基础上增加研发了进口鳄鱼及其制品标识管理系统；全年共通过备案鳄鱼企业154家，发放活体鳄鱼标识签14万枚、鳄鱼制品标识贴300万枚，进口鳄鱼制品标识卡9 000余张。

4.搭建供需对接平台，促进水产品消费 一是开展国民水产品消费促进行动。为全面提振水产品消费信心，促进全民水产品消费，启动实施国民水产品消费促进项目，与全国水产技术推广总站和上海海洋大学共同开展国民水产品消费促进行动措施研究，共同完成国民水产品消费促进报告，组织多场产业对接活动，开展科普宣传，积极推动水产品消费。二是开展海水产品进内陆系列活动。在长沙、合肥、重庆等重点城市开展了海水产品进内陆系列活动，推动海水产品进湘菜、进徽菜、进火锅，增强内陆地区消费者对海水产品的了解，推动内陆地区海水产品消费，丰富内陆地区居民菜篮子的同时缓解淡水鱼阶段性供应压力。

5.规范行业管理，促进产业健康发展 开展刀鲚养殖单位核查与产品标识、养殖河鲀加工企业审核，规范产业健康发展。开展2021中国水产种业优势企业名录遴选、水产品规模企业调查暨2021品类引领企业推荐工作，向社会推荐一批行业领军企业，助力产业转型升级。协助农业农村部渔业渔政管理局规划水产品加工和仓储保鲜能力建设项目，加强项目前调研和项目下达后的管理，指导各地渔业主管部门和企业做好项目落实，切实推动加工业转型升级。开展进口水产优良品种和出口优势品种、水产种业育繁推一体化优势企业调查和梳理工作，发挥优势企业示范引领作用，引领水产种业高质量发展，提高水产种业竞争力。

6.了解产业发展困难，反映行业诉求 积极开展行业调研，了解产业发展过程中遇到的困难，积极向主管部门上报水产行业动态信息，发布2020年度水产加工业报告，向工业和信息化部推荐工业领域农产品深加工典型企业。参加国家卫生健康委员会组织召开的食品安全“最严谨的标准”体系建设座谈会，就“最严谨的标准”体系建设发展方向等提出建议。配合财政部做好关于2022年度水产品关税调整意见、海南自由贸易港进口征税商品目录、零关税增补清单等意见征求和反馈工作。参与国家发展和改革委员会牵头的冷链发展规划编制工作，参加重点行业研讨会，参与冷链物流发展专题调研，赴江西、广东考察冷链发展现状，撰写提交调研报告，代表水产行业提出发展意见和建议。参与商务部外贸司进口冷链监管座谈会，积极开展进口冷链受阻相关情况调研，及时提交调研报告，反映以大连、青岛为代表的水产冻品进口行业遇到的困难和合理诉求。应国家审计署要求，提供全国进口冻鱼虾情况以及自越南、印度尼西亚、印度三国进口水产品相关情况等。参加海关总署“促进APEC食品安全现代化框架的原则7‘责任共担’应用于APEC区域进出口食品安全管理”研讨会。

7.担当社会责任，开展脱贫及退捕帮扶工作 组织西藏双湖卤虫供需对接洽谈会，利用协会云展示网络平台展示脱贫地区产品，协调渔业专家深入脱贫地区实地考察，应用科技助农手段帮助产业振兴。同时，协会积极与互联网平台合作，推动互联网助力乡村振兴项目，探索乡村振兴新模式。组织企业参加由农业农村部渔业渔政管理局、科教司指导，江西省农业农村厅、上饶市人民政府联合主办的长江退捕渔民就业培训“暖心行动”启动会。

8.加强标准制定、修订工作，规范行业发展 积极参与国家标准及行业标准制定、修订。参与国家标准《即食食品中单增李斯特菌控制规范》的制定及《食品安全国家标准　食品添加剂使用标准》等多项国家标准和行业标准的意见征集和修订工作。开展2021年协会团体标准立项征集工作，完成《前置仓模式活南美白对虾品质管控规范》等5项团体标准的立项审核，完成《冻熟螯虾加工技术规范》等4项团体标准的立项公告。完成《风味熟制小鱼干》团体标准的报批、发布工作。召开《水产品冷链物流信息管理技术规范》《冰鲜河鲀流通规范》团体标准讨论会，提出完善意见建议。开展《水产品冷链物流信息管理技术规范》团体标准公开意见征求。针对海参会员提出的网上备案企标《速发海参》《腌渍海参》等18项标准违反强制性国标的情况，经与国家卫健委、农业农村部、国家市场监督管理总局、国家食品安全风险评估中心及山东省卫健委等部门多次沟通，将相关问题企业标准废止。

【探索互享融合，搭建共赢平台】 近年来，协会创立了一批极具国内外影响力的品牌专业论坛，在疫情多发的严峻形势下，协会攻坚克难，在保障人员安全、最大限度控制风险的情况下组织了一系列活动。

1.成功组织召开2021中国水产品大会 为助力上下游企业洞察行业发展趋势，把握消费领域发展规律，深度融入双循环，加快构建新格局，协会克服困难召开第二届中国水产品大会。大会以“洞察趋势　把握未来　互享共赢”为主题，特邀中国工程院院士、国内外知名专家学者、领军企业家、互联网企业等，就国内外水产品贸易趋势、宏观经济及政策剖析、双循环战略下新格局的建立、水产加工业发展思考、水产品消费市场变化等领域展开深入探讨。根据疫情防控要求，大会将分论坛压缩到5个，会议地点从厦门一地调整为北京、上海、青岛三个分会场，采用“直播＋线下＋线上”相结合形式。会议得到了各级渔业主管部门、全国40余家行业协会、六大国家产业技术体系、多家科技联盟、涉渔大专院校及科研院所、国际机构、企业、媒体的鼎力支持。专家学者、行业领军人物、国际组织代表、采购商等共商发展新机遇，共享互利新未来，取得了良好的会议效果。

2.积极组织线下会议，助力产业转型升级 与湖北省潜江市人民政府共同主办第四届中国(国际)小龙虾产业大会。大会分别从产业可持续发展、养殖技术创新、加工、餐饮、市场发展等角度进行研讨，并集中展示2020年我国小龙虾产业发展成就和特色。在成都组织召开2021大水面生态渔业发展研讨会，吸引渔业主管部门、科研院所、推广系统、大水面增养殖与加工企业以及媒体代表等近百人到会，共同交流研讨大水面生态渔业存在的问题、解决方案、发展思路和模式，并开展大水面生态渔业模式实地调研。召开首届中国深远海养殖高质量发展研讨会暨首期深远海养殖与实践高级研修班，邀请业内权威专家交流探讨深远海养殖发展形势，同期组织参观，实际感受深远海养殖科技的震撼。承办第一届斐康(FEEDKIND)单细胞蛋白技术研讨会。

3.探索展览展示新模式，助力产业融合发展 受全球疫情影响，2021年协会境外展工作不得不暂时停止，将更大精力用于国内展会的组织和筹备。重新启动了SIAL China国际食品展水产专区，精心打造2021 SIAL鲜生活·名优水产食材推介活动，顺利组织29家水产企业参展，开通直播专题页，携手挪威、智利、澳大利亚新南威尔士州、各驻华办事处以及GAA、ASC等机构，精心打造7场精彩主题活动。加大与中国饭店协会火锅委员会、四川火锅协会、重庆火锅协会的深度合作，参与组织了目前国内排名前三位的郑州、成都、重庆火锅展并设立水产专区，进行有效市场对接。首次携手中国烹饪协会，在于天津举办的2021年中国国际餐饮产业博览会上打造水产专区。与第二十五届上海国际食品饮料及餐饮设备展览会合作，组织20家企业出展，并联合ASC现场组织水产品可持续发展高峰论坛。再次启动水产品云展交易会，在线上组织策划了初色海鲜、美团、每日优鲜、青岛盒马、钱大妈杭州区等5个专场活动。与中国食材电商节组委会举办优质水产品供应链&餐饮发展论坛。与珠海斗门园区共同举办珠海斗门白蕉海鲈推介会。组织企业参与2021 HOTELEX上海创新菜品推广活动。组织企业参加“城乡汇 惠你我”——美团平台推广活动。配合完成阿里本地生活客如云举办的“云峰灼见：千亿市场新变局，探析爆品小龙虾背后的危与机”在线会议。

4.深化国际合作，扩大国际影响 积极参与和深化国际合作，不断加强与国际组织、主要渔业国家使领馆及行业组织的沟通与合作，积极参与并联合组织国际会议和交流活动，介绍中国渔业发展情况，以及中国在促进全球水产业持续发展中所作的相关工作和努力，让全球业界更加了解中国渔业，提升中国渔业在国际上的影响力和认可度。其中，在联合国粮食及农业组织(FAO)和全球环境基金-联合国开发计划署等国际组织的支持下，先后开展多项捕捞和养殖水产品可持续提升工作，参与FAO Seafood Map(水产品指南)项目，成为该项目全球首批试点合作单位，并在此基础上开展中国可持续渔业提升基础和潜力研究，积极探讨适合中国特色的渔业可持续发展体系。与世界经济论坛合作策划组织2021海洋行动圆桌会议“可持续的蓝色食物和海洋生物多样性保护”分论坛，组织重点企业联合发布《可持续利用黄海生态区渔业资源保护海洋生物多样性联合承诺》。与FAO联合编制《中国水产品价格报告》，分享中国主要水产品市场价格走势，发布中国渔业发展重要信息，在FAO官方平台展示中国渔业高质量发展成就。

【加强组织建设，提升服务水平】

1.加强基层党建，以党建促业务 协会党支部全体党员认真学习党中央十九届五中、六中全会精神，坚决贯彻国家机关工委各项工作部署，坚持把协会党建工作与业务发展相结合，以党史学习教育为主线，拓宽思路、团结奋进，扎实开展党建工作，促进业务工作。成立党建工作部，进一步加强基层组织力量；丰富党内学习生活，开展党史学习系列活动；巩固党史学习成效，支部书记带头讲党课；利用红色资源，开展实地观摩教学，参观学习浙江嘉兴南湖革命纪念馆、江苏常熟沙家浜革命历史纪念馆等红色教育基地、革命博物馆。在日常工作中号召广大党员以身作则，发挥先锋带头作用，积极投身到各项业务工作中，推动产业发展。

2.强化会员服务职能，助力乡村产业振兴 全心全意做好会员服务，想会员之所想，急会员之所急，不断加强与会员企业的沟通，为会员排忧解难，为优秀会员企业出具驰名商标推荐函或行业排名证明等材料。同时，积极加强与地方政府合作，开展区域特色水产品品牌建设工作。先后组织专家调研湖北省石首市长吻鮠、广东省佛山市加州鲈、广东省湛江市金鲳鱼等产业发展情况，从养殖模式、加工方式、品牌打造等方面提出产业发展建议，宣传推广优势水产品。编撰河南省信阳市南湾鱼加工项目可行性研究报告。

3.加强分支机构管理，推动产业优化升级 梳理和调整分会组织机构，新成立水产种业分会、牡蛎分会。生鲜供应链分会在上海、北京共组织5场水产食材预制菜主题活动。大水面生态渔业分会举办两期大水面生态渔业发展培训班，编制中国大水面生态渔业清洁生产、节能减排相关调查报告。对虾分会跟踪对虾贸易形势，为企业提供相关贸易数据和产业信息，整理汇总2020年中国虾类进出口贸易数据，筹备第十三届中国国际虾产业发展论坛，组织相关贸易企业参加厄瓜多尔使馆商务对接活动等。蛙类产业分会参与林蛙专题调研，了解农业农村部对林蛙的管理政策尤其是发放捕捉证的工作开展情况，收集产业亟待解决的问题，协助起草调研报告。海参分会组织会员企业参与研究、制定和起草“海参制品中海参多糖测定的国家标准”工作，收集海参养殖有关数据，并形成“2017—2020年海参养殖数据统计表”。河豚鱼美食文化分会联合主办第三期全国养殖河鲀厨师培训班，推动河鲀产业规范健康发展。大菱鲆分会赴山东、辽宁开展产业调研，完成《大菱鲆产业报告及未来发展建议》报告。鳄鱼产业分会召开全国养殖鳄鱼产业发展研讨会。组织筹备餐饮酒店采购委员会。

4.加强信息平台建设，强化权威发布和预警 重视信息服务与宣传工作，重点加强新媒体传播运营，以“中国水产品”“中国水产流通与加工协会”微信公众号运营为抓手，结合头条号、百家号、企鹅号、抖音、视频号等自媒体平台，运维协会新媒体矩阵。同时，联合综合媒体和行业媒体共同为产业发声。继续开展全球渔业动态及贸易数据跟踪整理、水产品舆情监测及应对工作，定时定向完成全球渔业动态观察、舆情专报、水产品信息周报等，对负面舆情发展进行预警及应对。

（中国水产流通与加工协会　殷　丽）

中国渔船渔机渔具行业协会

【概况】 中国渔船渔机渔具行业协会(以下简称协会)系农业农村部所属的国家级行业协会，目前有会员单位500余家，下设渔船、渔机、渔网具、休闲渔船、监理师、验船师、北斗技术、一带一路、渔业机械智能化等9个专业委员会。秘书处内设机构为会员部、信息部、培训部、项目部、办公室和财务部。协会长期以来致力于渔业装备产业健康发展，秉承服务于行业发展，服务于会员企业的理念，努力发挥桥梁纽带作用，为现代渔业提供技术和装备支撑。

【根据统一部署，扎实开展党建活动】 2021年，根据国家机关工委商协会党建工作的部署要求，协会与种子贸易协会联合党支部开展党史教育实践活动。开展党史学习教育活动，以重走井冈山、参观三农主题展、国家博物馆国家机关党史教育成果展为抓手，以学习习近平总书记“七一”重要讲话、十九届六中全会公报为重点，组织召开有党建指导员参加的主题民主生活会，支部学习活动纪实图片被收入国家机关党史教育活动成果展，在国家博物馆展出。成立了中国渔船渔机渔具行业协会独立党支部。

【引导传统产业转型升级】 随着渔业产业政策调整和渔业高质量发展的要求，以及后疫情时代复杂的国际形势，我国渔船渔机渔具行业发展面临诸多不利因素。控制近海捕捞，使得新造渔船订单锐减，动力装备和捕捞设备需求不旺；环保对淡水网箱养殖和近海网箱养殖的严控，养殖类网具市场疲软；由于外销订单减少以及海运价格飙升，以出口为主的企业，形势亦不容乐观。如何引领渔船渔机渔具行业，尤其是传统渔网具制造业转型升级，如何寻求产业稳定发展之路径，是协会近年来着力思考的问题。2021年6月，协会常务副理事长姚立民带队分赴安徽、浙江、江苏等相关企业开展调研，与企业负责人座谈，结合当地产业发展现状，分析传统产业转型升级的内涵和外延，为产业健康发展，企业转型升级建言献策。商会/企业负责人纷纷表示，要根据地方和企业的自身实际，在产品研发创新、应用领域拓展、国际市场开发、技术装备更新、人才培养储备、管理水平提升等方面努力补短板，强弱项，选取突破口，找准抓手，分步实施。

【召开专业工作会】

1.召开北斗技术在海洋渔业应用研讨会 为推进北斗系统产业化进程，进一步拓展北斗系统技术在海洋渔业领域的应用范围，确保渔业战略安全，协会与泸州北斗位置信息服务有限公司、福州闽江大学等单位联合召开“北斗系统技术在海洋渔业领域应用研讨会”。北京卫星导航中心、中国卫星导航定位协会大数据专业委员会、上海海洋大学、中国水产科学研究院东海水产研究所、闽江学院、青岛海检集团以及部分海洋渔业用户企业出席会议。相关专家做了“北斗系统建设与应用情况”“北斗位置信息的高效应用”“北斗卫星导航系统的特点及船舶导航应用”“基于船位大数据的捕捞渔船监测技术及应用”“基于北斗的近海渔业生产安全保障关键技术”“检验检测及质量技术解决方案在北斗系统中的应用”等专题报告；与会代表围绕“北斗海洋时空，应用空间无限”进行了座谈讨论。会议认为，进一步发挥北斗技术在海洋渔业船位监控、救生安全、资源保护、环境保护、作业方法、网具管理、渔港管理等方面的作用，具有很强的现实意义，非常必要。会议希望发挥北斗技术专业委员会作用，在规范产业健康发展、完善相关标准体系、组织技术交流、展览展示等方面推出新举措，取得实效。

2.召开第十三届渔网具专业工作会 为贯彻落实渔业“十四五”发展规划，围绕农业农村部渔业渔政管理局年度工作要点，落实违规渔网具整治常态化的工作部署，探寻传统渔网具产业转型升级之路径，倡导绿色环保低碳的发展理念，实现高质量发展，2021年6月下旬协会在福州长乐组织召开了第十三届渔网具专业工作会。相关专家和企业代表分别介绍了渔具新材料的研发、违规渔具整治、海洋环境保护、守护南海开发南沙等情况。会议分析了当前渔网具制造业所面临的形势，解读了农业农村部渔业渔政管理局整治违规渔具的相关政策，提出了控制和减少幽灵渔具，保护海洋环境的要求。与会代表认为，随着国家渔具管理相关政策的出台，为加强海洋环境和渔业资源保护，渔网具生产企业一定要努力从源头抓起，坚持按标准生产销售合规渔网具，坚决贯彻准用渔具目录和最小网目控制标准，逐步实施渔具追溯制，倡导行业自律。

【组织开展罚没渔具捐赠工作调研】 为贯彻《农业农村部办公厅关于做好2020年违规渔具清理整治工作有关事项的通知》文件精神，落实罚没渔具捐赠的相关工作，了解目前地方渔政部门对罚没渔具的处理情况，受农业农村部渔业渔政管理局委托，2021年3月下旬协会与北京济方生物科技有限公司组成调研组，赴浙江、江苏两省开展调研。通过调研，基本了解了浙江、江苏两省主要渔港目前罚没违规渔具的构成、现状、数量、处理方式，就如何落实农业农村部办公厅文件精神，对罚没渔具通过捐赠方式，为废旧渔具回收处理技术项目提供试验用材料，进行了磋商，并达成了捐赠意向。

【成立相关专业工作机构】

1.渔网具专家委员会 为发挥渔网具专业工程技术人员的作用，渔网具专业委员会提议成立渔网具专家委员会，经专业委员会推荐，理事会审批同意，2021年5月在江苏南通召开了渔网具专家委员会成立会，会议宣读了成立渔网具专家委员会的批复，并向首批入选的29位专家颁发了证书。专家委员会下设相关专业工作组，明确了各个工作组近期需攻克的课题任务。2021年7月远洋捕捞网具工作组在石岛召开了工作会，专题研究大型远洋捕捞围网国产化的相关问题。

2.“一带一路”专业委员会 2021年新批准成立的“一带一路”专业委员会于7月下旬在安徽槐林举行了专业委员会揭牌活动。巢湖市、槐林镇相关部门主要领导及专业委员会主要成员单位60余人出席揭牌活动。专业委员会召开了第一次工作会，讨论了近期专业委员会的主要工作任务。贝宁驻华大使及商务参赞应邀出席了槐林渔网产业发展座谈会，贝宁驻华大使西蒙先生介绍了贝宁渔业产业发展情况，对渔网具产业的需求情况，提出了在贝宁开设中国渔网展示贸易窗口的设想。胡玉木主任委员代表专业委员会提出了中国渔网产业进入贝宁，并通过贝宁向周边市场辐射的“三步走”战略构思。

【夯实玻璃钢渔船产业发展的技术基础】 为确保新一轮玻璃钢渔船建造符合相关规范、规则、标准要求，引领玻璃钢渔船产业健康高质量发展，2021年农业农村部办公厅、渔业渔政管理局先后出台文件，明确提出在政策扶持的同时，要着力夯实玻璃钢渔船产业的技术基础、管理基础、人才基础。要制定完善相关技术标准，加强对玻璃钢渔船建造企业从业人员、工厂质检员、监理机构人员的技术业务培训，实行持证上岗；严格按照相关标准，实行行业准入；建立白名单制度。并要求发挥产业联盟和行业协会作用。协会利用十多年来在助推玻璃钢渔船产业进程中，在技术培训、技能鉴定、建造监理、团体标准、教材编撰等方面积累的优势和经验，将积极参与。由协会和渔业装备产业联盟联合组织编写的《玻璃钢渔船设计建造检验》培训教材，2021年11月通过审稿，进入统稿阶段。

【开展业务培训，提高从业人员素质】 针对目前渔船修造企业工厂质检员技术水平、业务素质的现状，协会2021年7月和10月分别于青海西宁和江苏南通组织开展了两期渔船修造企业工厂质检员培训班。邀请大连海洋大学船舶工程学院老师和协会具有丰富实践经验的工程技术人员授课，授课内容包括质检员的基本素质要求、岗位职责、质量管理的基本知识、渔船建造各个节点质量检查的内容要求、渔船建造检验新规范的解读等，并进行现场讨论互动，收到较好效果。共计125人通过考试，取得培训证书。为满足渔船检验改革社会化对辅助验船师的大量需求，协会于2021年9月在烟台组织举办了一期辅助验船师培训班，79人通过考试，取得证书。

【完成渔船检验社会化的相关工作】 为顺应渔船检验改革社会化之需，协会于2021年3月组织相关专业人士，完成了《渔船检验事务所管理办法》《辅助验船师管理办法》等顶层设计。为承接广东省渔船检验社会化项目，协会在茂名成立了专门的渔船检验事务所，并通过了广东省渔政部门的信息采集验收，为广东及其他省份推进渔船检验社会化改革奠定了相关基础。

【淡水养殖机械应用情况摸底调查项目通过验收】 协会承担的农业农村部农机化司购买服务项目“淡水养殖机械应用情况目的调查”，在项目组的共同努力下，完成了合同约定的各项工作任务指标。收集了400份数据采集调查表，提交了4份季度分析报告，1份半年度分析报告，1份年度分析报告，形成了成果发布稿，得出了调查结论，提出了相关建议，2021年11月项目通过了农业农村部农机化司组成的专家组验收。

【坚持一手抓疫情防控一手抓复工复产】 面对2021年上半年的疫情形势，协会努力贯彻国务院关于一手抓疫情防控，一手抓复工复产的工作部署，第一时间通过协会简报、微信公众号，发出倡议，号召广大会员企业在积极防控疫情的同时，努力做好复工复产的准备。年末又发出通知，倡导企业动员员工配合当地的疫情防控，减少人员流动，“原地过节”。

【成功组织行业技术职称在线评审】 鉴于疫情影响和各地疫情防控要求，下半年行业技术职称评审改为在线方式，2021年12月21日行业技术职称评审领导小组和评审专家组对80余名初中高级技术职称申报者进行了在线评审。

【灾难面前献爱心，彰显社会担当】 一方有难八方支援，是中华民族的传统美德，献爱心，送温暖更是当今社会众多企业家的社会担当。当2021年7月河南、安徽等地突发洪涝灾害时，协会第一时间向会员单位发起倡议，动员和鼓励会员单位向灾区献爱心。河南商水县渔网具行业商会、安徽六安渔网商会、无棣渔网商会第一时间迅速行动，组织所属会员企业捐款、捐物，驾车送往救灾现场。河南商水渔网商会会长罗国昌独自捐赠10万元，体现了民营企业家的社会担当。

（中国渔船渔机渔具行业协会　钱忠敏）

休闲垂钓协会

2021年，休闲垂钓协会（以下简称协会）在民政部和中央国家机关行业协会商会党委的领导下，在农业农村部渔业渔政管理局和全国水产技术推广总站的关心和支持下，与各级地方政府、企业、协会会员有序开展了相关工作和赛事活动。

【党建工作】 2021年协会完成社团脱钩后，根据《中国共产党章程》《中国共产党支部工作条例（试行）》，以及中共中央组织部《关于全国性行业协会商会与行政机关脱离后党建工作管理体制调整的办法（试行）》要求，成立了休闲垂钓协会党支部。党支部成立后积极组织学习党章党史，开展党的活动，党支部书记魏宝振带队，组织秘书处全体党员、职工先后赴怀柔参观怀柔第一党支部教育基地、中国国家博物馆参观“让党中央放心、让人民群众满意——新时代中央和国家机关党的建设成就巡礼展”、香山革命纪念馆参观“为新中国奠基——中共中央在香山”主题展。通过参观学习，追溯革命历史，回忆峥嵘岁月，同时了解了在党中央领导下，中央和国家机关党建工作高质量发展所取得的显著成绩，采取的重大举措、制度安排、先进典型和宝贵精神。通过参观学习，大家充分认识到中国共产党在中国革命事业中发挥的领导作用和新中国建设发展中的重要作用，并决心在协会工作中继续发扬我党优良传统，把协会工作做好、做强。

【分支（代表）机构管理与建设】 根据民政部、中共中央纪委等22个部门印发的《关于铲除非法社会组织滋生土壤　净化社会组织生态空间的通知》及民政部社会组织管理局印发的《关于进一步加强全国性社会团体分支机构、代表机构规范管理的通知》等文件要求，协会秘书处向各分支（代表）机构下发了《关于加强管理分支（代表）机构的通知》和《关于开展自查自纠工作的通知》，要求各分支（代表）机构严格落实工作要求，做好自查自纠工作。协会将继续严格要求和规范管理分支（代表）机构，维护分支（代表）机构良好发展秩序，促进其规范开展工作和活动。

为拓宽宁夏回族自治区休闲渔业发展空间，丰富宁夏休闲渔业活动，展示宁夏休闲渔业风采，协会在宁夏设立了休闲垂钓协会宁夏代表处。

【标准化工作】 协会第一批团体标准《筏钓钓场建设与服务规范》《筏钓钓手行为规范》《筏钓从业人员服务

规范》3项团体标准于2021年8月12日正式发布实施，筏钓团体标准的制订为筏钓活动的标准化建设和发展提供了支撑。

【"钓鱼通"微信小程序】 受农业农村部长江流域渔政监督管理办公室委托，协会牵头开发设计的"钓鱼通"微信小程序已完成内测和公测，目前正式上线。在此基础上，协会将配合长江流域渔政监督管理办公室完成在长江流域14个省份的试用推广工作，同时不断完善"钓鱼通"小程序的各项功能，全面拓展小程序的使用范围，最大程度发挥小程序的功能作用，为逐渐推行持证垂钓、会员制管理提供技术支撑。

【休闲渔业活动】

1.赛事论坛情况 2021年受各地疫情反复影响，协会开展的各项活动受到了较大影响，但仍举办了一定数量的赛事活动及论坛。举办的主要活动有2021西部风·中国湖库拉力赛、中国休闲（筏钓）俱乐部超级联赛暨第二届中国长寿湖休闲垂钓大赛、福建省全民健身运动会（宁德赛区）暨2021中国霞浦休闲海钓大赛、第二届中国·福鼎杯环沙埕湾"海之梦"海上田园休闲游钓大赛、2021首届（中国六横岛）全球网络直播钓鱼公开赛、潘安湖首届舟钓国际路亚锦标赛、首届中国（济南）名优锦鲤大赛、2021华晨杯CDGC第9届国际孔雀鱼锦标赛、中国国际孔雀鱼巡回积分赛、2021中国·成都青白江姚渡镇第十届钓鱼节、2021舟山群岛第四届"沈家门渔港"全国矶钓名人精英赛。与中国水产学会在武汉共同主办了第六届中国休闲渔业高峰论坛，支持地方有关部门及单位举办了首届霞浦县渔旅融合发展论坛、第三届中国·闽台休闲渔业论坛、2021钓鱼艇产业发展论坛等。

2.休闲垂钓基地建设 为深入贯彻《国务院关于促进乡村产业振兴的指导意见》、农业农村部《全国乡村产业发展规划（2020—2025年）》，促进乡村特色产业发展，延长发展产业链，培育特色知名品牌，扩大市场影响力，协会积极与地方政府、企业共建休闲渔业基地，举办赛事活动，其中就包括新增的浙江宏野休闲游钓基地。

【完成农业农村部委托的工作】

1.调研全国休闲渔业基地、休闲垂钓管理工作情况，提出合理化建议 围绕"休闲垂钓管理工作支撑"和"休闲渔业主体的发展情况"两个调研内容，协会组织专家走访调研了有关省份休闲垂钓的管理情况，以及休闲渔业主体在休闲渔业发展中所发挥的作用，了解各地对目前国内休闲垂钓管理模式及管理办法的发布与实施情况、管理中出现的问题，各地在休闲渔业基地建设方面的思路、方向和产业特点。根据调研中发现的问题，协会根据产业发展现状及特点，向部局有关部门提交了调研报告，提出了意见建议。

2.长江流域重点水域垂钓管理信息开发 受农业农村部长江流域渔政监督管理办公室委托，协会联合北京凯晟通科技有限公司开发设计了"钓鱼通"微信小程序，现已在长江流域的湖北省天门市和潜江市、重庆市江北区和九龙坡区试点推广使用。

2021年农业农村部办公厅先后印发了《关于加强和规范长江流域垂钓管理工作的通知》和《关于进一步加强长江流域垂钓管理工作的意见》等文件，对休闲垂钓行为的管理和监督工作提出了总体要求和主要任务，有关省份也相继出台了管理政策法规，以加强对长江流域休闲垂钓行为的管理。协会作为全国性社会组织将继续履行工作职能，充分发挥行业自律作用，为行业发声，为产业发展助力，协助做好长江流域的休闲垂钓管理工作。

2021年协会的各项工作在大家的共同努力下取得了一定成绩，但还存在一些不足之处，赛事工作开展的还不够充分，论坛的数量、质量有待提高，观赏鱼工作局面有待进一步拓展等。

（休闲垂钓协会 于天舒）

法律法规文献

农业农村部关于印发《渔政执法工作规范（暂行）》的通知

农渔发〔2020〕27号

各省、自治区、直辖市农业农村（农牧）厅（局、委），福建省海洋与渔业局，新疆生产建设兵团农业农村局，各有关单位：

为贯彻落实中央关于长江十年禁渔、渤海综合治理和涉外渔业综合管理等决策部署，强化渔政执法攻坚，提高严格规范公正文明执法水平，根据《中华人民共和国行政处罚法》《中华人民共和国行政强制法》《中华人民共和国渔业法》等法律法规以及《国务院办公厅关于切实做好长江流域禁捕有关工作的通知》（国办发明电〔2020〕21号）文件要求，农业农村部研究制定了《渔政执法工作规范（暂行）》。现印发给你们，请结合实际贯彻执行。

执行过程中有任何问题与建议，请及时向农业农村部渔业渔政管理局反馈。

农业农村部

2020年12月29日

渔政执法工作规范

（暂行）

第一章　总　　则

第一条　为规范渔政执法工作，促进严格规范公正文明执法，保护公民、法人及其他组织的合法权益，根据《中华人民共和国渔业法》《中华人民共和国海上交通安全法》《中华人民共和国行政处罚法》《中华人民共和国行政强制法》《渔港水域交通安全管理条例》《农业行政处罚程序规定》等法律、法规、规章，制定本规范。

第二条　各级渔政执法机关实施行政检查、行政处罚、行政强制及相关的行政执法活动，适用本规范。

第三条　实施渔业行政执法，应当严格遵守法定程序，做到事实清楚，证据充分，程序合法，适用法律准确，裁量合理，文书规范，廉洁高效，增强公信力。

第四条　渔政执法人员应当通过行政执法资格考试，取得行政执法资格。

第五条　渔政执法活动应当由二名以上渔政执法人员共同进行。渔政执法人员执法时应当向当事人出示执法证件，表明身份，告知执法的内容和依据。

渔政执法机关带有专用标志的执法船艇开展水上执法工作时，视为表明身份。

第六条　渔政执法人员与当事人有利害关系，可能影响案件公正处理的，应当按规定主动申请回避或者根据当事人的申请进行回避。

第七条　渔政执法机关应当按照执法信息公开的有关规定，通过本部门官方网站、执法信息平台等公开执法决定信息，法律、法规另有规定或者涉及国家秘密、商业秘密、个人隐私不宜公开的除外。

第八条　渔政执法人员应当通过文字或者影像如实完整记录执法启动、调查取证（勘验）、行政强制、决定、送达、执行等执法过程，并及时归档保存，做到可回溯管理。

第九条　行政执法文书应当根据农业农村部规定的规范和基本文书格式并结合本地工作实际进行制作。基本文书格式以外的文书格式，由省级人民政府渔政执法机关规定。

第十条　渔政执法人员从事执法活动，应当仪表整洁，举止得体，用语文明，方式得当。

第十一条　渔政执法人员开展执法活动应当按规定着装，规范佩戴执法标志，因执法工作需要穿着便装的除外。

制服和执法标志应当保持清洁完整。

第十二条　渔政执法机关应当积极维护渔政执法人员执法权威，保障渔政执法人员合法权益，防止渔政执法人员人身安全和人格尊严受到不法侵害。

第十三条 渔政执法机关应当对涉及渔业违法行为的举报材料以及举报人的姓名、住址、工作单位等个人信息依法严格保密，举报人同意公开的除外。

第二章 检查规范

第一节 一般规定

第十四条 渔政执法机关应当按职责对渔船、渔港、养殖场以及其他涉渔生产经营场所进行巡查。在禁渔期、禁渔区、水生生物保护区及违法渔业活动高发时段、区域，应当加强巡查力度。

第十五条 有下列情形之一的，渔政执法机关应当组织检查：

(一)上级渔政执法机关交办或者督办的执法任务；

(二)收到相关部门移交或者群众举报的违法行为线索；

(三)通过渔船渔港监控信息平台等发现违法行为线索；

(四)其他需要组织检查的情况。

第十六条 渔政执法人员检查时应当携带执法记录仪、移动通讯设备、网目尺寸测量、采样以及具有拍照、录像、录音功能的设备。有条件的单位可以为渔政执法人员配备具有数据查询、身份识别功能的执法终端设备。

渔政执法人员应当根据执法工作需要穿戴救生衣、安全头盔、防滑鞋、防刺背心、防割手套等防护设备。

第十七条 实施巡查前，渔政执法机关应当确定带队负责人，明确巡查内容。

巡查应当建立日志，如实记录巡查情况，并妥善保存。

第十八条 检查生产经营场所、设施、物品，应当由渔政执法人员与当事人在检查记录上逐页签名、盖章或者按指纹确认。无法通知当事人，当事人不在场或者拒绝签名、盖章、按指纹确认的，应当在检查记录中注明，并采取录音、录像等方式记录。

第十九条 对涉嫌渔业违法行为，应当按程序调查处理。检查时发现的与涉嫌渔业违法行为有关的物品和材料，应当按照取证规范予以收集和固定。

第二十条 渔政执法机关可以与公安、海警等部门建立协同执法机制，必要时开展联合检查。

渔政执法机关检查时发现违法行为涉嫌犯罪或者当事人暴力抗法、逃逸、毁灭、隐匿证据的，可以通过部门间协作机制或者报警平台，联络公安机关、海警机构派员控制现场。

第二节 水上检查规范

第二十一条 渔政执法船(以下简称“执法船”)开航前应当符合适航条件，船体整洁，标志清晰。

第二十二条 使用执法船执行水上执法任务，应当经渔政执法机关负责人批准。因特殊原因，可以按规定借用、租用非执法船执行渔政执法任务。

第二十三条 开展水上巡查，渔政执法机关应当综合使用目视、雷达及其他手段对周围作业船舶进行全面观察。重点观察是否有下列情况：

(一)未按规定标写船名、船籍港和悬挂船名牌；

(二)在禁渔期、禁渔区、水生生物保护区内捕捞、转载渔获物；

(三)使用禁用的捕捞方式、方法；

(四)违反作业类型、方式、场所、时限等规定；

(五)船上人员临水作业未穿救生衣；

(六)外国船舶、外国人擅自进入我国管辖水域从事渔业活动；

(七)其他涉嫌违反渔业法律、法规、规章的情况。

发现有前款所列情况，应当立即通过拍照、录像等方式固定证据，并登临检查。

第二十四条 执行登临检查任务的渔政执法人员不得少于二人。登临检查全过程应当通过文字或者影像进行记录。

第二十五条 渔政执法人员登临前应当通过无线电通讯设备、高音喇叭等呼叫目标船舶，指令其停船接受检查，特殊情况需要采取隐蔽方式登临的除外。

渔政执法人员登临时，应当采取安全防范措施，按需要携带和使用执法设备、防护装备、执法文书。登临过程中，发生人员落水或者其他险情的，应当立即采取应急救援措施，必要时向水上搜救部门及附近其他船舶求援。

第二十六条 目标船舶拒不配合登临的，应当喊话告知抗拒执法的法律责任。目标船舶仍拒不配合的，可以强行登临。

不具备强行登临条件的，应当向渔政执法机关负责人报告，并可以将涉案船舶信息、特征通报辖区及周边渔政执法机关及其他水上执法机关，请求协查。

第二十七条 渔政执法人员登临当事船舶后，应当出示执法证件，表明身份，向当事人或者受其委托的人员说明检查的内容和依据，要求其予以配合。

第二十八条 登临船舶后，渔政执法人员应当对渔业船舶证书、捕捞工具、捕捞方法、渔获物及船上人员等情况开展全面检查。重点检查是否有下列情况：

（一）无合法有效的渔业船舶检验证书、渔业船舶国籍证书和捕捞许可证等证书，或者未按规定安装电子身份标识；

（二）渔业船舶证书所载主机功率、作业类型、方式、场所、时限以及船载设备所示数据等与实际情况不符；

（三）伪造、变造、毁损、涂改、冒用或者借用船名牌等船舶标识（含电子身份标识）；

（四）携带禁用的捕捞工具，或者捕捞工具的规格、数量、网目尺寸不符合规定；

（五）渔获物中有珍贵、濒危水生野生动物；

（六）船舶作业类型、方式、场所与捕捞许可证不符；

（七）渔获物的品种、规格、重量与捕捞限额不匹配，或者幼鱼明显超过规定比例；

（八）海洋大中型渔船未按规定填写作业日志，或者日志所载内容与实际情况不符；

（九）未按渔业船舶检验证书规定配备消防救生、通讯导航等设施设备，或者运行情况不正常；

（十）职务船员未满足最低配员标准，或者船上人员未持有合法有效的渔业船员证书；

（十一）其他涉嫌违反渔业法律、法规、规章的情况。

第二十九条　登临检查在我国管辖水域内从事渔业活动的外国渔船，除按照本规范第二十八条的规定进行检查以外，还应当检查是否有下列情况：

（一）未依法取得农业农村部颁发的入渔许可；

（二）未按规定向指定监督机构报告船位、作业情况等，或者报告内容与实际情况不符；

（三）其他涉嫌违反涉渔国际公约、双边渔业协定或者我国渔业法律、法规、规章的情况。

第三十条　根据执法工作需要，渔政执法人员可以要求当事船舶上的相关人员前往执法船配合调查，调查取证在水上无法实现的，可以指令船舶停靠指定地点配合调查。

第三节　陆上检查规范

第三十一条　在渔业水域沿岸实施检查，渔政执法机关应当依法按职责对涉渔活动进行全面检查。重点检查是否有下列情况：

（一）违法使用、制造、销售用于电鱼、毒鱼、炸鱼的工具或者其他禁用的捕捞工具；

（二）在禁渔期、禁渔区内违法销售、收购渔获物；

（三）违法销售、运输、购买、携带、人工繁育、经营利用珍贵、濒危水生野生动物及其制品；

（四）未按规定进行环境影响评价即开展涉渔工程建设；

（五）水下爆破、勘探、施工作业对渔业资源造成严重影响；

（六）建闸、筑坝未按规定建造过鱼设施或者采取其他补救措施；

（七）其他涉嫌违反渔业法律、法规、规章的情况。

当事人携带电鱼、毒鱼、炸鱼工具进入渔业水域，但现场未查获渔获物的，渔政执法机关可以根据现场执法音视频记录、案发现场周边视频监控、交易通联记录、证人证言等证据材料，结合违法行为人的陈述等，综合作出认定。

第三十二条　在渔港、渔业码头内实施检查，除检查是否有本规范第二十三条、第二十八条、第二十九条和第三十一条列举的情况以外，还应当检查是否有下列情况：

（一）未按规定进行船舶进出港报告；

（二）未按规定在指定港口卸载渔获物；

（三）禁渔期未按规定停港或者冒名顶替休渔；

（四）禁渔期装载、卸载渔获物或者为渔船供油、供冰；

（五）未经批准运载、装卸易燃、易爆、有毒等危险物品；

（六）未经批准进行明火作业或者燃放烟花爆竹；

（七）船舶停泊期间未按规定留足值班人员；

（八）在渔港水域内违法排污；

（九）其他涉嫌违反渔业法律、法规、规章或者渔港港章的情况。

第三十三条　在养殖场所实施检查，渔政执法机关应当对养殖单位和个人持证情况、投入品、生产记录、养殖品种及养殖环境等情况进行全面检查。重点检查是否有下列情况：

（一）未依法取得养殖证、水产苗种生产许可证等证件；

（二）养殖品种、范围和场所与养殖证、水产苗种生产许可证不符；

（三）使用禁用药品、人用药品、停用药品及禁止使用的其他化合物进行养殖；

（四）未依法建立和保存生产、用药、销售记录；

（五）养殖水产品死亡未按规定进行无害化处理；

（六）未依法人工繁育珍贵、濒危水生野生动物；

（七）其他涉嫌违反渔业法律、法规、规章的情况。

第三十四条　根据检查情况，渔政执法机关可以按规定对水产品进行抽样检测，检测时间不计入办案期限。抽样检测过程应当符合《产地水产品质量安全监督抽查工作暂行规定》相关要求。

当事人无正当理由拒绝抽样的，渔政执法人员应当告知其法律后果。当事人仍拒绝抽样的，渔政执法人员应当现场填写监督抽查拒检确认文书，由渔政执法人员和见证人共同签字，并及时向渔政执法机关报告情况。对被抽查的水产品以不合格论处。

渔政执法机关可以采用农业农村部会同有关部门认定的快速检测方法进行水产品质量安全监督抽查检测，但复检不得采用快速检测方法。

第三十五条　检测结果确定有关水产品不符合相关质量安全标准的，可以作为行政处罚的依据，必要时结合专家意见进行综合认定。

检测结果显示水产品质量不合格的，渔政执法机关应当及时通知当事人，责令其停止销售水产品，并立即立案调查。

第三章　办案规范

第三十六条　适用简易程序处罚，除了应当遵守本规范第一章规定外，还应当遵守下列规定：

（一）当场调查取证并查清违法事实，收集保存证据，根据需要制作相关执法文书；

（二）告知当事人拟作出决定的内容、事实、理由和依据及其享有的陈述、申辩权利；

（三）听取和记录当事人的陈述、申辩，对其提出的事实、理由及证据进行复核，成立的应当采纳；

（四）填写预定格式、编有号码、盖有渔政执法机关印章的当场处罚决定书，由渔政执法人员签名或者盖章，当场交付当事人；

（五）告知当事人有权申请行政复议或者提起行政诉讼；

（六）自作出当场处罚决定之日或者渔政执法人员抵岸之日起二日内，将案件材料提交所属渔政执法机关归档保存。

第三十七条　实施渔业行政处罚，除适用简易程序的外，应当适用普通程序。

第三十八条　渔政执法人员通过检查或者举报、其他机关移送、上级机关交办等途径，发现有涉嫌违反渔业法律、法规、规章的行为发生，依法应当给予行政处罚的，应当填写行政处罚立案审批表，报渔政执法机关负责人审批。

第三十九条　实施违法行为的自然人、法人或者其他组织为案件当事人。

办理非法捕捞、非法养殖、非法生产水产苗种案件，对依法取得捕捞许可证、养殖证、水产苗种生产许可证等证书证件的，以证书证件载明的持证人为当事人。

使用船舶进行作业，未取得捕捞许可证的，按下列规定处理：

（一）以依法登记的船舶所有人为当事人；

（二）船舶未依法登记的，以实际所有人、实际经营人或者现场负责人为当事人；

（三）按照前两项规定仍无法确定当事人的，将当事船舶视为当事人，按照法人或者其他组织进行调查处理。

第四十条　对于涉嫌从事违法渔业活动的船舶，无法查明船舶所有人、实际经营人或者现场负责人的，可以按规定公告送达执法文书或者公告招领。公告时可以将当事人表述为“××（船名）船所有人”；无船名的，可以将当事人表述为“××（执法单位自编代号）船所有人”。

第四十一条　证据可能灭失或者以后难以取得，需要采取先行登记保存措施的，应当填写证据先行登记保存审批表，报渔政执法机关负责人批准。经批准后，渔政执法人员应当按规定制作并当场交付证据先行登记保存通知书和物品清单，说明物品状况及登记保存地点，并由当事人和渔政执法人员逐页签字、盖章或者按指纹确认。

情况紧急，需要当场采取先行登记保存措施的，可以采取即时通信方式报请渔政执法机关负责人同意，并在二十四小时内补办批准手续。

第四十二条　渔政执法机关应当自先行登记保存之日起七个工作日内按规定作出处理决定，下达先行登记保存物品处理通知书。先行登记保存期限届满，不再需要登记保存的，应当将物品交付当事人；依法应予没收的，应当在处理通知书中告知当事人相关物品拟依法予以没收。

第四十三条　依法实施查封、扣押，应当遵守下列规定：

（一）填写查封（扣押）审批表，报渔政执法机关负责人批准；

（二）通知当事人到场；

（三）当场告知当事人采取查封、扣押措施的理由、依据及其依法享有的权利和救济途径；

（四）听取当事人陈述、申辩；

（五）按规定制作并当场交付查封（扣押）决定书和查封（扣押）财物清单，查封（扣押）决定书应当写明实施查封、扣押所依据法律、法规的具体条款；

（六）制作查封（扣押）现场笔录，由当事人和渔政执法人员共同签名、盖章，当事人拒绝的，在笔录中予以注明；

（七）当事人不到场的，邀请见证人到场，由见证人和渔政执法人员在笔录上共同签名或者盖章；

（八）查封场所或者物品，应当加贴封条，标明日期，并加盖渔政执法机关印章。

情况紧急，需要当场实施查封、扣押的，渔政执法人员应当在二十四小时内向渔政执法机关负责人报告，并补办批准手续。渔政执法机关负责人认为不应当采取查封、扣押措施的，应当立即解除。

第四十四条　查封（扣押）现场笔录应当如实记录查封、扣押的场所或者物品的名称、数量、包装、规格等情况，并记录查封（扣押）决定书及财物清单送达、当事人到场、实施查封（扣押）过程、当事人陈述、申辩以及其他有关情况。查封、扣押船舶的，应当详细记载船长、吨位、作业类型、持证、查封（扣押）位置、船舶状态、捕捞工具以及其他特殊情况。

第四十五条　查封、扣押期限不得超过三十日；情况复杂的，经渔政执法机关负责人批准，可以延长一次，但是延长期限不得超过三十日，并应当出具延长查封（扣押）期限通知书，将延长期限决定及理由书面告知当事人。

查封、扣押期限届满，应当按规定作出处理决定。依法解除查封、扣押的，应当制作并交付解除查封（扣押）决定书和解除查封（扣押）财物清单。查封、扣押的物品依法应予没收的，按照法定程序处理。

第四十六条　渔政执法人员发现当事船舶涉嫌渔业违法行为，有必要依法扣押的，应当指令和监督船长或者船舶负责人驾驶船舶前往拟扣押地点，并通知目的地渔政渔港监督管理机构或者其他机构做好接应准备。航程中应当防止船上人员隐匿、毁灭证据。

当事船舶失去动力或者船长、现场负责人拒绝配合或者不在现场的，可以由执法船或者安排其他船舶进行拖带，也可以指派执法船上的职务船员驾驶当事船舶驶往拟扣押地点，或者根据办案需要采取其他措施。

当事船舶逃逸或者企图逃逸，执法船或者渔政执法人员无法实施控制的，应当及时报告渔政执法机关负责人，并通报海警、公安、海事等部门及相关渔政执法机关，请求协助追查和支援，必要时可以报请上一级渔政执法机关协调相关单位予以协助。

第四十七条　到达扣押地点后，渔政执法机关应当监督当事船舶妥善停泊系缆，按照本规范第四十三条规定的程序实施扣押，同时提醒船上人员取走无关物品并离开船舶，受船方指派看管船舶的人员除外。船上人员拒绝取走物品或者拒绝离船的，应当通过文字、影像对船上物品进行记录，并告知其风险。

扣押的船舶由渔政执法机关派员统一看管或者委托第三方机构统一看管，并采取必要措施防止船舶逃逸。

第四十八条　依法禁止渔港内的船舶离港或者命令其停航、改航、停止作业的，应当遵守下列规定：

（一）报渔政执法机关负责人批准；

（二）告知船长或者现场负责人禁止船舶离港或者命令其停航、改航、停止作业的理由、依据及其依法享有的权利和救济途径；

（三）听取当事船舶所有人、船长或者现场负责人的陈述、申辩；

（四）按规定制作并当场交付禁止离港通知书或者停航（改航、停止作业）通知书；

（五）制作现场笔录，由当事船舶船长或者现场负责人与渔政执法人员在笔录上共同签名、盖章；其拒绝签名或者盖章的，在笔录中予以注明。当事船舶船长或者现场负责人不到场的，邀请见证人到场，由见证人和渔政执法人员在笔录上共同签名或者盖章。

船舶禁止离港或者停航、改航、停止作业期间，由船方派员看管，并自行承担风险。

第四十九条　下达禁止离港通知书或者停航（改航、停止作业）通知书后，应当及时查清事实，按不同情况作出下列处理决定：

（一）案件处理完毕或者其他法定情形消失，不再需要禁止离港或者停航、改航、停止作业的，下达解除禁止离港通知书或者解除停航（改航、停止作业）通知书；

（二）依法应当由有关部门处理的，按程序进行移交；

（三）依法应当没收船舶的，按程序作出行政处罚决定。

第五十条　涉案渔获物应当妥善保管。其品种、价值等需要认定、评估、鉴定的，按规定委托具有法定资质或者条件的机构实施。

渔获物不具备保管条件或者保管成本过高的，经渔政执法机关负责人批准，在行政处罚决定下达前可以按下列情况处置：

（一）渔获物已经死亡且无经济价值的，通过掩埋等方式进行无害化处理，处理过程应当制作文字记录并留存影像；

（二）渔获物已经死亡但具有经济、科研等价值的，可以按规定拍卖、变卖、捐赠或者用于科研、公益事业；

（三）渔获物仍然存活，适宜放归的，放归适宜生存的水域，放归过程应当记录并留存影像；不宜放归的，可以参照本款前两项规定处理；

（四）渔获物为珍贵、濒危水生野生动物的，按水生野生动物保护相关规定处理。

有前款规定情形的，应当通过拍照、录像、称重等方式固定证据，制作并向当事人送达渔获物先行处置告知书后，按规定进行处置。拍卖、变卖或者捐赠渔获物的，应当取得相关法律文件。

第五十一条　初步调查结束后，应当制作案件处理意见书，连同证据材料报渔政执法机关负责人审批。渔政执法机关负责人批准后，渔政执法人员应当制作行政处罚事先告知书并送达当事人。

第五十二条　行政处罚事先告知书应当载明拟作出行政处罚的事实、理由、依据、处罚内容，并告知当事人可以自送达之日起三日内进行陈述、申辩；符合听证条件的，还应当告知当事人有要求举行听证的权利。

当事人在规定期限内进行陈述、申辩的，渔政执法人员应当充分听取意见。陈述、申辩理由成立的，应当采纳。当事人逾期未提出陈述、申辩或者逾期未要求听证的，视为放弃上述权利。

第五十三条　案件符合听证条件，当事人要求听证的，应当按规定举行听证。听证时间不计入办案期限。

听证机关应当在举行听证会的七日前送达行政处罚听证会通知书，告知当事人举行听证的时间、地点、听证人员名单及可以申请回避和可以委托代理人等事项。除涉及国家秘密、商业秘密或者个人隐私等情形外，听证应当公开举行。

第五十四条　办案人员应当对当事人陈述、申辩内容及听证中提出的意见进行复核，制作行政处罚决定审批表，报渔政执法机关负责人审批。案件按规定应当进行法制审核的，报批前应当先将行政处罚决定审批表和证据材料报法制审核。未经法制审核或者审核未通过的，不得作出行政处罚决定。

第五十五条　案件承办人员不得担任本案的法制审核人员。初次从事行政执法决定法制审核的人员，应当通过国家统一法律职业资格考试取得法律职业资格。

第五十六条　法制审核采用书面形式进行，必要时可以向相对人和渔政执法人员了解情况。

法制审核应当自接到审核材料之日起五个工作日内完成。特殊情况下，经渔政执法机关负责人批准，可以延长至十个工作日。法律、法规、规章另有规定的除外。

法制审核后，办案人员应当根据审核意见作出相应处理。

第五十七条　有下列情形之一的，渔政执法机关负责人批准行政处罚决定审批表前，应当进行集体讨论，形成书面结论：

（一）拟作出较大数额罚款、没收较大数额财物、责令停业或者吊销捕捞许可证、养殖证、水产苗种生产许可证、渔业船员证书等证件决定；

（二）符合听证条件，且当事人申请听证的；

（三）案情复杂或者有重大社会影响的；

（四）渔政执法机关负责人认为应当提交集体讨论的其他案件。

集体讨论过程应当进行记录。

第五十八条　渔政执法机关负责人应当综合审查案件材料，结合听证、法制审核、集体讨论等情况作出行政处罚决定。

第五十九条　渔政执法机关负责人决定撤销案件或者依法不予行政处罚的，办案人员应当制作撤销案件决定书或者不予行政处罚决定书，说明理由和依据，并按规定送达当事人。

第六十条　行政执法文书应当按规定采用直接送达、邮寄送达、委托送达、公告送达等方式进行送达，由受送达人在送达回证上记明收到日期，并通过签名、盖章或者按指纹等方式确认。

实施留置送达，受送达人长期居住在船上的，可以将行政执法文书留在船上，并采用拍照、录像等方式记录送达过程，即视为送达。

受送达人下落不明，或者采用直接送达、委托送达等方式无法送达的，可以在渔政执法机关的公告栏、受送达人住所地、船舶停泊的港口张贴公告，或者在报纸、渔政执法机关官方网站上刊登公告，自张贴或者刊登之日起，经过六十日，即视为送达。张贴公告过程应当通过拍照、录像等方式记录。省、自治区、直辖市对公告送达另有规定的，从其规定。

第六十一条　在边远、水上和交通不便地区按普通程序实施处罚时，可以通过即时通信方式报请渔政执法机关负责人批准立案和对调查结果及处理意见进行审查。当事人可以当场向渔政执法人员进行陈述和申辩。当事人当场书面放弃陈述和申辩的，视为放弃权利。

前款规定不适用于应当进行集体讨论的案件。

第六十二条　按照规定的格式制作行政执法文书时，应当逐项填写文书设定的栏目，不得遗漏和随意修改；不需要填写的栏目或者空白处，应当用斜线划去；有选择项的应当将非选择项用斜线划去。

第四章 执行规范

第六十三条 同一案件有多个当事人,决定给予罚款处罚的,应当在行政处罚决定书中明确其各自应当缴纳的罚款数额。

第六十四条 对当事人的同一个违法行为,不得给予两次以上罚款的行政处罚。

第六十五条 在边远、水上、交通不便地区,当事人向指定银行缴纳罚款确有困难,经当事人提出,可以当场收缴罚款。

适用简易程序,依照《中华人民共和国行政处罚法》可以当场收缴罚款的,应当在当场处罚决定书中说明。

渔政执法人员当场收缴的罚款,应当自返回渔政执法机关所在地之日起二日内交至渔政执法机关;在水上当场收缴的罚款,应当自抵岸之日起二日内交至渔政执法机关,渔政执法机关应当在二日内将罚款交至指定的银行。

第六十六条 渔政执法机关决定给予罚款处罚,当事人逾期不履行,也未获准暂缓或者分期缴纳罚款的,可以每日按罚款数额的百分之三加处罚款。加处罚款应当依照行政强制执行程序实施,不得超过罚款本金。

第六十七条 渔政执法机关决定给予没收船舶、捕捞工具、养殖投入品等涉案物品处罚的,按下列情况执行:

(一)对于已扣押或者异地登记保存的物品,有条件的应当移交至罚没物品保管仓库或者其他统一保管地点;

(二)对于当事人自行保管的物品,应当书面告知其在规定期限内将物品交至渔政执法机关。当事人拒不执行的,按规定向法院申请强制执行。渔政执法机关收到物品后,按第一项执行。

当事人自行保管的物品意外毁损、灭失的,渔政执法人员应当制作笔录;当事人故意毁损或者转移应没收物品的,依法追究其法律责任。

没收渔船的,由发证机关注销渔业船舶证书并予以公告。

第六十八条 依法没收的物品属于禁止制造、流通、使用的涉渔"三无"船舶、禁用捕捞工具以及电鱼、毒鱼、炸鱼工具,或者禁用的养殖投入品等物品的,应当依法予以拆解、销毁。不属于禁止制造、流通、使用的物品的,应当按规定公开拍卖或者变卖。

第六十九条 依法应予没收的渔获物处于渔政执法机关保管中,按本规范第五十条第二款和第三款的规定处理。

在行政处罚决定下达前,渔获物已经拍卖、变卖的,所得款项按本规范第七十条的规定处理;已对渔获物进行无害化处理或者放归的,在行政处罚决定书中予以说明。

第七十条 通过拍卖、变卖处置没收的涉案物品或者对渔获物进行先行处置的,所得款项扣除处置费用后上缴国库;政府预算已经安排处置专项经费的,所得款项全额上缴国库。

第七十一条 吊销证书证件的,由发证机关注销证书证件并予以公告。

决定处以暂扣证书证件处罚的,暂扣期限届满,应当提前三日通知当事人。当事人在暂扣期间从事渔业生产活动的,视为无证生产,依法查处。

第七十二条 当事人在法定期限内不申请行政复议或者提起行政诉讼,又不履行行政处罚决定,渔政执法机关可以自法定起诉期限届满之日起三个月内申请人民法院强制执行。

申请人民法院强制执行前,应当催告当事人履行义务,向当事人送达履行行政处罚决定催告书,要求当事人自送达之日起十日内履行。催告亦可在行政处罚决定书确定的履行期限届满后立即实施。

申请人民法院强制执行,应当填写申请强制执行审批表,连同案卷材料报渔政执法机关负责人审批。

第七十三条 渔政执法机关依法作出罚款决定,当事人在法定期限内不申请行政复议或者提起行政诉讼,经催告仍不履行,渔政执法机关办案过程中已经采取查封、扣押措施的,可以将查封、扣押的财物依法拍卖抵缴罚款。

第七十四条 渔政执法机关依法作出责令限期拆除养殖设施、限期治理渔业水域污染、限期清理在渔港水域内违法停泊或者无人管理的船舶等决定,当事人逾期不履行的,可以依法代履行或者委托没有利害关系的第三人代履行。

需要立即清除渔业水域污染物、清理在渔港水域内违法停泊或者无人管理的船舶,但当事人无法或者拒绝实施的,经渔政执法机关负责人批准后可以无需催告,立即实施代履行。

代履行费用按照成本合理确定,由当事人承担。但是,法律另有规定的除外。

第七十五条 实施代履行,应当遵守下列规定:

(一)渔政执法人员填写代履行审批表,报渔政执法机关负责人审批;

(二)渔政执法机关负责人批准后,渔政执法人员制作代履行决定书送达当事人,告知代履行的理由和依据、方式和时间、标的、费用预算以及代履行人；

（三）代履行三日前，制作并送达履行行政处罚决定催告书，当事人在催告书载明的最后履行期限前履行的，停止代履行；

（四）代履行时，渔政执法机关派渔政执法人员到场监督；当事人不在场的，邀请其所在居民委员会、村民委员会、渔业组织、工作单位的工作人员或者其他人员见证。

代履行完毕后，渔政执法人员、代履行人、当事人或见证人应当共同在执行文书上签字或者盖章确认。

第五章 取证规范

第一节 一般规定

第七十六条 渔政执法人员应当按照法定程序及时、客观、全面地收集证据，使用符合规定的文书格式及音频、视频等记录取证过程。

第七十七条 取证不得有下列行为：

（一）使用欺骗、胁迫、暴力等不正当手段取证；

（二）违法泄露商业秘密、个人隐私；

（三）收集与案件无关的证据材料；

（四）将证据用于查办案件以外的其他用途。

第七十八条 办理案件时，应当制作现场检查（勘验）笔录、询问笔录（无法查明当事人的应当注明），同时应当按下列规定收集固定相关证据：

（一）办理非法捕捞及安全生产违法案件，重点收集渔业船舶国籍证书、渔业船舶检验证书、捕捞许可证、渔业船员证书、船位数据、作业现场影像、渔具、渔获物（含称重记录）、网目尺寸测量记录等证据；办理安全生产违法案件，还应当收集安防装备和通导设备使用记录以及船舶、人员、环境状况等证据；

（二）办理非法养殖及水产品质量安全案件，重点收集养殖证、养殖设施设备、养殖水产品、养殖投入品及包装、有毒有害物质检测报告、销售收购凭证、收付款记录等证据；

（三）办理涉嫌非法猎捕、杀害、收购、运输、销售珍贵、濒危水生野生动物案件，重点收集特许猎捕证、人工繁育许可证、经营利用许可证等证书以及珍贵、濒危水生野生动物品种、价值、数量等情况；

（四）办理渔业水域污染案件，重点收集受污染水域及水生生物受损状况、环境监测数据、渔业资源损害评估报告、鉴定意见等证据。

第七十九条 收集证据时，当事人、证据提供人、被调查人等不在场或者拒绝在证据复制件、影印件、抄录件、照片上签名、盖章、按指纹确认的，渔政执法人员应当注明，可以邀请其所在居民委员会、村民委员会、渔业组织、工作单位的工作人员或者其他人员见证，并由渔政执法人员、见证人共同签名或者盖章。

第八十条 证据应当妥善保存或者处理，结案后及时归档。视听资料、电子数据原始载体等证据无法存入案卷的，应当说明其保存场所或者处理方式，以照片、复制件光盘形式随卷保存。

第二节 书 证

第八十一条 书证包括国家机关制作的公文和证书证件、检验（检测、认定、评估）报告、公证书、律师事务所出具的法律意见书、合同书、地（海）图、技术资料、作业日志、生产记录、购销凭证、会计账簿等。

第八十二条 书证应当为原件。收集原件困难的，渔政执法人员可以收集复制件、影印件或者抄录件，核对无误后标明“与原件一致”，注明出证日期和证据来源，并签名或者盖章。证据提供人应当签名、盖章或者按指纹确认。

复制件、影印件或者抄录件应当为完整本。原件篇幅过长的，可以对与案件事实具有关联性的内容进行节录。

第八十三条 地（海）图和技术资料应当附说明。地（海）图应当由具有法定资质的机构出版或者制作。

第三节 物 证

第八十四条 物证包括船舶及其设施设备、捕捞工具、养殖设施设备及投入品、渔获物、养殖水产品、污染物质等。

第八十五条 物证应当是原物。收集原物确有困难的，渔政执法人员可以收集复制件或者足以反映原物外形、内容的照片、录像，核对无误后标明“与原物一致”，注明出证日期、证据来源、原物存放地点或者处理方式，并签名或者盖章。物证提供人应当签名、盖章或者按指纹确认。

第八十六条 物证的照片、录像应符合下列要求：

（一）船舶显示侧面、前部和后部全貌，以及船名等特征信息，并根据需要证明的事实显示甲板、鱼舱、主机等部位和捕捞痕迹等情况；

（二）船载设施设备、捕捞工具或者养殖设施设备显示外形、结构、产品标识等信息，禁用的捕捞工具还应当附有名称、功能、网目尺寸等情况的必要文字说明；

（三）养殖投入品显示产品标识、包装、治疗功能等信息，必要时对产品名称、数量、性状等情况进行文字说明；

（四）渔获物或者养殖水产品显示品种、规格、数量等信息（珍贵、濒危水生野生动物还应当显示显著物种特征），并附有品种或者类别、数量或者重量以及存活状态等情况的必要文字说明；

（五）其他物证显示全貌和重点部位特征，并附有必要文字说明。

因水上或者夜间执法等客观因素制约，物证的照片、录像未能完全达到前款要求的，应当简要说明。

第四节　视听资料和电子数据

第八十七条　视听资料包括执法记录仪、电子监控摄像设备、照相机、摄像机、录音笔、手机及其他录音、录像设备记录的用于证明案件事实的影像资料和录音资料。

第八十八条　船位监控数据、全球卫星定位系统数据、船舶防碰撞系统数据等可以作为电子数据使用。

第八十九条　照片、录像、录音和电子数据应当是有关资料和数据的原始载体，不得修饰、裁剪、拼接。

收集调取原始载体确有困难的，可以采用下列方法取证，并注明具体方法、取证时间、取证人、证明对象、原始载体存放地点等信息，由证据提供人注明“经核对与原始载体内容一致”，并签名或者盖章：

（一）使用磁盘、光盘等介质对原始资料、数据复制保存；

（二）对船载设备显示的数据、信息进行拍照、录像、截图。

录音资料应当附有文字说明。

第九十条　渔政执法机关指派或者聘请具有专业技术的人员或者机构对电子数据进行取证，应当附有方法、过程和结果说明，专业技术人员应当签名或者盖章。

第五节　当事人的陈述和证人证言

第九十一条　当事人、证人就案件事实所作陈述的完整录音、录像，可以作为证据使用。

第九十二条　询问当事人、证人，应当告知其如实回答询问的义务以及请求渔政执法人员回避的权利。被询问人在二人以上的，应当个别询问。

第九十三条　询问笔录应当完整填写，如实记录询问内容和回答内容。

询问笔录结束处应当标注“以下空白”，由被询问人确认笔录内容与陈述一致。被询问人无阅读、书写能力的，渔政执法人员应当向其宣读，并在笔录中予以注明。询问笔录中有差错、遗漏的，应当允许被询问人更正或者补充，更正或者补充部分由其签名、盖章或者按指纹确认。

询问笔录经核对无误后，由被询问人在询问笔录上逐页签名、盖章或者按指纹确认。被询问人拒绝回答或者拒绝签名、盖章、按指纹的，由渔政执法人员在笔录上注明并签名。

第九十四条　因不可抗力、重大疫情等原因，不宜当面询问的，可以采用电话或者网络视频、音频通话等方式询问。电话或者网络视频、音频通话应当全程录像、录音。

第九十五条　当事人、证人无正当理由拒不接受询问或者无法取得联系的，渔政执法机关可以商请公安机关或者其所在居民委员会、村民委员会、渔业组织、工作单位等进行协助，并记录在案。当事人、证人仍不接受询问的，不影响案件的调查处理。

第六节　认定（鉴定、检验、检测、评估）意见、结论

第九十六条　查办渔业非法捕捞案件，对涉案物品实行以认定为主，鉴定（检验、检测、评估）为辅的原则。

对于涉案的非法捕捞工具、捕捞方法、渔获物品种以及对水生生物资源的危害程度等问题，原则上由渔政执法机关在二个工作日内作出认定；难以确定的，可以委托专家或鉴定评估机构进行鉴定或评估。专家或鉴定评估机构应当符合法律法规或规范性文件规定的条件。

第九十七条　查办水产品质量安全案件，渔政执法机关应当委托具有相应检测条件和能力、通过计量认证并经省级以上人民政府渔政执法机关或其授权的机构考核合格的水产品质量安全检测单位承担检测任务。

第九十八条　需要进行认定（鉴定、检验、检测、评估）的事项包括但不限于：

（一）渔获物的种类、价值、保护级别；

（二）捕捞工具、方法的类型及是否属于禁用的工具、方法；

（三）渔业资源或者渔业生态环境损害的程度；

（四）养殖投入品的种类、性质；

（五）养殖水产品中致病性微生物、渔药残留、重金属、污染物质以及其他危害人体健康物质的种类、含量。

第九十九条　认定（鉴定、检验、检测、评估）报告应当载明使用的标准、方法和结论意见。

认定（鉴定、检验、检测、评估）报告应当由出具单位主要负责同志审核签字并加盖单位公章。专家出具的鉴定评估报告应当由专家本人签字。

第七节 现场检查(勘验)笔录

第一百条 实施现场检查、勘验,除了应当遵守本规范总则中的规定以外,还应当遵守下列规定:

(一)通知当事人到场;

(二)根据需要绘制勘验图、拍照、录音、录像;

(三)当场制作现场检查(勘验)笔录。

第一百零一条 现场检查(勘验)笔录应当对所检查的物品名称、数量、包装形式、规格或者所勘验的现场具体地点、范围、状况等作全面、客观、准确的记录,避免使用分析、推断、猜测、评论或者模糊用语。

现场检查(勘验)笔录应当经当事人核对无误后,在笔录上逐页签名、盖章或者按指纹确认,渔政执法人员应当逐页签名。当事人拒不到场,无法找到当事人或者当事人拒绝签名、盖章或者按指纹的,由渔政执法人员在笔录上注明情况,并可以请见证人进行见证;见证人应当在笔录上逐页签名、盖章或者按指纹确认。

第六章 行政执法与刑事司法衔接规范

第一百零二条 渔政执法机关查办案件过程中发现当事人涉嫌犯罪,依法应当追究刑事责任的,应当及时将案件移送公安机关或者海警机构,并抄送同级人民检察院。

查办案件过程中,渔政执法机关发现案情明显涉嫌犯罪的,可以商请公安机关、海警机构提前介入。

第一百零三条 渔政执法机关向公安机关或者海警机构移送涉嫌犯罪案件,应当随案移交下列案件材料:

(一)涉嫌犯罪案件移送书;

(二)涉嫌犯罪案件情况的调查报告;

(三)涉案物品清单;

(四)涉案物品认定(鉴定、检验、检测、评估)报告;

(五)与案件有关的其他材料。

渔政执法机关已作出行政处罚决定的,移送案件时应当同时附有行政处罚决定书。

渔政执法机关应当将所移送案件材料的复制件存档备查,无法复制的,以拍照、录像等形式保存。

第一百零四条 公安机关或者海警机构决定立案的,渔政执法机关应当自接到立案通知书之日起三日内将涉案物品以及与案件有关的其他材料移交公安机关或者海警机构,并办理交接手续。

第一百零五条 渔政执法机关对公安机关或者海警机构作出的不予立案决定有异议的,可以自接到不予立案通知书之日起三日内向作出决定的公安机关或者海警机构提请复议,也可以建议人民检察院进行立案监督。

渔政执法机关对公安机关或者海警机构复议决定仍有异议的,可以自收到复议决定之日起三日内建议人民检察院进行立案监督。

第一百零六条 渔政执法机关向公安机关或者海警机构移送涉嫌犯罪案件前,已作出警告、责令停产停业、暂扣或者吊销许可证等行政处罚决定的,不停止执行。

渔政执法机关向公安机关或者海警机构移送涉嫌犯罪案件前,尚未作出行政处罚决定的,原则上应当在公安机关或者海警机构决定不予立案或者撤销案件、人民检察院作出不起诉决定、人民法院作出无罪判决或者免于刑事处罚后,再决定是否给予行政处罚。

第一百零七条 公安机关或者海警机构决定不予立案或撤销案件,渔政执法机关认为需给予行政处罚的,应当依法处罚。案件移送办理期间不计入行政处罚案件办理期限。

第一百零八条 人民法院作出有罪判决后,对于判决未涉及或者未认定构成犯罪的违法事实部分,渔政执法机关可以依法给予行政处罚;依法应当给予吊销许可证等处罚的,渔政执法机关应当依法实施或提请发证机关实施。

第一百零九条 渔政执法机关办案过程中发现涉案违法行为尚不构成犯罪,但违反《中华人民共和国治安管理处罚法》相关规定的,应当移送公安机关、海警机构给予治安行政处罚。

第七章 结案规范

第一百一十条 有下列情形之一的,应当制作行政处罚结案报告,经渔政执法机关负责人批准后结案:

(一)行政处罚决定由当事人履行完毕的;

(二)渔政执法机关依法申请人民法院强制执行行政处罚决定,人民法院依法受理的;

(三)作出不予行政处罚决定或者属于其他无须执行、无法执行情形的;

(四)行政处罚决定被依法撤销的;

(五)渔政执法机关认为可以结案的其他情形。

第一百一十一条 案件结案后,各类案卷材料应当按规定及时归档。

第八章 工作条件

第一百一十二条 渔政执法机关应当通过下列方式提高渔政执法人员安全防护能力:

(一)加强执法风险评估和预警防范;

(二)强化执法装备配备和后勤保障水平;

（三）开展渔业法律法规和执法规范培训；

（四）加强执法技战术及安全防护训练演练。

第一百一十三条　渔政执法机关应当加强与宣传部门沟通，建立和完善新闻发布机制，通过报纸、电视、微博、微信等媒体主动发布权威信息，及时回应社会关切，强化渔业普法教育和渔政执法公益宣传，取得公众理解和支持，维护和展示渔政执法队伍的良好形象。

第一百一十四条　渔政执法人员按照法定条件和程序履行职责、行使职权，对公民、法人或者其他组织合法权益造成损害的，渔政执法人员个人不承担责任，由其所属渔政执法机关按照国家有关规定对造成的损害给予补偿。

第一百一十五条　当事人以自杀、自残或者威胁自杀、自残等方式阻碍执法的，渔政执法人员应当通过拍照、录像等方式固定证据，依法移送公安机关或者海警机构按照《中华人民共和国治安管理处罚法》处以治安行政处罚，构成犯罪的，依法追究刑事责任。

第一百一十六条　渔政执法机关应当为渔政执法人员办理人身意外伤害保险。

第一百一十七条　渔政执法机关应当建立渔政执法人员援助制度，对履职过程中遭受人身、财产侵害和精神创伤的渔政执法人员提供经济、法律、医疗、心理等方面的援助。

第一百一十八条　渔政执法机关应当向执行水上执法任务的渔政执法人员发放执勤补贴，标准按不低于本级人民政府机关差旅补贴确定。

县级以上地方人民政府渔政执法机关应当将水上执勤补贴纳入本部门年度预算。

第九章　附　　则

第一百一十九条　本规范由农业农村部负责解释。

第一百二十条　本规范自 2021 年 2 月 1 日起施行。

农业农村部关于加强水产养殖用投入品监管的通知

农渔发〔2021〕1 号

各省、自治区、直辖市及计划单列市农业农村（农牧、畜牧兽医）厅（局、委），福建省海洋与渔业局，青岛市海洋发展局、厦门市海洋发展局、深圳市海洋渔业局，新疆生产建设兵团农业农村局：

为加强水产养殖用兽药、饲料和饲料添加剂等投入品管理，依法打击生产、进口、经营和使用假、劣水产养殖用兽药、饲料和饲料添加剂等违法行为，保障养殖水产品质量安全，加快推进水产养殖业绿色发展，根据《渔业法》《农产品质量安全法》《兽药管理条例》《饲料和饲料添加剂管理条例》《农药管理条例》《水产养殖质量安全管理规定》等法律法规和规章有关规定，现就加强水产养殖用投入品监管有关事项通知如下。

一、准确把握水产养殖用兽药、饲料和饲料添加剂含义

各级地方农业农村（畜牧兽医、渔业）主管部门要准确把握水产养殖用兽药、饲料和饲料添加剂的含义及管理范畴，依法履行监管职责。依照《兽药管理条例》第七十二条规定，用于预防、治疗、诊断水产养殖动物疾病或者有目的地调节水产养殖动物生理机能的物质，主要包括：血清制品、疫苗、诊断制品、微生态制品、中药材、中成药、化学药品、抗生素、生化药品、放射性药品及外用杀虫剂、消毒剂等，应按兽药监督管理。依照《饲料和饲料添加剂管理条例》第二条规定，经工业化加工、制作的供水产养殖动物食用的产品，包括单一饲料、添加剂预混合饲料、浓缩饲料、配合饲料和精料补充料，应按饲料监督管理；在水产养殖用饲料加工、制作、使用过程中添加的少量或者微量物质，包括营养性饲料添加剂和一般饲料添加剂，应按饲料添加剂监督管理。各地对无法界定的相关产品，应及时向上级主管部门请求明确。

二、强化水产养殖用兽药、饲料和饲料添加剂等投入品管理

各地要依法加强对水产养殖用兽药、饲料和饲料添加剂的生产、进口、经营和使用等环节的管理，压实属地责任，形成监管合力。水产养殖用投入品，应当按照兽药、饲料和饲料添加剂管理的，无论冠以“××剂”的名称，均应依法取得相应生产许可证和产品批准文号，方可生产、经营和使用。水产养殖用兽药的研制、生产、进口、经营、发布广告和使用等行为，应严格依照《兽药管理条例》监督管理。未经审查批准，不得生产、进口、经营水产养殖用兽药和发布水产养殖用兽药广告。市售所谓“水质改良剂”“底质改良剂”“微生态制剂”等产品中，用于预防、治疗、诊断水产养殖动物疾病或者有目的地调节水产养殖动物生理机能的，应按照兽药监督管理。禁止生产、进口、经营和使用假、劣水产养殖用兽药，禁止使用禁用药品及其他化合物、停用兽药、人用药和原料药。水产养殖用饲料和饲料添加剂的审定、登记、生产、经营和使用等行为，应严格按照

《饲料和饲料添加剂管理条例》监督管理。依照《农药管理条例》有关规定，水产养殖中禁止使用农药。

三、整治水产养殖用兽药、饲料和饲料添加剂相关违法行为

农业农村部决定2021—2023年连续三年开展水产养殖用兽药、饲料和饲料添加剂相关违法行为的专项整治，各级地方农业农村（畜牧兽医、渔业）主管部门要将专项整治列入重点工作，落实责任，常抓不懈。县级以上地方农业农村（畜牧兽医、渔业）主管部门要设立有奖举报电话，加大对生产、进口、经营和使用假、劣水产养殖用兽药，未取得许可证明文件的水产养殖用饲料、饲料添加剂，以及使用禁用药品及其他化合物、停用兽药、人用药、原料药和农药等违法行为的打击力度，重点查处故意以所谓“非药品”“动保产品”“水质改良剂”“底质改良剂”“微生态制剂”等名义生产、经营和使用假兽药，逃避兽药监管的违法行为。县级以上地方农业农村（畜牧兽医、渔业）主管部门以及农业综合执法机构、渔政执法机构要依法、依职能，对生产、进口、经营和使用假、劣水产养殖用兽药，以及未取得许可证明文件的水产养殖用饲料、饲料添加剂，使用禁用药品及其他化合物、停用兽药、人用药、原料药和农药等违法行为实施行政处罚，涉嫌违法犯罪的，依法移送司法机关处理。各地要强化对专项整治工作的监督和考核，农业农村部将对各地工作情况进行督导检查。

四、试行水产养殖用投入品使用白名单制度

农业农村部决定在全国试行水产养殖用投入品使用白名单制度。白名单制度是指：将国务院农业农村主管部门批准的水产养殖用兽药、饲料和饲料添加剂，及其制定的饲料原料目录和饲料添加剂品种目录所列物质纳入水产养殖用投入品白名单，实施动态管理。水产养殖生产过程中除合法使用水产养殖用兽药、饲料和饲料添加剂等白名单投入品外，不得非法使用其他投入品，否则依法予以查处或警示。对发现养殖者使用白名单以外投入品养殖食用水产养殖动物的，由地方各级农业农村（渔业）主管部门以及农业综合执法机构、渔政执法机构依法、依职能进行查处，涉嫌犯罪的移交司法机关追究刑事责任；同时各级地方农业农村（渔业）主管部门公开发布其养殖产品可能存在质量安全风险隐患的警示信息。

五、提升普法宣传教育和行政审批服务水平

县级以上地方农业农村（畜牧兽医、渔业）主管部门，要积极为兽药、饲料和饲料添加剂生产、经营企业在相关行政审批业务，以及水产养殖者在规范使用兽药、饲料和饲料添加剂等方面提供服务，优化审批流程，引导其规范生产、经营和使用。要进一步加强法律普及和政策宣传工作，地方相关行政管理人员应准确把握兽药含义，不被部分生产者宣传的所谓“非药品”“动保产品”“水质改良剂”“底质改良剂”“微生态制剂”等名称蒙蔽。要在兽药、饲料和饲料添加剂生产（进口）企业、经营门店和水产养殖场等场所广泛开展宣传。教育相关企业不生产、进口和经营假、劣水产养殖用兽药，以及未取得许可证明文件的水产养殖用饲料和饲料添加剂。教育养殖者应使用国家批准的水产养殖用兽药、饲料和饲料添加剂，使用自行配制饲料严格遵守国务院农业农村主管部门制定的自行配制饲料使用规范。教育养殖者应认准兽药标签上的兽药产品批准文号（进口兽药注册证书号）和二维码标识，饲料和饲料添加剂的产品标签、生产许可证、质量标准、质量检验合格证等信息，拒绝购买和使用禁用药品及其他化合物，停用兽药，假、劣兽药，人用药，原料药，农药和未赋兽药二维码的兽药，以及禁用的、无产品标签等信息的饲料和饲料添加剂。相关行业协会要加强行业自律，教育相关企业杜绝生产假、劣兽药等违法行为，依法科学规范生产、销售和使用水产养殖用投入品。

各省、自治区、直辖市及计划单列市和新疆生产建设兵团的工作实施方案，请于2021年3月31日前同时报农业农村部畜牧兽医局、渔业渔政管理局。2021—2023年，每年开展专项整治和白名单制度试行等工作情况的总结，请于当年11月30日前同时报农业农村部畜牧兽医局、渔业渔政管理局。工作中如有问题和建议，请及时与农业农村部相关司局联系。

畜牧兽医局联系电话：010-59191430（兽药），010-59192831（饲料）

渔业渔政管理局联系电话：010-59192976

农业农村部

2021年1月6日

农业农村部办公厅关于进一步加强林蛙保护管理工作的通知

农办渔〔2021〕2号

内蒙古自治区农牧厅、辽宁省农业农村厅、吉林省农业农村厅、黑龙江省农业农村厅：

根据农业农村部与国家林业和草原局联合下发的《关于进一步规范蛙类保护管理的通知》（农渔发

〔2020〕15号,以下简称《通知》),中国林蛙(东北林蛙)和黑龙江林蛙(以下均简称"林蛙")明确由渔业主管部门按照水生动物管理。林蛙管理划分调整以来,各地渔业主管部门积极与林草部门沟通协调,做好工作交接及后续管理工作,总体进展比较顺利,但在实际工作中也存在一些政策不清、管理要求不明的问题。为进一步加强对林蛙保护和产业发展的指导,现就有关事项通知如下。

一、明确管理要求,促进林蛙产业规范发展

林蛙是水域和森林生态系统的重要组成部分,同时也是历史悠久的驯养利用蛙种,具有较高的生态、经济和社会价值。根据《通知》要求,林草部门原来核发的林蛙陆生野生动物人工繁育许可证和经营利用许可证被撤回和注销,林蛙按照经济水生动物管理。林蛙生活习性和人工繁育方式与一般鱼类不同,其产业兼具养殖和捕捞的特点,属于增殖渔业。为强化林蛙资源保护和合理利用,决定对林蛙捕捉实行专项(特许)捕捞管理,且林蛙捕捉活动仅限于增殖群体,单独核发专项(特许)渔业捕捞许可证(办理要点详见附件),可不与内陆渔业捕捞许可证同时使用。三省一区渔业主管部门可结合本地实际,在符合《中华人民共和国渔业法》《渔业捕捞许可管理规定》等法律法规规定的前提下,进一步细化林蛙专项(特许)渔业捕捞许可证管理要求,严格林蛙专项(特许)渔业捕捞许可证批准发放,并加强事中事后监管,及时掌握实际捕捞作业情况。

二、加强沟通协调,确保林蛙保护管理工作衔接到位

林蛙产业主要分布在林区。有关地方渔业主管部门要主动入位,与林草部门加强沟通协调,确保林蛙保护管理工作尽快衔接到位。制定、实施林蛙保护管理政策时,要充分考虑森林保护的有关要求,实现林蛙合理利用与森林保护双赢。要加强与公安、市场监管、海关等部门的沟通协调,主动告知相关管理政策和执法依据,避免因政策不明确或"一刀切"造成蛙农合法权益受到损害。要加强沟通协调,及时处理好林蛙专项(特许)渔业捕捞许可证发放过程中遇到的问题。

三、强化基础支撑,提高林蛙保护管理水平

渔业主管部门要组织对辖区内林蛙产业情况进行摸底调查,为林蛙保护管理提供必要的基础信息。要针对林蛙产业特点,加强宣传引导,为林蛙产业健康发展创造良好的社会环境。要创新管理方式,积极引导蛙农通过成立合作社、行业协会等方式,提高组织化程度和自我规范管理水平,积极探索利用智能化、信息化手段,加强林蛙产业数据采集和可追溯管理,争取早日在林蛙捕捉等环节实现信息可追溯。在目前实施标识制度尚不具备条件的情况下,省级渔业主管部门可通过制定最小可捕标准、最大回捕率,以及组织检查捕捉记录等方式,加强林蛙保护管理。同时,积极支持开展林蛙人工繁育和保护基础研究,争取在林蛙全人工养殖方面尽快实现突破,推进林蛙产业持续健康发展。

四、加大执法力度,切实保护好林蛙资源

各地渔业主管部门要组织对林蛙资源和栖息地状况进行调查监测,设立禁渔区、禁渔期等措施,进一步加大林蛙资源保护力度。要加强基层渔政执法队伍和执法能力建设,强化日常执法监管,清理整治无证捕捉和"只捕不养"等行为,禁止到非林蛙增殖区捕捉林蛙,严厉打击电、毒、"大小通吃"等破坏性捕捉方式。要进一步强化与林草、公安、市场监管等部门的沟通协作,针对重点区域、重点时段,组织开展联合专项执法行动,发挥部门执法合力,提高林蛙保护效能。要坚持群防群治,通过设立举报电话、开展宣传教育和业务培训、加强与林蛙合作社及行业协会协作等方式,共同防范和打击非法捕捉销售林蛙等行为。

各地要将林蛙产业发展情况和林蛙保护管理政策制定情况及时报农业农村部渔业渔政管理局。

附件:林蛙专项(特许)渔业捕捞许可证办理要点

农业农村部办公厅
2021年3月30日

附件

林蛙专项(特许)渔业捕捞许可证办理要点

一、主要申请材料

1. 渔业捕捞许可证申请书;
2. 申请人户口簿或营业执照;
3. 林蛙增殖场所具有相应使用权的有效文件或材料。

二、办理机构

县级以上渔业主管部门。

三、办理程序

根据相关法律法规规定,并结合实际情况制定。

四、许可有效期

林蛙专项(特许)渔业捕捞许可证最长不超过三

年，同时不得超过作业场所（即允许增殖场所）允许使用时限；严格规定林蛙捕捉时间，具体由省级渔业主管部门根据需要确定。林蛙专项（特许）渔业捕捞许可证应按年度进行审验，审验的主要内容应包括实际作业场所、时限、捕捉量等与许可内容的一致性；林蛙专项（特许）渔业捕捞许可证有效期限届满前3个月内，应按规定申请换发。

附件：1－1.渔业捕捞许可证申请书（略）

1－2.中华人民共和国渔业捕捞许可证专项（特许）（略）

农业农村部办公厅关于贯彻落实《国家重点保护野生动物名录》加强水生野生动物保护管理的通知

农办渔〔2021〕4号

各省、自治区、直辖市农业农村（农牧）厅（局、委），福建省海洋与渔业局，新疆生产建设兵团农业农村局：

根据《中华人民共和国野生动物保护法》（以下简称《野生动物保护法》）有关规定，经国务院批准，国家林草局会同农业农村部印发公告（2021年第3号），将调整后的《国家重点保护野生动物名录》（以下简称《名录》）予以公布施行，并在6月30日之前设置过渡期。为贯彻落实好《名录》，进一步加强水生野生动物保护管理，现就有关事宜通知如下。

一、提高思想认识，把《名录》宣贯列入重要议事日程

《名录》是《野生动物保护法》规定的重要管理制度，贯彻落实好《名录》，是深入贯彻落实习近平生态文明思想的重要体现，也是加强水生野生动物保护、促进生态文明和美丽中国建设的重要措施，对做好新时期水生野生动物保护工作具有里程碑式的重要意义。调整后的《名录》共包括302种（类）水生野生动物，其中46种（类）国家一级保护，256种（类）国家二级保护，物种数量比原有《名录》大幅增加。各级渔业主管部门要切实提高政治站位，充分认识贯彻落实《名录》的重要性，把《名录》的宣贯作为今后一个时期加强水生野生动物保护的首要任务，列入重要议事日程，推动水生野生动物保护工作迈上新台阶。

二、加强协调配合，确保相关工作平稳过渡

《名录》调整后，许多水生野生动物物种的保护管理依据、程序、要求和主管部门等已发生改变，各级渔业主管部门要顺应新形势新要求，充分利用好6月30日之前的过渡期，周密部署，细化安排，确保水生野生动物保护管理工作平稳过渡、有效衔接。在过渡期内，要对辖区内相关物种现有保护管理和产业利用情况进行摸底调查并分类管理。对于管理部门划分发生调整的扬子鳄、虎纹蛙等物种，要与林草部门主动沟通、密切配合，及时换发相关证件，确保工作交接到位；对《名录》发布前已经合法开展人工繁育和经营利用的物种，要督促有关企业和个人在过渡期内按照调整后的保护管理要求办理人工繁育许可证和经营利用许可证；对公告发布后新开展的捕捉、人工繁育、出售、购买、利用等活动，一律按照《名录》中规定的保护级别依法进行审批。各级渔业主管部门要与公安、市场监管、交通等执法部门主动沟通，做好衔接配合，告知相关政策和管理要求，避免因"一刀切"损害从业者合法权益。

三、明确分类要求，规范开展行政审批

《名录》公布后，《国家保护的有益的或者有重要经济、科学研究价值的陆生野生动物名录》《国家重点保护经济水生动植物资源名录（第一批）》《〈濒危野生动植物种国际贸易公约〉附录水生动物物种核准为国家重点保护野生动物名录》以及地方重点保护野生动物名录中与《名录》内容不一致的，要以《名录》规定为准。各省（自治区、直辖市）渔业主管部门要对照《名录》，对各地发布的地方重点保护水生野生动物名录进行梳理并推动尽快调整。对于大鲵等仅野外种群列入《名录》的物种，以及尼罗鳄等仅野外种群被核准为国家重点保护野生动物的物种，其野外种群严格按照《野生动物保护法》有关要求管理，人工繁育种群实行与野外种群不同的管理措施；经营利用上述物种人工繁育种群的，不再适用《市场监管总局、农业农村部、国家林草局关于禁止野生动物交易的公告》有关管理要求。对于乌龟等仅野外种群被列入《名录》、且名录发布前已经核准为国家重点保护野生动物的物种，其人工繁育种群在6月30日前可继续按《农业农村部办公厅关于规范濒危野生动植物种国际贸易公约附录水生动物物种审批管理工作的通知》（农办渔〔2018〕78号）规定管理。下一步，农业农村部将研究对相关物种采取标识管理。

四、加强执法监管，严厉打击各类违法违规行为

各级渔业主管部门要严格按照《野生动物保护法》和《全国人大常委会关于全面禁止非法野生动物交易、革除滥食野生动物陋习、切实保障人民群众生命健康

安全的决定》有关要求，严格执行“清风行动”“中国渔政亮剑2021”等专项执法行动，落实属地责任，加大《名录》所列物种及其野外栖息地的保护力度。要加强执法监管，凡是野生动物保护法和其他有关法律法规禁止猎捕、交易、运输、食用野生动物的，必须严格禁止。要做好“行刑衔接”，加大对破坏水生野生动物资源行为的处罚力度，适时公开一批典型案件，强化以案说法，提高法律的震慑力。要充分发挥举报平台作用，按职责分工及时受理违规经营水生野生动物及其制品的举报，快查快办、严查严办。要加强与有关执法部门间的沟通协调，针对乱捕、滥食、非法经营利用水生野生动物等违法行为建立部门间执法协调长效机制，形成各部门齐抓共管的良好态势。

五、加强宣传培训，提高保护水生野生动物能力

《名录》对水生野生动物保护工作和执法人员的能力提出了更高要求，各级渔业主管部门要主动加强宣传，充分利用水生野生动物保护科普宣传月、世界野生动植物日等关键节点，利用电视、广播、报纸、网络新闻媒体等多种渠道广泛开展深入宣传，提高社会公众知法守法意识。要创新工作思路，加强一线执法人员的培训，针对《名录》修订内容、管理要求、物种快速鉴别技术等，组织开展专题培训，切实提高执法管理能力，确保《名录》落实到位。

各省（自治区、直辖市）渔业主管部门要及时总结贯彻执行《名录》经验做法，分析遇到的困难问题，提出相关对策措施建议，并于12月15日前将总结材料报送农业农村部渔业渔政管理局。

农业农村部办公厅
2021年3月30日

农业农村部关于印发《2021年国家产地水产品兽药残留监控计划》的通知

农渔发〔2021〕8号

有关省、自治区、直辖市及计划单列市农业农村（农牧）厅（局、委），福建省海洋与渔业局、青岛市海洋发展局、新疆生产建设兵团农业农村局，中国水产科学研究院、全国水产技术推广总站，有关水产品质检机构：

为贯彻落实2021年中央一号文件部署，加强水产养殖用兽药及其他投入品使用的监督管理，提升养殖水产品质量安全水平，推进水产绿色健康养殖，根据《渔业法》《农产品质量安全法》《兽药管理条例》等法律法规规定，农业农村部制定了《2021年国家产地水产品兽药残留监控计划》。现印发你们，请遵照执行。

农业农村部
2021年3月29日

2021年国家产地水产品兽药残留监控计划

一、工作任务

（一）产地水产品兽药残留监测

1.国家产地水产品兽药残留监控计划重点监测北京、天津等31个省、自治区直辖市以及3个计划单列市和新疆生产建设兵团的产地水产品兽药残留状况，随机抽检水产品2350批次（具体任务分配见附件1，下同）。各省级主管部门安排的省级产地水产品兽药残留监控（监督抽查）计划的批次和结果（含用快速检测方法检测），纳入《国家产地水产品兽药残留监控计划》汇总统计。

2.开展水产养殖用投入品安全隐患排查，主要排查市场销售用于水产养殖的所谓“非药品”“动保产品”等未经审批投入品（以下称“非规范投入品”）的安全风险隐患，随机抽检产品100批次。

3.开展11个沿海有关省、自治区计划单列市的海水养殖贝类产品卫生监测，随机抽检海水养殖贝类400批次。

（二）产地水产品普药残留管控

1.各省级主管部门要按照《农业农村部关于加强水产养殖用投入品监管的通知》（农渔发〔2021〕1号）有关要求，积极开展水产养殖用善药相关违法行为的专项整治，结合产地水产品兽药残留监测结果，依法加强对违法用药案件的调查和处罚，对不合格水产品进行无害化处理，涉嫌犯罪的移送司法机关追究刑事责任，严厉打击水产养殖违法用药行为。

2.各地要进一步完善省、市、县级产地水产品兽药残留监控计划，完善水产养殖生产单位和执法检查人员动态名录库，提高执法能力和水平。要继续开展水产养殖用药减量行动和规范用药科普下乡活动，以及水产养殖动物主要病原菌耐药性监测（另行下达），加强《农产品质量安全法》《兽药管理条例》等法律法规和《水产养殖用药明白纸2020年12号》的宣传培训，不断提高养殖者规范用药意识。

3.有关省级主管部门指导沿海市、县级农业农村部门，要依照《农产品质量安全法》《农产品产地安全管理办法》《海水贝类生产区域划型工作要求》（见农渔发〔2020〕4 号附件 2～3）规定，依法开展海水贝类生产区域划型，禁止生产区域报本级人民政府批准后公布。

二、职责分工

（一）农业农村部渔业渔政管理局负责监督管理水产养殖用兽药及其他投入品的使用，负责提出和组织年度国家产地水产品兽药残留监控计划。

（二）中国水产科学研究院（以下称“水科院”）负责年度国家产地水产品兽药残留监控计划具体组织实施，对各地监控工作给予技术指导。中国水产科学研究院质量与标准研究中心（以下称“水科院质标中心”）负责抽检结果的汇总、分析和会商等工作。国家水产品质量监督检验中心等水产品质检机构（以下称“质检机构”）负责协助拍样、检测和结果报送等工作。

（三）全国水产技术推广总站具体组织各级水产推广机构和相关专家，开展水产养殖用药减量行动和规范用药科普下乡活动组织开展水产养殖动物主要病原菌耐药性监测，负责各地工作情况调度和总结。

（四）各省级主管部门按照农业农村部要求，负责组织实施本辖区内国家产地水产品兽药残留监控计划，指导本辖区内各级主管部门配合有关质检机构完成相关工作，提出和组织省级产地水产品兽药残留监控（监督抽查）计划，对辖区内各级主管部门开展产地水产品兽药残留监控、案件查处、专项整治等工作进行指导。

三、抽样品种和检测指标

（一）主要抽样品种。国家产地水产品兽药残留监测的抽样品种以各地主养品种为主，各地按照抽检数量和建议品种（见附件 1）开展抽样，除有最低数量要求的抽样品种外，其他品种可根据当地实际养殖情况适当调整。水产养殖用投入品风险隐患排查的抽样种类包括促生长、杀虫、除杂和环境改良剂，其抽样比例可根据当地实际使用情况确定。海水养殖贝类产品卫生监测的抽样品种由各质检机构商有关省级主管部门根据实际养殖情况确定。

（二）重点检测指标。国家产地水产品兽药残留监测中抽取样品的检测指标为禁用药品及其他化合物、停用兽药、明确规定休药期的兽药和农药等。水产养殖用投入品安全隐患排查抽取投入品样品的检测指标为可能对质量安全造成隐患的部分禁用药品和明确规定休药期的兽药，各质检机构可根据有关省份用药实际情况适当调整风险物质。海水养殖贝类产品卫生监测抽取贝类样品的检测指标为大肠杆菌、细菌总数、铅、镉、多氯联苯、腹泻性贝类毒素（DSP）和麻痹性贝类毒素（PSP）等（具体指标见附件 2）。

四、抽样和检测的工作要求

（一）产地水产品兽药残留监测的抽样要求。国家产地水产品善药残留监测应严格按照农业农村部《产地水产品质量安全监督抽查工作暂行规定》（以下称《暂行规定》）进行。各地要按照“双随机”原则从备选拍样单位和执法人员名单随机选择抽样对象和执法人员。各省级主管部门应报送本省份的水产养殖生产单位动态名录库给水科院质标中心。在质检机构参与下，由省级主管部门在主产市、县范围内随机选择抽样对象。尚未建立动态名录库的省级主管部门报送样品数量 3 倍以上的生产单位名单（格式见农渔发〔2020〕4 号附件 1～4）给水科院质标中心。在质检机构参与下，由省级主管部门在参照上述办法随机选择抽样对象。每个水产养殖场最多抽取 2 个样品，同一池（塘）或网箱只能抽取 1 个样品。2020 年检出善药残留不合格样品的水产养殖场必须抽样。质检机构要严格按照《水产品抽样规范》（CB/T30891－2014）等相关技术规范和质量控制程序处理、保存样品，并在抽样过程中询问养殖户是否使用监测的明确规定休药期的兽药及使用日期。省级主管部门须派熟悉相关情况的人员陪同抽样，负责协调抽样安排。抽样工作产生的费用（样品费、租车费等）由各质检机构支付，商有关省级主管部门确定支付方式。

（二）产地水产品兽药残留监测中抽取样品的检测要求。承担国家产地水产品兽药残留监测中检测任务的质检机构，应依照规定检测方法和判定限量值（见附件 3），对不同养殖品种的相应检测指标，严格进行检测和判定。为确保检验结果的有效性和准确性，农业农村部将委托有关机构对部分质检机构的检测样品进行复检和程序审查，具体安排另行下达。

（三）水产养殖用投入品风险隐患排查的抽样和检测要求应在水产养殖主产区抽取样品，以产地水产品兽药残留监测的水产养殖场为主。同一企业同一产品只抽取 1 个样品，保留详细的抽样和样品信息（含产品标签、说明书原件或复印件）和备样至少 2 年以上。承担检测任务的质检机构，应依照规定检测方法和判定限量值（见附件 3），对不同投入品的相应检测指标，严格进行检测和判定。

（四）海水养殖贝类卫生监测的抽样和检测要求。应在海水养殖贝类主要分布海区内抽取样品，吊笼、底播等贝类养殖方式兼顾。承担检测任务的质检机构，应依照规定检测方法和判定限量值（见附件3），严格进行检测和判定。

五、时间安排

（一）制定方案。各省级主管部门应尽快与相关质检机构商定国家产地水产品兽药残留监测具体工作事宜，共同制定监测实施方案，于4月20日前将方案报送水科院质标中心。各省级主管部门应于4月30日前将本省份产地水产品兽药残留监控（监督抽查）工作计划（含用快速检测方法检测）正式文件报送水科院质标中心备案。

（二）抽检时间。国家产地水产品善药残留监测在上、下半年各开展1次，分别于6月20日和9月30日前完成抽样和检测工作，水产养殖用投入品安全隐患排查同步进行。海水养殖贝类产品卫生监测在上、下半年各开展1次，具体时间由有关省级主管部门和质检机构商定。

（三）结果报送。各省级主管部门应分别于6月30日、11月10日前将本省份产地水产品兽药残留监控（监督抽查）计划（含用快速检测方法检测）的半年和全年监测结果进行统计，填写《产地水产品兽药残留监测不合格样品统计表》（见附件4），报送水科院质标中心。各质检机构于6月30日和10月31日前，分别将上下半年的国家产地水产品兽药残留监测（含水产养殖用投入品安全隐患排查）结果以及相关质量控制报告报送水科院质标中心，于6月30日和11月20日前将上、下半年海水养殖贝类卫生监测结果及工作总结报相关省级主管部门和水科院质标中心。有关省级主管部门应于11月30日前，将本省份全年生产区域划型工作情况生产区域类型变动情况和划型工作总结报送水科院质标中心。水科院应于7月15日、11月15日和11月30日前分别将上下半年和全年国家产地水产品兽药残留监控（含查处情况）和水产养殖用投入品安全隐患排查报告报送农业农村部渔业渔政管理局，于8月10日和12月31日前分别将上半年和全年贝类卫生监测总结报送农业农村部渔业渔政管理局。

六、检测结果反馈与处置

（一）产地水产品兽药残留检测结果反馈。对国家产地水产品兽药残留监测中，水产品样品检出禁（停）用兽药残留不合格的，相关质检机构应当在确认后48小时内将《不合格结果通知单》（格式见《暂行规定》附件8沙谤臂和检验报告以特快专递寄出（以当日邮戳为准）给相关省级主管部门，同时传真至农业农村部渔业渔政管理局、水科院质标中心和有关省级主管部门，并电话确认。有关省级主管部门应当在5个工作日内将不合格结果书面通知被抽查单位或个人，并依法对不合格水产品采取查封扣押等行政强制措施或予以先行登记保存。

（二）对产地水产品兽药残留检测结果申请复检。在国家产地水产品兽药残留监测中，被抽查单位或个人对产地水产品检测结果有异议的，可自收到检测结果之日起5个工作日内通过省级主管部门向农业农村部渔业渔政管理局书面申请复检。复检工作由国家水产品质量监督检验中心和农业农村部水产品质量监督检验测试中心（上海）按就近原则分别负责，复检程序和费用等按照《暂行规定》执行。

（三）对兽药残留不合格水产品生产者立案查处。有关省级主管部门要组织产地县级主管部门，对被抽查单位或个人对检测结果无异议的、对检测结果有异议但逾期不书面申请复检的，或者申请复检但复检结论与原检测结论一致的药残不合格水产品生产单位或个人进行立案调查，并依法进行查处，涉嫌犯罪的移交司法机关追究刑事责任。有关省级主管部门在收到检测（或复检）报告后60日内，应将案件查处等情况报送农业农村部渔业渔政管理局，抄送水科院质标中心，农业农村部将适时开展重点案件督办。

（四）对兽药（有规定休药期）残留不合格水产品的处置。对于检测出明确有规定休药期的恩诺沙星和环丙沙星残留不合格的样品，相关质检机构要在结果确认后48小时内将《不合格结果通知单》（格式见《暂行规定》附件8）电子版发送至农业农村部渔业渔政管理局、水科院质标中心和有关省级主管部门，并电话确认，不寄送检验报告。省级主管部门要及时监督相关市、县级主管部门进行跟踪检测，检测合格后方可出塘销售。

（五）海水养殖贝类卫生监测中发现严重超标情况的处置。如监测中发现的贝类产品卫生指标严重超标，相关质检机构要第一时间电话通报相关省级主管部门和水科院质标中心。有关省级主管部门（或授权市、县级主管部门）应依法及时发布预警，提出该海域禁止从事海水贝类养殖和采捕活动的措施，报本级人民政府批准后公布，并做好后续监管工作。同时，要组织对禁止生产区域进行跟踪监测，海水养殖贝类产品两次连续监测结果合格时，报本级人民政府批准后，予以重新开放。

七、工作要求

（一）高度重视，狠抓落实。养殖水产品质量关系到广大人民群众“舌尖上的安全”，各级主管部门和有关质检机构等单位务必高度重视此项工作。各地各单位要贯彻落实习总书记对食品安全“四个最严”指示精神，切实加强领导，压实属地责任，明确职责分工，周密制定方案，狠抓任务落实，强化执法监督，不折不扣、按时保质地完成国家产地水产品兽药残留监控计划各项工作任务，持续抓好水产养殖违法用药专项整治，以出色的工作成绩、突出的整治成效为党的百岁华诞献礼。

（二）产管结合，检打联动。始终坚持食品安全是“产”出来的，也是“管”出来的工作要求，不断完善水产养殖生产环节质量安全各项管理制度。各地要推进水产绿色健康养殖，进一步完善养殖基础设施装备，做好水产健康养殖模式推广，加强养殖动植物病害防治，规范养殖生产日常管理，强化养殖规范用药培训，通过先进模式应用和监管水平提高，减少病害发生和养殖用药，持续提升养殖水产品质量安全水平。同时，各省级主管部门应利用好监测成果，坚持问题导向，及时做好风险防控和预警，依法及时对违法用药案件进行调查和处罚，要以最严厉的打击让违法者付出惨重代价，涉嫌犯罪的移送司法机关追究刑事责任。对因个别地方主管和执法部门人员思想重视程度不足，导致水产养殖用药监管松懈，造成严重失职渎职的，应将线索移送地方纪检、监察和检察等机关依法依纪追究责任。

（三）完善机制，合力管控。各省份要不断健全产地水产品兽药残留监控长效机制，积极争取在地方政府财政预算中安排专项监控工作经费，尽快补齐缺少水产养殖生产单位和执法检查人员动态名录库“两库”的短板，提升水产品质检机构的检测能力，为监控工作提供有力支撑。加强各主管部门内设机构间工作配合积极与市场监管等部门进行协作，从水产养殖用兽药饲料和饲料添加剂的生产、经营和使用各环节，从产地到市场，加大对水产养殖用兽药、饲料和饲料添加剂相关违法行为的打击力度，努力提高养殖水产品质量安全水平。

联系方式：

农业农村部渔业渔政管理局养殖处

联系电话：010-59192976、59192918（传真）

电子邮件：aqucfish@ 163.com

中国水产科学研究院质量与标准研究中心

联系电话：010-68672898（兼传真）

电子邮件：skyzbzx@126.com

附件：1.监测任务分配表

2.主要检测指标

3.检测方法及判定限量值

4.产地水产品兽药残留监测不合格样品统计表

附件1

监测任务分配表

第一部分：产地水产品兽药残留监测

序号	省份	样品总数（批次）	抽样品种	承担单位
1	辽宁	95	对虾、鲤鱼、海参（≥10个）、牛蛙（≥2个）、中华绒螯蟹、鲆鲽类、虹鳟、鲶鱼等	农业农村部渔业环境及水产品质量监督检验测试中心（哈尔滨）负责，农业农村部渔业产品质量监督检验测试中心（厦门）协助
2	吉林	40	鲫鱼、草鱼、鲤鱼等	
3	黑龙江	50	鲫鱼、草鱼、鲤鱼等	
4	内蒙古	24	鲫鱼、草鱼、鲤鱼等	
5	天津	50	草鱼、鲤鱼、鲆鲽类、对虾（≥25个）、罗非鱼等	
6	安徽	95	鳊鲂、草鱼、鲤鱼、鲫鱼、鳜鱼（≥10个）、牛蛙（≥2个）、中华绒螯蟹、克氏原螯虾等	

（续）

序号	省份	样品总数（批次）	抽样品种	承担单位
7	北京	25	草鱼、鲤鱼、罗非、鲟鱼、虹鳟等	国家水产品质量监督检验中心负责，农业农村部渔业产品质量监督检验测试中心（烟台）协助
8	山东	145	鲆鲽类、鲤鱼、鲫鱼、草鱼、海参（≥10个）、鲟鱼（≥8个）、乌鳢（≥7个）、对虾等	
9	江苏	145	鳊鲂、草鱼、鲫鱼、大菱鲆、中华绒螯蟹、克氏原螯虾、对虾等	
10	甘肃	46	虹鳟、草鱼、鲤鱼等	
11	青海	15	虹鳟等	
12	青岛	30	对虾、海参（≥10个）、三疣梭子蟹等	
13	大连	30	海参等	
14	上海	45	草鱼、鲫鱼、中华绒螯蟹、对虾等	农业农村部水产品质量监督检验测试中心（上海）负责，农业农村部渔业环境及水产品质量监督检验测试中心（成都）协助
15	浙江	100	黄颡鱼（≥5个）、大口黑鲈（≥7个）、乌鳢（≥15个）、草鱼、鲫鱼、中华鳖（≥20个）、牛蛙（≥2个）、大黄鱼（≥6个）、对虾等	
16	福建	145	罗非鱼、花鲈、草鱼、石斑鱼、大黄鱼（≥30个）、鲍、对虾等	
17	河南	70	鲫鱼（≥15个）、草鱼、鲤鱼等	
18	西藏	10	亚东鲑鱼等	
19	宁波	64	花鲈、大黄鱼（≥15个）、对虾、三疣梭子蟹等	
20	广东	170	草鱼、鳜鱼、大口黑鲈（≥15个）、花鲈、乌鳢（≥21个）、牛蛙（≥2个）、罗非鱼、对虾等	农业农村部渔业环境及水产品质量监督检验测试中心（广州）负责，农业农村部渔业环境及水产品质量监督检验测试中心（舟山）协助
21	海南	95	罗非鱼、石斑鱼、对虾（≥25个）等	
22	贵州	60	草鱼、鲤鱼、鲟鱼（≥20个）等	
23	宁夏	50	草鱼、鲤鱼等	
24	山西	47	草鱼、鲤鱼等	

（续）

序号	省份	样品总数（批次）	抽样品种	承担单位
25	江西	94	草鱼、鲫鱼、黄颡鱼、鳊鲂、鳜鱼、黄鳝、牛蛙（≥8 个）、克氏原螯虾等	农业农村部水产种质质量监督检验测试中心（广州）负责，农业农村部渔业产品质量监督检验测试中心（长沙）协助
26	云南	55	草鱼、鲤鱼（≥15 个）、罗非鱼等	
27	重庆	55	鲫鱼、草鱼、鲤鱼、牛蛙（≥2 个）等	
28	广西	90	草鱼、鲤鱼、花鲈、罗非鱼（≥30 个）、对虾等	
29	河北	60	鲤鱼（≥10 个）、草鱼（≥10 个）、鲫鱼、大菱鲆、罗非鱼、海参（≥5 个）、对虾（≥15 个）等	
30	湖北	125	草鱼、鲫鱼、鳊鲂、鳜鱼（≥10 个）、牛蛙（≥4 个）、黄颡鱼、黄鳝、中华绒螯蟹、克氏原螯虾等	农业农村部淡水鱼类种质监督检验测试中心负责，农业农村部渔业环境及水产品质量监督检验测试中心（武汉）协助
31	湖南	90	草鱼、鲫鱼、鳊鲂、鳜鱼、克氏原螯虾、牛蛙（≥6 个）、中华鳖等	
32	陕西	40	草鱼、鲤鱼等	
33	四川	70	草鱼（≥20 个）、鲤鱼、鲫鱼（≥20 个）、牛蛙（≥2 个）、斑点叉尾鮰等	
34	新疆	15	草鱼、鲤鱼等	
35	新疆兵团	10	草鱼、鲤鱼等	
合计		2 350		

第二部分：水产养殖用投入品安全隐患排查

序号	省份	样品数量（批次）	承担单位
1	天津、内蒙古、辽宁、吉林、黑龙江、安徽	16	农业农村部渔业环境及水产品质量监督检验测试中心（哈尔滨）
2	北京、江苏、山东、甘肃、青海、青岛、大连	18	国家水产品质量监督检验中心

（续）

序号	省份	样品数量（批次）	承担单位
3	上海、浙江、福建、河南、西藏、宁波	18	农业农村部水产品质量监督检验测试中心（上海）
4	山西、广东、海南、贵州、宁夏	20	农业农村部渔业环境及水产品质量监督检验测试中心（广州）
5	河北、江西、广西、重庆、云南	16	农业农村部水产种质质量监督检验测试中心（广州）
6	湖北、湖南、四川、陕西、新疆、新疆兵团	12	农业农村部淡水鱼类种质监督检验测试中心
合计		100	

第三部分：海水养殖贝类产品卫生监测

序号	省份	抽样数量（批次）	承担单位	监测品种
1	山东	55	国家水产质量监督检验中心	牡蛎、蛤类、扇贝、缢蛏、贻贝、蚶类等贝类产品
2	大连	40		
3	辽宁	50	农业农村部水产种质与渔业环境质量监督检验测试中心（青岛）	
4	青岛	30		
5	河北	30	农业农村部水产品质量监督检验测试中心（上海）	
6	江苏	35		
7	浙江	35		
8	宁波	20		
9	福建	35	农业农村部渔业环境及水产品质量监督检验测试中心（广州）	
10	广东	30		
11	广西	40		
合计		400		

附件 2

主要检测指标

第一部分：产地水产品检测的禁用药品及其他化合物、停用兽药、以及明确规定有休药期的兽药和农药

抽样品种	检测项目
海水鱼（大黄鱼、花鲈、石斑鱼、鲆鲽类等）、虾（对虾等）、蟹（中华绒螯蟹、三疣梭子蟹等）、其他海水养殖种类	氯霉素、硝基呋喃类代谢物、洛美沙星、培氟沙星、诺氟沙星、氧氟沙星、恩诺沙星、环丙沙星
淡水鱼（鳜鱼、虹鳟、鲫鱼、草鱼、大口黑鲈、乌鳢、斑点叉尾鮰、鲤鱼、鳊鲂、鲶鱼、黄颡鱼、鲟鱼、黄鳝、罗非鱼等）、中华鳖、牛蛙、其他淡水养殖种类	氯霉素、孔雀石绿、硝基呋喃类代谢物、洛美沙星、培氟沙星、诺氟沙星、氧氟沙星、恩诺沙星、环丙沙星
海参、鲍、克氏原螯虾	氯霉素、孔雀石绿、硝基呋喃类代谢物、洛美沙星、培氟沙星、诺氟沙星、氧氟沙星、恩诺沙星、环丙沙星、扑草净、甲氰菊酯

备注：硝基呋喃类代谢物包括：呋喃唑酮代谢物 AOZ、呋喃它酮代谢物 AMOZ、呋喃西林代谢物 SEM 和呋喃妥因代谢物 AHD，虾、蟹中呋喃西林代谢物 SEM 残留不作判定。

第二部分：水产养殖用投入品检测的风险物质

抽样种类及用途		检测的风险物质
非规范投入品	促生长	硝基呋喃类药物（含呋喃唑酮、呋喃妥因、呋喃西林、呋喃它酮，下同）、氯霉素类（氯霉素、氟苯尼考、甲砜霉素，下同）、磺胺类药物（磺胺嘧啶、磺胺甲基嘧啶、磺胺间甲氧嘧啶、磺胺噻唑、磺胺甲恶唑、磺胺多辛，下同）、喹诺酮类药物（环丙沙星、恩诺沙星、诺氟沙星、氧氟沙星，下同）、喹乙醇
	杀虫	三唑磷、伊维菌素、阿维菌素
	除杂	三唑磷、孔雀石绿、五氯酚钠、扑草净、甲氰菊酯
	水质改良剂、底质改良剂、微生态制剂等	磺胺类药物、喹诺酮类药物、氟苯尼考、扑草净、甲氰菊酯

第三部分：海水养殖贝类产品检测的指标

大肠杆菌、细菌总数、铅、镉、多氯联苯、腹泻性贝类毒素（DSP）、麻痹性贝类毒素（PSP）。

附件 3

检测方法及判定限量值

检测指标	检测方法	判定限量值
硝基呋喃类代谢物	农业部公告 783 号-1-2006　水产品中硝基呋喃类代谢物残留量的测定　液相色谱-串联质谱法	各分项限量值为 1.0μg/kg
	农业部公告 1077 号-2-2008　水产品中硝基呋喃类代谢物残留量的测定　高效液相色谱法	
孔雀石绿	GB/T 19857—2005　水产品中孔雀石绿和结晶紫残留量的测定(液相色谱-串联质谱法)	1.0μg/kg
	GB/T 20361—2006　水产品中孔雀石绿和结晶紫残留量的测定　高效液相色谱荧光检测法	
氯霉素	SC/T 3018—2004　水产品中氯霉素残留量的测定　气相色谱法	0.3μg/kg
	农业部公告 781 号-2-2006　动物源食品中氯霉素残留量的测定　高效液相色谱-串联质谱法	
	农业部公告 958 号-13-2007　水产品中氯霉素、甲砜霉素、氟甲砜霉素残留量的测定　气相色谱法	
	农业部公告 958 号-14-2007　水产品中氯霉素、甲砜霉素、氟甲砜霉素残留量的测定　气相色谱-质谱法	
	GB/T 22338—2008　动物源性食品中氯霉素类药物残留量测定	
	GB/T 20756—2006 可食动物肌肉、肝脏和水产品中氯霉素、甲砜霉素、氟苯尼考残留量的测定　液相色谱-串联质谱法	
氟喹诺酮类(洛美沙星、培氟沙星、诺氟沙星、氧氟沙星、恩诺沙星、环丙沙星)	农业部公告 1077 号-1-2008　水产品中 17 种磺胺类及 15 种喹诺酮类药　物残留量的测定液相色谱-串联质谱法	洛美沙星、培氟沙星、诺氟沙星、氧氟沙星各分项限量值为 2.0μg/kg;恩诺沙星和环丙沙星总和为 100μg/kg

（续）

检测指标	检测方法	判定限量值
扑草净	SN/T 1968－2007 进出口食品中扑草净残留量检测方法 气相色谱-质谱法	不作判定
甲氰菊酯	GB/T 5009.162－2008 动物性食品中有机氯农药和拟除虫菊酯农药多组分残留量的测定	不作判定
腹泻性贝类毒素(DSP)	GB 5009.212－2016 食品安全国家标准 贝类中腹泻性贝类毒素的测定-小鼠生物法或液相色谱-串联质谱法	不得检出（小鼠法）或160μg/kg（以大田软海绵酸(OA)计）(液相色谱-串联质谱法）
麻痹性贝类毒素(PSP)	GB 5009.213－2016 食品安全国家标准 贝类中麻痹性贝类毒素的测定-小鼠生物法或液相色谱-串联质谱法	400MU/100g（小鼠法）或800μg/kg（以石房蛤毒素(STX)计）(液相色谱-串联质谱法）
大肠杆菌(N)	GB 4789.38－2012 食品安全国家标准 食品微生物学检验 大肠埃希氏菌计数(第一法)	N≤230MPN/100g(第一类生产区)
		230MPN/100g＜N≤4 600 MPN/100g(第二类生产区)
		4 600MPN/100g ＜ N ≤ 46 000MPN/100g(第三类生产区)
		N＞46 000MPN/100g 且长期无改善(禁止生产区)
菌落总数	GB 4789.2－2016 食品安全国家标准 食品微生物学测定 菌落总数测定	500 000CFU/g
铅	GB 5009.12－2017 食品安全国家标准 食品中铅的测定	1.5mg/kg
镉	GB 5009.15－2014 食品安全国家标准 食品中镉的测定	2.0mg/kg(去除内脏)
多氯联苯（以 PCB28、PCB52、PCB101、PCB118、PCB138、PCB153、PCB180 总和计）	GB 5009.190－2014 食品安全国家标准 食品中指示性多氯联苯含量的测定	0.5mg/kg

附件 4

产地水产品兽药残留监测不合格样品统计表

序号	省份	来源（国家/省级）	类型（定量/快检）	养殖场名称（具体到村和完整企业或合作社名称）	品种	指标	检出值（μg/kg）	判定限量值（μg/kg）	无害化处理（kg）	行政处罚金额（万元）	是否移送司法
1											
2											
3											
4											
5											

备注：1.扑草净和甲氰菊酯等不作判定指标若有检出，参照此表填写上报。

2.恩诺沙星、环丙沙星检出情况不填报。

3.检出值、金额、千克等数值保留小数点后 3 位。

上报单位：（盖章） 填表人： 手机：

农业农村部办公厅关于实施水产绿色健康养殖技术推广“五大行动”的通知

农办渔〔2021〕6 号

各省、自治区、直辖市农业农村（农牧）厅（局、委），福建省海洋与渔业局，新疆生产建设兵团农业农村局，各计划单列市渔业主管局，全国水产技术推广总站：

为贯彻落实党的十九届五中全会关于推动绿色发展、加快发展方式转型升级的战略部署和今年中央1号文件“推进水产绿色健康养殖”的部署要求，进一步落实经国务院同意、十部委联合印发的《关于加快推进水产养殖业绿色发展的若干意见》（农渔发〔2019〕1号）相关要求，农业农村部决定在“十四五”期间组织实施生态健康养殖模式示范推广、养殖尾水治理模式推广、水产养殖用药减量、配合饲料替代幼杂鱼和水产种业质量提升等水产绿色健康养殖技术推广“五大行动”（以下简称“五大行动”）。有关事项通知如下。

一、提高政治站位，深刻认识“五大行动”重要意义

实施水产绿色健康养殖技术推广“五大行动”是支撑服务水产养殖业绿色高质量发展的一个重要切入点，也是做好水产品稳产保供、加快补齐水产养殖业发展短板的重要抓手，对保障国家食物安全和水产品有效供给具有重要意义。各级渔业部门要切实提高政治站位，加强对此项工作的组织领导，不断加大对“五大行动”的支持力度，逐步推动水产养殖主产区“五大行动”全覆盖。到“十四五”末，水产生态健康养殖模式得到广泛应用，养殖尾水基本实现资源化综合利用和达标排放，水产养殖用兽药使用量大幅下降，配合饲料替代率显著提升，水产优良品种覆盖率明显提高，助力水产养殖业绿色高质量发展，人民群众对优质水产品的需求得到满足，优美养殖水域生态环境基本形成，水产养殖业转型升级目标基本实现。

二、明确目标任务，推进“五大行动”落实落地

各地要在已有工作的基础上，因地制宜，多措并举打好“组合拳”，推动“五大行动”骨干基地（名单由全国水产技术推广总站另行公布）扩增行动内容、提升质量水平，实施内容除配合饲料替代幼杂鱼行动需根据养殖品种酌定外，其他行动内容要实现全覆盖。高标准打造一批代表性好、展示度高的示范样板；制定一批区域适用性好、可操作性强的技术规范；宣传一批可复制、可推广的典型案例。

（一）开展生态健康养殖模式推广行动。坚持以发展生态健康养殖、促进水产品质量效益提升为目标，因地制宜推广多种形式的生态健康养殖模式。组织科研、教学、推广等部门总结提炼各种生态健康养殖模式，形成标准化养殖技术规范。通过宣传培训、交流研讨和现场观摩等方式做好技术指导服务，促进技术规范进场入户，引导水产养殖者树立生态健康养殖理念，自觉应用生态健康养殖技术，规范养殖生产行为，提高生产经营管理水平。

（二）开展养殖尾水治理模式推广行动。坚持政府支持、企业主体、市场化运作的方针，以集中连片规模化养殖为重点，推广应用多种形式的水产养殖尾水处理技术模式，促进实现水产养殖尾水资源化综合利用或达标排放。推进各项技术模式集成熟化和改进提升，研究制定适应产业发展需要的养殖尾水治理技术模式标准规范，结合各地实际情况组织推广应用。

（三）开展水产养殖用药减量行动。大力推广应用疫苗免疫、生态防控等病害防控技术措施。深入实施水产苗种产地检疫，从源头降低病害发生率。进一步加强疫病监测和预警预报，发挥新版“鱼病远诊网”作用，提高为水产养殖企业、渔民服务的能力和水平。鼓励开展水产养殖动物病原菌耐药性监测，指导水产养殖者科学安全用药。扎实推进水产养殖规范用药科普下乡活动，加大《兽药管理条例》《农业农村部关于加强水产养殖用投入品监管的通知》《水产养殖用药明白纸》等宣传培训力度。

（四）开展配合饲料替代幼杂鱼行动。突出重点，因品施策，聚焦大黄鱼、花鲈、鲆鲽类、大口黑鲈、乌鳢和青蟹等幼杂鱼使用量较高的重点品种，组织实施配合饲料养殖示范推广，提高配合饲料替代率。开展配合饲料替代幼杂鱼养殖试验，进行综合效益分析，研究制定不同品种成熟的饲料配方及可行替代方案。积极引导地方财政资金给予替代企业补助，降低配合饲料使用成本，提升企业参与积极性。

（五）开展水产种业质量提升行动。按照《第一次全国水产养殖种质资源普查实施方案（2021—2023年）》部署要求，开展水产种质资源基本情况普查，摸清原种、地方品系、新品种和引进种的种类、群体数量、区域分布和保护利用等情况，助力打好水产种业翻身仗。以鱼、虾、蟹、贝、藻、参等为重点，持续推进水产原良种生产体系建设，完善基础设施条件，提高良种亲本供种保障能力。鼓励选育优质、高效、多抗、安全的水产新品种，开展区域试验。加大水产优良品种的推广应用力度。推动开展南美白对虾等联合育种，构建产学研推用紧密结合的商业化育种机制。

三、加强组织保障，确保“五大行动”取得实效

（一）落实工作责任。全国水产技术推广总站负责牵头组织“五大行动”实施工作，组织各地水产技术推广部门开展好技术集成、模式创新、典型培育、示范推广和信息汇总等工作。各省级渔业主管部门结合实际牵头制定本辖区“五大行动”实施方案，明确任务，压实责任，推动落实。各级水产技术推广部门具体组织实施本辖区内“五大行动”。

（二）强化政策扶持。各级渔业部门要统筹各级各类渔业专项资金项目，积极向“五大行动”等水产养殖业绿色发展方向内容倾斜。要与渔业发展补助资金中央专项转移支付、地方一般性转移支付资金支持的相关项目，以及国家级水产健康养殖和生态养殖示范区创建协同推进，形成工作合力。要进一步健全完善绩效考核、资金奖补、优质水产品推介展示等激励机制。

（三）加强市场引领。各地水产技术推广机构要进一步转变工作方式，积极发展生产性服务业，引导水产养殖各类新型经营主体积极参与成熟技术模式的示范推广。加大市场主体培育力度，按照“谁参与谁受益”的原则，充分调动生产经营主体特别是规模经营主体的积极性。要加大骨干基地培育力度，使其更好的发挥辐射带动作用。各级地方渔业部门要加强执法检查，严厉打击无证生产经营水产苗种和违法用药等行为。

（四）注重宣传引导。各级渔业部门要总结遴选一批“五大行动”先进典型，充分利用各种媒介，大力宣传各地的好做法好经验，引导广大水产养殖企业树立绿色发展理念，营造推进水产养殖业绿色发展的良好氛围。各省级水产技术推广部门要及时将有关信息上传至“五大行动”信息管理系统（http://116.63.37.30:8081/），统计分析行动效果。同时，按照全国水产技术推广总站的要求上报“五大行动”实施方案、半年和全

年工作总结。

农业农村部办公厅
2021 年 4 月 20 日

农业农村部关于印发《2021 年国家水生动物疫病监测计划》的通知

农渔发〔2021〕10 号

各省、自治区、直辖市农业农村（农牧）、渔业厅（局、委），计划单列市渔业主管局，新疆生产建设兵团农业农村局，全国水产技术推广总站，有关单位：

为及时掌握我国重要水生动物疫病情况，做好水生动物疫病风险预警和防控，避免发生区域性重大水生动物疫情，推动水产养殖业绿色发展，保障水产品安全有效供给，根据动物防疫法、渔业法等法律法规规定，农业农村部组织制定了《2021 年国家水生动物疫病监测计划》。现印发给你们，请遵照执行。

农业农村部
2021 年 4 月 21 日

2021 年国家水生动物疫病监测计划

一、主要任务

2021 年计划对鲤春病毒血症、白斑综合征、草鱼出血病、锦鲤疱疹病毒病、病毒性神经坏死病、传染性造血器官坏死病、传染性皮下和造血器官坏死病、鲫造血器官坏死病、鲤浮肿病、罗非鱼湖病毒病等水生动物疫病进行专项监测。专项监测范围覆盖全国 29 个省（自治区、直辖市），样品总数 910 个（任务分配见附件）。

中国水产科学研究院黑龙江水产研究所、黄海水产研究所、长江水产研究所、珠江水产研究所等项目承担单位在监测白斑综合征、传染性皮下和造血器官坏死病、传染性造血器官坏死病等虾类、鲑鳟鱼疫病的基础上，同时对虾肝肠胞虫病、虾虹彩病毒病、急性肝胰腺坏死病、传染性胰脏坏死病等有关病害开展调查，并对草鱼相关病害进行研究。

各地应结合本地水产养殖实际情况，根据动物防疫法制定省级水生动物疫病监测计划（以下称“省级监测计划”），并完成省级监测计划应采样检测的最低任务数（最低任务数见附件）。认真组织开展水生动物疫病监测工作，通过专项监测和水产养殖动植物病情测报，全面掌握疫病分布和流行态势。要加强水生动物疫情风险评估、监测预警和应急处置工作，科学研判防控形势，为防控决策提供科学依据。

二、职责分工

（一）农业农村部渔业渔政管理局负责水生动物疫病监测与流行病学调查工作，组织制修订《2021 年国家水生动物疫病监测计划》（以下称“国家监测计划”），按照法定程序发布监测结果，组织国家监测计划实施的检查和效果评估。

（二）全国水产技术推广总站负责具体组织实施国家监测计划，组织各省级水生动物疫病预防控制机构（水产养殖病害防治、水产技术推广机构，以下称“省级水生动物疫控机构”），协调水生动物疫病参考实验室和相关检测机构，开展全国水生动物疫病监测工作，指导各省开展监测、净化与评估工作；组织首席专家开展监测信息的分析评估、疫病形势会商和疫情预警工作；及时完成监测结果汇总、分析和上报；发生突发水生动物疫情时，及时组织开展紧急监测诊断处置工作。

（三）各省级渔业主管部门根据国家监测计划主要任务安排，结合本省水产养殖情况、水生动物疫病流行特点等因素，依法制定省级监测计划，保障监测等相关工作经费；按照法定程序报送疫情，及时发布预警预报信息，组织做好突发疫情处置。省级水生动物疫控机构负责组织实施省级监测计划，将监测分析结果报告本级渔业主管部门；及时将检测结果反馈监测点，对出现阳性样品的监测点，指导其对阳性样品同池（或同区域）的养殖对象进行隔离并限制流通，必要时依法进行扑杀和无害化处理，组织开展病原溯源工作；将采样信息、检测结果等情况（包括省级监测计划的相关结果）及时上传至国家水生动物疫病监测信息管理系统（以下称“国家监测系统”）。

（四）相关检测机构应负责做好本机构实验室能力建设，取得疫病检测相关资质或通过 2020 年农业农村部组织开展的水生动物防疫系统实验室检测能力验证，具备相应疫病的检测资格；承担样品检测和有关病害调查任务，配合有关省级水生动物疫控机构做好采样、送样等工作；承担国家水生动物疫情监测与防治项目购买服务的检测机构应按合同规定承担采样、送样、检测等相关费用；按照规定检测方法进行检测，出具检测报告，将检测和病害调查结果及时上传至国家监测系统，并反馈有关省级水生动物疫控机构；对阳性样品进行基因测序并将测序结果上传至国家监测系统(或直接将阳性样品送相应疫病参考实验室测序、备份);按国家对病原微生物管理相关规定,做好实验室管理、病原体保存和无害化处理等工作。

(五)水生动物疫病首席专家和参考实验室负责对相应疫病的监测、阳性养殖场无害化处理、净化等提供技术支持和指导;妥善保管病原样品和基因测序结果;参与重大疫情认定、防控措施制定以及突发疫情应急处置等相关工作;及时跟踪国内国际相应疫病动态,结合监测数据进行风险分析和评估,形成相应疫病的风险评估报告,并于2022年2月底前,上报至全国水产技术推广总站。

三、工作要求

(一)高度重视,强化责任落实。抓好水生动物疫病防控,推进水产养殖业绿色发展,是渔业部门的重要职责。各省级渔业主管部门要加强对水生动物防疫工作的组织领导,保障监测等相关工作经费,切实将水生动物疫病监测计划作为水生动物疫病防控工作的重要措施落到实处。要强化监督检查,对发现阳性样品或疫情的,及时组织做好疫病信息上报、阳性养殖场净化、突发疫情处置等工作,避免疫情扩散。

(二)科学布局,严格依规采样。各省级水生动物疫控机构要按照国家和省级监测计划认真制定监测方案并填写监测点备案表,4月30日前经省级渔业主管部门审核后上传至国家监测系统(省级监测计划一并上传)。监测点要全面覆盖相关品种的省级以上水产原良种场、重点苗种场、遗传育种中心和引育种中心。样品采集应严格遵守国家有关规定。在监测点采集样品,原则上应按市场价格支付相关费用。

(三)保质保量,加强绩效管理。各检测单位按照完成一批报告一批的方式将检测结果信息(包括但不限于水生动物疫病检测报告扫描件等材料)及时上传至国家监测系统,每份样品依法出具正式检测报告并及时反馈省级水生动物疫控机构。各省级水生动物疫控机构要结合主动监测和被动监测相关结果,及时做好疫病上报、预警预报、防控等工作,形成本辖区年度监测分析报告,经省级渔业主管部门审核后,于12月31日前报至全国水产技术推广总站。各项目承担单位应按照财政资金管理办法,将项目执行情况和绩效自评报告于12月31日前报至农业农村部渔业渔政管理局。

联系方式:

农业农村部渔业渔政管理局养殖处

电话:010-59192976,邮箱:aqucfish@163.com

全国水产技术推广总站疫病防控处

电话:010-59195074,邮箱:bfc712@163.com

附件:《2021年国家水生动物疫病监测计划》任务分配表(略)

农业农村部办公厅关于加强养殖刀鲚管理的通知

农办渔〔2021〕7号

各省、自治区、直辖市农业农村(农牧)、渔业厅(局、委),计划单列市渔业主管局,新疆生产建设兵团农业农村局:

为贯彻落实《国务院办公厅关于切实做好长江流域禁捕有关工作的通知》(国办发明电〔2020〕21号)要求和国务院禁捕退捕工作推进电视电话会议精神,规范养殖刀鲚生产管理,配合加强市场销售监管,使之成为长江"十年禁渔"起好步、管得住的标志性工作,现就加强养殖刀鲚管理有关事项通知如下。

一、实施刀鲚养殖单位核查

2021年5月起,农业农村部组织各省对从事刀鲚养殖生产的企业、农民专业合作社或个人(以下简称"养殖单位")进行核查,对刀鲚养殖单位生产条件实行查验,评估确认生产能力。核查工作包括对养殖单位的相关材料及证明进行查验,对养殖单位相关材料的真实性、有效性以及养殖管理状况、实际生产能力等进行实地核实和评估。

二、严格刀鲚养殖单位监管

各级农业农村(渔业主管)部门要加强对刀鲚养殖单位的监督管理,督促刀鲚养殖单位依法开展刀鲚养殖生产,做好苗种来源、投入品、出塘情况、检验检疫等生产记录和种类规格、产品包装、出塘日期等销售记录,配合各级市场监管部门做好进货查验和索证索票工作,加强非法渔获物市场销售监管。

三、加强刀鲚养殖产品标识

开展刀鲚养殖产品标识工作,指导养殖单位按照核查评估确定的生产能力制作可追溯二维码标识。标识可查询产品名称、养殖单位名称、苗种来源、出塘日期等信息。

农业农村部成立刀鲚养殖单位核查与产品标识工作专家委员会,实施相关审核,委托中国水产流通与加工协会承担核查和标识管理具体工作,建立刀鲚养殖产品可追溯管理平台，开展养殖单位和产品登记管理，实现相关信息查询和共享服务。

联系方式：

农业农村部渔业渔政管理局

联系电话：010-59192938，59192925

中国水产流通与加工协会

联系电话：010-65062080，85274842

电子邮箱：djyzjdba@163.com

农业农村部办公厅

2021 年 4 月 26 日

农业农村部办公厅关于印发《实施水产养殖用投入品使用白名单制度工作规范（试行）》的通知

农办渔〔2021〕8 号

各省、自治区、直辖市农业农村（农牧）、畜牧兽医、渔业厅（局、委），计划单列市农业农村、畜牧兽医、渔业主管局，新疆生产建设兵团农业农村局

为加强水产养殖用投入品使用环节的监管，依法打击水产养殖违法用药行为，保障养殖水产品质量安全，推进水产绿色健康养殖，根据《中华人民共和国渔业法》《中华人民共和国农产品质量安全法》《兽药管理条例》《饲料和饲料添加剂管理条例》《农药管理条例》《政府信息公开条例》《水产养殖质量安全管理规定》等法律法规和规章有关规定，按照《农业农村部关于加强水产养殖用投入品监管的通知》（农渔发〔2021〕1 号）文件具体部署，农业农村部制定了《实施水产养殖用投入品使用白名单制度工作规范（试行）》，现印发你们，请遵照执行。

农业农村部办公厅

2021 年 5 月 24 日

实施水产养殖用投入品使用白名单制度工作规范（试行）

按照《农业农村部关于加强水产养殖用投入品监管的通知》（农渔发〔2021〕1 号）有关要求，为更好地指导各地试行水产养殖用投入品使用白名单制度（以下称"白名单制度"），根据相关法律法规和规章有关规定，特制定本工作规范。

一、白名单制度主要内容

白名单制度分为三项主要内容。一是明确白名单制度适用范围。投入品使用环节适用，供有关监管者、使用者和社会公众等查询。二是加强执法监督。依法加强对水产养殖用投入品使用环节的监督执法，加大对违法使用投入品行为查处力度。三是发布警示信息。对监管中发现养殖过程使用白名单以外投入品或养殖水产品质量存在安全风险隐患的，依法发布相关信息。

二、水产养殖用投入品使用白名单查询方法

白名单制度将国务院农业农村主管部门依法批准使用的水产养殖用兽药，国务院农业农村主管部门制定的《饲料原料目录》和《饲料添加剂品种目录》所列适用于水产养殖动物的物质，依法获得生产许可的企业生产的饲料和饲料添加剂产品等，纳入水产养殖用投入品使用白名单，实施动态管理。监管部门、执法机构、养殖用户和社会公众等均可通过查询农业农村部规范性文件和相关官方网站，咨询业务主管部门等方式，核实相关产品或物质是否在水产养殖用投入品使用白名单内。查询方式如下。

（一）水产养殖用兽药查询方法。可以通过中国兽药信息网（www.ivdc.org.cn）"国家兽药基础数据"中"兽药产品批准文号数据"，以及"国家兽药综合查询App"手机软件等方式查询。

（二）水产养殖用饲料和饲料添加剂查询方法。可以通过农业农村部官方网站（www.moa.gov.cn）等方式查询。《饲料原料目录》和《饲料添加剂品种目录》以国务院农业农村主管部门制定公布的最新版本为准。

按照《国务院关于取消和下放一批行政许可事项的决定》（国发〔2019〕6 号）要求，添加剂预混合饲料、混合型饲料添加剂产品批准文号核发取消，改为产品配方备案。添加剂预混合饲料、混合型饲料添加剂产品配方备案信息和其他饲料添加剂产品批准文号等信息，可向省级饲料主管部门咨询。

三、加强水产养殖用投入品使用环节监督执法有关要求

各地要结合水产养殖用兽药、饲料和饲料添加剂相关违法行为三年专项整治，不断加大对使用假劣水产养殖用兽药，未取得许可证明文件的水产养殖用饲料、饲料添加剂，以及禁用药品及其他化合物、停用兽

药、人用药、原料药和农药等违法行为的打击力度，重点查处故意以所谓“非药品”“动保产品”“水质改良剂”“底质改良剂”“微生态制剂”等名义使用假兽药的违法行为。县级以上地方农业农村（渔业）部门要依法、依职能，对水产养殖用投入品使用环节违法行为实施行政处罚，涉嫌犯罪的移交司法机关追究刑事责任。

四、养殖水产品质量安全风险隐患警示信息发布有关要求

各省、自治区、直辖市、计划单列市和新疆生产建设兵团农业农村（渔业）部门，应依法发布养殖水产品质量安全状况信息和养殖水产品质量监督检查情况，按照白名单制度有关要求，发布养殖水产品质量安全风险隐患警示信息。具体要求如下。

（一）信息发布主体。各省、自治区、直辖市、计划单列市和新疆生产建设兵团农业农村（渔业）部门负责汇总发布。省级农业农村（渔业）部门可以安排相关市级、县级农业农村（渔业）部门同时发布信息，但不可替代省级主管部门发布。

（二）信息发布范围。在省级农业农村（渔业）部门官方网站发布，同时在本辖区主要报刊、网站等便于公众知晓的媒体进行宣传，在相关水产养殖生产单位所在的县、乡、村进行张贴公示。相关信息通报同级市场监督管理部门，并建议在省会主要水产品批发市场张贴公示。

（三）信息发布频度。每季度至少发布一次，各地可以增加公布频次。

（四）信息公示格式。《养殖水产品质量安全风险隐患警示信息公示（基本格式）》见附件，各地可在基本格式基础上，依法增加信息公示的内容。

五、其他工作要求

县级以上地方农业农村（渔业）部门要进一步加强相关法律政策的宣传培训，将宣传与执法有机结合，重点教育水产养殖生产单位技术负责人以及执业兽医、水产技术推广人员等相关从业人员依法使用（或指导使用）国家批准的水产养殖用兽药、饲料和饲料添加剂，指导其认准兽药的产品批准文号（进口兽药注册证书号）和二维码标识，饲料和饲料添加剂生产许可证号等信息，拒绝购买和使用禁用药品及其他化合物、停用兽药、假劣兽药、人用药、原料药、农药和未赋兽药二维码的兽药，以及无产品标签等信息的饲料和饲料添加剂。

各省、自治区、直辖市及计划单列市和新疆生产建设兵团可依照本工作规范要求，结合本地实际，制定本地区更为细化的工作规范。地方各级农业农村（渔业）部门要进一步加强工作组织领导，细化责任分工，强化督导考核，狠抓制度落实，及时总结经验，确保取得成效。各地在试行白名单制度工作中如有问题和建议，由省级农业农村（渔业）部门汇总后，及时向农业农村部反映。

工作联系电话：010-59192976。

附件：养殖水产品质量安全风险隐患警示信息公示（基本格式）

附件

养殖水产品质量安全风险隐患警示信息公示
（基本格式）

______年____月至______年____月间，______________________________（主管部门以及执法机构），依照相关法律法规的规定，对____家水产养殖生产单位进行了执法检查。

一、执法人员发现共有____家水产养殖生产单位存在违法使用______________________________（具体情节）行为，经调查取证，已对其依法作出行政处罚，罚款金额共计人民币____万元，相关养殖水产品____千克已进行无害化处理，已无质量安全风险隐患。其中，____宗案件涉嫌犯罪，已移交当地司法机关追究刑事责任，相关水产养殖单位名单如下：

违法水产养殖单位名单

序号	水产养殖单位全称	所在地（详细填写＊＊市＊＊县＊＊镇＊＊村）	备注
1			
2			
3			

二、执法人员发现共有____家水产养殖生产单位存在使用合法水产养殖用兽药、饲料和饲料添加剂以外，未经批准水产养殖用投入品的情况，可能导致其养殖水产品存在质量安全风险隐患，应予以进一步关注，相关水产养殖单位名单如下：

使用未经批准水产养殖用投入品的水产养殖单位名单

序号	水产养殖单位全称	所在地（详细填写＊＊市＊＊县＊＊镇＊＊村）	养殖品种	备注
1				
2				
3				

依照《中华人民共和国农产品质量安全法》第七条和《政府信息公开条例》第九条和第十条等规定，将上述养殖水产品质量安全状况和监督检查信息公示，接受社会各方面监督。

工作联系电话：

省级农业农村（渔业）部门

年　月　日

农业农村部关于印发《国家级水产健康养殖和生态养殖示范区管理办法（试行）》的通知

农渔发〔2021〕13号

各省、自治区、直辖市农业农村（农牧）、渔业厅（局、委），计划单列市渔业主管局，新疆生产建设兵团农业农村局：

为贯彻落实党的十九届五中全会和2021年中央1号文件关于加快农业农村现代化、推进农业绿色发展的决策部署，有效发挥国家级水产健康养殖和生态养殖示范区对推进水产绿色健康养殖的引领带动作用，提升水产养殖业高质量发展水平，依照相关法律法规，按照全国评比达标表彰工作协调小组办公室《关于公布第二批全国创建示范活动保留项目目录的通告》要求，农业农村部制定了《国家级水产健康养殖和生态养殖示范区管理办法（试行）》，现予以印发，请遵照执行。执行中如有问题，请及时反馈农业农村部渔业渔政管理局。

联系电话：010-59192930

农业农村部

2021年6月16日

国家级水产健康养殖和生态养殖示范区管理办法（试行）

第一章　总　　则

第一条　为规范国家级水产健康养殖和生态养殖示范区（以下称“国家级示范区”）创建示范和监管工作，依照相关法律法规，按照全国评比达标表彰工作协调小组办公室《关于公布第二批全国创建示范活动保留项目目录的通告》要求，制定本办法。

第二条　国家级示范区创建示范应突出绿色发展理念、完善基础设施和健康养殖模式、依法规范管理，引导和带动地方全面推进水产绿色健康养殖，提升水产养殖业高质量发展水平。

第三条　国家级示范区的创建示范主体，为符合《国家级示范区基本条件》（见附件1）的水产养殖生产经营单位或县级人民政府。国家级示范区创建示范活动主要采取省级渔业主管部门考核验收，农业农村部公开征询意见、公布名单并授牌的方式进行。

第四条　农业农村部渔业渔政管理局负责国家级示范区创建示范活动的总体部署，制定管理办法、统一标识、创建标准和评价体系等，以及总体监管等工作。各省、自治区、直辖市农业农村（农牧）、渔业厅（局、委），计划单列市渔业主管局，新疆生产建设兵团农业农村局（以下称“省级渔业主管部门”）负责本辖区国家级示范区的创建备案、考核验收、择优报送、日常监管等工作。有关县级人民政府负责国家级示范区创建示范的组织申报和实施等工作。

第二章 创建示范和考核验收程序

第五条 符合《国家级示范区基本条件》的水产养殖生产经营主体、县级人民政府，自愿提出申请。申请材料包括《国家级示范区创建示范申请表》（见附件2）、创建示范工作方案、其他证明材料等，由县级人民政府提出申请，经地市级渔业主管部门及本级人民政府同意后，报省级渔业主管部门备案。

第六条 国家级示范区创建示范主体应符合《国家级示范区考核验收标准》（另行下发，以下称《考核验收标准》），由所在地县级人民政府向省级渔业主管部门提出验收申请。验收材料包括：

（一）验收申请书；

（二）国家级示范区创建示范工作总结；

（三）县级人民政府出具的自评估报告。

第七条 省级渔业主管部门依据《考核验收标准》，采取材料审查和现场核查相结合的方式开展考核验收。可组织考核验收专家组或委托第三方机构具体实施。参加考核验收人员实行回避制度，凡与申报主体有直接利害关系的人员不得作为考核验收人员。

第八条 国家级示范区考核验收施行百分制，考核验收专家组或第三方机构应对照《考核验收标准》逐条严格考核，总分值在80分（含）以上为合格。

第九条 考核验收要求客观公正、科学规范、依法开展，并将考核验收结果向社会公示。严禁弄虚作假、违规操作，或者以任何形式干扰考核验收工作。

第十条 省级渔业主管部门向农业农村部报送的材料包括：

（一）创建示范主体名单；

（二）创建示范主体的创建示范工作开展情况；

（三）创建示范主体的典型经验做法及相关影像材料；

（四）省级渔业主管部门出具的考核验收报告以及评分表。

第十一条 农业农村部组织开展公开征询意见，期限为10个工作日。单位或个人对公开征询内容有异议的，委托第三方机构复核确认，并向农业农村部渔业渔政管理局报送复核结果。公示和复核确认无异议的，经农业农村部渔业渔政管理局局务会议审核、报部领导审定，由农业农村部公布国家级示范区名单并授牌。

第三章 监督管理

第十二条 国家级示范区实施定期复验、工作检查、年度考核、动态管理的监管机制。

第十三条 省级渔业主管部门依据《考核验收标准》组织开展定期复验，采取书面考核与现场检查相结合的方式进行，每3年开展一次，考核结果应在考核完成1个月内，报送农业农村部渔业渔政管理局。

第十四条 省级渔业主管部门对本辖区内国家级示范区每年至少开展1次工作检查，农业农村部不定期组织开展交叉检查和督查。

第十五条 省级渔业主管部门负责对本辖区内国家级示范区进行年度考核，年度考核报告于每年年底前，报送农业农村部渔业渔政管理局。

第十六条 国家级示范区有下列情形之一的，经农业农村部审定，并发文将其调整出国家级示范区名单。

（一）发生重大养殖水产品质量安全事件的；

（二）发生重大水产养殖污染环境事故的；

（三）定期复验不合格的；

（四）年度考核报告建议调整出名单的；

（五）群众举报或媒体曝光问题突出，经核实后确实存在产品质量和养殖环境等严重问题的；

（六）有严重违规违法行为的。

被调整出名单之日起6年内，省级渔业主管部门不得受理其创建示范申请。

第十七条 列入国家级示范区名单的创建示范主体，农业农村部将在相关渔业项目资金安排上对其予以倾斜和重点支持，

地方各级人民政府及其农业农村（渔业主管）部门应在相关农业（渔业）扶持政策和项目资金安排上予以倾斜和重点支持。

第四章 附 则

第十八条 各省级渔业主管部门按照本办法要求，制定本辖区国家级示范区管理细则，并报农业农村部渔业渔政管理局备案。创建示范活动要加强领导、精心组织、依法开展、周密部署、扩大宣传、务求实效。

第十九条 国家级示范区创建示范活动过程中，考核验收和监督检查人员要严格执行中央八项规定精神，轻车简从，不得以任何名义向创建示范主体收取任何费用。如出现违法违纪行为，应及时将线索移送纪检、监察和检察等机关，依法依纪追究责任。

第二十条 本办法由农业农村部负责解释。

第二十一条 本办法自发布之日起施行。

附件：1.国家级示范区基本条件

2.国家级示范区创建示范申请表(略)

附件 1

国家级示范区基本条件

一、以生产经营单位为主体的国家级示范区基本条件

(一)养殖区域坐落于县级人民政府发布的《养殖水域滩涂规划》划定的养殖区、限养区内。

(二)养殖生产者持有效的《水域滩涂养殖证》(或《不动产权证书》《农村土地承包经营权证》),或者可证明其水域滩涂承包经营权、使用权的其他权证及承包合同。苗种生产单位须持有效的《水产苗种生产许可证》(渔业生产者自育、自用水产苗种的除外)。

(三)生产经营单位须为市场主体登记注册的水产养殖企业、农民专业合作社、个体工商户、家庭农场等及上述单位联合体等,联合体应为同一养殖类型。

(四)除工厂化养殖类型外,东、中部地区的养殖面积须在 133 公顷(含)以上,西部地区的养殖面积须在 67 公顷(含)以上。为工厂化养殖类型的,占地规模须在 6.7 公顷亩(含)以上,养殖车间建筑面积须在 2 万平方米(含)以上。

(五)近三年(含本年度)内产地水产品兽药残留监测合格率 100%(未被抽检年份视同合格),不存在使用假劣兽药、禁止使用药物及化合物、停用兽药、人用药、原料药和农药等违法行为,不存在使用禁用的、无产品标签等信息的饲料和饲料添加剂等违法行为。

(六)若为非自然开放水域养殖模式,应当进排水分开且无明显毁损,并具有养殖尾水净化处理设施或设备且能正常使用;若为网箱、网栏、筏式、吊笼等自然开放水域养殖模式,应具备废弃物收集设施或设备且能正常使用。

(七)农业农村部和省级渔业主管部门根据工作需要提出的其他基本条件。

二、以县级人民政府为主体的国家级示范区基本条件

(一)成立创建示范工作领导小组,制定颁布水产养殖产业发展规划。

(二)东、中部地区的养殖面积须在 1 333 公顷(含)以上、养殖产量须在 1 万吨(含)以上;西部地区的养殖面积须在 667 公顷(含)以上、养殖产量须在 3 000 吨(含)以上。

(三)县级人民政府颁布《养殖水域滩涂规划》,《水域滩涂养殖证》应发尽发,水域滩涂承包经营权、使用权的确权率达 90%(含)以上。

(四)技术推广、水生动物防疫、环境监测、产品质量检测等机构健全或具有承担相关职能的机构。

(五)产地水产品兽药残留监测合格率达 98%(含)以上。

(六)建立占示范区养殖面积 10%(含)以上的核心示范区,实施标准化生产。

(七)农业农村部和省级渔业主管部门根据工作需要提出的其他基本条件。

农业农村部办公厅关于加强海洋哺乳动物保护管理工作的通知

农办渔〔2021〕12 号

沿海各省、自治区、直辖市农业农村、渔业厅(局、委),有关科研教学单位、中国远洋渔业协会:

鲸豚类等海洋哺乳动物是海洋生态系统的重要组成,也是水生野生动物保护的旗舰物种和海洋生态环境状况的指示性物种。近年来,我国水生野生动物保护法律法规不断建立健全,管理制度措施不断完善,海洋哺乳动物已全部纳入国家重点保护野生动物管理,先后颁布实施了中华白海豚、斑海豹保护行动计划,海洋哺乳动物保护工作取得了初步成效。与此同时,由于物种资源状况不清、栖息地衰退、水环境污染等问题,海洋哺乳动物生存状况仍面临严峻挑战。为进一步加强海洋哺乳动物保护,促进生态文明和美丽中国建设,树立我负责任国家形象,现就加强海洋哺乳动物保护和管理工作通知如下。

一、加强海洋哺乳动物的保护和科学研究,摸清海洋哺乳动物及其栖息地状况

各级渔业主管部门要认真贯彻落实《中华白海豚保护行动计划》和《斑海豹保护行动计划》,推动将海洋哺乳动物纳入野生动物及其栖息地保护规划,并将海洋哺乳动物保护经费纳入预算,定期组织或者委托有关科学研究机构对中华白海豚、斑海豹等海洋哺乳动物及其栖息地状况进行调查、监测和评估,摸清我国海洋哺乳动物资源及其栖息地状况,采取划定保护区域、禁渔区、禁渔期等措施,保护海洋哺乳动物及其重要栖息地,保护、恢复和改善海洋哺乳动物生存环境。积极开展海洋哺乳动物收容救护工作,当海洋哺乳动物受

到自然灾害、重大环境污染事故等突发事件威胁时，要及时采取应急救助措施。要加强对公众的宣传教育，营造良好社会氛围，严厉打击破坏野生动物资源及其栖息地的违法犯罪行为。

二、强化渔船渔港监管措施，减少近海捕捞业对海洋哺乳动物的伤害

各级渔业主管部门要加强对渔民有关保护海洋哺乳动物的教育培训，提高渔民的保护意识，增强保护的自觉性和主动性。渔船一旦在海上发生误捕行为或者发现需要救治的海洋哺乳动物，必须及时报告当地渔业主管部门，并对相关海洋哺乳动物的种类、数量、位置、状态等信息进行详细准确记录。各级渔业主管部门要充分利用好渔船进出渔港报告系统，要求渔船在系统中填报海洋哺乳动物兼捕、意外伤害和死亡情况，并加强监督检查，对于没有按照要求填报的，一经查实要予以严厉处罚。各地还可以根据监管需要，在大中型海洋捕捞渔船上开展委派渔业观察员试点，加强对海上误捕海洋哺乳动物信息的收集和监督。

三、履行区域渔业组织养护管理措施，强化公海海洋哺乳动物保护

各级渔业主管部门要加强对远洋渔业企业的监督指导和培训，督促严格遵守有关海洋哺乳动物保护规定，在保障人身安全条件下采取一切可能措施，减少对海洋哺乳动物的伤害。远洋渔船发生误捕时，要将误捕的海洋哺乳动物以适当方式释放，并认真记录误捕及释放情况，禁止在船上留存、转运和食用。在中西部太平洋作业的围网渔船要严格遵守中西部太平洋渔业委员会通过的鲸豚类养护和管理措施（附件1）。在他国管辖海域作业的远洋渔船，要严格遵守入渔国关于保护海洋哺乳动物的规定。

农业农村部将组织研究制定公海哺乳动物保护监管计划，加强公海作业渔船误捕海洋哺乳动物的数据收集、科学研究和监督管理，委托中国远洋渔业协会牵头以秋刀鱼、金枪鱼为重点组织开展远洋渔获物追溯试点。鼓励科研机构与远洋渔业企业合作，加强公海渔业资源调查、监测和评估，深入研究捕捞作业对海洋哺乳动物种群的影响、有关国家地区和区域渔业管理组织的相关标准与管理规定等。

四、加强对水产养殖生产的监督指导，减少对海洋哺乳动物影响

各有关渔业主管部门要有效落实对《养殖水域滩涂规划》划定的涉及海洋哺乳动物自然保护区的禁止养殖区的管控要求，严厉查处无证非法养殖行为。要加强对养殖从业者的监督指导，对养殖过程中发现受伤、搁浅或被困的海洋哺乳动物，应当及时开展紧急救护，并及时报告当地渔业主管部门或者其所属的渔政监督管理机构；如发现死亡的海洋哺乳动物，应交由渔业主管部门妥善处理；对于发生在海上养殖场内的哺乳动物伤亡及处理情况做好记录。

五、实施渔业分级管理，制定针对性的监管计划和监管措施

各级渔业主管部门要以渔船进出渔港报告和渔捞日志数据为重点，根据渔具类型、作业方式、渔场渔期、捕捞品种等差异，积极开展各类渔业活动（包括水产养殖）对海洋哺乳动物的影响研究，分析各类渔业活动兼（误）捕海洋哺乳动物的种类、数量、死亡或严重伤害程度，综合评估主要海洋哺乳动物种群受渔业活动的影响程度，形成年度评估报告，并按高、中、低风险对渔业（包括水产养殖）实行分级管理，分级方法见附件2。对海洋哺乳动物不利影响属于中、高风险等级的渔业，要制定保护哺乳动物的监管计划和监管措施，鼓励科研单位开展降低误捕减缓措施和海洋哺乳动物驱散、释放装置技术的研究，根据误捕种类和渔业特性开发经济、实用的鲸豚类驱散装置，加快推进相关操作指南和行业标准制定；对高风险等级的渔业，应当采取必要的措施降低该渔业的风险等级，包括配备减少兼捕或驱散海洋哺乳动物装置等方法。

六、扩大国际交流与合作，加强进出口水产品监管

各有关渔业主管部门、科研单位和行业协会应当积极开展海洋哺乳动物保护国际交流与合作，与有关国际、区域渔业管理组织、外国政府、非政府组织和民间团体在人员、技术、管理等方面建立广泛的联系和沟通，学习、借鉴国外先进的保护海洋哺乳动物的经验。要加强针对水产品进出口管理规定的宣传培训，及时了解掌握美国《鱼及鱼产品进口规定》等相关国家水产品进出口管理法律规定，指导水产品进出口企业认真遵守相关国家的法律规定，确保出口水产品的生产、加工、贸易全过程可追溯。

附件：1.中西部太平洋渔业委员会关于围网渔业保护鲸类的养护和管理措施

2.渔业对海洋哺乳动物的影响程度分级

农业农村部办公厅

2021年7月28日

附件 1

中西部太平洋渔业委员会关于围网渔业保护鲸类的养护和管理措施

（养护管理措施 2011—03 号）

根据养护和管理中西部太平洋高度洄游鱼类公约（简称公约）；

认识到：鲸类在中西部太平洋生态和文化领域的重要性；

觉察到：由于金枪鱼形成鱼群围绕鲸类的习性，或因齿鲸类与金枪鱼被同样捕食目标所吸引，而导致鲸类特别容易被围网缠绕；

承认：确定围网作业致使鲸类意外死亡从而使其可持续性减弱的潜在影响；

根据：公约第 5 条(d)和(e)款要求，应通过管理安排保护被中西部太平洋围网渔业作为非目标、相关或依赖物种意外兼捕的鲸类。

意识到：此类物种的养护取决于国际层面的合作与协调，并且区域渔业管理组织在减轻渔业对此类物种的影响方面扮演不可或缺的角色；

警觉到：观察员报告中体现了悬挂成员、合作非成员和参与领地船旗的渔船的渔业活动与此类物种相互作用的诸多情况，以及这些相互作用在捕捞日志中误报的情况；

根据公约第 10 条，通过以下养护和管理措施：

1. 委员会成员、合作非成员与参与领地（简称 CCMs），应禁止悬挂其船旗在公约区公海及专属经济区内渔船，如在开始下网前已看到鲸类动物，对伴随有该动物的金枪鱼群下网。

2. CCMs 应要求船长在当鲸类被围网无意缠绕时：

(a)确定采取所有合理步骤确保其安全释放。这应包括停止收网、在该动物被释放前不重新开始捕捞作业和不再有被重新捕获的风险；及

(b)向船旗国当局报告此事件，包括物种（如知晓）详情和个体数量、此围网缠绕情况发生地点及日期、确保安全释放所采取的步骤、释放时对该动物生命状态的评估（如有可能，包括是否其在被活体释放后死亡）。

3. 在按照第 2 段(a)中要求的采取步骤确定安全释放鲸类时，CCMs 应要求船长按照委员会为本措施目的而通过的任何指南进行。

4. 在根据 2(a)和 3 段实施步骤时，船员安全应被放在首位。

5. CCMs 应将根据第 2(b)段报告的悬挂其船旗渔船出现鲸类被围网缠绕的情况，纳入其年度报告第一部分。

6. 秘书处应基于观察员报告（作为区域观察员年度报告的一部分），报告此养护和管理措施的执行情况。

7. 本措施自 2013 年 1 月 1 日起生效。

附件 2

渔业对海洋哺乳动物的影响程度分级

一、为评价依渔具分类的各种渔业活动（包括水产养殖）造成的海洋哺乳动物兼捕死亡和严重伤害程度，可以该渔业兼捕的海洋哺乳动物死亡数量与“潜在生物获取量”的比值为准，将渔业分为高、中、低三个风险级别。

二、“潜在生物获取量”是指在使某种海洋哺乳动物种群达到或保持最佳可持续数量的同时，可从该种海洋哺乳动物种群中获取的最大数量，但不包括自然死亡。

三、适用 2 层分级方法进行渔业风险分级，第 1 层分级考虑所有渔业对每一种海洋哺乳动物种群总影响；第 2 层分级考虑单个渔业对每一种群的影响。

（一）第 1 层分级

1.如果与某一种海洋哺乳动物种群相互影响的所有渔业导致的年兼捕死亡和严重伤害的数量占该海洋哺乳动物种群“潜在生物获取量”水平的 10%或以下，则这些渔业均属于低风险级别。

2.如非本款第 1 项的情况，则这些渔业需要进行第 2 层分级。

（二）第 2 层分级

如果一个特定渔业对一种海洋哺乳动物种群的年兼捕死亡和严重伤害的数量达到以下标准，则该渔业属于高风险：年死亡和严重伤害的数量大于该海洋哺乳动物种群“潜在生物获取量”水平的 50%或以上。

如果一个特定渔业对一种海洋哺乳动物种群的年兼捕死亡和严重伤害的数量达到以下标准，则该渔业属于中风险：年死亡和严重伤害的数量介于该海洋哺乳动物种群“潜在生物获取量”水平的 1%～50%。

如果一个特定渔业对一种海洋哺乳动物种群的年兼捕死亡和严重伤害的数量达到以下标准，则该渔业属于低风险：年死亡和严重伤害的数量小于该海洋哺乳动物种群“潜在生物获取量”水平的 1%。

渔业经济统计

一、经 济 核 算

(一)总产值

全国渔业经济总产值
(按当年价格计算)

单位:万元

指　　标	2021 年	2020 年	2021 年比 2020 年增减(±)
渔业经济总产值	**296 897 263.70**	**275 434 669.36**	**21 462 594.34**
1.渔业	151 586 282.09	135 172 365.47	16 413 916.62
其中:海水养殖	43 017 007.14	38 361 985.60	4 655 021.54
淡水养殖	74 737 522.48	63 871 516.20	10 866 006.28
海洋捕捞	23 037 181.11	21 971 998.25	1 065 182.86
淡水捕捞	3 365 597.77	4 039 442.71	−673 844.94
水产苗种	7 428 973.59	6 927 422.71	501 550.88
2. 渔业工业和建筑业	61 551 634.31	59 350 774.44	2 200 859.87
其中:水产品加工	44 962 174.89	43 541 924.34	1 420 250.55
渔用机具制造	4 088 847.46	3 950 351.14	138 496.32
其中:渔船渔机修造	2 508 171.63	2 414 257.41	93 914.22
渔用绳网制造	1 372 627.39	1 334 170.74	38 456.65
渔用饲料	8 935 711.00	8 335 029.59	600 681.41
渔用药物	335 286.03	279 149.20	56 136.83
建筑业	2 305 477.16	2 272 674.92	32 802.24
其他	924 137.77	971 645.25	−47 507.48
3. 渔业流通和服务业	83 759 347.30	80 911 529.45	2 847 817.85
其中:水产流通	67 515 883.16	65 589 018.81	1 926 864.35
水产(仓储)运输	5 309 133.15	4 710 666.33	598 466.82
休闲渔业	8 355 635.93	8 257 151.15	98 484.78
其他	2 578 695.06	2 354 693.16	224 001.90

各地区渔业经济总产值、渔业产值
(按当年价格计算)

单位:万元

地区	2021年		2021年比2020年增减(±)		渔业产值占农业产值比重(%)
	渔业经济总产值	其中:渔业产值	渔业经济总产值	其中:渔业产值	
全国总计	**296 897 263.70**	**151 586 282.09**	**21 462 594.34**	**16 413 916.62**	**9.9**
北京	394 302.21	41 561.96	233 407.50	4 181.26	1.6
天津	870 890.00	828 884.00	143 262.10	129 699.00	15.9
河北	3 667 346.42	3 134 088.67	634 556.13	559 139.55	4.2
山西	151 109.80	91 240.57	59 920.05	23 803.27	0.4
内蒙古	258 638.14	188 622.21	10 998.12	3 999.10	0.8
辽宁	13 283 559.00	7 091 705.00	242 950.00	449 541.00	14.6
吉林	1 601 635.00	561 966.44	35 874.00	65 578.25	1.8
黑龙江	1 770 664.90	1 358 773.95	219 856.60	55 882.95	2.1
上海	492 219.39	442 972.93	—36 363.95	—34 706.67	17.7
江苏	38 017 011.07	19 196 256.15	2 045 675.49	656 038.15	22.1
浙江	23 307 403.00	12 111 816.00	1 067 646.00	775 730.00	33.2
安徽	10 181 051.77	6 488 862.67	936 639.11	693 849.85	10.4
福建	34 522 685.34	16 754 169.16	3 166 709.56	2 527 799.90	31.2
江西	11 527 484.63	5 835 881.03	911 282.26	693 811.76	13.7
山东	40 502 165.74	17 324 586.50	—973 713.99	1 669 303.48	14.4
河南	2 230 516.24	1 552 963.00	262 576.97	260 336.00	1.4
湖北	32 360 445.00	15 560 442.00	4 787 924.00	3 175 291.00	17.6
湖南	9 454 842.91	6 050 632.92	2 058 177.49	961 804.63	7.4
广东	40 877 058.00	17 862 410.00	2 469 923.16	1 774 523.24	21.0
广西	11 775 088.76	5 811 147.24	945 510.01	472 427.21	8.5
海南	6 014 412.00	4 664 898.00	171 771.00	405 944.00	21.6
重庆	2 218 313.00	1 498 951.00	359 512.00	303 782.00	4.7
四川	6 552 694.07	3 599 786.87	1 189 865.24	422 484.07	3.5
贵州	791 740.68	722 011.07	58 275.06	53 612.71	1.5
云南	1 956 813.06	1 199 819.60	218 720.10	105 084.42	1.8
西藏	6 802.45	6 525.45	4 384.20	4 107.20	0.1
陕西	585 599.33	354 083.42	17 775.46	14 823.64	0.8
甘肃	34 634.49	24 373.43	2 133.28	1 121.76	0.1
青海	78 000.00	62 000.00	785.00	785.00	0.8
宁夏	470 326.00	274 301.85	83 065.24	61 572.07	3.3
新疆	410 762.30	359 500.00	98 079.15	87 148.82	0.7
中农发集团	531 049.00	531 049.00	35 418.00	35 418.00	

各地区渔业经济总产值(一)
(按当年价格计算)

单位:万元

地 区	总 计	一、渔业产值			
		合 计	海水养殖	淡水养殖	海洋捕捞
全国总计	**296 897 263.70**	**151 586 282.09**	**43 017 007.14**	**74 737 522.48**	**23 037 181.11**
北 京	394 302.21	41 561.96		17 705.60	10 702.70
天 津	870 890.00	828 884.00	57 096.00	588 783.00	154 443.00
河 北	3 667 346.42	3 134 088.67	1 613 395.65	575 732.61	714 155.35
山 西	151 109.80	91 240.57		86 628.57	
内 蒙 古	258 638.14	188 622.21		157 582.66	
辽 宁	13 283 559.00	7 091 705.00	4 192 594.00	1 133 351.00	1 100 146.00
吉 林	1 601 635.00	561 966.44		485 027.83	
黑 龙 江	1 770 664.90	1 358 773.95		1 178 905.46	
上 海	492 219.39	442 972.93	898.00	219 911.99	210 024.48
江 苏	38 017 011.07	19 196 256.15	3 087 442.00	12 058 327.65	1 859 223.90
浙 江	23 307 403.00	12 111 816.00	2 424 643.00	2 982 769.00	6 273 770.00
安 徽	10 181 051.77	6 488 862.67		5 639 052.48	
福 建	34 522 685.34	16 754 169.16	9 819 219.02	2 159 716.03	4 075 922.35
江 西	11 527 484.63	5 835 881.03		5 295 888.85	
山 东	40 502 165.74	17 324 586.50	10 728 457.00	2 216 998.00	3 377 543.00
河 南	2 230 516.24	1 552 963.00		1 350 932.00	
湖 北	32 360 445.00	15 560 442.00		14 514 896.00	
湖 南	9 454 842.91	6 050 632.92		5 696 145.82	
广 东	40 877 058.00	17 862 410.00	7 250 074.00	8 277 513.00	1 501 412.00
广 西	11 775 088.76	5 811 147.24	2 478 305.47	2 164 512.23	832 166.33
海 南	6 014 412.00	4 664 898.00	1 364 883.00	568 401.00	2 396 623.00
重 庆	2 218 313.00	1 498 951.00		1 381 702.00	
四 川	6 552 694.07	3 599 786.87		3 278 137.97	
贵 州	791 740.68	722 011.07		661 370.78	
云 南	1 956 813.06	1 199 819.60		1 064 142.82	
西 藏	6 802.45	6 525.45		1 745.00	
陕 西	585 599.33	354 083.42		331 421.33	
甘 肃	34 634.49	24 373.43		23 788.60	
青 海	78 000.00	62 000.00		62 000.00	
宁 夏	470 326.00	274 301.85		240 433.20	
新 疆	410 762.30	359 500.00		324 000.00	
中农发集团	531 049.00	531 049.00			531 049.00

各地区渔业经济总产值(二)
(按当年价格计算)

单位:万元

地区	一、渔业产值(续)		二、渔业工业和建筑业		
	淡水捕捞	水产苗种	合计	水产品加工	渔用机具制造
					小计
全国总计	**3 365 597.77**	**7 428 973.59**	**61 551 634.31**	**44 962 174.89**	**4 088 847.46**
北京	6 581.80	6 571.86	10 094.00	7 962.00	
天津	8 975.00	19 587.00	16 100.00		
河北	76 959.39	153 845.67	367 452.26	294 773.00	29 899.00
山西	1 951.40	2 660.60	43 152.46	4 989.00	
内蒙古	21 521.47	9 518.08	11 431.00	11 431.00	
辽宁	67 921.00	597 693.00	3 045 804.00	2 572 451.00	111 105.00
吉林	58 862.81	18 075.80	694 622.30	693 526.30	393.00
黑龙江	126 136.85	53 731.64	79 537.60	33 635.00	2.60
上海	1 489.26	10 649.20	21 060.00	21 060.00	
江苏	1 340 995.60	850 267.00	6 178 365.32	3 504 777.35	293 504.84
浙江	202 063.00	228 571.00	5 231 199.00	4 254 378.00	292 947.00
安徽	393 653.00	456 157.19	1 367 891.05	580 673.71	614 632.86
福建	160 259.61	539 052.15	12 695 999.50	11 040 885.00	728 354.00
江西	114 705.08	425 287.10	3 177 292.78	2 323 616.09	23 091.06
山东	203 002.00	798 586.50	13 378 932.20	10 240 259.20	1 743 702.00
河南	83 180.00	118 851.00	190 665.00	37 889.00	592.00
湖北	77 982.00	967 564.00	6 247 830.00	4 499 430.00	13 406.00
湖南	12 038.18	342 448.92	1 102 541.45	547 549.63	73 332.28
广东	185 014.00	648 397.00	4 589 855.00	2 541 452.00	79 454.00
广西	75 620.36	260 542.85	1 342 961.94	727 060.28	63 744.17
海南	24 093.00	310 898.00	981 825.00	915 499.00	18 329.00
重庆		117 249.00	131 762.00	6 224.00	1 440.00
四川		321 648.90	316 041.20	23 034.10	214.00
贵州	17 065.95	43 574.34	13 662.38	11 803.01	
云南	59 657.05	76 019.73	171 204.74	44 300.67	60.00
西藏	4 130.45	650.00	277.00	50.00	
陕西		22 662.09	54 385.07	3 662.55	186.65
甘肃	28.00	556.83	12.00		
青海			16 000.00		
宁夏	9 211.51	24 657.14	39 962.06	4 004.00	
新疆	32 500.00	3 000.00	33 716.00	15 800.00	458.00
中农发集团					

各地区渔业经济总产值(三)
(按当年价格计算)

单位:万元

地　区	二、渔业工业和建筑业(续)					
	渔用机具制造(续)		渔用饲料	渔用药物	建　筑	其　他
	渔船渔机修造	渔用绳网制造				
全国总计	**2 508 171.63**	**1 372 627.39**	**8 935 711.00**	**335 286.03**	**2 305 477.16**	**924 137.77**
北　京			1 952.00	180.00		
天　津			16 100.00			
河　北	8 138.00	21 349.00	40 769.62		1 547.00	463.64
山　西			1 634.00	36 529.46		
内蒙古						
辽　宁	66 859.00	32 823.00	192 180.00	11 723.00	140 699.00	17 646.00
吉　林	55.00	58.00	683.00	20.00		
黑龙江			42 450.00	750.00	2 700.00	
上　海						
江　苏	152 813.90	114 220.43	1 952 792.04	120 724.27	195 227.84	111 338.98
浙　江	160 753.00	111 807.00	490 221.00	50.00	90 734.00	102 869.00
安　徽	9 982.39	604 650.47	147 095.58	10 402.69	12 281.21	2 805.00
福　建	655 761.00	61 729.00	666 180.00	2 299.00	107 962.00	150 319.50
江　西	16 017.07	7 073.99	554 014.83	15 905.22	220 754.28	39 911.30
山　东	1 288 846.00	332 946.00	232 168.00	17 198.00	693 066.00	452 539.00
河　南	4.00	588.00	149 134.00	580.00	1 857.00	613.00
湖　北	868.00	11 192.00	1 275 316.00	59 830.00	393 668.00	6 180.00
湖　南	27 824.82	45 507.46	317 052.74	32 687.06	123 846.76	8 072.98
广　东	51 457.00	21 245.00	1 874 547.00	7 974.00	60 414.00	26 014.00
广　西	55 000.09	1 350.04	401 470.52	6 328.22	143 701.62	657.13
海　南	12 948.00	5 354.00	42 961.00	1 470.00	1 609.00	1 957.00
重　庆	135.00	635.00	107 236.00	1 254.00	15 292.00	316.00
四　川	214.00		236 947.10	6 937.00	48 909.00	
贵　州			1 845.52	13.85		
云　南	30.00	30.00	103 960.88	1 256.75	21 156.44	470.00
西　藏			220.00	7.00		
陕　西	15.36	61.00	19 362.11	496.51	29 012.01	1 665.24
甘　肃					12.00	
青　海			16 000.00			
宁　夏			35 958.06			
新　疆	450.00	8.00	15 460.00	670.00	1 028.00	300.00
中农发集团						

各地区渔业经济总产值(四)

(按当年价格计算)

单位:万元

地　　区	三、渔业流通和服务业				
	合　计	水产流通	水产(仓储)运输	休闲渔业	其　他
全 国 总 计	**83 759 347.30**	**67 515 883.16**	**5 309 133.15**	**8 355 635.93**	**2 578 695.06**
北　　京	342 646.25	204 068.00	82 530.00	55 416.25	632.00
天　　津	25 906.00			24 029.00	1 877.00
河　　北	165 805.49	44 462.01	17 423.00	77 958.89	25 961.59
山　　西	16 716.77	9 328.21	360.60	6 985.96	42.00
内 蒙 古	58 584.93	28 847.08	4 206.50	25 531.35	
辽　　宁	3 146 050.00	2 208 338.00	491 493.00	303 709.00	142 510.00
吉　　林	345 046.26	202 635.24	6 259.00	134 704.02	1 448.00
黑 龙 江	332 353.35	249 648.47	13 606.50	64 854.38	4 244.00
上　　海	28 186.46	19 000.00		9 186.46	
江　　苏	12 642 389.60	10 976 985.65	543 548.95	753 409.51	368 445.49
浙　　江	5 964 388.00	5 041 466.00	262 471.00	296 688.00	363 763.00
安　　徽	2 324 298.05	1 737 260.60	157 445.76	396 312.69	33 279.00
福　　建	5 072 516.68	4 390 090.33	279 738.03	132 898.57	269 789.75
江　　西	2 514 310.82	2 079 975.30	118 418.20	274 942.26	40 975.06
山　　东	9 798 647.04	5 541 874.10	1 933 059.00	1 806 780.63	516 933.31
河　　南	486 888.24	384 968.90	37 592.00	62 161.44	2 165.90
湖　　北	10 552 173.00	8 350 661.00	612 930.00	1 259 622.00	328 960.00
湖　　南	2 301 668.54	1 506 910.01	197 289.72	273 835.52	323 633.29
广　　东	18 424 793.00	17 055 152.00	68 741.00	1 213 886.00	87 014.00
广　　西	4 620 979.58	4 390 483.16	163 872.96	45 127.24	21 496.22
海　　南	367 689.00	184 516.00	18 179.00	136 734.00	28 260.00
重　　庆	587 600.00	315 396.00	43 315.00	225 268.00	3 621.00
四　　川	2 636 866.00	1 912 604.53	194 435.73	522 513.74	7 312.00
贵　　州	56 067.23	9 498.00	852.50	45 548.73	168.00
云　　南	585 788.72	428 900.66	36 696.59	119 949.67	241.80
西　　藏					
陕　　西	177 130.84	112 566.32	9 021.05	50 121.32	5 422.15
甘　　肃	10 249.06	117.74	76.84	10 049.48	5.00
青　　海					
宁　　夏	156 062.09	124 831.25	13 694.92	17 040.42	495.50
新　　疆	17 546.30	5 298.60	1 876.30	10 371.40	
中农发集团					

（二）渔民家庭收支

全国渔民人均纯收入

单位：元

地区	2021 年	2020 年	2021 年比 2020 年增减（±）	
			绝对量	幅度（%）
全国总计	**23 442.13**	**21 837.16**	**1 604.97**	**7.35**
北　　京	12 270.05	13 283.61	−1 013.56	−7.63
天　　津	28 525.00	27 796.90	728.10	2.62
河　　北	21 535.74	19 547.25	1 988.49	10.17
山　　西	12 137.18	11 285.95	851.23	7.54
内 蒙 古	14 900.94	14 341.42	559.52	3.90
辽　　宁	23 369.04	20 968.19	2 400.85	11.45
吉　　林	16 407.68	16 023.89	383.79	2.40
黑 龙 江	23 765.15	20 578.13	3 187.02	15.49
上　　海	29 792.01	28 975.14	816.87	2.82
江　　苏	30 030.09	29 803.48	226.61	0.76
浙　　江	31 311.00	29 192.30	2 118.70	7.26
安　　徽	22 343.42	19 575.57	2 767.85	14.14
福　　建	25 793.23	24 214.75	1 578.48	6.52
江　　西	19 379.09	17 587.75	1 791.34	10.19
山　　东	25 179.22	24 424.31	754.91	3.09
河　　南	18 276.25	17 723.15	553.10	3.12
湖　　北	23 943.03	20 297.37	3 645.66	17.96
湖　　南	20 496.98	18 393.65	2 103.33	11.44
广　　东	22 436.81	22 375.01	61.80	0.28
广　　西	22 867.11	22 747.00	120.11	0.53
海　　南	17 228.05	16 554.60	673.45	4.07
重　　庆	22 713.13	19 960.30	2 752.83	13.79
四　　川	22 151.75	19 926.09	2 225.66	11.17
贵　　州	12 332.73	10 695.31	1 637.42	15.31
云　　南	19 585.39	17 076.98	2 508.41	14.69
西　　藏				
陕　　西	15 828.16	15 509.22	318.94	2.06
甘　　肃	9 515.29	9 497.73	17.56	0.18
青　　海	15 870.00	15 958.12	−88.12	−0.55
宁　　夏	16 702.19	15 109.89	1 592.30	10.54
新　　疆	19 669.46	19 020.87	648.59	3.41

各地区渔民家庭收支调查(一)

单位:元/人

地区	一、家庭总收入	(一)家庭经营收入	其中:经营渔业	(二)工资性收入	其中:渔业	(三)财产性净收入	1.红利收入
全国总计	**78 377.49**	**69 935.99**	**65 660.27**	**5 399.95**	**1 937.58**	**365.26**	**109.86**
北　京	56 664.79	49 909.74	47 787.30	4 804.85	1 753.83	356.11	91.84
天　津	221 124.04	202 660.25	201 660.33	14 353.85	5 417.99	1 868.41	
河　北	152 782.30	146 237.42	144 214.24	2 380.96	1 594.40	485.95	288.92
山　西	73 286.54	71 032.04	67 316.12	1 860.19	240.78	56.31	
内蒙古	45 419.08	42 860.93	32 865.68	1 297.49	139.85	5.15	
辽　宁	129 173.58	116 669.75	112 371.18	7 271.39	3 902.66	417.91	2.26
吉　林	40 800.93	39 625.38	32 264.82	596.25	18.66	169.46	
黑龙江	88 679.12	86 864.14	76 570.82	498.57	97.13	434.86	
上　海	138 370.25	133 033.23	132 359.08	2 209.73	163.27	1 123.30	74.83
江　苏	124 592.47	115 105.36	110 809.76	5 644.70	1 154.88	1 271.53	37.50
浙　江	110 037.09	94 134.74	90 066.42	12 211.92	4 941.47	714.42	268.87
安　徽	68 827.96	62 839.04	56 209.66	3 830.21	780.18	287.83	17.54
福　建	79 797.02	73 263.37	69 991.52	4 829.39	2 322.78	322.67	169.33
江　西	67 006.76	61 093.51	56 248.51	2 788.35	536.74	249.85	55.68
山　东	101 498.75	94 426.88	91 007.15	3 153.49	1 112.75	746.12	117.31
河　南	41 846.45	36 170.59	32 863.81	4 403.15	338.18	274.38	34.36
湖　北	47 219.52	36 273.74	33 468.14	5 324.30	747.48	213.86	37.76
湖　南	53 567.72	47 010.47	40 936.30	4 281.07	1 638.21	208.82	54.93
广　东	59 958.54	49 614.27	44 569.20	8 179.57	4 289.89	219.52	121.37
广　西	70 061.86	59 892.65	55 738.26	6 856.84	1 204.11	—742.13	67.17
海　南	39 013.94	35 467.88	31 119.09	2 417.17	520.33	99.55	
重　庆	98 864.07	92 014.36	87 747.80	4 928.33	849.35	846.91	706.92
四　川	67 677.95	60 202.03	56 450.02	4 510.90	1 650.79	341.58	134.46
贵　州	20 140.01	17 770.82	14 678.39	1 359.89	68.77	4.96	0.58
云　南	90 328.99	86 351.79	82 051.97	2 451.05	1 602.05	379.78	48.39
西　藏							
陕　西	139 469.43	129 113.91	120 445.09	6 734.41	4 365.23	790.32	535.84
甘　肃	37 017.00	33 706.47	28 092.69	2 841.29	607.21	108.49	
青　海	273 375.00	231 250.00	231 250.00	23 750.00	23 750.00		
宁　夏	176 673.08	171 232.71	166 990.52	3 912.31	971.43	246.52	
新　疆	183 682.01	178 451.88	177 456.07	5 146.44	4 761.51	83.68	

各地区渔民家庭收支调查(二)

单位:元/人

地区	一、家庭总收入(续)						二、家庭经营费用支出
	(三)财产性净收入(续)	(四)转移性收入					
	其中(续)		1. 生产补贴(惠农补贴)	其中:渔业补贴	2. 社会救济或政策性生活补贴	3. 其他转移性收入	
	2.转让经营权租金收入						
全国总计	**152.93**	**2 676.29**	**974.95**	**917.60**	**72.57**	**1 628.78**	**48 587.87**
北京	25.51	1 594.08			105.10	1 488.99	32 090.28
天津	1 849.95	2 241.52			257.14	1 984.39	169 115.01
河北	143.21	3 677.98	2 838.65	2 804.51	351.50	487.83	111 270.58
山西	56.31	338.00	217.11	214.58	2.80	118.10	57 753.11
内蒙古	5.15	1 255.51	335.12	14.55	60.61	859.79	25 058.50
辽宁	137.17	4 814.53	3 092.94	2 956.54	198.24	1 523.36	96 233.30
吉林	51.31	409.85	173.47	22.39		236.39	20 997.10
黑龙江	371.82	881.56	499.11	64.91	7.47	374.97	58 565.90
上海		2 003.99				2 003.99	97 081.33
江苏	200.47	2 570.88	402.56	352.25	133.91	2 034.41	81 447.17
浙江	118.79	2 976.02	1 031.44	1 029.39	184.71	1 759.86	69 143.39
安徽	114.91	1 870.87	504.90	297.25	50.77	1 315.21	39 544.00
福建	34.69	1 381.59	603.29	597.63	49.56	728.74	49 098.75
江西	80.50	2 875.05	98.52	31.43	140.98	2 635.55	42 832.21
山东	178.32	3 172.26	2 168.58	2 145.37	100.17	903.51	65 276.02
河南	29.23	998.33	34.10		3.73	960.50	22 420.57
湖北	69.56	5 407.62	146.45	36.74	22.52	5 238.64	21 666.56
湖南	23.29	2 067.36	94.67	10.79	23.72	1 948.97	30 850.04
广东	62.02	1 945.18	1 207.19	1 193.46	29.26	708.74	34 332.52
广西	1 139.82	4 054.50	3 020.78	3 020.78	23.39	1 010.33	40 576.81
海南		1 029.34	638.08	638.08	26.52	364.74	20 899.14
重庆	84.01	1 074.47	205.78	167.43	42.57	826.13	63 219.53
四川	27.95	2 623.44	698.63	644.26	31.45	1 893.37	39 500.47
贵州		1 004.33	468.62	452.42	0.68	535.04	7 301.08
云南	140.20	1 146.37	182.18	88.09	145.16	819.02	63 660.67
西藏							
陕西	25.09	2 830.80	1 915.77	1 055.56	116.56	798.46	108 368.46
甘肃		360.75	26.20	0.01	19.77	314.79	21 553.89
青海		18 375.00	13 125.00	13 125.00		5 250.00	246 125.00
宁夏	217.95	1 281.54	14.51		449.82	817.22	155 939.04
新疆	83.68						156 689.96

各地区渔民家庭收支调查(三)

单位:元/人

地区	二、家庭经营费用支出(续)					三、生产性固定资产折旧	其中:渔业固定资产折旧
	其中:经营渔业支出	(1)燃料及冰费用	(2)雇工费用	(3)饲料及苗种费用	(4)其他费用		
全国总计	**46 865.81**	**10 000.66**	**10 127.55**	**24 713.22**	**2 024.38**	**3 626.20**	**3 368.90**
北京	31 992.32	6 182.27	3 536.73	21 651.63	621.68	10 077.72	8 719.90
天津	167 962.58	9 545.26	10 250.58	144 822.63	3 344.11	1 758.08	1 722.81
河北	110 502.32	14 110.00	44 796.33	46 067.73	5 528.26	4 818.24	4 770.69
山西	56 527.48	5 772.14	4 919.22	43 027.77	2 808.35	2 505.86	2 083.21
内蒙古	22 516.03	2 690.65	2 026.60	16 634.13	1 164.65	4 971.51	2 407.86
辽宁	95 008.70	22 535.95	37 448.33	32 522.54	2 501.89	7 355.17	7 142.76
吉林	19 909.13	2 435.12	2 920.64	13 654.77	898.61	1 407.84	1 008.68
黑龙江	53 284.15	6 950.72	6 009.46	38 844.89	1 479.08	2 315.35	1 615.82
上海	95 572.83	13 664.34	15 335.44	60 259.47	6 313.57	3 104.78	3 091.45
江苏	79 713.31	13 261.19	19 099.21	43 320.62	4 032.28	6 301.21	5 951.58
浙江	68 663.64	20 484.18	17 951.39	27 239.64	2 988.43	5 854.94	5 631.27
安徽	36 755.71	2 390.20	4 427.72	27 915.27	2 022.52	1 137.39	984.26
福建	47 622.01	12 287.86	9 984.55	22 907.01	2 442.58	4 277.08	4 228.27
江西	39 813.02	2 184.21	2 455.60	33 850.34	1 322.87	635.50	553.08
山东	63 878.52	19 451.63	23 744.86	17 731.98	2 950.05	9 371.34	8 753.24
河南	21 718.94	1 637.13	868.00	18 805.83	407.98	555.74	432.51
湖北	20 485.12	1 073.54	1 176.56	16 644.14	1 590.88	667.21	461.27
湖南	28 675.93	2 412.99	2 487.55	22 441.07	1 334.32	1 217.16	848.55
广东	31 891.32	16 856.55	8 824.12	5 292.02	918.62	3 070.37	2 932.76
广西	38 842.33	12 915.37	5 485.36	19 926.94	514.67	4 779.44	4 670.38
海南	18 308.18	4 349.14	836.16	11 794.70	1 328.18	886.76	870.23
重庆	60 863.98	3 916.95	5 076.28	49 331.67	2 539.08	4 694.85	3 823.57
四川	38 570.94	1 894.28	2 753.42	31 565.22	2 358.01	1 619.30	1 288.54
贵州	6 555.36	1 396.77	408.14	4 598.22	152.23	356.15	243.49
云南	62 310.92	3 153.33	5 228.54	51 914.67	2 014.39	1 078.46	905.24
西藏							
陕西	105 113.98	6 356.99	11 453.05	82 744.80	4 559.14	5 518.95	4 394.81
甘肃	20 028.08	2 142.27	2 193.68	14 824.75	867.39	5 936.95	4 616.95
青海	246 125.00	14 875.00	37 500.00	181 250.00	12 500.00	11 380.00	11 380.00
宁夏	152 687.36	7 065.42	11 574.18	126 967.98	7 079.78	3 315.70	1 005.83
新疆	156 689.96	6 678.24	16 538.91	130 757.32	2 715.48	6 504.18	6 462.34

各地区渔民家庭收支调查(四)

单位:元/人

地 区	四、税费支出	其中:渔业税费支出	五、转移性支出	六、纯收入	其中:渔业纯收入	七、可支配收入	八、生活消费支出
全国总计	**2 721.29**	**2 625.30**	**1 504.58**	**23 442.13**	**15 655.46**	**22 589.99**	**10 747.20**
北 京	2 226.73	2 226.73	1 745.92	12 270.05	6 602.17	10 743.38	10 270.61
天 津	21 725.96	21 725.96	1 329.67	28 525.00	15 666.97	27 195.33	16 486.12
河 北	15 157.74	15 157.74	1 528.24	21 535.74	18 182.40	20 987.77	10 278.27
山 西	890.39	789.03	1 620.93	12 137.18	8 371.76	10 703.30	10 363.17
内 蒙 古	488.14	379.74	1 664.68	14 900.94	7 716.44	13 565.11	11 534.25
辽 宁	2 216.07	1 966.35	3 568.03	23 369.04	15 112.57	19 847.38	15 337.77
吉 林	1 988.32	1 979.83	516.76	16 407.68	9 408.22	16 101.19	7 893.96
黑 龙 江	4 032.72	4 031.86	450.41	23 765.15	17 801.03	24 097.26	8 815.98
上 海	8 392.12	8 392.12	1 404.84	29 792.01	25 465.94	29 079.53	9 700.52
江 苏	6 814.01	6 338.60	2 686.36	30 030.09	20 313.40	28 056.59	12 096.96
浙 江	3 727.76	3 714.88	2 722.54	31 311.00	18 027.50	28 908.68	16 125.62
安 徽	5 803.15	5 529.33	1 528.94	22 343.42	14 017.79	22 140.38	9 953.96
福 建	627.96	587.08	841.62	25 793.23	20 474.58	24 986.02	11 437.93
江 西	4 159.96	4 125.25	1 410.75	19 379.09	12 325.34	20 181.07	10 486.39
山 东	1 672.17	1 642.86	1 584.28	25 179.22	19 990.67	24 579.76	11 455.58
河 南	593.89	590.11	579.07	18 276.25	10 460.42	18 071.35	6 548.27
湖 北	942.72	900.93	1 247.37	23 943.03	12 405.04	23 403.03	7 962.51
湖 南	1 003.54	721.05	1 500.55	20 496.98	12 339.76	19 764.51	10 349.20
广 东	118.84	111.31	1 114.74	22 436.81	15 117.16	21 459.14	9 920.38
广 西	1 838.50	1 798.72	1 269.20	22 867.11	14 651.71	22 290.39	12 243.87
海 南			369.11	17 228.05	13 099.10	18 593.76	8 332.81
重 庆	8 236.57	8 091.25	2 024.04	22 713.13	15 985.78	21 075.40	9 849.14
四 川	4 406.43	4 357.15	1 242.88	22 151.75	14 528.43	21 416.20	9 449.18
贵 州	150.06	94.17	491.53	12 332.73	8 306.56	11 854.24	5 285.38
云 南	6 004.47	5 925.68	1 335.55	19 585.39	14 600.27	18 690.43	9 041.82
西 藏							
陕 西	9 753.87	9 697.63	1 329.91	15 828.16	6 659.45	16 443.13	13 549.48
甘 肃	10.87	10.87	989.42	9 515.29	4 044.01	9 079.90	7 282.60
青 海			7 982.06	15 870.00	10 620.00	15 775.88	15 941.56
宁 夏	716.15	679.52	1 802.67	16 702.19	13 589.24	15 291.61	12 351.77
新 疆	818.41	818.41	1 110.04	19 669.46	18 246.86	19 202.16	15 869.21

二、生　　产

(一)水产品总产量

全国水产品总产量

单位:吨

指　　标	2021 年	2020 年	2021 年比 2020 年增减(±)	
			绝对量	幅度(%)
全国总计	**66 902 945**	**65 490 169**	**1 412 776**	**2.16**
海水产品	33 872 434	33 143 754	728 680	2.20
淡水产品	33 030 511	32 346 415	684 096	2.11
养殖产量	53 944 050	52 241 988	1 702 062	3.26
海水养殖	22 111 374	21 353 076	758 298	3.55
淡水养殖	31 832 676	30 888 912	943 764	3.06
捕捞产量	12 958 895	13 248 181	−289 286	−2.18
海洋捕捞	9 514 584	9 474 104	40 480	0.43
远洋渔业	2 246 476	2 316 574	−70 098	−3.03
淡水捕捞	1 197 835	1 457 503	−259 668	−17.82
养殖产品中:鱼类	28 246 561	27 613 587	632 974	2.29
甲壳类	6 439 059	6 032 862	406 197	6.73
贝类	15 456 691	14 987 114	469 577	3.13
藻类	2 722 928	2 621 383	101 545	3.87
其他类	1 078 811	987 042	91 769	9.30
捕捞产品中:鱼类	7 371 829	7 596 664	−224 835	−2.96
甲壳类	1 984 542	1 972 651	11 891	0.60
贝类	500 512	533 289	−32 777	−6.15
藻类	20 438	21 978	−1 540	−7.01
头足类	585 514	564 901	20 613	3.65
其他类	249 584	242 124	7 460	3.08

各地区水产品产量(一)

单位:吨

地区	2021年							
	总产量	1.养殖产品小计	a.海水养殖	b.淡水养殖	2.捕捞产品小计	a.海洋捕捞	b.远洋渔业	c.淡水捕捞
全国总计	**66 902 945**	**53 944 050**	**22 111 374**	**31 832 676**	**12 958 895**	**9 514 584**	**2 246 476**	**1 197 835**
北京	21 807	11 683		11 683	10 124		7 472	2 652
天津	273 282	237 966	10 865	227 101	35 316	26 722	5 744	2 850
河北	1 081 010	805 472	543 151	262 321	275 538	190 903	49 570	35 065
山西	50 863	49 912		49 912	951			951
内蒙古	106 834	96 442		96 442	10 392			10 392
辽宁	4 824 064	4 065 948	3 249 160	816 788	758 116	475 350	245 787	36 979
吉林	249 498	230 867		230 867	18 631			18 631
黑龙江	718 514	675 514		675 514	43 000			43 000
上海	227 851	67 899	231	67 668	159 952	9 912	149 281	759
江苏	4 938 062	4 334 936	881 128	3 453 808	603 126	412 819	12 339	177 968
浙江	5 990 514	2 657 210	1 393 226	1 263 984	3 333 304	2 568 585	608 437	156 282
安徽	2 365 033	2 242 195		2 242 195	122 838			122 838
福建	8 530 729	6 321 175	5 437 156	884 019	2 209 554	1 531 132	606 575	71 847
江西	2 695 115	2 661 004		2 661 004	34 111			34 111
山东	8 544 248	6 419 349	5 373 842	1 045 507	2 124 899	1 691 798	337 368	95 733
河南	943 224	833 260		833 260	109 964			109 964
湖北	4 832 079	4 806 257		4 806 257	25 822			25 822
湖南	2 661 061	2 655 449		2 655 449	5 612			5 612
广东	8 845 163	7 568 096	3 362 424	4 205 672	1 277 067	1 127 181	60 819	89 067
广西	3 548 070	2 964 515	1 587 196	1 377 319	583 555	479 415	18 671	85 469
海南	1 640 918	624 751	272 995	351 756	1 016 167	1 000 767		15 400
重庆	545 343	545 343		545 343				
四川	1 664 890	1 664 890		1 664 890				
贵州	262 061	257 256		257 256	4 805			4 805
云南	657 743	628 390		628 390	29 353			29 353
西藏	828	140		140	688			688
陕西	170 700	170 700		170 700				
甘肃	14 205	14 205		14 205				
青海	18 285	18 285		18 285				
宁夏	165 999	159 938		159 938	6 061			6 061
新疆	170 539	155 003		155 003	15 536			15 536
中农发集团	144 413				144 413		144 413	

各地区水产品产量(二)

单位:吨

地区	2020年							
	总产量	1.养殖产品小计	a.海水养殖	b.淡水养殖	2.捕捞产品小计	a.海洋捕捞	b.远洋渔业	c.淡水捕捞
全国总计	**65 490 169**	**52 241 988**	**21 353 076**	**30 888 912**	**13 248 181**	**9 474 104**	**2 316 574**	**1 457 503**
北京	22 888	14 790		14 790	8 098		5 548	2 550
天津	284 769	247 062	9 739	237 323	37 707	26 952	6 093	4 662
河北	1 003 418	747 753	488 132	259 621	255 665	171 612	50 469	33 584
山西	46 799	45 167		45 167	1 632			1 632
内蒙古	117 565	106 607		106 607	10 958			10 958
辽宁	4 623 030	3 865 586	3 064 802	800 784	757 444	463 847	249 843	43 754
吉林	244 788	225 963		225 963	18 825			18 825
黑龙江	674 141	631 727		631 727	42 414			42 414
上海	244 103	82 625	257	82 368	161 478	10 840	149 635	1 003
江苏	4 901 846	4 215 347	922 756	3 292 591	686 499	417 719	9 421	259 359
浙江	5 895 538	2 588 743	1 372 396	1 216 347	3 306 795	2 568 624	568 376	169 795
安徽	2 324 054	2 180 103		2 180 103	143 951			143 951
福建	8 329 804	6 122 683	5 268 029	854 654	2 207 121	1 528 951	607 935	70 235
江西	2 626 904	2 554 738		2 554 738	72 166			72 166
山东	8 286 092	6 150 915	5 141 394	1 009 521	2 135 177	1 655 165	384 378	95 634
河南	980 594	869 129		869 129	111 465			111 465
湖北	4 679 284	4 604 012		4 604 012	75 272			75 272
湖南	2 589 158	2 564 638		2 564 638	24 520			24 520
广东	8 758 058	7 466 461	3 312 352	4 154 109	1 291 597	1 131 722	61 193	98 682
广西	3 458 010	2 867 825	1 506 672	1 361 153	590 185	484 058	18 450	87 677
海南	1 646 448	617 476	266 547	350 929	1 028 972	1 014 614		14 358
重庆	523 976	518 836		518 836	5 140			5 140
四川	1 604 097	1 598 994		1 598 994	5 103			5 103
贵州	248 718	241 607		241 607	7 111			7 111
云南	643 990	614 542		614 542	29 448			29 448
西藏	933	180		180	753			753
陕西	168 999	164 220		164 220	4 779			4 779
甘肃	14 028	14 028		14 028				
青海	18 257	18 257		18 257				
宁夏	161 625	152 769		152 769	8 856			8 856
新疆	163 022	149 205		149 205	13 817			13 817
中农发集团	205 233				205 233		205 233	

各地区水产品产量(三)

单位:吨

地区	2021年比2020年增减(±)							
	总产量	1.养殖产品小计	a.海水养殖	b.淡水养殖	2.捕捞产品小计	a.海洋捕捞	b.远洋渔业	c.淡水捕捞
全国总计	**1 412 776**	**1 702 062**	**758 298**	**943 764**	**−289 286**	**40 480**	**−70 098**	**−259 668**
北京	−1 081	−3 107		−3 107	2 026		1 924	102
天津	−11 487	−9 096	1 126	−10 222	−2 391	−230	−349	−1 812
河北	77 592	57 719	55 019	2 700	19 873	19 291	−899	1 481
山西	4 064	4 745		4 745	−681			−681
内蒙古	−10 731	−10 165		−10 165	−566			−566
辽宁	201 034	200 362	184 358	16 004	672	11 503	−4 056	−6 775
吉林	4 710	4 904		4 904	−194			−194
黑龙江	44 373	43 787		43 787	586			586
上海	−16 252	−14 726	−26	−14 700	−1 526	−928	−354	−244
江苏	36 216	119 589	−41 628	161 217	−83 373	−4 900	2 918	−81 391
浙江	94 976	68 467	20 830	47 637	26 509	−39	40 061	−13 513
安徽	40 979	62 092		62 092	−21 113			−21 113
福建	200 925	198 492	169 127	29 365	2 433	2 181	−1 360	1 612
江西	68 211	106 266		106 266	−38 055			−38 055
山东	258 156	268 434	232 448	35 986	−10 278	36 633	−47 010	99
河南	−37 370	−35 869		−35 869	−1 501			−1 501
湖北	152 795	202 245		202 245	−49 450			−49 450
湖南	71 903	90 811		90 811	−18 908			−18 908
广东	87 105	101 635	50 072	51 563	−14 530	−4 541	−374	−9 615
广西	90 060	96 690	80 524	16 166	−6 630	−4 643	221	−2 208
海南	−5 530	7 275	6 448	827	−12 805	−13 847		1 042
重庆	21 367	26 507		26 507	−5 140			−5 140
四川	60 793	65 896		65 896	−5 103			−5 103
贵州	13 343	15 649		15 649	−2 306			−2 306
云南	13 753	13 848		13 848	−95			−95
西藏	−105	−40		−40	−65			−65
陕西	1 701	6 480		6 480	−4 779			−4 779
甘肃	177	177		177				
青海	28	28		28				
宁夏	4 374	7 169		7 169	−2 795			−2 795
新疆	7 517	5 798		5 798	1 719			1 719
中农发集团	−60 820				−60 820		−60 820	

(二)水产养殖

全国水产养殖产量(按水域和养殖方式分)

单位:吨

指标		2021 年	2020 年	2021 年比 2020 年增减(±)	
				绝对量	幅度(%)
总计		**53 944 050**	**52 241 988**	**1 702 062**	**3.26**
1. 海水养殖		22 111 374	21 353 076	758 298	3.55
按水域分	海上	13 163 075	12 617 567	545 508	4.32
	滩涂	6 224 236	6 070 744	153 492	2.53
	其他	2 724 063	2 664 765	59 298	2.23
养殖方式中	池塘	2 810 602	2 573 803	236 799	9.20
	普通网箱	626 744	565 112	61 632	10.91
	深水网箱	337 193	293 120	44 073	15.04
	筏式	6 451 222	6 295 033	156 189	2.48
	吊笼	1 703 774	1 392 719	311 055	22.33
	底播	5 352 400	5 386 308	−33 908	−0.63
	工厂化	355 751	325 308	30 443	9.36
2.淡水养殖		31 832 676	30 888 912	943 764	3.06
按水域分	池塘	23 507 883	22 797 586	710 297	3.12
	湖泊	805 002	825 676	−20 674	−2.50
	水库	2 817 093	2 834 439	−17 346	−0.61
	河沟	483 385	502 408	−19 023	−3.79
	其他	662 459	679 694	−17 235	−2.54
	稻田养成鱼	3 556 854	3 249 109	307 745	9.47
养殖方式中	围栏	24 292	37 004	−12 712	−34.35
	网箱	275 058	320 905	−45 847	−14.29
	工厂化	324 157	302 620	21 537	7.12

全国海水养殖产量(一)

单位:吨

指　　标	2021 年	2020 年	2021 年比 2020 年增减(±)	
			绝对量	幅度(%)
海水养殖	**22 111 374**	**21 353 076**	**758 298**	**3.55**
1.鱼类	1 843 800	1 749 764	94 036	5.37
其中:鲈鱼	199 106	195 246	3 860	1.98
鲆鱼	113 848	110 984	2 864	2.58
大黄鱼	254 224	254 062	162	0.06
军曹鱼	27 412	33 778	−6 366	−18.85
鲕鱼	21 087	20 932	155	0.74
鲷鱼	130 947	122 449	8 498	6.94
美国红鱼	63 895	77 408	−13 513	−17.46
河鲀	15 391	15 841	−450	−2.84
石斑鱼	204 119	192 045	12 074	6.29
鲽鱼	9 005	7 477	1 528	20.44
卵形鲳鲹	243 908	101 693	142 215	139.85
2.甲壳类	1 854 948	1 775 001	79 947	4.50
虾	1 572 293	1 487 501	84 792	5.70
其中:南美白对虾	1 273 632	1 197 735	75 897	6.34
斑节对虾	104 665	84 529	20 136	23.82
中国对虾	32 533	30 979	1 554	5.02
日本对虾	44 548	42 293	2 255	5.33
蟹	282 655	287 500	−4 845	−1.69
其中:梭子蟹	105 283	100 895	4 388	4.35
青蟹	152 065	159 433	−7 368	−4.62

全国海水养殖产量(二)

单位:吨

指　　标	2021 年	2020 年	2021 年比 2020 年增减(±)	
			绝对量	幅度(%)
3.贝类	15 260 697	14 800 800	459 897	3.11
其中:牡蛎	5 819 188	5 424 632	394 556	7.27
鲍	217 831	203 485	14 346	7.05
螺	299 620	261 739	37 881	14.47
蚶	340 407	385 108	−44 701	−11.61
贻贝	829 481	886 875	−57 394	−6.47
江珧	12 145	12 601	−456	−3.62
扇贝	1 829 924	1 746 238	83 686	4.79
蛤	4 289 768	4 217 649	72 119	1.71
蛏	859 651	860 265	−614	−0.07
4.藻类	2 714 601	2 615 136	99 465	3.80
其中:海带	1 742 378	1 651 573	90 805	5.50
裙带菜	212 248	225 604	−13 356	−5.92
紫菜	199 162	222 018	−22 856	−10.29
江蓠	398 920	368 967	29 953	8.12
麒麟菜	916	3 856	−2 940	−76.24
石花菜				
羊栖菜	31 090	26 533	4 557	17.17
苔菜	84	20	64	320.00
5.其他类	437 328	412 375	24 953	6.05
其中:海参	222 707	196 564	26 143	13.30
海胆(千克)	13 590 733	7 952 530	5 638 203	70.90
海水珍珠(千克)	2 008	2 121	−113	−5.33
海蜇	77 779	90 414	−12 635	−13.97

全国淡水养殖产量

单位：吨

指 标	2021 年	2020 年	2021 年比 2020 年增减(±)	
			绝对量	幅度(%)
淡水养殖产量	**31 832 676**	**30 888 912**	**943 764**	**3.06**
1.鱼类	26 402 761	25 863 823	538 938	2.08
2.甲壳类	4 584 111	4 257 861	326 250	7.66
虾	3 775 837	3 481 974	293 863	8.44
其中：罗氏沼虾	171 263	161 888	9 375	5.79
青虾	224 413	228 765	−4 352	−1.90
克氏原螯虾	2 633 595	2 393 699	239 896	10.02
南美白对虾	703 767	665 202	38 565	5.80
蟹(河蟹)	808 274	775 887	32 387	4.17
3.贝类	195 994	186 314	9 680	5.20
其中：河蚌	54 628	55 308	−680	−1.23
螺	98 420	90 640	7 780	8.58
蚬	22 246	16 776	5 470	32.61
4.藻类(螺旋藻)	8 327	6 247	2 080	33.30
5.其他类	641 483	574 667	66 816	11.63
其中：龟	50 951	47 323	3 628	7.67
鳖	364 878	332 616	32 262	9.70
蛙	174 997	137 999	36 998	26.81
珍珠(千克)	475 086	454 367	20 719	4.56
6.观赏鱼(万尾)	378 593	444 015	−65 422	−14.73

全国淡水养殖主要鱼类产量

单位:吨

指　标	2021 年	2020 年	2021 年比 2020 年增减(±)	
			绝对量	幅度(%)
青鱼	716 561	694 532	22 029	3.17
草鱼	5 755 095	5 571 083	184 012	3.30
鲢鱼	3 836 589	3 812 899	23 690	0.62
鳙鱼	3 177 030	3 130 301	46 729	1.49
鲤鱼	2 831 763	2 896 669	−64 906	−2.24
鲫鱼	2 783 687	2 748 519	35 168	1.28
鳊鲂	764 303	781 737	−17 434	−2.23
泥鳅	367 086	367 428	−342	−0.09
鲇鱼	322 650	346 852	−24 202	−6.98
鮰鱼	363 344	308 488	54 856	17.78
黄颡鱼	587 822	565 477	22 345	3.95
鲑鱼	2 534	1 615	919	56.90
鳟鱼	35 814	37 841	−2 027	−5.36
河鲀	14 559	10 916	3 643	33.37
短盖巨脂鲤	51 352	59 449	−8 097	−13.62
长吻鮠	22 236	21 195	1 041	4.91
黄鳝	311 436	307 233	4 203	1.37
鳜鱼	373 954	376 986	−3 032	−0.80
池沼公鱼	7 537	9 485	−1 948	−20.54
银鱼	11 321	11 928	−607	−5.09
鲈鱼	702 093	619 519	82 574	13.33
乌鳢	548 481	501 095	47 386	9.46
罗非鱼	1 662 637	1 655 410	7 227	0.44
鲟鱼	121 875	104 280	17 595	16.87
鳗鲡	255 311	250 740	4 571	1.82

各地区海水养殖产量(按品种分)(一)

单位:吨

地 区	海水养殖产量	1.鱼类	其中					
			鲈鱼	鲆鱼	大黄鱼	军曹鱼	鰤鱼	鲷鱼
全国总计	**22 111 374**	**1 843 800**	**199 106**	**113 848**	**254 224**	**27 412**	**21 087**	**130 947**
天 津	10 865	562						
河 北	543 151	15 294		6 692				
辽 宁	3 249 160	66 928	7 453	55 206				5
上 海	231							
江 苏	881 128	65 970	851	5 171	510			
浙 江	1 393 226	69 479	11 202	100	32 300			4 016
福 建	5 437 156	484 576	37 414	5 197	211 384	80	4 195	45 334
山 东	5 373 842	92 943	11 225	40 900	228			533
广 东	3 362 424	780 049	121 311	582	9 802	19 885	16 877	76 796
广 西	1 587 196	131 164	7 821			37		3 198
海 南	272 995	136 835	1 829			7 410	15	1 065

各地区海水养殖产量(按品种分)(二)

单位:吨

地 区	1.鱼类(续)					2.甲壳类	(1)虾	其中	
	其中(续)								
	美国红鱼	河鲀	石斑鱼	鲽鱼	卵形鲳鲹			南美白对虾	斑节对虾
全国总计	**63 895**	**15 391**	**204 119**	**9 005**	**243 908**	**1 854 948**	**1 572 293**	**1 273 632**	**104 665**
天 津			5			10 303	10 303	10 243	
河 北		2 184	894	3 048		33 403	31 908	21 885	125
辽 宁		1 852				26 317	25 826	14 508	
上 海						231	231	231	
江 苏		200		1 051		95 811	72 763	19 670	11 200
浙 江	7 758		365	29	18	110 562	63 130	37 708	831
福 建	15 371	9 774	35 892	2	180	224 316	144 880	120 196	6 938
山 东	688	1 026	805	3 917		208 760	187 776	149 948	1 215
广 东	35 967	355	93 024	30	95 629	723 116	638 110	524 987	79 118
广 西	1 790		2 956	928	110 498	310 399	298 528	296 941	1 037
海 南	2 321		70 178		37 583	111 730	98 838	77 315	4 201

各地区海水养殖产量(按品种分)(三)

单位:吨

地区	2.甲壳类(续)					3.贝类
	(1)虾(续)		(2)蟹			
	其中(续)			其中		
	中国对虾	日本对虾		梭子蟹	青蟹	
全国总计	**32 533**	**44 548**	**282 655**	**105 283**	**152 065**	**15 260 697**
天　津						
河　北	5 109	4 771	1 495	1 493		430 659
辽　宁	8 861	2 399	491	248		2 482 992
上　海						
江　苏	4 612	590	23 048	19 998	1 800	664 960
浙　江	431	1 371	47 432	19 363	27 595	1 092 863
福　建	5 275	7 412	79 436	32 540	38 898	3 409 881
山　东	7 867	19 794	20 984	17 171	675	4 236 766
广　东	378	8 163	85 006	13 883	59 228	1 784 907
广　西		48	11 871		11 871	1 137 273
海　南			12 892	587	11 998	20 396

各地区海水养殖产量(按品种分)(四)

单位:吨

地区	3.贝类(续)								
	其中								
	牡蛎	鲍	螺	蚶	贻贝	江珧	扇贝	蛤	蛏
全国总计	**5 819 188**	**217 831**	**299 620**	**340 407**	**829 481**	**12 145**	**1 829 924**	**4 289 768**	**859 651**
天　津									
河　北	5 151		6 357	9 218			354 473	55 100	210
辽　宁	399 042	1 072		50 115	28 549		353 333	1 432 303	35 046
上　海									
江　苏	47 118		65 612	25 288	43 213			374 679	52 646
浙　江	266 349	397	16 057	146 301	227 749		457	92 291	318 348
福　建	2 111 993	172 413	8 114	61 053	111 112		11 419	494 035	307 706
山　东	1 133 199	35 430	9 489	5 090	337 311	1 870	983 957	1 335 967	142 542
广　东	1 182 125	8 519	53 803	41 581	76 547	10 275	124 191	198 949	3 018
广　西	672 225		125 907	322	5 000		1 503	305 426	135
海　南	1 986		14 281	1 439			591	1 018	

各地区海水养殖产量(按品种分)(五)

单位:吨

地区	4.藻类	其中					
		海带	裙带菜	紫菜	江蓠	麒麟菜	石花菜
全国总计	**2 714 601**	**1 742 378**	**212 248**	**199 162**	**398 920**	**916**	
天　津							
河　北							
辽　宁	505 379	329 398	160 281				
上　海							
江　苏	47 108			47 008			
浙　江	114 777	20 124		66 132			
福　建	1 272 542	847 308		58 844	308 933		
山　东	708 960	542 353	51 107	12 973	50 082		
广　东	61 801	3 195	860	14 205	39 863		
广　西							
海　南	4 034				42	916	

各地区海水养殖产量(按品种分)(六)

单位:吨

地区	4.藻类(续)		5.其他	其中			
	其中(续)						
	羊栖菜	苔菜		海参	海胆(千克)	海水珍珠(千克)	海蜇
全国总计	**31 090**	**84**	**437 328**	**222 707**	**13 590 733**	**2 008**	**77 779**
天　津							
河　北			63 795	13 573			7 330
辽　宁			167 544	73 568	7 903 000		63 575
上　海							
江　苏			7 279	75			3 017
浙　江	24 340	21	5 545	115			1 112
福　建	6 750		45 841	33 292			2 494
山　东			126 413	101 980	5 591 010		251
广　东		63	12 551	104	96 723	1 505	
广　西			8 360			503	
海　南							

各地区海水养殖产量(按水域和养殖方式分)(一)

单位:吨

地　　区	海水养殖产量	按养殖水域分			养殖方式中
		1.海上	2.滩涂	3.其他	1.池塘
全国总计	**22 111 374**	**13 163 075**	**6 224 236**	**2 724 063**	**2 810 602**
天　　津	10 865			10 865	6 868
河　　北	543 151	379 367	53 696	110 088	93 594
辽　　宁	3 249 160	2 373 710	656 950	218 500	219 392
上　　海	231		231		
江　　苏	881 128	238 563	503 833	138 732	243 919
浙　　江	1 393 226	648 300	425 912	319 014	301 593
福　　建	5 437 156	3 728 666	1 226 452	482 038	315 293
山　　东	5 373 842	3 785 458	1 319 743	268 641	241 492
广　　东	3 362 424	1 421 750	1 228 135	712 539	863 359
广　　西	1 587 196	514 777	730 023	342 396	353 231
海　　南	272 995	72 484	79 261	121 250	171 861

各地区海水养殖产量(按水域和养殖方式分)(二)

单位:吨

地　　区	养殖方式中(续)					
	2.普通网箱	3.深水网箱	4.筏式	5.吊笼	6.底播	7.工厂化
全国总计	**626 744**	**337 193**	**6 451 222**	**1 703 774**	**5 352 400**	**355 751**
天　　津						806
河　　北			361 206		38 342	18 949
辽　　宁	9 781	2 232	1 062 323	133 111	1 536 992	49 197
上　　海						
江　　苏			107 996	7 309	412 165	20 272
浙　　江	26 993	26 367	547 284	2 725	281 409	6 904
福　　建	308 953	103 840	1 704 001	147 769	442 276	43 961
山　　东	101 260	33 332	1 864 657	1 215 336	1 741 106	177 037
广　　东	118 505	45 841	375 527	196 684	544 454	12 061
广　　西	52 247	72 010	428 228	840	351 196	721
海　　南	9 005	53 571			4 460	25 843

各地区淡水养殖产量(按品种分)(一)

单位:吨

地　区	淡水养殖产量	1.鱼类	其中				
			青鱼	草鱼	鲢鱼	鳙鱼	鲤鱼
全国总计	**31 832 676**	**26 402 761**	**716 561**	**5 755 095**	**3 836 589**	**3 177 030**	**2 831 763**
北　京	11 683	11 682	369	3 966	779	423	4 351
天　津	227 101	188 195		31 736	22 080	9 124	78 529
河　北	262 321	234 581	226	34 184	33 560	16 022	102 665
山　西	49 912	49 075	413	16 682	9 740	3 648	10 726
内蒙古	96 442	92 160		12 970	15 401	13 187	36 516
辽　宁	816 788	732 529	357	108 064	84 931	51 333	320 526
吉　林	230 867	221 120	2 175	21 605	53 501	42 269	54 420
黑龙江	675 514	651 968	46	66 378	129 285	55 408	227 306
上　海	67 668	45 994	3 326	14 958	5 673	4 922	275
江　苏	3 453 808	2 444 234	102 818	429 552	435 650	259 773	153 468
浙　江	1 263 984	961 910	62 204	96 580	141 953	103 839	35 539
安　徽	2 242 195	1 484 594	75 639	271 290	260 567	263 606	89 319
福　建	884 019	746 649	12 827	177 209	80 362	64 540	58 150
江　西	2 661 004	2 287 071	60 671	626 067	281 376	410 099	144 369
山　东	1 045 507	892 437	6 123	204 450	161 109	102 597	212 602
河　南	833 260	768 171	11 511	134 623	186 657	138 445	171 013
湖　北	4 806 257	3 472 781	197 329	904 734	582 673	460 853	99 824
湖　南	2 655 449	2 156 598	87 021	652 414	339 907	311 176	165 911
广　东	4 205 672	3 814 767	60 381	906 645	198 127	314 507	93 602
广　西	1 377 319	1 321 997	15 292	331 077	229 287	175 099	155 075
海　南	351 756	345 751	1 036	3 918	4 717	8 190	2 088
重　庆	545 343	525 366	2 350	127 483	104 998	55 963	41 749
四　川	1 664 890	1 587 263	2 237	298 747	328 566	191 206	198 335
贵　州	257 256	250 065	1 940	45 717	26 729	33 237	90 845
云　南	628 390	620 177	9 026	88 240	44 562	47 591	136 683
西　藏	140	139					
陕　西	170 700	157 218	322	38 617	31 490	20 103	48 578
甘　肃	14 205	13 882	922	4 288	1 169	386	3 415
青　海	18 285	18 055		25	50		50
宁　夏	159 938	157 796		45 474	15 431	10 557	65 354
新　疆	155 003	148 536		57 402	26 259	8 927	30 480

各地区淡水养殖产量(按品种分)(二)

单位:吨

地　区	1.鱼类(续)						
	其中(续)						
	鲫鱼	鳊鲂	泥鳅	鲇鱼	鮰鱼	黄颡鱼	鲑鱼
全国总计	**2 783 687**	**764 303**	**367 086**	**322 650**	**363 344**	**587 822**	**2 534**
北　京	438	304	27	1	300	66	
天　津	35 463	474	2 063	594	1 257	526	637
河　北	20 849	63	3 288	169	588	1 604	11
山　西	1 232	16	23	31	1 130	189	
内蒙古	10 668	439	706	1 034		78	6
辽　宁	64 386	4 389	5 351	37 117	94	1 346	595
吉　林	29 896	1 857	3 679	3 727	3	2 432	231
黑龙江	126 681	353	5 902	3 646	20	1 337	
上　海	9 041	1 229	23	43	394	1 536	
江　苏	602 271	167 851	41 775	4 540	403	25 983	23
浙　江	107 430	31 476	25 936	1 136	1 622	122 439	65
安　徽	191 001	89 220	36 865	16 526	9 249	36 040	
福　建	40 483	4 404	3 031	9 615	3 539	5 682	
江　西	243 844	59 951	86 713	34 035	8 597	61 817	43
山　东	89 297	2 217	5 707	18 810	6 011	2 008	
河　南	48 943	8 785	5 330	6 087	44 088	1 538	
湖　北	354 116	246 793	38 621	15 959	65 307	142 009	
湖　南	218 706	87 050	17 527	24 344	18 747	35 591	28
广　东	159 758	18 229	32 307	23 095	64 394	82 219	77
广　西	33 232	1 556	2 896	29 493	19 621	7 783	1
海　南	641	202	192	1 255	73		
重　庆	109 078	6 285	11 224	6 755	8 393	13 248	22
四　川	211 150	29 392	32 492	72 414	91 484	38 040	370
贵　州	9 989	377	1 598	3 095	3 137	1 470	7
云　南	38 428	434	2 701	7 974	2 603	2 271	14
西　藏							55
陕　西	4 932	360	857	421	3 298	323	3
甘　肃	819	74	2	19	38		328
青　海	5						
宁　夏	13 245		242	662	5 573	74	
新　疆	7 665	523	8	53	3 381	173	18

各地区淡水养殖产量(按品种分)(三)

单位:吨

地区	1.鱼类(续)						
	其中(续)						
	鳟鱼	河鲀	短盖巨脂鲤	长吻鮠	黄鳝	鳜鱼	池沼公鱼
全国总计	**35 814**	**14 559**	**51 352**	**22 236**	**311 436**	**373 954**	**7 537**
北京	127						
天津							
河北	1 547		6		10	9	385
山西	996			1		1	4
内蒙古	5					10	706
辽宁	3 112					342	1 111
吉林	348					331	1 812
黑龙江	443					995	324
上海						3	
江苏		3 511	96	34	4 324	30 759	
浙江	106		3 976	1 366	362	11 103	2
安徽	1		1 454	13	34 874	45 915	
福建	7	278	1 846	188	391	1 151	
江西	82		5 881	674	84 883	42 718	
山东	102		1 530		1 799	1 605	
河南	259		83	30	2 470	200	
湖北				1 251	138 353	67 227	
湖南	696		2	144	29 419	25 906	
广东	25	10 770	20 348	2 138	2 029	142 374	
广西	173		15 036	159	1 249	326	
海南			455	95	14		
重庆	1 203		64	2 984	869	478	
四川	1 623		10	11 153	9 754	2 260	
贵州	240			662	268	47	
云南	3 786		565	1 319	315	41	2
西藏	36						
陕西	1 126			25	53	112	
甘肃	1 732						6
青海	14 739						3 185
宁夏							
新疆	3 300					41	

各地区淡水养殖产量(按品种分)(四)

单位:吨

地区	1.鱼类(续)						2.甲壳类
	其中(续)						
	银鱼	鲈鱼	乌鳢	罗非鱼	鲟鱼	鳗鲡	
全国总计	**11 321**	**702 093**	**548 481**	**1 662 637**	**121 875**	**255 311**	**4 584 111**
北京		154		1	376		
天津		401	85	1 298			38 732
河北	40	1 881	64	5 893	7 452	5	25 713
山西	51	1 375	197	1 325	1 110		434
内蒙古	32	26	198	35			1 309
辽宁	848	320	1 917	775	1 998		81 694
吉林	1 126	53	1 623	2	30		3 768
黑龙江	2 173	8	439				19 599
上海		1 328		24			21 292
江苏	27	41 882	24 438	2 250	980	7 956	947 934
浙江	75	119 730	39 621	1 771	6 078	1 538	162 411
安徽	2 126	11 653	30 954	2 504	414	148	654 474
福建		12 981	3 221	122 512	3 735	111 027	98 036
江西	1 389	21 216	42 992	4 232	4 757	20 085	245 522
山东	926	7 061	38 365	6 517	10 256		143 531
河南	19	5 657	1 020	421	960		61 815
湖北	935	24 061	24 776	2 786	8 282	2 505	1 244 012
湖南	364	31 181	34 475	1 056	7 741	4	407 758
广东	147	368 641	283 025	738 715	537	107 910	319 704
广西	198	4 552	1 099	253 552	1 030	2 519	9 101
海南			1 700	316 667		1 014	3 255
重庆		5 815	8 121	5 936	4 169		12 514
四川	153	27 178	9 699	2 772	6 419	600	61 381
贵州	82	6 560	215	216	22 848		4 009
云南	499	3 721	83	188 281	26 636		4 152
西藏		1		2	40		1
陕西	61	856	82	1 174	4 425		3 874
甘肃		1	1	2	621		309
青海							230
宁夏		575	14	8	184		1 101
新疆	50	3 225	57	1 910	797		6 446

各地区淡水养殖产量(按品种分)(五)

单位:吨

地区	2.甲壳类(续)						3.贝类	其中
	(1)虾	其中				(2)蟹(河蟹)		
		罗氏沼虾	青虾	克氏原螯虾	南美白对虾			河蚌
全国总计	**3 775 837**	**171 263**	**224 413**	**2 633 595**	**703 767**	**808 274**	**195 994**	**54 628**
北京								
天津	35 013		4	6	35 003	3 719		
河北	22 242		17	17	22 167	3 471		
山西	340		2	224	109	94	200	200
内蒙古	602		174		422	707		
辽宁	17 346				16 387	64 348	1	1
吉林	245		171		9	3 523	3	3
黑龙江	1 480			269	40	18 119		
上海	15 825	1 230	60	244	14 291	5 467		
江苏	570 308	62 673	103 741	263 652	136 573	377 626	35 656	5 876
浙江	151 849	25 667	25 220	27 596	72 448	10 562	9 196	3 073
安徽	550 922	1 921	50 918	495 887	2 196	103 552	47 298	25 913
福建	97 010	1 866	1 166	2 657	90 061	1 026	29 413	3 215
江西	226 963	944	25 330	199 028	1 661	18 559	35 558	8 754
山东	122 086	84	459	53 936	66 784	21 445	183	
河南	59 692	626	3 747	53 666	1 503	2 123	400	263
湖北	1 089 134	1 044	7 964	1 073 621	6 505	154 878	4 937	1 770
湖南	400 580	1 691	2 704	378 929	7 812	7 178	11 694	4 280
广东	314 876	69 534	1 390	1 461	222 244	4 828	8 213	329
广西	8 649	1 260	640	6 099	45	452	9 327	376
海南	3 255	969	61	170	1 235			
重庆	11 927	213	211	10 725	604	587	82	3
四川	60 172	591	217	57 660	1 113	1 209	1 774	352
贵州	3 675	27	86	2 247	305	334	1 109	186
云南	3 849	857	128	2 714	141	303	929	34
西藏	1	1						
陕西	2 980	62	3	1 865	229	894		
甘肃	32				21	277		
青海						230		
宁夏	262				262	839		
新疆	4 522	3		922	3 597	1 924	21	

各地区淡水养殖产量(按品种分)(六)

单位:吨

地区	3.贝类(续) 其中(续) 螺	3.贝类(续) 其中(续) 蚬	4.藻类(螺旋藻)	5.其他类	其中 龟	其中 鳖	其中 蛙	其中 珍珠(千克)	6.观赏鱼(万尾)
全国总计	**98 420**	**22 246**	**8 327**	**641 483**	**50 951**	**364 878**	**174 997**	**475 086**	**378 593**
北　　京				1		1			20 911
天　　津				174					26 354
河　　北				2 027	1	2 016	10		6 702
山　　西				203	40	155	4		444
内 蒙 古			2 940	33		33			17
辽　　宁				2 564			2 179		
吉　　林				5 976			5 976		31 691
黑 龙 江				3 947			3 569		
上　　海				382	76	306			9 906
江　　苏	22 916	6 861	1 274	24 710	1 323	18 063	3 727	51 001	82 247
浙　　江	4 835	139	470	129 997	10 604	99 764	9 977	494	7 070
安　　徽	20 284	1 101		55 829	5 127	42 618	7 274	164 741	13 366
福　　建	3 706	8 086	67	9 854	223	5 050	2 334		3 142
江　　西	21 425	3 437	1 880	90 973	7 916	31 949	48 919	224 000	3 503
山　　东	81			9 356	7	7 724	102		75 740
河　　南	117	20		2 874	25	2 406	359		23 511
湖　　北	2 554	613		84 527	9 003	57 438	18 086		1 150
湖　　南	6 032	102		79 399	3 506	38 808	33 451	34 110	1 571
广　　东	4 581	1 751		62 988	10 579	33 687	5 393	43	35 640
广　　西	8 556	136		36 894	2 328	20 086	10 688	697	18
海　　南			337	2 413	14	386	1 052		526
重　　庆	79			7 381	61	1 573	5 747		16 253
四　　川	1 422			14 472	94	2 098	11 563		5 195
贵　　州	916			2 073	13	49	1 764		92
云　　南	895		353	2 779	11	15	2 732		6 730
西　　藏									
陕　　西				9 608		604	91		6 001
甘　　肃				14		14			
青　　海									
宁　　夏			1 006	35		35			744
新　　疆	21								68

各地区淡水养殖产量(按水域和养殖方式分)(一)

单位:吨

地 区	淡水养殖产量	按水域分			
		1.池塘	2.湖泊	3.水库	4.河沟
全国总计	**31 832 676**	**23 507 883**	**805 002**	**2 817 093**	**483 385**
北 京	11 683	11 431			
天 津	227 101	222 439			
河 北	262 321	230 877	2 384	22 573	1 455
山 西	49 912	36 569	540	12 727	
内蒙古	96 442	55 722	15 973	22 355	2 154
辽 宁	816 788	615 060	80	113 012	1 669
吉 林	230 867	94 280	36 430	83 651	6 786
黑龙江	675 514	470 470	72 231	86 207	17 815
上 海	67 668	66 437	874		110
江 苏	3 453 808	2 707 585	76 672	29 937	108 278
浙 江	1 263 984	977 053	5 421	74 086	27 844
安 徽	2 242 195	1 226 402	218 443	122 906	96 623
福 建	884 019	555 407	3 482	178 156	41 933
江 西	2 661 004	1 722 684	260 380	372 274	38 699
山 东	1 045 507	809 696	2 634	139 549	
河 南	833 260	678 735	3 596	81 278	10 924
湖 北	4 806 257	3 877 059			
湖 南	2 655 449	1 852 483	57 732	209 929	11 540
广 东	4 205 672	3 916 605	7 664	223 587	8 540
广 西	1 377 319	789 439		426 584	63 291
海 南	351 756	296 203	75	51 071	27
重 庆	545 343	475 365		48 244	
四 川	1 664 890	934 204	977	209 530	39 368
贵 州	257 256	126 544	63	42 546	696
云 南	628 390	406 593	1 059	180 079	822
西 藏	140	140			
陕 西	170 700	95 956	4 545	44 001	3 152
甘 肃	14 205	9 950	97	2 884	11
青 海	18 285	131	230	17 924	
宁 夏	159 938	122 769	32 278	1 035	180
新 疆	155 003	123 595	1 142	20 968	1 468

各地区淡水养殖产量(按水域和养殖方式分)(二)

单位:吨

地区	按水域分(续)		养殖方式中		
	5.其他	6.稻田	1.围栏	2.网箱	3.工厂化
全国总计	**662 459**	**3 556 854**	**24 292**	**275 058**	**324 157**
北京	252				124
天津	423	4 239			
河北	3 242	1 790		81	2 321
山西	69	7		61	181
内蒙古		238			44
辽宁	33 076	53 891	750	65 405	444
吉林	347	9 373	1 220	3 335	271
黑龙江	12 273	16 518		1 660	40
上海		247			49
江苏	150 957	380 379	3 168	2 351	16 760
浙江	23 022	156 558	1 287	6 515	12 610
安徽	21 488	556 333	5 968	15 390	19 207
福建	86 316	18 725	1 235	20 563	91 893
江西	38 839	228 128	91	13 297	20 721
山东	83 399	10 229	648	2 026	75 359
河南	3 628	55 099		1 371	1 694
湖北		929 198			31 341
湖南	27 338	496 427		7 981	18 751
广东	47 082	2 194		989	5 399
广西	58 253	39 752	9 895	81 160	3 899
海南	4 380			686	
重庆	5 566	16 168			742
四川	15 169	465 642			2 888
贵州	12 456	74 951			1 706
云南	2 231	37 606	30	31 045	15 995
西藏					
陕西	22 760	286			618
甘肃	1 262	1		233	82
青海				17 924	
宁夏	1 009	2 667			15
新疆	7 622	208		2 985	1 003

(三)国内捕捞

全国海洋捕捞产量

单位:吨

指　　标	2021 年	2020 年	2021 年比 2020 年增减(±)	
			绝对量	幅度(%)
海洋捕捞产量	**9 514 584**	**9 474 104**	**40 480**	**0.43**
1. 鱼类	6 451 504	6 487 763	−36 259	−0.56
2. 甲壳类	1 861 386	1 810 820	50 566	2.79
虾	1 214 264	1 206 347	7 917	0.66
其中:毛虾	359 750	367 354	−7 604	−2.07
对虾	204 112	192 860	11 252	5.83
鹰爪虾	239 243	231 671	7 572	3.27
虾蛄	219 709	206 010	13 699	6.65
蟹	647 122	604 473	42 649	7.06
其中:梭子蟹	454 513	424 630	29 883	7.04
青蟹	68 542	71 196	−2 654	−3.73
蟳	26 331	22 444	3 887	17.32
3. 贝类	359 372	361 928	−2 556	−0.71
4. 藻类	20 285	21 739	−1 454	−6.69
5. 头足类	585 514	564 901	20 613	3.65
其中:乌贼	126 205	119 074	7 131	5.99
鱿鱼	308 477	295 666	12 811	4.33
章鱼	106 297	104 870	1 427	1.36
6. 其他类	236 523	226 953	9 570	4.22
其中:海蜇	140 192	128 584	11 608	9.03

全国海洋捕捞主要鱼类产量

单位：吨

指　　标	2021 年	2020 年	2021 年比 2020 年增减(±)	
			绝对量	幅度(%)
海鳗	302 136	309 073	-6 937	-2.24
鳓鱼	60 345	59 587	758	1.27
鳀鱼	615 152	609 882	5 270	0.86
沙丁鱼	92 737	95 306	-2 569	-2.70
鲱鱼	8 871	11 236	-2 365	-21.05
石斑鱼	95 601	91 908	3 693	4.02
鲷	127 794	122 960	4 834	3.93
蓝圆鲹	415 981	414 349	1 632	0.39
白姑鱼	96 613	82 791	13 822	16.70
黄姑鱼	60 522	58 584	1 938	3.31
鮸鱼	56 971	57 698	-727	-1.26
大黄鱼	38 167	46 017	-7 850	-17.06
小黄鱼	289 223	292 290	-3 067	-1.05
梅童鱼	190 218	196 905	-6 687	-3.40
方头鱼	40 463	39 043	1 420	3.64
玉筋鱼	90 023	90 568	-545	-0.60
带鱼	914 469	903 435	11 034	1.22
金线鱼	321 840	319 709	2 131	0.67
梭鱼	108 362	109 404	-1 042	-0.95
鲐鱼	382 698	392 556	-9 858	-2.51
鲅鱼	365 495	355 079	10 416	2.93
金枪鱼	36 528	32 457	4 071	12.54
鲳鱼	329 301	331 362	-2 061	-0.62
马面鲀	124 367	122 327	2 040	1.67
竹筴鱼	27 827	39 126	-11 299	-28.88
鲻鱼	77 324	73 365	3 959	5.40

全国海洋捕捞产量(按海域、渔具分)

单位:吨

指标		2021年	2020年	2021年比2020年增减(±)	
				绝对量	幅度(%)
合计		**9 514 584**	**9 474 104**	**40 480**	**0.43**
按捕捞海域分	渤海	597 259	602 415	−5 156	−0.86
	黄海	2 288 357	2 268 382	19 975	0.88
	东海	3 851 335	3 808 428	42 907	1.13
	南海	2 777 633	2 794 879	−17 246	−0.62
按捕捞渔具分	拖网	4 558 133	4 551 909	6 224	0.14
	围网	771 786	754 523	17 263	2.29
	刺网	2 210 988	2 154 161	56 827	2.64
	张网	952 919	1 035 779	−82 860	−8.00
	钓具	319 476	297 841	21 635	7.26
	其他渔具	701 282	679 891	21 391	3.15

全国淡水捕捞产量

单位:吨

指标	2021年	2020年	2021年比2020年增减(±)	
			绝对量	幅度(%)
淡水捕捞产量	**1 197 835**	**1 457 503**	**−259 668**	**−17.82**
1. 鱼类	920 325	1 108 901	−188 576	−17.01
2. 甲壳类	123 156	161 831	−38 675	−23.90
虾	98 161	131 491	−33 330	−25.35
蟹	24 995	30 340	−5 345	−17.62
3. 贝类	141 140	171 361	−30 221	−17.64
4. 藻类	153	239	−86	−35.98
5. 其他类	13 061	15 171	−2 110	−13.91
其中:丰年虫	3 648	3 788	−140	−3.70

各地区海洋捕捞产量(按品种分)(一)

单位:吨

地区	海洋捕捞产量	1.鱼类	其中				
			海鳗	鳓鱼	鳀鱼	沙丁鱼	鲱鱼
全国总计	**9 514 584**	**6 451 504**	**302 136**	**60 345**	**615 152**	**92 737**	**8 871**
天　津	26 722	23 193			15 095		
河　北	190 903	98 460			34 810		
辽　宁	475 350	269 833	186	397	34 643	637	12
上　海	9 912	3 569	113				
江　苏	412 819	232 220	6 661	1 700	1 484	262	102
浙　江	2 568 585	1 672 336	68 233	10 946	45 016	7 318	1 229
福　建	1 531 132	1 083 957	57 246	10 220	59 093	6 819	3 903
山　东	1 691 798	1 194 730	11 262		395 708	4 704	11
广　东	1 127 181	818 189	77 369	22 213	24 320	49 849	2 661
广　西	479 415	263 208	11 153	14 046		10 332	785
海　南	1 000 767	791 809	69 913	823	4 983	12 816	168

各地区海洋捕捞产量(按品种分)(二)

单位:吨

地区	1.鱼类(续)							
	其中(续)							
	石斑鱼	鲷鱼	蓝圆鲹	白姑鱼	黄姑鱼	鮸鱼	大黄鱼	小黄鱼
全国总计	**95 601**	**127 794**	**415 981**	**96 613**	**60 522**	**56 971**	**38 167**	**289 223**
天　津								930
河　北	35				188		53	6 258
辽　宁	74	110		301	813	123	4 735	54 628
上　海					13	19	9	48
江　苏	26	237	22	2 515	4 490	1 642	429	24 672
浙　江	1 076	6 816	41 568	51 986	33 442	40 352	772	119 062
福　建	14 972	43 352	199 311	8 235	7 753	10 165	797	8 917
山　东		79		10 449	5 843		4 652	43 909
广　东	39 033	38 164	82 793	14 989	4 304	3 526	22 838	17 732
广　西	4 640	20 829	52 386	1 233	57	715		
海　南	35 745	18 207	39 901	6 905	3 619	429	3 882	13 067

各地区海洋捕捞产量(按品种分)(三)

单位:吨

地　　区	1.鱼类(续)							
	其中(续)							
	梅童鱼	方头鱼	玉筋鱼	带鱼	金线鱼	梭鱼	鲐鱼	鲅鱼
全国总计	**190 218**	**40 463**	**90 023**	**914 469**	**321 840**	**108 362**	**382 698**	**365 495**
天　　津				820		399	2 568	
河　　北	163		71	1 427		12 289	5 951	9 019
辽　　宁	3 802	178	2 241	8 386		10 893	24 459	33 392
上　　海	9			56				14
江　　苏	53 941	154	390	44 945		6 153	3 465	5 783
浙　　江	111 438	17 335	29 165	367 264	1 553	3 693	157 184	69 292
福　　建	17 023	3 939	10 233	130 091	8 538	13 980	116 748	38 125
山　　东			35 444	96 492		26 954	30 680	185 546
广　　东	1 740	5 519	434	115 923	68 969	23 038	25 495	20 633
广　　西		32		22 525	26 589	7 284	9 016	1 827
海　　南	2 102	13 306	12 045	126 540	216 191	3 679	7 132	1 864

各地区海洋捕捞产量(按品种分)(四)

单位:吨

地　　区	1.鱼类(续)					2.甲壳类		
	其中(续)						(1)虾	其中
	金枪鱼	鲳鱼	马面鲀	竹筴鱼	鲻鱼			毛虾
全国总计	**36 528**	**329 301**	**124 367**	**27 827**	**77 324**	**1 861 386**	**1 214 264**	**359 750**
天　　津		7				1 206	783	42
河　　北		2 278	453		2 896	48 388	32 859	4 541
辽　　宁	100	752	238		4 643	96 979	69 953	21 708
上　　海	1	53				6 043	1 373	
江　　苏		28 804	667	18	9 735	120 295	40 982	22 060
浙　　江	5 604	102 277	19 197	2 067	7 512	716 393	505 367	147 546
福　　建	1 860	55 845	30 828	8 297	19 674	273 171	160 786	48 574
山　　东		32 236	2 830	6		210 742	168 309	49 848
广　　东	8 007	64 869	30 822	3 608	15 386	206 729	133 682	31 910
广　　西		8 369	19 233	152	7 445	113 302	61 001	24 624
海　　南	20 956	33 811	20 099	13 679	10 033	68 138	39 169	8 897

各地区海洋捕捞产量(按品种分)(五)

单位:吨

地　区	2.甲壳类(续)						
	(1)虾(续)			(2)蟹			
	其中(续)				其　中		
	对虾	鹰爪虾	虾蛄		梭子蟹	青蟹	蟳
全国总计	**204 112**	**239 243**	**219 709**	**647 122**	**454 513**	**68 542**	**26 331**
天　津			315	423	160		
河　北	1 464	1 420	23 674	15 529	9 082	6	2 964
辽　宁	4 163	3 498	31 032	27 026	12 543	4 162	4 125
上　海	2	1 221		4 670	3 798		
江　苏	1 685	7 029	6 734	79 313	72 271	2 019	933
浙　江	63 541	142 427	52 728	211 026	171 547	2 749	5 654
福　建	24 527	37 027	31 325	112 385	74 987	14 943	4 347
山　东	15 184	22 902	45 182	42 433	26 819	380	1 898
广　东	61 834	13 263	21 488	73 047	41 334	25 450	3 873
广　西	14 534	7 440	4 514	52 301	26 784	8 239	2 112
海　南	17 178	3 016	2 717	28 969	15 188	10 594	425

各地区海洋捕捞产量(按品种分)(六)

单位:吨

地　区	3.贝类	4.藻类	5.头足类				6.其他类	
				其　中				其　中
				乌贼	鱿鱼	章鱼		海蜇
全国总计	**359 372**	**20 285**	**585 514**	**126 205**	**308 477**	**106 297**	**236 523**	**140 192**
天　津	1 300		1 023		983	40		
河　北	17 279		12 332	1 089	1 613	8 353	14 444	10 067
辽　宁	49 822	375	24 494	3 255	14 883	3 684	33 847	8 574
上　海	2		192	37	26	129	106	
江　苏	28 840	883	11 644	1 949	6 289	2 888	18 937	11 782
浙　江	19 632	561	136 766	39 401	70 484	20 096	22 897	5 671
福　建	30 032	1 778	128 698	30 451	75 296	16 874	13 496	11 164
山　东	118 751	1 224	91 541	7 634	33 678	30 687	74 810	53 414
广　东	28 974	4 705	50 763	13 883	22 496	11 007	17 821	8 456
广　西	45 121		31 660	10 954	15 674	4 677	26 124	25 700
海　南	19 619	10 759	96 401	17 552	67 055	7 862	14 041	5 364

各地区海洋捕捞产量(按海域分)

单位:吨

地区	海洋捕捞产量	按捕捞海域分			
		1.渤海	2.黄海	3.东海	4.南海
全国总计	**9 514 584**	**597 259**	**2 288 357**	**3 851 335**	**2 777 633**
天津	26 722	3 823	22 899		
河北	190 903	150 745	40 158		
辽宁	475 350	184 856	288 580	1 914	
上海	9 912			9 912	
江苏	412 819	109	372 438	40 272	
浙江	2 568 585		130 210	2 437 128	1 247
福建	1 531 132			1 362 109	169 023
山东	1 691 798	257 726	1 434 072		
广东	1 127 181				1 127 181
广西	479 415				479 415
海南	1 000 767				1 000 767

各地区海洋捕捞产量(按渔具分)

单位:吨

地区	海洋捕捞产量	按捕捞渔具分					
		1.拖网	2.围网	3.刺网	4.张网	5.钓具	6.其他
全国总计	**9 514 584**	**4 558 133**	**771 786**	**2 210 988**	**952 919**	**319 476**	**701 282**
天津	26 722	17 667	3 640	2 696	53		2 666
河北	190 903	39 465	4 757	78 657	37 091	50	30 883
辽宁	475 350	168 913	7 587	227 680	31 166	12 611	27 393
上海	9 912	9 651			261		
江苏	412 819	60 426	3 807	124 213	163 172	216	60 985
浙江	2 568 585	1 477 430	137 810	369 351	385 239	34 484	164 271
福建	1 531 132	627 484	249 908	216 727	227 370	52 484	157 159
山东	1 691 798	1 147 859	32 508	374 507	78 788	18 898	39 238
广东	1 127 181	566 956	111 773	340 238	2 716	69 935	35 563
广西	479 415	324 700	38 390	53 787	145	5 918	56 475
海南	1 000 767	117 582	181 606	423 132	26 918	124 880	126 649

各地区淡水捕捞产量(按品种分)

单位:吨

地　　区	淡水捕捞产量	1.鱼类	2.甲壳类	虾	蟹	3.贝类	4.藻类	5.其他类	其中:丰年虫
全国总计	**1 197 835**	**920 325**	**123 156**	**98 161**	**24 995**	**141 140**	**153**	**13 061**	**3 648**
北　　京	2 652	2 652							
天　　津	2 850	2 195	498	356	142	157			
河　　北	35 065	32 684	2 376	1 922	454	1		4	
山　　西	951	861	12	9	3			78	78
内 蒙 古	10 392	10 319	21	20	1			52	52
辽　　宁	36 979	33 302	2 966	819	2 147			711	
吉　　林	18 631	17 688	688	681	7	255			
黑 龙 江	43 000	42 270	133	133		597			
上　　海	759	731	12	10	2			16	
江　　苏	177 968	97 844	24 490	18 354	6 136	53 338	145	2 151	
浙　　江	156 282	115 940	11 344	8 823	2 521	27 430		1 568	
安　　徽	122 838	85 859	24 498	21 874	2 624	11 276		1 205	
福　　建	71 847	48 235	5 030	4 175	855	17 917		665	
江　　西	34 111	27 814	3 376	2 998	378	2 135		786	
山　　东	95 733	76 380	13 155	9 263	3 892	3 172		3 026	2 800
河　　南	109 964	93 450	11 424	11 094	330	5 082		8	
湖　　北	25 822	21 683	3 697	3 386	311	313		129	
湖　　南	5 612	4 336	655	562	93	532		89	
广　　东	89 067	67 658	10 615	6 811	3 804	9 932		862	30
广　　西	85 469	71 915	5 137	4 279	858	7 432		985	
海　　南	15 400	13 718	404	345	59	1 275	2	1	
重　　庆									
四　　川									
贵　　州	4 805	4 288	493	482	11	24			
云　　南	29 353	27 283	1 755	1 652	103	272	6	37	
西　　藏	688							688	688
陕　　西									
甘　　肃									
青　　海									
宁　　夏	6 061	6 043	18		18				
新　　疆	15 536	15 177	359	113	246				

(四)远洋渔业

各地区远洋渔业

单位:吨、万元

地区	远洋捕捞产量	运回国内量	境外出售量	远洋渔业总产值	2021年比2020年增减(±)			
					远洋捕捞产量	运回国内量	境外出售量	远洋渔业总产值
全国总计	**2 246 476**	**1 705 690**	**540 786**	**2 255 696**	**−70 098**	**132 183**	**−202 281**	**−136 243**
北京	7 472	6 664	808	11 188	1 924	2 026	−102	1 122
天津	5 744	4 787	957	5 641	−349	−279	−70	−144
河北	49 570	3 508	46 062	13 156	−899	−1 492	593	−1 426
辽宁	245 787	83 157	162 630	184 276	−4 056	−22 059	18 003	−7 342
上海	149 281	146 489	2 792	171 858	−354	26 173	−26 527	8 247
江苏	12 339	11 059	1 280	17 688	2 918	3 484	−566	5 198
浙江	608 437	553 756	54 681	583 171	40 061	43 682	−3 621	−20 825
福建	606 575	467 803	138 772	457 479	−1 360	100 208	−101 568	−41 022
山东	337 368	285 421	51 947	493 657	−47 010	−9 065	−37 945	−62 111
广东	60 819	23 401	37 418	99 652	−374	1 461	−1 835	5 032
广西	18 671	29	18 642	10 355	221	29	192	−3 031
海南								
中农发集团	144 413	119 616	24 797	207 575	−60 820	−11 985	−48 835	−19 941

各地区远洋渔业主要品种产量

单位:吨

地区	远洋捕捞产量	其中	
		金枪鱼	鱿鱼
全国总计	**2 246 476**	**322 309**	**640 052**
北京	7 472	180	5 920
天津	5 744	267	303
河北	49 570		3 219
辽宁	245 787	13 442	9 940
上海	149 281	116 483	13 417
江苏	12 339	2 526	9 096
浙江	608 437	80 439	399 172
福建	606 575	4 762	46 375
山东	337 368	38 253	103 915
广东	60 819	16 027	8 868
广西	18 671		
海南			
中农发集团	144 413	49 930	39 827

三、生 产 要 素

(一)水产养殖面积

全国水产养殖面积(按水域和养殖方式分)

单位:公顷

指标		2021 年	2020 年	2021 年比 2020 年增减(±)	
				绝对量	幅度(%)
总计		**7 009 377**	**7 036 106**	**−26 729**	**−0.38**
1.海水养殖		2 025 512	1 995 550	29 962	1.50
按水域分	海上	1 147 421	1 123 317	24 104	2.15
	滩涂	562 074	561 994	80	0.01
	其他	316 017	310 239	5 778	1.86
养殖方式中	池塘	425 522	411 484	14 038	3.41
	普通网箱(米^2)	37 830 424	19 759 461	18 070 963	91.45
	深水网箱(米^3)	39 653 229	38 213 920	1 439 309	3.77
	筏式	378 282	332 946	45 336	13.62
	吊笼	140 889	134 866	6 023	4.47
	底播	873 106	872 516	590	0.07
	工厂化(米^3)	41 059 886	39 409 547	1 650 339	4.19
2.淡水养殖		4 983 865	5 040 556	−56 691	−1.12
按水域分	池塘	2 604 629	2 625 404	−20 775	−0.79
	湖泊	663 395	720 648	−57 253	−7.94
	水库	1 439 298	1 420 871	18 427	1.30
	河沟	147 512	147 447	65	0.04
	其他	129 031	126 186	2 845	2.25
	稻田养成鱼	2 644 077	2 562 686	81 391	3.18
养殖方式中	围栏(米^2)	63 152 591	81 114 746	−17 962 155	−22.14
	网箱(米^2)	13 580 853	13 509 224	71 629	0.53
	工厂化(米^3)	55 289 678	58 030 991	−2 741 313	−4.72

全国海水养殖面积（按品种分）

单位：公顷

指　　标	2021 年	2020 年	2021 年比 2020 年增减（±）	
			绝对量	幅度（%）
海水养殖	**2 025 512**	**1 995 550**	**29 962**	**1.50**
1. 鱼类	76 357	78 874	−2 517	−3.19
2. 甲壳类	300 074	295 174	4 900	1.66
虾	247 403	246 046	1 357	0.55
其中：南美白对虾	178 043	177 510	533	0.30
斑节对虾	13 206	11 616	1 590	13.69
中国对虾	14 274	19 787	−5 513	−27.86
日本对虾	21 684	19 420	2 264	11.66
蟹	52 671	49 128	3 543	7.21
其中：梭子蟹	21 359	20 671	688	3.33
青蟹	24 131	23 541	590	2.51
3. 贝类	1 224 029	1 197 407	26 622	2.22
牡蛎	211 615	164 934	46 681	28.30
鲍	15 176	15 554	−378	−2.43
螺	34 796	35 092	−296	−0.84
蚶	33 986	34 527	−541	−1.57
贻贝	42 415	44 054	−1 639	−3.72
江珧	371	771	−400	−51.88
扇贝	370 604	382 376	−11 772	−3.08
蛤	386 301	365 138	21 163	5.80
蛏	44 130	43 326	804	1.86
4. 藻类	140 061	141 807	−1 746	−1.23
海带	47 369	46 132	1 237	2.68
裙带菜	6 933	7 063	−130	−1.84
紫菜	68 044	72 399	−4 355	−6.02
江蓠	11 634	10 459	1 175	11.23
麒麟菜	76	76		
石花菜				
羊栖菜	1 438	1 376	62	4.51
苔菜	15	15		
5. 其他类	284 991	282 288	2 703	0.96
其中：海参	247 419	242 813	4 606	1.90
海胆	9 515	9 303	212	2.28
海水珍珠	1 745	1 811	−66	−3.64
海蜇	11 559	14 738	−3 179	−21.57

各地区水产养殖面积(一)

单位:公顷

地　　区	2021 年			
	总面积	海水养殖面积	淡水养殖面积	其中:池塘
全国总计	**7 009 377**	**2 025 512**	**4 983 865**	**2 604 629**
北　　京	1 888		1 888	1 871
天　　津	22 723	971	21 752	21 708
河　　北	140 294	104 185	36 109	21 723
山　　西	14 867		14 867	2 798
内 蒙 古	113 877		113 877	16 351
辽　　宁	838 981	647 606	191 375	36 313
吉　　林	349 284		349 284	32 772
黑 龙 江	423 464		423 464	107 018
上　　海	9 156	220	8 936	8 619
江　　苏	585 329	171 106	414 223	309 423
浙　　江	249 374	81 466	167 908	92 412
安　　徽	414 955		414 955	195 927
福　　建	250 745	164 641	86 104	35 443
江　　西	404 777		404 777	162 799
山　　东	765 213	608 376	156 837	95 520
河　　南	125 687		125 687	98 938
湖　　北	516 342		516 342	516 342
湖　　南	433 128		433 128	270 407
广　　东	476 708	166 805	309 903	260 592
广　　西	194 694	64 255	130 439	60 035
海　　南	45 034	15 881	29 153	19 912
重　　庆	84 356		84 356	49 697
四　　川	190 462		190 462	101 916
贵　　州	65 679		65 679	13 480
云　　南	100 176		100 176	31 544
西　　藏	18		18	18
陕　　西	52 670		52 670	13 497
甘　　肃	7 896		7 896	1 579
青　　海	17 400		17 400	340
宁　　夏	23 120		23 120	10 856
新　　疆	91 080		91 080	14 779

各地区水产养殖面积(二)

单位:公顷

地区	2020年			
	总面积	海水养殖面积	淡水养殖面积	其中:池塘
全国总计	**7 036 106**	**1 995 550**	**5 040 556**	**2 625 404**
北京	2 088		2 088	2 070
天津	23 706	975	22 731	22 452
河北	141 001	105 341	35 660	21 756
山西	12 870		12 870	2 663
内蒙古	127 029		127 029	17 980
辽宁	839 349	650 719	188 630	37 174
吉林	300 804		300 804	32 745
黑龙江	419 850		419 850	106 000
上海	10 522	266	10 256	9 240
江苏	598 538	177 629	420 909	316 424
浙江	254 827	82 535	172 292	92 683
安徽	478 550		478 550	204 708
福建	250 247	163 144	87 103	35 314
江西	405 373		405 373	162 498
山东	744 618	580 350	164 268	100 387
河南	128 593		128 593	101 703
湖北	525 886		525 886	525 886
湖南	426 775		426 775	265 103
广东	474 096	164 719	309 377	246 997
广西	186 062	52 277	133 785	61 211
海南	44 665	17 595	27 070	17 959
重庆	82 970		82 970	48 615
四川	193 145		193 145	100 946
贵州	64 931		64 931	12 640
云南	105 782		105 782	34 119
西藏	4		4	4
陕西	51 282		51 282	12 799
甘肃	7 971		7 971	1 625
青海	17 400		17 400	340
宁夏	23 102		23 102	10 906
新疆	94 070		94 070	20 457

各地区水产养殖面积(三)

单位:公顷

地区	2021年比2020年增减(±)			
	总面积	海水养殖面积	淡水养殖面积	其中:池塘
全国总计	**−26 729**	**29 962**	**−56 691**	**−20 775**
北京	−200		−200	−199
天津	−983	−4	−979	−744
河北	−707	−1 156	449	−33
山西	1 997		1 997	135
内蒙古	−13 152		−13 152	−1 629
辽宁	−368	−3 113	2 745	−861
吉林	48 480		48 480	27
黑龙江	3 614		3 614	1 018
上海	−1 366	−46	−1 320	−621
江苏	−13 209	−6 523	−6 686	−7 001
浙江	−5 453	−1 069	−4 384	−271
安徽	−63 595		−63 595	−8 781
福建	498	1 497	−999	129
江西	−596		−596	301
山东	20 595	28 026	−7 431	−4 867
河南	−2 906		−2 906	−2 765
湖北	−9 544		−9 544	−9 544
湖南	6 353		6 353	5 304
广东	2 612	2 086	526	13 595
广西	8 632	11 978	−3 346	−1 176
海南	369	−1 714	2 083	1 953
重庆	1 386		1 386	1 082
四川	−2 683		−2 683	970
贵州	748		748	840
云南	−5 606		−5 606	−2 575
西藏	14		14	14
陕西	1 388		1 388	698
甘肃	−75		−75	−46
青海				
宁夏	18		18	−50
新疆	−2 990		−2 990	−5 678

各地区海水养殖面积(按品种分)(一)

单位:公顷

地区	海水养殖面积	1.鱼类	2.甲壳类	虾	其中			
					南美白对虾	斑节对虾	中国对虾	日本对虾
全国总计	**2 025 512**	**76 357**	**300 074**	**247 403**	**178 043**	**13 206**	**14 274**	**21 684**
天 津	971	5	966	966	966			
河 北	104 185	520	25 872	24 451	15 120	121	4 962	3 680
辽 宁	647 606	6 346	17 197	16 606	3 954		5 619	6 906
上 海	220		220	220	220			
江 苏	171 106	3 022	22 511	12 104	1 353	3 162	1 475	255
浙 江	81 466	4 254	24 554	9 978	6 400	272	116	267
福 建	164 641	14 242	22 139	13 955	9 388	1 477	460	2 136
山 东	608 376	4 735	89 709	82 190	71 151	388	1 603	7 610
广 东	166 805	35 506	65 444	57 426	41 291	7 240	39	827
广 西	64 255	2 072	23 373	22 333	21 948	221		3
海 南	15 881	5 655	8 089	7 174	6 252	325		

各地区海水养殖面积(按品种分)(二)

单位:公顷

地区	2.甲壳类(续)			3.贝类	其中			
	蟹	其中			牡蛎	鲍	螺	蚶
		梭子蟹	青蟹					
全国总计	**52 671**	**21 359**	**24 131**	**1 224 029**	**211 615**	**15 176**	**34 796**	**33 986**
天 津								
河 北	1 421	621		69 294	440		1 333	3 259
辽 宁	591	501		437 326	26 810	1 945		13 783
上 海								
江 苏	10 407	7 900	2 507	106 446	3 810		18 180	5 333
浙 江	14 576	2 247	8 185	34 654	4 467	15	3 541	5 946
福 建	8 184	3 643	4 044	79 009	37 127	6 390	430	2 365
山 东	7 519	5 723	572	397 625	94 969	6 111	1 540	748
广 东	8 018	457	7 159	61 266	29 039	715	5 079	2 145
广 西	1 040		1 036	36 519	14 567		4 149	136
海 南	915	267	628	1 890	386		544	271

各地区海水养殖面积(按品种分)(三)

单位:公顷

地　　区	3.贝类(续)					4.藻类				
	其中(续)						其　中			
	贻贝	江珧	扇贝	蛤	蛏		海带	裙带菜	紫菜	江蓠
全国总计	**42 415**	**371**	**370 604**	**386 301**	**44 130**	**140 061**	**47 369**	**6 933**	**68 044**	**11 634**
天　　津										
河　　北			47 927	9 990	172					
辽　　宁	2 900		195 096	170 975	3 689	14 322	8 553	5 719		
上　　海										
江　　苏	3 623			67 205	4 253	38 087			38 087	
浙　　江	1 837		38	6 229	12 326	17 074	1 055		14 684	
福　　建	1 592		297	15 347	13 487	45 968	21 747		12 407	10 062
山　　东	28 610	35	120 627	90 029	9 502	22 405	15 942	1 204	2 349	400
广　　东	3 835	336	6 574	10 679	396	1 999	72	10	517	1 140
广　　西	18		45	15 331	305					
海　　南				516		206				32

各地区海水养殖面积(按品种分)(四)

单位:公顷

地　　区	4.藻类(续)				5.其他				
	其中(续)					其　中			
	麒麟菜	石花菜	羊栖菜	苔菜		海参	海胆	海水珍珠	海蜇
全国总计	**76**		**1 438**	**15**	**284 991**	**247 419**	**9 515**	**1 745**	**11 559**
天　　津									
河　　北					8 499	7 932			69
辽　　宁					172 415	158 860	2 203		8 265
上　　海									
江　　苏					1 040	101			895
浙　　江			1 056	15	930	9			635
福　　建			382		3 283	1 505			1 488
山　　东					93 902	78 771	5 786		207
广　　东					2 590	241	1 526	618	
广　　西					2 291			1 127	
海　　南	76				41				

各地区海水养殖面积(按水域和养殖方式分)(一)

单位:公顷

地区	海水养殖面积	按养殖水域分			养殖方式中	
		1.海上	2.滩涂	3.其他	1.池塘	2.普通网箱(米²)
全国总计	**2 025 512**	**1 147 421**	**562 074**	**316 017**	**425 522**	**37 830 424**
天 津	971			971	965	
河 北	104 185	60 281	15 406	28 498	28 785	
辽 宁	647 606	433 940	117 200	96 466	87 221	16 369 912
上 海	220		220			
江 苏	171 106	45 938	105 841	19 327	28 638	
浙 江	81 466	24 387	34 186	22 893	23 962	649 251
福 建	164 641	91 444	42 524	30 673	23 202	12 831 288
山 东	608 376	414 886	156 801	36 689	122 890	2 848 985
广 东	166 805	52 484	63 652	50 669	74 225	3 659 217
广 西	64 255	20 770	19 412	24 073	23 583	535 878
海 南	15 881	3 291	6 832	5 758	12 051	935 893

各地区海水养殖面积(按水域和养殖方式分类)(二)

单位:公顷

地区	养殖方式中(续)				
	3.深水网箱(米³)	4.筏式	5.吊笼	6.底播	7.工厂化(米³)
全国总计	**39 653 229**	**378 282**	**140 889**	**873 106**	**41 059 886**
天 津					132 280
河 北		48 377		10 657	4 129 500
辽 宁	333 440	51 950	7 229	464 396	3 525 896
上 海					
江 苏		42 702	1 633	87 276	588 100
浙 江	7 286 059	21 814	234	18 371	1 673 804
福 建	12 122 670	48 234	6 294	16 284	13 338 557
山 东	3 439 473	139 599	121 126	214 265	12 685 989
广 东	2 829 330	17 789	3 134	43 673	2 136 029
广 西	6 027 472	7 817	1 239	17 472	464 793
海 南	7 614 785			712	2 384 938

各地区淡水养殖面积(按水域和养殖方式分)(一)

单位:公顷

地区	淡水养殖面积	按水域分			
		1.池塘	2.湖泊	3.水库	4.河沟
全国总计	**4 983 865**	**2 604 629**	**663 395**	**1 439 298**	**147 512**
北京	1 888	1 871			
天津	21 752	21 708			36
河北	36 109	21 723	1 061	12 387	659
山西	14 867	2 798	856	11 212	
内蒙古	113 877	16 351	45 401	48 684	3 441
辽宁	191 375	36 313	88	99 751	4 755
吉林	349 284	32 772	116 408	185 514	14 582
黑龙江	423 464	107 018	159 552	140 504	11 738
上海	8 936	8 619	300		17
江苏	414 223	309 423	46 058	9 026	28 380
浙江	167 908	92 412	2 341	64 556	6 565
安徽	414 955	195 927	95 746	76 246	40 631
福建	86 104	35 443	368	43 392	3 881
江西	404 777	162 799	84 946	144 832	9 036
山东	156 837	95 520	1 597	58 293	
河南	125 687	98 938	1 938	20 572	4 221
湖北	516 342	516 342			
湖南	433 128	270 407	58 332	93 507	1 125
广东	309 903	260 592	1 526	42 821	790
广西	130 439	60 035		65 094	3 190
海南	29 153	19 912	18	9 060	5
重庆	84 356	49 697		34 554	
四川	190 462	101 916	4 087	73 807	10 432
贵州	65 679	13 480	32	50 060	726
云南	100 176	31 544	805	66 798	225
西藏	18	18			
陕西	52 670	13 497	8 086	28 869	1 911
甘肃	7 896	1 579	25	6 148	2
青海	17 400	340	4 233	12 827	
宁夏	23 120	10 856	10 639	1 049	492
新疆	91 080	14 779	18 952	39 735	672

各地区淡水养殖面积(按水域和养殖方式分)(二)

单位:公顷

地区	按水域分(续)		养殖方式中		
	5.其他	6.稻田	1.围栏(米²)	2.网箱(米²)	3.工厂化(米³)
全国总计	**129 031**	**2 644 077**	**63 152 591**	**13 580 853**	**55 289 678**
北　京	17				103 260
天　津	8	36 496			85 000
河　北	279	3 216		2 073	1 139 430
山　西	1	66		4 840	17 071
内蒙古		8 170			15 300
辽　宁	50 468	73 618	550 000	1 004 504	54 795
吉　林	8	47 440	1 265 870	70 800	46 700
黑龙江	4 652	69 260		26 104	1 450
上　海		116			31 352
江　苏	21 336	227 167	1 199 552	784 199	2 043 347
浙　江	2 034	53 305	124 138	438 500	8 985 496
安　徽	6 405	396 157	24 871 798	3 619 672	1 146 071
福　建	3 020	16 686	38 670	1 604 822	21 133 985
江　西	3 164	129 262	5 170 810	962 200	1 793 963
山　东	1 427	5 216	651 020	82 660	5 243 280
河　南	18	77 753		131 851	150 500
湖　北		506 058			4 136 000
湖　南	9 757	337 963		1 003 401	682 614
广　东	4 174	4 667		80 309	1 538 094
广　西	2 120	51 561	28 744 172	2 200 975	290 384
海　南	158			27 600	
重　庆	105	24 077			39 520
四　川	220	321 009			202 446
贵　州	1 381	180 805			92 350
云　南	804	64 250	533 360	1 022 510	1 497 260
西　藏			3 201		
陕　西	307	5 025			4 577 350
甘　肃	142			104 953	6 760
青　海				378 880	
宁　夏	84	4 376			10 900
新　疆	16 942	358		30 000	225 000

(二)水产苗种

全国水产苗种数量

指　　标	计量单位	2021 年	2020 年	2021 年比 2020 年增减(±)	
				绝对量	幅度(%)
淡水鱼苗产量	**亿尾**	**13 351**	**13 097**	**254**	**1.94**
其中:罗非鱼	亿尾	182	206	−24	−11.67
淡水鱼种产量	吨	3 558 197	3 568 842	−10 645	−0.30
投放鱼种产量	吨	4 227 714	4 166 981	60 733	1.46
河蟹育苗量	千克	881 833	829 634	52 199	6.29
扣蟹	千克	71 770 416	65 437 804	6 332 612	9.68
稚鳖数量	万只	63 355	59 415	3 940	6.63
稚龟数量	万只	11 195	12 004	−808	−6.73
鳗苗捕捞量	千克	14 799	16 368	−1 569	−9.59
海水鱼苗产量	**万尾**	**993 244**	**1 165 566**	**−172 323**	**−14.78**
其中:大黄鱼	万尾	249 381	238 079	11 303	4.75
鲆鱼	万尾	49 818	48 898	920	1.88
虾类育苗量	亿尾	16 913	24 394	−7 481	−30.67
其中:南美白对虾	亿尾	12 757	15 615	−2 857	−18.30
贝类育苗量	万粒	334 087 393	267 831 571	66 255 822	24.74
其中:鲍鱼育苗量	万粒	901 720	872 529	29 191	3.35
海带育苗量	亿株	436	398	39	9.75
紫菜育苗量	亿贝壳	12	133	−121	−91.27
海参	亿头	601	551	51	9.19

各地区水产苗种数量(一)

地 区	淡水鱼苗(亿尾)	其中:罗非鱼(亿尾)	淡水鱼种(吨)	投放鱼种(吨)	河蟹育苗(千克)	扣蟹(千克)
全国总计	**13 350.93**	**181.79**	**3 558 197**	**4 227 714**	**881 833**	**71 770 416**
北 京	10.26		2 970	3 953		
天 津	76.62	0.07	11 440	22 601	2 000	466 110
河 北	39.31	0.22	20 945	33 105		2 900
山 西	1.57		3 909	5 989		
内 蒙 古	2.20		7 880	11 664		
辽 宁	82.00		94 957	93 272	86 000	31 082 012
吉 林	12.10		11 809	20 315		94 778
黑 龙 江	16.63		49 411	86 315		4 500 000
上 海	5.13		1 422	4 579	10 000	4 199 000
江 苏	476.49	0.34	264 909	381 418	757 316	15 711 249
浙 江	223.25		51 558	90 647	170	132 611
安 徽	451.55	1.05	306 983	398 048		12 466 963
福 建	34.15	5.97	16 904	47 348		
江 西	383.10	2.65	309 374	430 239	7 232	153 452
山 东	70.50	0.27	89 502	126 522	16 025	64 481
河 南	59.22		84 111	96 778		3 070
湖 北	1 276.00		1 038 730	1 031 517		2 721 530
湖 南	546.83		439 084	452 995		21 660
广 东	7 966.59	78.51	223 754	187 439	3 090	
广 西	913.94	17.72	131 470	141 830		
海 南	60.38	53.57	1 657	2 065		
重 庆	83.51	1.08	80 394	104 137		
四 川	295.97	0.85	193 925	281 547		
贵 州	72.55		14 169	27 340		8 400
云 南	163.58	19.32	53 687	93 117		8 640
西 藏	0.05		7	43		
陕 西	6.89	0.17	10 757	9 926		66 560
甘 肃	0.66		2 476	2 511		9 910
青 海	0.01					2 000
宁 夏	12.49		23 483	24 691		55 090
新 疆	7.40		16 520	15 763		

各地区水产苗种数量(二)

地区	稚鳖(万只)	稚龟(万只)	鳗苗捕捞(千克)	海水鱼苗(万尾)	其中	
					大黄鱼(万尾)	鲆鱼(万尾)
全国总计	**63 355.40**	**11 195.43**	**14 799**	**993 243.62**	**249 381.32**	**49 818.00**
北京	8.00	1.70				
天津	97.00			3 282.00		2 725.00
河北	669.90	0.24		5 926.00		650.00
山西	39.50					
内蒙古	2.00					
辽宁				3 109.00		2 993.00
吉林						
黑龙江						
上海	3.00	9.00				
江苏	3 404.00	450.00	7 877	12 930.00	1 100.00	50.00
浙江	8 907.62	1 032.49	1 314	37 590.00	28 520.00	60.00
安徽	8 445.01	653.57				
福建	89.10	12.00	5 502	370 015.10	219 611.00	160.00
江西	13 477.50	3 342.91				
山东	1 067.00			83 811.00	11.00	43 180.00
河南	1 714.00	51.00				
湖北	6 496.00	2 169.00				
湖南	4 834.77	1 233.94				
广东	6 887.00	1 435.00	30	436 301.00	105.00	
广西	6 646.69	577.64	76	34.32	34.32	
海南		219.00		40 245.20		
重庆	61.80	1.70				
四川	439.73	4.22				
贵州	6.02	2.00				
云南		0.02				
西藏						
陕西	57.66					
甘肃	2.10					
青海						
宁夏						
新疆						

各地区水产苗种数量(三)

地 区	虾类育苗(亿尾)	其中:南美白对虾(亿尾)	贝类育苗(万粒)	其中:鲍鱼(万粒)	海带(亿株)	紫菜(亿贝壳)	海参(亿头)
全国总计	**16 912.88**	**12 757.16**	**334 087 393**	**901 720**	**436.42**	**11.57**	**601.21**
北 京							
天 津	42.90	31.90					
河 北	351.80	326.09	600 000				23.95
山 西							
内蒙古							
辽 宁	128.00	89.00	5 161 720	8 385	6.00		202.00
吉 林							
黑龙江							
上 海	14.00	14.00					
江 苏	276.88	230.13	20 040			5.02	
浙 江	253.35	31.00	85 143 910		0.90	1.14	
安 徽	286.27		69 850				
福 建	1 049.59	858.28	179 602 836	711 501	347.52	4.08	
江 西	26.21	0.01	28				
山 东	5 342.00	4 209.00	63 001 690	17 210	82.00		374.46
河 南	22.62						
湖 北	1 358.12						
湖 南							
广 东	5 519.00	4 755.00	282 758	164 524		1.33	0.04
广 西	213.26	204.60	98 572	100			
海 南	2 009.46	2 006.50	105 989				0.76
重 庆	4.50						
四 川	12.87						
贵 州							
云 南	1.11	0.79					
西 藏							
陕 西	0.27	0.19					
甘 肃	0.67	0.67					
青 海							
宁 夏							
新 疆							

(三)年末渔船拥有量

全国渔船年末拥有量(一)

指标		2021年			2020年			2021年比2020年增减(±)		
		艘	总吨	千瓦	艘	总吨	千瓦	艘	总吨	千瓦
渔船合计		**520 845**	**10 015 814**	**18 451 989**	**563 262**	**10 059 327**	**18 563 868**	**−42 417**	**−43 513**	**−111 879**
机动渔船合计		356 994	9 774 783	18 451 989	374 757	9 796 816	18 563 868	−17 763	−22 033	−111 879
1. 生产渔船		342 339	8 624 749	16 066 223	360 152	8 706 560	16 248 031	−17 813	−81 811	−181 808
(1)捕捞渔船		238 215	8 235 754	14 648 242	251 343	8 298 311	14 827 661	−13 128	−62 557	−179 419
441千瓦(含)以上		3 269	1 770 568	2 960 696	3 226	1 785 946	2 980 765	43	−15 378	−20 069
44.1(含)~441千瓦		47 745	5 648 571	9 116 061	50 356	5 645 620	9 123 702	−2 611	2 951	−7 641
44.1千瓦以下		187 201	816 615	2 571 485	197 761	866 745	2 723 194	−10 560	−50 130	−151 709
(2)养殖渔船		104 124	388 995	1 417 981	108 809	408 249	1 420 370	−4 685	−19 254	−2 389
2. 辅助渔船		14 655	1 150 034	2 385 766	14 605	1 090 256	2 315 837	50	59 778	69 929
(1)捕捞辅助船		10 901	1 061 222	1 668 701	10 953	994 099	1 607 350	−52	67 123	61 351
(2)渔业执法船		2 957	81 527	693 660	2 810	81 159	676 281	147	368	17 379
机动渔船按船长分	24米(含)以上	35 587	7 552 613	11 400 137	36 351	7 496 242	11 449 915	−764	56 371	−49 778
	12(含)~24米	38 536	1 295 952	3 180 860	42 860	1 359 994	3 246 950	−4 324	−64 042	−66 090
	12米以下	282 871	926 218	3 870 992	295 546	940 580	3 867 003	−12 675	−14 362	3 989
非机动渔船合计		163 851	241 031		188 505	262 511		−24 654	−21 480	

全国渔船年末拥有量(二)

指标		总数			海洋渔船			内陆渔船		
		艘	总吨	千瓦	艘	总吨	千瓦	艘	总吨	千瓦
渔船合计		**520 845**	**10 015 814**	**18 451 989**	**212 862**	**9 290 678**	**16 502 614**	**307 983**	**725 136**	**1 949 375**
机动渔船合计		356 994	9 774 783	18 451 989	209 848	9 281 621	16 502 614	147 146	493 162	1 949 375
1. 生产渔船		342 339	8 624 749	16 066 223	199 005	8 167 417	14 394 883	143 334	457 332	1 671 340
(1)捕捞渔船		238 215	8 235 754	14 648 242	132 290	7 881 561	13 315 940	105 925	354 193	1 332 302
441 千瓦(含)以上		3 269	1 770 568	2 960 696	3 254	1 763 502	2 949 086	15	7 066	11 610
44.1(含)～441 千瓦		47 745	5 648 571	9 116 061	47 058	5 596 811	9 034 135	687	51 760	81 926
44.1 千瓦以下		187 201	816 615	2 571 485	81 978	521 248	1 332 719	105 223	295 367	1 238 766
(2)养殖渔船		104 124	388 995	1 417 981	66 715	285 856	1 078 943	37 409	103 139	339 038
2. 辅助渔船		14 655	1 150 034	2 385 766	10 843	1 114 204	2 107 731	3 812	35 830	278 035
(1)捕捞辅助船		10 901	1 061 222	1 668 701	9 842	1 047 809	1 648 343	1 059	13 413	20 358
(2)渔业执法船		2 957	81 527	693 660	547	55 973	435 826	2 410	25 554	257 834
机动渔船按船长分	24 米(含)以上	35 587	7 552 613	11 400 137	35 153	7 485 344	11 326 651	434	67 269	73 486
	12(含)～24 米	38 536	1 295 952	3 180 860	30 500	1 197 684	2 963 082	8 036	98 268	217 778
	12 米以下	282 871	926 218	3 870 992	144 195	598 593	2 212 881	138 676	327 625	1 658 111
非机动渔船合计		163 851	241 031		3 014	9 057		160 837	231 974	

各地区机动渔船年末拥有量

地　　区	2021 年			2020 年			2021 年比 2020 年增减(±)		
	艘	总吨	千瓦	艘	总吨	千瓦	艘	总吨	千瓦
全国总计	**356 994**	**9 774 783**	**18 451 989**	**374 757**	**9 796 816**	**18 563 868**	**−17 763**	**−22 033**	**−111 879**
北　　京	34	10 216	14 480	36	10 249	14 943	−2	−33	−463
天　　津	1 440	37 374	67 952	1 569	37 085	69 600	−129	289	−1 648
河　　北	7 191	277 883	484 339	7 334	281 193	499 762	−143	−3 310	−15 423
山　　西	168	341	2 201	193	390	3 081	−25	−49	−880
内 蒙 古	1 222	2 165	18 480	1 242	2 223	18 894	−20	−58	−414
辽　　宁	27 292	681 495	1 754 057	29 607	697 777	1 586 693	−2 315	−16 282	167 364
吉　　林	4 163	7 158	72 773	4 195	7 282	74 408	−32	−124	−1 635
黑 龙 江	9 923	16 698	110 753	10 143	16 800	110 664	−220	−102	89
上　　海	538	107 010	182 041	576	116 084	182 161	−38	−9 074	−120
江　　苏	30 742	418 594	970 378	35 250	485 824	1 134 088	−4 508	−67 230	−163 710
浙　　江	27 110	3 019 252	4 427 841	28 624	3 058 108	4 550 364	−1 514	−38 856	−122 523
安　　徽	6 293	74 497	103 101	7 712	79 279	118 719	−1 419	−4 782	−15 618
福　　建	55 198	1 566 766	2 926 492	52 819	1 500 233	2 868 989	2 379	66 533	57 503
江　　西	8 267	29 465	80 295	9 001	34 811	91 656	−734	−5 346	−11 361
山　　东	54 571	1 170 860	2 272 395	59 034	1 191 309	2 348 716	−4 463	−20 449	−76 321
河　　南	3 767	18 411	64 640	3 787	18 439	65 006	−20	−28	−366
湖　　北	8 772	13 806	83 724	11 036	21 981	94 468	−2 264	−8 175	−10 744
湖　　南	9 471	16 486	51 871	9 876	17 845	51 559	−405	−1 359	312
广　　东	48 682	1 060 936	2 108 608	49 427	1 005 448	2 085 778	−745	55 488	22 830
广　　西	22 416	493 475	827 301	22 834	514 612	855 840	−418	−21 137	−28 539
海　　南	23 743	601 449	1 481 252	21 967	530 510	1 373 595	1 776	70 939	107 657
重　　庆	151	1 164	9 775	2 350	7 668	32 649	−2 199	−6 504	−22 874
四　　川	558	1 884	14 559	630	1 880	13 088	−72	4	1 471
贵　　州	1 447	3 014	31 211	1 491	3 143	32 813	−44	−129	−1 602
云　　南	881	2 881	22 172	935	2 618	20 685	−54	263	1 487
西　　藏									
陕　　西	575	1 404	8 276	589	1 544	9 228	−14	−140	−952
甘　　肃	34	88	1 462	35	92	1 503	−1	−4	−41
青　　海	1 127	1 198	13 789	1 127	1 198	13 789			
宁　　夏	26	122	1 843	26	122	1 843			
新　　疆	920	3 190	15 416	1 025	3 808	17 641	−105	−618	−2 225
中农发集团	272	135 501	228 512	287	147 261	221 645	−15	−11 760	6 867

各地区机动渔船年末拥有量(按船长分)

地区	24米(含)以上			12(含)~24米			12米以下		
	艘	总吨	千瓦	艘	总吨	千瓦	艘	总吨	千瓦
全国总计	**35 587**	**7 552 613**	**11 400 137**	**38 536**	**1 295 952**	**3 180 860**	**282 871**	**926 218**	**3 870 992**
北京	14	10 146	13 122	6	46	531	14	24	827
天津	83	23 765	37 710	224	11 751	23 464	1 133	1 858	6 778
河北	1 210	184 439	227 079	2 090	62 566	155 228	3 891	30 878	102 032
山西				12	39	203	156	302	1 998
内蒙古				19	531	1 464	1 203	1 634	17 016
辽宁	2 902	402 965	822 701	5 554	207 165	576 448	18 836	71 365	354 908
吉林	8	806	1 784	336	1 670	9 458	3 819	4 682	61 531
黑龙江	20	2 278	5 911	111	1 292	5 844	9 792	13 128	98 998
上海	257	103 522	152 750	53	3 021	17 612	228	467	11 679
江苏	2 579	287 652	480 685	3 193	76 785	176 422	24 970	54 157	313 271
浙江	12 372	2 907 243	4 124 707	1 801	69 681	144 936	12 937	42 328	158 198
安徽	123	7 261	2 862	774	35 033	24 951	5 396	32 203	75 288
福建	4 749	1 273 771	1 986 369	4 380	162 895	435 260	46 069	130 100	504 863
江西	6	399	1 597	273	2 468	7 624	7 988	26 598	71 074
山东	4 996	863 866	1 345 681	4 824	133 103	330 016	44 751	173 891	596 698
河南	12	904	2 300	990	11 636	18 291	2 765	5 871	44 049
湖北	5	326	1 730	378	1 803	10 666	8 389	11 677	71 328
湖南	6	157	1 086	701	1 500	11 443	8 764	14 829	39 342
广东	3 081	687 805	1 043 226	7 613	255 816	562 391	37 988	117 315	502 991
广西	1 635	408 271	483 355	668	41 350	83 384	20 113	43 854	260 562
海南	1 252	251 448	433 966	4 153	211 800	564 345	18 338	138 201	482 941
重庆	3	180	1 595	74	727	3 846	74	257	4 334
四川	4	253	910	43	489	2 083	511	1 142	11 566
贵州	3	282	417	82	657	5 337	1 362	2 075	25 457
云南	4	200	1 774	15	245	1 709	862	2 436	18 689
西藏									
陕西				27	316	1 116	548	1 088	7 160
甘肃				3	15	309	31	73	1 153
青海							1 127	1 198	13 789
宁夏							26	122	1 843
新疆	2	108	400	128	617	4 387	790	2 465	10 629
中农发集团	261	134 566	226 420	11	935	2 092			

各地区机动渔船年末拥有量(生产渔船)

地　　区	生产渔船			捕捞渔船			养殖渔船		
	艘	总吨	千瓦	艘	总吨	千瓦	艘	总吨	千瓦
全国总计	**342 339**	**8 624 749**	**16 066 223**	**238 215**	**8 235 754**	**14 648 242**	**104 124**	**388 995**	**1 417 981**
北　京	14	10 146	13 122	14	10 146	13 122			
天　津	1 397	34 245	57 294	1 193	33 974	56 145	204	271	1 149
河　北	6 443	250 784	415 478	4 500	226 237	313 014	1 943	24 547	102 464
山　西	162	306	1 539	120	130	862	42	176	677
内蒙古	1 162	1 403	12 362	996	1 164	10 160	166	239	2 202
辽　宁	26 472	615 042	1 546 198	16 468	567 926	1 327 867	10 004	47 116	218 331
吉　林	4 044	5 611	64 508	2 627	3 374	40 253	1 417	2 237	24 255
黑龙江	9 774	13 406	93 232	7 380	10 086	68 795	2 394	3 320	24 437
上　海	429	82 386	120 307	429	82 386	120 307			
江　苏	29 683	391 534	869 326	21 993	345 755	726 541	7 690	45 779	142 785
浙　江	24 728	2 482 517	3 574 671	19 049	2 461 066	3 515 643	5 679	21 451	59 028
安　徽	5 937	71 794	75 939	4 942	48 114	64 417	995	23 680	11 522
福　建	53 041	1 341 274	2 571 093	21 856	1 258 512	2 246 174	31 185	82 762	324 919
江　西	8 138	28 220	67 029	2 982	7 944	17 321	5 156	20 276	49 708
山　东	54 115	1 051 384	2 092 306	38 615	980 662	1 809 175	15 500	70 722	283 131
河　南	3 650	17 260	55 954	2 863	15 379	45 354	787	1 881	10 600
湖　北	8 463	11 510	55 922	2 433	3 018	12 119	6 030	8 492	43 803
湖　南	9 077	14 285	31 349				9 077	14 285	31 349
广　东	45 178	991 803	1 842 888	41 681	975 311	1 790 656	3 497	16 492	52 232
广　西	21 428	481 005	767 564	20 743	479 838	755 496	685	1 167	12 068
海　南	23 523	583 085	1 441 341	23 451	582 603	1 439 164	72	482	2 177
重　庆	31	244	422				31	244	422
四　川	458	1 143	5 091				458	1 143	5 091
贵　州	1 355	1 844	20 488	1 196	1 598	17 640	159	246	2 848
云　南	786	1 862	10 040	708	1 692	9 019	78	170	1 021
西　藏									
陕　西	559	1 352	7 009	55	199	488	504	1 153	6 521
甘　肃	22	22	240				22	22	240
青　海	1 112	982	11 660	1 008	765	8 878	104	217	2 782
宁　夏	4	4	83				4	4	83
新　疆	882	2 795	13 256	641	2 374	11 120	241	421	2 136
中农发集团	272	135 501	228 512	272	135 501	228 512			

各地区海洋机动渔船年末拥有量

地区	2021年			2020年			2021年比2020年增减(±)		
	艘	总吨	千瓦	艘	总吨	千瓦	艘	总吨	千瓦
全国总计	**209 848**	**9 281 621**	**16 502 614**	**214 017**	**9 300 908**	**16 528 966**	**−4 169**	**−19 287**	**−26 352**
北京	14	10 146	13 122	14	10 146	13 122			
天津	418	36 794	64 371	536	36 480	65 742	−118	314	−1 371
河北	5 962	275 611	457 174	6 218	278 981	473 248	−256	−3 370	−16 074
辽宁	25 561	676 446	1 736 461	27 368	691 195	1 560 359	−1 807	−14 749	176 102
上海	287	103 881	152 637	313	113 094	159 551	−26	−9 213	−6 914
江苏	4 846	343 145	614 800	5 637	387 254	721 070	−791	−44 109	−106 270
浙江	22 287	3 005 672	4 364 094	23 157	3 042 102	4 477 914	−870	−36 430	−113 820
福建	52 082	1 563 221	2 906 103	49 676	1 496 645	2 848 413	2 406	66 576	57 690
山东	31 546	1 075 548	1 960 171	32 318	1 092 934	1 992 099	−772	−17 386	−31 928
广东	35 132	978 488	1 902 721	38 550	977 969	1 974 383	−3 418	519	−71 662
广西	7 732	475 829	621 429	8 012	496 467	648 071	−280	−20 638	−26 642
海南	23 709	601 339	1 481 019	21 931	530 380	1 373 349	1 778	70 959	107 670
中农发集团	272	135 501	228 512	287	147 261	221 645	−15	−11 760	6 867

各地区海洋机动渔船年末拥有量(按船长分)

地区	24米(含)以上			12(含)~24米			12米以下		
	艘	总吨	千瓦	艘	总吨	千瓦	艘	总吨	千瓦
全国总计	**35 153**	**7 485 344**	**11 326 651**	**30 500**	**1 197 684**	**2 963 082**	**144 195**	**598 593**	**2 212 881**
北京	14	10 146	13 122						
天津	83	23 765	37 710	224	11 751	23 464	111	1 278	3 197
河北	1 209	184 358	226 609	2 086	62 525	154 719	2 667	28 728	75 846
辽宁	2 896	402 158	822 173	5 511	206 507	572 909	17 154	67 781	341 379
上海	250	102 320	147 426	32	1 539	4 864	5	22	347
江苏	2 497	281 488	472 754	1 531	55 088	125 302	818	6 569	16 744
浙江	12 357	2 906 811	4 123 987	1 733	68 038	139 714	8 197	30 823	100 393
福建	4 749	1 273 771	1 986 369	4 338	162 662	434 624	42 995	126 788	485 110
山东	4 984	863 766	1 345 088	4 729	132 972	327 559	21 833	78 810	287 524
广东	2 968	642 523	1 008 221	5 623	243 323	536 885	26 541	92 642	357 615
广西	1 633	408 224	482 806	529	40 544	76 605	5 570	27 061	62 018
海南	1 252	251 448	433 966	4 153	211 800	564 345	18 304	138 091	482 708
中农发集团	261	134 566	226 420	11	935	2 092			

各地区海洋机动渔船年末拥有量(生产渔船)

地　　区	生产渔船								
				捕捞渔船			养殖渔船		
	艘	总吨	千瓦	艘	总吨	千瓦	艘	总吨	千瓦
全国总计	**199 005**	**8 167 417**	**14 394 883**	**132 290**	**7 881 561**	**13 315 940**	**66 715**	**285 856**	**1 078 943**
北　　京	14	10 146	13 122	14	10 146	13 122			
天　　津	379	33 667	53 926	379	33 667	53 926			
河　　北	5 241	248 741	391 097	3 345	224 268	289 294	1 896	24 473	101 803
辽　　宁	24 780	610 631	1 532 547	15 018	564 488	1 317 895	9 762	46 143	214 652
上　　海	245	82 153	118 801	245	82 153	118 801			
江　　苏	4 646	320 189	541 018	4 140	292 125	479 768	506	28 064	61 250
浙　　江	20 109	2 470 326	3 520 224	15 040	2 451 142	3 469 167	5 069	19 184	51 057
福　　建	49 945	1 337 820	2 552 130	18 932	1 255 329	2 228 751	31 013	82 491	323 379
山　　东	31 155	957 243	1 786 249	16 042	887 012	1 509 584	15 113	70 231	276 665
广　　东	31 856	913 658	1 642 205	28 599	898 969	1 594 945	3 257	14 689	47 260
广　　西	6 874	464 367	573 944	6 847	464 268	573 244	27	99	700
海　　南	23 489	582 975	1 441 108	23 417	582 493	1 438 931	72	482	2 177
中农发集团	272	135 501	228 512	272	135 501	228 512			

各地区内陆机动渔船年末拥有量

地　区	2021 年			2020 年			2021 年比 2020 年增减(±)		
	艘	总吨	千瓦	艘	总吨	千瓦	艘	总吨	千瓦
全国总计	**147 146**	**493 162**	**1 949 375**	**160 740**	**495 908**	**2 034 902**	**−13 594**	**−2 746**	**−85 527**
北　京	20	70	1 358	22	103	1 821	−2	−33	−463
天　津	1 022	580	3 581	1 033	605	3 858	−11	−25	−277
河　北	1 229	2 272	27 165	1 116	2 212	26 514	113	60	651
山　西	168	341	2 201	193	390	3 081	−25	−49	−880
内蒙古	1 222	2 165	18 480	1 242	2 223	18 894	−20	−58	−414
辽　宁	1 731	5 049	17 596	2 239	6 582	26 334	−508	−1 533	−8 738
吉　林	4 163	7 158	72 773	4 195	7 282	74 408	−32	−124	−1 635
黑龙江	9 923	16 698	110 753	10 143	16 800	110 664	−220	−102	89
上　海	251	3 129	29 404	263	2 990	22 610	−12	139	6 794
江　苏	25 896	75 449	355 578	29 613	98 570	413 018	−3 717	−23 121	−57 440
浙　江	4 823	13 580	63 747	5 467	16 006	72 450	−644	−2 426	−8 703
安　徽	6 293	74 497	103 101	7 712	79 279	118 719	−1 419	−4 782	−15 618
福　建	3 116	3 545	20 389	3 143	3 588	20 576	−27	−43	−187
江　西	8 267	29 465	80 295	9 001	34 811	91 656	−734	−5 346	−11 361
山　东	23 025	95 312	312 224	26 716	98 375	356 617	−3 691	−3 063	−44 393
河　南	3 767	18 411	64 640	3 787	18 439	65 006	−20	−28	−366
湖　北	8 772	13 806	83 724	11 036	21 981	94 468	−2 264	−8 175	−10 744
湖　南	9 471	16 486	51 871	9 876	17 845	51 559	−405	−1 359	312
广　东	13 550	82 448	205 887	10 877	27 479	111 395	2 673	54 969	94 492
广　西	14 684	17 646	205 872	14 822	18 145	207 769	−138	−499	−1 897
海　南	34	110	233	36	130	246	−2	−20	−13
重　庆	151	1 164	9 775	2 350	7 668	32 649	−2 199	−6 504	−22 874
四　川	558	1 884	14 559	630	1 880	13 088	−72	4	1 471
贵　州	1 447	3 014	31 211	1 491	3 143	32 813	−44	−129	−1 602
云　南	881	2 881	22 172	935	2 618	20 685	−54	263	1 487
西　藏									
陕　西	575	1 404	8 276	589	1 544	9 228	−14	−140	−952
甘　肃	34	88	1 462	35	92	1 503	−1	−4	−41
青　海	1 127	1 198	13 789	1 127	1 198	13 789			
宁　夏	26	122	1 843	26	122	1 843			
新　疆	920	3 190	15 416	1 025	3 808	17 641	−105	−618	−2 225

各地区内陆机动渔船年末拥有量(按船长分)

地区	24米(含)以上			12(含)～24米			12米以下		
	艘	总吨	千瓦	艘	总吨	千瓦	艘	总吨	千瓦
全国总计	**434**	**67 269**	**73 486**	**8 036**	**98 268**	**217 778**	**138 676**	**327 625**	**1 658 111**
北　京				6	46	531	14	24	827
天　津							1 022	580	3 581
河　北	1	81	470	4	41	509	1 224	2 150	26 186
山　西				12	39	203	156	302	1 998
内蒙古				19	531	1 464	1 203	1 634	17 016
辽　宁	6	807	528	43	658	3 539	1 682	3 584	13 529
吉　林	8	806	1 784	336	1 670	9 458	3 819	4 682	61 531
黑龙江	20	2 278	5 911	111	1 292	5 844	9 792	13 128	98 998
上　海	7	1 202	5 324	21	1 482	12 748	223	445	11 332
江　苏	82	6 164	7 931	1 662	21 697	51 120	24 152	47 588	296 527
浙　江	15	432	720	68	1 643	5 222	4 740	11 505	57 805
安　徽	123	7 261	2 862	774	35 033	24 951	5 396	32 203	75 288
福　建				42	233	636	3 074	3 312	19 753
江　西	6	399	1 597	273	2 468	7 624	7 988	26 598	71 074
山　东	12	100	593	95	131	2 457	22 918	95 081	309 174
河　南	12	904	2 300	990	11 636	18 291	2 765	5 871	44 049
湖　北	5	326	1 730	378	1 803	10 666	8 389	11 677	71 328
湖　南	6	157	1 086	701	1 500	11 443	8 764	14 829	39 342
广　东	113	45 282	35 005	1 990	12 493	25 506	11 447	24 673	145 376
广　西	2	47	549	139	806	6 779	14 543	16 793	198 544
海　南							34	110	233
重　庆	3	180	1 595	74	727	3 846	74	257	4 334
四　川	4	253	910	43	489	2 083	511	1 142	11 566
贵　州	3	282	417	82	657	5 337	1 362	2 075	25 457
云　南	4	200	1 774	15	245	1 709	862	2 436	18 689
西　藏									
陕　西				27	316	1 116	548	1 088	7 160
甘　肃				3	15	309	31	73	1 153
青　海							1 127	1 198	13 789
宁　夏							26	122	1 843
新　疆	2	108	400	128	617	4 387	790	2 465	10 629

各地区内陆机动渔船年末拥有量(生产渔船)

地区	生产渔船			捕捞渔船			养殖渔船		
	艘	总吨	千瓦	艘	总吨	千瓦	艘	总吨	千瓦
全国总计	**143 334**	**457 332**	**1 671 340**	**105 925**	**354 193**	**1 332 302**	**37 409**	**103 139**	**339 038**
北京									
天津	1 018	578	3 368	814	307	2 219	204	271	1 149
河北	1 202	2 043	24 381	1 155	1 969	23 720	47	74	661
山西	162	306	1 539	120	130	862	42	176	677
内蒙古	1 162	1 403	12 362	996	1 164	10 160	166	239	2 202
辽宁	1 692	4 411	13 651	1 450	3 438	9 972	242	973	3 679
吉林	4 044	5 611	64 508	2 627	3 374	40 253	1 417	2 237	24 255
黑龙江	9 774	13 406	93 232	7 380	10 086	68 795	2 394	3 320	24 437
上海	184	233	1 506	184	233	1 506			
江苏	25 037	71 345	328 308	17 853	53 630	246 773	7 184	17 715	81 535
浙江	4 619	12 191	54 447	4 009	9 924	46 476	610	2 267	7 971
安徽	5 937	71 794	75 939	4 942	48 114	64 417	995	23 680	11 522
福建	3 096	3 454	18 963	2 924	3 183	17 423	172	271	1 540
江西	8 138	28 220	67 029	2 982	7 944	17 321	5 156	20 276	49 708
山东	22 960	94 141	306 057	22 573	93 650	299 591	387	491	6 466
河南	3 650	17 260	55 954	2 863	15 379	45 354	787	1 881	10 600
湖北	8 463	11 510	55 922	2 433	3 018	12 119	6 030	8 492	43 803
湖南	9 077	14 285	31 349				9 077	14 285	31 349
广东	13 322	78 145	200 683	13 082	76 342	195 711	240	1 803	4 972
广西	14 554	16 638	193 620	13 896	15 570	182 252	658	1 068	11 368
海南	34	110	233	34	110	233			
重庆	31	244	422				31	244	422
四川	458	1 143	5 091				458	1 143	5 091
贵州	1 355	1 844	20 488	1 196	1 598	17 640	159	246	2 848
云南	786	1 862	10 040	708	1 692	9 019	78	170	1 021
西藏									
陕西	559	1 352	7 009	55	199	488	504	1 153	6 521
甘肃	22	22	240				22	22	240
青海	1 112	982	11 660	1 008	765	8 878	104	217	2 782
宁夏	4	4	83				4	4	83
新疆	882	2 795	13 256	641	2 374	11 120	241	421	2 136

各地区捕捞机动渔船年末拥有量(按功率分)

地区	44.1千瓦以下			44.1(含)～441千瓦			441千瓦(含)以上		
	艘	总吨	千瓦	艘	总吨	千瓦	艘	总吨	千瓦
全国总计	**187 201**	**816 615**	**2 571 485**	**47 745**	**5 648 571**	**9 116 061**	**3 269**	**1 770 568**	**2 960 696**
北京				6	788	1 480	8	9 358	11 642
天津	909	1 962	4 439	275	25 921	42 961	9	6 091	8 745
河北	2 763	20 594	47 582	1 734	204 899	264 109	3	744	1 323
山西	120	130	862						
内蒙古	996	1 164	10 160						
辽宁	10 814	83 068	181 280	5 171	370 084	814 187	483	114 774	332 400
吉林	2 576	3 240	37 660	51	134	2 593			
黑龙江	7 375	10 053	68 496	5	33	299			
上海	190	343	1 796	166	24 285	34 243	73	57 758	84 268
江苏	18 945	66 669	261 900	3 026	274 833	454 869	22	4 253	9 772
浙江	7 841	40 847	108 364	10 509	1 954 147	2 703 886	699	466 072	703 393
安徽	4 870	45 418	55 718	72	2 696	8 699			
福建	14 705	51 105	173 474	6 657	833 987	1 433 064	494	373 420	639 636
江西	2 982	7 944	17 321						
山东	31 973	154 763	434 932	6 298	612 804	990 755	344	213 095	383 488
河南	2 829	15 255	43 668	34	124	1 686			
湖北	2 433	3 018	12 119						
湖南									
广东	34 570	144 141	414 572	6 631	607 986	1 030 015	480	223 184	346 069
广西	18 866	42 591	237 850	1 768	388 995	465 796	109	48 252	51 850
海南	17 847	118 022	415 830	5 261	334 321	840 498	343	130 260	182 836
重庆									
四川									
贵州	1 195	1 562	17 574	1	36	66			
云南	708	1 692	9 019						
西藏									
陕西	55	199	488						
甘肃									
青海	1 008	765	8 878						
宁夏									
新疆	631	2 070	7 503	10	304	3 617			
中农发集团				70	12 194	23 238	202	123 307	205 274

各地区海洋捕捞机动渔船基本情况

地　区	合　计		1.国内海洋捕捞		2. 远洋渔船	
	艘	千瓦	艘	千瓦	艘	千瓦
全国总计	**132 290**	**13 315 940**	**129 731**	**10 344 688**	**2 559**	**2 971 252**
北　京	14	13 122			14	13 122
天　津	379	53 926	364	45 490	15	8 436
河　北	3 345	289 294	3 322	262 715	23	26 579
辽　宁	15 018	1 317 895	14 732	1 008 865	286	309 030
上　海	245	118 801	172	38 127	73	80 674
江　苏	4 140	479 768	4 098	463 902	42	15 866
浙　江	15 040	3 469 167	14 427	2 758 763	613	710 404
福　建	18 932	2 228 751	18 460	1 603 244	472	625 507
山　东	16 042	1 509 584	15 549	805 697	493	703 887
广　东	28 599	1 594 945	28 362	1 372 298	237	222 647
广　西	6 847	573 244	6 828	546 656	19	26 588
海　南	23 417	1 438 931	23 417	1 438 931		
中农发集团	272	228 512			272	228 512

各地区海洋捕捞机动渔船年末拥有量(按功率分)

地　区	44.1 千瓦以下			44.1(含)～441 千瓦			441 千瓦(含)以上		
	艘	总吨	千瓦	艘	总吨	千瓦	艘	总吨	千瓦
全国总计	**81 978**	**521 248**	**1 332 719**	**47 058**	**5 596 811**	**9 034 135**	**3 254**	**1 763 502**	**2 949 086**
北　京				6	788	1 480	8	9 358	11 642
天　津	95	1 655	2 220	275	25 921	42 961	9	6 091	8 745
河　北	1 608	18 625	23 862	1 734	204 899	264 109	3	744	1 323
辽　宁	9 387	80 630	172 882	5 150	369 084	812 613	481	114 774	332 400
上　海	6	110	290	166	24 285	34 243	73	57 758	84 268
江　苏	1 287	22 420	30 296	2 831	265 452	439 700	22	4 253	9 772
浙　江	3 841	31 189	62 670	10 500	1 953 881	2 703 104	699	466 072	703 393
福　建	11 782	47 932	156 154	6 656	833 977	1 432 961	494	373 420	639 636
山　东	9 406	61 142	135 559	6 292	612 775	990 537	344	213 095	383 488
广　东	21 781	112 612	276 543	6 351	570 239	983 943	467	216 118	334 459
广　西	4 970	27 021	56 646	1 768	388 995	464 748	109	48 252	51 850
海　南	17 815	117 912	415 597	5 259	334 321	840 498	343	130 260	182 836
中农发集团				70	12 194	23 238	202	123 307	205 274

各地区海洋捕捞机动渔船年末拥有量(按作业类型分)(一)

地　区	拖　网			围　网			刺　网		
	艘	总吨	千瓦	艘	总吨	千瓦	艘	总吨	千瓦
全国总计	**24 949**	**3 199 004**	**5 589 391**	**5 818**	**1 017 212**	**1 384 276**	**73 210**	**1 942 572**	**3 641 939**
北　京									
天　津	24	5 490	9 180	9	4 608	3 536	321	15 313	28 197
河　北	172	36 200	55 594	42	16 288	15 598	3 131	171 780	218 102
辽　宁	3 924	211 533	597 361	84	65 154	7 581	8 496	230 557	597 002
上　海	189	44 010	63 964	12	20 066	32 279			
江　苏	571	49 246	103 363	35	5 636	5 116	2 670	183 268	303 245
浙　江	5 490	1 002 099	1 565 970	304	116 863	156 914	5 351	508 950	635 806
福　建	2 744	419 882	815 927	1 311	446 810	606 831	7 990	162 580	354 047
山　东	4 962	479 289	845 712	265	83 502	116 303	7 972	163 394	288 873
广　东	3 496	384 865	681 286	1 241	143 965	203 723	18 660	221 953	436 085
广　西	1 722	379 907	450 296	209	1 617	8 820	4 223	22 984	50 719
海　南	1 520	125 571	290 513	2 301	104 863	214 411	14 392	261 649	729 423
中农发集团	135	60 912	110 225	5	7 840	13 164	4	144	440

各地区海洋捕捞机动渔船年末拥有量(按作业类型分)(二)

地　区	张　网			钓　业			其　他		
	艘	总吨	千瓦	艘	总吨	千瓦	艘	总吨	千瓦
全国总计	**8 974**	**352 134**	**518 233**	**9 919**	**1 017 404**	**1 612 972**	**9 420**	**353 235**	**569 129**
北　京	6	788	1 480	8	9 358	11 642			
天　津	12	2 010	3 914	9	6 091	8 745	4	155	354
河　北									
辽　宁	1 125	6 937	17 696	817	44 832	80 849	572	5 475	17 406
上　海	21	549	1 610	23	17 528	20 948			
江　苏	774	48 400	61 296	1	25	29	89	5 550	6 719
浙　江	2 055	238 963	302 469	1 143	458 968	654 133	697	125 299	153 875
福　建	2 256	31 466	74 120	1 335	134 626	204 407	3 296	59 965	173 419
山　东	1 593	15 767	33 208	954	133 619	209 678	296	11 441	15 810
广　东	206	2 374	5 379	2 289	106 708	194 087	2 707	39 104	74 385
广　西				241	683	880	452	59 077	62 529
海　南	922	4 384	16 181	2 979	39 261	124 651	1 303	46 765	63 752
中农发集团	4	496	880	120	65 705	102 923	4	404	880

各地区内陆捕捞机动渔船年末拥有量(按功率分)

地区	44.1千瓦以下			44.1(含)～441千瓦			441千瓦(含)以上		
	艘	总吨	千瓦	艘	总吨	千瓦	艘	总吨	千瓦
全国总计	**105 223**	**295 367**	**1 238 766**	**687**	**51 760**	**81 926**	**15**	**7 066**	**11 610**
北京									
天津	814	307	2 219						
河北	1 155	1 969	23 720						
山西	120	130	862						
内蒙古	996	1 164	10 160						
辽宁	1 427	2 438	8 398	21	1 000	1 574			
吉林	2 576	3 240	37 660	51	134	2 593			
黑龙江	7 375	10 053	68 496	5	33	299			
上海	184	233	1 506						
江苏	17 658	44 249	231 604	195	9 381	15 169			
浙江	4 000	9 658	45 694	9	266	782			
安徽	4 870	45 418	55 718	72	2 696	8 699			
福建	2 923	3 173	17 320	1	10	103			
江西	2 982	7 944	17 321						
山东	22 567	93 621	299 373	6	29	218			
河南	2 829	15 255	43 668	34	124	1 686			
湖北	2 433	3 018	12 119						
湖南									
广东	12 789	31 529	138 029	280	37 747	46 072	13	7 066	11 610
广西	13 896	15 570	181 204						
海南	32	110	233						
重庆									
四川									
贵州	1 195	1 562	17 574	1	36	66			
云南	708	1 692	9 019						
西藏									
陕西	55	199	488						
甘肃									
青海	1 008	765	8 878						
宁夏									
新疆	631	2 070	7 503	10	304	3 617			

各地区远洋渔船年末拥有量

地　　区	2021 年		2020 年		2021 年比 2020 年增减(±)	
	艘	千瓦	艘	千瓦	艘	千瓦
全国总计	**2 559**	**2 971 252**	**2 705**	**2 879 078**	**−146**	**92 174**
北　　京	14	13 122	14	13 122		
天　　津	15	8 436	16	16 084	−1	−7 648
河　　北	23	26 579	23	26 579		
辽　　宁	286	309 030	328	316 816	−42	−7 786
上　　海	73	80 674	78	99 247	−5	−18 573
江　　苏	42	15 866	42	14 766		1 100
浙　　江	613	710 404	676	761 330	−63	−50 926
福　　建	472	625 507	481	543 352	−9	82 155
山　　东	493	703 887	499	650 499	−6	53 388
广　　东	237	222 647	242	189 050	−5	33 597
广　　西	19	26 588	19	26 588		
海　　南						
中农发集团	272	228 512	287	221 645	−15	6 867

各地区辅助渔船年末拥有量

地区	合计			其中					
				捕捞辅助船			渔业执法船		
	艘	总吨	千瓦	艘	总吨	千瓦	艘	总吨	千瓦
全国总计	**14 655**	**1 150 034**	**2 385 766**	**10 901**	**1 061 222**	**1 668 701**	**2 957**	**81 527**	**693 660**
北京	20	70	1 358				20	70	1 358
天津	43	3 129	10 658	36	2 209	6 753	7	920	3 905
河北	748	27 099	68 861	711	25 450	60 571	33	1 641	8 202
山西	6	35	662				6	34	662
内蒙古	60	762	6 118	10	276	670	50	486	5 448
辽宁	820	66 453	207 859	739	57 682	157 505	80	8 760	50 336
吉林	119	1 547	8 265	22	27	128	85	1 493	7 912
黑龙江	149	3 292	17 521				122	3 236	16 491
上海	109	24 624	61 734	27	19 156	23 266	82	5 468	38 468
江苏	1 059	27 060	101 052	812	21 106	44 290	247	5 954	56 762
浙江	2 382	536 735	853 170	2 009	519 323	715 747	163	15 253	133 013
安徽	356	2 703	27 162	121	489	3 933	235	2 214	23 229
福建	2 157	225 492	355 399	1 832	218 891	302 509	84	5 233	47 366
江西	129	1 245	13 266	12	26	29	117	1 219	13 097
山东	456	119 476	180 089	318	110 988	121 687	125	7 829	56 576
河南	117	1 151	8 686				117	1 151	8 686
湖北	309	2 296	27 802	46	71	656	263	2 225	27 146
湖南	394	2 201	20 522				240	1 536	16 609
广东	3 504	69 133	265 720	3 159	63 056	187 406	232	5 475	78 314
广西	988	12 470	59 737	837	6 103	16 815	144	6 259	42 118
海南	220	18 364	39 911	196	16 138	26 347	24	722	9 609
重庆	120	920	9 353	7	60	98	113	860	9 255
四川	100	741	9 468				95	730	9 279
贵州	92	1 170	10 723	1	5	62	89	1 092	9 698
云南	95	1 019	12 132	1	12	60	93	985	12 012
西藏									
陕西	16	52	1 267				11	41	1 207
甘肃	12	66	1 222				10	66	1 022
青海	15	216	2 129				15	216	2 129
宁夏	22	118	1 760				22	118	1 760
新疆	38	395	2 160	5	154	169	33	241	1 991

各地区海洋辅助渔船年末拥有量

地区	合计			其中					
				捕捞辅助船			渔业执法船		
	艘	总吨	千瓦	艘	总吨	千瓦	艘	总吨	千瓦
全国总计	**10 843**	**1 114 204**	**2 107 731**	**9 842**	**1 047 809**	**1 648 343**	**547**	**55 973**	**435 826**
北京									
天津	39	3 127	10 445	36	2 209	6 753	3	918	3 692
河北	721	26 870	66 077	711	25 450	60 571	9	1 420	5 506
辽宁	781	65 815	203 914	713	57 370	154 612	68	8 415	49 302
上海	42	21 728	33 836	26	19 138	23 096	16	2 590	10 740
江苏	200	22 956	73 782	175	18 193	38 712	25	4 763	35 070
浙江	2 178	535 346	843 870	2 006	519 308	715 692	83	15 123	125 081
福建	2 137	225 401	353 973	1 828	218 873	302 470	68	5 161	45 974
山东	391	118 305	173 922	318	110 988	121 687	63	7 051	50 527
广东	3 276	64 830	260 516	3 017	54 068	182 391	146	4 422	68 852
广西	858	11 462	47 485	816	6 074	16 012	42	5 388	31 473
海南	220	18 364	39 911	196	16 138	26 347	24	722	9 609

各地区内陆辅助渔船年末拥有量

地区	合计			其中					
				捕捞辅助船			渔业执法船		
	艘	总吨	千瓦	艘	总吨	千瓦	艘	总吨	千瓦
全国总计	**3 812**	**35 830**	**278 035**	**1 059**	**13 413**	**20 358**	**2 410**	**25 554**	**257 834**
北京	20	70	1 358				20	70	1 358
天津	4	2	213				4	2	213
河北	27	229	2 784				24	221	2 696
山西	6	35	662				6	34	662
内蒙古	60	762	6 118	10	276	670	50	486	5 448
辽宁	39	638	3 945	26	312	2 893	12	345	1 034
吉林	119	1 547	8 265	22	27	128	85	1 493	7 912
黑龙江	149	3 292	17 521				122	3 236	16 491
上海	67	2 896	27 898	1	18	170	66	2 878	27 728
江苏	859	4 104	27 270	637	2 913	5 578	222	1 191	21 692
浙江	204	1 389	9 300	3	15	55	80	130	7 932
安徽	356	2 703	27 162	121	489	3 933	235	2 214	23 229
福建	20	91	1 426	4	18	39	16	72	1 392
江西	129	1 245	13 266	12	26	29	117	1 219	13 097
山东	65	1 171	6 167				62	778	6 049
河南	117	1 151	8 686				117	1 151	8 686
湖北	309	2 296	27 802	46	71	656	263	2 225	27 146
湖南	394	2 201	20 522				240	1 536	16 609
广东	228	4 303	5 204	142	8 988	5 015	86	1 053	9 462
广西	130	1 008	12 252	21	29	803	102	871	10 645
海南									
重庆	120	920	9 353	7	60	98	113	860	9 255
四川	100	741	9 468				95	730	9 279
贵州	92	1 170	10 723	1	5	62	89	1 092	9 698
云南	95	1 019	12 132	1	12	60	93	985	12 012
西藏									
陕西	16	52	1 267				11	41	1 207
甘肃	12	66	1 222				10	66	1 022
青海	15	216	2 129				15	216	2 129
宁夏	22	118	1 760				22	118	1 760
新疆	38	395	2 160	5	154	169	33	241	1 991

各地区非机动渔船年末拥有量

地　区	合　计		海洋渔业非机动渔船		内陆渔业非机动渔船	
	艘	总吨	艘	总吨	艘	总吨
全国总计	**163 851**	**241 031**	**3 014**	**9 057**	**160 837**	**231 974**
北　京	217	217			217	217
天　津	1 146	540			1 146	540
河　北	1 925	1 130			1 925	1 130
山　西	37	14			37	14
内蒙古	166	131			166	131
辽　宁	2 116	2 828		329	2 116	2 499
吉　林	2 315	1 480			2 315	1 480
黑龙江	1 369	920			1 369	920
上　海	32	2 188	1	1 458	31	730
江　苏	63 877	136 341	147	328	63 730	136 013
浙　江	9 900	16 277	62	32	9 838	16 245
安　徽	10 127	23 498			10 127	23 498
福　建	1 643	1 561	1 583	1 513	60	48
江　西	15 257	13 750			15 257	13 750
山　东	30 709	15 541	10	5	30 699	15 536
河　南	4 624	3 663			4 624	3 663
湖　北	6 239	5 019			6 239	5 019
湖　南	7 049	4 043			7 049	4 043
广　东	1 650	9 236	1 177	5 286	473	3 950
广　西	274	82			274	82
海　南	34	106	34	106		
重　庆	138	38			138	38
四　川	565	337			565	337
贵　州						
云　南	1 635	1 576			1 635	1 576
西　藏						
陕　西	267	224			267	224
甘　肃	29	29			29	29
青　海		40				40
宁　夏	166	120			166	120
新　疆	345	102			345	102

(四)基础设施

各地区渔业基础设施情况

单位:个

地区	国家级水产原良种场	渔港合计	其中			国家级水产种质资源保护区	国家级水生野生动植物自然保护区
			沿海中心渔港	沿海一级渔港	内陆重点渔港		
全国总计	**87**	**1 154**	**73**	**95**	**222**	**396**	**368**
北京	3						
天津	2	5		1			4
河北	5	30	5	5	8	5	7
山西	1						
内蒙古	1						
辽宁	1	125	3	9	28	15	70
吉林	1						
黑龙江	1						
上海	1	1		1			
江苏	7	20	7	4	4		5
浙江	6	129	9	13	28	32	47
安徽	3						
福建	1	270	10	14	68	170	8
江西	4						
山东	12	177	9	11	6	80	71
河南							
湖北	12						
湖南	4						
广东	5	106	12	15	24	39	16
广西	2	15	4	5	3	3	
海南	2	50	6	5	13	11	15
重庆	1						
四川	2						
贵州							
云南							
西藏							
陕西	1						
甘肃	1						
青海	1						
宁夏							
新疆							
大连	4	99	4	6	30	22	37
青岛	2	61	2	2		4	53
宁波	1	57	1	3	7	14	32
厦门		3	1				2
深圳		6		1	3	1	1

(五)渔业人口

全国渔业人口与从业人员

指　标	计量单位	2021 年	2020 年	2021 年比 2020 年增减(±)	其中:海洋渔业		
					2021 年	2020 年	2021 年比 2020 年增减(±)
1. 渔业乡	个	696	694	2	380	379	1
2. 渔业村	个	7 078	7 120	−42	3 235	3 271	−36
3. 渔业户	户	4 196 021	4 391 007	−194 986	1 284 811	1 335 965	−51 154
4. 渔业人口	人	16 342 392	17 207 654	−865 262	5 036 462	5 257 826	−221 364
其中:传统渔民	人	5 171 560	5 554 348	−382 788	2 524 113	2 720 313	−196 200
5. 渔业从业人员	人	11 846 287	12 395 858	−549 571	3 351 954	3 494 297	−142 343
(1)专业从业人员	人	6 341 223	6 664 892	−323 669	2 034 784	2 145 665	−110 881
其中:女性	人	1 220 156	1 276 745	−56 589	295 184	313 309	−18 125
其中:捕捞	人	1 212 667	1 298 588	−85 921	855 874	890 633	−34 759
养殖	人	4 353 995	4 575 402	−221 407	827 121	888 844	−61 723
其他	人	774 561	790 902	−16 341	351 789	366 188	−14 399
(2)兼业从业人员	人	4 003 042	4 188 354	−185 312	766 318	793 241	−26 923
(3)临时从业人员	人	1 502 022	1 542 612	−40 590	550 852	555 391	−4 539

各地区渔业人口与从业人员(一)

地 区	1.渔业乡（个）	2.渔业村（个）	3.渔业户（户）	4.渔业人口（人）		5.渔业从业人员（人）
				小 计	其中:传统渔民	
全国总计	**696**	**7 078**	**4 196 021**	**16 342 392**	**5 171 560**	**11 846 287**
北 京	8	32	1 682	4 457	962	4 713
天 津		4	7 056	23 895	6 663	15 115
河 北	28	159	51 517	218 037	132 860	177 052
山 西			876	3 963		3 873
内 蒙 古	4	31	6 710	35 047	4 678	25 049
辽 宁	129	665	141 968	576 768	293 321	451 369
吉 林	1	4	23 450	84 782	906	76 137
黑 龙 江	6	29	44 531	154 560	131 376	113 743
上 海		13	3 076	10 258	4 110	8 889
江 苏	31	472	261 848	1 081 847	301 417	904 867
浙 江	92	615	286 468	943 747	346 175	629 724
安 徽	8	81	148 247	608 487	162 030	547 696
福 建	53	545	396 839	1 605 781	833 608	886 222
江 西	6	108	221 757	1 023 253	217 194	788 420
山 东	94	1 190	418 597	1 517 752	580 641	1 194 646
河 南	24	369	110 583	442 375	24 712	359 816
湖 北	63	848	435 755	1 377 075	516 790	1 042 942
湖 南	5	235	222 081	1 002 408	111 743	840 601
广 东	77	1 022	494 018	2 030 978	829 768	1 155 209
广 西	14	205	224 808	1 002 561	303 012	801 897
海 南	24	260	68 544	335 677	140 695	194 069
重 庆		5	101 725	378 491	280	302 252
四 川	28	151	415 761	1 404 999	150 895	966 877
贵 州		2	27 044	144 793	6 630	73 793
云 南			56 230	230 615	55 507	192 140
西 藏						
陕 西	1	31	18 186	62 998	11 259	55 879
甘 肃			1 883	8 906	411	7 269
青 海			106	3 750		3 504
宁 夏			1 512	7 544		8 903
新 疆		2	3 163	16 588	3 917	13 621

各地区渔业人口与从业人员(二)

单位:人

地区	5.渔业从业人员(续)						
	(1)专业从业人员					(2)兼业从业人员	(3)临时从业人员
	小计	其中:女性	a.捕捞	b.养殖	c.其他		
全国总计	**6 341 223**	**1 220 156**	**1 212 667**	**4 353 995**	**774 561**	**4 003 042**	**1 502 022**
北京	3 467	817	682	2 166	619	1 087	159
天津	9 784	272	2 037	7 534	213	4 208	1 123
河北	84 161	18 881	33 419	37 377	13 365	30 615	62 276
山西	2 266	477	401	1 728	137	1 149	458
内蒙古	13 860	2 867	3 237	8 346	2 277	8 754	2 435
辽宁	276 850	38 530	105 766	137 613	33 471	100 015	74 504
吉林	20 137	2 535	3 836	14 478	1 823	49 394	6 606
黑龙江	74 740	26 159	19 215	46 996	8 529	31 803	7 200
上海	8 054	746	2 985	4 687	382	478	357
江苏	520 056	120 680	93 333	387 625	39 098	265 629	119 182
浙江	385 563	68 612	139 059	154 882	91 622	145 234	98 927
安徽	267 227	56 585	32 179	207 156	27 892	207 430	73 039
福建	545 063	85 426	173 753	298 360	72 950	264 652	76 507
江西	356 881	65 153	10 696	290 672	55 513	329 384	102 155
山东	609 399	116 612	171 642	294 224	143 533	242 108	343 139
河南	150 989	37 996	17 790	115 621	17 578	178 206	30 621
湖北	667 771	169 399	5 850	621 512	40 409	264 363	110 808
湖南	378 172	79 712		343 199	34 973	393 534	68 895
广东	792 096	131 514	214 479	506 489	71 128	305 392	57 721
广西	399 577	50 822	63 261	297 914	38 402	315 452	86 868
海南	160 147	24 103	99 796	44 918	15 433	26 347	7 575
重庆	140 189	47 234		127 395	12 794	118 738	43 325
四川	328 670	52 981		288 266	40 404	569 249	68 958
贵州	21 660	2 467	2 047	16 416	3 197	37 107	15 026
云南	73 365	12 830	13 082	56 880	3 403	85 392	33 383
西藏							
陕西	31 607	4 023		27 698	3 909	18 309	5 963
甘肃	3 059	517		2 789	270	2 938	1 272
青海	2 523	227	2 124	349	50	931	50
宁夏	4 894	876	322	4 121	451	2 605	1 404
新疆	8 996	1 103	1 676	6 584	736	2 539	2 086

各地区海洋渔业人口与从业人员(一)

地　区	1.渔业乡(个)	2.渔业村(个)	3.渔业户(户)	4.渔业人口(人)		5.渔业从业人员(人)
				小　计	其中:传统渔民	
全国总计	**380**	**3 235**	**1 284 811**	**5 036 462**	**2 524 113**	**3 351 954**
北　京						278
天　津	1	3	1 917	6 081	2 429	2 088
河　北	11	67	37 047	141 461	108 187	128 045
山　西						
内蒙古						
辽　宁	74	327	83 325	384 559	214 385	271 986
吉　林						
黑龙江						
上　海		6	623	2 346	1 903	3 053
江　苏	12	90	34 890	222 021	82 333	159 920
浙　江	78	487	192 006	582 842	256 236	335 943
安　徽						
福　建	53	528	330 281	1 327 892	754 566	710 857
江　西						
山　东	61	800	286 878	896 305	392 420	889 228
河　南						
湖　北						
湖　南						
广　东	64	611	193 966	889 109	491 614	437 121
广　西	5	110	64 709	311 961	87 098	264 568
海　南	21	206	59 169	271 885	132 942	148 867
重　庆						
四　川						
贵　州						
云　南						
西　藏						
陕　西						
甘　肃						
青　海						
宁　夏						
新　疆						

各地区海洋渔业人口与从业人员(二)

单位:人

地区	5.渔业从业人员(续)						
	(1)专业从业人员					(2)兼业从业人员	(3)临时从业人员
	小计	其中:女性	a.捕捞	b.养殖	c.其他		
全国总计	**2 034 784**	**295 184**	**855 874**	**827 121**	**351 789**	**766 318**	**550 852**
北京	278		248		30		
天津	1 718	50	954	734	30	330	40
河北	58 764	2 834	23 597	23 037	12 130	12 316	56 965
山西							
内蒙古							
辽宁	172 971	23 825	93 532	57 771	21 668	45 245	53 770
吉林							
黑龙江							
上海	2 948	55	2 632		316	55	50
江苏	89 750	21 348	42 688	38 941	8 121	53 711	16 459
浙江	231 743	31 124	117 965	46 910	66 868	50 278	53 922
安徽							
福建	453 411	73 660	162 132	226 137	65 142	190 618	66 828
江西							
山东	391 956	73 669	113 521	160 614	117 821	247 080	250 192
河南							
湖北							
湖南							
广东	323 139	35 037	177 655	110 755	34 729	89 183	24 799
广西	180 508	13 594	37 674	132 201	10 633	62 211	21 849
海南	127 598	19 988	83 276	30 021	14 301	15 291	5 978
重庆							
四川							
贵州							
云南							
西藏							
陕西							
甘肃							
青海							
宁夏							
新疆							

四、加工与贸易

(一)水产品加工

全国水产加工情况

指　　标	计量单位	2021 年	2020 年	2021 年比 2020 年增减(±)	
				绝对量	幅度(%)
1.水产加工企业	个	9 202	9 136	66	−0.72
水产品加工能力	吨/年	28 935 838	28 534 343	401 495	1.41
其中:规模以上加工企业	个	2 497	2 513	−16	−0.64
2.水产冷库	座	8 454	8 188	266	3.25
冻结能力	吨/日	853 396	882 134	−28 738	−3.26
冷藏能力	吨/次	4 746 275	4 643 754	102 521	2.21
制冰能力	吨/日	201 510	214 863	−13 353	−6.21
3.水产加工品总量	吨	21 250 370	20 907 861	342 509	1.64
淡水加工产品	吨	4 162 262	4 115 121	47 141	1.15
海水加工产品	吨	17 088 108	16 792 740	295 368	1.76
(1)水产冷冻品	吨	15 195 232	14 759 139	436 093	2.95
其中:冷冻品	吨	7 979 198	7 600 877	378 321	4.98
冷冻加工品	吨	7 216 034	7 158 262	57 772	0.81
(2)鱼糜制品及干腌制品	吨	2 765 064	2 650 891	114 173	4.31
其中:鱼糜制品	吨	1 349 803	1 267 727	82 076	6.47
干腌制品	吨	1 415 261	1 383 164	32 097	2.32
(3)藻类加工品	吨	1 023 691	1 048 090	−24 399	−2.33
(4)罐制品	吨	330 392	329 857	535	0.16
(5)水产饲料(鱼粉)	吨	659 018	707 638	−48 620	−6.87
(6)鱼油制品	吨	67 807	53 243	14 564	27.35
(7)其他水产加工品	吨	1 192 166	1 116 003	76 163	6.82
其中:助剂和添加剂	吨	16 197	40 848	−24 651	−60.35
珍珠	千克	11 563	27 943	−16 380	−58.62
4.用于加工的水产品总量	吨	25 226 780	24 771 592	455 188	1.84
其中:淡水产品	吨	5 715 741	5 241 770	473 971	9.04
海水产品	吨	19 511 039	19 529 822	−18 783	−0.10
5.部分水产品年加工量	吨	1 916 476	1 782 023	134 453	7.54
其中:对虾	吨	482 322	490 773	−8 451	−1.72
克氏原螯虾	吨	661 843	566 102	95 741	16.91
罗非鱼	吨	567 059	549 463	17 596	3.20
鳗鱼	吨	151 370	129 160	22 210	17.20
斑点叉尾鮰	吨	53 882	46 525	7 357	15.81

各地区水产加工品总量

单位:吨

地区	2021年		2020年		2021年比2020年增减(±)			
					绝对量		幅度(%)	
	水产加工品总量	其中:淡水加工产品	水产加工品总量	其中:淡水加工产品	水产加工品总量	其中:淡水加工产品	水产加工品总量	其中:淡水加工产品
全国总计	**21 250 370**	**4 162 262**	**20 907 861**	**4 115 121**	**342 509**	**47 141**	**1.64**	**1.15**
北　京	1 889	1 026	2 425	1 642	−536	−616	−22.10	−37.52
天　津	720	720	1 400	1 400	−680	−680	−48.57	−48.57
河　北	98 542	13 464	98 451	13 985	91	−521	0.09	−3.73
山　西	760	305	785	295	−25	10	−3.18	3.39
内蒙古	3 038	3 038	3 366	3 366	−328	−328	−9.74	−9.74
辽　宁	2 354 950	28 050	2 333 821	27 844	21 129	206	0.91	0.74
吉　林	255 228	1 546	254 549	1 474	679	72	0.27	4.88
黑龙江	13 236	13 236	10 442	10 442	2 794	2 794	26.76	26.76
上　海	2 805	329	2 430	338	375	−9	15.43	−2.66
江　苏	1 347 997	708 664	1 286 801	645 015	61 196	63 649	4.76	9.87
浙　江	1 815 309	66 262	1 857 099	68 785	−41 790	−2 523	−2.25	−3.67
安　徽	212 458	212 063	209 008	204 177	3 450	7 886	1.65	3.86
福　建	4 051 762	207 071	3 704 087	192 471	347 675	14 600	9.39	7.59
江　西	374 999	374 999	371 737	371 737	3 262	3 262	0.88	0.88
山　东	6 417 417	101 108	6 464 797	118 904	−47 380	−17 796	−0.73	−14.97
河　南	19 384	19 384	19 831	19 831	−447	−447	−2.25	−2.25
湖　北	1 357 937	1 357 937	1 538 116	1 538 116	−180 179	−180 179	−11.71	−11.71
湖　南	321 162	321 162	218 561	218 561	102 601	102 601	46.94	46.94
广　东	1 483 550	425 914	1 454 584	396 997	28 966	28 917	1.99	7.28
广　西	747 625	122 506	745 052	123 930	2 573	−1 424	0.35	−1.15
海　南	311 465	125 341	257 802	83 094	53 663	42 247	20.82	50.84
重　庆	780	780	584	584	196	196	33.56	33.56
四　川	4 261	4 261	3 921	3 921	340	340	8.67	8.67
贵　州	3 597	3 597	4 929	4 929	−1 332	−1 332	−27.02	−27.02
云　南	13 017	13 017	32 068	32 068	−19 051	−19 051	−59.41	−59.41
西　藏								
陕　西	1 206	1 206	1 150	1 150	56	56	4.87	4.87
甘　肃								
青　海	28 000	28 000	28 000	28 000				
宁　夏	1 006	1 006			1 006	1 006		
新　疆	6 270	6 270	2 065	2 065	4 205	4 205	203.63	203.63

各地区水产加工品总量(按品种分)(一)

单位:吨

地　区	水产加工品总量			1.水产冷冻品		
		淡水加工品	海水加工品		冷冻品	冷冻加工品
全国总计	**21 250 370**	**4 162 262**	**17 088 108**	**15 195 232**	**7 979 198**	**7 216 034**
北　京	1 889	1 026	863	1 889		1 889
天　津	720	720				
河　北	98 542	13 464	85 078	70 687	39 325	31 362
山　西	760	305	455	760	305	455
内蒙古	3 038	3 038		1 835	1 835	
辽　宁	2 354 950	28 050	2 326 900	1 765 553	662 318	1 103 235
吉　林	255 228	1 546	253 682	236 515	150 345	86 170
黑龙江	13 236	13 236		7 807	7 807	
上　海	2 805	329	2 476	2 805	3	2 802
江　苏	1 347 997	708 664	639 333	637 827	417 822	220 005
浙　江	1 815 309	66 262	1 749 047	1 433 060	1 042 863	390 197
安　徽	212 458	212 063	395	166 194	71 545	94 649
福　建	4 051 762	207 071	3 844 691	2 683 319	1 539 131	1 144 188
江　西	374 999	374 999		137 381	58 982	78 399
山　东	6 417 417	101 108	6 316 309	4 944 544	2 775 377	2 169 167
河　南	19 384	19 384		17 978	6 692	11 286
湖　北	1 357 937	1 357 937		825 226	327 205	498 021
湖　南	321 162	321 162		215 975	123 344	92 631
广　东	1 483 550	425 914	1 057 636	1 059 382	432 610	626 772
广　西	747 625	122 506	625 119	655 044	169 517	485 527
海　南	311 465	125 341	186 124	300 415	127 554	172 861
重　庆	780	780		438	360	78
四　川	4 261	4 261		2 633	470	2 163
贵　州	3 597	3 597		2 650	965	1 685
云　南	13 017	13 017		7 481	5 379	2 102
西　藏						
陕　西	1 206	1 206		1 144	1 144	
甘　肃						
青　海	28 000	28 000		11 000	11 000	
宁　夏	1 006	1 006				
新　疆	6 270	6 270		5 690	5 300	390

各地区水产加工品总量(按品种分)(二)

单位:吨

地　　区	2.鱼糜制品及干腌制品	鱼糜制品	干腌制品	3.藻类加工品	4.罐制品	5.鱼粉
全国总计	**2 765 064**	**1 349 803**	**1 415 261**	**1 023 691**	**330 392**	**659 018**
北　　京						
天　　津					720	
河　　北	2 908		2 908		7 338	16 275
山　　西						
内 蒙 古	633		633	540	30	
辽　　宁	146 191	43 927	102 264	229 969	18 677	57 346
吉　　林	18 562	2 875	15 687		130	
黑 龙 江	3 199	33	3 166		60	
上　　海						
江　　苏	122 098	24 492	97 606	24 233	18 728	1 562
浙　　江	166 320	85 461	80 859	27 237	34 687	140 605
安　　徽	40 755	18 110	22 645		5 509	
福　　建	698 151	410 078	288 073	342 406	36 116	25 448
江　　西	207 109	71 151	135 958	1 340	13 679	600
山　　东	601 874	335 128	266 746	389 875	125 995	252 966
河　　南	1 401	322	1 079		2	3
湖　　北	459 250	225 937	233 313		10 752	60 325
湖　　南	66 177	20 286	45 891	2 061	3 670	19 242
广　　东	182 741	90 844	91 897	4 776	52 478	83 546
广　　西	37 421	18 219	19 202		671	
海　　南	4 432	2 119	2 313			
重　　庆	192	3	189			
四　　川	1 240	309	931		343	
贵　　州	947	43	904			
云　　南	3 091	424	2 667	248	537	1 100
西　　藏						
陕　　西	62	2	60			
甘　　肃						
青　　海						
宁　　夏				1 006		
新　　疆	310	40	270		270	

各地区水产加工品总量(按品种分)(三)

单位:吨

地区	6.鱼油制品	7.其他水产加工品	其中	
			助剂和添加剂	珍珠(千克)
全国总计	**67 807**	**1 192 166**	**16 197**	**11 563**
北京				
天津				
河北	34	1 300		
山西				
内蒙古				
辽宁	3 281	133 933	30	1 350
吉林		21		
黑龙江		2 170		
上海				
江苏		543 549	235	6 000
浙江	508	12 892	298	1 000
安徽				
福建	27 400	238 922	10 419	
江西	136	14 754		45
山东	35 833	66 330	200	
河南				
湖北		2 384	300	
湖南	5	14 032	205	
广东	50	100 577		3 168
广西		54 489	4 510	
海南		6 618		
重庆		150		
四川		45		
贵州				
云南	560			
西藏				
陕西				
甘肃				
青海				
宁夏				
新疆				

各地区用于加工的水产品量

单位:吨

地区	用于加工的水产品量	淡水产品	海水产品
全国总计	**25 226 780**	**5 715 741**	**19 511 039**
北京	1 949	1 086	863
天津	750	750	
河北	171 153	12 506	158 647
山西	978	409	569
内蒙古	4 119	4 119	
辽宁	3 514 168	256 052	3 258 116
吉林	281 577	2 015	279 562
黑龙江	27 173	27 173	
上海	2 805	329	2 476
江苏	1 526 755	797 808	728 947
浙江	1 642 313	74 428	1 567 885
安徽	274 147	273 752	395
福建	4 731 805	220 486	4 511 319
江西	675 840	675 840	
山东	7 243 366	72 621	7 170 745
河南	32 904	32 904	
湖北	1 931 818	1 931 818	
湖南	339 969	339 969	
广东	1 622 978	582 937	1 040 041
广西	751 167	164 632	586 535
海南	400 772	196 839	203 933
重庆	1 243	1 243	
四川	5 908	5 908	
贵州	3 990	3 990	
云南	13 867	13 867	
西藏			
陕西	960	960	
甘肃			
青海	14 000	14 000	
宁夏	1 006		1 006
新疆	7 300	7 300	

各地区水产品加工企业、冷库基本情况

地　区	水产品加工企业			水产品冷库			
	小计（个）	水产品加工能力（吨/年）	其中：规模以上加工企业（个）	数量（座）	冻结能力（吨/日）	冷藏能力（吨/次）	制冰能力（吨/日）
全国总计	**9 202**	**28 935 838**	**2 497**	**8 454**	**853 396**	**4 746 275**	**201 510**
北　京	2	2 200	1	11	29	33 010	2
天　津	1	750	1	2	10	400	
河　北	222	325 348	33	233	6 853	55 611	4 432
山　西	3	1 103	1	3	5	203	5
内蒙古	23	6 550	20	15	285	1 674	175
辽　宁	908	3 153 131	327	619	62 035	603 508	12 898
吉　林	102	307 223	43	51	230 379	231 785	115
黑龙江	19	13 600		16	460	1 075	445
上　海	3	13 010	1	4	172	3 152	150
江　苏	1 077	2 133 400	321	1 110	39 441	216 149	25 778
浙　江	1 801	2 188 381	252	1 097	39 908	719 517	29 544
安　徽	181	291 208	94	606	14 882	63 739	2 395
福　建	1 186	5 433 675	403	840	109 741	567 318	17 348
江　西	162	290 492	43	194	2 227	22 322	3 080
山　东	1 661	8 222 323	492	1 819	164 180	1 343 409	43 054
河　南	46	67 785	5	98	1 544	17 631	651
湖　北	269	2 053 853	117	447	78 316	188 494	6 132
湖　南	204	493 528	68	269	47 149	125 925	3 788
广　东	995	2 298 865	172	706	32 698	431 593	43 735
广　西	187	1 041 991	62	44	1 829	95 118	3 105
海　南	34	415 664	10	55	3 734	7 544	3 876
重　庆	10	3 565	3	17	12 882	5 237	76
四　川	13	31 150	7	31	1 556	3 941	463
贵　州	23	5 811	1	6	90	218	10
云　南	47	111 062	14	116	1 870	4 701	238
西　藏							
陕　西	9	970	1	15	221	101	3
甘　肃							
青　海	2	13 000					
宁　夏	2	1 200	2				
新　疆	10	15 000	3	30	900	2 900	12

(二)水产品贸易

各地区水产品进出口贸易情况

单位:万美元,吨

地区	2021年进出口		2020年进出口		2021年比2020年增减(±)			
					绝对量		幅度(%)	
	金额	数量	金额	数量	金额	数量	金额	数量
全国总计	**3 994 927.44**	**9 548 176**	**3 461 575.62**	**9 480 195**	**533 351.82**	**67 981**	**15.41**	**0.72**
北京	167 761.55	576 626	172 346.46	641 985	−4 584.91	−65 359	−2.66	−10.18
天津	89 995.81	208 999	69 842.41	170 659	20 153.40	38 340	28.86	22.47
河北	40 855.94	91 535	35 879.03	77 985	4 976.91	13 550	13.87	17.37
山西	27.96	76	97.06	60	−69.10	16	−71.19	25.93
内蒙古	46.25	58	146.17	314	−99.92	−257	−68.36	−81.66
辽宁	362 448.82	1 162 222	425 981.17	1 771 732	−63 532.35	−609 510	−14.91	−34.40
吉林	76 854.62	150 256	34 596.00	79 272	42 258.62	70 983	122.15	89.54
黑龙江	2 076.32	4 362	2 275.18	3 075	−198.86	1 287	−8.74	41.86
上海	227 712.79	240 609	191 494.76	252 224	36 218.03	−11 615	18.91	−4.60
江苏	79 619.19	133 363	68 233.84	128 947	11 385.35	4 416	16.69	3.42
浙江	317 489.58	839 110	253 015.23	709 077	64 474.35	130 033	25.48	18.34
安徽	16 699.03	85 229	12 321.23	63 322	4 377.81	21 907	35.53	34.60
福建	1 020 913.00	2 152 312	801 431.71	1 845 768	219 481.29	306 544	27.39	16.61
江西	13 769.58	14 566	10 396.07	7 754	3 373.50	6 812	32.45	87.86
山东	760 896.26	2 091 004	711 330.82	2 106 899	49 565.44	−15 896	6.97	−0.75
河南	5 446.14	8 445	3 611.48	8 102	1 834.66	343	50.80	4.23
湖北	9 700.44	20 254	7 908.25	19 768	1 792.18	486	22.66	2.46
湖南	40 525.05	42 449	42 658.76	44 678	−2 133.71	−2 229	−5.00	−4.99
广东	624 200.67	1 292 438	500 928.47	1 104 011	123 272.20	188 426	24.61	17.07
广西	40 450.02	127 416	35 761.19	131 509	4 688.83	−4 094	13.11	−3.11
海南	55 161.25	186 101	48 702.83	183 167	6 458.42	2 934	13.26	1.60
重庆	4 053.50	9 975	3 680.05	18 239	373.44	−8 265	10.15	−45.31
四川	23 745.30	77 438	15 016.08	50 724	8 729.22	26 715	58.13	52.67
贵州	312.34	372	172.89	17	139.45	355	80.66	2 095.75
云南	6 895.50	13 041	4 511.25	11 150	2 384.26	1 891	52.85	16.96
西藏	4.29	9	71.30	222	−67.01	−212	−93.98	−95.87
陕西	478.48	247	490.96	1 509	−12.48	−1 262	−2.54	−83.64
甘肃	82.52	117	974.90	1 532	−892.37	−1 415	−91.54	−92.37
青海	1 562.08	2 592	209.56	371	1 352.51	2 221	645.40	597.77
宁夏	124.47	49	96.33	114	28.14	−65	29.21	−57.40
新疆	5 018.70	16 907	7 394.18	46 006	−2 375.48	−29 099	−32.13	−63.25

注:由于海关系统数据调整,2020年水产品贸易数据与上年公布数据不同。

各地区水产品出口贸易情况

单位:万美元,吨

地区	2021年出口		2020年出口		2021年比2020年增减(±)			
					绝对量		幅度(%)	
	金额	数量	金额	数量	金额	数量	金额	数量
全国总计	**2 192 614.52**	**3 800 729**	**1 904 445.24**	**3 811 341**	**288 169.28**	**−10 612**	**15.13**	**−0.28**
北京	1 825.75	2 842	2 353.84	2 837	−528.08	5	−22.44	0.17
天津	3 091.39	5 775	2 664.53	4 760	426.86	1 015	16.02	21.32
河北	23 045.71	29 399	18 599.12	26 286	4 446.59	3 113	23.91	11.84
山西								
内蒙古	46.25	58	40.70	51	5.55	7	13.63	12.90
辽宁	217 843.23	536 528	244 223.26	709 086	−26 380.03	−172 559	−10.80	−24.34
吉林	13 886.18	34 581	12 565.47	30 345	1 320.72	4 236	10.51	13.96
黑龙江	53.65	167	138.96	206	−85.30	−40	−61.39	−19.27
上海	15 477.92	11 726	19 226.04	15 404	−3 748.12	−3 678	−19.50	−23.88
江苏	47 624.61	48 698	41 251.93	48 131	6 372.68	567	15.45	1.18
浙江	185 173.93	455 904	172 674.14	441 107	12 499.79	14 797	7.24	3.35
安徽	4 132.63	4 069	2 900.59	2 910	1 232.04	1 159	42.48	39.82
福建	785 672.46	902 239	593 971.04	826 048	191 701.42	76 191	32.27	9.22
江西	9 027.27	5 081	6 600.80	3 938	2 426.47	1 144	36.76	29.04
山东	445 818.29	914 730	431 335.63	944 067	14 482.66	−29 338	3.36	−3.11
河南	210.17	266	8.64	100	201.53	166	2 331.58	165.77
湖北	5 491.67	6 230	4 211.06	5 884	1 280.61	346	30.41	5.88
湖南	3 369.80	3 699	2 196.94	3 009	1 172.86	690	53.39	22.92
广东	343 961.49	614 966	281 441.76	538 028	62 519.72	76 938	22.21	14.30
广西	20 476.81	36 882	15 756.66	35 630	4 720.15	1 252	29.96	3.51
海南	52 746.72	176 935	45 644.05	168 336	7 102.67	8 599	15.56	5.11
重庆	40.22	21	11.33	81	28.88	−60	254.90	−73.97
四川	9 512.69	4 620	4 763.75	2 639	4 748.94	1 981	99.69	75.06
贵州	310.77	372	170.06	16	140.71	355	82.74	2 188.72
云南	1 672.79	1 838	1 148.62	1 509	524.17	329	45.64	21.81
西藏	4.29	9			4.29	9		
陕西	172.43	164	73.07	73	99.36	91	135.97	123.56
甘肃	2.45				2.45			
青海	1 561.20	2 592	209.56	371	1 351.64	2 221	644.98	597.76
宁夏	124.47	49	46.19	23	78.28	26	169.46	111.16
新疆	237.27	292	217.51	465	19.76	−173	9.09	−37.24

各地区水产品进口贸易情况

单位:万美元,吨

地区	2021年进口		2020年进口		2021年比2020年增减(±)			
					绝对量		幅度(%)	
	金额	数量	金额	数量	金额	数量	金额	数量
全国总计	**1 802 312.92**	**5 747 447**	**1 557 130.38**	**5 668 854**	**245 182.54**	**78 593**	**15.75**	**1.39**
北京	165 935.80	573 784	169 992.62	639 148	−4 056.82	−65 364	−2.39	−10.23
天津	86 904.42	203 225	67 177.89	165 899	19 726.54	37 325	29.36	22.50
河北	17 810.23	62 137	17 279.91	51 700	530.32	10 437	3.07	20.19
山西	27.96	76	97.06	60	−69.10	16	−71.19	25.93
内蒙古			105.47	263	−105.47	−263		
辽宁	144 605.59	625 694	181 757.91	1 062 646	−37 152.32	−436 952	−20.44	−41.12
吉林	62 968.44	115 675	22 030.53	48 927	40 937.90	66 748	185.82	136.42
黑龙江	2 022.67	4 196	2 136.23	2 869	−113.56	1 327	−5.32	46.25
上海	212 234.88	228 883	172 268.73	236 820	39 966.15	−7 937	23.20	−3.35
江苏	31 994.58	84 665	26 981.91	80 817	5 012.67	3 849	18.58	4.76
浙江	132 315.65	383 206	80 341.09	267 971	51 974.56	115 235	64.69	43.00
安徽	12 566.40	81 160	9 420.63	60 412	3 145.76	20 748	33.39	34.34
福建	235 240.54	1 250 073	207 460.67	1 019 721	27 779.87	230 352	13.39	22.59
江西	4 742.31	9 485	3 795.28	3 816	947.03	5 668	24.95	148.54
山东	315 077.97	1 176 274	279 995.20	1 162 832	35 082.78	13 442	12.53	1.16
河南	5 235.97	8 178	3 602.84	8 002	1 633.13	177	45.33	2.21
湖北	4 208.77	14 024	3 697.20	13 884	511.57	140	13.84	1.01
湖南	37 155.26	38 750	40 461.82	41 669	−3 306.57	−2 919	−8.17	−7.00
广东	280 239.19	677 472	219 486.71	565 984	60 752.48	111 488	27.68	19.70
广西	19 973.20	90 534	20 004.53	95 880	−31.32	−5 345	−0.16	−5.58
海南	2 414.53	9 166	3 058.78	14 831	−644.25	−5 664	−21.06	−38.19
重庆	4 013.28	9 954	3 668.72	18 159	344.56	−8 205	9.39	−45.19
四川	14 232.61	72 818	10 252.33	48 085	3 980.28	24 734	38.82	51.44
贵州	1.57		2.82	1	−1.25		−44.39	
云南	5 222.71	11 203	3 362.63	9 641	1 860.08	1 562	55.32	16.20
西藏			71.30	222	−71.30	−222		
陕西	306.05	83	417.89	1 435	−111.84	−1 353	−26.76	−94.24
甘肃	80.07	117	974.90	1 532	−894.83	−1 415	−91.79	−92.37
青海	0.87				0.87			
宁夏			50.14	91	−50.14	−91		
新疆	4 781.43	16 615	7 176.68	45 541	−2 395.25	−28 926	−33.38	−63.52

五、渔 政 管 理

各地区渔政管理机构情况（按机构性质分）

单位：个

地 区	渔业执法机构个数	行政单位	参照公务员管理单位	事业单位	其 他
全国总计	**2 629**	**410**	**631**	**1 545**	**43**
部直属	2	2			
北 京	16	5	1	10	
天 津	11	1	2	8	
河 北	103	18	7	78	
山 西	55	6	1	48	
内蒙古	96	11	23	62	
辽 宁	74	5	7	61	1
吉 林	55	8	8	38	1
黑龙江	91	6	12	73	
上 海	10	2	8		
江 苏	116	5	62	48	1
浙 江	95	3	78	13	1
安 徽	102	4	3	95	
福 建	83	3	47	30	3
江 西	91	1	2	85	3
山 东	153	30	9	113	1
河 南	103	22	5	76	
湖 北	108	3	14	90	1
湖 南	122	12	21	88	1
广 东	123	116	4	3	
广 西	110	6	92	8	4
海 南	21	1	5	15	
重 庆	42	2	36	4	
四 川	213	60	114	39	
贵 州	94	1	8	85	
云 南	146	10	11	120	5
西 藏	58	23	2	33	
陕 西	112	8	8	88	8
甘 肃	88	11	15	51	11
青 海	49	1	3	45	
宁 夏	22	1		21	
新 疆	65	23	23	17	2

各地区渔政管理机构情况(按执法业务类型分)

单位:个

地　区	独立渔政执法队伍	农业综合执法队伍内设独立渔政执法分支机构	农业综合执法队伍内设科室	海洋与渔业整合设置的综合执法队伍	水利与渔业整合设置的综合执法队伍	渔政与其他行业整合设置的综合执法队伍
全国总计	**571**	**347**	**1 341**	**82**	**27**	**261**
部直属	2					
北　京	10		5			1
天　津	3	5	3			
河　北	38	13	41	6	2	3
山　西	6	5	44			
内蒙古	54	2	33		4	3
辽　宁	32	9	26	3		4
吉　林	36	3	15		1	
黑龙江	20	11	60			
上　海		1	9			
江　苏	31	25	39	2	1	18
浙　江	15	7	60	5	2	6
安　徽	17	25	33		1	26
福　建	18	6	28	19	1	11
江　西	7	7	77			
山　东	7	4	75	34	2	31
河　南	28	20	37		5	13
湖　北	14	43	28		1	22
湖　南	10	34	63			15
广　东	55	2	58	4	1	3
广　西	41	26	32	6		5
海　南	9	3	3	3		3
重　庆		1	38			3
四　川	14	40	131			28
贵　州	5	15	50		1	23
云　南	34	25	65			22
西　藏	2		56			
陕　西	32	8	54		5	13
甘　肃	15	2	71			
青　海		2	40			7
宁　夏	15	1	5			1
新　疆	1	2	62			

各地区渔政管理人员情况

单位：个

地　区	现有人数合计	按教育水平分				持渔业行政执法证人数
		大学本科以上	大学本科	大学专科	大学专科以下	
全国总计	**34 599**	**1 270**	**15 048**	**12 464**	**5 817**	**17 325**
部直属	36	26	10			14
北　京	235	28	166	38	3	210
天　津	116	2	65	19	30	100
河　北	1 177	24	514	427	212	736
山　西	270	11	138	103	18	43
内蒙古	820	22	348	343	107	464
辽　宁	2 119	76	947	819	277	1 387
吉　林	405	13	187	159	46	272
黑龙江	502	10	224	223	45	323
上　海	381	59	223	50	49	273
江　苏	2 529	191	1 222	802	314	1 527
浙　江	2 393	104	1 183	711	395	975
安　徽	1 739	60	810	667	202	523
福　建	1 809	66	850	500	393	1 075
江　西	1 075	28	360	465	222	405
山　东	3 958	140	1 668	1 280	870	1 625
河　南	873	31	283	378	181	445
湖　北	1 536	29	351	913	243	890
湖　南	1 330	19	404	667	240	531
广　东	2 794	119	1 098	881	696	1 618
广　西	1 039	30	448	417	144	614
海　南	686	9	157	266	254	250
重　庆	519	18	241	191	69	268
四　川	1 527	64	744	566	153	632
贵　州	789	17	386	343	43	215
云　南	1 336	17	652	378	289	706
西　藏	166	1	133	28	4	122
陕　西	1 044	15	402	394	233	475
甘　肃	606	16	331	212	47	254
青　海	386	8	261	104	13	181
宁　夏	109	5	79	23	2	90
新　疆	295	12	163	97	23	82

六、科技与推广

(一)科技

全国渔业科技基本情况

一、渔业科研机构个数(个)	**72**	承担政府项目	858 864
二、渔业科研机构从业人员(人)	**6 465**	其他	31 753
1.科技活动人员	5 273	非政府资金	547 656
按职称分:高级职称	1 913	其中:技术性收入	485 784
中级职称	2 045	2.生产经营收入	72 107
初级职称及其他	1 315	3.其他收入	351 978
按学历和学位分:研究生	2 653	**四、科研机构固定资产情况(千元)**	
大学	1 836	年末固定资产合计	6 171 036
大专	416	**五、科技著述和专利申请情况**	
其他	368	发表科技论文(篇)	2 815
2.生产经营活动人员	217	其中:国外发表	840
3.其他人员	975	出版科技著作(种)	78
三、本年度收入(千元)	**3 633 787**	专利受理数(件)	1 050
1.科技活动收入	3 209 702	专利授权(件)	904
政府资金	2 662 046	其中:发明专利	357
财政拨款	1 771 429	国外授权	12
		拥有发明专利总数(件)	3 757

(二)技术推广

各地区水产技术推广机构情况(按层级分)

单位:个

地区	数量			省级站		市级站		县级站		区域站		乡镇站	
		专业站	综合站	专业站	综合站	专业站	综合站	专业站	综合站	专业站	综合站	专业站	综合站
全国总计	**10 846**	**1 681**	**9 165**	**30**	**6**	**202**	**104**	**997**	**983**	**45**	**47**	**407**	**8 025**
北　京	14	2	12	1		1	12						
天　津	11	8	3	1		7	3						
河　北	160	65	95	1		11		47	88	6	4		3
山　西	56	15	41	1		4	6	10	35				
内蒙古	99	15	84		1	4	8	11	74		1		
辽　宁	73	19	54		1	4	2	6	14	4		5	37
吉　林	362	36	326	1		8	1	27	18		4		303
黑龙江	120	29	91	1		3	7	25	46				38
上　海	99	9	90	1				8	1				89
江　苏	880	76	804	1		9	4	57	26		1	9	773
浙　江	354	38	316	1		7	3	30	44				269
安　徽	629	104	525	1		11	5	53	28	7	6	32	486
福　建	677	136	541	1		7	2	62	8		2	66	529
江　西	650	74	576		1	9	2	56	39	2	7	7	527
山　东	889	167	722	1		13	2	82	46	6	9	65	665
河　南	128	88	40	1		17	1	69	39	1			
湖　北	515	256	259	1		8	2	37	27	5		205	230
湖　南	784	44	740		1	4	7	40	60		13		659
广　东	410	49	361		1	9	11	26	54	14			295
广　西	992	82	910	1		11	3	58	35			12	872
海　南	22	6	16	1		2		3	8				8
重　庆	802	18	784	1				17	21				763
四　川	865	86	779	1		12	5	73	65				709
贵　州	764	50	714	1		6	3	43	49				662
云　南	163	94	69	1		14	2	79	42				25
陕　西	108	58	50	1		8	3	49	47				
甘　肃	77	25	52	1		9	4	14	43			1	5
青　海	1	1		1									
宁　夏	35	3	32	1		1	4	1	15				13
新　疆	11	6	5	1		3	2	2	3				
大　连	22	8	14		1			3	3			5	10
青　岛	42	6	36	1				5	2				34
宁　波	29	5	24	1				4	3				21
厦　门	1	1		1									
深　圳	1	1		1									
新疆兵团	1	1		1									

各地区水产技术推广机构情况(按机构性质分)(一)

单位:个

地　　区	行政单位					
	合　计	省级站	市级站	县级站	区域站	乡镇站
全国总计	**105**		**7**	**60**		**38**
北　　京						
天　　津						
河　　北	8			8		
山　　西						
内 蒙 古	1			1		
辽　　宁						
吉　　林	1		1			
黑 龙 江	8		1	7		
上　　海						
江　　苏	2			2		
浙　　江	13			6		7
安　　徽	1			1		
福　　建						
江　　西	2			2		
山　　东	7			2		5
河　　南	3			3		
湖　　北	2			1		1
湖　　南	13		1	2		10
广　　东	19			4		15
广　　西						
海　　南	2			2		
重　　庆	1			1		
四　　川	16		4	12		
贵　　州						
云　　南	1			1		
陕　　西	2			2		
甘　　肃	3			3		
青　　海						
宁　　夏						
新　　疆						
大　　连						
青　　岛						
宁　　波						
厦　　门						
深　　圳						
新疆兵团						

各地区水产技术推广机构情况(按机构性质分)(二)

单位:个

地区	事业单位						
	合计	全额拨款					
		合计	省级站	市级站	县级站	区域站	乡镇站
全国总计	**10 741**	**10 202**	**36**	**285**	**1 836**	**86**	**7 959**
北京	14	14	1	13			
天津	11	11	1	10			
河北	152	128	1	10	110	4	3
山西	56	54	1	8	45		
内蒙古	98	96	1	12	82	1	
辽宁	73	73	1	6	20	4	42
吉林	361	361	1	8	45	4	303
黑龙江	112	111	1	9	63		38
上海	99	96	1		9		86
江苏	878	832	1	13	71	1	746
浙江	341	338	1	10	68		259
安徽	628	610	1	16	78	13	502
福建	677	675	1	9	69	2	594
江西	648	623	1	11	92	9	510
山东	882	846	1	14	120	15	696
河南	125	110	1	17	91	1	
湖北	513	196	1	9	43	5	138
湖南	771	752	1	8	92	13	638
广东	391	371	1	17	74	14	265
广西	992	992	1	14	93		884
海南	20	20	1	2	9		8
重庆	801	800	1		36		763
四川	849	849	1	13	126		709
贵州	764	764	1	9	92		662
云南	162	162	1	16	120		25
陕西	106	104	1	10	93		
甘肃	74	72	1	11	54		6
青海	1	1	1				
宁夏	35	35	1	5	16		13
新疆	11	11	1	5	5		
大连	22	22	1		6		15
青岛	42	41	1		7		33
宁波	29	29	1		7		21
厦门	1	1	1				
深圳	1	1	1				
新疆兵团	1	1	1				

各地区水产技术推广机构情况(按机构性质分)(三)

单位:个

地　区	差额拨款						自收自支					
	合计	省级站	市级站	县级站	区域站	乡镇站	合计	省级站	市级站	县级站	区域站	乡镇站
全国总计	**381**		**13**	**63**		**305**	**158**		**1**	**21**	**6**	**130**
北　京												
天　津												
河　北	16		1	15			8			2	6	
山　西	1		1				1		1			
内蒙古	2			2								
辽　宁												
吉　林												
黑龙江	1			1								
上　海	3					3						
江　苏	40			7		33	6			3		3
浙　江	3					3						
安　徽	2			2			16					16
福　建	1			1			1					1
江　西	25			1		24						
山　东	34		1	6		27	2					2
河　南	6		1	5			9			9		
湖　北	205		1	15		189	112			5		107
湖　南	17		2	4		11	2			2		
广　东	20		3	2		15						
广　西												
海　南												
重　庆	1			1								
四　川												
贵　州												
云　南												
陕　西	2		1	1								
甘　肃	2		2									
青　海												
宁　夏												
新　疆												
大　连												
青　岛							1					1
宁　波												
厦　门												
深　圳												
新疆兵团												

各地区水产技术推广经费情况(一)

单位:万元

地　区	总　计	人员经费					
		合　计	省级站	市级站	县级站	区域站	乡镇站
全国总计	**401 731.31**	**265 320.81**	**28 695.74**	**48 437.06**	**99 424.36**	**1 312.95**	**87 450.71**
北　京	6 765.81	4 711.48	2 021.90	2 689.58			
天　津	5 460.81	4 397.54	3 090.70	1 306.84			
河　北	7 889.01	5 674.67	543.78	2 206.00	2 840.79	54.10	30.00
山　西	1 490.42	944.61	146.08	259.48	539.05		
内蒙古	8 503.96	6 074.55	455.00	1 868.95	3 750.60		
辽　宁	1 579.19	1 132.32		612.46	340.36	43.00	136.50
吉　林	8 538.11	6 571.56	420.50	1 652.83	2 012.65	2.30	2 483.28
黑龙江	5 679.78	4 178.31	493.00	458.15	2 988.28		238.88
上　海	18 212.14	10 643.46	4 439.76		4 235.53		1 968.17
江　苏	38 603.48	28 202.24	1 578.92	4 588.37	9 642.60	10.00	12 382.35
浙　江	26 846.38	12 342.52	502.70	2 555.54	5 268.10		4 016.18
安　徽	15 181.42	11 323.35	365.71	2 036.61	4 214.09	304.59	4 402.35
福　建	12 793.86	8 465.65	628.13	1 454.99	2 918.16	15.40	3 448.97
江　西	7 797.91	5 880.44	144.00	412.72	1 958.44	178.86	3 186.42
山　东	31 105.71	21 724.66	1 396.20	3 538.74	9 068.95	26.00	7 694.78
河　南	8 508.59	5 972.57	488.21	2 692.05	2 792.31		
湖　北	16 499.80	10 581.06	369.60	1 705.04	3 886.58	61.70	4 558.14
湖　南	11 639.14	9 388.49	296.00	1 053.85	2 400.69	399.00	5 238.95
广　东	28 945.00	16 756.00	1 432.00	5 301.00	4 329.00	218.00	5 476.00
广　西	22 487.78	16 835.80	415.68	1 582.16	3 358.29		11 479.67
海　南	1 390.32	921.66	312.08	119.20	451.98		38.40
重　庆	23 211.32	12 290.18	1 192.44		3 460.48		7 637.26
四　川	19 931.12	12 740.40	50.00	1 756.10	5 762.11		5 172.19
贵　州	13 615.78	10 358.75	212.47	783.80	2 883.71		6 478.77
云　南	18 011.56	10 633.97	351.43	2 875.49	7 144.26		262.79
陕　西	14 736.51	10 418.21	1 309.19	2 028.19	7 080.83		
甘　肃	7 109.29	5 188.71	855.11	1 781.60	2 545.00		7.00
青　海	1 260.46	459.34	459.34				
宁　夏	3 973.40	1 932.17	578.36	475.81	798.34		79.66
新　疆	2 859.45	1 882.73	1 102.37	641.51	138.85		
大　连	1 609.38	1 160.42	299.42		604.80		256.20
青　岛	1 299.55	1 062.02	77.81		511.41		472.80
宁　波	5 377.55	3 145.12	1 342.00		1 498.12		305.00
厦　门	110.00	80.00	80.00				
深　圳	2 431.21	1 099.72	1 099.72				
新疆兵团	276.11	146.13	146.13				

各地区水产技术推广经费情况(二)

单位:万元

地区	公共经费					
	合计	省级站	市级站	县级站	区域站	乡镇站
全国总计	**25 530.70**	**3 537.80**	**4 477.64**	**9 220.89**	**110.80**	**8 183.56**
北京	444.23	179.88	264.35			
天津	532.75	467.70	65.05			
河北	405.87	18.96	184.16	199.95	2.80	
山西	56.15	11.30	19.20	25.65		
内蒙古	535.83	72.00	243.67	220.16		
辽宁	72.87		45.79	12.68	3.00	11.40
吉林	699.79	81.55	455.21	97.51		65.52
黑龙江	199.49	33.30	17.51	148.68		
上海	1 239.37	591.80		486.97		160.60
江苏	2 675.79	112.89	307.16	947.16		1 308.58
浙江	2 551.72	577.73	354.47	1 062.65		556.87
安徽	933.43	32.42	174.73	410.53	45.20	270.55
福建	575.76	44.73	148.74	200.17	0.80	181.32
江西	634.43	6.00	48.53	253.00	20.90	306.00
山东	1 083.45	114.69	199.49	509.16	2.00	258.11
河南	556.23	41.50	99.95	414.78		
湖北	918.52	31.00	189.52	366.00	1.10	330.90
湖南	1 248.85	78.00	167.01	407.21	29.00	567.63
广东	1 300.00	48.00	346.00	359.00	6.00	541.00
广西	1 244.26	32.69	106.50	256.58		848.49
海南	173.94	57.54	16.00	100.40		
重庆	2 510.28	89.87		864.76		1 555.65
四川	1 648.74	10.00	220.43	725.10		693.21
贵州	766.08	8.92	107.56	185.81		463.79
云南	590.90	24.33	203.95	353.62		9.00
陕西	686.36	114.90	358.68	212.78		
甘肃	340.46	101.75	75.61	163.10		
青海	25.75	25.75				
宁夏	100.18	41.99	27.63	26.76		3.80
新疆	115.61	77.85	30.75	7.01		
大连	104.54	27.54		58.00		19.00
青岛	53.00	4.00		41.86		7.14
宁波	388.85	260.00		103.85		25.00
厦门	20.00	20.00				
深圳	73.54	73.54				
新疆兵团	23.68	23.68				

各地区水产技术推广经费情况(三)

单位:万元

地　区	项目经费					
	合　计	省级站	市级站	县级站	区域站	乡镇站
全国总计	**110 879.80**	**30 714.71**	**21 417.18**	**54 431.73**	**16.50**	**4 299.68**
北　京	1 610.10	1 341.45	268.65			
天　津	530.52	405.60	124.92			
河　北	1 808.47	941.12	699.24	168.11		
山　西	489.66	280.66	57.00	152.00		
内蒙古	1 893.58	279.00	493.04	1 121.54		
辽　宁	374.00		243.00	131.00		
吉　林	1 266.76	196.26	431.60	636.40	2.50	
黑龙江	1 301.98	801.00	1.50	499.48		
上　海	6 329.31	2 364.98		3 695.60		268.73
江　苏	7 725.45	242.00	2 721.53	4 216.80		545.12
浙　江	11 952.15	1 870.52	510.05	7 432.03		2 139.55
安　徽	2 924.64	673.30	766.11	1 471.23	6.00	8.00
福　建	3 752.45	1 247.55	858.64	1 627.76		18.50
江　西	1 283.04	60.00	94.00	1 112.04	8.00	9.00
山　东	8 297.60	5 433.64	831.36	2 021.60		11.00
河　南	1 979.79	485.06	283.73	1 211.00		
湖　北	5 000.22	165.00	609.26	4 053.18		172.78
湖　南	1 001.80	208.00	80.00	663.80		50.00
广　东	10 889.00	2 254.00	6 857.00	1 016.00		762.00
广　西	4 407.72	1 081.14	2 005.26	1 289.00		32.32
海　南	294.72	142.00	43.00	109.72		
重　庆	8 410.86	2 855.25		5 421.93		133.68
四　川	5 541.98		207.82	5 185.16		149.00
贵　州	2 490.95	184.35	321.70	1 984.90		
云　南	6 786.68	720.99	519.99	5 545.70		
陕　西	3 631.94	347.73	569.37	2 714.84		
甘　肃	1 580.12	927.44	160.68	492.00		
青　海	775.37	775.37				
宁　夏	1 941.05	170.00	1 622.55	148.50		
新　疆	861.11	763.43	36.18	61.50		
大　连	344.42	241.82		102.60		
青　岛	184.53	127.00		57.53		
宁　波	1 843.58	1 754.80		88.78		
厦　门	10.00	10.00				
深　圳	1 257.95	1 257.95				
新疆兵团	106.30	106.30				

各地区水产技术推广人员编制情况(按层级分)

单位:人

地　区	编制人数					
	合　计	省级站	市级站	县级站	区域站	乡镇站
全国总计	**33 103**	**1 488**	**3 627**	**13 006**	**269**	**14 713**
北　京	181	57	124			
天　津	256	165	91			
河　北	837	26	148	625	32	6
山　西	230	16	89	125		
内蒙古	642	30	166	446		
辽　宁	280	21	72	115	10	62
吉　林	2 321	31	131	312	2	1 845
黑龙江	784	31	67	647		39
上　海	460	175		159		126
江　苏	2 133	48	180	636	2	1 267
浙　江	808	20	97	403		288
安　徽	1 295	17	160	447	45	626
福　建	1 218	33	116	382	2	685
江　西	1 246	12	59	471	18	686
山　东	2 683	68	270	1 271	15	1 059
河　南	935	38	207	680	10	
湖　北	1 172	30	112	502	5	523
湖　南	2 061	15	155	646	89	1 156
广　东	1 784	21	384	620	39	720
广　西	2 588	18	108	507		1 955
海　南	106	18	4	76		8
重　庆	1 081	38		325		718
四　川	1 762	10	175	789		788
贵　州	2 645	12	117	505		2 011
云　南	967	23	202	717		25
陕　西	1 277	156	173	948		
甘　肃	609	120	140	334		15
青　海	69	26	2	41		
宁　夏	160	28	34	86		12
新　疆	131	71	44	16		
大　连	102	23		54		25
青　岛	120	5		68		47
宁　波	117	43		53		21
厦　门	6	6				
深　圳	27	27				
新疆兵团	10	10				

各地区水产技术推广实有人员情况（按层级分）

单位：人

地区	实有人数					
	合计	省级站	市级站	县级站	区域站	乡镇站
全国总计	**29 579**	**1 298**	**3 321**	**11 894**	**274**	**12 792**
北京	164	57	107			
天津	205	123	82			
河北	759	31	150	540	32	6
山西	235	12	71	152		
内蒙古	640	23	150	464	3	
辽宁	242	21	77	87	10	47
吉林	1 782	29	106	295	6	1 346
黑龙江	570	23	54	455		38
上海	394	140		139		115
江苏	1 965	46	163	571	2	1 183
浙江	727	18	81	335		293
安徽	1 140	15	133	462	39	491
福建	952	30	107	346	2	467
江西	1 090	12	50	407	24	597
山东	2 608	62	296	1 105	15	1 130
河南	877	36	201	630	10	
湖北	1 252	24	99	451	12	666
湖南	1 881	15	145	547	93	1 081
广东	1 722	21	336	576	26	763
广西	2 257	16	105	489		1 647
海南	114	19	13	74		8
重庆	1 066	36		274		756
四川	1 610	4	151	704		751
贵州	1 737	11	90	396		1 240
云南	920	22	190	683		25
陕西	1 371	128	179	1 064		
甘肃	593	79	120	382		12
青海	65	22	2	41		
宁夏	147	30	25	79		13
新疆	111	61	38	12		
大连	92	23		46		23
青岛	111	4		35		72
宁波	129	54		53		22
厦门	7	7				
深圳	35	35				
新疆兵团	9	9				

各地区水产技术推广实有人员情况(按技术职称和文化程度分)

单位:人

地区	技术职称					文化程度					
	正高级	副高级	中级	初级	其他	博士	硕士	本科	大专	中专	其他
全国总计	**636**	**3 979**	**9 665**	**7 743**	**7 556**	**90**	**1 576**	**10 690**	**11 024**	**3 724**	**2 475**
北京	9	27	55	16	57	3	24	95	25	4	13
天津	9	56	77	29	34	12	47	92	18	7	29
河北	51	138	255	151	164	1	34	385	192	87	60
山西	6	37	88	44	60		7	132	62	11	23
内蒙古	19	149	199	93	180	1	42	296	223	51	27
辽宁	29	57	84	25	47		29	115	94	4	
吉林	49	313	450	598	372		27	535	761	230	229
黑龙江	38	141	130	87	174		20	290	212	30	18
上海	21	65	118	143	47	9	73	185	83	29	15
江苏	87	331	727	484	336	11	187	699	779	180	109
浙江	28	110	295	147	147	5	101	396	178	31	16
安徽	39	183	463	257	198	2	49	406	457	151	75
福建	11	167	288	305	181	1	69	400	287	167	28
江西	13	105	267	271	434		31	288	395	221	155
山东	36	257	872	798	645	9	199	921	888	372	219
河南	14	128	292	156	287	1	36	365	291	95	89
湖北	4	51	322	389	486	3	26	167	538	324	194
湖南	7	93	543	572	666		41	430	779	362	269
广东	29	116	429	422	726	24	120	628	442	245	263
广西	12	105	1 018	787	335	1	22	619	1 193	333	89
海南	1	8	12	28	65		19	38	35	4	18
重庆	13	148	444	266	195	1	56	416	451	105	37
四川	9	175	581	458	387		59	553	755	167	76
贵州	13	255	729	607	133	1	51	769	739	137	40
云南	19	364	270	116	151		22	425	354	84	35
陕西	12	135	263	262	699	2	42	394	470	193	270
甘肃	16	119	166	117	175		24	264	186	63	56
青海	3	11	20	21	10		3	42	17	2	1
宁夏	10	51	53	19	14		11	98	29	8	1
新疆	10	18	32	20	31		29	53	21	3	5
大连	2	13	34	26	17		22	34	31	5	
青岛	2	16	33	9	51		12	58	21	7	13
宁波	12	30	33	16	38	3	32	72	11	8	3
厦门		1	5		1		1	4	2		
深圳		4	14	4	13		8	19	4	4	
新疆兵团	3	2	4				1	7	1		

各地区水产技术推广实有人员情况(按性别和年龄分)

单位:人

地 区	性 别		年龄结构		
	男 性	女 性	35 岁及以下	36～49 岁	50 岁以上
全国总计	**21 757**	**7 822**	**5 838**	**13 891**	**9 850**
北 京	87	77	27	81	56
天 津	119	86	40	106	59
河 北	458	301	123	376	260
山 西	135	100	20	121	94
内 蒙 古	433	207	100	209	331
辽 宁	160	82	28	121	93
吉 林	1 361	421	378	870	534
黑 龙 江	369	201	77	244	249
上 海	295	99	115	124	155
江 苏	1 446	519	337	803	825
浙 江	558	169	198	238	291
安 徽	904	236	129	556	455
福 建	740	212	232	386	334
江 西	893	197	231	449	410
山 东	1 773	835	553	1 318	737
河 南	574	303	129	463	285
湖 北	981	271	154	623	475
湖 南	1 590	291	273	964	644
广 东	1 352	370	442	751	529
广 西	1 732	525	507	1 230	520
海 南	78	36	29	59	26
重 庆	772	294	292	449	325
四 川	1 190	420	342	742	526
贵 州	1 334	403	473	874	390
云 南	622	298	122	417	381
陕 西	902	469	203	784	384
甘 肃	413	180	143	216	234
青 海	36	29	20	28	17
宁 夏	99	48	16	50	81
新 疆	69	42	34	58	19
大 连	71	21	16	45	31
青 岛	83	28	21	58	32
宁 波	94	35	29	55	45
厦 门	6	1	2		5
深 圳	22	13	3	19	13
新疆兵团	6	3		4	5

各地区水产技术推广机构自有试验示范基地情况

单位：个，公顷

地　区	合计		省级站		市级站		县级站		区域站		乡镇站	
	数量	养殖面积	数量	养殖面积	数量	养殖面积	数量	养殖面积	数量	养殖面积	数量	养殖面积
全国总计	**440**	**12 116.3**	**29**	**606.2**	**78**	**1 416.6**	**235**	**5 882.7**	**1**	**13.0**	**97**	**4 197.8**
北　京	2	19.3	2	19.3								
天　津	4	42.0	1	20.0	3	22.0						
河　北	4	8.7	2	7.7	2	1.0						
山　西	2	23.1			1	16.0	1	7.1				
内蒙古	7	52.3			1	8.0	6	44.3				
辽　宁	3	38.7			1	8.0	2	30.7				
吉　林	6	41.5			2	5.0	4	36.5				
黑龙江	9	215.0	1	16.0	4	19.0	4	180.0				
上　海	11	132.0	3	79.8			4	35.5			4	16.7
江　苏	28	1 206.9	1	35.0	5	221.3	8	476.8			14	473.8
浙　江	7	70.9	2	22.4	2	19.7	3	28.8				
安　徽	23	545.5					11	110.5			12	435.0
福　建	10	66.1			1	9.6	9	56.5				
江　西	16	113.1					15	103.1			1	10.0
山　东	21	921.1			4	206.1	7	315.0			10	400.0
河　南	22	328.3			4	16.5	17	298.8	1	13.0		
湖　北	62	2 788.1			6	399.4	19	1 054.7			37	1 334.0
湖　南	45	2 812.6			4	47.1	23	1 238.2			18	1 527.3
广　东	36	478.6	1	33.3	17	294.7	18	150.6				
广　西	8	1 135.2			2	15.7	5	1 118.5			1	1.0
海　南	1	10.0			1	10.0						
重　庆	5	56.0					5	56.0				
四　川	36	227.4	1	29.0	4	28.2	31	170.2				
贵　州	9	153.4			2	7.0	7	146.4				
云　南	32	93.8	1	6.0	5	18.8	26	69.0				
陕　西	15	143.1	3	30.0	4	28.7	8	84.4				
甘　肃	5	102.9	3	100.0	2	2.9						
青　海	1	0.4	1	0.4								
宁　夏												
新　疆	4	229.7	1	146.7	1	11.9	2	71.2				
大　连												
青　岛												
宁　波	3	57.0	3	57.0								
厦　门	1	0.5	1	0.5								
深　圳	1	0.5	1	0.5								
新疆兵团	1	2.6	1	2.6								

各地区水产技术推广机构合作试验示范基地情况

单位：个，公顷

地区	合计		省级站		市级站		县级站		区域站		乡镇站	
	数量	养殖面积	数量	养殖面积	数量	养殖面积	数量	养殖面积	数量	养殖面积	数量	养殖面积
全国总计	**2 495**	**121 097.8**	**211**	**34 190.7**	**313**	**11 063.2**	**1 535**	**64 445.4**	**6**	**33.2**	**430**	**11 365.4**
北京	2	15.7			14	15.7						
天津	4											
河北	4	914.4	16	286.8	15	121.3	48	506.3				
山西	2	81.6					10	81.6				
内蒙古	7	473.0	1	20.0	2	37.0	8	416.0				
辽宁	3	1 190.7			6	645.0	16	545.7				
吉林	6	35 225.0	32	30 000.0	13	432.0	66	4 785.8	1	7.2		
黑龙江	9	460.0					5	460.0				
上海	27	591.4	14	365.6			15	175.8			16	50.0
江苏	50	2 330.3			17	359.0	37	980.0			22	991.3
浙江	10	1 858.6	3	61.9	12	74.4	100	1 532.3			3	190.0
安徽	101	9 818.6			17	3 233.0	153	4 396.6			78	2 189.0
福建	15	3 825.5	13	169.0	6	124.5	100	3 526.9			5	5.0
江西	63	3 859.8			17	184.0	83	2 703.8	4	9.0	47	963.0
山东	52	12 211.2			17	534.0	133	11 112.2			31	565.0
河南	22	6 308.3	1	15.0	10	132.9	101	6 143.4	1	17.0		
湖北	195	16 878.8	7	83.0	22	1 220.0	113	12 712.9			133	2 862.9
湖南	97	7 184.4	7	813.0	20	430.0	72	3 029.0			52	2 912.4
广东	37	5 908.1	52	1 996.8	55	2 490.4	47	1 390.9			1	30.0
广西	17	4 702.6	25	35.0	41	568.6	64	3 915.6			9	183.3
海南	1	58.7			2	20.0	2	38.7				
重庆	11	1 122.6	27	7.3			99	1 039.3			6	76.0
四川	37	1 824.4			1	9.0	84	1 550.4			18	265.0
贵州	9	419.0	1	2.3	5	100.0	18	316.7				
云南	32	113.2			4	18.4	16	94.9				
陕西	15	699.5			6	110.3	56	589.2				
甘肃	5	476.5			5	93.6	16	382.9				
青海	1	10.0					6	10.0				
宁夏		1 284.0	4	97.0	6	110.0	12	1 077.0				
新疆	4	318.7	7	218.7			1	100.0				
大连		80.0					1	80.0				
青岛		87.0					2	87.0				
宁波	12	747.0					51	664.5			9	82.5
厦门	1											
深圳	1											
新疆兵团	1	19.3	1	19.3								

各地区水产技术推广机构房屋条件情况(一)

单位:米²

地　　区	办公用房面积					
	合　计	省级站	市级站	县级站	区域站	乡镇站
全国总计	**464 824**	**48 875**	**70 558**	**146 557**	**1 639**	**197 194**
北　　京	2 243	375	1 868			
天　　津	15 922	15 315	607			
河　　北	8 003	700	2 096	4 907	210	90
山　　西	2 290		1 415	875		
内 蒙 古	6 994	1 000	1 689	4 275	30	
辽　　宁	2 998		1 047	1 502	53	396
吉　　林	16 892	1 326	3 881	2 875	55	8 755
黑 龙 江	2 502	142	314	2 046		
上　　海	11 756	6 059		3 941		1 756
江　　苏	32 401	235	3 385	6 820		21 961
浙　　江	9 256	383	1 409	2 883		4 582
安　　徽	22 911	178	2 354	6 090	300	13 989
福　　建	14 968	1 313	5 259	3 280	19	5 097
江　　西	17 052	122	478	3 571	144	12 737
山　　东	22 372	600	2 816	11 800		7 156
河　　南	10 117	336	2 477	7 004	300	
湖　　北	28 787	571	2 778	12 669		12 769
湖　　南	33 630	180	4 734	9 556	483	18 677
广　　东	36 051	1 800	7 995	9 067	45	17 145
广　　西	50 311	2 400	1 112	3 497		43 302
海　　南	1 553	180	164	1 209		
重　　庆	15 915	2 102		3 817		9 996
四　　川	20 054		4 508	9 211		6 334
贵　　州	17 427	300	2 875	3 209		11 043
云　　南	16 067	462	5 387	10 198		20
陕　　西	21 053	1 820	3 686	15 547		
甘　　肃	6 776	715	2 953	2 868		240
青　　海	2 257	1 680	42	535		
宁　　夏	2 310	660	804	744		102
新　　疆	5 428	2 300	2 426	702		
大　　连	849	106		743		
青　　岛	988	36		225		727
宁　　波	3 689	2 476		892		321
厦　　门	58	58				
深　　圳	2 769	2 769				
新疆兵团	175	175				

各地区水产技术推广机构房屋条件情况(二)

单位:个

地　　区	培训教室数量					
	合　计	省级站	市级站	县级站	区域站	乡镇站
全国总计	**1 332**	**37**	**73**	**466**	**11**	**745**
北　　京	6	3	3			
天　　津	2	1	1			
河　　北	20		1	18	1	
山　　西	10		3	7		
内 蒙 古	15	2	3	9	1	
辽　　宁	8		1	7		
吉　　林	25	1	1	8		15
黑 龙 江						
上　　海	32	5		6		21
江　　苏	132	1	6	16		109
浙　　江	82	3	4	21		54
安　　徽	106	1	1	20	6	78
福　　建	83		3	23		57
江　　西	95	1	1	31		62
山　　东	53		4	34		15
河　　南	39		6	32	1	
湖　　北	120		4	29		87
湖　　南	124	1	5	50	1	67
广　　东	72	3	11	20	1	37
广　　西	91	1	2	17		71
海　　南	5	1	1	3		
重　　庆	34	1		10		23
四　　川	64	2	3	58		1
贵　　州	55			7		48
云　　南	8	1	3	4		
陕　　西	18		2	16		
甘　　肃	10		3	7		
青　　海	2	1		1		
宁　　夏	4	1		3		
新　　疆	4	1	1	2		
大　　连	2			2		
青　　岛						
宁　　波	10	5		5		
厦　　门						
深　　圳						
新疆兵团	1	1				

各地区水产技术推广机构房屋条件情况(三)

单位:米²

地　区	培训教室面积					
	合　计	省级站	市级站	县级站	区域站	乡镇站
全国总计	**111 206**	**4 260**	**6 701**	**41 084**	**1 042**	**58 119**
北　京	412	182	230			
天　津	760	300	460			
河　北	864		20	812	32	
山　西	910		268	642		
内蒙古	682	80	130	412	60	
辽　宁	498		154	344		
吉　林	2 435	40	150	545		1 700
黑龙江						
上　海	2 728	1062		325		1 341
江　苏	10 415	96	560	1 213		8 546
浙　江	7 711	389	650	1 430		5 242
安　徽	8 827	62	30	1 485	720	6 530
福　建	8 878		300	2 098		6 480
江　西	5 044	48	50	2 426		2 520
山　东	4 715		310	2 905		1 500
河　南	3 046		304	2 682	60	
湖　北	8 846		164	2 152		6 530
湖　南	16 950	70	334	11 392	110	5 044
广　东	7 644	300	1 384	1 634	60	4 266
广　西	4 723	270	53	1 470		2 930
海　南	225	40	50	135		
重　庆	2 765	80		950		1735
四　川	3 473	20	290	2 963		200
贵　州	4 285			730		3 555
云　南	782	120	384	278		
陕　西	880		110	770		
甘　肃	615		231	384		
青　海	290	200		90		
宁　夏	191	75		116		
新　疆	300	125	85	90		
大　连	70			70		
青　岛						
宁　波	1 116	576		540		
厦　门						
深　圳						
新疆兵团	126	126				

各地区水产技术推广机构房屋条件情况(四)

单位:个

地区	实验室数量					
	合计	省级站	市级站	县级站	区域站	乡镇站
全国总计	**1 841**	**302**	**257**	**843**	**15**	**424**
北京	8	2	6			
天津	27	6	21			
河北	31	1	7	23		
山西	6		3	3		
内蒙古	12		2	9	1	
辽宁	7		4	3		
吉林	33	1	11	20	1	
黑龙江	22	1		21		
上海	61	48		10		3
江苏	214	2	14	58		140
浙江	118	1	30	31		56
安徽	181	14	7	44	9	107
福建	69	1	9	59		
江西	75	1	5	66	1	2
山东	96		10	74		12
河南	52	2	10	39	1	
湖北	90	1	10	66		13
湖南	53	1	16	36		
广东	147	1	13	43	2	88
广西	85	17	20	45		3
海南	19	1	12	6		
重庆	40	2		38		
四川	41		5	36		
贵州	11		4	7		
云南	27	1	7	19		
陕西	220	160	16	44		
甘肃	7	1	4	2		
青海	4	1		3		
宁夏	12	1	4	7		
新疆	10	2	7	1		
大连	46	27		19		
青岛	5			5		
宁波	8	2		6		
厦门	2	2				
深圳	1	1				
新疆兵团	1	1				

各地区水产技术推广机构房屋条件情况(五)

单位:米²

地　　区	实验室面积					
	合　计	省级站	市级站	县级站	区域站	乡镇站
全国总计	**165 080**	**41 190**	**27 910**	**78 309**	**755**	**16 916**
北　京	5 755	4 385	1 370			
天　津	2 112	1 200	912			
河　北	4 344	1 600	842	1 902		
山　西	530		190	340		
内蒙古	503		89	234	180	
辽　宁	2 267		1 346	921		
吉　林	2 708	660	1 416	607	25	
黑龙江	943	628		315		
上　海	1 963	1 272		661		30
江　苏	16 513	1 200	2 600	8 569		4 144
浙　江	16 532	6 241	3 106	5 648		1 538
安　徽	9 240	1 080	285	5 006	270	2 599
福　建	7 020	1 475	652	4 893		
江　西	6 686	820	91	5 559	200	16
山　东	9 573		2 610	6 623		340
河　南	3 935	1 200	850	1 860	25	
湖　北	7 479	30	399	6 850		200
湖　南	4 633	700	727	3 206		
广　东	20 199	1 930	3 995	6 230	55	7 989
广　西	6 892	580	859	5 393		60
海　南	1 695	1 050	330	315		
重　庆	8 481	6 122		2 359		
四　川	4 296		3 006	1 290		
贵　州	1 274		56	1 218		
云　南	1 927	231	284	1 412		
陕　西	3 034	1 184	363	1 488		
甘　肃	1 045	572	230	243		
青　海	774	700		74		
宁　夏	2 843	1 200	556	1 087		
新　疆	2 007	1 200	747	60		
大　连	4 061	1 500		2 561		
青　岛	640			640		
宁　波	2 116	1 369		747		
厦　门	510	510				
深　圳	407	407				
新疆兵团	144	144				

各地区水产技术推广机构房屋条件情况（六）

单位：万元

地 区	实验室设备原值					
	合 计	省级站	市级站	县级站	区域站	乡镇站
全国总计	**118 208.8**	**41 599.8**	**23 578.3**	**46 053.0**	**114.0**	**6 863.7**
北 京	7 150.5	5 801.1	1 349.3			
天 津	1 003.7	612.0	391.7			
河 北	4 117.5	2 020.0	1 184.3	913.2		
山 西	133.8		15.0	118.8		
内 蒙 古	158.9		31.7	127.2		
辽 宁	2 427.7		2 188.7	239.0		
吉 林	2 264.2	926.0	842.0	495.2	1.0	
黑 龙 江	818.0	608.0		210.0		
上 海	2 007.6	1 321.3		683.9		2.5
江 苏	12 297.3	3 495.0	1 710.2	6 231.4		860.7
浙 江	12 047.9	6 470.0	1 219.2	3 937.0		421.7
安 徽	3 390.7	700.8	156.9	1 752.6	45.0	735.5
福 建	5 108.5	570.0	2 272.0	2 266.5		
江 西	4 522.9	1 500.0	30.0	2 946.9	40.0	6.0
山 东	6 719.1		1 437.5	5 061.6		220.0
河 南	3 218.4	1 500.0	402.1	1 305.3	11.0	
湖 北	3 358.2	20.0	774.1	2 473.6		90.5
湖 南	3 347.2	720.0	762.5	1 864.7		
广 东	15 041.7	1 000.0	5 097.3	4 417.4	17.0	4 510.0
广 西	3 614.0	165.9	824.9	2 606.6		16.7
海 南	2 855.4	2 359.0	320.0	176.4		
重 庆	2 586.7	1 367.4		1 219.3		
四 川	2 780.8		1 583.6	1 197.2		
贵 州	610.3		31.0	579.3		
云 南	908.1	65.1	145.8	697.2		
陕 西	1 247.9		461.0	786.9		
甘 肃	487.0	427.0	35.0	25.0		
青 海	1 250.4	1 238.4		12.0		
宁 夏	1 173.8	462.3	251.3	460.3		
新 疆	1 011.6	850.0	61.6	100.0		
大 连	3 537.2	1 749.0		1 788.2		
青 岛	1 691.5	1 000.0		691.5		
宁 波	3 718.6	3 049.5		669.1		
厦 门	500.0	500.0				
深 圳	900.0	900.0				
新疆兵团	202.2	202.2				

各地区水产技术推广机构信息平台情况

地　区	网站(个)	手机平台(户)	电话热线(条)	技术简报(个)
全国总计	**492**	**4 908**	**34 479**	**2 243**
北　京		7	11	6
天　津		5	1	
河　北	11	57	81	15
山　西	1	36	536	18
内蒙古	8	59	53	21
辽　宁	1	10	902	17
吉　林	10	266	1 029	372
黑龙江			4 500	
上　海	3	48	59	8
江　苏	96	433	1 320	164
浙　江	37	200	311	30
安　徽	57	307	529	52
福　建	3	180	187	46
江　西	33	129	2 828	100
山　东	25	679	8 661	76
河　南	15	157	190	239
湖　北	16	299	4 546	436
湖　南	35	147	167	100
广　东	9	77	182	42
广　西	3	737	1 032	39
海　南	1	13	16	3
重　庆	11	178	1 224	117
四　川	17	288	1 958	91
贵　州	4	164	1 764	157
云　南	75	198	207	29
陕　西	2	99	748	6
甘　肃	1	28	41	4
青　海		18	111	4
宁　夏		36	34	14
新　疆		5	12	31
大　连	5	4	1 204	2
青　岛	1	32	23	
宁　波	12	10	6	3
厦　门				
深　圳			2	1
新疆兵团		2	4	

各地区水产技术推广履职成效情况(一)

地　　区	示范关键技术（个）	检验检测（批次）	指导面积（公顷）	服务对象		
				农户（户）	企业（个）	合作组织（个）
全国总计	**4 204**	**264 560**	**4 169 825.6**	**1 375 412**	**33 776**	**27 954**
北　　京	21	14 994	10 348.5	555	105	12
天　　津	18	10 836	38 811.0	1 641	100	121
河　　北	77	3 950	58 190.2	7 565	516	77
山　　西	31	140	5 918.0	461	100	158
内 蒙 古	70	278	90 069.5	4 841	327	286
辽　　宁	33	321	10 524.0	2 553	145	49
吉　　林	115	1 608	152 217.4	5 668	509	428
黑 龙 江	129	323	298 409.5	8 779	229	194
上　　海	43	5 346	12 599.1	4 809	62	468
江　　苏	485	25 325	527 979.9	137 775	4 652	3 114
浙　　江	300	15 854	256 786.2	29 128	1 929	893
安　　徽	316	37 474	441 058.0	41 271	3 534	2 781
福　　建	188	10 363	91 279.9	24 349	2 829	729
江　　西	174	1 746	266 552.7	62 524	2 222	2 069
山　　东	333	8 320	359 627.2	35 084	1 709	1 126
河　　南	188	1 831	76 991.3	36 049	656	1 117
湖　　北	395	13 887	515 826.0	287 725	1 630	3 524
湖　　南	179	6 310	143 216.9	63 377	1 115	1 663
广　　东	106	45 899	147 523.0	65 476	1 673	548
广　　西	221	8 819	137 380.9	94 415	1 926	1 428
海　　南	8	608	4 599.4	7 348	150	70
重　　庆	95	3 602	59 116.0	32 958	2 045	797
四　　川	157	18 454	146 044.5	101 588	1 584	3 805
贵　　州	72	445	118 549.1	261 350	1 165	868
云　　南	104	2 105	71 267.4	41 840	502	356
陕　　西	87	14 022	33 324.0	6 313	1 017	521
甘　　肃	52	222	7 504.4	1 563	481	329
青　　海	8	164	2 475.8	84	39	54
宁　　夏	84	1 538	34 534.2	1 729	145	173
新　　疆	22	64	12 170.5	326	66	50
大　　连	5	4 371	4 300.0	629	105	11
青　　岛	17	1 347	10 643.0	1 926	145	44
宁　　波	65	3 539	18 773.0	2 265	337	83
厦　　门		328	1 080.0	1 342	12	
深　　圳		123	235.0	16		1
新疆兵团	6	4	3 900.0	90	15	7

各地区水产技术推广履职成效情况（二）

地　　区	渔民技术培训		推广人员培训		公共信息服务		
	期数（期）	人数（人次）	业务培训（人次）	学历教育（人次）	信息覆盖用户（户）	发布公共信息（条）	发放技术资料（份）
全国总计	**12 856**	**842 233**	**49 589**	**2 392**	**1 682 587**	**3 050 217**	**4 616 883**
北　　京	33	1 649	337	1	513	7 640	3 698
天　　津	67	2 448	707		779	3 850	9 360
河　　北	160	8 011	958	90	4 085	7 235	28 028
山　　西	54	1 832	74	3	600	595	26 155
内 蒙 古	137	4 503	930	93	261 663	100 585	41 274
辽　　宁	75	4 939	420	13	3 187	28 912	12 244
吉　　林	468	5 696	732	20	4 016	24 563	21 036
黑 龙 江	259	12 224	2 181	23	14 719	5 141	30 216
上　　海	248	8 566	1 080	22	3 720	13 425	38 490
江　　苏	1 760	127 105	5 842	186	162 165	198 025	511 558
浙　　江	576	30 767	2 957	92	85 278	96 542	104 968
安　　徽	895	61 057	2 763	266	112 099	221 235	315 320
福　　建	326	13 832	1 917	21	85 455	402 724	158 662
江　　西	525	33 045	1 346	71	125 425	62 136	166 999
山　　东	567	39 721	2 892	96	97 482	44 895	206 165
河　　南	464	32 196	1 301	95	34 736	113 357	219 045
湖　　北	1 484	93 982	1 761	62	227 196	632 545	808 878
湖　　南	570	33 244	3 247	173	51 827	140 797	170 641
广　　东	452	77 664	4 086	504	63 765	527 391	120 405
广　　西	482	28 036	5 186	298	115 338	80 038	176 795
海　　南	60	3 198	242	5	3 463	1 956	7 490
重　　庆	376	14 255	967	17	22 077	36 198	120 144
四　　川	834	98 900	1 989	79	110 603	149 760	677 395
贵　　州	733	46 339	1 305	36	56 244	17 084	167 441
云　　南	496	28 146	1 336	22	16 083	65 732	194 386
陕　　西	350	14 691	1 649	80	6 222	11 986	134 964
甘　　肃	141	3 582	493	5	1 621	3 235	69 643
青　　海	19	612	63	5	186	236	2 391
宁　　夏	129	6 088	395		1 824	10 794	49 349
新　　疆	14	504	86	7	688	317	4 908
大　　连	5	228	32	1	1 244	24 904	2 460
青　　岛	21	1 613	99	6	3 100	8 506	5 286
宁　　波	47	2 484	167		4 514	4 756	5 027
厦　　门	13	616			362	2 680	1 430
深　　圳	14	350	40		68	222	4 372
新疆兵团	2	110	9		240	220	260

各地区水产技术推广机构技术成果

地 区	技术成果数量（个）	审定新品种（个）	获奖情况（个）				获得专利（项）	发表论文（篇）	制定标准/规范（个）	出版图书（本）
			国家级	省部级	市厅级	县级				
全国总计	**203**	**12**	**12**	**94**	**108**	**52**	**328**	**1 620**	**227**	**166**
北 京	3						3	9	5	5
天 津	16	1		4			11	22	3	1
河 北	5			2	4		24	69	10	
山 西	5		1	1				1		1
内 蒙 古	3	1	1				1	11	4	1
辽 宁	3			1	2		6	14	5	3
吉 林	23	1	1	16	2		6	34	4	
黑 龙 江								149	3	
上 海	11				1	1	12	54	6	1
江 苏	18			2	10		33	208	31	1
浙 江	27	3		3	10	7	20	76	12	12
安 徽	1		2	4	1	3	28	148	18	1
福 建	12			4	2		10	69	20	
江 西	4				7	11	14	31	6	1
山 东	6			1	15	2	50	126	17	1
河 南	6	1	2	5	5	5	7	70	13	16
湖 北	4		3	2	3	1	6	46	13	4
湖 南	17	4	2	10	7	15	10	65	11	105
广 东	6			20	29		25	97	15	2
广 西	22						10	70	3	
海 南								2		
重 庆	2			6	1	1	4	44	5	6
四 川	1			1	1	1	2	5	5	
贵 州				5	4		3	46	1	
云 南							1	16	3	
陕 西							1	29	1	1
甘 肃	3			1	2	5	11	46	1	
青 海	1			1			3	6	2	3
宁 夏								8	1	
新 疆	1			2			6	33	4	1
大 连							2	5	4	
青 岛				1				1	1	
宁 波	3	1		1	2		7	7		
厦 门							5	1		
深 圳				1			7	2		
新疆兵团										

七、灾　害

各地区渔业灾情造成的经济损失(一)

单位:万元

地　区	1.水产品损失					
	合　计	台风、洪涝	病　害	干　旱	污　染	其　他
全国总计	**899 866.47**	**543 233.05**	**191 681.18**	**56 598.59**	**15 907.57**	**92 446.08**
北　京	68.00		48.00			20.00
天　津	1 644.40		807.80			836.60
河　北	14 752.80	2 173.80	186.00			12 393.00
山　西	11 593.00	11 476.00				117.00
内蒙古	1 455.82	1 012.00	70.00	230.00		143.82
辽　宁	25 071.40	11 951.00	1 090.00		250.00	11 780.40
吉　林	3 568.00	3 500.00	28.00	40.00		
黑龙江	3 524.42	3 524.42				
上　海	2 766.63	462.71	2 286.92		17.00	
江　苏	91 329.00	44 243.00	29 258.00	1 032.00	1 013.00	15 783.00
浙　江	83 815.00	69 624.00	13 339.00	840.00	7.00	5.00
安　徽	78 526.95	53 963.95	13 973.00	8 645.68	1 567.62	376.70
福　建	9 140.00	4 364.00	4 425.00	3.00	10.00	338.00
江　西	125 281.07	56 004.13	49 985.12	13 459.22	772.00	5 060.60
山　东	54 751.00	32 973.80	8 598.40	2 225.00	10 667.00	286.80
河　南	87 355.63	85 963.63	1 140.00		72.00	180.00
湖　北	62 152.00	38 687.00	19 211.00	1 746.00	192.00	2 316.00
湖　南	118 077.00	52 741.00	14 222.00	20 028.00	628.00	30 458.00
广　东	42 216.93	10 421.55	21 127.35	5 279.88	460.55	4 927.60
广　西	9 965.09	1 214.50	768.15	1 047.00	62.00	6 873.44
海　南	4 079.48	336.00	3 743.48			
重　庆	5 983.46	5 213.82	557.08	88.56	10.00	114.00
四　川	36 982.15	35 604.03	1 304.12	46.00		28.00
贵　州	8 358.11	8 059.26	31.42	62.23	120.00	85.20
云　南	6 389.87	1 694.99	2 543.54	1 801.02	54.40	295.92
西　藏						
陕　西	8 029.08	7 881.58	113.50	3.00	4.00	27.00
甘　肃	176.18	142.88	10.30	22.00	1.00	
青　海						
宁　夏	114.00		114.00			
新　疆	2 700.00		2 700.00			

各地区渔业灾情造成的经济损失(二)

单位:万元

地 区	2.(台风、洪涝)损毁渔业设施							
	合 计	池 塘	网 箱(鱼排)	围 栏	沉 船	船 损	堤 坝	泵 站
全国总计	**165 039.63**	**65 636.51**	**4 331.40**	**9 799.80**	**1 986.00**	**518.37**	**17 458.90**	**1 511.00**
北 京	45.00							
天 津	3 399.00	20.00						
河 北	14 702.90	656.20					6.00	
山 西	3 779.00	3 392.00	20.00			22.00	150.00	35.00
内 蒙 古	250.00			200.00			50.00	
辽 宁	27 133.10	3 040.00		5.00		61.10	1 668.00	
吉 林	900.00						900.00	
黑 龙 江	435.60	435.60						
上 海	68.20					68.20		
江 苏	3 344.00	1 916.00	103.00	214.00	11.00		79.00	
浙 江	17 869.00	951.00	1 765.00	8 747.00	1 970.00	183.00	60.00	
安 徽	6 439.00	2 864.00	613.00	12.00			1 899.00	
福 建	1 877.00	199.00	830.00			20.00	1.00	
江 西	13 618.16	10 658.86	120.00	122.00		3.00	531.00	
山 东	5 758.00	4 211.00				52.00	300.00	
河 南	16 589.37	7 748.77	55.00	204.00	1.00	64.00	3 658.50	130.00
湖 北	14 045.00	7 865.00	26.00	104.00		3.00	3 373.00	810.00
湖 南	14 907.00	8 596.00			4.00	31.00	3 062.00	520.00
广 东	4 073.90	2 344.00	675.00	25.00		10.00	157.40	
广 西	720.55	170.60	20.00	166.80			115.85	
海 南	58.00							
重 庆	902.23	296.70				1.07	511.81	
四 川	6 219.62	5 880.62					236.00	10.00
贵 州	344.61	251.31					20.50	
云 南	96.10	45.10	20.00				10.00	4.00
西 藏								
陕 西	7 340.29	3 996.75	84.40				642.84	2.00
甘 肃	125.00	98.00					27.00	
青 海								
宁 夏								
新 疆								

各地区渔业灾情造成的经济损失(三)

单位:万元

地区	2.(台风、洪涝)损毁渔业设施(续)							直接经济损失合计
	涵闸	码头	护岸	防波堤	工厂化养殖	苗种繁育场	其他	
全国总计	**907.00**	**2 493.00**	**1 287.70**	**1 376.50**	**30 090.60**	**18 403.60**	**9 239.25**	**1 064 906.10**
北京						45.00		113.00
天津					2 188.00	1 191.00		5 043.40
河北					10 486.70	3 367.00	187.00	29 455.70
山西			46.00	5.00	48.00		61.00	15 372.00
内蒙古								1 705.82
辽宁		55.00	150.00	366.00	14 014.00	7 761.00	13.00	52 204.50
吉林								4 468.00
黑龙江								3 960.02
上海								2 834.83
江苏					521.00	260.00	240.00	94 673.00
浙江		2 173.00	198.00		340.00	1 014.00	468.00	101 684.00
安徽	100.00		100.00			804.00	47.00	84 965.95
福建					75.00		752.00	11 017.00
江西			144.80	237.00	431.00	6.00	1 364.50	138 899.23
山东		202.00			113.00	340.00	540.00	60 509.00
河南					164.00	2 422.00	2 142.10	103 945.00
湖北	744.00		120.00	8.00	9.00	328.00	655.00	76 197.00
湖南	45.00	13.00	85.00	123.00	430.00	486.00	1 512.00	132 984.00
广东			372.00	379.00	56.50		55.00	46 290.83
广西	13.00		9.40		6.40	64.00	154.50	10 685.64
海南		50.00	8.00					4 137.48
重庆			2.50				90.15	6 885.69
四川				53.00		40.00		43 201.77
贵州				1.00	10.00	35.60	26.20	8 702.72
云南	2.00						15.00	6 485.97
西藏								
陕西	3.00		52.00	204.50	1 198.00	240.00	916.80	15 369.37
甘肃								301.18
青海								
宁夏								114.00
新疆								2 700.00

各地区渔业灾情造成的数量损失(一)

地　区	1.受灾养殖面积(公顷)						2.水产品损失(吨)		
	合　计	台风、洪涝	病　害	干　旱	污　染	其他	合　计	台风、洪涝	病　害
全国总计	**388 533**	**191 439**	**124 534**	**30 026**	**5 898**	**36 636**	**546 719**	**321 057**	**146 621**
北　京	46		46				37		32
天　津	1 642		906			736	1 311		787
河　北	2 087	1 874	101			112	2 804	1 480	102
山　西	2 391	2 367				24	4 160	4 075	
内蒙古	1 609	1 010	19	533		47	902	620	35
辽　宁	6 143	639	55		2 000	3 449	4 091	2 461	525
吉　林	684	400	84	200			2 556	2 514	18
黑龙江	2 230	2 230					3 062	3 062	
上　海	2 079	78	1 987		14		3 641	250	3 379
江　苏	50 242	16 955	18 295	1 444	1 443	12 105	38 522	18 710	16 092
浙　江	15 894	11 696	3 858	332	5	3	47 600	41 333	6 178
安　徽	36 156	21 444	10 138	3 701	806	67	47 578	28 425	10 824
福　建	1 180	285	657	3	1	234	7 026	2 615	4 184
江　西	72 321	25 974	37 192	8 212	196	747	106 577	48 237	44 865
山　东	19 264	8 475	8 048	1 151	892	698	37 214	24 469	3 664
河　南	18 461	16 905	1 392		21	143	51 756	50 572	899
湖　北	52 846	32 903	16 382	1 409	85	2 067	49 071	31 625	14 899
湖　南	50 450	20 481	15 676	8 125	102	6 066	56 095	24 719	15 581
广　东	24 833	6 704	5 481	2 926	255	9 467	42 854	7 513	19 236
广　西	2 722	276	962	1 054	43	387	5 126	505	651
海　南	215	21	194				1 268	140	1 128
重　庆	1 398	919	313	149	4	13	3 429	2 362	458
四　川	11 504	11 386	94	12		12	18 714	18 061	623
贵　州	6 909	6 695	2	188	13	11	3 343	3 255	8
云　南	2 460	587	1 102	574	9	188	3 432	997	1 087
西　藏									
陕　西	1 291	1 129	87	8	8	59	3 141	2 994	37
甘　肃	15	6	2	5	1	1	83	63	3
青　海									
宁　夏	91		91				96		96
新　疆	1 370		1 370				1 230		1 230

各地区渔业灾情造成的数量损失(二)

地　　区	2.水产品损失(吨)(续)			3.(台风、洪涝)损毁渔业设施					
	干　旱	污　染	其　他	池塘(公顷)	网箱(鱼排)(箱)	围栏(千米)	沉船(艘)	船损(艘)	堤坝(米)
全国总计	**40 465**	**10 073**	**28 503**	**55 237**	**7 107**	**55 814**	**46**	**253**	**817 425**
北　　京			5						
天　　津			524	1					
河　　北			1 222	383					1 500
山　　西			85	380	10			11	760
内 蒙 古	153		94			4			800
辽　　宁		500	605	149		10		1	3 147
吉　　林	24								132
黑 龙 江				2 230					
上　　海		12						3	
江　　苏	1 332	720	1 668	565	13	55 007	28		3 666
浙　　江	81	5	3	632	287	3	9	83	652
安　　徽	6 790	1 287	252	3 588	2 069	1			31 146
福　　建	3	3	221	52	865			7	2
江　　西	10 698	615	2 162	25 763	100	587			12 209
山　　东	2 743	6 037	301	928				25	980
河　　南		115	170	2 824	49	135	1	22	41 074
湖　　北	1 207	140	1 200	9 269	2 600	23		9	586 365
湖　　南	9 288	27	6 480	4 478			8	89	48 442
广　　东	5 707	477	9 921	601	863	5		1	542
广　　西	833	68	3 069	42	19	36			11 695
海　　南									
重　　庆	420	7	182	278				2	67 762
四　　川	21		9	2 540					2 051
贵　　州	13	24	43	130					99
云　　南	1 125	30	193	23	54				100
西　　藏									
陕　　西	11	5	94	378	178	3			4 141
甘　　肃	16	1		3					160
青　　海									
宁　　夏									
新　　疆									

各地区渔业灾情造成的数量损失(三)

地区	3.(台风、洪涝)损毁渔业设施(续)							4.人员损失(人)			
	泵站(座)	涵闸(座)	码头(米)	护岸(米)	防波堤(米)	工厂化养殖(座)	苗种繁育场(个)	合计	失踪	死亡	重伤
全国总计	**720**	**191**	**3 293**	**51 324**	**9 846**	**627**	**492**	**2**		**2**	
北京							3				
天津						29	24				
河北						261	39				
山西	5			2 080	260	8					
内蒙古											
辽宁	1	4	330	1 250	2 425	278	341				
吉林											
黑龙江											
上海											
江苏				35		1	3				
浙江			2 591	199		5	28	2		2	
安徽		10		3 000			4				
福建						2					
江西				22 587	1 487	1	1				
山东			22	140		6	4				
河南	123					4	15				
湖北	68	162		14 612	343	1	5				
湖南	520	8	300	860	2 240	4	9				
广东		3		721	816	2					
广西		2		470		8	2				
海南			50	800							
重庆				1 290							
四川	1				1 030		1				
贵州					245		2				
云南	1	1									
西藏											
陕西	1	1		3 280	1 000	17	11				
甘肃											
青海											
宁夏											
新疆											

八、附　　录

附录一

水产品产量数据调整说明

1. 根据第二次农业普查结果调整水产品产量数据说明

第二次全国农业普查结束后，按照国家统计局要求，原农业部对 2006 年渔业统计数据进行了调整。调整以农业普查水产养殖面积调查结果为依据，以各省（自治区、直辖市）2006 年的养殖单产水平、养殖结构为参考依据，综合测算各省（自治区、直辖市）水产品产量调减比例，核定 2006 年水产品产量。并以此为基数，参考渔业统计年报中各年度间的产量调整比例，对 1997—2005 年的水产品产量数据进行了相应调整。

2. 根据第三次农业普查结果调整水产品产量数据说明

第三次全国农业普查结束后，农业农村部联合国家统计局对 2016 年渔业统计数据进行了调整。调整以农业普查结果为依据，对各省（自治区、直辖市）2016 年水产养殖面积进行适当核定修正，并以各省（自治区、直辖市）2016 年水产养殖面积、从业人员、水产苗种等指标数据为参考依据，综合测算核定各省（自治区、直辖市）2016 年水产品产量。并以此为基数，参考渔业统计年报中各年度间的产量调整比例，对 2012—2015 年的水产品产量数据进行了相应调整。

附录二

调整后历年产量对照表(一)

单位:万吨

年 份	调整前	调整后	其 中				
			海洋捕捞	远洋渔业	海水养殖	淡水捕捞	淡水养殖
1989	1 332.58	1 332.58	548.33	10.71	275.73	80.78	417.03
1990	1 427.26	1 427.26	594.40	17.09	284.22	85.64	445.91
1991	1 572.99	1 572.99	644.35	32.35	333.31	100.39	462.59
1992	1 824.46	1 824.46	720.84	46.43	424.31	99.09	533.79
1993	2 152.31	2 152.31	795.53	56.22	540.23	112.07	648.26
1994	2 515.69	2 515.69	925.61	68.83	604.80	126.79	789.66
1995	2 953.04	2 953.04	1 054.07	85.68	721.51	151.02	940.76
1996	3 280.72	3 280.72	1 152.99	92.65	765.89	175.43	1 093.76
1997	3 601.78	**3 118.59**	1 092.73	103.70	691.66	163.45	1 067.04
1998	3 906.65	**3 382.66**	1 201.25	91.31	751.99	197.51	1 140.60
1999	4 122.43	**3 570.15**	1 203.46	89.91	851.89	197.95	1 226.94
2000	4 278.99	**3 706.23**	1 189.43	86.52	927.96	193.44	1 308.88
2001	4 382.09	**3 795.92**	1 155.64	88.49	989.38	186.23	1 376.20
2002	4 565.18	**3 954.86**	1 128.34	109.64	1 060.47	194.71	1 461.69
2003	4 706.11	**4 077.02**	1 121.20	115.77	1 095.86	213.28	1 530.92
2004	4 901.77	**4 246.57**	1 108.08	145.11	1 151.29	209.60	1 632.49
2005	5 101.65	**4 419.86**	1 111.28	143.81	1 210.81	220.97	1 733.00
2006	5 290.40	**4 583.60**	1 136.40	109.07	1 264.16	220.38	1 853.59
2007	4 747.52	4 747.52	1 136.03	107.52	1 307.34	225.64	1 970.99
2008	4 895.59	4 895.59	1 149.63	108.33	1 340.32	224.82	2 072.49
2009	5 116.40	5 116.40	1 178.61	97.72	1 405.22	218.39	2 216.46
2010	5 373.00	5 373.00	1 203.59	111.64	1 482.30	228.94	2 346.53
2011	5 603.21	5 603.21	1 241.94	114.78	1 551.33	223.23	2 471.93
2012	5 907.68	**5 502.14**	1 190.02	124.40	1 575.20	204.02	2 408.51
2013	6 172.00	**5 744.22**	1 191.99	135.70	1 664.65	204.17	2 547.69
2014	6 461.52	**6 001.92**	1 200.18	203.68	1 732.40	202.49	2 663.17
2015	6 699.64	**6 210.97**	1 216.81	218.93	1 796.56	199.34	2 779.34
2016	6 901.25	**6 379.48**	1 187.20	198.75	1 915.31	200.33	2 877.89
2017		6 445.33	1 112.42	208.62	2 000.70	218.30	2 905.29
2018		6 457.66	1 044.46	225.75	2 031.22	196.39	2 959.84
2019		6 480.36	1 000.15	217.02	2 065.33	184.12	3 013.74
2020		6 549.02	947.41	231.66	2 135.31	145.75	3 088.89
2021		6 690.29	951.46	224.65	2 211.13	119.78	3 183.27

注:根据第二次全国农业普查结果调整了 1997—2006 年产量,根据第三次全国农业普查结果调整了 2012—2016 年产量。

调整后历年产量对照表(二)

单位:万吨

年　份	调整前	调整后	海水产品			淡水产品		
				捕捞	养殖		捕捞	养殖
1989	1 332.58	1 332.58	834.77	559.04	275.73	497.81	80.78	417.03
1990	1 427.26	1 427.26	895.71	611.49	284.22	531.55	85.64	445.91
1991	1 572.99	1 572.99	1 010.01	676.70	333.31	562.98	100.39	462.59
1992	1 824.46	1 824.46	1 191.58	767.27	424.31	632.88	99.09	533.79
1993	2 152.31	2 152.31	1 391.98	851.75	540.23	760.33	112.07	648.26
1994	2 515.69	2 515.69	1 599.24	994.44	604.80	916.45	126.79	789.66
1995	2 953.04	2 953.04	1 861.26	1 139.75	721.51	1 091.78	151.02	940.76
1996	3 280.72	3 280.72	2 011.53	1 245.64	765.89	1 269.19	175.43	1 093.76
1997	3 601.78	3 118.59	1 888.10	1 196.44	691.66	1 230.50	163.45	1 067.04
1998	3 906.65	3 382.66	2 044.55	1 292.56	751.99	1 338.11	197.51	1 140.60
1999	4 122.43	3 570.15	2 145.26	1 293.37	851.89	1 424.89	197.95	1 226.94
2000	4 278.99	3 706.23	2 203.91	1 275.95	927.96	1 502.32	193.44	1 308.88
2001	4 382.09	3 795.92	2 233.50	1 244.12	989.38	1 562.42	186.23	1 376.20
2002	4 565.18	3 954.86	2 298.45	1 237.98	1 060.47	1 656.40	194.71	1 461.69
2003	4 706.11	4 077.02	2 332.82	1 236.97	1 095.86	1 744.20	213.28	1 530.92
2004	4 901.77	4 246.57	2 404.47	1 253.18	1 151.29	1 842.09	209.60	1 632.49
2005	5 101.65	4 419.86	2 465.89	1 255.08	1 210.81	1 953.97	220.97	1 733.00
2006	5 290.40	4 583.60	2 509.63	1 245.47	1 264.16	2 073.97	220.38	1 853.59
2007	4 747.52	4 747.52	2 550.89	1 243.55	1 307.34	2 196.63	225.64	1 970.99
2008	4 895.59	4 895.59	2 598.28	1 257.96	1 340.32	2 297.31	224.82	2 072.49
2009	5 116.40	5 116.40	2 681.55	1 276.33	1 405.22	2 434.85	218.39	2 216.46
2010	5 373.00	5 373.00	2 797.53	1 315.23	1 482.30	2 575.47	228.94	2 346.53
2011	5 603.21	5 603.21	2 908.05	1 356.72	1 551.33	2 695.16	223.23	2 471.93
2012	5 907.68	5 502.14	2 889.61	1 314.41	1 575.20	2 612.53	204.02	2 408.51
2013	6 172.00	5 744.22	2 992.35	1 327.70	1 664.65	2 751.87	204.17	2 547.69
2014	6 461.52	6 001.92	3 136.25	1 403.85	1 732.40	2 865.66	202.49	2 663.17
2015	6 699.64	6 210.97	3 232.29	1 435.73	1 796.56	2 978.67	199.34	2 779.34
2016	6 901.25	6 379.48	3 301.26	1 385.95	1 915.31	3 078.22	200.33	2 877.89
2017		6 445.33	3 321.74	1 321.04	2 000.70	3 123.59	218.30	2 905.29
2018		6 457.66	3 301.43	1 270.21	2 031.22	3 156.23	196.39	2 959.84
2019		6 480.36	3 282.50	1 217.17	2 065.33	3 197.86	184.12	3 013.74
2020		6 549.02	3 314.38	1 179.07	2 135.31	3 234.64	145.75	3 088.89
2021		6 690.29	3 387.24	1 176.11	2 211.13	3 303.05	119.78	3 183.27

附录三

渔业统计指标解释

第一章 水产品产量

第 1 条 水产品特征及产量统计范围

水产品指渔业(捕捞和养殖)生产活动的最终有效成果,它具有以下特征:

(1)它是渔业生产活动的成果。水产品既是渔业生产的劳动对象,也是渔业生产的劳动成果,它包括全部海淡水鱼类、甲壳类(虾、蟹)、贝类、头足类、藻类和其他类渔业产品。

(2)它是渔业生产活动的最终成果。渔业生产过程中的中间成果,如鱼苗、鱼种、亲鱼、转塘鱼、存塘鱼和自用作饵料的产品,不是最终成果,不能统计在水产品产量中。

(3)它是渔业生产活动的最终有效成果。水产品在上岸前已经腐烂变质,不能供人食用或加工成其他制品的,不统计在水产品产量中。

第 2 条 产量统计年度和统计者

(1)年水产品产量按日历年度计算。即从每年 1 月 1 日至 12 月 31 日止已从养殖水域捕捞起水或者已从天然水域捕捞并已返航卸港的水产品均统计在年产量中,有的生产渔船在外地收港卸鱼或者在海上由收购船扒载收购的,也按到港计算产量。

(2)水产品产量统计中,养殖产量按照水域所在地统计,国内捕捞产量按照渔船所属地统计,远洋渔业产量按照远洋渔业管理办法进行统计。

第 3 条 产量计量标准

除海蜇按三矾后的成品计量、各种藻类按干品计量外,其余各种水产品均按捕捞起水时鲜品实重(原始重量)计量。此外,供观赏的水生动物按个体计算。

第 4 条 养殖产量与捕捞产量划分原则

凡人工养殖并已起水的水产品数量为养殖产量,凡捕捞天然生长的水产品数量为捕捞产量。

(1)凡是人工投放苗种(不包括灌江纳苗)并进行人工饲养管理的淡水养殖水域中捕捞的水产品产量计算为淡水养殖产量,否则为淡水捕捞产量。

(2)凡是人工投放苗种或天然纳苗并进行人工饲养管理的海水养殖水域中捕捞的水产品产量计算为海水养殖产量,否则为海洋捕捞产量。

(3)稻田养殖起水的水产品,也计算为淡水养殖产量。

第 5 条 水产品分类

水产品分为海水产品和淡水产品两大类。

一、海水产品

海水产品包括海洋捕捞产品、海水养殖产品和远洋渔业产品。其中,海洋捕捞产品产量指国内海洋捕捞产品产量不包括远洋渔业产量。

1. 海洋捕捞产品:包括海洋捕捞鱼类、甲壳类(虾、蟹)、贝类、藻类、头足类和其他类。

(1)海洋捕捞鱼类:海鳗、鳓鱼、鳀鱼、沙丁鱼、鲱鱼、石斑鱼、鲷鱼、蓝圆鲹、白姑鱼、黄姑鱼、鮸鱼、大黄鱼、小黄鱼、梅童鱼、方头鱼、玉筋鱼、带鱼、金线鱼、梭鱼、鲐鱼、鲅鱼、金枪鱼、鲳鱼、马面鲀、竹筴鱼和鲻鱼等。

(2)海洋捕捞甲壳类:虾和蟹。虾包括毛虾、对虾、鹰爪虾、虾蛄等。蟹包括梭子蟹、青蟹和蟳等。

(3)海洋捕捞贝类:蛤、蛏、蚶和螺等。

(4)海洋捕捞藻类:江蓠、石花菜和紫菜等。

(5)海洋捕捞头足类:乌贼、鱿鱼和章鱼等。

(6)海洋捕捞其他类:海蜇等。

2. 海水养殖产品:包括海水养殖鱼类、甲壳类(虾、蟹)、贝类、藻类、其他类。

(1)海水养殖鱼类:鲈鱼、鲆鱼、大黄鱼、军曹鱼、鰤鱼、鲷鱼、美国红鱼、河鲀、石斑鱼和鲽鱼等。

(2)海水养殖甲壳类:虾和蟹。虾包括南美白对虾、斑节对虾、中国对虾和日本对虾等。蟹包括梭子蟹和青蟹等。

(3)海水养殖贝类:牡蛎、鲍、螺、蚶、贻贝、江珧、扇贝、蛤和蛏等。

(4)海水养殖藻类:海带、裙带菜、紫菜、江蓠、麒麟菜、石花菜、羊栖菜和苔菜等。

(5)海水养殖其他类:海参、海胆、海水珍珠和海蜇等。

3. 远洋渔业产品:见第 27 条。

二、淡水产品

淡水产品包括淡水养殖产品和淡水捕捞产品。

1. 淡水养殖产品:包括鱼类、甲壳类(虾、蟹)、贝类、藻类和其他类产品。

(1)淡水养殖鱼类:鲟鱼、鳗鲡、青鱼、草鱼、鲢鱼、鳙鱼、鲤鱼、鲫鱼、鳊鲂、泥鳅、鲇鱼、鮰鱼、黄颡鱼、鲑鱼、鳟鱼、河鲀、短盖巨脂鲤、长吻鮠、黄鳝、鳜鱼、鲈鱼、乌鳢和罗非鱼等。

(2)淡水养殖甲壳类:虾和河蟹,其中虾包括罗氏沼虾、青虾、克氏原螯虾和南美白对虾等。

(3)淡水养殖贝类:河蚌、螺、蚬等。

(4)淡水养殖藻类:即螺旋藻。

(5)淡水养殖其他类产品:龟、鳖、蛙和珍珠等。

(6)观赏鱼统计按“条”计量,其重量不计入淡水养殖总产量。

2. 淡水捕捞产品:包括鱼类、甲壳类(虾、蟹)、贝类、藻类和其他类。其他类中包括丰年虫等。

第 6 条　海洋捕捞产量(按海区、渔具分类)

1. 按捕捞海域分为渤海、黄海、东海和南海区产量。渤海、黄海、东海、南海区划分界线:

(1)渤海:东以辽宁老铁山西角经庙岛群岛至蓬莱角连线与黄海为界。

(2)黄海:南以长江口北角至韩国济州岛西南端连线与东海为界,东至朝鲜半岛与朝鲜海峡。

(3)东海:南以闽粤省界经东山岛南端至台湾省南端的鹅銮鼻灯塔连线与南海为界,东至对马海峡日本琉球群岛与我国台湾省。

(4)南海:东以巴士海峡、巴林塘海峡、菲律宾群岛与太平洋为界,南至加里曼丹,西临中南半岛及马来半岛。

2. 按捕捞渔具分为拖网、围网、刺网、张网、钓具和其他渔具产量。

(1)拖网:单拖和双拖。

(2)围网:单船围网、双船围网和多船围网。

(3)刺网:定置刺网、漂流刺网、包围刺网和拖曳刺网。

(4)张网:单桩、双桩、多桩、单锚、双锚、船张、樯张和并列张网。

(5)钓具:漂流延绳钓、定置延绳钓、曳绳钓和垂钓(如鱿钓)。

(6)其他渔具:地拉网、敷网、抄网、掩罩、陷阱、耙刺、笼壶等类型。

第 7 条　海水养殖产量(按养殖水域分类)

(1)海上养殖:在低潮位线以下从事海水养殖生产。

(2)滩涂养殖:在潮间带间从事海水养殖生产。

(3)其他养殖:在高潮位线以上从事海水养殖生产。

第 8 条　淡水养殖产量(按养殖水域分类)

按养殖水面类型不同,分为池塘、湖泊、水库、河沟、稻田及其他养殖方式。

第 9 条　部分养殖方式分类产量

(1)普通网箱:网箱一般由合成纤维如尼龙、聚氯乙烯等网线编织而成,装置在网箱架上。普通网箱面积均为数平方米到数十平方米。一般安置在港湾、沿岸、湖泊、水库和河沟等水域。

(2)深水网箱:深水网箱是一种大型海水网箱,主要有重力式聚乙烯网箱、浮绳式网箱和碟形网箱三种类型,具有抗风浪性能。网箱水体均为数百立方米到数千立方米。深水网箱一般安置在水深 20 米以下的海域。

(3)工厂化:工厂化养殖即按工艺过程的连续性和流水性的原则,通过机械或自动化设备,对养殖水体进行水质和水温的控制,保持最适宜于鱼类生长和发育的生态条件,使鱼类的繁殖、苗种培育、商品鱼的养殖等各个环节能相互衔接,形成一个独自的生产体系,以进行无季节性的连续生产,达到高效率、高速度的养殖目的。

第二章　水产养殖面积

第 10 条　水产养殖面积

水产养殖面积指在报告期内实际用于养殖水产品的水面面积,包括海水养殖面积和淡水养殖面积。在报告期内无论是否全部收获或尚未收获其产品,均应统计在养殖面积中。但有些水面不投放苗种或投放少量苗种,只进行一般管理的,不统计为养殖面积。养殖面积法定计量单位为公顷。

第 11 条　海水养殖面积

海水养殖面积指利用天然海水养殖水产品的水面面积,包括海上养殖、滩涂养殖、其他养殖。工厂化、深水网箱不计入养殖面积。

第 12 条　淡水养殖面积

淡水养殖面积指在淡水水域养殖水产品的水面面积,包括池塘、湖泊、水库、河沟和其他五部分。工厂化、稻田养殖不计入养殖总面积。

第 13 条　养殖面积核算

(1)海上、滩涂、池塘、湖泊、水库、河沟等方式养殖面积按照实际使用的水面计算,计量单位为公顷。

(2)普通网箱按照实际占用水面计算面积,计量单位为米^2。

(3)工厂化养殖:按照实际养殖水体的体积计算,计量单位为米^3。

(4)深水网箱:按照实际占用水的体积计算,计量单位为米^3。

(5)在江河、湖泊、水库投放苗种或灌江纳苗、增殖放流的水域不统计面积;湖泊、水库、河沟虽有专人管理,或有苗种投放,但人工养殖水产品起捕量不足

30%的水面也不统计为养殖面积(其产量列入捕捞产量)。

第三章 渔业经济总产值和增加值

第 14 条 渔业经济总产值和增加值

渔业经济总产值和增加值指以货币表现的核算期内渔业经济活动的总产出和总成果,包括了全社会渔业、渔业工业和建筑业、渔业流通和服务业。

第 15 条 渔业产值和增加值

渔业产值指以货币表现的核算期内捕捞和养殖水产品及水产苗种的总产出和总成果。具体包括人工养殖的水生动物和海藻的产值、天然水生动物和天然海藻采集的产值,即包括海洋捕捞、海水养殖、淡水捕捞、淡水养殖产品以及水产苗种的产出。其计算方法:水产品及苗种的产量分别乘以其产品的现行价格。

渔业增加值指以货币表现的核算期内全社会从事渔业捕捞和养殖生产活动所创造的最终产品的价值,其计算方法:渔业总产出扣除渔业中间投入。

渔业产值和增加值的数据取自同级统计部门。

第 16 条 渔业工业、建筑业产值和增加值

渔业工业、建筑业产值和增加值指以货币表现的核算期内全社会从事水产品加工业、渔用机具制造业、渔用饲料工业、渔用药物制造业、渔业建筑业等的产出和成果。

水产品加工业产值等于加工产品量乘以现行价格,其增加值采用食品加工业增加值率进行推算。

渔用机具制造业产值、增加值等于渔船渔机修造业、渔用绳网制造业和其他设备制造业的产值、增加值之和;其产值计算方法主要采用"工厂法"计算,增加值的计算方法采用统计部门"规模以上工业企业总产值表"中的相应指标增加值率进行推算。

渔用饲料工业产值主要采用"工厂法",增加值是渔用饲料工业现行总产出乘以"规模以上"饲料工业现价增加值率。

渔用药物制造业产值取同级相关部门统计年报表中的有关数据,其增加值等于渔用药物总产出乘以"规模以上"生物制药业现价增加值率。

渔业建筑业产值计算方法是从建筑产品所有方的建筑工程造价角度入手,依据投资完成额计算,其增加值采用建筑业增加值率来推算。

第 17 条 渔业流通和服务业产值和增加值

渔业流通和服务业包括渔业流通业,渔业(仓储)运输业,休闲渔业,渔业文化教育、科学技术和信息等产值和增加值。

渔业流通业产值以营业额来计算,其增加值等于渔业流通业产值乘以批发零售贸易业现价增加值率进行推算。

渔业(仓储)运输业产值即营业收入,其增加值计算方法与建筑业相同。

休闲渔业产值包括涉渔的一切旅游服务业产值,以营业额计算,其增加值用旅游业增加值率进行推算。

渔业文化教育、科学技术和信息等产值及其增加值根据财政部门《一般预算支出决算明细表》和有关资料进行推算。

第 18 条 计算总产值的价格

计算总产值的价格按当年价格计算。

当年价格就是当年出售产品时的实际价格。水产品当年价格以各地渔业生产单位初次出售的价格的平均价格为依据;工业产品以报告期内的产品出厂价格为当年价格。商业以零售价格为当年价格。

第四章 渔业船舶拥有量

第 19 条 渔业船舶

渔业船舶指从事渔业生产的船舶以及为渔业生产服务的船舶,按有无推进动力分为机动渔业船舶和非机动渔业船舶。按生产性质分为生产渔船和辅助渔船。

国内海洋捕捞渔业船舶转为远洋渔业船舶的当年,应纳入远洋渔业船舶统计范围内,在国内渔船统计范围中不再进行统计。

第 20 条 机动渔业船舶

机动渔业船舶指依靠本船主机动力来推进的渔业船舶,分为渔业生产船和渔业辅助船。

渔业生产船是直接从事渔业捕捞和养殖活动的船舶统称。从事捕捞业活动的渔船为捕捞船,从事养殖业活动的渔船为养殖船。捕捞船,按主机总功率分为:441 千瓦(含)以上、44.1(含)~441 千瓦、44.1 千瓦以下三类;按船长分为:24 米(含)以上、12(含)~24 米、12 米以下;按作业方式分为拖网、围网、刺网、张网、钓具、其他共 6 类,有关解释请参照第 6 条的相关内容。

渔业辅助船指从事各种加工、贮藏、运输、补给、渔业执法等渔业辅助活动的渔业船舶统称,包括水产运销船、冷藏加工船、油船、供应船、科研调查船、教学实习船、渔港工程船、拖轮、驳船和渔业行政执法船等。其中捕捞辅助船指水产运销船、冷藏加工船、油船、供应船等为渔业捕捞生产提供服务的渔业船舶。钓具、围网等作业渔船中的子船纳入捕捞辅助船统计范围。

机动渔船年末拥有量应按数量、吨位、功率分别统

计，各计量单位规定如下：

（1）数量的单位为“艘”，“艘”应按船舶单元计算，子母式作业船应分别统计。

（2）吨位的单位为“总吨”，“总吨”应为丈量确定的船舶总容积，每 2.83 米^{3}为 1 总吨。

（3）功率的单位为“千瓦”，“千瓦”应按主机总功率计算。1 马力等于 0.735 千瓦。

第 21 条　非机动渔船

非机动渔船指无配置机器作为动力的渔船，依靠人力、风力、水力或其他船只带动的渔业船舶，包括风帆船、手摇船等。

第五章　渔业灾情

第 22 条　渔业灾情

渔业灾情指由于遭受台风（洪涝）、病害、干旱、污染和其他灾害而造成水产品产量减少、苗种损失、设施损坏、水域污染以及人员伤亡等。

水产品损失指由于灾害造成的水产品损失数量和金额。

受灾养殖面积指由于灾害造成水产品产量损失在 10％以上的养殖面积。

渔业设施损毁指由于台风（洪涝）造成池塘、网箱（鱼排）、围栏、渔船损坏或沉没、堤坝、泵站、涵闸、码头、护岸、防波堤、工厂化养殖场及苗种繁育场等被毁，从而造成的渔业设施毁坏的数量和金额。

人员损失指由于灾害而造成人员失踪、死亡和重伤的人数。

第六章　渔业人口与渔业从业人员

第 23 条　渔业乡和渔业村

在农村中，从事渔业生产与经营的人员占全部从业人员 50％以上或渔业产值占农业产值的比重 50％以上的乡、村，即为渔业乡和渔业村；达不到上述标准的，但一直是以经营渔业为主，并经上级主管部门批准定为渔业乡、村的，亦可统计为渔业乡和渔业村。

第 24 条　渔业户（家庭）

渔业户指农（渔）村和城镇住户中主要从事渔业生产与经营的家庭。凡家庭主要劳动力或多数劳动力从事渔业生产与经营的时间占全年劳动时间 50％（6 个月）以上或渔业纯收入占家庭纯收入总额 50％以上者均可统计为渔业户。

第 25 条　渔业人口

渔业人口指依靠渔业生产和相关活动维持生活的全部人口，包括实际从事渔业生产和相关活动的人口及其赡（抚）养的人口，具体如下：

（1）直接从事渔业生产和相关活动的在业人口。

（2）兼营渔业和其他非渔业劳动者中，凡从事渔业生产和相关活动的时间全年累计达到或超过 3 个月者，或者虽全年累计不足 3 个月，但渔业纯收入占纯收入总额比重超过 50％者。

（3）由从事渔业生产和相关活动的人口赡（抚）养的人口。

（4）在既有渔业劳动者又有非渔业劳动者的家庭中，根据渔业与非渔业纯收入比例分摊的被渔业劳动者赡（抚）养的人口。

渔业人口中的传统渔民：指凡渔业乡、渔业村的渔业人口均可称为传统渔民。

第 26 条　渔业从业人员

渔业从业人员：全社会中 16 岁以上，有劳动能力，从事一定渔业劳动并取得劳动报酬或经营收入的人员。

渔业专业从业人员：全年从事渔业活动 6 个月以上或 50％以上的生活来源依赖渔业活动的渔业从业人员。

渔业兼业从业人员：全年从事渔业活动 3～6 个月或 20％～50％的生活来源依赖渔业活动的渔业从业人员。

渔业临时从业人员：全年从事渔业活动 3 个月以下或 20％以下的生活来源依赖渔业活动的渔业从业人员。

第七章　远洋渔业

第 27 条　远洋渔业产量和远洋渔船

远洋渔业产量：由各远洋渔业企业和各生产单位按我国远洋渔业项目管理办法组织的远洋渔船（队）在非我国管辖水域（外国专属经济区水域或公海）捕捞的水产品产量。中外合资、合作渔船捕捞的水产品只统计按协议应属于中方所有的部分。

远洋渔船：按上述办法、协议，在上述水域进行常年或季节性生产的渔船。

第八章　水产苗种

第 28 条　苗种

鱼苗：卵黄囊基本消失，鱼鳔充气，能平游主动摄食的仔鱼，包括人工孵化和江河湖海港湾采捕的天然鱼苗。

鱼种：鱼苗经培育后，发育至全体鳞片，鳍条长全，外观具有成鱼基本特征的幼鱼，一般全长在 1.7～23.3 厘米，因出塘季节和培育期的不同，又俗称为夏花、冬片、春片、秋片、仔口和老口。

扣蟹:蟹苗经数次蜕皮变成外形接近蟹形的仔蟹,再经过4～5个月饲养培育成每千克100～200只性腺未成熟的幼蟹。

第29条 苗种数量统计原则

由苗种孵化或育成的单位归属统计,从他处购进或以其他方式取得苗种,不再进行统计。

第九章 水产加工业

第30条 水产加工企业

水产加工企业:从事水产品保鲜(保活)、保藏和加工利用的企业。

规模以上企业:年主营业务收入500万元以上的水产加工企业。

水产品加工能力:年加工处理水产品的总量。

第31条 水产冷库

水产冷库指主要用于水产品冻结、冷藏和制冰的场所,一般以低温冷藏库数作为冷库座数。

冷库的冻结能力、冷藏能力、制冰能力均指冷库建造设计的及后来改扩建新增的生产能力之和。

第32条 水产加工品

水产加工品指以水产品为原料,采用各种食品贮藏加工、水产综合利用技术和工艺所生产的产品,如冷冻冷藏品、腌制品、干制品、熏制品、罐头食品、各种生熟小包装食品,以及鱼油、鱼肝油、多烯脂肪酸制剂、饲料鱼粉、藻胶、碘、贝壳工艺品等。

一、水产冷冻品

水产冷冻品指为了保鲜,将水产品进行冷冻加工处理后得到的产品,包括冷冻品和冷冻加工品,但不包括商业冷藏品。

冷冻品泛指未改变其原始性状的粗加工产品,如冷冻全鱼、全虾等。

冷冻加工品指采用各种生产技术和工艺,改变其原始性状、改善其风味后制成的产品,如冻鱼片、冻虾仁、冷冻烤鳗、冻鱼籽等。

二、鱼糜制品和干腌制品

鱼糜制品指将鱼(虾、蟹、贝等)肉(或冷冻鱼糜)绞碎经配料、擂溃成为稠而富有黏性的鱼肉浆(生鱼糜),再做成一定形状后进行水煮(油炸或焙烤烘干)等加热或干燥处理而制成的食品,如鱼糜、鱼香肠、鱼丸、鱼糕、鱼饼、鱼面、模拟蟹肉等。

干腌制品指以水产品为原料,经脱水(烘干、烟熏、焙烤等)或添加腌制剂(盐、糖、酒、糟)制成具有保藏性和良好风味的产品,如烤鱼片、鱿鱼丝、鱼松、虾皮、虾米、海珍干品,以及海蜇、腌鱼、烟熏鱼、糟鱼、醉虾蟹、醉泥螺、卤甲鱼、水生动植物调味品(虾蟹酱、蚝油、鱼酱油)等。

藻类加工品指以海藻为原料,经加工处理制成具有保藏性和良好风味的方便食品,如海带结、干紫菜、调味裙带菜等。

三、水产罐制品

水产罐制品指以水产品为原料按照罐头工艺加工制成的产品,包括硬包装和软包装罐头,如鱼类罐头、虾贝类罐头等。

四、鱼粉

鱼粉指用低值水产品及水产品加工废弃物(如鱼骨、内脏、虾壳等)等为主要原料生产而成的加工品。

五、鱼油制品

鱼油制品指从鱼肉或鱼肝中提取油脂,并制成的产品,如粗鱼油、精鱼油、鱼肝油、深海鱼油等。

六、其他水产加工品

其他水产加工品指除上述加工产品之外的加工品统称,如助剂和添加剂(蛋白胨、褐藻胶、碘、甘露醇、卡拉胶、琼胶等)、珍珠加工品、贝壳工艺品、鱼酒、鱼奶等。

第十章 渔民家庭当年收支情况调查

第33条 家庭常住人口数

家庭常住人口数指全年经常在家或在家居住6个月以上,而且经济和生活与本户连成一体的人口数。外出从业人员在外居住时间虽然在6个月以上,但收入主要带回家中,经济与本户连为一体,仍视为家庭常住人口;在家居住,生活和本户连成一体的国家职工、退休人员也为家庭常住人口。但是现役军人、中专及以上(走读生除外)的在校学生,以及常年在外(不包括探亲、看病等)且已有稳定的职业与居住场所的外出从业人员,不应当作家庭常住人口。

第34条 家庭渔业从业人员人数

家庭渔业从业人员人数指家庭常住人口中从事渔业生产、销售、运输等活动累计6个月以上的人数。

第35条 全年总收入

全年总收入指调查期内被调查对象从各种来源渠道得到的收入总和。按收入的性质划分为家庭经营收入、工资性收入、财产净收入、转移性收入和政府生产补贴(惠农收入)。

第36条 家庭经营收入

家庭经营收入指以家庭为单位进行生产经营和管理而获得的收入,包括渔业(水产品及鱼苗)收入、其他家庭经营收入。

渔业收入:水产品及鱼苗用于市场交易的现金收入或自产自食的实物收入。市场交易的现金收入等于交易的水产品及鱼苗或与水产品有关的劳务活动量乘以市场价格，只要交易发生，包括现款和应收款都要计算为收入；自产自食的实物收入，按自食水产品数量乘以相应水产品成本价格计算。如某个水产品的市场平均价格为10元/千克，用于计算该水产品市场交易的现金收入；成本价格为6元/千克，用于计算自产自食的该水产品实物收入。

经营其他行业收入：渔民家庭自主经营的除渔业外的其他行业，如种植业、畜牧业、林业等第一产业，或从事第二、三产业所取得的经营收入。第一产业的收入包括现金和实物两个部分，计算方法与渔业收入类似；第二、三产业只计算现金部分。

第37条　工资性收入

工资性收入指渔民家庭中从业人员通过各种途径得到的全部劳动报酬和各种福利，包括在渔业生产劳动中获得的工资和在其他行业劳动中获得的工资。

工资的形式包含计时计件劳动报酬、奖金、津贴，以及单位代个人缴纳的养老保险、医疗保险、失业保险、房租费、水电费、托儿费、医疗费等，单位定期或不定期发放过节费、调动工作的安家费、相当于现金的通用购物卡、免费或低价提供的实物产品和服务折价、工作餐补贴折价，零星或兼职劳动中得到现金、实物补贴折价等，还包括股份制企业派发或奖励给员工的股票和期权。

工资按照收付实现制计算，只要是在调查期内实际得到的工资，无论该工资是补发还是预发，都应归为本期得到的工资收入。本调查期内应得但因拖欠等原因未得到的工资不应计入。

工资不包括因员工或员工家属大病、意外伤害、意外死亡等原因支付给员工或其遗属的抚恤金和困难补助金，应该将其列入转移性收入中的社会救济和补助收入。

第38条　财产性净收入

财产性净收入指渔民家庭住户或成员将其所拥有的金融资产和自然资源交由其他机构单位、住户或个人支配而获得的回报并扣除相关的费用之后得到的净收入。财产性净收入包括利息净收入、红利收入、储蓄性保险净收益和转让承包土地或水面经营权租金净收入等。

利息净收入指利息收入扣除该住户或个人付给债权方的生活性借贷款利息支出后得到的净值。利息收入指按照双方事先约定的金融契约条件，借出金融资产（存款、债券、贷款和其他应收账款）的住户或个人从债务方得到的本金之外的附加额。利息收入是应得收入，包括各类定期和活期存款利息、债券利息、个人借款利息等，银行代扣的利息所得税也包括在内。

红利收入指住户或个人作为股东将其资金交由公司支配或处置而有权获得的收益。包括股票发行公司按入股数量定期分配的股息、年终分红以及从集体财产入股或其他投资分配得到的股息和红利。股票买卖结算后获得的收益（含亏损）不包含在内。

储蓄性保险净收益指住户或个人参加储蓄性保险，扣除缴纳的保险本金及相关费用后，所获得的保险净收益，不包括保险责任人对保险人给予的保险理赔收入。

转让承包土地或水面经营权租金净收入指住户将拥有经营权或使用权的土地转让给其他机构单位或个人获得的补偿性收入扣除相关成本支出后得到的净收入，也包括从其他机构单位或个人获得的实物形式的收入。

其他财产净收入指住户所得的除上述以外的其他财产性收入扣除相关的维护成本之后得到的净收入。如通过在国外购买的土地、矿产等自然资源获得的财产净收入等。

财产性净收入不包括将非金融资产（如住房、生产经营用房、机械设备、专利、专有技术、商标商誉等）交由其他机构单位、住户或个人支配而获得的回报，应该计入"经营净收入"。财产性净收入也不包括转让资产所有权的溢价所得，这些是"非收入所得"，不包含在本调查中。

第39条　转移性收入

转移性收入指国家、单位、社会团体对住户的各种经常性转移支付和住户之间的经常性收入转移。它包括政府、非行政事业单位、社会团体对居民转移的养老金或退休金、社会救济和补助、惠农补贴、政策性生活补贴、救灾款、经常性捐赠和赔偿以及报销医疗费等；住户之间的赡养收入、经常性捐赠和赔偿，以及农村地区（村委会）在外（含国外）工作的本住户非常住成员寄回带回的收入等。

转移性收入不包括住户之间的实物馈赠。

养老金或离退休金指根据国家有关文件规定或合同约定，在劳动者年老或丧失劳动能力后，根据他们对社会、单位所作的贡献和所具备的享受养老保险资格或退休条件，按月以货币形式或实物产品及服务给予的待遇，主要用于保障因年老或疾病丧失劳动能力的劳动者的基本生活需要。包括离退休人员的养老金或离退休金、生活补贴，农民享有的新型农村养老保险金，城镇居民享有的社会养老保险金，国家或地方政府给予城镇无保障老人的养老金，因工致伤离退休人员的护理费，退休人员异地安家补助费、取暖补贴、医疗费、旅游补贴、书报费、困难补助以及在原工作单位所得的各种其他收入，相当于现金的购物卡券也包含在内。也包括发给的实物和购买指定物品的票证、购物卡券，应同时计入相应的实物产品和服务项目中。

社会救济和补助指国家、机关企事业单位、社会团体和个人对各类特殊家庭、人员提供的特别津贴。包括国家对享受城镇居民最低生活保障待遇的家庭发放的最低生活保障金、对农村五保户发放的五保救助金、国家和社会及机构单位对特殊困难家庭给予的困难补助、扶贫款、救灾款、国家或机构单位向由于失去工作能力或意外死亡等原因而失去工作的职工或其遗属定期发放的抚恤金等。也包括发给的实物和购买指定物品的票证、购物卡券，应同时计入相应的实物产品和服务项目中。

惠农补贴指政府为扶持农业、林业、牧业、渔业和农林牧渔服务业，以现金或实物形式发放的各种生产补贴。现金形式发放的补贴包括粮食直补、购置和更新大型农机具补贴、良种补贴、购买生产资料综合补贴、退耕还林还草补贴、畜牧业补贴等生产性补贴。实物形式发放的补贴指政府低价或免费提供的相关产品和服务，如免费或低价提供的种子、农机具服务等。包括经营渔业的生产性补贴和经营其他产业的生产性补贴。在鱼塘改造中，如果是以渔民家庭为主进行投入建设，得到了政府补贴，计入渔民得到的惠农补贴；如果是政府直接奖励或投入改造建设，则按相关市场价格计入生产性固定资产。

政策性生活补贴指根据国家的有关规定，中央财政、各级地方财政给予家庭的相关政策性生活补贴。包括家电下乡和以旧换新等家电补贴、能源补贴、给农村寄宿制中小学生的生活补贴等；也包括其他低价或免费提供的实物产品和服务，如廉租房等。

报销医疗费指参加新型农村合作医疗、城镇职工基本医疗保险、(城镇)居民基本医疗保险、城乡居民大病保险的居民在购买药品、进行门诊治疗或住院治疗之后，从社保基金或单位报销的医疗费。报销医疗费属于一种实物收入。报销医疗费包括使用社保卡进行医疗服务付费时直接扣减的、由社保基金支付的部分。从商业医疗保险获得报销的医疗费不包括在内。

外出从业人员寄回带回收入指在外(含国外)工作的本住户非常住成员寄回、带回的收入。无论是以现金、汇款、转账、银行卡共享等任何形式寄回、带回的收入，都应计入。

赡养收入指亲友因赡养和抚养义务经常性给予住户及其成员的现金和实物收入。

其他经常转移收入指住户从除上述各项转移性收入以外得到的其他经常性转移收入。如经常性捐赠收入、经常性赔偿收入、失业保险金、亲友搭伙费等。

经常性捐赠收入指住户从他人、组织、社会团体处得到的经常性捐献或赠送收入。这种捐赠收入带有义务性和经常性，不包括遗产及一次性馈赠收入、婚丧嫁娶礼金所得、压岁钱等。捐赠收入与赡养收入的区别：赠送是对本住户的成员无赡养义务的其他住户或个人给本住户及其成员的现金。本住户成员内部间的捐赠收入和捐赠支出均不必记账。

经常性赔偿收入指住户及其成员因受到财产损失、人身伤害、精神损失得到的国家、单位、个人定期支付的经常性赔偿，不包括一次性赔偿所得。

第 40 条　全年总支出

全年总支出指渔民家庭全年用于生产、生活和再分配的全部支出。包括：家庭经营费用支出、生产性固定资产折旧、税费支出、生活消费支出、转移性支出。

第 41 条　家庭经营费用支出

家庭经营费用支出指以家庭为单位从事生产经营活动而消费的商品和服务、自产自用产品。包括经营渔业费用支出和经营其他行业费用支出。

经营渔业费用支出包括燃料、水电及加冰费用、雇工费用、饲料费用、购买种苗费用，以及加工费用、修理费、承包或租用费等其他生产支出。其中燃料、水电费指用于生产的，不包括用于生活的支出；修理或改造费用等，指额度在1 000元以下的日常渔需物质支出，在此价值量之上的如渔具的大修理、鱼塘清淤、改造等较大规模投入，则按量按价计入固定资产。

经营其他行业费用支出指从事除渔业经营外的其他行业，如种植业、畜牧业、林业等第一产业，或从事第二、三产业经营的支出。其计算方法参考经营渔业支出。

第 42 条　生产性固定资产原价及折旧

生产性固定资产指使用年限在 2 年及以上、单位价值在1 000元以上的房屋建筑物、机器设备、器具工具、役畜、产品畜等资产，其中渔业生产性固定资产包括生产用车船、精养鱼池、大型网具、防逃设施、涵闸、泵站等。

生产性固定资产原价指固定资产当初的购进价、新建价或开始转为固定资产的价值。自繁自养的幼畜成龄转作役畜、产品畜、种畜，按市场同类牲畜的平均价格计价。国家奖励和外单位赠送的固定资产按购置同类固定资产的价格参照其新旧程度酌情计价。

渔民家庭的生产性固定资产折旧按农业生产性固定资产折旧方法处理，即 15 年的使用期限。

第 43 条　税费支出

税费支出指渔民家庭以现金和实物形式缴纳的从事生产经营活动的各种税赋支出，以及承包费、一事一议款、以资代劳款、乡村提留、集资摊派等费用，包括经营渔业税费支出和经营其他产业税费支出。对于无法区分家庭产业经营活动的税费支出，按一定比例分摊。

第 44 条　转移性支出

转移性支出指渔民家庭或成员对国家、单位、住户或个人的经常性或义务性转移支付，包括缴纳的税款、各项社会保障支出、赡养支出、经常性捐赠和赔偿支出以及其他经常转移性支出等。

个人所得税指家庭或成员被扣缴的工资薪金所得、对企事业单位的承包经营承租经营所得、个体工商户的生产经营所得、劳务报酬所得、稿酬所得、特许权使用费所得、利息股息红利所得、财产租赁所得、财产转让所得、偶然所得、经国务院财政部门确定征税的其他所得等个人所得的税款。生产税、消费税不在其内。

社会保障支出指家庭成员参加国家法律、法规规定的社会保障项目中由单位和个人共同缴纳的保障支出。包括养老保险、医疗保险、失业保险、工伤保险、生育保险以及其他社会保障支出。

赡养支出指家庭成员因赡养和抚养义务而付给亲友的经常性现金和定期的实物支出。现金赡养支出应按实际发生的金额计算，不论是从报告期收入中开支的，还是从银行存款、手存现金以及其他所得中开支的，均应包含在内。

其他经常转移支出指家庭或成员除缴纳的税款、社会保障支出、赡养支出以外的其他经常性转移支出，如经常性捐赠支出、经常性赔偿支出、各种罚款（如交通罚款）；政府部门向居民提供服务收取的服务费，如迁户口的办理费、办理身份证费，缴纳工会费、党费、团费以及学会团体组织费等。

经常性捐赠支出指家庭或成员赠予他人的经常性和带有义务性的现金支出，包括向寺庙的经常性捐款、定期资助贫困学生或贫困地区的款项、个人对公共设施建设的各类捐款，如解困基金、水利基金、防洪基金等，但不包括以商品或服务方式给予他人的价值额。婚丧嫁娶礼金支出及一次性馈赠支出如压岁钱、探望病人给予的礼金等不含在内。经常性捐赠支出应按实际发生的金额计算，不论是从报告期收入中开支的，还是从银行存款、手存现金以及其他所得中开支的，均应包括在内。

经常性赔偿支出指家庭或成员向因受到财产损失、人身伤害、精神损失的国家、单位、个人定期支付的赔偿支出，不包括一次性赔偿支出。

第 45 条　生活消费支出

生活消费支出指渔民家庭用于满足家庭日常生活消费需要的全部支出，包括伙食支出、烟酒支出、衣着支出、居住支出、生活用品支出、交通通信支出、教育文化娱乐支出、医疗保健支出、其他用品及服务支出。

伙食支出指渔民家庭住户购买粮、油、菜、肉、禽、蛋、奶、水产品、糖、饮料、干鲜瓜果等食品的支出，也包括在外饮食、餐馆外卖食品和其他饮食服务的支出，但不包括用于宠物食品的支出。

烟酒支出指渔民家庭住户用于烟草和酒类的支出。烟草包括卷烟、烟丝、烟叶。涵盖住户购买的所有烟草，包括在餐馆、酒吧等购买的烟草。不包括烟具。酒指用高粱、大麦、米、葡萄或其他水果发酵制成的含酒精饮料。主要有白酒、黄酒、葡萄酒、啤酒，包括低度酒精饮料或不含酒精的啤酒等。此处指买来在家喝的酒类，不包括在餐馆、旅馆、酒吧等消费的酒（在外饮食）。

衣着支出指渔民家庭住户用于穿着的支出，包括购买服装、服装材料、鞋类、其他衣类及配件，以及衣着相关加工服务的支出。

居住支出指渔民家庭住户用于居住的支出，包括房租、水、电、燃料、住房装潢、物业管理等方面的支出。

生活用品支出指渔民家庭住户购买家具和家用电器、日用杂品的支出。

家具和家用电器包括家具、家具材料、室内装饰品、家庭使用的各类大型器具和电器，小家电等，如冰箱、冷饮机、空调、洗衣机、吸尘器、干衣机、微波炉、洗碗机、消毒碗柜、炊具、炉灶、热水器、取暖器、保险柜、缝纫机、榨汁机、烤面包炉、酸奶机、熨斗、电水壶、电扇、电热毯等。

日用杂品包括床上用品、窗帘门帘和其他家用纺织品，以及洗涤及卫生用品、厨具、餐具、茶具、家用手工工具、其他日用品、护肤品、美容美发用品等。

交通通信支出指渔民家庭户在交通工具、交通费、通信器材、通信服务方面的支出。

交通工具包括家用汽车、摩托车、自行车及其他家庭交通工具。不包括经营用交通工具。

交通费包括乘坐各种交通工具（如飞机、火车、汽车、轮船等）所支付的交通费以及用于车辆使用的燃料费、停车费、维修费、车辆保险等。不包括因公出差暂由个人垫付的交通费。

通信工具包括固定电话机、移动电话机、寻呼机、传真机等。

通信服务费包括电话费、电话初装费、入网费、电信费、邮费等。

教育文化娱乐支出指渔民家庭户用于住户成员的教育活动、文化娱乐活动的支出。

教育包括职业技术培训费、学杂费、赞助费、一揽子教育服务费、教育用品支出等。文化娱乐包括用于文娱耐用消费品、其他文娱用品和文化娱乐服务。

文娱耐用消费品包括各种音像、摄影和信息处理设备，如彩色电视机、照相机、摄像机、组合音响、家用计算机，也包括中高档乐器、健身器材等，还包括文娱耐用消费品的零配件和维修。

其他文娱用品包括除教材及参考书以外的各种书报杂志及音像制品、文具纸张、体育户外用品、玩具、用于花鸟虫鱼等业余爱好的相关用品、宠物及宠物用品等其他文娱用品，也包括以上文娱用品的维修支出。

文化娱乐服务指和文化娱乐活动有关的各种服务费用。包括团体旅游、景点门票、体育健身活动、电影、话剧、演出票、有线电视费以及其他文化娱乐服务支出。

医疗保健支出指渔民家庭户购买医疗器具和药品，支付门诊和住院费方面的支出。

医疗器具和药品包括药品、滋补保健品、医疗卫生器具及用品和保健器具。

门诊和住院费指门诊和住院的医疗总费用，包括从各种医疗保险或其他医疗救助计划中获得的医药费和医疗费的报销款额；挂号费、诊疗费、注射费、手术费、透视费、镶牙费、出诊费、送药费、陪侍费、住院费、救护车费等；提供给门诊病人的药物、医疗器械和设备及其他保健产品。报销医疗费应按收付实现制记录，即仅当医疗费报销到手时才计入。

其他用品及服务指渔民家庭户在其他用品及服务方面的支出。

其他个人用品包括首饰、手表和其他杂项用品。

其他服务包括旅馆住宿费、美容美发洗浴、其他杂项服务。无法归入七大类服务支出的其他各项服务支出，如迷信、丧葬费、诉讼费、公证费、房地产中介服务费等也包含在内。

第 46 条　全年纯收入和渔业纯收入

全年纯收入指渔民家庭当年从各种来源得到的总收入相应地扣除所发生的费用后的收入总和。全年纯收入主要用于再生产投入和当年生活消费支出，也可用于储蓄和各种非义务性支出。渔民人均纯收入是按人口平均的纯收入水平，反映的是一个地区或一个渔民家庭的居民平均收入水平。计算方法：

全年纯收入＝全年总收入－家庭经营费用支出－生产性固定资产折旧－税费支出

渔业纯收入＝出售水产品收入＋从事渔业所获得的工资性收入－经营渔业支出－渔业固定资产折旧－渔业税费支出

第 47 条　可支配收入

可支配收入指渔民家庭户可用于最终消费支出和储蓄的总和，即可以用来自由支配的收入。可支配收入既包括现金，又包括实物收入。本调查按照收入的来源，可支配收入包含四项，分别为：工资性收入、经营净收入、财产净收入、转移净收入。计算公式为：

可支配收入＝工资性收入＋经营净收入＋财产净收入＋转移净收入

其中：

经营净收入＝经营收入－经营费用－生产性固定资产折旧－税费支出

转移净收入＝转移性收入－转移性支出

第 48 条　渔民家庭收支调查台账首页及问卷

渔民家庭收支调查台账首页是用于采集渔民家庭收支情况基础数据的方法。在调查户中建立台账首页，按一定时间将发生收支情况通过问卷访问进行记录，由县级渔业统计人员按时间要求，直接通过村干部或村农业技术员收集或调查。本台账首页及问卷为参考表样，各地可根据实际情况自行设计，方便渔民理解。在台账首页中需要一次性填写的内容包括样本户地址及代码、居住房屋面积和估价、拥有大型网具价值、养殖面积、机动渔船数量、功率和吨位等。

样本户地址及代码指渔民家庭收支调查样本户的居住地址，按省、地、县、乡、村的行政地址填写，代码是国家统计局公布的标准代码（12 位）。村内的样本户按自然顺序编码。样本户所在的行政区划名称发生改变，但尚未获得国家标准名称和代码的，原地址和代码不变，可在备注中说明。

居住房屋面积指住宅用于生活居住的建筑面积，应扣除住宅中非生活居住（出租、生产或商用）的建筑面积。

建筑面积以房屋产权证或租赁证为准，也可按使用面积乘以 1.333 计算得出。如果没有相应证明，则由调查员根据本住宅或类似住宅判断填写。建筑面积应填写整数，不为整数时应四舍五入。

居住房屋的估价指居住房屋建筑本身的市场估值，仅包含建筑物本身的价值，不包含宅基地的价值。市场估值主要由调查员辅助住户进行填报。按农村地区的住宅市场估值方法进行估价，调查员预先了解本地区目前平均的房屋建造成本，并将这些信息提供给调查户。针对某个具体住宅，首先估计目前如果要建造同类住房所需要的成本，然后按照 30 年折旧的期限，根据住宅的建筑年份对剩余的价值进行折算。例如，农村的一栋两层小楼，于1997年建成，已经使用了15年。目前建造同类住房的成本约为20万元，则按照30年的折旧期限，目前该住宅的价值为10万元。如果住宅的使用年限已经超过30年，则根据住宅目前的实际情况酌情进行估价。对于竹草土坯房，原则上住宅的市场估值不超过5 000元。

（中国水产学会　高宏泉）

领导讲话

农业农村部副部长于康震在全国渔业安全生产工作视频会议上的讲话

（2021年3月4日）

同志们：

今天我们召开全国渔业安全生产工作视频会议，主要任务是：深入学习贯彻习近平总书记关于安全生产的重要指示批示精神，贯彻落实李克强总理关于进一步加强海上渔船安全管理的重要批示要求，落实国务院全国安全生产电视电话会议、全国农业安全生产工作视频会等会议部署，总结"十三五"全国渔业安全生产工作，分析新发展阶段面临的新形势，谋划部署"十四五"和2021年渔业安全生产工作。

刚才，大家集中观看了渔业安全生产专题片。船毁人亡的悲剧现在还是历历在目，事故面前生命如此脆弱，这提醒我们要始终绷紧安全生产这根弦，容不得一丝疏忽。山东、福建、广东、吉林四省渔业渔政部门的同志作了交流发言。这些省工作细实、措施有效、特色鲜明，值得各地学习借鉴。国务院安全生产委员会办公室一级巡视员汪崇鲜同志今天特意到会指导，对做好安全生产工作提出了要求，各地要认真贯彻落实。下面，我讲三点意见。

一、"十三五"渔业安全生产工作值得肯定

2016年以来，农业农村部和地方各级渔业渔政部门认真贯彻落实党中央、国务院关于安全生产工作的决策部署，牢固树立安全发展理念，着力健全风险防范化解机制，增强应急管理体系和能力建设，及时应对重大险情事故，扎实做好善后处置，努力保持渔业安全生产平稳态势，为推进渔业高质量发展奠定了坚实基础，为渔民群众共同迈进全面小康社会提供了安全保障。

（一）狠抓部署，工作落实"到位"。每年年初组织召开全国视频会议，部署全年重点工作。聚焦伏季休渔、防汛防台以及重大活动、疫情防控等关键时段和重要节点，开展细致严密的阶段性部署。地方各级渔业渔政部门层层落实、细化实化工作方案，促进各项举措落地见效。落实国务院要求，制定全国渔业安全生产专项整治三年行动方案，明确13项主要任务和50余项具体工作，划定时间表、路线图，并将相关工作纳入安全生产工作考核和党政领导干部政绩考核。

（二）固牢基础，源头监管"到底"。利用中央财政渔业补贴资金61亿元，完成近1.2万艘近海渔船更新改造，完成14.3万套渔船通导与安全设备配备，建成240个渔业通信岸台基站。落实中央财政资金32亿元用于避风锚地等设施建设，召开渔港综合管理改革现场会，总结浙江台州试点经验，大力推进驻港监管，在全国沿海1 089座渔港中，中心渔港的驻港率达到82%。强化渔业船员管理，创新线上培训和考试方式，船员持证率明显提高，目前共有85万船员取得了新版证书。推行"一船一码一设备"管理，开展"插卡式AIS"设备研发和试点示范，研发综合服务平台规范设备及其识别码使用。每年组织开展全国渔业安全生产自查自检、交叉检查和集中整治。各地也根据实际，组织开展多层级、多频次监督检查，全力以赴排查安全风险隐患。深入开展全国"平安渔业"示范创建，共创建168个"全国平安渔业示范县"和53个"全国文明渔港"，起到了良好的示范带动作用。

（三）强化应急，跟踪处置"到边"。常年坚持做好渔业24小时应急值守，设立全国渔业安全应急中心，升级改造渔业安全事故直报系统，每年组织多轮次全国渔业应急管理人员培训，联合交通运输部、武警部队和地方人民政府等4次开展全国渔业水上突发事件应急演练，既提高了应急处置能力，也有力扩大了社会影响。健全安全生产约谈机制，对重大安全生产事故开展约谈通报和联合督导检查，督促属地深刻总结经验教训，落实安全监管责任。加强部门联动合作，着力化解海上商渔船碰撞风险，推动建立气象灾害预警预报

信息共享机制。组织成立全国渔业安全事故调查专家委员会，开展事故调查和督查督办，群策群力守牢渔业安全生产底线。

（四）注重保障，风险化解“到家”。渔业互助保险事业不断发展，体制改革扎实有效推进，“稳定器”和“安全阀”的重要作用得以充分发挥。“十三五”期间，累计承保渔民355万人（次），承保渔船29万艘（次），为渔民群众提供风险保障金2万亿元，共计为近千名死亡失踪、4万余名受伤渔民以及3万艘渔船支付经济补偿金41.35亿元。督促渔船编组编队生产，持续实施渔业海难救助补助项目。中央共落实补助资金8 375万元，调动渔船7 033艘次、渔政船854艘次，救助险情事故5 273起、救起渔民38 649人、渔船6 165艘，挽回经济损失32亿元。

此外，特别值得肯定的是，在过去的2020年，面对新冠疫情和全面复工复产的严峻挑战，我们坚决落实中央重大决策部署，迅速响应战“疫”号召，充分发挥基层驻港监管优势，有效阻断了疫情的船岸交互扩散。全国70余万艘渔船、160万名渔民没有发现一例感染，在保持渔业安全生产总体稳定的同时，为我国打赢疫情防控攻坚战作出了渔业贡献。

总体来看，这五年渔业安全生产工作是富有成效的、是值得肯定的。大家事不避难、一往无前的劲头，为“十四五”启航奠定了良好基础，为推进渔业高质量发展守住了安全底线。在这里，我代表农业农村部向地方各级党委政府和国家有关部门对渔业安全生产工作的大力支持表示衷心的感谢！向奋斗在渔业安全生产战线上的广大干部职工致以亲切的问候和衷心的感谢！

在肯定成绩的同时，我们也要清醒地认识到，渔业安全生产总体形势依然紧张，主体责任意识不强、制度落实不到位等问题依然较为突出。如违反航行规则、未落实值班瞭望、“超员超载超航区超风级”冒险航行、脱编脱组生产频繁发生，擅自拆卸关闭AIS设备、进出渔港不报告等屡禁不止。职务船员配备不齐，救生消防设施配备不足，渔船私下买卖、私下租赁、脱检脱管等监管不到位。渔港基础条件差，驻港监管力量不足，依港管船促安机制不完善，风险隐患仍然突出。安全生产工作须臾不可放松，容不得一丝一毫的松懈麻痹，务必年年讲、月月抓、天天管。

二、深刻认识新阶段渔业安全生产面临的形势

党的十九大以来，党中央、国务院把安全发展问题摆到前所未有的突出位置。十九届五中全会提出，统筹发展和安全，实现更为安全的发展。谋发展必须固安全，当前我国进入全面推进乡村振兴的新阶段，乡村要实现全面振兴、农业农村要实现现代化，都离不开安全这个保障。渔业是实现全面乡村振兴、加快农业农村现代化的重要组成部分，新征程对渔业高质量发展、安全发展提出了更高要求。我们必须要对标对表中央要求，全面分析、准确把握新形势新任务，才能不断提升渔业安全监管工作水平。

（一）准确把握新变化，深刻认识做好渔业安全生产工作的艰巨性紧迫性

尽管渔业高质量发展在不断深入推进，但渔业的高风险性没有改变，基层基础薄弱等问题仍未有效解决。同时，还面临着内外部因素的新变化：

一是不可控风险增多，生产作业环境愈发复杂。全球气候异常加剧，极端海浪、台风、洪水等灾害性天气发生频度显著增加，不可控天气对渔船海上航行作业安全造成较大威胁。同时，随着与周边国家海域划界的深入推进，我国渔船的作业范围将受到进一步限制，沿海渔场内作业渔船密度日益增大，渔业安全生产压力更大。二是大中型渔船占比增加，发生重大事故的概率相应加大。近年来，一些小船合并改造为较大的渔船，部分中型渔船改造为大型渔船，与“十三五”初相比，我国24米以上的大型渔船占比从22%提高到了29%。大中型渔船数量占比增加，单船核定载员增多，不出事则已，出事就很可能是重特大事故。三是内陆农民下海明显增多，船员整体素质有待提升。在海洋渔业船员中，来自内陆地区的农民占比，从2015年年末的8.6%提升到2020年年末的19.3%。内陆地区的农民对海洋环境陌生，加上培训不及时、上岗不规范，刚下山就出海，安全意识不强，自救互救能力欠缺，极易在事故中造成更多伤亡。四是监管力量弱化，最后“一公里”难落实。机构改革中，很多地方渔业渔政机构和人员大幅缩减，基层执法成为短腿，末梢监管存在缝隙的问题比较突出。更值得注意的是，有的地方渔业安全生产管理职责还没有完全划分清楚，有的地方专职负责安全生产工作的只有1个人，还有较大数量的渔港没有驻港监管力量。五是信息渠道更为多元，舆情应对能力亟待提高。安全生产人命关天，容易引发社会普遍关注。随着新媒体、自媒体等数字化平台的快速发展，信息传播速度、广度和深度发生巨大变化，片面、失实的信息一旦快速传播，很可能在更大范围内误导公众，引发舆情危机，这对我们开展险情事故信息披露、应急处置和善后保障都增加了难度，提出了更高要求。六是海上交通日益繁忙，商渔船碰撞呈现高发态势。在疫情防控常态化下，商渔船长时间滞留海上，航道与渔区相互交叠，船舶交汇频繁，船员疲劳

驾驶,发生碰撞事故概率明显加大。仅 2020 年 8—11 月,全国就发生了 18 起商渔船碰撞险情事故,造成 55 人死亡失踪,其中重大事故 3 起。商渔船碰撞事故单起死亡人数多、死亡率非常高,是当前影响渔船安全航行作业的最主要矛盾。

(二)牢牢抓住新机遇,加快推进渔业安全生产治理体系和治理能力现代化

进入新发展阶段,内外环境的深刻变化给渔业安全生产既带来一系列新挑战,也带来一些新机遇,是危机并存、危中有机、危可转机的,对此要充满信心。我想,我们可以从两个方面来加以理解:从国内看,习近平总书记曾多次作出重要指示批示,强调生命重于泰山,有关部门和各级党委政府决不能只重发展不顾安全,更不能将其视作为无关痛痒的事。去年,国务院安全生产委员会专题部署开展了全国安全生产专项整治三年行动,把渔业纳入国家行动计划同部署、同落实。今年,国务院安全生产委员会又专门印发加强水上运输和渔业船舶安全风险防控工作的意见,要求切实加强渔业安全源头监管。"十四五"期间,地方党委政府责任将会进一步压实,安全生产监管工作将会摆上更加突出位置,重视程度、保障力度将会大幅提升。从国际看,国际海事组织、粮农组织等共同致力于提升渔船安全水平和更广泛、更有效打击"IUU"捕捞,推动渔船安全公约等涉渔国际海事公约生效实施。这为我们统筹促进国内与国际渔船安全管理同步协调发展,开展政策创设、制度谋划创造了有利条件,渔船渔港改革力度将会更大、推进步伐将会更快,安全监管措施将会更多、更实。各级渔业渔政部门要抓住机遇,变被动为主动,进而更有力地推动渔业安全生产监管各项工作。

面对新挑战和新机遇,各级渔业渔政部门要坚持人民至上、生命至上,深刻认识渔业安全生产工作的艰巨性、紧迫性,增强忧患意识,做到居安思危,在危机中育新机、在变局中开新局,抓重点、补短板、强弱项,加快推进渔业安全生产治理体系和治理能力现代化。

三、科学谋划部署"十四五"和 2021 年渔业安全生产重点工作

"十四五"是我国开启全面建设社会主义现代化国家新征程、向第二个百年奋斗目标进军的第一个五年,也是全面推进乡村振兴的关键五年。我们必须从讲政治的高度来抓安全生产工作,以习近平总书记总体国家安全观为指导,提高政治站位、树牢底线思维、突出风险防范,紧密结合渔业发展实际,切实加强渔业安全"三线一体系"建设。具体来说,一是全面筑牢渔业安全双基防线,开展船员专项治理,强化警示教育和安全技能等专题培训,实施"插卡式 AIS"设备升级改造。二是切实打通救援生命线,推动各级渔业安全应急中心建设,开通全国统一的应急值守电话,推广应用渔业安全事故直报系统。三是牢牢守好善后保障线,组织开展事故调查和督查督办,推进渔业互助保险系统体制改革,推行渔业船员实名制保险,推动"安责险"落地实施。四是构建渔业安全治理体系,以加强渔港综合管理改革为抓手,制定完善"依港管船管人管安全"规章制度,厘清管理边界和权责清单,明晰船籍港和靠泊港监管职责,逐步建立起符合我国国情的渔业安全治理体系。

"三线一体系"是我们面向"十四五"提出的渔业安全生产工作总体思路。各地渔业渔政部门要主动入位、及早准备,担负起保护渔民群众生命财产安全和维护渔区社会和谐稳定的重要使命,切实把"十四五"期间各项工作做实做细做好。放眼"十四五"中长期工作的同时,我们更要一手谋长远、一手抓当前,按照渔业安全生产三年专项行动方案,在开启全面建设社会主义现代化国家新征程的开局之年,在全面推进乡村振兴和农业农村现代化的起步之年,我们必须确保"十四五"开好局、起好步,为此,2021 年要扎实做好以下六个方面的工作。

(一)以商渔船碰撞风险防范为重点强化督导检查。要深化渔船渔港隐患排查,继续组织开展渔业安全专项治理,细化隐患排查清单,加强交叉督导检查,实现排查与整改两促进、双提升。认真贯彻落实国务院安全生产委员会印发的工作意见,定期开展海上联合执法,加大对商渔船交汇密集区、事故多发水域的巡查力度,重点防范商渔船碰撞险情事故。推行脱编渔船动态干预、"定时点验"管理,督促指导渔民做好值守瞭望。建立健全商渔船碰撞事故共同调查机制,强化事故追责问责力度,针对性开展安全风险防范工作。

(二)全面深化渔港综合管理改革。要加快推动以国办名义出台加强渔港建设和管理的意见,推动施行渔港"港长制"管理,整合执法力量驻港监管。以进出渔港报告为抓手,切实加强对船舶适航、船员适任等方面的监督检查,加大港内违法查处与扣港停航处罚力度,严防渔船"带病"出港作业。建立靠泊港和船籍港共管机制,要求靠泊港严格执行港内渔船安全监管制度,重点检查渔船安全、救生、消防、通信导航设备配备,以及船舶载员和证书证件持有等情况;要求船籍港建立长期在外作业渔船定期检查机制,加强定人联船、动态编组和日常监管。

(三)"三防"并举筑牢安全防线。要强化"人防",开展渔业船员不适任专项治理,重点整治职务船员配

备不齐和普通船员持证率低等突出问题。施行船员违规记分管理，大力推行船员线上培训考试发证，提升船员适任水平。要夯实“物防”，充分利用渔业补贴政策，以渔港升级改造和渔港经济区建设为抓手，进一步加大渔船渔港安全设施设备升级改造力度，支持老旧、木质渔船减船转产，提升渔港安全保障和渔船安全适航水平。要创新“技防”，规范 AIS、北斗等渔业无线电设备管理，开展“插卡式 AIS”设备推广应用与更新换代。深化渔业无线电专项治理，严厉打击船码不符、一船多码、擅自关机、使用非标设备等违法行为。

（四）巩固提升应急处置和风险保障能力。要认真落实 24 小时应急值班制度，严格执行信息报送规定和程序，严禁迟报、漏报、谎报、瞒报事故信息。加快全国统一的应急值守电话落地开通，推广使用渔业安全事故直报系统，真正打通全国“一网一号”应急通道。加强渔业安全事故调查专家队伍建设，扎实做好事故调查和督查督办。稳妥推进互保系统体制改革，指导做好中国渔业互助保险社筹建报批和开展业务，试行渔业船员实名制保险，推动渔业“安责险”有效实施。持续推动渔业海难救助补助项目实施，鼓励支持渔船渔民开展自救互救，凝聚群防群治的磅礴力量。

（五）统筹做好疫情防控和渔业安全生产。当前，新冠疫情防控形势积极向好，但仍是最大不确定因素。各地渔业渔政部门要按照当地党委政府的统一部署和要求，在慎终如始抓实抓细疫情防控的同时，进一步加强渔业安全风险防范，严格落实安全生产责任，强化安全执法和隐患排查，切实做到疫情防控和渔业安全生产“两手抓、两不误、两促进”。各地要积极争取把涉外渔业船员纳入新冠疫苗优先接种范围。

（六）务必做好重要时间节点渔业安全生产监管。今年是一个特殊的年份，其重要性、敏感性想必大家都已经十分清楚了。要特别突出“两会”“七一”“国庆”等时间节点，做好安全风险防范工作，为重要政治活动营造安全稳定的环境。当前，全国“两会”召开在即，各地渔业渔政部门务必提高政治站位，提高警惕、严防死守，坚决防范和有效遏制重特大事故发生，确保“两会”期间和春季渔业安全生产形势保持稳定。这是当务之急的工作，各地要立即部署落实。

最后，我再强调一下渔业安全监管队伍自身建设问题。一是要提高政治站位。安全生产是四个“党政同责”的领域之一，渔民群众生命财产安全问题，在性质上首先是个政治问题。各级渔业渔政部门要紧紧依靠当地党委政府的领导，对党委政府负责；要牢固树立以人民为中心的思想，对人民对事业负责。在抓工作的方式方法上，体现政治性，任何时候都不能把安全生产的底线击穿。二是要加强队伍建设。历次机构改革中，无论是中央，还是地方，从来没有弱化安全生产监管力量的要求。各级渔业渔政部门要主动适应机构、机制的调整变化，加强自身建设，勇于担当、积极作为，主动向当地党委政府汇报情况、提出建议，加强渔业安全生产监管力量，切实肩负起自身政治职责。向党委政府汇报，首先要讲清楚，安全生产党委政府负总责，党政同责，是党委政府的责任。作为渔业安全生产的行业主管部门，要对党委政府负责，同时党委政府也要支持渔业渔政部门的工作。三是要强化作风建设。抓落实、见成效，是对干部政治执行力的重要检验。各级渔业渔政部门干部要在作风建设上走在前，做表率，严守政治纪律和政治规矩，真抓、真管、真练、真干，推动中央决策部署落地见效。各地渔业渔政部门还要积极主动协调配合有关部门，充分调动各方积极性，利用各种资源，形成渔业安全生产齐抓共管的合力。

同志们！安全生产事关经济社会稳定发展大局，事关人民群众生命财产安全，做好渔业安全生产工作任务艰巨、责任重大。让我们更加紧密地团结在以习近平同志为核心的党中央周围，紧紧围绕中央部署落细落小抓落实，用“开局就是决战，起跑就要冲刺”的精气神，扎实做好“十四五”和 2021 年渔业安全生产各项工作，为渔业高质量发展、建设现代渔业强国保驾护航，以优异的成绩庆祝建党 100 周年！

农业农村部副部长于康震在水上运输和渔业船舶安全风险防范工作暨安全生产专项整治三年行动视频会议上的讲话

（2021 年 3 月 19 日）

尊敬的黄明副主任，各位领导，同志们：

大家上午好！

首先，我代表农业农村部向国务院安全生产委员会办公室、应急管理部、交通运输部等部门长期以来对农业农村部渔业安全生产工作的指导支持表示衷心的感谢！

去年 4 月，国务院安全生产委员会制定了《全国安全生产专项整治三年行动计划》，对渔业船舶安全专项整治工作提出了要求。今年 2 月，又出台了《加强水上运输和渔业船舶安全风险防控工作的意见》，这是新形势下防范化解渔业船舶安全风险，特别是加强商渔船碰撞防控的专门举措。今天，组织召开全国视频会议，聚焦水上运输和渔业船舶安全风险防范，遏制去年下半年以来商渔船碰撞事故多发频发势头进行专项部署，再次体现了党中央、国务院对渔业安全生产工作的高度重视。各级渔业渔政部门和机构要切实提高站位，认真抓好落实。下面，我就加强渔业船舶安全风险防范，谈两点意见。

一、从讲政治的高度认识加强渔业船舶安全风险防范的重要性

要深刻认识到渔业船舶安全风险防范事关人民群众生命财产安全。人民安全是国家安全的基石，坚持人民至上、生命至上，保护人民生命安全可以不惜一切代价。每当渔业安全事故发生，我们首先要想到的是“翻沉的是渔业船舶、死伤的是渔民群众、伤害的是渔民家庭”。加强渔业船舶安全风险防范，保障渔民群众生命财产安全，就是渔业行业践行以人民为中心思想的具体体现，是讲政治敢担当，对人民对事业负责的具体体现。各级渔业渔政部门要进一步提高政治站位，认真落实安全生产责任制，在本级党委政府的领导下，扎实履行“三个必须”监管责任，切实把加强渔业船舶安全风险防范各项工作抓实抓细抓到位。

要深刻认识到防范化解渔业船舶安全风险，是渔业渔政干部的政治职责。党中央、国务院一直强调，防范化解重大风险，是各级党委政府和领导干部的政治职责。渔业是世界公认的高风险行业，我国渔船多、渔民多，安全风险更大、隐患更多。特别是，去年下半年发生了多起商渔船碰撞事故，引起了中央领导的高度重视，社会普遍关切，这给我们进一步敲响了警钟。严峻的安全生产形势已经成为威胁渔业高质量发展的最大风险点。各地渔业渔政干部要提高政治领悟力，学深悟透习近平总书记重要指示精神，更好地担负起政治职责，全力以赴做好渔业船舶安全风险防范工作。

要深刻认识到渔业船舶安全风险防范化解的成效，是对渔业治理能力和渔政执行力的重要检验。去年，国务院部署开展全国安全生产专项整治三年行动，对加强渔业安全生产工作提出了明确要求。此次国务院安全生产委员会又专门印发工作意见，要求切实加强渔业安全源头监管。各级渔业渔政部门要自觉把思想和行动统一到中央部署上来，主动入位履职尽责，不断提高政治执行力，持续推进渔业治理能力和治理体系现代化，把落实“三个责任”贯穿始终，把渔业船舶安全风险隐患排查治理贯穿始终，把严格安全监管执法贯穿始终，切实推动渔业船舶安全风险防范各项要求落实落地。

二、贯彻落实《意见》和专项整治三年行动要求，扎实做好渔业船舶安全风险防范工作

“十四五”是全面推进乡村振兴、加快农业农村现代化的关键五年。做好新时期渔业、渔村、渔民工作任务更重、责任更大。谋发展必须固安全，渔业要现代化，渔村要振兴，渔民要富足，都离不开安全这个保障。做好渔业安全保障工作，从根本上说，就是要全面筑牢渔业安全双基防线，切实打通救援生命线，牢牢守好善后保障线，从而构建起一套与新时期渔业高质量发展要求相匹配的渔业安全治理体系。加强渔业安全“三线一体系”建设，就是“十四五”期间渔业安全生产工作的主线。

从目前看，这“三条线”上的主要漏洞和短板弱项都集中在渔港的管理上，渔船进出渔港不报告、船舶不适航、船员不适任等“带病”出港作业问题较为普遍。抓好渔港管理，就是抓住了渔业安全生产监管的“牛鼻子”。今年的中央 1 号文件和此次国务院安全生产委员会出台的《意见》及安全生产专项整治三年行动，都对此提出明确要求；今年上半年国家还将出台加强渔港建设和管理的意见，全面启动渔港综合管理改革工作，推动施行渔港“港长制”管理，整合执法力量驻港监管，实现依港管船管人管安全，全面提升渔业船舶安全风险防范能力。各地渔业渔政部门要主动入位，紧紧围绕渔业安全“三线一体系”建设这个思路，牢牢牵住“渔港综合管理”这个“牛鼻子”，切实贯彻落实好《意见》和安全生产专项整治三年行动各项要求，从根本上提升渔业安全风险防范化解的能力和水平。

抓好渔业安全风险防范工作要标本兼治、长短结合，重在治本、急在治标。3 月 4 日，农业农村部召开全国渔业安全生产工作视频会议，已经对 2021 年渔业安全生产重点工作进行了全面部署。今天，结合本次会议主题，我再强调三点当务之急的工作。一是要细化实化工作清单。3 月 1 日，农业农村部制定了贯彻落实《意见》的实施方案，细化了 12 项主要任务和 20 项具体工作。各地渔业渔政部门要立足当前，确保开好局起好步，按照《意见》要求和农业农村部实施方案，以及《渔业安全生产专项整治三年行动工作方案》的部署，进一步对标对表、细化实化工作任务清单，聚焦用力、落细落小抓好各项工作，确保《意见》和专项整治三年行动不折不扣落地生根、落实见效。二是要强化渔业安全生产督导检查。今年我们要用比以往更大的力度、更高的频度，对渔业安全险情事故多发频发的地区，特别是商渔船碰撞事故重发的地区开展督导检查、

交叉排查和集中整治，结合安全生产工作考核和党政领导干部绩效考核，进一步督促属地务必把渔业船舶安全风险防范各项工作落到实处，实现隐患排查与专项整改两促进、双提升。三是要进一步密切部门协同机制。要主动对接应急、海事、海警等部门，积极参与到水上交通安全工作协调机制中去，利用各种资源，形成齐抓共管合力，共同解决实际问题。要定期开展海上联合执法行动，加大对商渔船交汇密集区、事故多发水域的巡查力度，严厉打击各类违法违规行为。要按照《意见》要求，加快建立交通海事、渔业渔政等部门共同开展商渔船碰撞事故调查处理的工作机制，强化事故追责问责力度，针对性开展安全风险防范工作。这是中央层面首次提出的新任务新要求，各级渔业渔政部门要切实抓好落实，同时积极推动在《海上交通安全法》修订中，通过法律条文形式对共同调查机制予以明确固定。

下一步，农业农村部将按照本次会议的统一部署和黄明副主任的重要讲话要求，加强监督检查和协同配合，凝心聚力、共担风雨，切实加强渔业船舶安全风险防范，坚决防范和有效遏制重特大事故发生，为渔业高质量发展、建设现代渔业强国保驾护航，以优异的成绩庆祝建党100周年！

谢谢大家！

农业农村部副部长于康震在打击海洋渔业违法犯罪暨“亮剑2021”海洋伏季休渔专项执法行动部署活动上的讲话

（2021年4月30日）

2021年度海洋伏季休渔，明天就要正式开始了。今天，农业农村部、公安部和中国海警局等有关部门共同部署打击海洋渔业违法犯罪工作，联合启动“亮剑2021”海洋伏季休渔专项执法行动，中央外事工作委员会办公室、国家边海防委员会办公室也派出了领导专门到会指导，我印象中这还是第一次，向社会释放了我们打击海洋渔业违法犯罪、强化伏季休渔执法监管的强烈信号。刚才，浙江省人民政府刘小涛副省长做了热情洋溢的致辞，7家单位做了交流发言，中央外办梁金哲副局长、中国海警局赵学翔副局长讲了很重要的意见，他们的讲话给我印象很深，伏季休渔期间发现的违规渔船要必登必查，无论线内线外，一律先行抓扣，回港再移交，严禁办理人情案、关系案。一会儿公安部林锐副部长还将就打击海洋渔业违法犯罪活动作全面部署，请沿海各级渔业渔政部门认真学习领会，抓好贯彻落实。下面，结合农业农村部门职能，我重点就与海洋伏季休渔有关的执法监管工作，讲三点意见。

一、进一步提高思想认识，切实增强打击海洋渔业违法犯罪和加强伏季休渔执法监管的责任感、使命感

今天部署两项重要工作，一项是部署打击海洋渔业违法犯罪，一项是部署海洋伏季休渔执法监管，二者的侧重点不同，但出发点和落脚点完全一样。我们要充分认识这两项工作的重要性、必要性，对这两项工作要进行同步安排、同步推进、同步宣传。

第一，这是推动海洋生态文明建设的重要举措。习近平总书记强调，要把海洋生态文明建设纳入海洋开发总布局之中，坚持保护和开发并重；要全力遏制海洋生态环境不断恶化趋势，让人民群众吃上绿色、安全、放心的海产品。当前，我国海洋生物多样性和渔业可持续发展基础仍然薄弱。我们开展伏季休渔，就是要给海洋渔业资源更多的休养生息时间和空间，更好维护海洋生物多样性。使用涉渔“三无”船舶、“绝户网”、电毒炸等捕捞方法都是竭泽而渔、断子孙后路的事情。如果伏季休渔期间，这类非法捕捞多发频发重发，海洋渔业资源就会受到极大的损害，生态文明建设就会成为一句空话。

第二，这是推进海洋渔业高质量发展的必然要求。为实现渔业高质量发展，农业农村部加强渔港、渔船、渔具、渔法管理，出台了伏季休渔、捕捞总量控制、限额捕捞、增殖放流等利长远、利民生的制度。伏季休渔是当前我国最重要的海洋渔业资源养护制度，也是各类渔业管理措施的集中交汇点和重要实施时段。严厉打击海洋渔业违法犯罪、维护良好的伏季休渔秩序、体现社会公平正义，是推动渔业高质量发展的基础和保障。今年是“十四五”开局之年，抓好今年的伏季休渔执法监管，确保开好局、起好步，对提升整个“十四五”期间的渔业治理体系和治理能力现代化水平具有重要示范意义。

第三，这是维护我负责任渔业国家形象和海洋权益的客观需要。伏季休渔是我国引领国际海洋渔业治理、展现负责任渔业大国形象的重要举措。当前，百年变局和世纪疫情交织，我国周边海域形势复杂，我国渔船进入敏感海域作业问题备受关注，一旦伏季休渔期出现大量渔船违规作，特别是非法越界捕捞导致涉外渔业事件频发，就会对我负责任渔业国家形象和周边外交工作大局造成不利影响，刚才，梁金哲同志已经就相关形势作了重要、全面的分析，大家要认真领会。另

外，在我国伏季休渔期间，部分海域外籍渔船侵渔现象严重，渔民群众反映强烈，维护我国家海洋权益的压力长期存在，依法严厉打击外籍渔船侵渔行为势在必行。今年是我们党的百年华诞，打击海洋渔业违法犯罪、维护良好的伏季休渔秩序和稳定可控的周边海域局势，是沿海各级渔业渔政部门的重要政治责任。我们必须切实提高政治站位，进一步增强工作的积极性、主动性，全力落实落细。

二、抓住关键要害，扎实做好伏季休渔执法监管

制度的生命力在于执行，靠的是严管，关键在执法。近年来，农业农村部会同海警、公安等有关部门持续组织实施“亮剑”海洋伏季休渔专项执法行动，取得了积极成效，伏休秩序总体向好，伏休成果逐步显现。但是，我们也要清醒地看到，伏季休渔执法监管还存在短板和弱项，主要表现在个别地区非法偷捕还比较猖獗，甚至出现了组织化、团伙化现象，从船长、劳务中介、水产品企业到海鲜市场商贩，形成了非法捕捞犯罪的黑色利益链；“三无”船、“漂泊船”（长期在海上作业不回港）、“夜航船”风险隐患多。对此，国务院领导同志高度重视，要求加强重点治理，巩固26年来之不易的伏休成果。做好今年伏季休渔执法监管，必须坚持问题导向、目标导向，强弱项、补短板、抓要害、除隐患，重点抓好“五个着力”。

（一）着力抓好渔港渔场监管。渔港是伏季休渔期间渔船监管的关键部位，管好海首先要管岸、管码头、实现陆海统筹。今年，要继续严格执行船籍港休渔。船籍港所在地渔业渔政部门要切实担负起所辖渔船的监管责任，以船籍港为单位，建立应休渔渔船名册和停靠船位图，按图核查、随机抽查；利用视频监控和船位动态监控等措施，强化靠港渔船的实时监控，及时发现并召回违法出海渔船。要落实渔港港长制，压实渔港经营者的日常管理责任，严禁向违法捕捞渔船提供停靠、补给、渔获物储存与交易等配套服务。要不定期封港清船，加强涉渔“三无”船舶和“套牌船”的清理整治。渤海湾、黄海北部、威海外海、长江口等重点渔场是非法捕捞多发位点，渔政、公安、海警要加强协同，管港口、堵通道、查海域，共同打击非法捕捞和海上转载非法渔获物行为。

（二）着力严管专项捕捞活动。应各地要求，今年增加了专项捕捞品种和作业时段，有关通知已下发。专项捕捞是推进限额捕捞的重要途径，社会和广大渔民群众关注度很高，必须严格管理、严格执法。要切实执行资格公示、持证作业、渔船标识、渔具合规、定港上岸、限额捕捞等管理制度，确保专项捕捞渔船全程受控。这里，我着重强调两点，一是要建立召回机制，不管是哪个省、哪个品种，一旦出现渔船群体性违规，这个地方、这个品种的专项捕捞要立即停止，所有专项捕捞渔船要全部回港整改；二是哪个地方管不住，明年就暂停那个地方的专项捕捞资格。我们说到做到！

（三）着力盯牢潜在违规对象。重点盯紧三类渔船：一是异地休渔渔船，这类渔船容易跨区作业并脱离监管，是最大的隐患，必须从严限制。确需异地休渔的，要坚持“谁批准、谁负责，谁收留、谁监管”原则，切实落实船籍港和靠泊港各自管理责任。所有异地休渔渔船，不管是省内异地，还是省际异地，都要拉出名单，一条船不能漏，要逐级上报。二是临时更改作业类型渔船，主要防止其钻政策空子，以合法作业之名，行非法捕捞之实。钓具船是其中的重点，我们要坚决严打，堵住漏洞，绝不能给他们“开绿灯”。三是捕捞养殖水产品用船。这类船也是往年举报的重点，要坚持非必要不批准。申请人必须要有自己连片、成一定规模的养殖海域，作业时间必须提前报备并使用合法渔具，对其要参照专项捕捞渔船管理措施进行严格管理，防止以捕捞养殖产品为名，在开放海域从事非法捕捞活动。

（四）着力盯紧重点作业时段。一是伏休初期，重点是检查渔船回港情况，要加强走访摸排和渔船点名，督促渔船及时返港休渔，这项工作是伏季休渔执法监管的基础，要做实做细，确保船进港、人上岸。二是专项捕捞期，重点是管住渔船进出，既要防止非专项捕捞渔船鱼龙混杂、一涌而出，又要防止专项捕捞结束后专项捕捞渔船不回港，冲击伏季休渔秩序。三是伏休后期，重点是严防未开渔渔船提前出海、先开渔渔船进入休渔海域作业，特别是要按照开渔时间节点，着力加强北纬35度线、26度30分线两侧海域的巡航执法管控。

（五）着力稳控周边渔业秩序。去年周边涉外渔业综合管理专项督导会召开以来，辽宁、山东、福建等省围绕加强渔船建造监管、压实管理责任、取缔涉渔“三无”船舶等方面，出台了加强涉外渔业管理的法律制度，动作很大、成效明显。今年，各地更要从讲政治的高度，按照“开好局、起好步”和“早预防、早发现、早管控”的要求，把涉外渔船管理工作做实做细，避免发生涉外渔业事件，给国家政治外交大局造成被动。同时，南海三省区要按照中央部署要求，积极配合海警等部门做好打击外籍渔船侵渔活动，坚决维护国家海洋渔业权益。

三、从严打击，坚决遏制海洋渔业违法犯罪势头

根据中央有关部署，年初，农业农村部和公安部、

国家边海防委员会办公室、中国海警局联合出台了《依法严厉打击海洋渔业违法犯罪的指导意见》，明确了严打的15类违法犯罪情形和四部门职责分工，对凝聚部门合力、防范和化解海上风险、维护海上秩序具有重要意义，是打击海洋渔业违法犯罪的又一利器，今年一定要充分用足用好这一利器。各地渔业渔政部门要会同公安、海警等部门，联打联动、挖根断链，彻底打掉危害海洋渔业的顽瘴痼疾。

第一，要强化重点线索摸排。根据往年非法捕捞发生状况和渔民群众举报情况，深入渔港、水产品市场、渔船修造厂等重点场所，开展渔民走访，摸排违法犯罪活动的动向，并结合历年案件分析，深挖海上非法捕捞、非法越界等渔业犯罪线索，及时做好线索移交。必要时，要配合相关部门开展联合排查、协同查处。

第二，要强化区域部门联动。重点抓好三联动：一是部门联动，要加强与公安、海警等部门配合，建立打击海洋渔业违法犯罪协调机制，形成多部门同频共振、齐抓共管的格局。南京市长江禁渔联动执法中心多部门集中办公、协同指挥做法，值得在海洋渔业联动执法上借鉴推广。二是区域联动，要加强不同区域间渔政执法联动，重点是省际、不同海区间的联动，避免出现监管盲区和死角。三是陆海联动，要加强海上和渔港的执法协调，发现海上有违法作业，港海之间、港港之间要同步联查联动。

第三，要强化大案要案查处。对执法查获的涉嫌犯罪案件，要依法依规移送司法处理，决不能以罚代刑；要加强沟通协作，明确证据标准和移送要求，避免出现有案不移、有案难移；要抓主抓重，争取查处一批大案要案，震慑违法行为。宣传喊十遍，不如曝光一个大案要案。最近，唐山查处的以杨国全为首的涉渔涉黑团伙就是一个很好的例子。

第四，要强化数据信息共享。围绕办案需要，进一步拓展部门间信息共享的深度和广度。渔业渔政部门要将渔船许可信息、船位实时监控等数据主动及时向公安、海警机关推送共享，同时也要定期分享公安、海警等部门查获的违法船舶和行政相对人情况等信息，加强分析研判，共同打造打击海洋渔业违法犯罪合力。

第五，要强化渔政队伍建设。打铁还需自身硬。我们必须要建设一支素质过硬的执法队伍。要结合党史学习教育活动，加强渔政执法人员党性教育和业务能力培训，开展执法案卷评查和大要案集中评议，全面提高执法人员素质。要落实《渔政执法工作规范》，提升严格规范公正文明执法水平。要注重向科技要效能，加大视频监控、无人机、雷达等新设备、新技术配备，打造一个"陆港海空一体化"的执法监控体系。要健全纪律约束机制，杜绝执法监管精气神的"薄弱"和"不作为、慢作为、乱作为"现象，对于充当非法捕捞者"保护伞"的，要坚决严肃查处，清除害群之马。

第六，要强化工作监督考核。各省级渔业渔政部门要同公安、海警部门密切配合，推动将打击海洋渔业违法犯罪纳入对沿海市县政府考核范畴，强化监督考核。对于各地伏季休渔执法监管和打击海洋渔业违法犯罪的情况，农业农村部将视情会同公安部、中国海警局，从机制建设、联动执法、信息共享等方面加强执法督查，确保四部门的文件精神能够落到实处。

最后，我再强调一下渔业安全生产。伏季休渔期间大量渔船聚集渔港，其中不乏一些木质渔船、老旧渔船，安全隐患多，加之伏季休渔后期又是台风高发期，所以，一旦出现问题，极易造成连片损失，火烧连营，必须高度警惕。此外，海上还有一些不休渔的渔船。我们要始终绷紧安全生产这根弦，把渔民群众的生命和财产安全放在首要位置，完善应急预案，加强监督检查，切实做好防火防台等安全生产工作。

同志们，做好伏季休渔执法监管和打击海洋渔业违法犯罪任务艰巨、意义重大。各级渔业渔政部门要知责于心、担责于身、履责于行，以和谐、稳定的海上渔业秩序向建党百年华诞献礼！

农业农村部副部长马有祥在水产绿色健康养殖技术推广"五大行动"集中研讨活动上的讲话

（2021年7月7日）

同志们：

这次活动的主要任务是：贯彻落实2020年中央农村工作会议、全国农业农村厅局长会议精神，以及2021年中央1号文件关于推进水产绿色健康养殖的战略部署，进一步落实经国务院同意、农业农村部等十部委联合印发的《关于加快推进水产养殖业绿色发展的若干意见》工作要求，总结交流各地开展水产绿色健康养殖技术推广"五大行动"的做法和经验，分析当前形势和任务，研究谋划"十四五"水产养殖业高质量发展重点工作，进一步推进"五大行动"深入实施。

刚才，崔利锋同志报告了"五大行动"实施以来的进展和工作情况，江苏等6个省份的同志做了典型交流，讲得都很好。总的来说，去年启动实施"五大行动"以来，各地培育了一批骨干基地，在健康养殖模式示范、水产养殖尾水治理、用药减量、配合饲料替代幼杂鱼、优良品种推广五个方面取得了显著成效，积累了典型经验，对推进水产绿色健康养殖，促进产业高质量发展发挥了重要作用，值得充分肯定。

渔业是农业农村经济的重要组成部分，是国民经济的重要产业。党的十八大以来，我国渔业立足农业农村发展大局，坚持深化改革和扩大开放，大力推进渔业转方式调结构，促进渔业生产质量效益提高，渔业生态保护取得显著成效，渔民收入水平进一步提升，渔业高质量发展迈出新步伐，走出了一条具有中国特色的渔业发展之路。2020 年我国水产品总产量 6 549 万吨，其中养殖水产品总量 5 224 万吨，占我国水产品总产量的 79.8%，占世界水产养殖总产量的 60%以上，连续 32 年位居世界第一。我国的水产品供给主要来自养殖，形象地说，目前国内每 5 条鱼中就有 4 条是养殖的，世界每 4 条鱼中有 1 条多是中国养殖的。水产养殖业快速发展，为解决城乡居民"吃鱼难"、丰富城乡居民"菜篮子"、增加优质动物蛋白供给、繁荣农业农村经济、保障国家食物安全、打赢脱贫攻坚战、建设生态文明等方面都作出了重要贡献。

当前，我国已经开启全面建设社会主义现代化国家新征程，向第二个百年奋斗目标进军。党的十九届五中全会明确提出，"十四五"时期我国经济社会发展要以推动高质量发展为主题。各级渔业部门要深入贯彻落实党中央决策部署，把握新发展阶段，贯彻新发展理念，构建新发展格局，找准在三农事业发展中的新定位和新任务。

对标对表保供硬任务、资源环境硬约束、增效增收和提高竞争力硬要求，水产养殖业在保数量、保多样、保质量方面要有新突破，在资源节约和环境友好方面要有新突破，在劳动生产率、资源转化率方面要有新突破。我们要进一步解放思想，树立新发展理念，按照新形势、新任务、新要求，坚定不移加快推进水产养殖业高质量发展。下面，我讲两点意见。

一、抓好"十四五"水产养殖业高质量发展重点工作

"十四五"时期，渔业发展要立足新发展阶段，贯彻新发展理念，以满足人民对优美水域生态环境和优质水产品的需求为目标，坚持以高质量发展为主题，全面提高质量效益和竞争力，加快构建以国内大循环为主体、国内国际双循环相互促进的渔业发展新格局，为实现渔业现代化打下坚实基础。"十四五"要围绕水产养殖业高质量发展这一主题，抓住两个关键，守牢三条底线，拓展四大领域，抓好"五大行动"。

（一）抓住两个关键环节。习近平总书记指出，保障粮食安全，要害是种子和耕地。对于水产养殖业来说，也要抓住"水域"和"良种"两个关键环节，稳定并优化养殖水域滩涂发展空间和打好水产种业翻身仗是当前产业最重要的工作任务。"水域"是养殖生产的根本，是发展养殖的重要生产要素。各地要依法保障养殖生产空间。目前，全国共有 15 个省份、257 个地市和 1 555 个县级人民政府颁布实施本级养殖水域滩涂规划，核发《水域滩涂养殖证》13 万本，确权登记水域、滩涂面积约 441.5 万公顷，但部分地区养殖水域滩涂规划尚未得到有效实施，发证确权率仅为 60%左右，应加快推进。在严格落实养殖水域滩涂规划制度基础上，尤其要稳住池塘养殖这个基本盘，确保池塘养殖面积不出现大幅波动，探索建立重要养殖水域保护制度，保障大宗水产品安全有效供给。"良种"是养殖产业的基础，是提升我国水产养殖业核心竞争力的关键环节。当前，我国水产养殖遗传改良率仅为 52.8%，许多养殖品种仍在使用野生种源，南美白对虾等核心种源需要从国外引进。下一步要围绕打好水产种业翻身仗行动，开展好首次全国水产养殖种质资源普查，摸清家底，加快水产核心种源和重要品种技术攻关，加强水产种质资源库（场）和苗种生产基地建设，培育壮大水产种业领军企业，规范水产苗种生产秩序，提高水产苗种质量，保护水产苗种生产者、经营者和使用者合法权益，全面提升水产种业自主创新能力。

（二）守牢三条安全底线。一是守牢质量安全底线。近年来，我国养殖水产品质量安全水平总体稳中向好，国家产地水产品兽药残留监测合格率连续 8 年稳定在 99%以上。但从市场监测情况看，质量安全还存在一些隐患，药物残留超标问题仍有发生。因此，要加强养殖水产品质量安全监管，强化水产养殖用投入品管理，试行白名单制度，加大规范用药科普下乡等普法宣传和技术培训力度。进一步完善各级产地水产品兽药残留监控计划，扩大抽检覆盖面，全面把控养殖水产品质量安全。二是守牢生物安全底线。我国水生动物疫病防控工作不断取得新进展，监测预警能力建设得到加强，水产苗种产地检疫工作取得突破，近年来没有发生区域性重大水生动物疫情。但是，农业农村部 10 种水生动物重要疫病专项监测阳性样品检出率为 8.5 %，防控总体形势依然严峻。因此，要加强重要水生动物疫病监测和新发病研究力度，加强风险评估、应急处置和净化处理，全面落实水产苗种产地检疫制度，强化检疫和监督执法能力建设。三是守牢生态环境安全底线。当前，我国水产养殖受到外源和自身污染双重压力，特别是养殖尾水治理未得到应有重视。因此，要加大政策支持力度，着力转变养殖生产方式，组织开展国家级水产健康养殖和生态养殖示范区创建示范，尤其是要加快推进养殖池塘标准化改造和尾水治理，

开展渔船渔港安全督导检查、隐患排查和集中整治。今年以来，农业农村部共对6个省份的10个地市开展了专项督导。特别是“七一”前后，按照国务院安全生产委员会统一部署，对辽宁、山东开展了为期2周的重点督导检查，对发现的渔船渔港问题隐患进行了公开曝光。各地高度重视，辽宁省开展涉海渔船起底式大排查，基本摸清了渔船渔港和船员家底。浙江省开展了涉海涉渔领域“遏重大”百日攻坚行动。

三是抓安全基础。围绕渔船渔港、渔业船员、无线电管理等方面，全面强化渔业安全管理基础。在渔船渔港管理方面，部分地区已经开始谋篇布局，提前启动渔港综合管理改革。江苏、浙江、广东等地二级以上渔港基本实现了“港长制”管理，加快推进渔船组织化生产和网格化管理。在渔业船员管理方面，农业农村部组织开展了渔船船员“不适任”整治，江苏、福建、广西等地出台船员安全生产记分管理办法，抓实船东船长主体责任和船员岗位责任。在无线电管理方面，农业农村部出台“插卡式AIS”设备技术规范，加快推进试点工作，规范设备使用管理，有效提升渔船安全“技防”水平。

四是抓联动合作。农业农村部与交通运输部联合召开第五次商渔船安全工作会商会，推动商渔共建共治、船位数据实时共享、事故联合调查等重点工作。印发《“商渔共治2021”专项行动实施方案》，以“有效防范遏制商渔船碰撞事故”为主题，围绕宣传教育和安全执法两个重点，部署开展了10项专项任务。在浙江舟山举办启动仪式，开启“商渔共治2021”专项行动，同步开展商渔船船长“面对面”交流活动和海上安全联合执法。河北、山东、福建、广东、海南等地配套出台了专项行动实施方案。

总的来看，各级渔业渔政部门已经行动起来，工作组织协调有序，关键措施落实到位，完成了第一阶段各项工作任务，取得了积极成效。

二、当前渔业船舶安全风险防控工作存在的主要问题

今年以来，渔业船舶单方面事故得到了一定控制，整体态势较为平稳，但商渔船碰撞造成的群死群伤事故依然凸显。今年初发生了一起较大事故，一艘广西渔船与外籍商船发生碰撞，造成7人死亡失踪。4月22、23日，浙江相继发生了两起商渔船碰撞事故，分别造成5人和3人死亡失踪。8月12日，浙江一艘渔船与货轮相撞，9人至今下落不明。由此可见，商渔船碰撞事故防控形势依然严峻复杂，容不得丝毫松懈，必须认真吸取教训。

一是思想上不够重视。习近平总书记反复强调要以人民为中心，统筹发展和安全，坚持人民至上、生命至上。作为四个“党政同责”领域之一，安全生产已经成为各行各业做好一切发展工作的前提和基础。但一些地方的思想认识还没有完全跟上，在工作安排、队伍建设、投入保障等方面没有把渔业安全生产摆上应有位置。

二是工作上不适应。商渔船这个“交接地带”是渔业安全工作中“老大难”中的“硬骨头”，我们的工作还很不适应。表现为，主体责任落实不够到位。部分船东船长重经济效益、轻安全生产，有义务不履行、有规定不执行，“渔船不适航”“船员不适任”“冒险航行作业”等问题仍比较突出。解决新问题不够有力。疫情防控常态化对捕捞和航运所需的船舶、人员、货物进出港，船员招募等都产生了较大影响，“急”和“争”的情绪日益增长，商渔船长时间滞留海上，船舶交汇频繁，船员疲劳驾驶，发生碰撞事故概率明显加大。基础保障不够充分。渔业安全投入历史欠账多、底子薄，老旧小破渔船多，行业整体的组织化和机械化水平不高。部分地方渔业渔政机构和人员大幅缩减，监管力量与安全生产责任严重不匹配，“小马拉大车”问题突出，基层执法最后“一公里”难落实。

三、扎实推进渔业船舶安全风险防控工作

目前，东海部分海域和南海全域已经开渔，9月16日，海洋伏季休渔将全面结束，渔民急迫生产、渔船成批出海，安全风险大幅增加。去年同时段水上险情事故频发重发，还发生了3起重大商渔船碰撞事故，教训深刻。各级渔业渔政部门要进一步提高思想认识，紧紧围绕渔业安全“三线一体系”建设，全面筑牢渔业安全双基防线，切实打通救援生命线，牢牢守好善后保障线，逐步构建起一套与新发展阶段相适应的渔业安全治理体系。在此，我再强调四点。

一是加强隐患排查力度。8—10月的全国渔业安全专项治理，既是三年行动明确的年度重点任务，也是在休渔结束前后关键时期，系统防控渔业船舶安全风险的必要工作。各地要坚持刀刃向内，用好自查自纠和交叉排查，实现自查自纠全覆盖、互助互查促提升，确保渔船“不安全不出海，不安全不作业”。开渔后，农业农村部将联合有关部门，以更大的力度开展督导检查，压实“三个责任”，推动渔船出海更安全。

二是加强部门合作联动。各地渔业渔政部门要主动入位，以“商渔共治2021”专项行动为抓手，重点推进安全警示教育、航路划定和海上联合执法等工作，增强船员法治意识、责任意识和风险防范意识，促进商渔船各行其道，合力打击违法违规行为，保障商渔船航行

作业安全。

三是加强投入保障。各地渔业渔政部门要积极争取政策、资金支持，将更多的人财物向渔业安全生产领域倾斜，做到“船可控、港规范、人平安”。

四是加强工作落实。要抓实抓细，大到渔港综合管理改革、渔船管理改革，小到“插卡式 AIS”试点、网位仪 AIS 清理整治都是我们推动渔业安全工作的抓手和发力点。要从小处着手一件一件抓落实，“积小胜为大胜”，带动整体渔业安全治理水平迈上新台阶。

同志们，新修订的《中华人民共和国安全生产法》和《中华人民共和国海上交通安全法》明天正式施行。各级渔业渔政部门要认真学习贯彻这两部法律，进一步加强渔业安全监管执法，扎实做好渔港水域内交通安全监管、渔船渔港安全源头管理，以及渔业船舶安全险情事故应急处置和调查处理等法定工作，切实扛起渔业船舶安全风险防控的责任义务，依法治渔、依法促安，持续推动渔业安全治理体系和治理能力现代化。要“分兵把口形成合力”，与各部门一道，把监管力量往前再迈一步，共同推动水上安全形势企稳向好。

下一步，各级渔业渔政部门要按照本次会议的统一部署和黄明部长的讲话要求，对开渔后渔业安全生产工作进行再部署、再强调、再落实，加强监督检查和协同配合，勠力同心、担当作为，全面防控商渔船安全风险，坚决遏制重特大事故发生，为渔业高质量发展、建设现代渔业强国保驾护航。

谢谢大家！

2021 年渔业大事记

1 月

4 日 农业农村部印发《关于加强水产养殖用投入品监管的通知》(农渔发〔2021〕1 号)。

5 日 农业农村部印发《关于公布国家级渔业健康养殖示范县(第六批) 名单的通知》(农渔发〔2021〕2 号)。

11 日 农业农村部、外交部和国家移民管理局联合印发《关于加强远洋渔业外籍船员管理工作的通知》(农渔发〔2021〕3 号),部署加强远洋渔业企业雇佣外籍船员管理相关工作。

11 日 农业农村部印发《关于批准山东西霞口海珍品股份有限公司和海南中正水产科技有限公司为国家级水产原良种场的通知》(农渔发〔2021〕4 号)。

18 日 国家林业和草原局、农业农村部、中共中央政法委员会、公安部、交通运输部、国家互联网信息办公室、国家市场监督管理总局、海关总署联合下发《关于开展"清风行动"的通知》(林护发〔2021〕6 号),在全国范围内组织开展代号为"清风行动"的打击野生动物非法贸易联合行动。

21 日至 2 月 5 日 南太平洋区域渔业管理组织第九次会议以视频方式举行,农业农村部会同外交部、上海海洋大学等单位组团参会。

25 日 农业农村部、公安部在北京召开视频会议,部署推进长江流域非法捕捞专项整治行动。公安部副部长林锐、农业农村部副部长于康震出席会议并讲话。

28 日 农业农村部副部长于康震就加强水产养殖用投入品监管答记者问。

2 月

1 日 经国务院批准,国家林业和草原局、农业农村部联合印发公告(2021 年第 3 号),公布调整后的《国家重点保护野生动物名录》。其中,水生物种由 48 种(类)大幅提高至 302 种(类)。

1 日 农业农村部办公厅印发《关于进一步做好远洋渔船境外报废处置工作的通知》(农办渔〔2021〕1 号),规范远洋渔船报废处置行为。

1—5 日 联合国粮食及农业组织渔业委员会第 34 届会议以视频方式召开。来自粮农组织 96 个成员国以及 71 个政府和非政府组织代表约 700 人参加会议。农业农村部渔业渔政管理局局长刘新中出席会议及《负责任渔业行为守则》通过 25 周年高级别特别活动,并就我国渔业发展成就以及第四届全球水产养殖大会有关情况做主旨发言。

3 日 第十二轮中日海洋事务高级别磋商以视频方式召开。双方举行了全体会议及海上防务、海上执法与安全、海洋经济三个工作组会议,就涉海问题及海洋交流合作广泛深入交换意见。中方敦促日方认真落实《中日渔业协定》安排,同中方一道维护好海洋渔业秩序。该会议由外交部牵头组织,农业农村部渔业渔政管理局派员参加。

9 日 农业农村部发布第 398 号公告,公布农业农村部及各省(自治区、直辖市)省级渔业渔政主管部门的渔业捕捞许可签发人。

9 日 农业农村部召开全国农业安全生产视频会议,会议强调全力以赴抓好 2021 年农业安全生产各项工作,以农业农村部专项整治三年行动为抓手,深入开展渔业等重点行业安全隐患排查,从源头上减少安全生产事故发生,农业农村部副部长于康震出席会议并讲话。

18—25 日 北太平洋渔业委员会第六次会议以视频方式举行,农业农村部会同外交部、中国海警局、上海海洋大学等单位组团参会。

22 日 农业农村部印发《关于调整海洋伏季休渔制度的通告》(农业农村部通告〔2021〕1 号),对闽粤交界海域休渔制度进行调整,统一了北纬 26.5 度以南海域休渔时间。

3 月

1 日 农业农村部印发《加强水上运输和渔业船舶安全风险防控工作实施方案》(农渔发〔2021〕6 号),明确

12项主要任务和20项具体工作，全面加强渔船渔港源头管控，强化商渔船碰撞防范。

4日 农业农村部召开全国渔业安全生产工作视频会议，总结“十三五”渔业安全生产工作，谋划部署“十四五”时期和2021年渔业安全生产重点工作，农业农村部副部长于康震出席会议并讲话。

5日 农业农村部印发《“中国渔政亮剑2021”系列专项执法行动方案》(农渔发〔2021〕7号)，部署包括长江流域重点水域全面禁捕、海洋伏季休渔、涉外渔业管理、涉渔“三无”船舶和“绝户网”清理取缔等9个专项执法行动。

11日 农业农村部渔业渔政管理局与基里巴斯渔业部代表团举行非正式视频会谈。

19日 国务院安全生产委员会组织召开水上运输和渔业船舶安全风险防范工作暨安全生产专项整治三年行动视频会议，专题安排下一步水上运输和渔业船舶安全重点工作，并对全国安全生产专项整治三年行动2021年重点攻坚任务作出部署，农业农村部副部长于康震出席会议。

22日 农业农村部办公厅发布2020年涉渔违法违规典型案例(农办渔〔2021〕3号)。

25日 农业农村部、最高人民检察院、公安部、外交部、海南省人民政府以及中国海洋石油集团有限公司在海南省三沙市永兴岛共同开展2021年西沙海域海龟放流活动，将160只罚没救护的海龟放归大海。农业农村部副部长于康震、渔业渔政管理局局长刘新中、副局长江开勇出席放流活动。

29日 农业农村部召开“中国渔政亮剑”专项执法工作新闻发布会。农业农村部渔业渔政管理局局长刘新中、副局长江开勇出席并回答有关提问。

30日 农业农村部办公厅印发《关于贯彻落实〈国家重点保护野生动物名录〉加强水生野生动物保护管理的通知》(农办渔〔2021〕4号)。

30日 农业农村部印发《2021年国家产地水产品兽药残留监控计划》(农渔发〔2021〕8号)。

30—31日 中美渔业对话第五次会议通过视频会议方式召开。会议通报了中美渔业最新政策，讨论了打击IUU捕鱼等国际渔业治理问题，并就区域渔业组织双方重点关切、渔业科技合作以及执法合作等议题充分交换了意见。双方还就商签双边渔业合作备忘录进行了磋商。

31日 农业农村部办公厅印发《关于进一步加强林蛙保护管理有关事项的通知》(农办渔〔2021〕2号)，明确林蛙产业属于增殖渔业，实行专项(特许)渔业捕捞管理，解决了增殖林蛙合法来源问题，同时为推进林蛙产业持续健康发展奠定了基础。

3—6月 农业农村部渔业渔政管理局组织开展黄河流域渔业资源养护政策调研工作，深入山东、河南、山西、陕西、内蒙古、甘肃等沿黄省(自治区)开展实地调研。

4月

1日 农业农村部组织沿黄9省(自治区)农业农村部门在黄河陕西洽川段联合启动“中国渔政亮剑2021”黄河流域禁渔专项执法行动。

7日 农业农村部渔业渔政管理局印发《全国池塘养殖尾水治理专项建设规划(2021—2035年)》。

8日 农业农村部渔业渔政管理局对部分远洋渔业企业及渔船涉嫌违法违规问题调查情况和处理意见进行通报。

10日 中国远洋渔业公海转载观察员派遣启动活动在山东荣成石岛新港举行，我国首批5名由农业农村部派遣的公海转载观察员正式登临远洋渔业运输船，代表中国政府执行公海转载监督任务。

15日 为切实解决蛙农“急难愁盼”，推进林蛙产业持续健康发展，农业农村部渔业渔政管理局负责人就《关于进一步加强林蛙保护管理有关事项的通知》答记者问。

19日 农业农村部办公厅印发《关于实施水产绿色健康养殖技术推广“五大行动”的通知》(农办渔〔2021〕6号)。

19日 农业农村部办公厅印发《关于加强北太平洋渔业管理和履约工作的通知》(农办渔〔2021〕5号)。

21日 农业农村部渔业渔政管理局召开第一次全国水产养殖种质资源普查视频推进会。

21日 农业农村部印发《2021年国家水生动物疫病监测计划》(农渔发〔2021〕10号)。

21日 农业农村部渔业渔政管理局公布全国180家远洋渔业企业2020年度履约评估结果。

26日 农业农村部办公厅印发《关于加强养殖刀鲚管理的通知》(农办渔〔2021〕7号)，实施刀鲚养殖单位核查，严格刀鲚生产销售监管，推行刀鲚养殖产品标识。

26日 农业农村部渔业渔政管理局应约与印度尼西亚海洋渔业部举行视频会谈，渔业渔政管理局局长刘新中出席。

27日 农业农村部渔业渔政管理局应约与阿根廷代表团举行视频会谈。

27日 农业农村部印发《关于2021年伏季休渔期间特殊经济品种专项捕捞许可和捕捞辅助船配套服务安排的通告》(农业农村部通告〔2021〕2号)，在黄渤海部分海域新增口虾蛄、鱿鱼、毛虾三种专项特许捕捞品种，专项特许捕捞品种数量达到 5 个。

30 日 农业农村部会同公安部、中国海警局在浙江象山召开“亮剑 2021”海洋伏季休渔专项执法行动启动会。公安部副部长林锐、农业农村部副部长于康震、中国海警局副局长赵学翔出席活动并讲话，农业农村部渔业渔政管理局局长刘新中主持有关活动。

5 月

5—7 日 联合国粮农组织亚太渔业委员会第 36 届会议通过视频方式召开。我国在会上成功当选 APFIC 2021—2023 年主席国。会议明确我国将主办 2022 年 APFIC 第 78 届执委会会议和 2023 年 APFIC 第 37 届会议。

8 日 “第四届中华白海豚保护宣传日”系列宣传活动在福建厦门举办。

8 日 农业农村部渔业渔政管理局成立刀鲚养殖单位核查与产品标识工作委员会，建立刀鲚养殖主体核查制度，建设刀鲚养殖管理系统。将刀鲚养殖企业生产经营情况纳入系统管理，各企业根据专家评估确认的生产能力，制作可追溯二维码标识，实现养殖刀鲚产品带标上市。

10 日 2021 中越北部湾渔业资源联合增殖放流与养护活动通过线上线下相结合方式在中越边境广西东兴市北仑河口举行，共向北部湾海域投放黑鲷等鱼虾类苗种近 5 600 万尾。农业农村部副部长于康震出席活动。

10 日 农业农村部渔业渔政管理局与坦桑尼亚驻华大使举行会谈。

13 日 农业农村部渔业渔政管理局开展 2021 年伏季休渔及专项特许捕捞项目实施情况调研，在河北唐山组织天津、河北、辽宁、山东省(直辖市)渔业主管部门召开专项特许捕捞现场启动会，农业农村部渔业渔政管理局局长刘新中参加调研并出席会议。

14 日 农业农村部发布第 428 号公告，公布辽宁省龙王塘渔港等 41 座渔港为第二批国家级海洋捕捞渔获物定点上岸渔港。

14 日 农业农村部渔业渔政管理局印发《秋刀鱼捕捞配额分配管理方案》，首次部署实施秋刀鱼单船配额制，并要求各级渔业主管部门切实强化对所辖秋刀鱼生产企业及所属渔船的监督管理，防止超配额捕捞等违规行为发生。

17 日 农业农村部渔业渔政管理局成立打好水产种业翻身仗行动咨询专家组、第一次全国水产养殖种质资源普查技术专家组，发布第一次全国水产养殖种质资源普查技术专家组工作规则(试行)。

21 日 中菲南海问题双边磋商机制第六次会议渔业事务工作组会议通过视频方式举行。双方总结回顾了第五次会议以来中菲渔业合作情况，并给予了高度评价。双方就共同关心水产养殖合作、海藻合作、技术培训等议题进行了深入交流。农业农村部渔业渔政管理局局长刘新中主持会议。

22 日 农业农村部渔业渔政管理局联合外交部边海司、北京市农业农村局在永定河水系上游举办“2021 年国际生物多样性日北京地区水生生物增殖放流活动”，农业农村部渔业渔政管理局刘新中局长出席活动并讲话。

24 日 农业农村部办公厅印发《实施水产养殖用投入品使用白名单制度工作规范(试行)》(农办渔〔2021〕8 号)。

24 日 农业农村部公布 2020 年度“平安渔业”创建名单，确定 21 个“全国平安渔业示范县”和 6 座“全国文明渔港”(农渔发〔2021〕12 号)。

26 日 中欧打击 IUU 工作组第五次会议会间会议通过视频方式举行。双方通报了各自渔业政策最近进展，并就第五次会议以来的我国远洋渔船违规调查处理情况和我输欧水产品合法性认证执行情况交换了意见。

28 日 农业农村部渔业渔政管理局部署 2021 年渔业“安全生产月”活动，于 6 月 1—30 日在全国范围统一开展。

6 月

3 日 农业农村部会同公安部在北京召开长江流域非法捕捞专项整治行动视频推进会。农业农村部副部长马有祥出席会议并讲话。

4 日 农业农村部渔业渔政管理局召集水产品产销重点省(自治区、直辖市)开展水产品稳价保供视频调度会商，分析研判当前形势，研究下一步推进水产品稳价保供有关工作。刘新中局长出席会议并讲话。

4 日 农业农村部渔业渔政管理局与印度尼西亚海洋渔业部代表团举行视频会谈。

6 日 “全国放鱼日”主会场活动在辽宁大连举行，农业农村部渔业渔政管理局局长刘新中出席活动并讲话。当天全国各地共同举办增殖放流活动 200 余场，放流各类水生生物近 30 亿尾。

7—10 日 美洲间热带金枪鱼委员会第九十七次特别会议以视频方式举行，农业农村部会同外交部、上海海洋大学等单位组团参会。

7—11 日 印度洋金枪鱼委员会第二十五次会议以视

频方式举行，农业农村部会同外交部、上海海洋大学等单位组团参会。

8日 农业农村部办公厅印发《关于加快推进渔船“插卡式 AIS”试点工作的通知》(农办渔〔2021〕10号)，加快实施“一船一码一设备”管理，在更大范围内推进渔船“插卡式 AIS”试点工作。

8—10日 2021年度中韩渔业执法工作会谈以视频形式召开。双方评价了渔业协定遵守事项及维护作业秩序情况、进一步推进中韩渔业执法交流合作、评价了第二十届中韩渔委会委托事项，并签署了会议纪要。

11日 农业农村部渔业渔政管理局印发《第一次全国水产养殖种质资源普查操作手册(试行)》。

12日 农业农村部渔业渔政管理局指导全国水产技术推广总站、中国水产学会、中国水产流通与加工协会编制发布《中国小龙虾产业发展报告(2021)》。

15日 农业农村部渔业渔政管理局与交通运输部海事局召开第五次商渔船安全工作会商会议，总结第四次会商议题落实情况，对下一步工作进行了部署。农业农村部渔业渔政管理局局长刘新中、副局长袁晓初参加会商。

16日 农业农村部渔业渔政管理局组织召开沿海渔业渔政重大风险隐患会商视频会议，会议通报2021年以来渔业安全生产、涉外渔业事件和伏季休渔执法有关情况和存在问题，并交流各地当前的风险隐患和下一步工作举措，刘新中局长出席会议并讲话。

16日 港澳流动渔民工作协调小组印发《港澳流动渔船渔民管理规定(试行)》(流渔协发〔2021〕1号)。

16日 农业农村部印发《国家级水产健康养殖和生态养殖示范区管理办法(试行)》(农渔发〔2021〕13号)。

23日 农业农村部印发《关于实施2021年公海自主休渔措施的通知》(农渔发〔2021〕14号)。自2021年起，我国在西南大西洋、东太平洋部分公海海域正式实施公海自主休渔措施。

23日 农业农村部渔业渔政管理局会同农业农村部科技教育司，在江西省鄱阳县组织有退捕渔民的长江流域10个省(直辖市)农业农村部门，召开长江退捕渔民就业帮扶培训“暖心行动”启动会，农业农村部渔业渔政管理局局长刘新中、科技教育司司长周云龙出席会议并讲话。同时，全国第一期“暖心行动”培训班在鄱阳县开班。

23日 农业农村部渔业渔政管理局部署近期远洋渔业安全管理工作，坚决避免发生涉外事故和安全生产事故，为建党100周年营造良好氛围。

23—29日 农业农村部副部长马有祥带队赴辽宁，深入基层一线，采取“四不两直”、现场检查、海上巡查、座谈交流等多种方式，针对渔港安全条件、在港渔船消防、渔船生产作业等方面开展了重点督导检查，对发现的问题督促整改落实。

7月

1日 自2021年7月1日起，国家重点保护水生野生动物信息管理系统在全国范围内启用。

2日 农业农村部渔业渔政管理局应约与厄瓜多尔代表团举行视频会谈。

5—9日 南印度洋渔业协定第八次缔约方大会以视频方式举行，农业农村部会同外交部、上海海洋大学等单位组团参会。

5—10日 受农业农村部副部长马有祥委托，农业农村部渔业渔政管理局局长刘新中带队赴山东，重点督导渔业船舶安全生产，点面结合检查其他行业，推动地方吸取教训，督促整治整改，公开曝光问题隐患。

6日 中越海上低敏感领域合作专家工作组磋商以视频方式召开。会议由外交部牵头组织，农业农村部渔业渔政管理局派员参加。

6—7日 农业农村部渔业渔政管理局组织协调救治浙江台州12头搁浅瓜头鲸，其中6头被成功放归大海。

9日 农业农村部渔业渔政管理局组织开展2021年国家级水产健康养殖和生态养殖示范区创建示范活动。

13日 农业农村部渔业渔政管理局组织举办渔船渔港动态监控管理系统建设集中研讨，强调要充分发挥渔船渔港动态监控管理系统数据备份、联通和共享的作用，推动渔业信息化相关工作。

14日 农业农村部渔业渔政管理局启动2021年全国渔业安全生产专项治理工作，于2021年8月至10月在全国范围内开展渔船渔港安全隐患自查自检自纠、异地交叉排查和问题集中整治。

15日 农业农村部渔业渔政管理局组织稻渔产业重点省份在安徽六安开展集中研讨。

26日 交通运输部、农业农村部印发《“商渔共治2021”专项行动实施方案》(交海函〔2021〕316号)。

28日 农业农村部公布2021年经全国水产原种和良种审定委员会审定通过的11个水产新品种(农业农村部公告第451号)。

28日 农业农村部办公厅印发《关于加强海洋哺乳动物保护管理工作的通知》(农办渔〔2021〕12号)，明确进一步加强海洋哺乳动物保护管理各项措施。

30日 中国海警局2021年北太平洋公海渔业执法巡航编队起航仪式在上海举行，农业农村部总畜牧师张天佐出席并致辞。

8月

1日 “商渔共治2021”专项行动启动仪式在浙江舟山举办，同步开展商渔船船长“面对面”交流活动和海上安全联合执法。农业农村部渔业渔政局局长刘新中、副局长袁晓初出席。

5日 农业农村部办公厅印发《海洋捕捞渔船拆解操作规程》（农办渔〔2021〕13号），规范渔船拆解活动。

9日 农业农村部渔业渔政管理局对存在违法违规问题的8家远洋渔业企业及所属15艘渔船的处理意见进行通报。

16—27日 美洲间热带金枪鱼委员会第九十八次年度会议及第十二次履约分委会以视频方式举行，农业农村部会同外交部、上海海洋大学等单位组团参会。

18日 农业农村部渔业渔政管理局组织捐赠鲤鱼、草鱼、泥鳅、鲢鳙鱼鱼苗、鱼种103吨，支援保障河南14个受灾严重的县、市恢复水产养殖生产。

23日 农业农村部渔业渔政管理局组织开展海水产品进内陆系列活动，指导中国渔业协会、中国水产流通与加工协会、中国远洋渔业协会、广东省水产流通与加工协会等有关单位开展海水产品进内陆系列活动。

23—25日 第十八次中韩海洋生物资源专家组会议以视频形式召开并签署了会议纪要。

29日 经国务院同意，农业农村部联合海关总署、公安部、交通运输部、中国海警局印发《“三无”船舶联合认定办法》（署缉发〔2021〕88号），为“三无”船舶认定提供政策依据。

30日 农业农村部会同中央人民政府驻香港特别行政区联络办公室召开视频会议，和香港特区政府、香港渔农届代表一起，面对面解读《港澳流动渔船渔民管理规定（试行）》条款，回答流动渔民关切问题，有力传递国家惠港惠渔的积极信号，助力香港立法会选举。

31日 国务院安全生产委员会组织召开贯彻落实《关于加强水上运输和渔业船舶安全风险防范工作的意见》视频推进会，农业农村部副部长马有祥出席会议。

9月

7日 农业农村部渔业渔政管理局印发《关于进一步做好渔船动态监控管理系统运行管理的通知》，指导各地做好系统固定资产管理，健全数据共享机制，加强网络安全管理，广泛开展推广应用。

8—11日 农业农村部渔业渔政管理局局长刘新中带队，赴海南省海口、文昌、琼海、三亚和乐东5个市（县）调研，实地察看了海南省渔港、海洋牧场、南繁种业、渔业园区等情况，并召开了渔港经济区建设、海洋牧场建设等方面的座谈会。

10日 农业农村部渔业渔政管理局召集各淡水鱼主产省（自治区、直辖市），在江西省南昌市集中调度，研究水产品稳价保供问题。

13日 农业农村部办公厅印发《关于发布〈远洋渔船标准化船型参数系列表（2021年版）〉的通知》（农办渔〔2021〕15号）。

16日 农业农村部渔业渔政管理局局长刘新中出席2021年中国农民丰收节系列活动——第二十四届中国（象山）开渔节。

16日 农业农村部乡村产业发展司会同农业农村部渔业渔政管理局联合发布《小龙虾全产业链图谱（2021版）》。

16日 农业农村部办公厅印发《关于进一步明确国家重点保护水生野生动物科研活动相关审批要求的通知》（农办渔〔2021〕14号），规范因科学研究等目的猎捕、人工繁育、利用国家重点保护水生野生动物活动。

16日 中央机构编制委员会办公室印发《中央编办关于设立农业农村部渔政保障中心的批复》（中编办复字〔2021〕160号），批准设立农业农村部渔政保障中心，机构规格正司级。

18日 农业农村部渔业渔政管理局组织召开2021年水产品加工发展座谈会，调度渔业发展补助资金支持水产品初加工和冷藏保鲜项目建设进展情况，交流各地水产品加工业发展的经验做法，明确发展思路和重点任务。

22—24日 第四届全球水产养殖大会在上海召开。大会由农业农村部、联合国粮农组织和亚太区域水产养殖中心网举办，来自120多个国家、地区和经济体及有关国际和区域组织的2 700多名代表通过线上线下参加会议。大会通过《促进全球水产养殖业可持续发展的上海宣言》。农业农村部部长唐仁健在大会开幕式上致辞，农业农村部副部长马有祥主持会议，农业农村部渔业渔政管理局局长刘新中、一级巡视员李书民、副局长江开勇参加会议。

23日 促进可持续水产养殖发展的南南和三方合作高端圆桌会议在第四届全球水产养殖大会同期召开。16个国家的部长级代表、驻华使节和联合国粮农组织、国际农业发展基金的代表围绕水产养殖南南和三方合作进行了深入讨论，分享了经验，提出了未来发展路径和合作意向。农业农村部发起《关于促进南南和三方水产养殖可持续发展合作的倡议》。农业农村部副部长马有祥主持会议。

23日 农业农村部办公厅印发《关于组织开展水产养

殖业执法行动的通知》(农明字〔2021〕68 号)。

23 日　农业农村部渔业渔政管理局通报了 2021 年国家产地水产品兽药残留监控计划上半年实施情况。

26 日　渔业一二三产业融合人才培训班暨第六届中国休闲渔业高峰论坛在湖北省武汉市举办。全国水产技术推广总站/中国水产学会发布了《中国休闲渔业发展监测报告(2021)》。

27 日　农业农村部办公厅印发《关于进一步做好渔民减船转产及渔船更新改造工作等有关事项的通知》(农办渔〔2021〕16 号),指导地方做好渔民减船转产及渔船更新改造工作。

28 日　中韩外交部门第十六次渔业问题会谈以视频方式召开。该会议由外交部牵头组织,农业农村部渔业渔政管理局派员参加。

30 日　农业农村部渔业渔政管理局联合司法部立法四局在浙江省台州市、温州市开展渔业法修订集中调研。农业农村部渔业渔政管理局局长刘新中、副局长江开勇参加调研。

10 月

8 日　农业农村部、工业和信息化部、公安部、交通运输部、海关总署、国家市场监管总局、中国海警局联合印发《关于加强涉渔船舶审批修造检验监管工作的意见》(农渔发〔2021〕18 号),全面部署涉渔船舶综合监管工作。

8 日　农业农村部渔业渔政管理局开展 2021 年中国水产种业优势企业名录遴选活动。

8 日　农业农村部副部长马有祥召集农业农村部渔业渔政管理局、办公厅、法规司、长江流域渔政监督管理办公室等有关单位研究部署涉渔"三无"船舶整治工作。农业农村部渔业渔政管理局局长刘新中、副局长江开勇、袁晓初参加会议。

9 日　农业农村部发布第 477 号公告,公布天津市晟森水产养殖有限公司等 101 家单位为珍贵濒危水生动物增殖放流苗种供应单位(第七批)。

11—29 日　南极海洋生物资源养护委员会第四十届年会以视频方式举行,农业农村部会同外交部、自然资源部、上海海洋大学等单位组团参会。

13—15 日　第二十一届中韩渔委会第一次筹备会以视频会议方式召开,双方就 2020 年两国专属经济区对方国入渔安排、作业条件和程序规则、维持海上作业秩序等议题进行了会谈。

18 日　农业农村部渔业渔政管理局召集专家在北京集中研究美国《海洋哺乳动物保护法(MMPA)鱼及鱼产品进口规定》可比性认定申请报告有关事项。

19 日　第六届全国水产标准化技术委员会换届大会在北京召开。

19—20 日　国际海事组织(IMO)"亚洲批准和实施《2021 年开普敦协定》区域网络研讨会"以视频方式召开。农业农村部渔业渔政管理局会同交通运输部海事局、上海海事局组团参加。

22 日　全国畜牧渔业工作会议在重庆召开,国务院副总理胡春华出席会议并讲话,农业农村部副部长刘焕鑫主持会议,农业农村部渔业渔政管理局局长刘新中、副局长袁晓初参加会议。

22 日　根据国务院统一安排,农业农村部渔业渔政管理局取消远洋渔业项目初审,优化远洋渔业审批服务。

25 日　农业农村部办公厅印发《关于加强远洋鱿钓渔船作业管理的通知》(农办渔〔2021〕17 号),首次实施远洋鱿钓渔船总量控制管理制度,从总量控制、规划渔场、限制渔船、优化布局等方面进一步加强远洋鱿钓渔船管理。

26 日　农业农村部办公厅发布 2021 年度海洋伏季休渔典型案例(农办渔〔2021〕18 号)。

26 日　农业农村部办公厅成立新一届黄河流域渔业资源管理委员会,农业农村部渔业渔政管理局局长刘新中为主任委员。

28 日　农业农村部在山东青岛召开全国水产种业振兴行动工作推进会,农业农村部副部长马有祥出席会议并讲话。农业农村部渔业渔政管理局局长刘新中、一级巡视员李书民参加会议。

11 月

1 日　农业农村部会同生态环境部公布《2020 年中国渔业生态环境状况公报》。

1 日　第五次中新渔业对话以视频方式举行。会议通报了中新渔业最新政策,讨论了《中新关于推动可持续渔业治理与打击非法、不报告和不管制捕鱼合作的联合声明》实施情况,并就联合国粮农组织相关事宜、中西太平洋渔业委员会和南太平洋渔业委员会管理措施交换了意见。

4 日　中美通过视频方式就打击 IUU 事务举行工作层磋商会议。双方就美国有关报告涉及我国打击 IUU 举措等情况进行磋商。

8 日　农业农村部出台《关于加强渔政执法能力建设的指导意见》(农渔发〔2021〕23 号),对"十四五"时期加强渔政执法能力作出全面部署。

10 日　农业农村部办公厅印发《关于各地水产养殖种质资源普查工作有关情况的通报》(农办渔〔2021〕20 号)。

12 日 农业农村部渔业渔政管理局联合各省(自治区、直辖市)渔业主管部门共同举办第十二届全国水生野生动物保护科普宣传月。

15—22 日 国际养护大西洋金枪鱼委员会第二十七次年度会议以视频方式举行,农业农村部会同外交部、上海海洋大学等单位组团参会。

16 日 农业农村部印发公告(农业农村部公告第 490 号),公布《人工繁育国家重点保护水生野生动物名录(第三批)》。

16 日 农业农村部印发公告(农业农村部公告第 491 号),调整公布《濒危野生动植物种国际贸易公约附录水生物种核准为国家重点保护野生动物名录》。

16—19 日 第二十一届中韩渔业联合委员会第二次筹备会及年会以视频会议方式召开。双方就中韩暂定措施水域内资源管理方案等议题进行了会谈并签署会议纪要。农业农村部渔业渔政管理局局长刘新中出席会谈。

22 日 农业农村部渔业渔政管理局组织开展 2021 年全国渔政执法骨干人员能力提升活动,加强渔政执法队伍能力建设。

24 日 农业农村部渔业渔政管理局部署加强远洋渔业兼捕物种保护工作,完善重要兼捕物种记录报告制度,强化监管和技术支撑。

25 日 农业农村部印发《关于做好渔业安全应急处置有关工作的通知》(农渔发〔2021〕26 号),发布中华人民共和国农业农村部公告第 494 号,推广使用"一网一号一中心"。

26 日 农业农村部联合中国海警局印发《海洋渔业行政处罚自由裁量基准(试行)》(农渔发〔2021〕24 号),首次统一规范海洋渔业行政处罚活动。

29 日至 12 月 7 日 中西部太平洋渔业委员会第十八次年会以视频方式举行,农业农村部会同外交部、上海海洋大学等单位组团参会。

12 月

1 日 中越北部湾湾口外海域工作组第十五轮磋商和海上共同开发磋商工作组第十二轮磋商以视频方式召开。该会议由外交部牵头组织,农业农村部渔业渔政管理局派员参加。

2 日 日 农业农村部部长唐仁健会见中国海警局局长王仲才,双方就渔政海警深化执法合作进行交流并达成一致意见。农业农村部副部长马有祥、渔业渔政管理局局长刘新中、副局长江开勇参加会见。

2 日 农业农村部复函广东省人民政府,同意建设深圳国家远洋渔业基地(农渔函〔2021〕5 号)。

8 日 首届中国—太平洋岛国渔业合作发展论坛在广东省广州市召开。论坛由农业农村部和广东省人民政府主办。论坛是中国与太平洋岛国首次就渔业合作举行的高级别会议,来自 10 个建交太平洋岛国及有关国际、区域组织和国内有关部门、科研院所、社团组织和企业代表 300 多人通过线上线下方式参加会议。论坛通过《首届中国—太平洋岛国渔业合作发展论坛广州共识》。农业农村部副部长马有祥、农业农村部渔业渔政局局长刘新中、副局长江开勇出席会议。

10 日 农业农村部渔业渔政管理局指导中国稻渔综合种养产业协同创新平台,举办第五届全国稻渔综合种养产业高峰论坛暨 2021 优质稻米评比推介活动,发布《"十三五"中国稻渔综合种养产业发展报告》。

15 日 农业农村部渔业渔政管理局下达 2022 年国家产地水产品兽药残留监控计划冬奥会产地水产品兽药残留监控专项任务。

20 日 第十三轮中日海洋事务高级别磋商以视频方式召开。双方举行了全体会议和海上防务、海上执法与安全、海洋经济三个工作组会议,围绕两国间的涉海问题及推进双边海洋领域务实合作深入交换意见。双方同意继续就打击非法捕鱼、北太平洋渔业资源养护开展合作,同意通过谈判磋商探讨解决渔业领域存在的问题,全面落实《中日渔业协定》。该会议由外交部牵头组织,农业农村部渔业渔政管理局派员参加。

20 日 农业农村部印发《农业农村部关于成立农业农村部渔政保障中心的决定》(农人发〔2021〕10 号),正式成立渔政保障中心,机构规格正司级,业务归口农业农村部渔业渔政管理局,暂视同参公单位进行过渡管理。

22 日 农业农村部办公厅印发《关于全面实施远洋渔业企业履约评估工作的通知》(农办渔〔2021〕22 号),在两年试行的基础上,自 2022 年起全面实施远洋渔业企业履约评估工作。

22 日 农业农村部渔业渔政管理局部署 2021 年度远洋渔业企业资格和项目审查工作。

24 日 农业农村部办公厅印发《农业农村部办公厅关于农业农村部渔政保障中心主要职责内设机构和人员编制的批复》(农办人〔2021〕37 号),明确渔政保障中心的主要职责,内设机构和人员编制。

28 日 农业农村部对"中国渔政亮剑 2021"系列专项执法行动工作成绩突出的 140 个集体和 230 名个人进行通报表扬(农渔发〔2021〕27 号)。

28 日 农业农村部渔业渔政管理局评选出渔业行政执法优秀案卷 91 卷并予通报公布。

29 日 农业农村部公布国家级水产健康养殖和生态

养殖示范区名单(2021 年)(农渔发〔2021〕30 号)。

30 日 农业农村部渔业渔政管理局联合教育部门在北京共同举办生物多样性保护青少年主题活动。

(农业农村部渔业渔政管理局)

索　　引

说　　明

一、本索引采用分析索引方法，按汉语拼音顺序排列，同音字按声调排列。

二、“法律法规文献”“渔业经济统计”“领导讲话”“2021 年渔业大事记”栏目中的具体内容未做索引。“各地渔业”栏目中的条目按正文排列，不参与排序。

三、索引词条后的数字表示内容所在的正文页码。

以科技创新振兴水产种业

——广东海大集团股份有限公司

广东海大集团股份有限公司（简称海大集团）创立于1998年，总部位于广东广州。历经20余年稳健发展，海大集团已成长为涵盖饲料、种苗、生物制药、智慧养殖、食品流通、金融等全产业链的高新农牧企业，在全球拥有分子公司逾600家、员工超3.5万人，是农业产业化国家重点龙头企业、国家级企业技术中心。

海大集团总部大楼

水产种业面临的核心问题是种质资源退化，尤其是主要品种的种质退化。为此，海大集团于2003年聚力打造水产种业板块，专业从事鱼虾良种选育、种苗生产和示范推广，组建成立了海大研究院动物育种研究所，以及海兴农和百容两个水产苗种公司。

经过十余年的潜心发展，海大集团在全国布局了100多个鱼苗和虾苗场，水产种苗产业覆盖国内外的海淡水主要经济养殖品种，包括凡纳滨对虾、斑节对虾、罗氏沼虾、草鱼、鲫鱼、罗非鱼、黄颡鱼、加州鲈、生鱼、团头鲂、金鲳鱼等，研发了5个国家水产新品种，率先构建了“育繁推”一体化的商业化种业体系。

水产种业研发门槛高，不仅需要大量的资金投入，还需要十余年甚至数十年的技术研发和养殖实践。海大集团组建了以“产学研合作专家+博士+硕士+专业技术人员”为核心的高水平创新队伍，水产种业研发团队数百人，水产种业科研累计投入超5亿元；积极开展产学研合作，与高等院校、科研院所之间建立高效稳定的合作关系，探究多元化合作模式。

凭借优势明显的核心技术、表现突出的市场效果，海大集团水产种苗板块2021年实现营业收入8.55亿元，同比增长42.30%，毛利率51.22%；2022年上半年实现营业收入6.22亿元，其中虾苗营业收入增长25.67%，毛利率为55.76%。2021年，海兴农南美白对虾苗对外销售全国领先。

与此同时，海大集团还开启水产种业国际化发展的战略布局，陆续在印度尼西亚、越南等国家投建苗场，实现优质水产种苗“出海”。

广东海兴农集团股份有限公司

广东海兴农集团股份有限公司是广东省农业产业化重点龙头企业，总部位于广东广州，是专业从事水产种苗的选育、研发、生产、销售及服务的高科技集团化公司。产业品类涵盖南美白对虾、斑节对虾、罗氏沼虾、澳洲小龙虾、贝苗等，旗下南美白对虾海兴农2号、海兴农3号获评国家水产新品种。

佛山市南海百容水产良种有限公司

佛山市南海百容水产良种有限公司是广东省农业产业化重点龙头企业，总部位于广东佛山，是专业从事淡水鱼虾遗传育种研究和优质、高效、健康水产种苗生产与推广的科技型企业。产业品种涵盖草鱼、鲫鱼、加州鲈、杂交鳢、鳜鱼、黄颡鱼、罗非鱼、罗氏沼虾、团头鲂、鲤鱼等，旗下华海一号团头鲂、长珠杂交鳜、杂交鳢雄鳢1号获评国家水产新品种。

百容鱼苗育苗场

海大集团水产种苗繁育中心

5个国家水产新品种

山东省海洋科学研究院刺参种质资源创新团队

成员：李成林　胡炜　赵斌　韩莎　姚琳琳　王琦

山东省海洋科学研究院刺参种质资源创新团队选育的第二个国家审定新品种刺参鲁海2号（登记号：GS-01-013-2022）经农业农村部正式公告。该团队是依托山东省刺参产业技术体系、山东省刺参种业与健康养殖工程技术协同创新中心、山东省特色刺参良种选育与绿色养殖工程技术协同创新中心等平台，在完成国家和山东省等一系列重点研发项目基础上形成的一支专业研究队伍，于2005年起牵头承担山东省农业良种工程重点项目，2012年起牵头承担山东省现代农业产业技术体系刺参产业创新团队建设。二十余年来，团队专攻刺参新种质创制、生态高效增养殖新模式研究与示范推广应用，先后选育出刺参鲁海1号、刺参鲁海2号国家审定水产新品种2个，率先提出了“良种+良法+病防”刺参产业发展新路径，创新了“大水面小网箱”等生态苗种生产新模式，研发出“上鱼下参”工程化、“参虾接力”循环式、“浅海生态方”立体式等刺参高效绿色增养殖新模式，为推进刺参种业振兴及产业的生态高效、绿色安全与健康持续发展做出了突出贡献。

团队带头人李成林研究员，现为山东省刺参产业技术体系首席专家，山东省农业良种重大工程首席专家，山东省重大科技创新工程首席专家，山东省泰山产业领军人才，享受国务院政府特殊津贴，兼任山东省人民政府农业农村专家顾问团专家、中国海洋湖沼学会棘皮动物分会副理事长、常务理事，中国海洋湖沼学会贝类学分会理事，中国水产学会海水养殖分会理事，中国水产流通与加工协会海参分会理事等。先后荣获山东省有突出贡献的中青年专家、山东省优秀科技工作者并记二等功、连续两届青岛专业技术拔尖人才等荣誉称号。主持完成国家“八五”攻关计划、国家“863”计划、国家海洋公益性行业科研专项、山东省科技发展计划等国家及省部级科研项目近50项，现主持承担国家及省级重大科研项目近10项。以首位或单位第一完成人荣获国家科技进步奖二等奖1项、山东省科技进步奖二等奖3项、全国农牧渔业丰收奖一等奖1项、青岛市科技进步奖一等奖2项、山东省农牧渔业丰收奖一等奖3项等国家及省部级奖励40余项，获授权国际发明专利2件、国家发明专利等知识产权50余件，制定国家行业标准、山东省地方标准及团体近20项，出版著作11部，发表学术论文160余篇。二十余年来，团队经过不断建设、充实和发展，形成了一支年龄及学科结构合理、凝聚力强、持续创新及转化能力高的优秀研发团队。

香港渔民互助社

把握“一带一路”建设及“粤港澳大湾区”规划 为行业走出康庄大道。

适逢国家推出“一带一路”建设及“粤港澳大湾区”规划，同时在香港确实不缺勇于尝试新事物的流动渔民朋友，流动渔民朋友们理应争取国家立项，协助香港流动渔民参与“一带一路”建设及“粤港澳大湾区”规划，为渔业寻找新出路。

善用“粤港澳大湾区”建设契机 促进业界发展。

现时，在邻近香港的内地水域有不少优良的养殖空间、渔场及岛屿，有鉴于地方较为偏远，故仍未被国家开发，然而有关位置却极为适合本已在较偏远地区生产的流动渔民做出尝试。流动渔民应争取国家在规划“粤港澳大湾区”时参考“横琴”及河套区等的深港合作模式，研究划出部分邻近香港的内地水域及岛屿，以内地与特区政府共管形式，让香港渔民及流动渔民可转型从事捕捞、养殖渔业，或试验创新渔农业等生产作业。这既可维持香港渔民的生产作业空间，也可促进香港与各省份在渔业科研及技术上的交流，强化香港渔业内涵。

渔业的持续发展，永远不可能是一成不变的，而是要经过大大小小的不断变化和进步。望各位渔民朋友继续保持活力，让行业可以创出与过往不同的精彩和辉煌！

香港渔民团体联会

2018年是香港渔民团体联会成立20周年纪念日子，感谢国家、省政府、地方政府、特区政府及各社会贤达廿年来长期支持，细心聆听渔民的意见，促进渔业持续发展，并让该行业可以继续为国家发展壮大及香港的繁荣稳定，作出贡献。

香港渔民团体联会由来自全港110多个渔民团体所组成，多年来为爱国爱港、团结渔民、维护渔业界权益，推动业界持续发展而努力。团结就是力量，香港渔民团体联会成立20年以来，真真正正见证着渔民强大的团结精神。再次感激各位渔民多年来一直众志成城联系渔业同仁，亲力亲为为渔业界贡献力量，为渔业可持续发展奠下了坚实的基础，让这股爱国爱港力量继续为国家和香港发光发热，同时，让香港渔民团体联会不断向前迈进。

上海水产集团有限公司

"水锦洋"牌鲜虾片首发第十届中国花卉博览会

西非项目新建的双甲板拖网冷冻渔船

西班牙ALBO公司金枪鱼罐头生产车间

上海水产集团有限公司（以下简称"水产集团"）为光明食品集团旗下全资子公司，是一家开发利用国际海洋渔业资源，以远洋捕捞、水产品国际贸易、水产食品加工和海上运输为核心业务的国有集团公司。

水产集团在境外10多个国家和地区建立了19家合资合作公司，已成为一家全球布局、跨国经营、利用世界资源打造的，在国际渔业领域享有盛誉的中国远洋渔业跨国企业。获得过上海市政府颁发的"走出去"贡献奖和"走出去"企业领头羊光荣称号，是上海市跨国经营20强企业之一，首批中国农业对外合作百强企业。

水产集团现拥有各类专业化远洋渔船共80余艘，常年在太平洋、大西洋等海域及有关国家专属经济区海域作业，年鱼类捕捞量约18万吨，自捕鱼产品回运比例在70%以上，年运输量近15万吨。

2021年，水产集团紧紧围绕企业年度重点工作，聚焦主业、稳中求进，努力践行高蛋白发展战略，统筹抓好生产经营和疫情防控，各项工作在转型升级和攻坚克难中稳步推进。

一是继续立足海洋资源开发与获取，筑牢远洋渔业产业前端竞争优势。在捕捞生产方面，金枪鱼围网船队生产同比呈现稳增长态势，加强船队整体协同和生产信息共享，提高船队捕捞生产效率；开展"比学赶超"主题活动，实现产量10.99万吨，并以42.86%的船只数，实现了国内金枪鱼围网行业总产量的52.02%。"金汇18""金汇58"单船年产量占据国内前两名。在老旧渔船更新改造方面，西非项目5艘双甲板拖网冷冻渔船建造交付投产，进一步提升项目远洋渔业技术装备水平，为推动远洋渔业产业链、价值链向高端延伸奠定了基础。

二是聚焦水产品加工和供应能力提升，加快海洋食品产业链建设步伐。西班牙ALBO公司新厂于2021年4月22日开工建设。岱山金枪鱼加工厂重大设备、鱼柳生产流水线已完成调试投入试生产。

三是加强海上运输供应链建设，提升供应链稳定性和延展性。针对全球疫情的不利影响，主动应对政策和产量变化，结合多种模式及时调整运力，有效配合生产船队及时装卸鱼货，运输盐巴、生产物资和捎带人员，已然成为水产集团抗疫情、促捕捞、稳经营的坚实保障。

四是聚焦国内国际双循环，增强贸易营销能力，释放发展活力。2021年，"水锦洋"牌鲜虾片在第十届中国花卉博览会首发。失传多年的"手工鳗鱼丸"重回消费者餐桌。"悦·龙门"直营店功能和业态持续优化调整。在光明食品集团高蛋白食品战略引领下，水产集团回国产品数量逐年提升，海产品贸易稳步推进，国际贸易渠道不断拓宽，品牌价值持续提升，终端活力逐渐显现。

"十四五"期间，水产集团继续以"产业外扩，产品回国"战略驱动产业升级，以新发展格局引领高质量发展，践行高蛋白战略，构建立体化全产业链体系，努力打造成为国内一流、国际领先的海洋资源食品产业集团。

蓝鳍金枪鱼亮相第四届中国国际进口博览会

岱山金枪鱼鱼柳生产车间

江苏海洋大学

江苏海洋大学是一所海洋特色鲜明的多学科性应用研究型大学，位于江苏省连云港市。学校创建于1985年，1989年在筹建淮海大学的基础上正式建立淮海工学院。2019年6月，学校更名为江苏海洋大学。

学校现有教职工1 680余人，全日制本科生、研究生22 000余名。学校设有20个学院，开设70个本科专业，覆盖10大学科门类。学校现有专任教师1 330人，其中588人具有高级职称，537人具有博士学位；全国优秀教师2人，江苏省教学名师2人；江苏省特聘教授、江苏省有突出贡献中青年专家、江苏省杰出青年基金获得者等46人；入选江苏省"333高层次人才"培养工程等省部级人才工程260余人次；拥有江苏省青蓝工程优秀教学团队4个、江苏省科技创新及人才团队11个。100余位教师被国内外高校聘为兼职教授、博士生导师和硕士生导师。

2017年7月，学校成为博士学位授予立项建设单位。学校现有7个一级学科硕士学位授权点和12个专业硕士学位授权点，拥有3个国家级特色专业、2个国家级专业综合改革试点项目、11个国家级一流本科专业建设点、17个江苏省一流专业建设点，5个专业通过教育部工程教育专业认证，4个专业入选江苏省产教融合型品牌专业建设点。学校坚持开放办学，与乌克兰马卡洛夫国立造船大学共建中外合作办学机构——江苏海洋大学马卡洛夫海洋工程学院。

学校建有一批海洋特色鲜明、学科力量雄厚的科技研发和服务平台。拥有自然资源部滨海盐沼湿地生态与资源重点实验室等25个省级以上科研平台，其中省级重点实验室4个。海洋资源开发研究院获评江苏省示范博士后科研工作站。大学科技园2021年被科技部、教育部认定为国家大学科技园。2016年以来，学校获省部级及以上科研成果奖励55项，其中国家技术发明奖二等奖1项，省级科学技术奖19项。2021年度科研经费合计完成17 045.90万元。学校深入推进产学研合作，与企业建立各类产学研平台超过60个。

当前，学校以博士学位授予单位创建为重点，全力推动学科专业"向海"转型，紧扣"海洋主线、理工主体、人文基础；强化工科优势，推进多学科交叉融合、协调发展"的学科专业定位，坚持以服务地方主导产业发展为基础，以海洋资源开发利用和海洋生态环境保护治理的应用研究为重点，积极融入"数字海洋—透明海洋—智慧海洋"建设，大力推进知识创新、技术创新和成果转化，努力建设国内知名、特色显著的高水平应用研究型海洋大学。

江苏海洋大学新建的第四教学区

江苏海洋大学海洋工程学院研究生在开展漂浮式光伏电站水动力性能研究实验

学校建有涉海科研平台海洋工程技术中心

青年学生在海洋馆参观学习

翘嘴鳜武农1号新品种通过国家水产新品种审定

育种单位及团队

翘嘴鳜武农1号

鳜群体选育亲本

武农1号雄性亲本

武汉市农业科学院水产所鳜研究团队自20世纪80年代以来，以长江流域丰富的鳜资源为基础，系统开展良种选育、种苗规模繁育、新技术与新模式、营养与饲料配方、水质与病害防治等应用技术研究，通过40多年持之以恒的探索与研发，初步确立了国内鳜属应用研究的领先地位。翘嘴鳜武农1号（GS-04-001-2022）是团队2010年从长江湖北嘉鱼江段采捕的200尾优质野生翘嘴鳜资源，以体重为目标性状、经连续4代群体选育和1代异源雌核发育获得的翘嘴鳜子代雌鱼(XX)为母本，以性别控制技术诱导雌核发育翘嘴鳜子代获得的生理雄鱼(XX')为父本，经交配繁殖获得的F1，即为翘嘴鳜武农1号。在相同养殖条件下，与未经选育的翘嘴鳜相比，7月龄体重提高22.0%，雌性率为99.7%。适宜在我国水温22 ～ 30℃的人工可控的淡水水体中养殖。

经湖北武汉和黄冈、安徽池州、江西抚州等地为期2年的养殖对比试验表明，在同一养殖条件下，武农1号成活率达71.2%以上，高于当地鳜养殖成活率，生长速度比当地鳜提高23.81% ～ 73.57%，体重变异系数为7.92% ～ 9.96%，全雌率为99.74%，养殖周期缩短上市30天以上，商品鳜表现出背厚体长、规格整齐、商品率高、养殖效益明显等养殖优势。武农1号5月下旬放养4.0 ～ 5.0厘米苗种，按1 500 ～ 2 000尾/亩放养，经过100天精养于9月上旬上市，实现利润16 070.6 ～ 20 087.8元/亩，养殖效益显著。

项目单位建立了占地25亩的鳜自动、温控、多级工厂化育苗车间和2 000多亩的配套育种基地，建有500平方米的分子育种实验室及配套仪器设备，储备优质雌鱼和伪雄鱼亲本1 000多组。武汉市农科院水产所每年可向市场提供武农1号雌性亲本5 000尾，伪雄鱼亲本1 000尾，1.5厘米以上规格苗种1 000万尾，并将持续做好该品种的规模化扩繁、主养和生态养殖模式创新、饵料鱼养殖配套、水质调控和病害防控、营养与加工研究等全产业链技术的创新与示范，着力推进鳜特色产业持续健康发展，真正为“鼓起农民的钱袋子，丰富百姓的菜篮子”做出更大贡献。

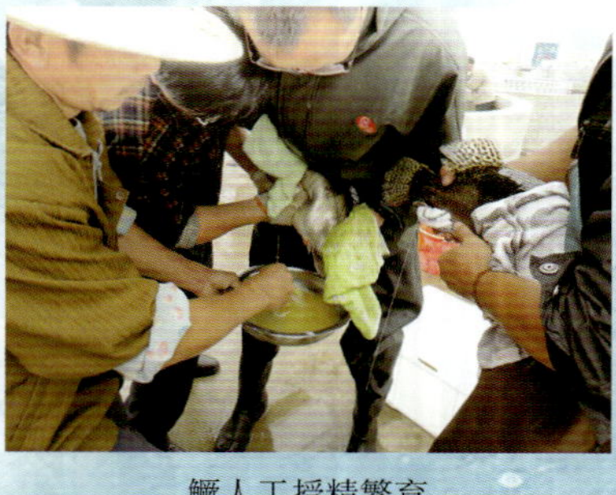

鳜人工授精繁育

鳜人工雌核发育诱导现场

福清市国家级海洋牧场示范区项目

福清市国家级海洋牧场示范区项目已列入2021、2022年福建省重点项目。

福清市国家级海洋牧场示范区总用海面积为3.5万亩，第一期用海5 000亩，二期3万亩，配套建设3 000吨及300吨公益性渔货集散码头。陆域配套用地主要建设内容：用地面积680亩，总建筑面积51.2万平方米，包括公益性人工鱼礁礁体、福建创新实验室福清分院、育苗实验研究基地、鱼类育苗基地、渔业生物科技基地、渔业培训中心、海洋赤潮防治预警服务中心、休闲渔业展览区、海洋鱼类教育基地、鱼类科研基地、海底观测中心、海洋牧场信息智能化管理中心、渔货集散码头、运输补给、冷链物流、仓储、海洋观光酒店、海洋公园及其他附属配套设施。项目（一期）预计总投资51.4亿元，陆域配套投资13.5亿元。

国家级海洋牧场示范区项目建设包括育苗科研、近海海洋实验、冷链物流、休闲娱乐服务、海洋信息管理技术。

福建省：2021年共查办各类渔业违法违规案件1412起，拆解“三无”船舶1 080艘

2021年，福建省海洋与渔业执法总队（以下简称“总队”）积极推进机构改革，统筹疫情防控和海洋与渔业执法工作，扎实推进“中国渔政亮剑2021”、福建海洋“蓝剑”等专项行动，严厉打击违法违规行为，有力保障海洋与渔业高质量发展。全年共查办各类渔业违法违规案件1 412起，行政处罚2 437万元；组织开展渔港“封港清查”行动893次，拆解“三无”船舶1 080艘；销毁超标苗种8万尾、问题水产品502公斤，移送公安4起。

加强渔民宣传教育工作

党建引领，扎实推进执法队伍建设。2021年，总队加强政治监督，推进从严治党，有力保障执法工作正确政治方向。一方面，扎实开展党史学习教育。另一方面，推进执法法治建设。

海陆联动，坚决防范疫情海上输入。一是点线面布防。二是海陆空监管。

打非治违，强化海洋渔业资源保护。一是深化海洋伏休执法。二是创新闽江禁渔执法监管。三是扎实推进水生野生动物保护执法。

渔船救生设备检查

紧抓源头，严格渔船安全生产监管。一是各级渔业执法机构开展港口巡查98 504天次，检查港口14 854次，登临检查渔船26 573艘次。二是部署开展全省渔船检验质量检查活动。三是加大船员培训力度。四是扎实开展“严执法、强攻坚、促提升”以及“商渔共治2021”等专项行动。此外，总队执法船常年坚持应急值班值守，深化渔船安全应急防范。

惠民惠渔，全力保障水产品质量安全。2021年共开展水产养殖与水产品质量安全执法检查行动2 124次。各级执法机构扎实推进水产品“治违禁控药残促提升”三年执法行动，深入开展大黄鱼、海参等重点品种专项执法行动，检打联动，专案督办，对违法违规行为实行“零容忍”。

互助共济　服务渔业

——广东省渔业互保协会

广东省渔业互保协会（简称互保协会）是由广东省农业农村厅主管、经广东省民政厅批准成立，由从事渔业生产、经营、管理以及服务的单位和个人自愿组成，实行渔业互助保险的全省性、非营利性社会组织。服务网点遍布全省各大渔港，为渔民群众提供全天候、便利的渔业互助保险服务，是广东省渔业保险领域的主力军。主要的险种有：雇主责任互助保险、渔民人身意外伤害互助保险、渔船财产互助保险等。

第六届第一次会员代表大会召开

互保协会始终坚持党的领导，始终坚决贯彻落实党和国家的各项方针政策和决策部署，不忘初心，牢记使命，坚持“互助共济，服务渔业”的宗旨，积极开展政策性渔业保险工作。2008—2016年，连续多年承担农业部渔业政策性保险试点项目广东分项目的实施工作；2013—2014年，作为广东省政策性渔业保险（试点）的主承担机构，负责实施广东省政策性渔业保险试点工作；2019年，被确定为广东省政策性渔业保险和水产养殖保险（试点）的主承保人；2022年12月，中标广东省政策性渔业保险承保机构服务项目。

承担广东省政策性渔业保险和水产养殖保险工作

互保协会为渔区安定和渔业经济发展发挥了重要作用，获得渔民群众的信赖和有关上级部门的表彰，先后获得全省先进民间组织、全国先进民间组织、广东省“5A”级社会组织、广东省海洋与渔业安全生产管理先进单位、广东省优秀社会组织等荣誉称号。

广西海洋研究所有限责任公司

广西海洋研究所有限责任公司（原名广西壮族自治区海洋研究所）成立于1978年，为转制科研院所，隶属广西科学院，是广西最早进行海水种苗培育研究和生产的科研单位之一，2022年被列入国家水产种业阵型企业。

海洋所门口

公司拥有土地总面积194亩，建有占地面积160亩，集育苗、中培和养殖示范于一体的，设施完善的海水养殖中试基地，总育苗水体20 000立方米，池塘面积65亩；拥有万元以上的仪器设备100多台（套）。目前在职员工42人，具有高级专业技术职称12人，中级职称15人。

公司拥有自治区新型研发机构、广西海水养殖新品种繁育工程技术研究中心等科技创新平台，下设增养殖基地是全国现代渔业种业示范场、农业农村部水产健康养殖示范场，拥有青蟹、方格星虫两个省级良种场，同时也是广西中小学生研学实践教育基地、广西海洋科普和意识教育基地，具有很强的科研、开发和科普教育能力。

增养殖基地大门

经过长期的研发投入和积累，目前取得技术突破且稳定供应市场的品种有青蟹、沙虫（方格星虫）、花甲王（织锦巴非蛤）、沙包螺（钝缀锦蛤）、象鼻螺（獭蛤）、牡蛎、珍珠贝、香螺（方斑东风螺）、中国鲎、石斑鱼、金鲳（卵形鲳鲹）、小丑鱼等。其中，主推品种青蟹，其优质种苗年生产能力达1 000万只以上；主推品种沙虫（方格星虫），其室内苗年生产能力达1亿条以上；主推的特色经济贝类年生产能力达5亿粒以上。

牌匾

地址：广西北海市海城区长青东路92号
邮编：536000
Email：gxhys@126.com
电话：0779-2052171（办公室）
　　　0779-2052295（业务科）

团头鲂华海1号新品种培育与推广应用

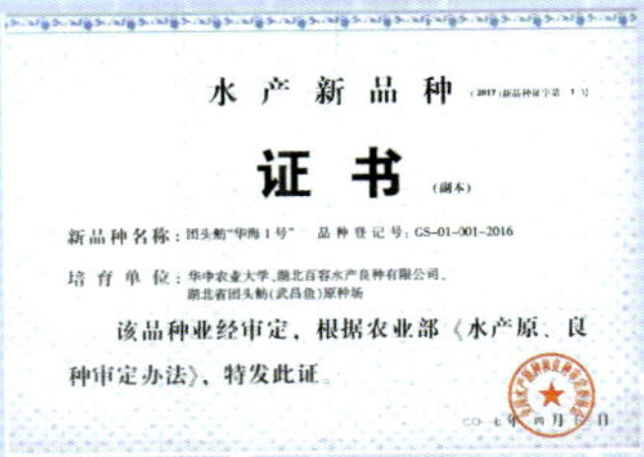

水 产 新 品 种

证 书 （副本）

新品种名称：团头鲂"华海1号"　品种登记号：GS-01-001-2016

培育单位：华中农业大学、湖北百容水产良种有限公司、湖北省团头鲂（武昌鱼）原种场

该品种业经审定，根据农业部《水产原、良种审定办法》，特发此证。

团头鲂，又名武昌鱼，是我国重要的草食性名优经济鱼类。针对团头鲂养殖过程中存在的种质资源衰退、生长速度减慢、抗病抗逆能力下降等问题，国家大宗淡水鱼类产业技术体系团头鲂种质资源与育种岗位、华中农业大学团头鲂育种团队围绕团头鲂种质资源、遗传选育、基因功能及基因组学等开展研究，取得了系列创新性成果。

1.全面调查我国团头鲂种质资源分布情况，绘制了团头鲂全基因组精细图谱，构建其高密度遗传连锁图谱，24个连锁群包括5 317 SNP标记；构建团头鲂不同组织的转录组、小RNA组、蛋白组、代谢组等共计50多个组学数据库。

2.基于微卫星标记构建团头鲂家系亲子鉴定平台，结合性状关联分子标记、选育性状遗传参数评估等，构建团头鲂分子辅助BLUP育种技术体系，培育遗传稳定、生长快、成活率高的团头鲂华海1号新品种，其生长速度比未经选育群体快22%以上，成活率提高20%以上。

3.建立"育种中心—扩繁基地—示范应用—养殖户"的团头鲂良种推广体系，提供优质苗种，实现团头鲂种业育繁推一体化建设。

团头鲂华海1号新品种在湖北、湖南、江苏、安徽、天津等十几个省份进行大面积推广和应用，产生了显著的经济和社会效益。新品种入选2019中国农业农村重大科技新成果十大新产品，《人民日报》、新华网、人民网等多家媒体进行了报道；团头鲂育种成果获得2019年湖北省科技进步一等奖和农业农村部2018—2019年度神农中华农业科技奖一等奖。

养殖尾水原位净化处理模式案例
——江苏三圩盐场

一、基本情况

江苏三圩盐场海水养殖基地位于盐城市响水县陈家港北首，位于灌河口以东、三圩港以西的黄海之滨，东、南与灌东盐场相连，西与盐城港响水港区毗邻，一级公路326省道、海堤路、灌东通海大道直达场区。交通十分便利，场部设在浦港。占地面积29 850亩，其中养殖面积24 000亩，净化区域2 020亩（包括湿地净化区、生态沟渠、沉淀区等），可实现养殖尾水循环利用或达标排放。

按照"池埂规整、灌排配套、设施先进、道路畅通、功能完善、环境美化"的总体要求，盐场通过河道疏浚、泵站维护、池塘清淤、护坡修整、塘口改造、道路铺设、电路改造、进排水系统整修、净化区建设等方法进行养殖池塘生态化改造，其中打造的5 000亩高品质海产品养殖基地为养殖的核心区。该基地采取虾、蟹、贝混养的低密度多营养层次养殖模式，发展绿色健康生态养殖。年产日本对虾120万千克，贝类625万千克，梭子蟹28万千克，脊尾白虾7.5万千克，产值近3亿元，海产品主要销往江、浙、沪、鲁、闽等地。经过多年建设和发展，养殖区已形成以日本对虾为主，贝类、梭子蟹等为辅的规模化高效现代养殖园区。

二、尾水治理工艺流程

养殖尾水→生态沟渠→节制闸→养殖尾水在线监测系统Ⅰ→尾水核心处理区（包括沉淀区、曝气区、生态净化区）→养殖尾水在线监测系统Ⅱ→节制闸→湿地净化区（辅以合适的水生植物吸收有机质以及氮、磷，并养殖滤食性贝类进一步强化净化能力）→水质达标→洪港闸排放或循环。

浙江菱湖渔都渔业综合体

菱湖渔都渔业综合体位于南浔区菱湖镇，占地面积42.5亩，建筑面积11 700平方米，投资金8 960万元，被列为浙江省重大民生多功能一体化实事项目。

一、“数字渔业大脑”

利用大数据、云计算等技术，实现主体全上线、地图全覆盖、数据全贯通、业务全闭环、服务全集成、一码全管控等一体化智慧模式，助力渔民增收致富。

二、渔业综合技术培训

挂牌成立菱湖渔校，开设“范蠡大讲堂”，开展高素质渔民培训，提高水产养殖技术水平，促进渔民健康养殖，渔业绿色可持续发展。

三、水产品质量安全快速检测

配备专业检测人员，提供兽药抗生素残留物及禁用渔药的快速检测，为南浔乃至湖州的渔民提供检测服务，让消费者吃得放心，买得安心。

四、渔业数字交易

建立数字化水产品交易中心，与四海鱼仓、新农都等各大生鲜销售平台合作，实现产销直通。

五、渔文化展示平台

建设“渔都渔创街区”设水生动物标本展示馆、农耕文化馆等，展示当地淡水鱼文化及重要农业文化遗产，促进渔文化的传承与发展。

六、环境资源“共享法庭”

发挥“共享法庭”在渔业环境资源保护和渔业经济和谐发展中的指导协调作用，有力提高为民服务效能，确保矛盾源头化解，促进全民平安共富。

七、渔都渔业品牌指导站服务

充分发挥中国渔业协会品牌分会落户菱湖的最大效能，与中国渔业协会品牌分会共创菱湖“中国淡水鲈鱼之乡”，制订《大口黑鲈池塘养殖技术规范》国家团体标准，“菱湖跑道鱼”“菱湖鲈鱼”“菱湖青鱼”入选农业农村部全国名特优新农产品，提高菱湖渔都品牌知名度和全国影响力。

八、金融保险服务

创立金融综合服务平台，打通养殖户、农资企业、加工企业和银行之间的金融保险渠道，解决渔民保险难、贷款难的难题。

水产新品种长牡蛎前沿1号

同月龄三倍体和二倍体对比

长牡蛎前沿1号

长牡蛎前沿1号是三倍体牡蛎新品种，由青岛前沿海洋种业有限公司、中国科学院海洋研究所、乳山市海洋经济发展中心联合培育，2022年经全国水产原种和良种审定委员会审定通过，品种登记号为GS-02-009-2022。

该品种是以2011年从青岛鳌山湾收集的2 150枚长牡蛎个体为基础群体，以壳高为目标性状、经连续6代群体选育获得的二倍体长牡蛎选育系为母本；以采用细胞工程育种技术制备四倍体后并以壳高为目标性状、经连续6代群体选育获得的长牡蛎四倍体选育系为父本，经杂交育成。

在相同养殖条件下，与母本相比，14月龄壳高提高15.4%、体重提高16.8%；与父本相比，14月龄壳高提高20.2%、体重提高22.4%；三倍体倍化率为100%。长牡蛎前沿1号具有生长快速、育性差、度夏适应力强等显著优势，适宜在我国黄渤海区域水温5 ~ 28℃和盐度20 ~ 35的人工可控的水体中养殖。

青岛前沿海洋种业有限公司可长年供应长牡蛎前沿1号三倍体附壳苗、单体苗。

联系方式：郭希瑞 18669798988　方波 19862866277

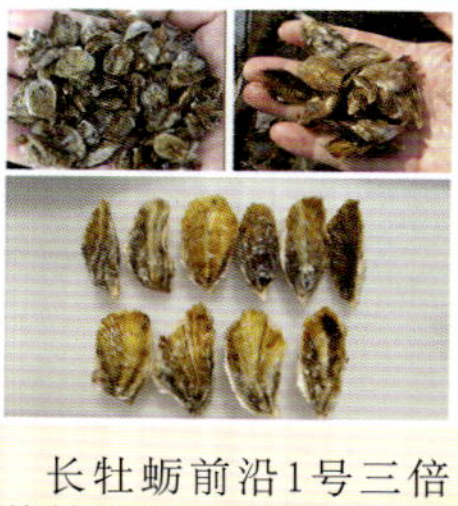

长牡蛎前沿1号三倍体单体苗

长牡蛎前沿1号三倍体附壳苗

长牡蛎三倍体前沿1号

深圳市渔业发展研究中心

水生动物疫病防控。15个检测项目全部通过农业农村水生动物防疫系统实验室检测能力验证。检疫全覆盖，共监测72批次20多个品种6亿余尾26个疫病。全年未发现重大疫病。

种质资源保护。普查全市205家总面积4 386.95亩水产种质资源，录入与审核89种529份资源信息。收集深圳市特色长茎葡萄蕨藻（海葡萄）种质资源样本1 040份，提取180份样本的DNA。探索管角螺人工高效繁育及产业化。

2022年11月12日 深圳水生野生动物保护科普宣传月活动（叶育雄 摄）

渔业资源养护。渔业资源调查2次，增殖放流鱼苗85万尾，斑节对虾苗350万尾，监督生态补偿放流共22批6种经济鱼类6 000多万尾（粒）。开展水生野生动物保护科普宣传月活动，救护21尾（只），编制《深圳市水生野生保护动物救护应急预案》，完成临时救护基地改造。

海域生态数字化建设。开展42个站位海洋生物综合调查，构建生物多样性、生态功能与健康评价“一张图”工程。编制《2022年度深圳市典型贝类养殖区碳汇监测评估报告》和《2022年度深圳市水产养殖主要病原微生物耐药性普查报告》。

水产绿色健康养殖技术推广“五大行动”线上交流会（叶育雄 摄）

渔业文化和科普宣传。深圳市渔业文化摸底调查。编撰渔业文化读本《蚝韵深圳》。渔业技能线上培训8次213人次。科技下乡14次，发放《2021水产养殖用药明白纸》及相关资料2 052份。

推进现代渔业科技园建设。开展深圳市现代渔业（种业）创新园项目建设研究，完成深圳市渔业科研示范基地（水生动物救护中心）研究。

水产新品种杂交鳢雄鳢1号

鳢是我国重要的名特优养殖品种，肉嫩味美，营养丰富，适应性强，产量高，2021年全国养殖产量为54.9万吨。鳢雌雄性别二态性差异显著，群体中小个体雌鱼严重影响养殖经济效益，单性养殖将提高综合效益40%以上。

杂交鳢“雄鳢1号”

杂交鳢雄鳢1号是由中国水产科学研究院珠江水产研究所陈昆慈研究员领衔的鳢遗传育种与健康养殖创新团队，联合佛山南海百容水产良种有限公司、中国科学院水生生物研究所、海南百容水产良种有限公司和广东海大集团股份有限公司等单位共同育成，新品种于2022年通过全国水产原种和良种审定委员会审定，品种登记号为GS-02-003-2022。

杂交鳢“雄鳢1号”商品鱼

该品种是以2005年从广东珠江水系收集的斑鳢为基础群体，以体重为目标性状经连续4代群体选育的斑鳢雄鱼（XY）与通过性别控制技术诱导产生的生理雌鱼（XY）交配获得的超雄斑鳢（YY）为父本，以2007年从山东微山县南四湖渔业有限公司引进并以体重为目标性状经连续2代群体选育获得的乌鳢雌鱼（XX）为母本，经杂交获得的F1代，即为杂交鳢雄鳢1号。杂交鳢雄鳢1号雄性率93%以上。此外，在相同养殖条件下，生长速度比对照乌斑杂交鳢提高26.2%～36.6%，饲料系数降低12.6%～27.4%，1千克以上大规格比例提高18%～30%，综合养殖效益提高40%以上。适宜在我国水温12～30℃的人工可控的淡水水体中养殖。

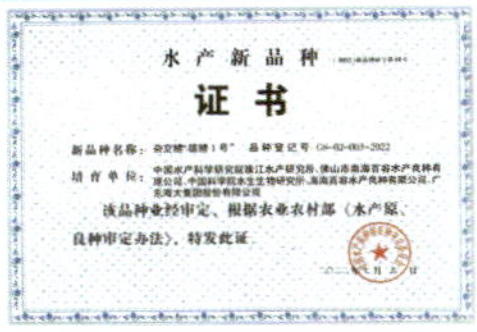
水产新品种
证书

杂交鳢“雄鳢1号”水产新品种证书

联系方式：陈昆慈 13609700201，赵建 15914516837，尹建雄 13814750999

中国水产科学研究院淡水渔业研究中心

2022年全国科技活动周及重大示范活动优秀个人

红罗非鱼中恒1号

中国水产科学研究院淡水渔业研究中心成立于1978年，隶属农业农村部，是农业农村部淡水渔业与种质资源利用学科群建设依托单位，是国家大宗淡水鱼、特色淡水鱼两个产业技术研发中心。

现有在职在编职工194人，其中高级专业技术人员78人，博士及硕士生导师57人，全国农业科研杰出人才4个、杰出团队3个，中国水产科学研究院首席科学家4人，国家现代农业产业技术体系首席科学家2人、岗位科学家12人。2022年，共承担项目441项，合同总经费3.5亿元；牵头承担“十四五”国家重点研发计划海洋农业与淡水渔业专项项目；发表学术论文248篇，其中SCI收录148篇，影响因子10以上5篇，7以上18篇，5以上45篇；出版专著7部，获国家授权专利57项、国际授权专利2项，软件著作权7项，制定省级地方标准1项；实施科技成果转化6项；获科技奖励7项，其中全国农牧渔业丰收奖二等奖2项；形成了稻渔综合高效种养技术3项；建立了湖泊多营养层级鱼类协同控藻技术；在抗病鲫鱼研究工作方面取得重大突破；获批红罗非鱼中恒1号、青虾太湖3号、乌鳢玉龙1号3个国家级新品种；建立了鲤饲料转化率性状测定方法和摄食调控相关基因功能研究方法；建立了青虾太湖3号性晚熟外观选育技术；建立了中华绒螯蟹阳澄湖1号种质标准；构建了长江和辽河水系河蟹种质资源库。组织开展2022年农业农村部长江江豚生态科学考察安徽段长江江豚科考并协助开展鄱阳湖江豚应急救护工作；全面开展鄱阳湖至长江口水生生物资源监测工作；统筹协调江西、安徽、江苏、河南四省禁捕监测工作；圆满完成5次巡航执法任务。国际合作与国内教育方面，2022年共承担国家技术援外培训、学历项目等25项，为58个国家培训了608名渔业技术和管理人才。

天津市换新水产良种场

育种创新65年，推广良种遍神州

金万昆场长手选新品种

科研人员观察鱼类胚胎发育

换新场鲤鱼亲本展示

天津市换新水产良种场是国家级淡水鱼类良种育、繁、推一体化的科技型种业企业。获全国现代渔业种业示范场、全国水产健康养殖示范场等荣誉，产品获得省部院级科技进步奖一等奖1项、二等奖2项、三等奖11项，荣获范蠡科学技术奖1项。“换新”牌淡水鱼苗种荣获天津市知名农产品企业品牌和“津农精品”称号。2022年换新场被农业农村部遴选为全国水产种业“强优势”阵型企业。

场内建有农业农村部天津鲤鲫鱼遗传育种中心等5大育种科研平台，先后育成黄金鲫、津新乌鲫、津鲢、津新鲤、津新鲤2号、乌克兰鳞鲤、墨龙鲤、津新红镜鲤、芦台鲂鲌、红白长尾鲫、蓝花长尾鲫11个“国审”水产新品种。拥有10项技术发明专利授权。

产品主要有：黄金鲫、津新鲫、津新乌鲫、津新鲤2号、德国镜鲤和观赏鱼红白长尾鲫、蓝花长尾鲫等“换新”牌优质苗种。年繁育生产“换新牌”优良苗种40亿尾，累计推广到30个省份。

换新场科研团队首创“鱼类多性状复合育种”和苗种产业化生产技术体系，产品和相关育种技术达到国际先进、国内领先水平。

绿色生态健康安全的食用鱼和观赏鱼新品种

红白长尾鲫

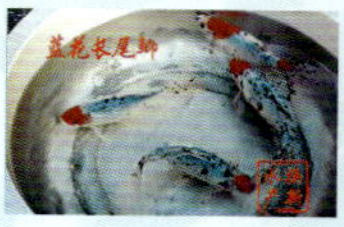

蓝花长尾鲫

中华胭脂鱼

津新红镜鲤

津新鲤2号

黄金鲫

津新鲫

津新乌鲫

芦台鲂鲌

德国镜鲤

浙江省海洋水产养殖研究所

浙江省海洋水产养殖研究所创建于1953年，隶属于浙江省农业农村厅，是浙江省农业农村厅直属公益二类科研事业单位，增挂浙江省海洋渔业环境与生物安全监测检验中心、温州海洋研究院，主要承担海水养殖良种选育和苗种繁育、水产绿色养殖模式和技术研发、智能渔业和数字渔业研究与应用、海洋渔业环境及水产质量安全监测评价、渔业资源调查监测与评估养护修复等科研推广职能。建所以来承担项目800余项，取得200余项科研成果，获各类奖项102项，其中国家、省部级54项；育成国家水产新品种4个；取得国家专利203件（其中发明专利92项）、标准33项、软件著作权18个；在对虾、滩涂贝类和高效循环养殖等方面强有力地推进了海水养殖产业的发展。获得农业科研机构综合科研能力百强、全国海洋先进集体和浙江省科技特派员工作先进集体等荣誉。

发展定位　海洋渔业领域国内一流科研院所

重点研究领域　海水主养品种遗传育种
绿色养殖关键技术研发
渔业资源和环境调查评估与生态修复
水产品质量安全

科研平台　浙江省近岸水域生物资源开发与保护重点实验室
中国水科院海洋贝类工程技术研究中心
国家（虾、贝、藻）产业技术体系温州综合试验站
中泰海洋技术联合实验室
温州市海洋生物遗传育种重点实验室

地址：浙江省温州市河通桥6-1号
网址：http://www.zjmri.com.cn/
电话：0577-88232454　传真：0577-88229314

生态为主、产业为先、民生为本

——枝江市加快推进现代渔业高质量发展

2022年12月29日，农业农村部2022年国家级水产健康养殖和生态养殖示范区名单正式公布，枝江市榜上有名，这也是继2018年被评为农业农村部渔业健康养殖示范县（2018—2022年）以来，枝江市获得的又一国家级荣誉。

枝江市位于鄂西山区与江汉平原的过渡地带，是湖北省宜昌市的东大门。枝江水域广阔，鱼类资源丰富，素有“鱼米之乡”美誉。2022年，全市池塘养殖面积7.48万亩，渔业总产值达到67.37亿元、总产量9.48万吨。

一、以生态为主，积极探索发展现代渔业

出台《枝江市养殖水域滩涂规划（2017—2030年）》，为全省乃至全国渔业产业转型升级提供有效参考，并已广泛运用和实践。新型绿色养殖模式已累计建成416套，工厂化循环水养殖规模近7万立方米。同时，积极探索渔业水环境治理工程技术，在全市已建成标准化、集约化、机械化、智能化、清洁化的规模养殖基地5个。

二、以产业为先，不断延伸产业发展链条

枝江因地制宜、顶层设计，精准谋划产业融合发展方向。共有水产品加工企业5家，省级龙头企业2家，注册水产品企业商标7个；正在加快建设集观光渔业、休闲垂钓、生态科普、户外研学等多功能一体的渔旅综合体。

三、以民生为本，着力提升渔民养殖收益

枝江推陈出新、锐意改革，不断挖掘水产领域新经济增长点。创新“龙头企业+合作社+基地+农户”的经营模式，探索创新渔业社会化服务新机制，促进小农户和现代农业有机衔接，打造全省渔业样板。2022年，全市养殖主体水产品药残抽检合格率达100%。渔民人均年收入达3.1万元，年增长率保持在3%以上。

东港市渔业渔民渔船管理局

东港市地处中国海岸线最北端，南濒黄海，东依鸭绿江，海岸线126千米，海域面积3 500平方千米，10米等深线以内浅海7万公顷，滩涂2.42万公顷，港湾0.8万公顷，可利用的淡水养殖面积近0.7万公顷。盛产梭子蟹、大黄蚬子、杂色蛤、中国对虾、海蜇等140多种水产品，是辽宁省重要的渔业生产基地之一。

东港市渔业渔民渔船管理局是东港市主管渔业工作的行政部门，下辖东港市渔业渔民渔船事务服务中心、东港市渔业综合行政执法队、东港市人工鱼礁管理处等6家事业单位。东港市渔业渔民渔船管理局贯彻落实党中央关于渔业渔船渔港工作的方针政策和决策部署，在履行职责过程中坚持和加强党对渔业渔船渔港工作的集中统一领导，为东港市的渔业产业高质量发展做出了突出贡献。

一是加强服务促发展。东港市具有优良的海况和丰富的渔业资源，这片海域盛产的水产品品质优良、营养丰富、味道鲜美。经过几代渔业人的付出，已将渔业资源优势转化为渔业产业优势，现已发展成为以贝类养殖为主，集水产养殖、近海捕捞、远洋渔业、水产品精深加工、冷链物流、渔业贸易、休闲渔业于一体的现代渔业产业体系。渔业一二三产业融合发展，成为东港市的一项重要支柱性产业，其中一次产业和二次产业，分别占东港市农业和工业经济总产值的50%和40%，在这一产业体系中就业的人数突破6万人，2022年实现渔业全产业链总产值125.4亿元。

二是严格执法保安全。面对日趋严峻复杂的海上渔业生产形势和边境局势，实行最严格的海陆执法检查和最严厉的处罚措施。扎实开展了“亮剑2020”“铁锤”“铁拳”系列专项执法行动，对辖区内渔船实行拉网式排查，执行“四包一”制度，严格明确属地管理责任和包保责任，全面落实渔船主的主体责任，建立包保台账，实行动态管理。

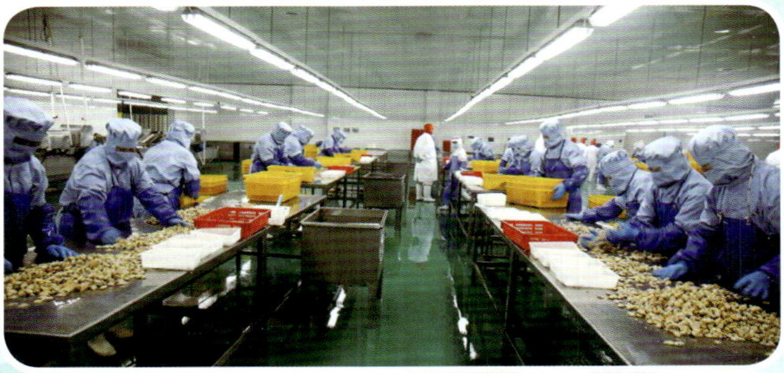

三是生态保护创佳绩。2003年开始大规模开展浅海贝类（菲律宾蛤仔）底播养殖和海水池塘生态立体养殖（即水体上层养殖海蜇、中层养鱼虾、下层养缢蛏），海水池塘生态立体养殖和贝类底播养殖是典型的“碳汇渔业”，东港市近海海水水质连续多年保持二类水质标准。

近几年东港市先后获得了国家级平安渔业示范县、国家级海洋牧场示范区、国家级贝类出口质量安全示范区、国家级水产品出口转型升级示范基地、国家级水产健康养殖和生态养殖示范区、鸭绿江口菲律宾蛤仔（杂色蛤）增养殖MSC可持续发展认证、中国贝都等称号。

图书在版编目（CIP）数据

中国渔业年鉴.2022/农业农村部渔业渔政管理局主编.—北京：中国农业出版社，2023.11
ISBN 978-7-109-31614-0

Ⅰ.①中…　Ⅱ.①农…　Ⅲ.①渔业经济－中国－2022－年鉴　Ⅳ.①F326.4-54

中国国家版本馆CIP数据核字（2023）第247275号

中国渔业年鉴　2022
ZHONGGUO YUYE NIANJIAN 2022

中国农业出版社出版
地址：北京市朝阳区麦子店街18号楼
邮编：100125
责任编辑：贾　彬
文字编辑：耿增强　杜　然　贾　彬
印刷：北京通州皇家印刷厂
版次：2023年11月第1版
印次：2023年11月北京第1次印刷
发行：新华书店北京发行所
开本：787mm × 1092mm　1/16
印张：21.5　　插页：22
字数：750千字
定价：300.00元